KB274849

SONAR X1

소나 X1

음악을 몰라도 전문가처럼 미디 작곡 정복하기

SONAR X1
소나 X1

초판 인쇄일 2012년 5월 7일
초판 발행일 2012년 5월 14일

지은이 박영권
발행인 박정모
등록번호 제9-295호
발행처 도서출판 혜지원
주소 (130-844) 서울시 동대문구 장안 1동 420-3호
전화 02)2212-1227 **팩스** 02)2247-1227
홈페이지 www.hyejiwon.co.kr

표지디자인 안홍준
영업마케팅 김남권, 황대일, 서지영
ISBN 978-89-8379-749-0
정가 22,000원

음악을 몰라도 전문가처럼 미디 작곡 정복하기

SONAR X1

소나 X1

박영권 지음

머리말

새로 발표된 케이크워크 소나 X1은 과거와 다른 획기적인 인터페이스로 탈바꿈하였습니다. 이전 버전의 소나 8이 오피스 프로그램을 쓰는 듯한 인상을 주었다면, 새로 발표된 소나 X1은 음악 프로그램답게 인공 지능적이고 유기적으로 동작합니다. 따라서 가장 안정성 있고 정평 있는 프로그램답게 여러분의 음악 생활을 기쁘게 할 것으로 생각됩니다.

또한 새로 발표된 케이크워크 소나 X1은 기존과 달리 새로운 가상 악기를 추가하였습니다. 뮤지션 지망생들은 사용권 제약 없이 소나 X1이 제공하는 뛰어난 가상 악기를 언제든지 마음 편하게 사용할 수 있을 것입니다.

소나 X1으로 할 수 있는 작업은 무궁무진합니다. 음악을 작곡하고, 오디오를 편집할 수 있을 뿐 아니라 자체적으로 CD 음반을 제작하고, MP3 파일을 만들 수 있습니다. 또한 고급 홈 레코딩 작업을 비롯해 각종 음향 효과를 만들고, 결과물을 가정이나 기업체에서 사용할 수 있는 것이 소나 X1의 매력이라고 할 수 있을 것입니다.

바야흐로 유튜브를 통해 사용자들이 너무도 놀라운 동영상을 업로드 하는 시대가 되었습니다. 자신이 만든 동영상에 저작권이 있는 음악 대신 여러분이 작곡한 곡을 배경으로 깔고 업로드하면 어떨까요?

이 책은 소나 매뉴얼을 중점적으로 다루고 있지만 작곡이나 음악 공부를 처음 시작하는 분들을 위해 다양한 음악 이론을 정리해 놓았습니다. 작곡의 기본기는 물론 베이스 기타, 드럼 파트 만들기 등의 다양한 예제를 수록하고 있습니다. 이 책의 예제를 따라하다 보면 작곡의 기본기와 오디오 편집의 기본기를 익힐 수 있을 것이라 믿습니다.

책이 나오기까지 많은 도움을 주신 혜지원 사장님을 비롯해 혜지원 가족 여러분께 감사 인사를 전합니다.

아울러 독자 여러분들도 즐거운 음악 생활하길 기원 드립니다.

저자 박영권

E-mail : 1leyedrop@naver.com

1. Driver 폴더

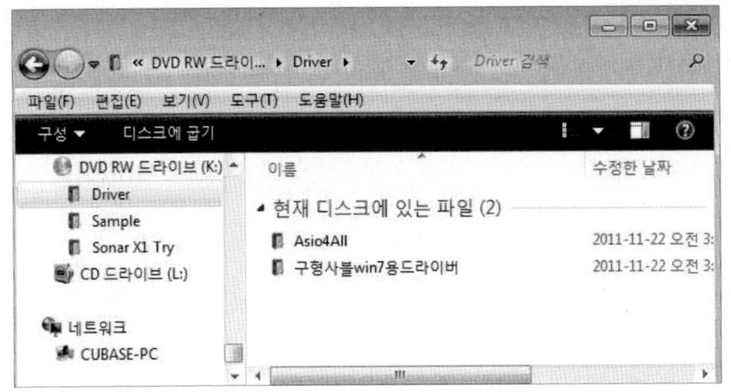

사운드 카드 사용자들이 ASIO 모드를 사용하고 싶을 경우 이 파일을 설치합니다. 저가 사운드 카드에서 가상으로 ASIO 모드를 구현할 수 있습니다. 구형 사블(사운드블라스터) 사용자들이 윈도우 7에서 ASIO 모드를 사용하고 싶을 경우에는 구형 사블 Win7용 드라이버(Kx드라이버)를 설치하기 바랍니다.

2. Sample 폴더

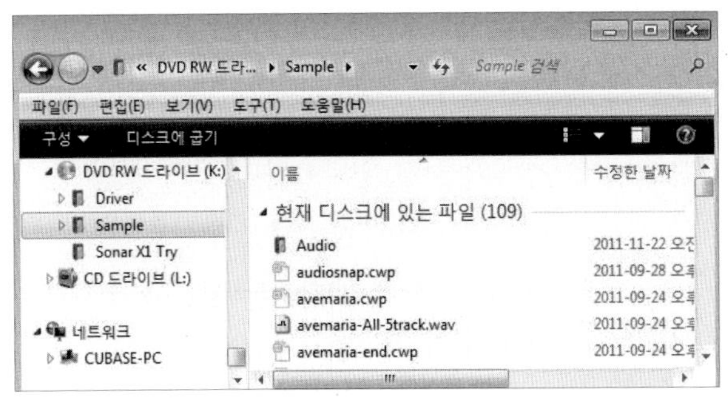

책의 예제를 따라할 때 필요한 예제와 소스 파일입니다. 학습을 하면서 필요한 경우 File → Open 메뉴로 불러오기 바랍니다.

3. Sonar X1 Try 폴더

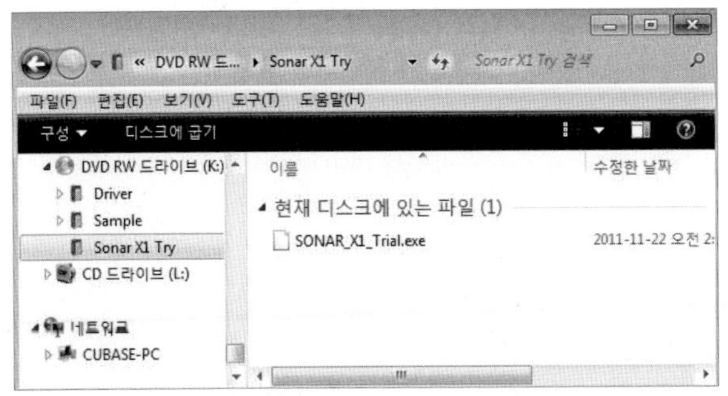

케이크워크 소나 X1 트라이얼 버전의 설치 파일입니다. 더블클릭하면 소나 X1 트라이얼 버전이 설치됩니다. 트라이얼 버전은 30일 동안 사용할 수 있고 사용 기간이 종료되면 동작하지 않습니다.

차 례

Part 1 · 소나 X1과 컴퓨터 음악

Part 2 · 소나 X1의 기본 조작법 배우고 시작하기

Part 3   소나 X1의 툴 바와 트랙 뷰 정복하기

Part 4 미디 작곡, 악보 창, 미디 컨트롤러 정복하기

Part 5 고급 오디오 편집 기능 익히기

Part 6   소나 X1 내장 가상 악기

Part 7   오디오 이펙트(FX)와 믹싱

Part 8　　소나 X1 메뉴 정복하기

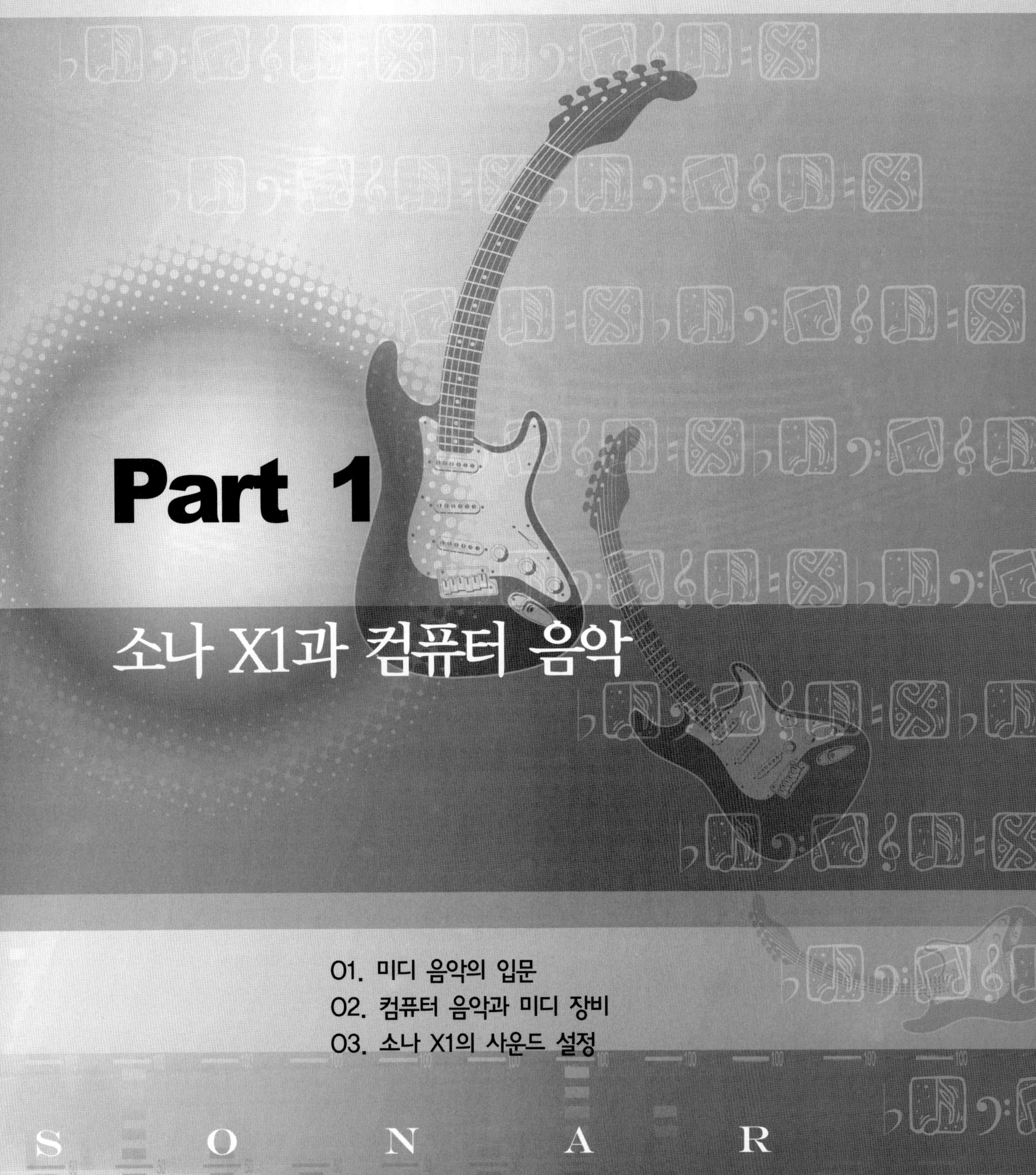

Part 1
소나 X1과 컴퓨터 음악
01. 미디 음악의 입문
02. 컴퓨터 음악과 미디 장비
03. 소나 X1의 사운드 설정
SONAR

01 미디 음악의 입문

소나 X1을 시작하기 전에 컴퓨터 음악의 기본 개념과 미디 음악 소프트웨어, 각종 음악 장비 대신 사용하는 가상 악기에 대해 공부한다.

미디(MIDI)란 무엇일까요?

미디(MIDI)는 Musical Instrument Digital Interface의 약자로 각종 전자 악기를 컴퓨터로 제어하기 위해 만들어진 악기 간의 상호 호환 규약을 말한다. 컴퓨터로 음악을 작곡하는 것이 가능해지자 1983년경 유명 악기업체들이 컴퓨터로 음악 작업이 용이해지도록 전자 악기와 컴퓨터 간의 연결 방식에 대한 규약을 제정하였다. 이후 악기 제조업체는 전자 악기를 설계할 때 MIDI 규격에 맞게 제작, 장비와 컴퓨터, 장비와 프로그램, 장비와 장비 간의 상호 연결이 용이하도록 체계화하였다. MIDI 규약이 만들어진 이후 MIDI 규약을 준수하는 악기들은 컴퓨터와 연결이 용이해졌고, 그 결과 소비자는 한층 편리하게 컴퓨터 음악 생활을 할 수 있게 되었다.

1. 시퀀서(작곡 프로그램)

시퀀서는 음악을 작곡할 때 사용하는 프로그램을 말한다. 미디 규약을 준수하는 악기들의 보급이 활성화되자 작곡 작업에 사용하는 시퀀서 또한 눈부시게 발전하였다.
원래 초기의 시퀀서는 거대한 기계장비였다. 이 장비에는 음 길이와 음정을 조절하는 각종 조절기가 부착되어 있어 사용자가 수작업으로 장치를 제어해 음악을 만들어냈다.

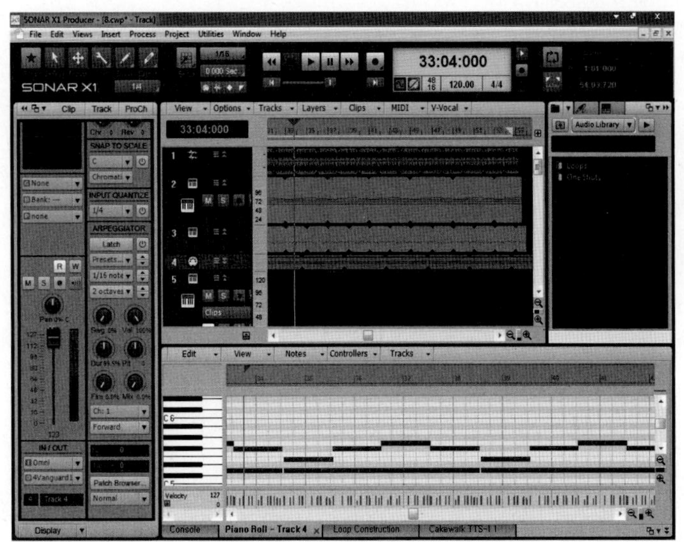

소나 8과 달리 인터페이스가 혁신적으로 업그레이드된 소나 X1

컴퓨터 업계가 눈부시게 발전을 하자 시퀀서 장비는 기계가 아닌 소프트웨어 형태로 발전하기 시작하였다. 소프트웨어 형태의 시퀀서는 기계 형태와 달리 컴퓨터에 설치하여 사용할 수 있었다. 또한 기계 장비와 달리 음정, 음 길이 등 각종 정보를 편리하게 제어할 수 있었고 부가 기능인 악보 생성 기능 등의 편리한 기능을 신속하게 추가할 수 있었다.

우리가 말하는 컴퓨터 음악은 이 시퀀서 프로그램을 통해 작곡을 하고 작곡된 곡에 원하는 악기를 연결해 사운드를 출력하는 전체 과정을 말한다. 지금의 시퀀서는 오디오 편집 기능, 이펙트 기능, 믹싱 및 마스터링 기능, 하드 레코딩(녹음) 기능까지 통합되어 말 그대로 시퀀서 프로그램만 있으면 음악 작곡, 보컬 녹음, 사운드 편집, 음악 CD 제작까지 모든 작업을 올인원(All in One)으로 할 수 있도록 눈부시게 발전하였다. 소나 X1은 그러한 작업을 할 수 있는 대표적인 시퀀서 프로그램이다.

2. 소나 X1의 기능

소나 X1은 음표를 입력하는 작곡 기능, 악보를 입력하고 출력하는 악보 제작 기능, 가상 악기를 연결하는 악기 연결 기능, 보컬 또는 사운드를 녹음하는 멀티트랙 레코딩 기능, 오디오 클립을 편집하는 편집 기능, 사운드를 믹싱하는 믹싱 기능, CD 제작 최종 작업 기능인 마스터링 기능을 하나의 프로그램에서 제공한다.

또한 작곡 기능에는 음표 입력 기능, 음 길이 조절 기능, 음정 변경 기능, 음의 강약 조절 기능, 템포 조절 기능 등이 있는데 이 모든 정보가 미디 규격하에 동작하므로 컴퓨터 음악은 흔히 '미디 음악'이라고도 말한다.

악보를 리얼 입력하는 모습

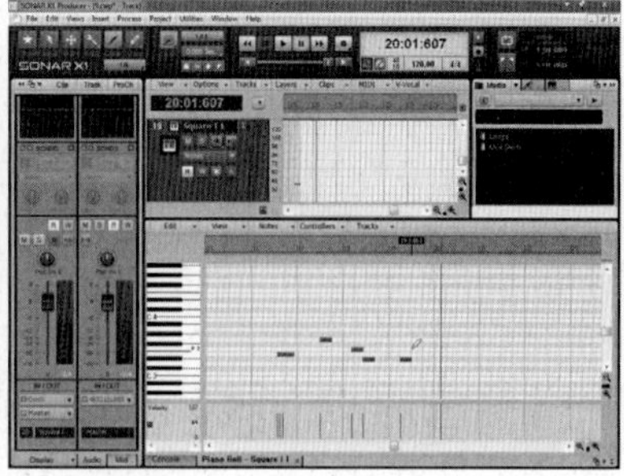

노트 창에서 악보를 입력하는 모습

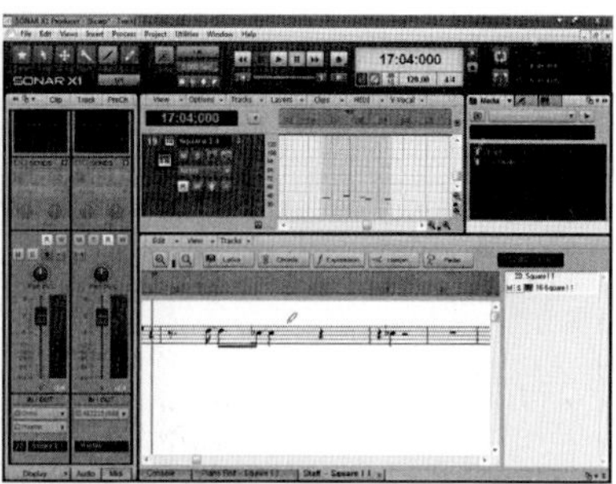

악보 창에서 악보를 입력하는 모습

원래 기존의 시퀀서 프로그램(미디 작곡 프로그램)은 사운드 음원(악기 음원)을 내장하지 않았다. 따라서 사운드를 출력하려면 외장 악기인 신디사이저나 음원 장비를 연결해야 했다. 현재의 시퀀서 프로그램은 자체적으로 소프트웨어 형태의 악기를 탑재하여 사운드 출력까지 가능하다. 소프트웨어 형태로 동작하는 악기를 흔히 '가상 악기'라고 말한다.

소나 X1의 신기능

경쟁 프로그램인 큐베이스의 그늘에 갇혀 있던 소나 8이 절치부심 끝에 인터페이스를 획기적으로 변경하고 소나 X1으로 새롭게 탄생하였다. 소나 X1에서 새로 등장한 기능들은 과연 어떤 것이 있을까?

1. 인공지능으로 동작하는 유저 인터페이스

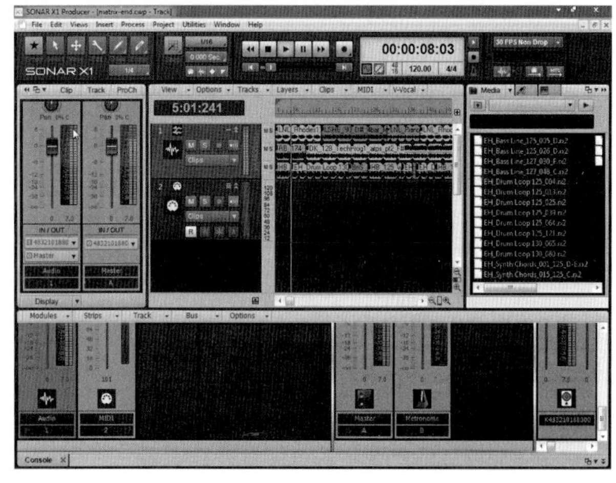

작곡, 사운드 편집, 오디오 믹싱, 이펙트, 가상 악기 등의 모든 작업을 한 화면에서 처리할 수 있도록 인터페이스가 대폭 변경되었다. 각종 편집 도구를 간소화시켜 인공지능으로 동작하게 하였다. 또한 일일이 메뉴를 실행하지 않고도 음악 작곡과 홈 스튜디오 구축까지 올인원으로 처리할 수 있다.

획기적으로 변한 소나 X1의 유저 인터페이스

2. 새로 수록된 고급 사운드 이펙터

보컬 녹음자를 위한 수준 높은 VX-64 이펙트와 타악기 사운드 편집을 위한 고급 PX-64 이펙트를 새로 추가하였다. 이들 이펙트는 공통적으로 컴프레서, 이퀄라이저, 딜레이 이펙트를 내장하고 있으므로 다른 이펙트를 추가 적용하지 않고도 다목적 사운드 효과를 만들 수 있다.

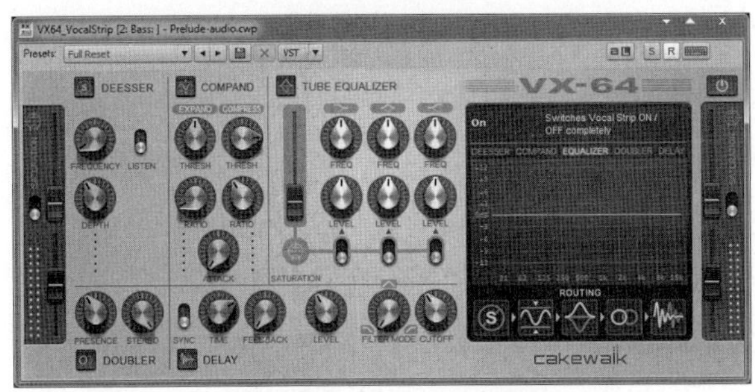

Vocal Strip(VX-64) 이펙터

Percussion Strip(PX-64) 이펙터

3. Matrix View의 등장

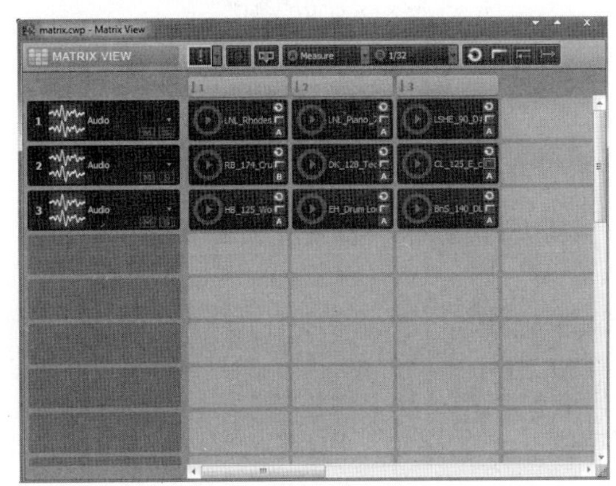

매트릭스 뷰

그루브 오디오 샘플을 뮤지션이 직접 연주할 수 있다. 뮤지션은 자신이 원하는 Wav 파일이나 rx2 파일을 매트릭스 뷰로 무제한 끌어다 놓을 수 있다. 끌어다 놓은 그루브 샘플은 마우스 원클릭으로 연주할 수 있다. 연주한 내용은 실시간으로 오디오 트랙에 레코딩할 수 있다.

수십, 수천 개의 오디오 샘플을 자기만의 독특한 방식으로 연주하여 새로운 곡을 창조할 수 있다.

4. 최고급 SI 시리즈 가상 악기 내장

원래 별매품이었던 Studio Instrument 시리즈의 가상 악기 3 종류가 소나 X1에 내장되어 무료로 사용할 수 있다. SI 시리즈 중에서 베이스, 현악기, 드럼 악기를 사용할 수 있다.

그 동안 베이스악기와 현악기에서 약점을 보인 소나가 이제는 별도의 가상 악기를 구입하지 않고노 소나 X1에서 베이스와 현악기를 소화할 수 있다.

SI Bass 가상 악기

5. 방대한 고품질 샘플 무료 제공

샘플 검색에 사용하는 브라우저 창

소나 X1 Producer 버전을 풀설치하면 무료 제공하는 고품질 샘플이 함께 설치된다. 설치되는 샘플은 rx2 포맷, wav 포맷의 오디오 샘플과 midi 포맷의 미디 샘플이 있다.

뮤지션은 작업 창 오른쪽의 브라우저 창에서 샘플을 검색한 뒤 미리 모니터할 수 있고, 마음에 드는 샘플을 오디오 트랙이나 미디 트랙에 드래그하여 바로 사용할 수 있다.

소나 X1으로 음악 만들기

소나 X1은 작곡 기능인 미디 입력 기능과 가상 악기 연결 기능, 악보 출력 기능, 녹음 기능, 오디오 편집 기능, MP3 제작 기능, CD 음반 제작 기능을 제공한다. 동영상 편집 기능을 제공하지 않지만 동영상과 음악과의 싱크 작업을 테스트할 수 있도록 동영상을 불러올 수 있다.

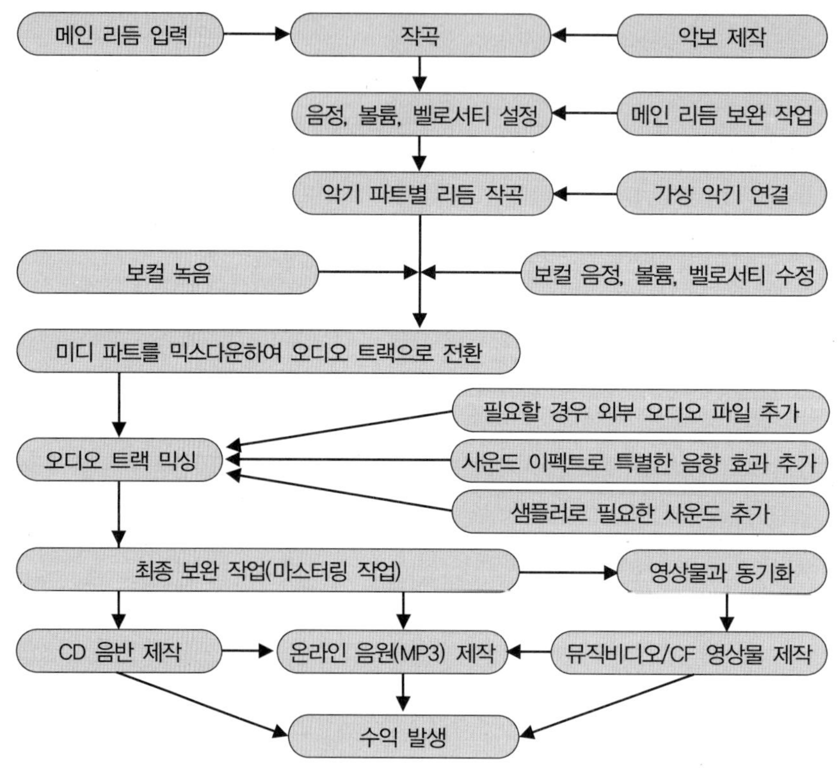

초보 뮤지션에게 안내하는 작곡 기본기

작곡 입문자들이 가장 어려워하는 점은 맨 처음에 음악을 어떻게 작곡하느냐이다. 요즘은 음악을 전공하지 않은 분들이 취미활동으로 음악을 시작하기 때문에 작곡 작업이 더더욱 어려울 수도 있다. 처음 작곡을 시작하는 뮤지션이라면 딱 한 가지를 명심하면 된다. 4마디 분량의 리듬을 잘 구상하라는 것.

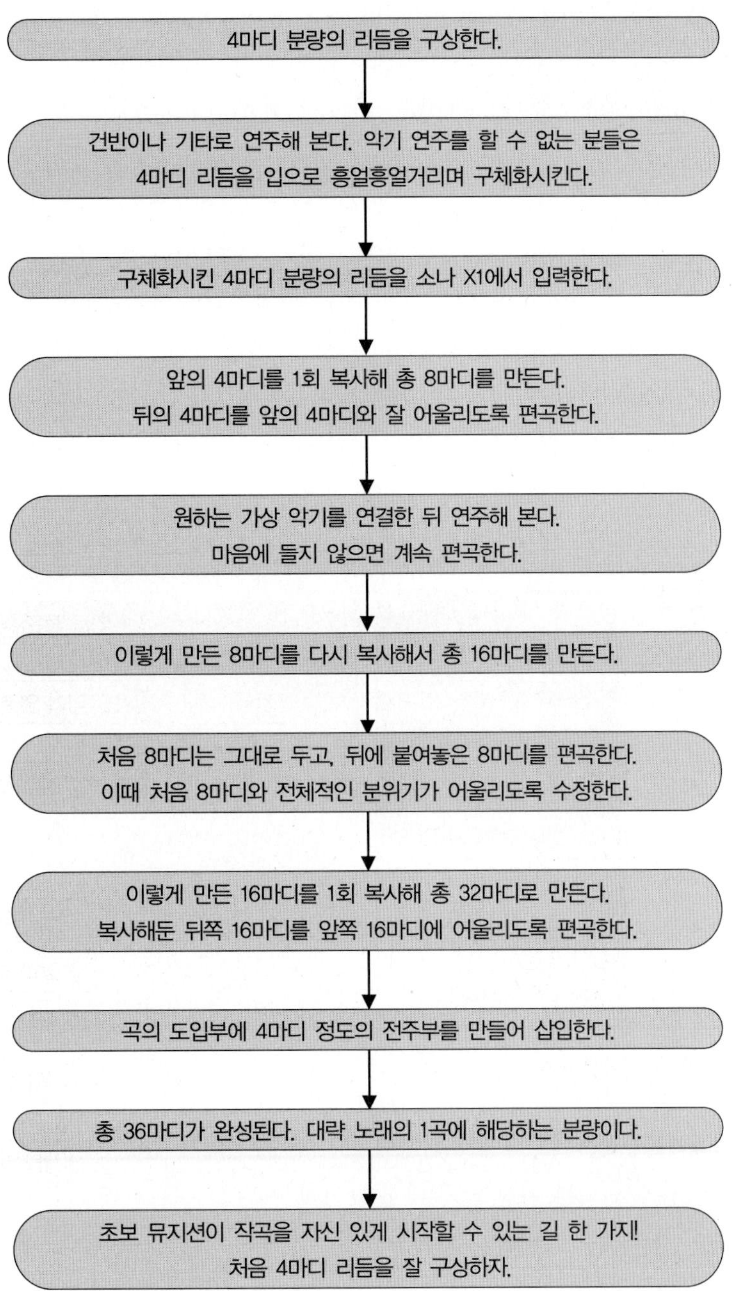

장비를 사용하지 않고 시작하는 – 미디 작곡

대부분의 유저들은 미디 음악을 작곡하려면 마스터건반 같은 미디 장비가 필요하지 않을까 생각하기 마련이다. 하지만 요즘의 미디 음악은 장비 없이 모든 작업이 소프트웨어로 가능하다. 10년 전만 해도 사운드를 출력하려면 외장 음원장비나 신디사이저가 필요했지만 최근에는 이들 음원 장비가 전혀 필요 없는 상황이 되었다.

장비가 필요 없어진 이유 중 가장 큰 이유는 버추얼 악기(Virtual Instrument)라고 불리는 '가상 악기'의 눈부신 발전 때문이다. 가상 악기는 악기 음을 소프트웨어로 제공한 것을 말한다. 몇 년 전만 해도 가상 악기의 소리 품질이 떨어져 가상 악기와 외장 음원장비를 같이 사용하는 경우가 많았지만 지금의 가상 악기는 하드웨어 음원 장비보다 더 좋은 소리를 내고 있다. 고가의 장비 없이 CD 음반에서 들을 수 있는 실제 악기음과 거의 유사한 사운드를 제작할 수 있는 환경이 된 것이다.

가상 악기는 여러 가지 매력이 있다. 가장 큰 매력은 동일 음원의 하드웨어 장비보다 구입 가격이 저렴하다. 구입 즉시 컴퓨터에 설치하면 바로 사용할 수 있으므로 가정에서도 오케스트라, 밴드, 힙합, 레게 사운드 환경을 구축할 수 있다. 설치한 가상 악기는 VST 방식의 플러그인 규격을 준수하고 있으므로 VST를 지원하는 모든 작곡 프로그램에서 이들 가상 악기를 로딩할 수 있다. VST 방식을 지원하는 시퀀서로는 소나, 큐베이스, 프로 툴스, 로직 오디오, FL 스튜디오 등이 있으므로 하나의 가상 악기 프로그램을 5개의 시퀀서 프로그램에서 자유자재로 사용할 수 있다.

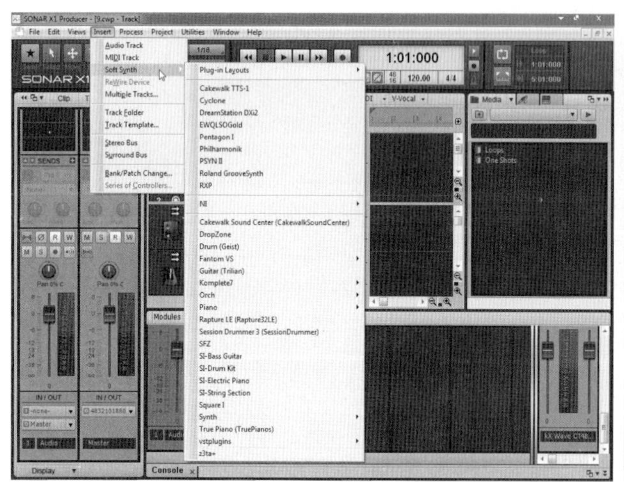

소나 X1의 가상 악기 실행 메뉴

가상 악기 중 하나를 불러온 모습

10년 전만 해도 가난한 작곡자들은 음악을 작곡한 뒤에도 고급 음원 장비가 없었기 때문에 프로페셔널한 느낌의 사운드를 표현할 수 없었다. 요즘 보급되는 가상 악기는 실제 악기 연주를 녹음한 경우가 많기 때문에 일반 가정에서도 실제 악기 없이도 놀라운 사운드를 구현할 수 있다.

소나 X1의 가상 악기

윈도우 XP와 윈도우 7은 MIDI 파일을 재생하기 위해 사운드 카드에서 MIDI 음원을 제공한다. 보통 GS/XG 소프트 음원이라고 불리는 이들 소프트 음원은 사운드 카드에서 제공하는 번들용 음원이므로 악기의 음질이 매우 조잡하다. 옛날 오락실에서 들었던 전자 합성음과 비슷하기 때문에 실제 작업을 할 때는 이들 음원보다 가상 악기를 많이 사용한다.

소나 X1은 기본적으로 약 20여 개의 가상 악기와 샘플러를 제공한다. 그중 자주 사용한 것을 간략하게 정리해 본다.

1. SI String Section (SI 스트링 섹션)

케이크워크사의 별매품이었던 Studio Instrument 시리즈 중에서 현악기용 가상 악기를 소나 X1에서 기본 기능으로 제공한다. 바이올린, 첼로, 더블베이스 음색을 사용할 수 있다.

소나 X1을 설치할 때 자동으로 함께 설치된다.

영화 음악에서 흔히 들었던 오케스트라 연주 같은 음악을 표현할 때 사용할 수 있다.

2. SI Electric Piano (SI 일렉트릭 피아노)

케이크워크사의 가상 악기인 Studio Instrument 시리즈 중에서 일렉트릭 건반 음색을 표현하는 가상 악기이다. 원래 별도 판매하는 제품이었으나 소나 X1에서 기본 가상 악기로 내장되었다. 소나 X1을 설치할 때 자동으로 함께 설치된다. 록, 팝, 힙합, 재즈, 블루스, 펑크 등 다양한 피아노 패턴을 선택할 수 있다.

3. SI Base Guitar (SI 베이스 기타)

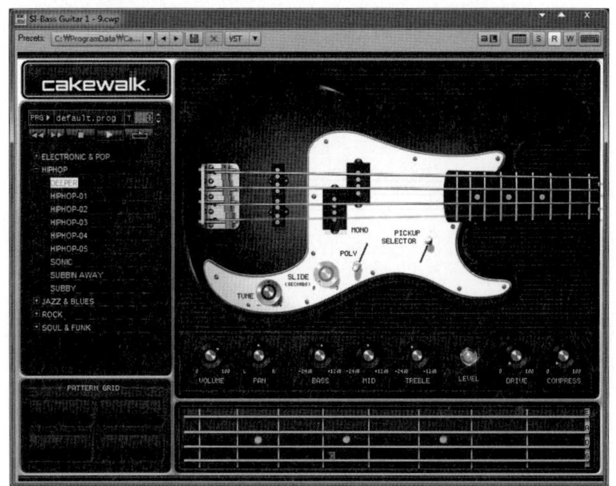

케이크워크사의 가상 악기인 Studio Instrument 시리즈 중에서 베이스 기타 음색을 표현하는 가상 악기이다. 원래 별도 판매하는 제품이었으나 소나 X1에서 기본 가상 악기로 내장되었다. 소나 X1을 설치할 때 자동으로 함께 설치된다. 고전에서 현대까지 여러 가지 베이스 기타 음색을 표현한다.

4. SI Drum Kit (SI 드럼 키트)

케이크워크사의 별매품인 Studio Instrument 시리즈 중에서 드럼 음색을 표현하는 가상 악기이다. 이전 버전과 달리 소나 X1에서 기본 가상 악기로 수록하였다. 록, 팝, 힙합, 재즈, 블루스, 펑크 스타일 등의 다양한 드럼 파트를 손쉽게 만들 수 있다.

5. Session Drummer 3 (세션 드러머 3)

드럼 음색을 표현하는 가상 악기로서 소나 8에도 내장되어있던 악기이다. 소나 8에서는 세션 드러머 2였으나 소나 X1에서 세션 드러머 3으로 업그레이드되었다. 드럼 소리가 실제 음색과 가깝고 멀티 레이어 방식의 프로그래밍이 가능하다. 4개의 키트와 55개의 드럼 프리셋이 제공된다. 록, 스윙, 셔플, 레게풍 드럼 파트를 만들 수 있다.

6. TTS-1

실행 속도가 빠른 가상 악기이다. GM2 규격을 지원 256개의 악기 음색을 사용할 수 있다. 피아노, 일렉기타, 바이올린, 현악기, 헬리콥터 소리, 자동차 시동 거는 소리 등의 음색이 들어있다. 또한 9개의 드럼 셋을 제공하므로 드럼 악기도 선택할 수 있다. 곡을 작곡할 때는 일반적으로 무거운 가상 악기 대신 가벼운 가상 악기를 로딩하여 사용하는데 이때 사용하면 좋다.

7. True Pianos (트루 피아노)

4Front Technologies사가 발표한 피아노용 가상 악기이다. 원래의 정품은 4개의 피아노 음색을 제공하지만 소나 X1에 내장된 시험판은 1개의 피아노 음색만 제공한다. 참고로 소나 X1 사용자는 트루 피아노 정품을 30% 할인가로 구입할 수 있다. 피아노 음색이 상당히 아름답기 때문에 작업 중인 곡의 피아노 파트에 사용하면 좋다.

8. PSYN 2

아날로그 스타일의 신디사이저이다. 베이스, 리드, 패드 등의 음색을 제공한다. 8개의 뱅크에서 550개의 악기 음색을 제공한다. 4개의 오실레이터, 3개의 LFO, 4개의 Envelope, Filter, Drive, Delay 등의 다양한 이펙트로 음색을 조절할 수 있다.

9. Pentagon I (펜타곤 I)

과거에 유행했던 구형 신디사이저를 모방한 빈티지 스타일의 아날로그 신디사이저이다.

6개의 뱅크, 550개 이상의 악기 음색을 지원한다. 어둡고 신비로운 음색이 많으므로 이러한 사운드를 표현하고 싶을 때 사용한다. 기존 음색의 사용 외에 사운드를 디자인하고 추가할 수 있는 기능도 제공한다.

10. Square 1

소나 X1에서 새로 등장한 가상 악기이다. 따뜻한 감성의 빈티디 아날로그 신디사이저를 모방하였다. 간편한 레이아웃과 쉬운 조작법이 장점이다. 3개의 오실레이터, 9개의 오디오 파형을 사용하는 노이즈 생성기, 32개의 보이스를 동시 발현하는 32 폴리포닉을 지원한다. 6개의 뱅크, 192개의 고품질 프리셋을 제공한다.

11. Roland GrooveSynth (롤랜드 그루브신디)

롤랜드의 하드웨어 그루브 박스인 808 모델과 909 모델의 사운드를 가상 악기 방식으로 사용할 수 있도록 소프트웨어 버전으로 만들었다. 30개의 악기 카테고리를 클릭하면 피아노, 기타, 현악기, 오르간, 베이스, 드럼 등 다양한 음색의 선택이 가능하다.

가벼운 댄스곡 같은 음악을 만들 때 사용할만한 가상 악기이다.

더 사실적인 사운드 표현하기 – 플러그 인 가상 악기

가상 악기의 궁극적 목적은 음악을 더 사실적이고 더 현대적으로 표현하는 데에 있다고 해도 과언이 아니다. 잔뜩 고생해서 음악을 만들었는데 악기를 잘못 선택해 사실적이지 않은 전자음이 들린다면 곡의 완성도 역시 떨어질 것이다. 이런 분들을 위해 소나 X1에 추가 설치할 수 있는 인기 만점 가상 악기를 소개한다.

1. Ivory (아이보리) 피아노 가상 악기

피아노용 가상 악기 중에서 가장 유명한 가상 악기이다. 국내의 프로 작곡가들이 발라드 곡의 피아노 파트를 만들 때 흔히 선택한다. 다양한 피아노 모델을 제공, 곡의 분위기에 맞게 피아노 모델을 변경할 수 있다. 총 설치 용량은 약 41GB이다.

2. Dune (듄) 신디사이저

Synapse Audio사의 인기 만점 신디사이저이다. Subtractive 방식을 채택하여 20Mb의 작은 용량으로도 다양한 신디 사운드를 뿜어낸다. 오실레이터, 모듈레이터, 유니즌 등 다양한 옵션을 제공 악기 음색의 변경이 용이하다. 설치 용량이 적은 만큼 실행속도 또한 빠르다.

3. Vanguard (밴가드) 신디사이저

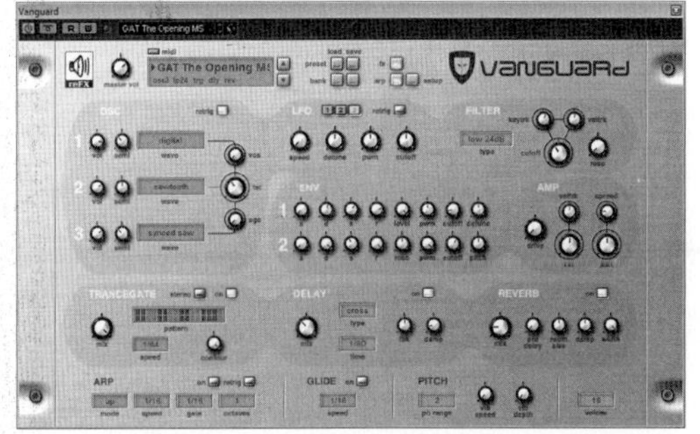

reFX사의 밴가드는 아날로그 모델을 표방한 신디사이저로 특히 트랜스 음악에 강점이 있다. 다른 신디사이저와 달리 트랜스 Trancegate 옵션을 제공, 트랜스 음악에서 들을 수 있었던 효과를 재빠르게 만들 수 있다. 제공되는 악기들도 트랜스 음악이나 테크노 음악에 잘 어울린다.

4. ABSynth (에이비신스) 신디사이저

네이티브 인스트루먼트사의 컴플리트 팩키지에 포함되어 있는 신디사이저이다. 신디사이저 가상 악기 중에서 제법 인기가 많다. KORE SOUND® 포맷의 1,700여 개에 달하는 프리셋으로 신디사이저로 구현할 수 있는 모든 사운드를 구현해 내지만 워낙 방대한 음색을 제공하므로 자신이 찾고자 하는 음색을 찾아내는 데 많은 시간이 필요하다.

5. 가이스트 (드럼 머신)

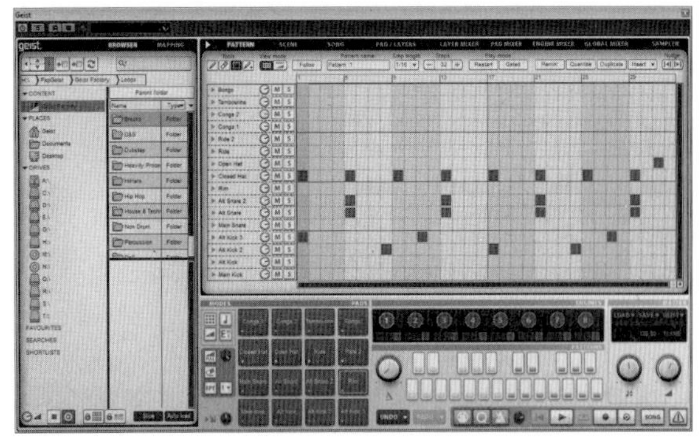

드럼 악기를 잘 만드는 FXpansion사의 스텝시퀀서 겸 드럼 머신, 그루브박스 등이 결합된 다목적 드럼 악기이다. 다양한 프리셋을 제공하기 때문에 그루브 리듬을 손쉽게 만들 수 있다. 드럼 비트가 강한 음악을 만들 때 사용하면 좋다. 사용법이 복잡하지만 전체 설치용량이 2.5GB에 불과하므로 한번쯤 설치해볼만 하다.

6. Stylus RMX (그루브 & 드럼 악기)

스펙트라소닉스의 S.A.G.E.™ Technology를 채택한 가상 악기이다. 발매 당시 간편하게 비트와 그루브를 만들 수 있다는 점에서 큰 인기를 얻었다. 그루브 머신과 비트 박스, 드럼 악기가 결합된 다목적 악기이므로 여러 가지 용도로 사용할 수 있다. 보통 드럼이 결합된 그루브 파트를 만들 때 사용한다. 총 설치 용량은 약 8GB이다.

7. Omnisphere (옴니스피어)

StylusRMX, Triliogy와 함께 Spectrasonic사의 3대 걸작으로 알려진 가상 악기이다. 타이타닉 같은 할리우드 영화음악을 들으면 웅장하고 박진감 넘치는 음악이나 효과음이 많이 나오는데 그러한 효과의 악기들을 많이 제공한다. 총 설치 용량은 약 40GB이지만 반드시 설치해야 할 가상 악기중 하나라고 할 수 있다.

8. Trilian (트릴리안) 베이스 악기

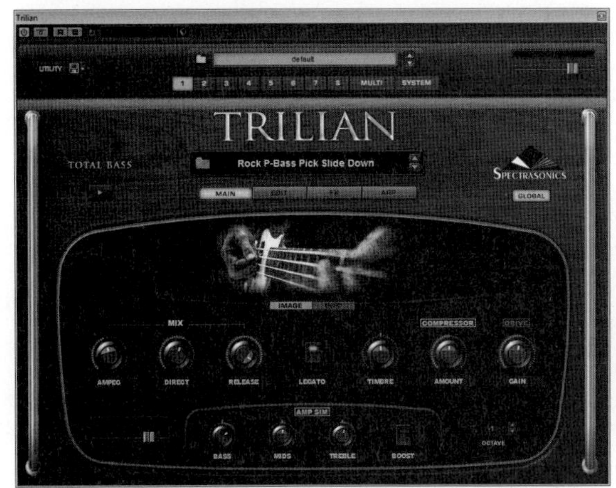

Spectrasonic사의 3대 가상 악기 중에서 베이스 악기를 담당한다. Spectrasonics Stream ™ 엔진을 채택 실시간 사실적인 베이스 기타를 표현한다. 어쿠스틱, 일렉트릭, 신디사이저 기반의 베이스 기타를 제공하며 60개 이상의 4, 5, 6, 8줄 베이스 악기가 수록되어 있다. 전체 설치 용량은 약 34GB이다.

9. Virtual Guitarist (버츄얼 기타)

스타인버그사의 기타 악기이다. 일렉기타와 어쿠스틱 기타가 동시에 설치된다. 소나 경쟁사인 스타인버그사 제품이지만 VST 방식으로 동작하므로 소나 X1에서도 사용할 수 있다. 작업 중인 곡의 기타 파트에 사용할 수 있다. 사용자는 서로 다른 스타일의 기타 연주자를 선택해 기타 연주를 실행할 수 있다.

10. Miroslav Philharmonik (미로슬라브 필하모닉)

다양한 가상 악기 제품군을 보유한 IK Multimedia사의 오케스트라용 가상 악기이다. 바이올린 같은 현악기, 팀파니 등의 타악기, 트럼펫 등의 금관악기, 오보에 등의 관현악기, 하프, 현악4중주 같은 앙상블 악기를 사용할 수 있다. 샘플은 체코 프라하의 드보르작 홀에서 Miroslav 연주가들의 실제 연주를 녹음하여 만들었다. 전체 설치 용량은 약 8GB이고, 오케스트라 음색이 부드럽고 여성적인 것이 특징이다.

11. EWQL Symphonic Orchestra (EWQL 심포닉 오케스트라)

East West 사의 오케스트라용 가상 악기이다. 실버, 골드, 플래티넘 등의 3가지 버전이 있는데 흔히 사용하는 것은 골드 버전이다. 그래미상 3회 수상자이자 8회 노미네이트된 녹음 전문가 Prof. Keith Johnson가 제작을 총괄하였다. 위의 Miroslav Philharmonik과 비교하면 오케스트라 음색이 강인하고 남성적인 것이 특징이다. 작업 중인 곡의 클래식 파트에 사용할 수 있다. 골드 버전의 설치 용량은 약 14GB이고 플래티넘 버전은 더 많은 설치 공간이 필요하다.

EWQL Symphonic Orchestra 플래티넘 버전

EWQL Symphonic Orchestra 골드 버전

12. Vienna Symphonic Library(VSL)

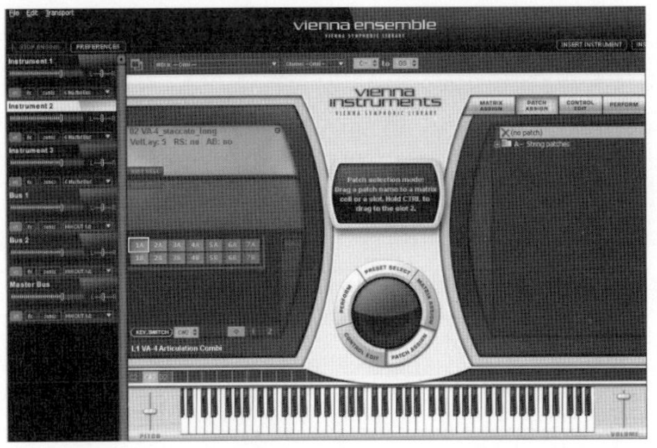

오케스트라용 가상 악기 중에서 가장 뛰어나지만 전체 용량이 약 200기가에 달할 정도로 다루기 힘든 가상 악기이다. 전용 호스트 프로그램인 비엔나 앙상블로 악기를 불러오거나 소나에서는 **VST** 모드 혹은 기가 스튜디오를 사용해 악기를 로딩할 수 있다. 클래식 오케스트라 사운드 표현에 좋지만 샘플이 매우 묵직하므로 시스템의 속도에 많은 영향을 받는다.

13. Colossus 5 (콜로소스 5)

East West사의 가상 악기 가운데 대표작에 속하는 여러 가상 악기를 하나로 수집한 가상 악기이다. 실제 악기를 샘플링했지만 각종 신디사이저 악기 음색도 함께 제공한다. 드럼부터 오케스트라까지 매우 방대한 수의 악기 음색이 제공되므로 다른 악기를 찾아 해맬 필요 없이 한 번에 해결할 수 있다. 전체 설치 용량은 약 **32GB**이다.

14. Elite Orchestra Percussion (EOP 타악기용 가상 악기)

다양한 제품군을 보유한 Vir2사의 타악기(Percussion) 전문 가상 악기이다. 팀파니, 공, 핸드벨, 베이스드럼, 스네어드럼, 말렛, 우드블록, 탬버린, 심벌, 윈드 차임, FX, 엑서사리 등 매우 방대한 타악기가 수록되어 있다. 판타지 영화 등에서 접했던 웅장감 넘치는 타악기 사운드를 표현할 때 사용한다. 전체 설치 용량은 약 **19GB**이다.

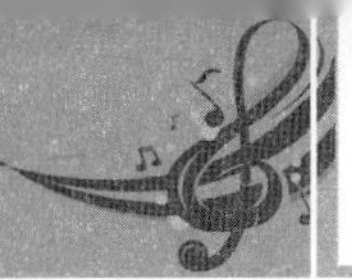

15. BFD2 (드럼 악기)

드럼 악기를 잘 만드는 **FXPansion**사의 어쿠스틱 기반 드럼 악기 중에서 가장 다이내믹한 드럼 사운드를 자랑한다. 자체 믹싱 기능, 드럼 맵 편집 기능을 지원하고, 그루브 프리셋과 그루브 편집 창을 제공하므로 간단한 조작으로 프로 감각의 그루브 리듬을 만들 수 있다. 사용법이 조금 복잡하므로 필자의 '가상 악기' 책을 참고한다. 전체 설치 용량은 약 **12GB**이다.

16. EZ Drummer (EZ 드러머)

용량이 가볍기 때문에 미디에 처음 입문한 사람들이 흔히 선택하는 드럼 악기이다. 다양한 드럼 키트를 제공할 뿐 아니라 미리 설정된 드럼 패턴을 로딩해 사용할 수 있다. **Toontrack**사의 **SUPERIOR** 드럼 악기를 축소한 버전이며 전체 설치 용량은 약 **1.5GB**이다.

17. Battery 3 (배터리 드럼)

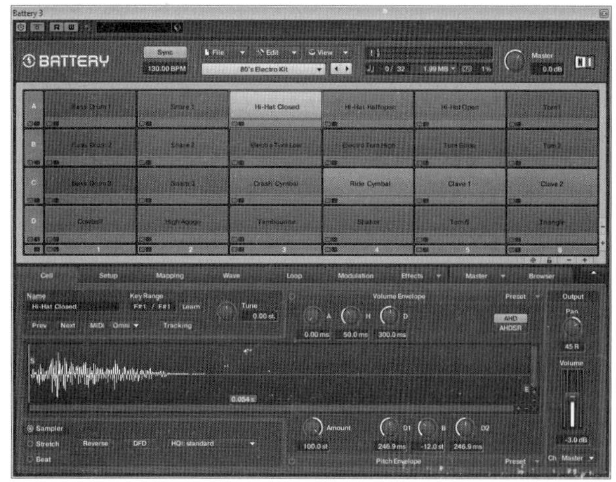

네이티브 인스트루먼트사의 컴프리트 7에 수록된 드럼 악기이다. 다양한 음향효과를 제공 사운드의 섬세한 조절이 가능하다. 사운드 편집이 매우 간편하고 편집 내용이 바로 업데이트되어 적용된다. 드럼 샘플을 다양하게 제공하는 것이 가장 큰 매력이지만 미디 입문자들에겐 복잡한 인터페이스가 조금 어렵게 느껴질 수도 있다. 전체 설치 용량은 약 **12GB**이다.

02 컴퓨터 음악과 미디 장비 – 미디 장비의 종류와 연결

소나 X1는 별도의 오디오 카드나 미디 장비 없이 사운드 카드로도 미디 작업을 할 수 있다. 그러나 미디 장비를 소유하고 있다면 음악 작업이 한층 수월할 것이다. 이번 장은 미디 장비를 보유한 뮤지션을 위해 미디 장비의 종류와 미디 장비가 하는 역할, 미디 장비를 연결하는 방법을 알아본다.

미디 입력 장비와 미디 출력 장비

미디 장비는 '입력 장비'와 '출력 장비'로 나누어진다. 입력 장비는 미디 정보를 입력하는 장비를 말한다. 말 그대로 음표를 입력하고 노래를 녹음(입력)하는 장비가 이에 속한다. 마스터 건반은 음표를 입력할 때 사용하는 입력 장비이다. 보컬의 노래를 녹음하려면 아무래도 마이크 같은 장비가 필요한데 이 또한 입력 장비이다. 미디 기타, 미디 드럼 등은 기타와 드럼 연주를 미디 데이터를 바로 입력할 수 있는 것들도 입력 장비이다.

출력 장비는 사운드 출력과 관계되는 장비를 말한다. 음악 프로그램의 출력은 일반적으로 사운드로 출력되기 때문에 사운드 음원을 가진 장비들이 출력 장비에 속한다. 신디사이저, 사운드 모듈 등이 미디 출력 장비에 속한다. 스피커 또한 출력 장비의 하나라고 할 수 있다.

1. 오디오 카드

오디오 카드는 미디음악 전용으로 개발된 카드를 말하며 우리가 알고 있는 사운드 카드와는 별개의 카드이다. 컴퓨터에 기본 장착되어 있는 사운드 카드는 말 그대로 기본적인 사운드 입출력만 담당한다. 그러나 오디오 카드는 사운드 입출력 부분을 고급 부품을 사용하고 특별하게 처리하였기 때문에 사운드 입출력의 레이턴시(지연시간)를 줄이고 사운드 녹음 시 고음질 녹음이 가능하도록 해준다. 최근의 오디오 카드는 미디 인터페이스 기능, 프리앰프 기능을 내장하여 점점 높은 가격대를 형성하고 있다.

예를 들어 프리앰프 기능이 내장된 오디오 카드는 보컬의 노래를 녹음할 경우 CD 음반 못지않은 고음질 녹음이 가능하다. 일반 사운드 카드도 녹음 작업이 가능하지만 잡음이 많이 섞여있어 상업적으로 이용할 수가 없다.

사운드 카드 사용자의 경우 Asio4all 드라이버를 설치하면 입출력 레이턴시를 획기적으로 줄일 수 있을 뿐 아니라 가상 악기도 구동할 수 있다. 하지만 사운드 카드의 녹음 관련 부품은 수준 낮은 부품이기 때문에 Asio4All을 설치해도 녹음 분야만큼은 고음질 녹음이 불가능하다. 지금 당장의 작곡 작업은 사운드 카드 + Asio4all 조합으로 얼마든지 가능하지만, 녹음 작업에서 고음질을 추구한다면 고급 오디오 카드의 구매를 생각해 보는 것이 좋다.

내장형 오디오 카드

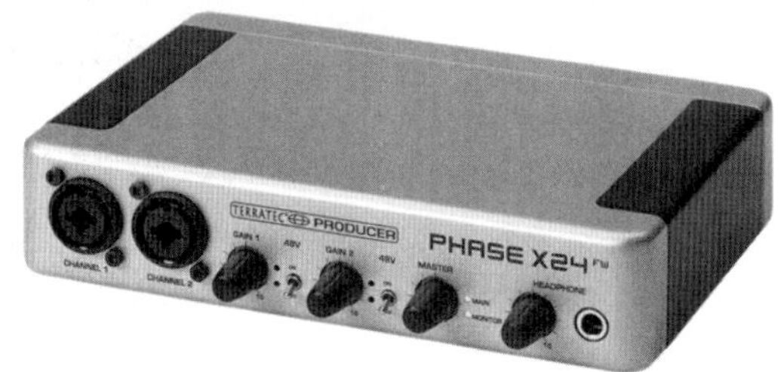

외장형 오디오 카드

Tip 미디 음악에서 레이턴시란?

레이턴시란 '지연 시간'을 의미한다. 레이턴시가 짧을수록 미디 입출력 지연 시간이 짧기 때문에 그만큼 실시간 입력과 출력이 가능하다. 레이턴시가 느리면 그만큼 지연 시간이 많으므로 레이턴시가 느리면 0.3~0.4초 뒤에 입력이 되거나 출력이 될 수도 있다.

1. 건반으로 노트(음표)를 입력할 때의 레이턴시

소나같은 시퀀서 프로그램은 마스터 건반을 눌러 음표를 바로 악보 창에 입력하는 기능을 제공한다. 마스터 건반으로 자유 연주를 하면 연주한 내용이 악보 창에 음표로 입력되는 것이다.

오디오 카드를 사용할 경우 레이턴시를 최대 1~2ms까지 줄일 수 있다. 물론 이것은 최대값이고 보통의 오디오 카드는 2~5ms 사이에서 레이턴시가 설정된다. 예를 들어 레이턴시가 2ms라고 가정해 보자. 마스터 건반으로 연주를 하면 0.002초 뒤에 악보 창에 음표가 입력되므로 거의 실시간 입력되는 것을 알 수 있다.

사운드 카드는 처음부터 미디 전용으로 개발된 장치가 아니기 때문에 레이턴시 개념이 아예 없다. 그러나 사운드 카드도 Asio4All을 설치하면 레이턴시를 10~15ms까지 줄일 수 있는 상황이 되었다. 마스터 건반으로 연주를 하면 0.010~0.015초 뒤에 악보 창에 음표가 입력되므로 지연 시간을 많이 줄였다고 할 수 있는 셈이다. 즉, Asio4All 프로그램이 등장한 이후에는 오디오 카드 없이 사운드 카드로도 미디 입출력 작업이 가능해진 것이다.

2. 가상 악기의 구동과 레이턴시

레이턴시는 앞의 경우처럼 데이터의 입력 작업에도 관여하지만 사운드 출력 작업에도 관여한다. 예를 들어 작업을 마무리한 뒤 악보 내용을 가상 악기로 출력한다고 가정해 보자. 레이턴시가 2ms이면 곡을 플레이할 때 0.002초 뒤에 악기음이 호출되므로 거의 실시간 사운드가 연주된다.

사운드 카드 사용자가 Asio4All로 소나를 돌릴 경우 레이턴시는 대략 10~15ms이므로 곡을 플레이할 때 0.010~0.015초 뒤에 사운드가 들린다. 사운드의 출력에서 0.010~0.015초 지연 현상은 체감 상 거의 느껴지지 않기 때문에 원활한 작업이 가능하다.

물론 연주를 아주 잘하는 사람이라면, 자신이 연주한 결과물이 0.010~0.015초 뒤에 출력되는 것에 신경이 무척 쓰일 것이다. 이런 경우에는 Asio4All로도 해결되지 않는 것이므로 고급 오디오 카드를 장착해 레이턴시를 2~5ms 사이로 줄여 보는 것이 좋은 선택이 된다.

참고로, 아무리 좋은 오디오 카드라고 해도 레이턴시가 0ms인 경우는 아예 없다. 보통의 오디오 카드는 2~5ms 사이에서 레이턴시가 설정되고, 사운드 카드+Asio4All 조합으로는 10~15ms 사이에서 레이턴시가 설정된다.

2. 미디 케이블 & 오디오 케이블

미디 케이블은 미디 신호를 미디 장비끼리 주고받을 수 있도록 설계된 케이블이다. 미디 케이블은 기본적으로 **MIDI** 규격을 준수하므로 다양한 미디 장비를 서로 연결할 수 있다. 예를 들어 마스터 건반, 오디오 카드, 신디사이저, 음원 모듈 등의 미디 장비끼리 연결할 때 사용한다.

오디오 케이블은 사운드 신호를 주고받을 수 있도록 설계된 케이블이다. 보통 스피커와 오디오 카드 또는 사운드 카드를 연결할 때 사용한다.

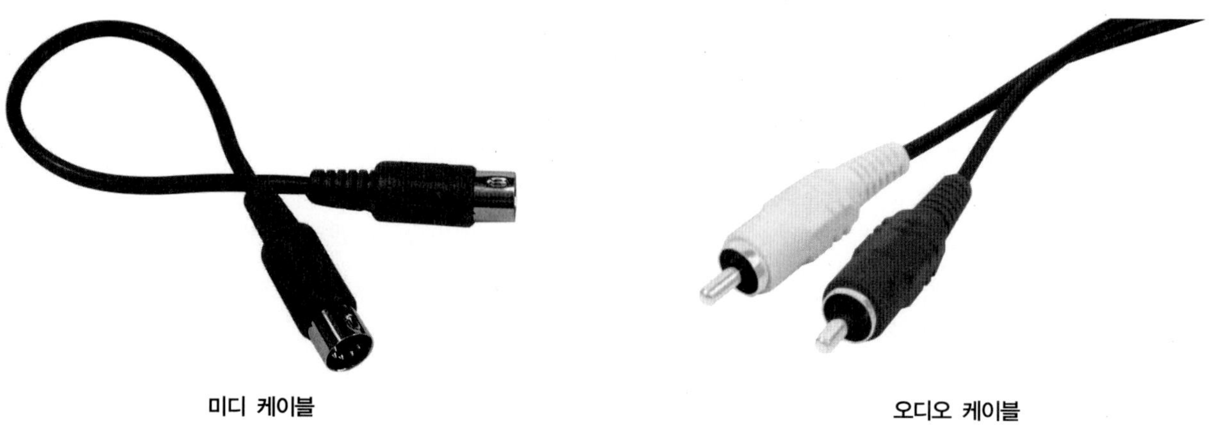

미디 케이블　　　　　　　　　　　오디오 케이블

3. 마스터 건반

마스터 건반은 피아노와 비슷하지만 소리가 나지 않는 건반을 말한다. 자체적으로 소리를 발생시키는 장치가 없기 때문에 가격이 저렴하다는 장점이 있다. 마스터 건반은 사운드가 들리지 않기 때문에 보통 시퀀서 프로그램에 노트(음표)를 입력하는 용도로 사용한다. 말 그대로 컴퓨터와 연결한 뒤 미디 노트를 입력하는 용도로 사용하므로 미디 건반이라고도 말한다. 사운드는 시퀀서 프로그램에서 로딩한 가상 악기를 통해 출력된다.

가정집에선 피아노 대신 신디사이저 비슷한 디지털 건반을 사용하는 경우가 있는데 전면에 **MIDI** 로고가 있으면 마스터 건반으로 활용할 수 있다. 만일 마스터 건반을 구입할 예정이라면 61 건반에 컴퓨터 연결이 용이한 **USB** 방식을 구입하는 것이 좋다.

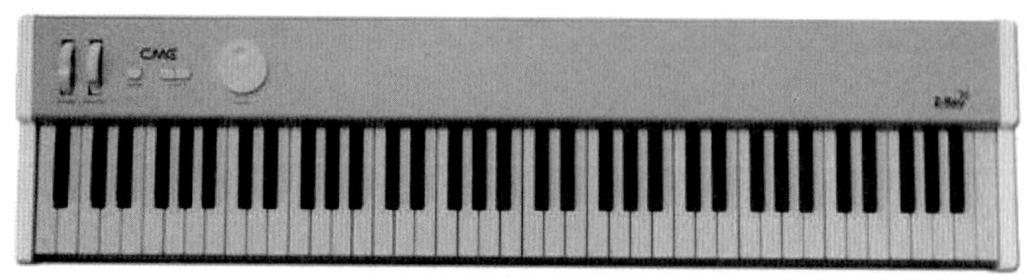

마스터 건반

4. 외장 음원 모듈(사운드 모듈)

소나 X1같은 시퀀서 프로그램에서 16트랙 미디 음악을 작곡한 뒤 이를 사운드로 출력하려면 가상 악기나 외장 음원 모듈이 필요하다. 요즘은 대부분 가상 악기로 사운드를 출력하지만 가상 악기의 질이 떨어졌던 10여 년 전만 해도 음원이 들어있는 외장 음원 모듈이나 신디사이저로 사운드를 출력했다. 소나에서 미디 데이터를 전송받으면 음원 모듈에서 해당 악기음이 사용되어 사운드를 출력하는 것이다. 이와 같이 악기 음색이 들어있는 장비를 음원 모듈이라고 한다. 음원 모듈은 보통 몇 백 개~수천 개의 악기 음이 저장되어 있고 직사각형 형태의 박스 모양이다. 음원 모듈에는 타악기 모듈처럼 특정 악기 음색만 모아놓은 것도 있다.

예를 들어 소나의 1번 트랙에 바이올린 파트를, 2번 트랙에 피아노 파트를 작곡했다고 가정해 보자. 곡을 연주할 때 1, 2번 트랙의 미디 신호가 음원 모듈로 전달되고 여기서 바이올린 음색과 피아노 음색이 호출되어 사운드가 들리게 된다.

사용자는 시퀀서 프로그램에서 각각의 트랙마다 다른 악기를 설정할 수 있는데 채널을 다르게 설정하면 음원 모듈 한대로 16개의 악기 음색을 동시에 구현할 수 있다. 32개 채널을 지원하는 음원 모듈의 경우 최대 32개의 악기 음색을 동시에 사용할 수 있다.

물론 요즘은 음원 모듈을 거의 사용하지 않고 앞에서 설명한 가상 악기를 즐겨 사용한다. 가상 악기는 가격이 저렴할 뿐 아니라 하드디스크에 설치하면 바로 사용할 수 있다는 장점이 있고, 악기 음질 면에서도 음원 모듈과 동등하기 때문이다. 그러나 밴드 연주나 녹음실이라면 아무래도 운반과 사용이 편리한 음원 모듈을 많이 사용하게 된다. 이 때문에 녹음실에 가면 랙에 각종 음원 모듈이 꽂혀 있는 것도 흔하게 볼 수 있다.

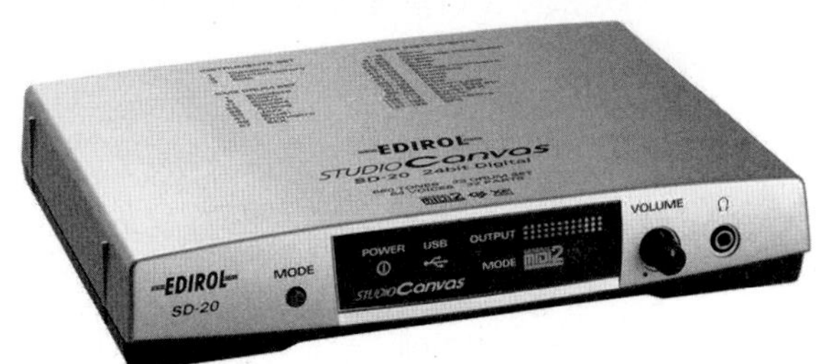

Edirol 스튜디오캔버스 음원 모듈

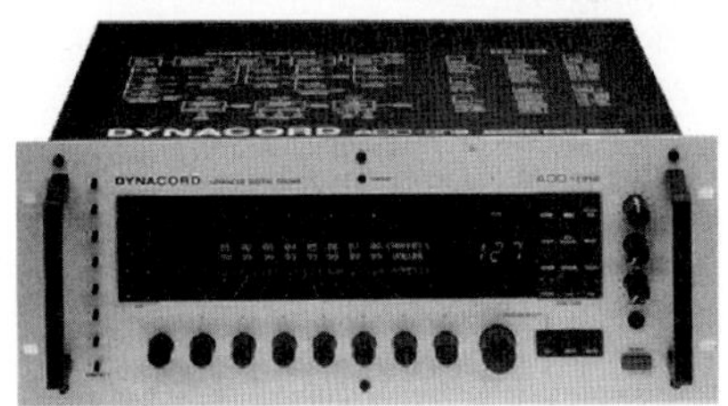

Dynacord 드럼 사운드 모듈

5. 신디사이저

신디사이저는 마스터 건반과 비슷한 형태이지만 자체적으로 사운드를 출력할 수 있도록 음원 모듈이 결합된 건반을 말한다. 작곡 작업에서도 건반을 누르는 순간 소리를 들을 수 있기 때문에 외장 음원 모듈이나 마스터 건반에 비해 편리한 점이 많다. 신디사이저는 편리한 조작성, 간편한 이동성 때문에 밴드 연주에서 흔히 사용한다.

Korg 신디사이저

6. 샘플러

Akai 샘플러

샘플러는 오디오 소스를 샘플로 사용해 악기 음처럼 사용하는 장비를 말한다. 사용자가 직접 녹음한 오디오 소스의 사용이 가능할 뿐 아니라 각종 샘플 CD를 구입해 악기음처럼 사용할 수 있다. 작곡가가 되려면 샘플러를 소유하는 것이 좋지만 요즘의 가상 악기는 샘플러 기능도 하는 경우가 많기 때문에 굳이 구입할 필요는 없다.

7. 이펙터

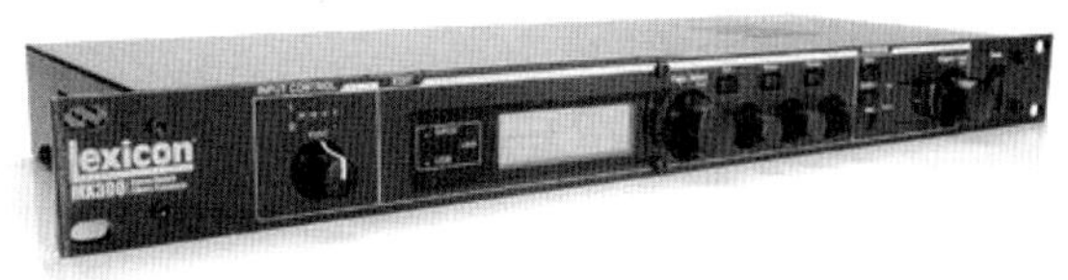

Lexicon 이펙터

이펙터는 사운드에 각종 오디오 효과를 주는 장비를 말한다. 코러스, 리버브, 플랜저, 딜레이 등의 오디오 효과를 주어 사운드에 코러스 효과, 잔향 효과, 원근 효과 등을 다양하게 줄 수 있다. 소나는 FX 메뉴에서 이펙트 기능을 제공하므로 외장 이펙터를 굳이 구입할 필요는 없다. 하지만 밴드 연주자의 경우 일렉기타 등에 바로 원하는 이펙트를 걸 수 있으므로 필요한 경우도 있다.

8. 믹서

이펙터 장비나 외장 음원장비는 날로 효율성이 떨어지고 있지만 믹서는 그 중요성이 날로 부각되고 있다. 예를 들어 8트랙의 경우 8개의 악기를 각각의 트랙에 녹음할 수 있는데 이때 각각의 트랙에 녹음된 사운드를 스테레오 환경에 맞게 조율하고 각 사운드의 볼륨, 밸런스, 이퀄라이저를 조절하고 전체 사운드가 효과적으로 들리도록 가공할 필요가 있는데 이때 사용하는 장비가 믹서이다. 사운드를 서로 어울리도록 섞는 작업을 믹싱이라고 말하는데 소나 X1은 믹서 기능이 내장되어있으므로 별도의 외장 믹서를 구입할 필요는 없다. 그러나 녹음실이나 무대 설치, PA 현장에서는 라이브 음향을 관중들에게 잘 전달되도록 설계해야 하는데 이때 가장 중요한 역할을 하는 것이 믹서 장비이다. 예를 들어 록밴드의 라이브 연주라고 가정해 보자. 일반적으로 마이크를 연결한다고 다 되는 것은 아니다. 보컬, 리드기타, 베이스 기타, 드럼 음향이 공연장에서 엉망진창으로 들리지 않도록 하려면 반드시 믹서로 컨트롤해야 한다. 무대가 축구장 규모로 커지면 사운드의 전달이 엉망이 되지 않도록 최고의 전문가를 초빙해 믹서를 다루어야 한다. 국내의 경우 대규모 라이브 공연이 활성화되지 않았기 때문에 뛰어난 PA 전문가의 수가 절대적으로 부족하고 그 때문에 무대가 커질수록 음향 전달이 현격하게 떨어진다.

Mackie 믹서

파이오니어 믹서

9. 레코딩 장비

레코딩 장비는 아날로그 방식의 멀티트랙 레코더와 디지털 멀티트랙 레코더 등이 있다. 멀티트랙 레코더는 테이프 한 면을 여러 트랙으로 나누어 녹음하는 장비인데 최근에는 컴퓨터로 하드 레코딩까지 할 수 있는 상황이기 때문에 활용성이 떨어지고 있다. 디지털 멀티트랙 레코더는 테이프가 아닌 DAT나 하드디스크 같은 장비로 디지털 멀티트랙 녹음하는 장비를 말하며 녹음실에서 많이 사용하고 있다.

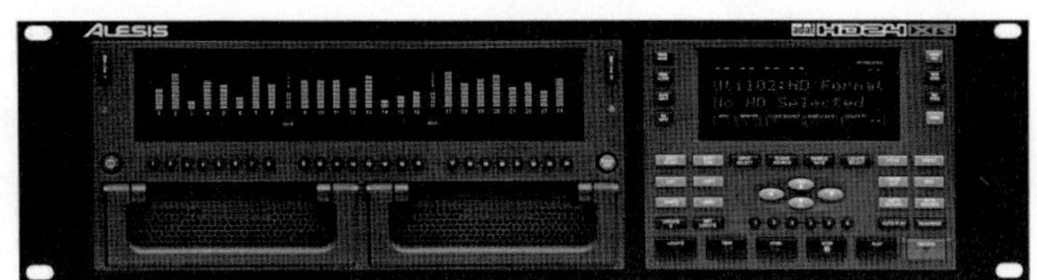

Alesis 디지털 레코더

10. 미디 멀티 인터페이스

미디 인터페이스란 컴퓨터와 미디장비, 미디장비와 미디장비를 연결할 때 사용하는 장비나 케이블을 말한다. 일반 가정용 컴퓨터는 미디 장비를 연결할 수 있는 단자가 없기 때문에 보통 USB 방식의 미디 인터페이스로 미디 장비와 연결한다.

미디 인터페이스는 1대1로만 연결하는 케이블형과 여러 대의 장비를 동시에 연결하는 멀티 인터페이스가 있다. 일반적으로 컴퓨터와 마스터 건반은 1대1로 연결하므로 케이블 형을 사용하고, 여러 대의 미디 장비를 연결할 때는 외장형의 멀티 미디 인터페이스를 사용한다.

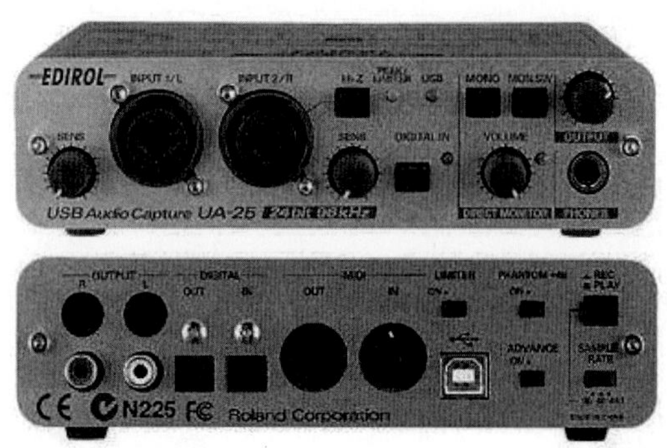

Edirol 멀티 미디 인터페이스

11. 미디 USB 방식 인터페이스

컴퓨터와 마스터 건반을 연결할 때 흔히 사용하는 USB 방식의 미디 인터페이스이다. 저렴한 가격 때문에 큰 인기를 얻고 있다. 마스터 건반의 출력 단자를 미디 케이블에 연결하고, 미디 케이블을 컴퓨터의 USB 단자에 연결하면 마스터 건반이 소나 X1에서 바로 인식된다.

저렴한 가격 때문에 인기를 얻고 있는 USB 미디 케이블은 대개 중국산이 많은데 중국산의 경우 제품 마감을 엉성하게 하는 경우가 많아 In/Out 단자를 반대로 설계한 경우도 많다. 만일 마스터 건반이 컴퓨터에서 인식되지 않으면 In/out 단자를 반대로 연결해 본다.

케이블형 USB 미디 인터페이스

12. 마이크

마이크는 보컬의 노래를 녹음할 때 매우 중요하므로 용도에 맞게 선택해야 한다. 흔히 스튜디오 녹음용으로는 콘덴서 마이크를, 무대용 라이브 연주용으로는 다이내믹 마이크를 선택한다.

소리에 민감하게 반응하는 콘덴서 마이크는 밀폐된 공간에서 탁월하게 녹음되므로 보통 발라드 같은 보컬 녹음에 좋다. 충격에 강한 다이내믹 마이크는 라이브 연주에서 보컬이나 드럼 녹음에 유용하다. 콘덴서 마이크도 여러 종류가 있으므로 녹음용으로 콘덴서 마이크를 구입할 때도 녹음 장소의 소음 상태를 확인하여 소음을 적절히 차단할 수 있는 모델을 구입하는 것이 좋다. 강한 비트의 노래를 녹음할 예정이라면 다이내믹 마이크도 추가하는 것이 좋다. 다이내믹 마이크는 전파상에서도 흔히 볼 수 있는 마이크 종류이며 콘덴서 마이크에 비해 훨씬 저렴하다.

다이내믹 마이크   콘덴서 마이크

13. 모니터 스피커 & 모니터 헤드폰

모니터 스피커란 음악 감상보다는 사운드 분석에 특화된 스피커를 말한다. 2채널 스테레오의 모니터 스피커를 준비한다. 보통 앰프 내장의 액티브 방식의 모니터 스피커는 20~40만 원 대의 가격이 형성되어 있다. 모니터 스피커는 가정용 스피커와 달리 사운드 분석에 사용하므로 주파수 대역대를 넓게 지원한다는 특징이 있다. 풀 레인지를 지원할 경우 사운드의 저, 중, 고음부를 적나라하게 분석할 수 있다.

모니터 헤드폰은 말 그대로 음악 감상용 헤드폰이 아닌 사운드 분석용 헤드폰을 말한다. 둘 다 사운드 분석용이기 때문에 음악 감상 목적으로는 적합하지 않다.

모니터 스피커   모니터 헤드폰

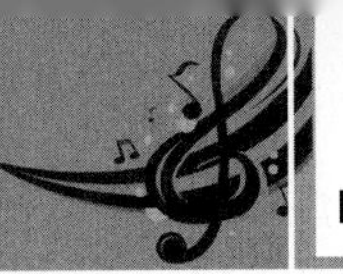

컴퓨터와 미디 장비 연결하기

컴퓨터와 미디 장비를 연결하는 것은 아주 쉽다. 미디 출력(Output) 포트에서 나온 단자는 무조건 미디 입력(Input) 포트로 연결해야 한다는 점만 명심하자. Out ↔ In 연결, In ↔ Out 연결 원칙만 지킨다면 누구나 미디 장비를 손쉽게 연결할 수 있다.

1. 마스터 건반의 연결

마스터 건반을 컴퓨터와 연결하려면 마스터 건반의 MIDI Out을 미디 인터페이스의 MIDI In 단자에 연결한다. 미디 인터페이스는 USB 방식으로 컴퓨터와 연결한다.

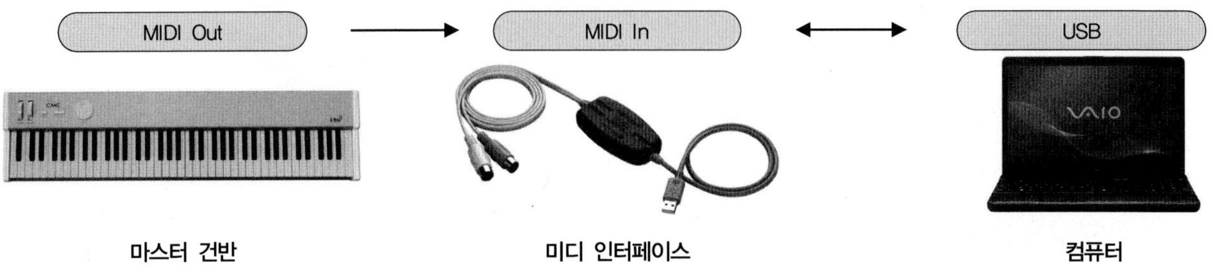

2. 음원 모듈(사운드 모듈)의 연결

음원 모듈과 컴퓨터를 연결하려면 컴퓨터의 미디 인터페이스 출력 단자(또는 오디오 카드의 MIDI 출력 단자)에서 음원 모듈의 입력 단자로 연결한다. 컴퓨터에서 곡을 연주하면 음원 모듈의 악기가 로딩되어 사용된다. 스피커는 음원 모듈의 Audio Out으로 출력한다.

> **Tip** 여러 대의 음원 모듈이나 미디 장비를 한 대의 컴퓨터에 동시 연결하려면 미디 입출력 단자가 많아야 한다. 이런 경우 멀티 미디 인터페이스를 사용한다.

3. 마스터 건반과 음원 모듈(사운드 모듈)의 연결

미디 장비끼리 연결되는 것이므로 미디 케이블을 사용한다. 이 경우 마스터 건반을 누를 때 음원 모듈에서 선택한 악기가 연주된다.

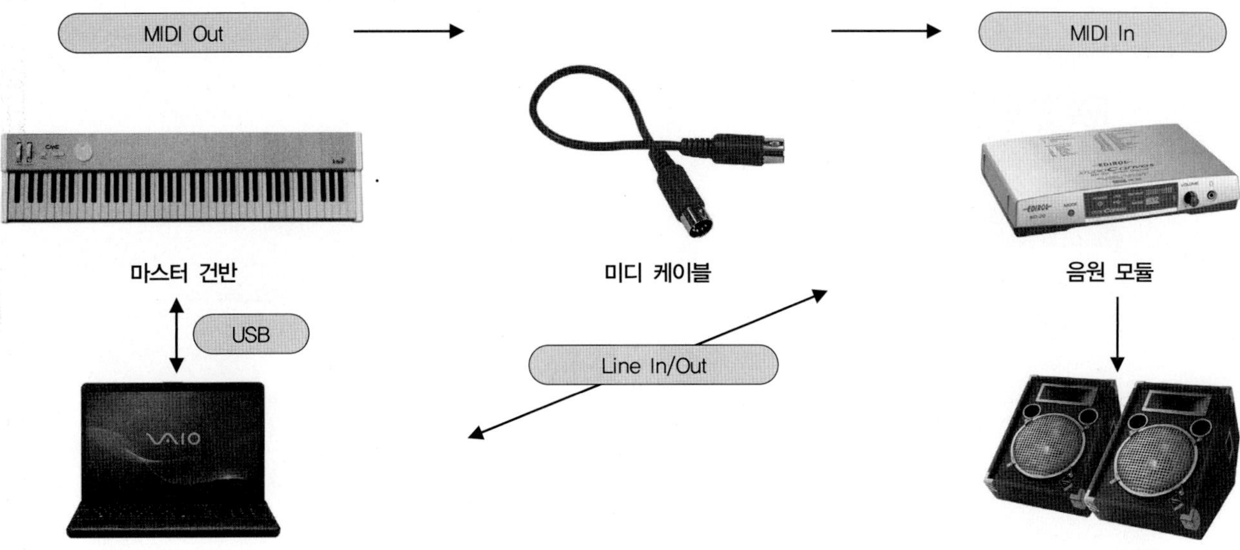

4. 신디사이저의 연결

신디사이저는 음원 기능이 부속되어 있으므로, 컴퓨터와 신디사이저를 연결하면 신디사이저는 마스터 건반과 음원 모듈 기능을 같이 수행하게 된다.

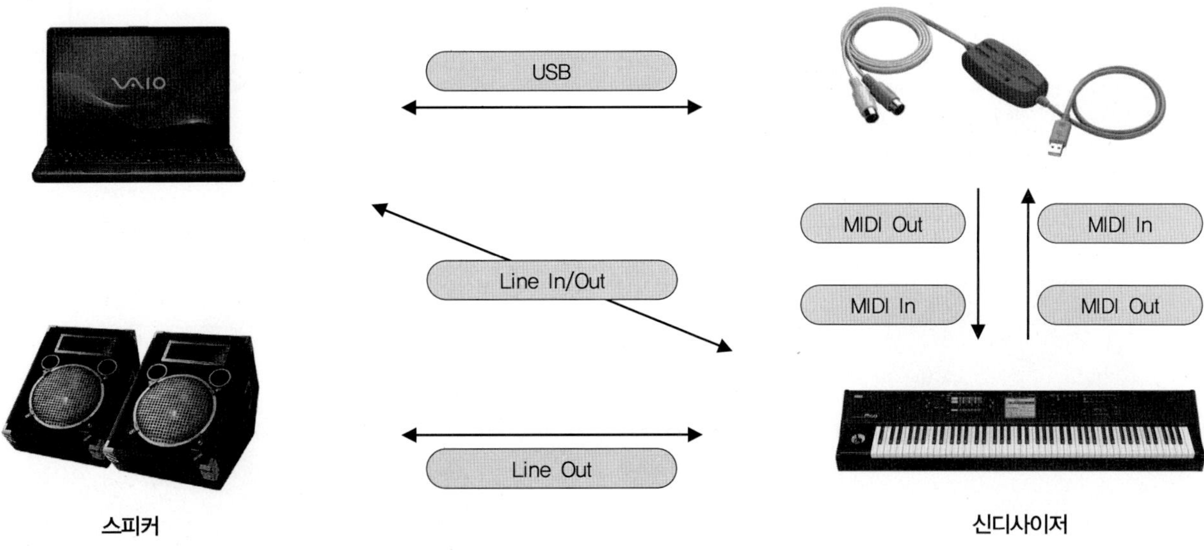

5. 미디 장비 여러 대 연결하기

컴퓨터에 1대 이상의 음원 장비, 믹서, 스피커를 연결하는 경우도 있다. 미디 장비를 동시에 연결할 경우 미디 정보를 주고받는 미디 In/Out 단자를 멀티 인터페이스를 사용해 연결한다. 멀티 인터페이스가 없을 경우 첫 번째 음원 모듈의 Thru 단자를 다른 음원 모듈의 In 단자로 연결해주는 방식으로 사용한다. 이때 사운드 신호를 주고받는 라인 In/Out 단자(오디오 단자)도 개별적으로 반드시 연결해야만 스피커를 통해 사운드를 들을 수 있다.

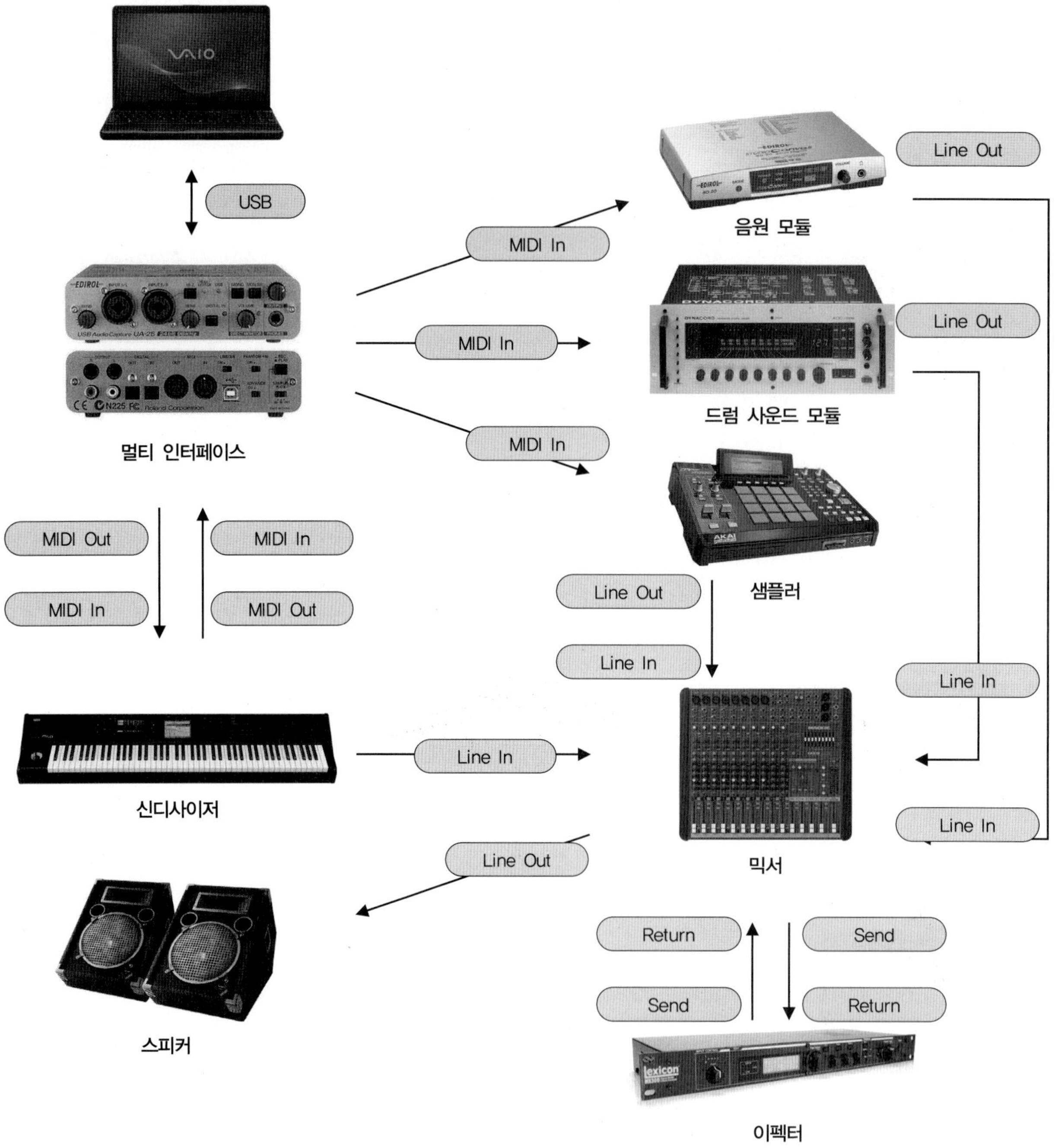

03 소나 X1의 사운드 설정 – Asio 드라이버

Asio 드라이버/오디오 드라이버의 설치

소나 X1과 같은 시퀀서 프로그램은 Play 및 Recording 작업에서 일반 사운드 드라이버가 아닌 오디오 전용 드라이버를 설치해야 한다. 오디오 전용 드라이버로는 Asio, WDM, MME, Direct Sound 드라이버 등이 있는데 이중 레이턴시가 가장 적은 드라이버가 Asio 드라이버이다. 원래 Asio 드라이버는 스타인버그사의 큐베이스용 드라이버였으나 큰 인기를 얻으면서 현재는 대부분의 시퀀서 프로그램이 레이턴시를 줄일 목적으로 Asio 드라이버를 사용한다.

1. 일반 사운드 카드 사용자를 위한 Asio4All 설치하기

오디오 카드 사용자는 오디오 카드에 첨부된 전용 오디오 드라이버를 설치하면 자동으로 Asio 드라이버가 함께 설치된다. 따라서 별다른 설정 없이 바로 사용할 수 있다.

사운드 카드는 오디오 카드와 용도가 다른 장치이므로 Asio 드라이버의 사용이 원천적으로 불가능하다. 하지만 사운드 카드 사용자들도 가상 Asio 모드를 사용할 수 있는데 이때 필요한 프로그램이 Asio4all 이라는 프로그램이다. 여기서 사운드 카드 사용자들이 가상 Asio 환경을 구축할 때 사용하는 Asio4all의 설치 과정을 알아보자.

Asio4all은 무료 프로그램이므로 www.asio4all.org 에서 다운받아 설치한다. 또는 이 책의 DVD 부록에 수록된 파일로 설치해도 무방하다. Asio4all은 사운드 카드 사용자가 Asio 모드를 사용하기 위해 설치하는 것이므로 오디오 카드 사용자는 설치할 필요가 없다.

❶ 인터넷 www.asio4all.org 에 접속한 뒤 최신 버전의 Asio4all 파일을 클릭해 다운로드한다.

❷ 다운받은 Asio4all 파일을 더블클릭해 설치를 시작한다. 오디오 카드 사용자는 오디오 카드에서 제공하는 전용 오디오 드라이버를 더블클릭해 설치하면 된다.

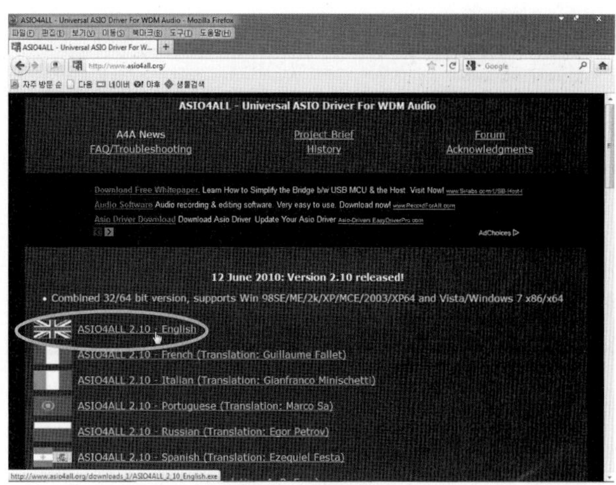

최신 버전을 다운로드하는 모습

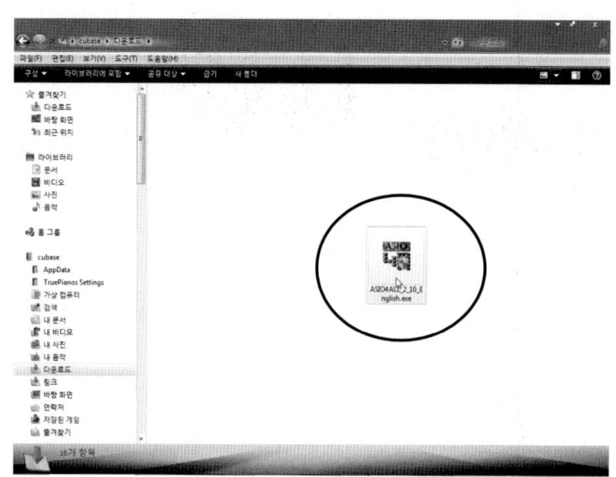

다운받은 파일을 더블클릭해 설치 시작

❸ 웰컴 화면이 나타나면 Next 버튼을 클릭해 설치를 계속한다.

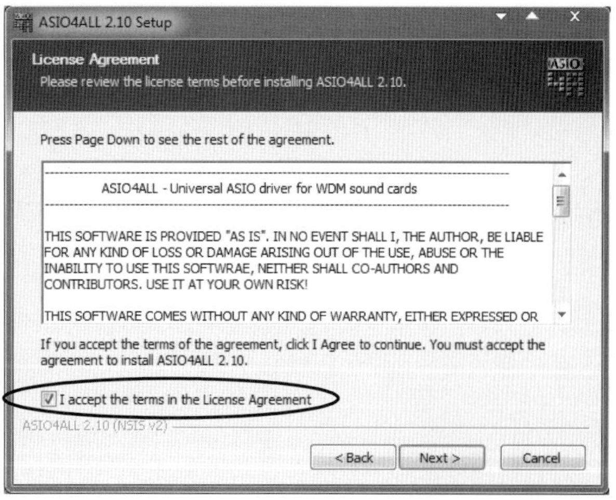

❹ 저작권 사용 정보의 I accept 항목에 체크 표시를 하고 Next 버튼을 클릭한다.

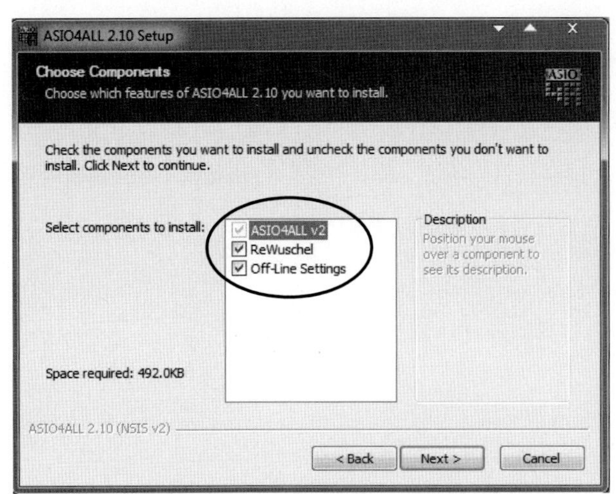

❺ 설치할 항목을 선택한다. 기본적으로 모두 선택한 뒤 설치한다.

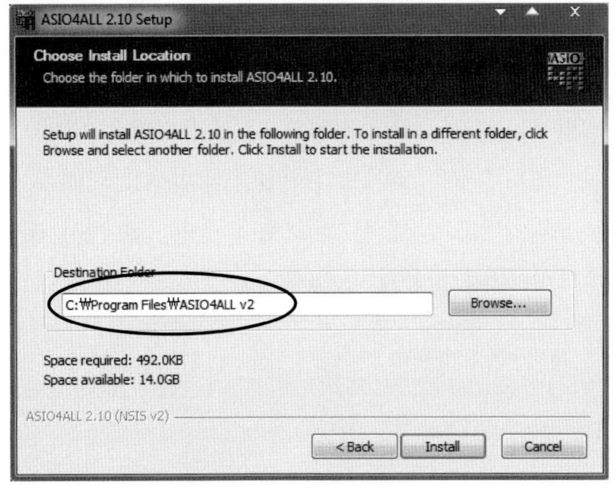

❻ 설치할 폴더를 지정하고 Install 버튼을 누르면 Asio4All이 설치된다. 이후 소나 같은 시퀀서 프로그램에서 Asio 모드를 사용할 수 있는 상태가 된다.

오디오 카드 사용자는 전용 오디오 드라이버를 이와 같은 방식으로 설치하면 소나에서 Asio 드라이버를 사용할 수 있는 상태가 된다.

2. 구형 사운드블라스터 사용자를 위한 KX Asio 드라이버 설치하기

신형 사운드블라스터는 윈도우 7용 드라이버를 제공하기 때문에 앞에서 설명한 Asio4All 드라이버를 추가 설치하면 Asio 모드를 사용할 수 있다. 하지만 사블라이브! 같은 구형 사운드블라스터는 윈도우 7에서 아예 인식이 안 되므로 Asio4All 드라이버를 추가 설치해도 인식이 되지 않는다.

윈도우 7에서 인식이 안되는 구형 사운드블라스터 사용하는 일단 kxdrv3551-full.exe 파일을 다운로드해 설치해야 한다. kxdrv3551-full.exe 파일은 구형 사운드블라스터(사블 라이브! 종류)를 윈도우 7에서 인식시키는 드라이버인데 다행이도 KX Asio 드라이버가 포함되어 있다. 따라서 kxdrv3551-full.exe를 설치하면 윈도우 7에서 구형 사운드블라스터를 사용할 수 있을 뿐 아니라 KX Asio 드라이버가 함께 설치되므로 Asio 모드의 사용도 가능하다.

이 예제는 윈도우 7에서 사블라이브! 같은 구형 사운드블라스터를 사용하는 사용자만 따라하기 바란다.

구형 사블용 비공식 윈도우 7 드라이버를 설치하는 모습

❶ DVD 부록의 Driver 폴더를 더블클릭한다. 구형 사블용 비공식 윈도우 7 드라이버인 kxdrv3551-full.exe 파일을 더블클릭해 설치를 시작한다.

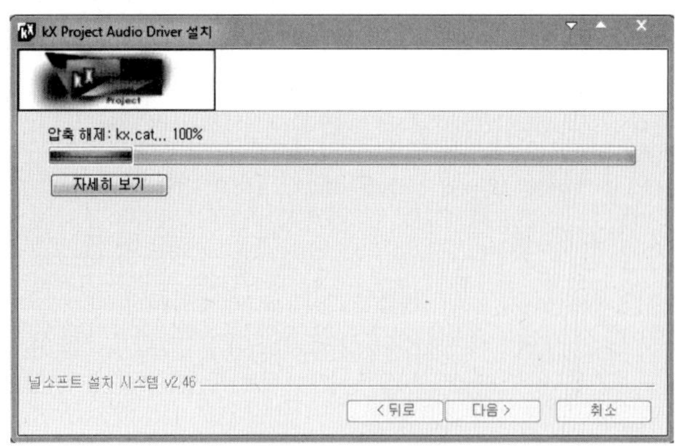

설치작업이 진행되는 모습

❷ 설치 언어를 한국어로 설정한 뒤 설치 작업을 계속 진행하면 윈도우 7용 KX 드라이버가 설치된다. 이때 KX Asio 드라이버도 함께 설치되므로 나중에 소나에서 KX Asio 드라이버를 사용할 수 있다.

Asio 드라이버 선택하기

앞에서 Asio 드라이버의 설치 과정을 알아보았다. 오디오 카드 사용자는 해당 오디오 카드의 드라이버를 설치하면 Asio 모드를 사용할 수 있다. 일반 사운드 카드 사용자는 Asio4all.exe을 설치하면 Asio 모드를 사용할 수 있다. 구형 사운드블라스터 사용자는 KX 드라이버를 설치하면 Asio 모드를 사용할 수 있다.

이렇게 Asio 드라이버를 설치한 뒤 소나를 실행하면 자동으로 시스템에 연결된 사운드 카드에 맞는 Asio 드라이버를 찾게 된다. 만일 Asio 드라이버를 찾지 못하거나 여러 개의 Asio 드라이버를 설치한 경우에는 수작업으로 사용하고 싶은 Asio 드라이버를 선택해야 한다.

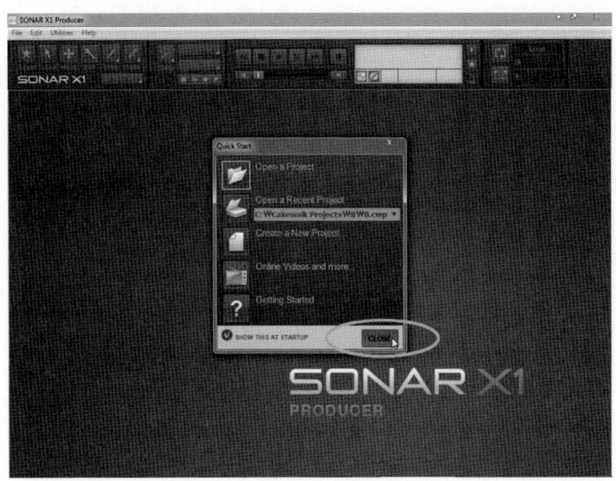

❶ 소나 X1을 실행한다. Quick Start 대화상자는 새 프로젝트를 열거나, 기존의 작업 파일을 불러올 때 사용한다. 여기서는 Asio 드라이버 모드를 선택해야 하므로 일단 Close 버튼을 눌러 대화상자를 닫는다.

❷ Asio 드라이버 설정을 하기 위해 Edit → Preferences 메뉴를 실행한다.

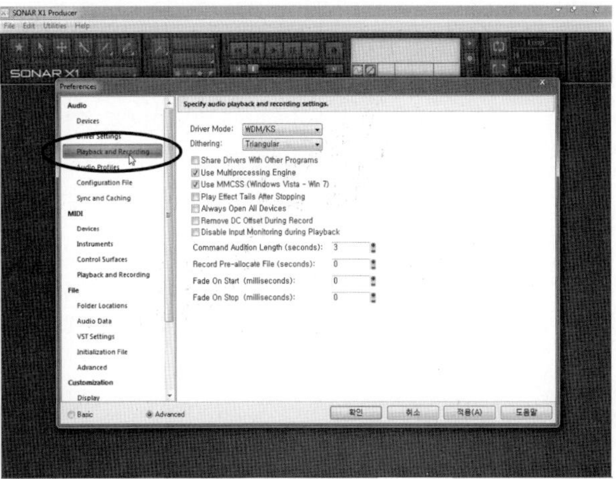

❸ 대화상자의 Playback and Recording 탭을 클릭한다.

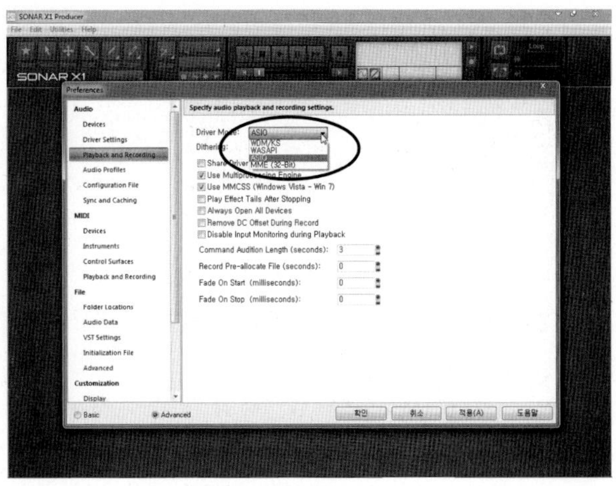

❹ Driver Mode 옵션에서 ASIO 모드를 선택한다.

사운드 카드에 따라 ASIO 또는 WDM 드라이버 중 어느 하나에서만 사운드가 들릴 수도 있으므로 한 번씩 교체해 가면서 사운드가 잘 들리는 드라이버 모드를 선택한다. 일반적으로 Asio 드라이버를 선택하면 된다. 오디오 카드 사용자도 이와 같은 방식으로 Asio 드라이버를 선택한다.

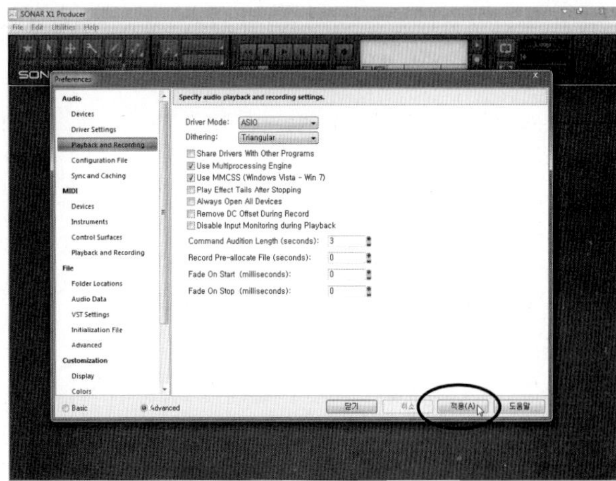

❺ '적용' 버튼을 클릭하면 교체한 드라이버 모드가 적용되어 사운드 카드(또는 오디오 카드)의 테스트가 시작된다. 만일 테스트에 실패하면 상단의 **Driver Mode**를 클릭해 Asio 드라이버가 아닌 다른 드라이버로 선택하고 다시 '적용' 버튼을 눌러 테스트한다.

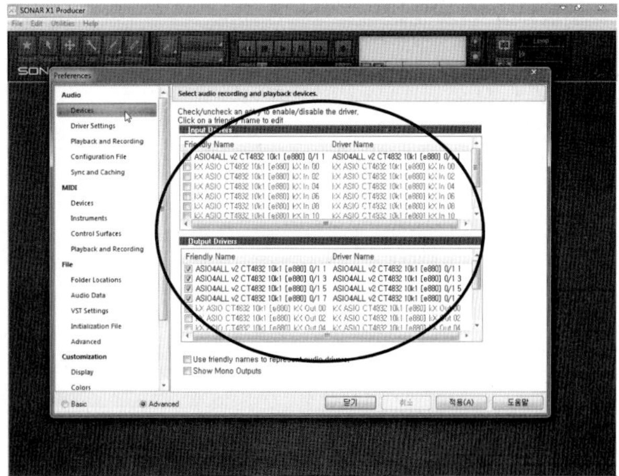

❻ Asio 드라이버 테스트가 정상적으로 완료되면 왼쪽의 Audio → Devices 항목을 선택한다. 오디오 플레이/레코딩에 사용하는 디바이스 목록이 대화상자 오른쪽 창에 나타난다. 체크된 목록이 오디오 작업에 사용하는 디바이스 목록이다.

참고로 사용하는 사운드 카드/오디오 카드에 따라 디바이스 목록이 그림과 다를 수도 있다.

❼ 이번에는 미디 입출력에 사용하는 디바이스가 정상적으로 설정되어있는지 확인해 본다. 왼쪽의 MIDI → Devices 항목을 클릭한다. 미디 입출력에 사용하는 디바이스가 오른쪽 창에 나타난다.

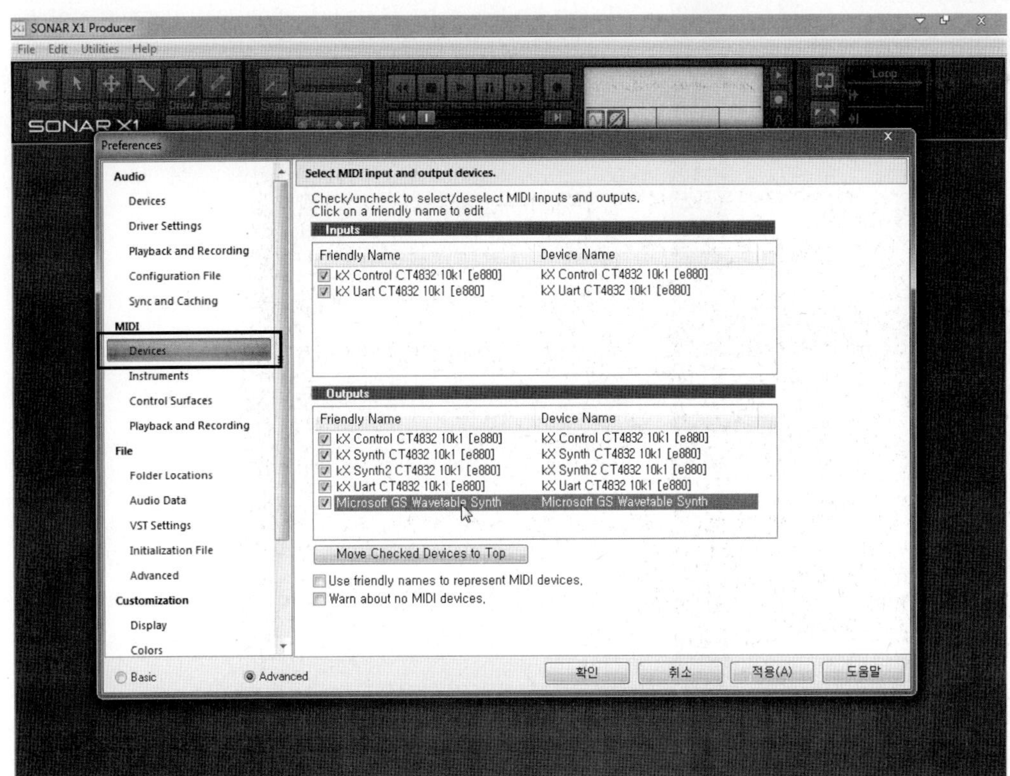

그림에서 Input 항목은 미디 입력에 사용하는 디바이스 목록을 말한다. 건반이 연결된 경우 Input 항목에 잡히지만 건반이 없는 경우 아무것도 안 잡힐 수도 있다. Output 항목에는 미디 출력에 사용되는 디바이스 목록이 표시된다. 보통 사운드 카드(오디오 카드)가 잡혀 있는 상태이면 정상이다. 체크 표시를 하면 해당 장비를 미디 입출력에 사용 하겠다는 뜻이므로 가급적 모두 체크해준다.

이제 소나에서 오디오 입출력과 미디 입출력이 정상적으로 가능해진다.

악기 목록의 패치

악기 목록 패치란 외장 음원 장비에 등록된 악기(음색) 이름을 소나에서 정상적으로 인식할 수 있도록 연결하는 작업 이다. 보통 외장 악기 이름을 정상적으로 인식하기 위해 이 기능을 사용한다. 또한 사운드 카드의 GM/GS/XG 소프 트음원에서 제공하는 악기 이름을 번호가 아닌 이름순으로 보이게 하려면 악기 목록 패치를 해야 한다. 악기 목록 패치를 하지 않으면 악기 이름 대신 번호가 표시되므로 자신이 원하는 악기를 빠르게 찾을 수 없게 된다.

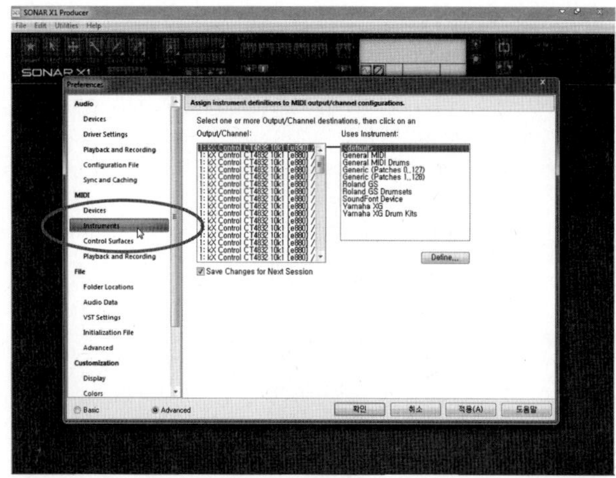

❶ Edit → Preferences 메뉴를 실행하고 대화상자의 왼쪽에서 MIDI → Instruments 탭을 클릭한다. (여기서는 외장 악기가 아닌 사운드 카드에서 제공하는 소프트음원의 악기 목록을 패치해 본다.)

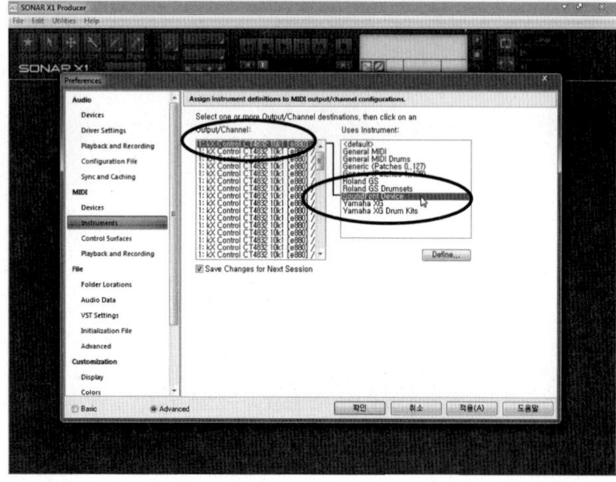

❷ 오른쪽에서 첫 번째 출력 포트를 선택한 뒤 그 오른쪽의 사용할 악기 목록을 선택한다. 사운드 카드 사용자는 일반적으로 GM, GS, XG 모드 중에서 하나를 선택하고 적용한다. 사블 사운드 카드는 소프트음원이 사운드 폰트 형태로 내장되어 있으므로 SoundFont Device를 선택한다. 신디사이저나 외장 음원장비가 연결된 경우 해당 악기 목록이 소나에서 정상적으로 보이게 하려면 해당 장비가 제공하는 매뉴얼을 참고한다.

연결을 정상적으로 하면 나중에 트랙 뷰의 Patch 버튼을 클릭해 악기를 선택할 때 악기 목록이 '번호'가 아닌 '이름'으로 표시되어 자신이 원하는 악기를 손쉽게 찾을 수 있다.

> **Tip** 사운드 카드는 미디 연주를 위해 GM, GS XG라는 소프트 음원 중 하나를 제공한다. 예를 들어 사운드 카드가 XG 모드를 지원할 경우 소나에서 악기 목록을 패치할 때 XG 모드를 선택해야 악기 이름이 정상적으로 표시된다. 악기 패치는 말 그대로 외장 악기나 사운드 카드의 악기명을 '번호'가 아닌 '이름'으로 보이게 할 때 사용하며, 가상 악기는 악기 목록 패치를 하지 않아도 악기 이름이 '이름'으로 표시된다.

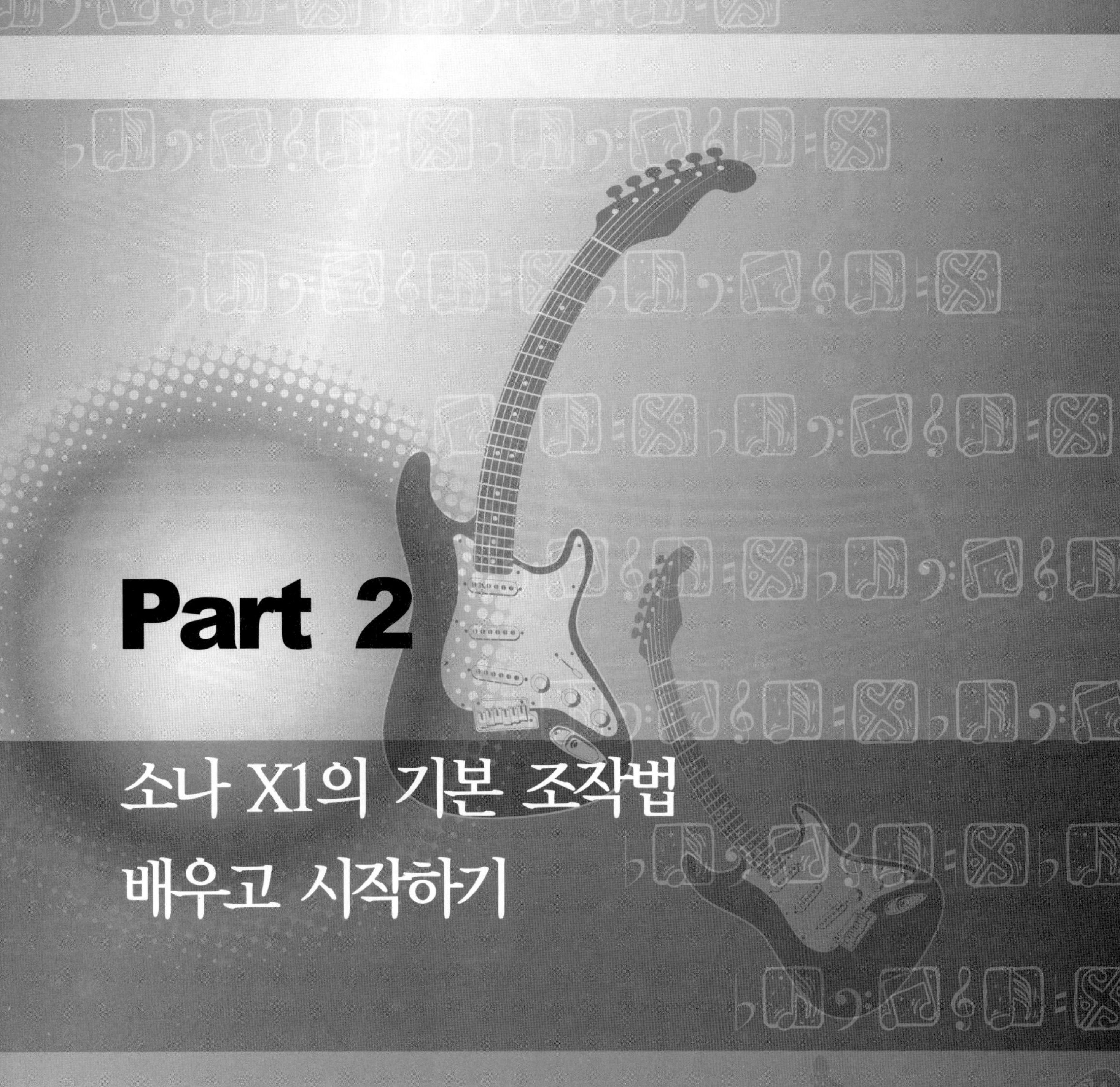

Part 2

소나 X1의 기본 조작법
배우고 시작하기

01. 소나 X1의 화면 인터페이스
02. 마우스로 미디 입력하고 녹음 기능 익히기
03. 믹싱 작업과 마스터링

S   O   N   A   R

01 소나 X1의 화면 인터페이스

소나 X1은 이전 버전의 소나 8과 달리 화면 인터페이스가 획기적으로 변모하였다. 인터페이스가 획기적으로 변화된 만큼 사용법도 조금 달라졌다. 지금부터 소나 X1의 화면과 기본 조작 방식에 대해 알아본다.

소나 X1의 프로젝트 창

소나 X1의 프로젝트 창은 기본적으로 모든 작업 창을 보여주는 상태로 시작한다. 중요한 기능으로는 '트랙 뷰'와 '인스펙터'가 있다. 트랙은 무제한 만들 수 있지만 음원 장비와 정보를 주고받는 채널이 16개 또는 32개 채널이므로 보통 16개나 32개 이하로 만든다. 예를 들어 16개의 트랙을 생성시키면 각각 한 개의 악기 파트가 들어가므로 16개의 악기 파트가 만들어진다. 트랙은 속성에 따라 오디오 클립이 삽입된 오디오 트랙, 미디 클립이 삽입된 미디 트랙으로 나누어진다.

52

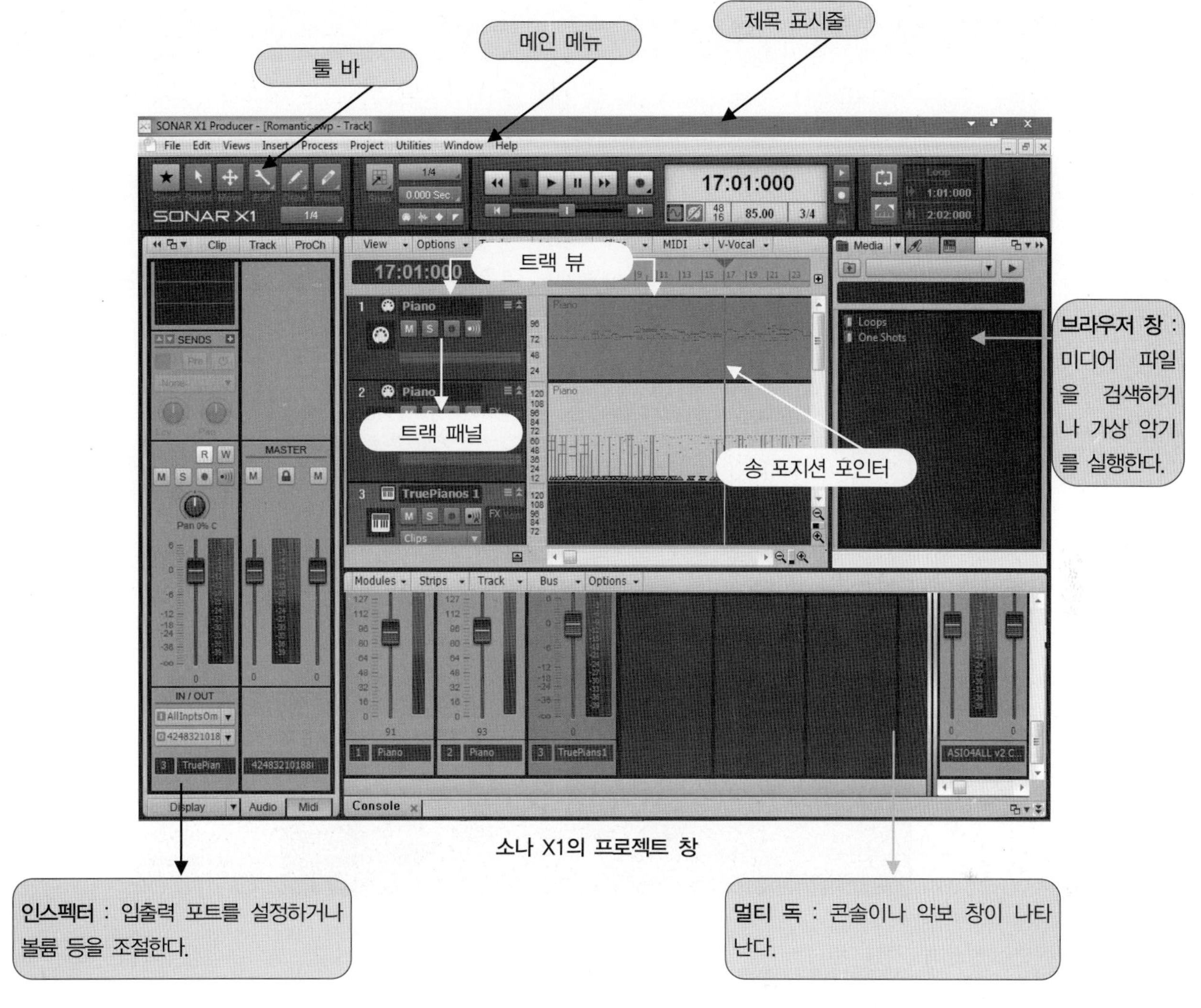

소나 X1의 프로젝트 창

Tip 송 포지션 포인터(SPP)는 현재 곡이 연주되는 위치를 가리킨다. 타임 룰러의 녹색 역삼각형을 드래그하여 이동시킬 수 있다.

소나 X1 맨 처음 실행하기 – Quick Start 대화상자

소나를 맨 처음 실행하면 다음과 같이 **Quick Start** 대화상자가 자동으로 실행된다. **Quick Start** 대화상자는 빠른 작업을 위해 실행되는 것이므로 원하는 항목을 선택하면 해당 작업이 이루어진다.

아래와 같은 **Quick Start** 대화상자가 실행되면 '저장된 프로젝트 파일'을 불러오거나 '최근 작업한 프로젝트 파일'을 불러올 수 있다.

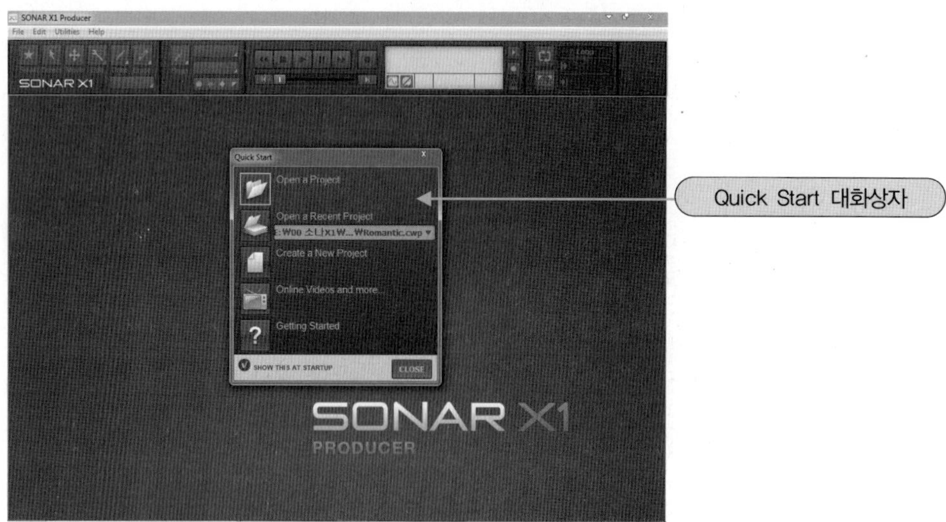

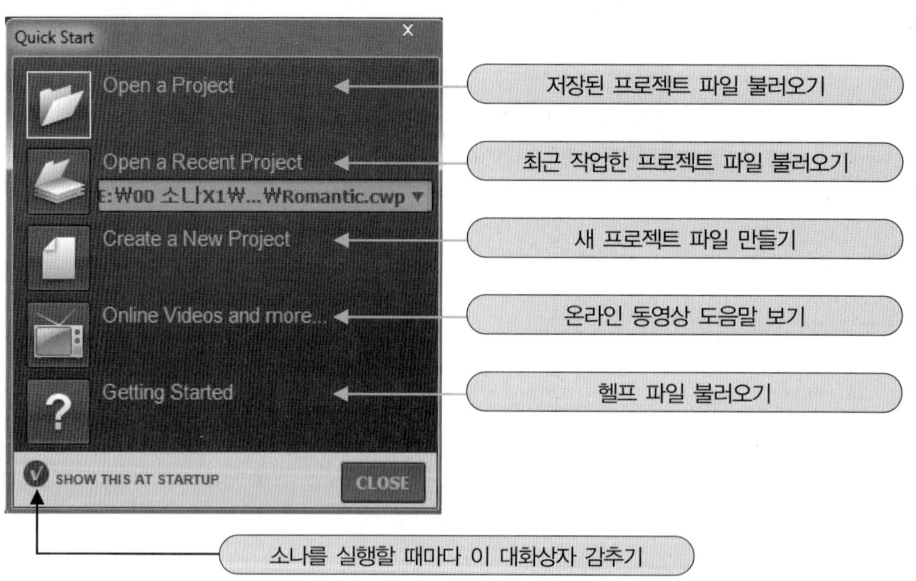

새 프로젝트 만들기

앞의 Quick Start 대화상자에서 Create New Project 버튼을 누르면 새 프로젝트를 만들 수 있다. File → New 메뉴로도 새 프로젝트를 만들 수 있다.

1. 새 프로젝트 만들기

새 프로젝트 대화상자는 음악 작업을 할 때 가장 많이 사용하는 문서 형식을 템플릿 형태로 제공해준다. 예를 들어 Normal을 선택하면 2개의 오디오 트랙, 2개의 미디 트랙, 3개의 버스 트랙이 있는 새 프로젝트가 생성된다.

각각의 트랙은 비어 있는 상태이므로 미디 트랙은 음표 입력 등의 작곡 작업을 하고, 오디오 트랙은 보컬 노래 등을 녹음하거나, 곡에 사용하는 오디오 클립을 편집하는 식으로, 곡을 차근차근 만들어 나갈 수 있다.

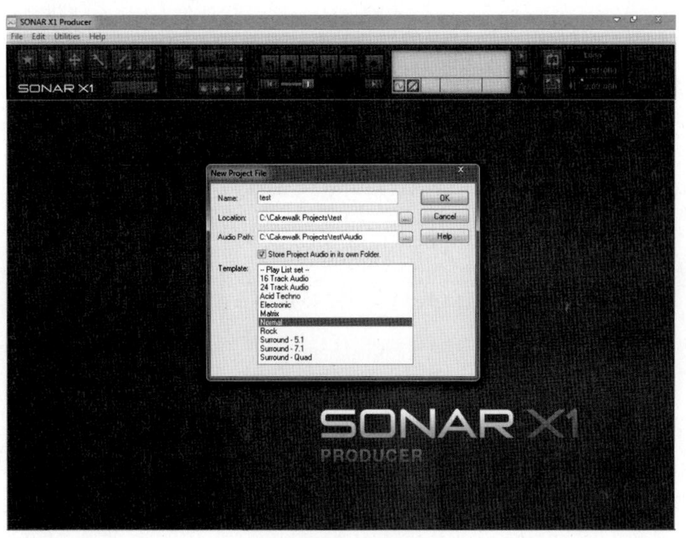

새 프로젝트 대화상자

Tip 프로젝트 파일이란?

소나와 같은 시퀀서 프로그램은 음악 파일을 보통 '프로젝트 파일'이라고 부른다. MIDI 파일 같은 음악 파일은 말 그대로 음악 정보만 들어 있지만 프로젝트 파일에는 곡에 사용한 미디 정보, 오디오 정보, 악보 정보, 동영상 정보 등이 모두 삽입된 종합적인 성격을 가지고 있다. 이 때문에 시퀀서 프로그램들은 음악 파일이란 이름 대신 '프로젝트 파일'이라는 용어를 사용한다.

2. 새 프로젝트의 종류

새 프로젝트를 생성시킬 때는 일반적으로 **Normal**을 선택한다. 만일 특정 템플릿을 선택하면 해당 스타일에 맞게 미디 트랙과 오디오 트랙이 미리 삽입된 프로젝트를 생성시킬 수 있다.

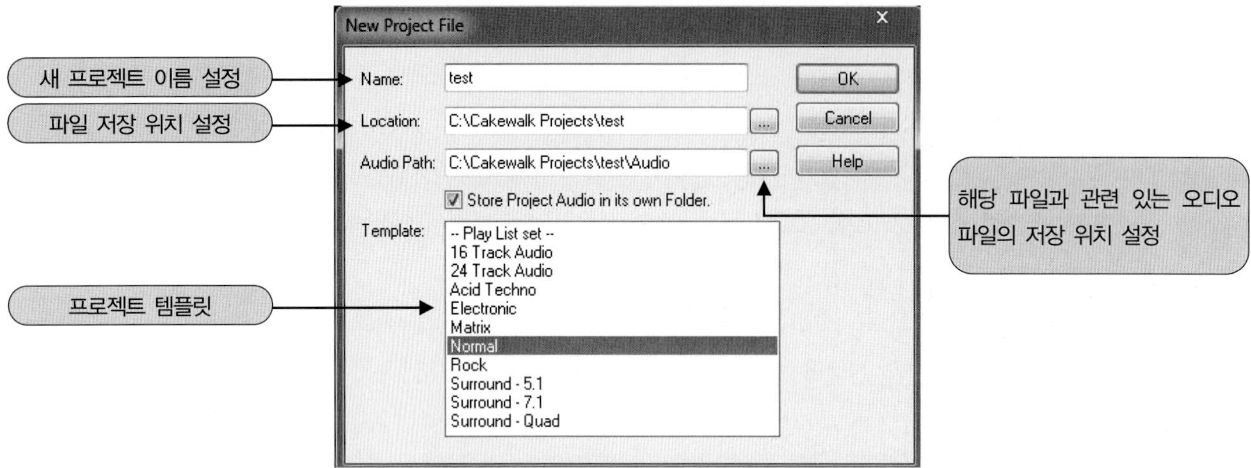

프로젝트 템플릿에서는 다음과 같은 새 프로젝트를 선택할 수 있다.

① **Play List Set :** 플레이 리스트 셋은 하드디스크에 저장된 소나 파일을 연주할 때 사용한다.

② **16/24 Track Audio 템플릿 :** 16/24개의 오디오 트랙이 있는 새 프로젝트를 생성시킨다. 보통 녹음 작업 등 오디오로만 작업할 때 선택한다.

③ **Normal 템플릿 :** 가장 기본이 되는 프로젝트를 생성시킨다. 미디 트랙 1개, 오디오 트랙 1개, 버스 트랙 2개를 가지고 있다.

④ **Acid Techno 템플릿 :** Acid Techno 스타일의 곡을 만들 수 있도록 미디 트랙에 Acid Techno 스타일의 가상 악기가 삽입된 프로젝트를 생성시킨다.

⑤ **Electronic/Rock 템플릿 :** Electronic/Rock 스타일의 곡을 만들 수 있도록 미디 트랙에 Electronic/Rock 스타일의 가상 악기가 삽입된 프로젝트를 생성시킨다.

⑥ **Surround 7.1 템플릿 :** 7.1 서라운드용 프로젝트를 생성시킨다. 7개의 오디오 트랙과 오디오 트랙의 사운드를 받아서 한 번에 편집할 수 있는 버스 트랙 1개가 생성된다. 7개의 오디오 트랙에는 각각 서라운드 효과 조절용 파라미터가 생성된다.

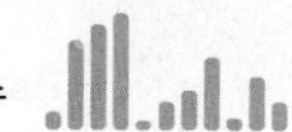

곡을 Play, Stop하기

DVD 부록에서 예제 파일을 불러온 뒤 곡을 Play, Stop 하는 방법을 알아본다.

File → Open 메뉴로 DVD 부록의 Sample 폴더에서 'Romantic-amber' 파일을 불러온다.

플레이 기능은 툴 바의 트랜스포트 모듈에 모여 있다. 뒤로 감기(Rewind), 스톱(Stop), 플레이(Play), 임시정지(Pause), 앞으로 감기(Fast Forward) 버튼을 사용할 수 있다.

단축키로 곡을 플레이하려면 Spacebar를 누른다. 다시 Spacebar를 누르면 곡의 연주가 임시 중단된다.

Tip 미디 트랙과 오디오 트랙

미디 트랙은 노트(음표)를 찍는 음악 작업과 악보 작업 등 미디 작곡 정보가 삽입되는 미디 전용 트랙이다. 오디오 트랙은 각종 녹음 작업이나 외부에서 불러온 오디오 클립이 편집되는 오디오 전용 트랙이다.

트랙별 악기 변경하기

소나의 미디 트랙은 각각 하나의 악기 파트라고 할 수 있다. 4개의 미디 트랙이 있다면 4개의 악기를 사용할 수 있다. 예를 들어 1번 트랙은 리드기타, 2번 트랙은 베이스기타, 3번 트랙은 키보드, 4번 트랙은 드럼을 연결할 수 있다. 악기를 연결하려면 먼저 사용할 가상 악기를 로딩해야 한다. 가상 악기를 로딩하는 방법은 다음에 다루기로 하고 여기서는 각 트랙 별로 악기를 변경하는 방법을 알아본다.

앞에서 불러온 예제는 미리 피아노용 가상 악기인 TruePiano를 로딩한 상태이므로 이 가상 악기를 1번 트랙에 연결해 보겠다. 1번 트랙에 가상 악기를 연결할 예정이므로 먼저 1번 트랙을 클릭해 선택한다. 그리고 인스펙터의 Output 포트를 클릭해 단축 메뉴를 실행한다.

단축 메뉴에서 미리 로딩시킨 TruePiano 가상 악기를 선택한다. 이렇게 하면 1번 트랙의 Output(출력) 포트에 TruePiano가 연결되므로 곡을 Play하면 1번 트랙의 리듬이 TruePiano를 통해 출력된다.

이번에는 2번 트랙에 가상 악기를 연결해 보자. 현재 로딩
된 가상 악기는 TruePiano 밖에 없으므로 이 가상 악기를
같이 사용해 보자. 먼저 2번 트랙을 클릭해 선택한다. 인
스펙터는 2번 트랙용 인스펙터로 자동 변경된다.

인스펙터의 Output 포트를 클릭한 뒤 단축 메뉴에서
TruePiano를 연결한다.

단축키 W 키를 눌러 곡의 맨 처음으로 이동한다.
Spacebar 또는 Play 버튼을 눌러 곡을 처음부터 연주해
본다. 1, 2번 트랙의 Out 포트에 TruePiano 가상 악기가
연결되었으므로 사운드도 TruePiano를 통해 출력된다.

곡의 시작점, 종료점 찾아가기

곡을 연주하다보면 중간에 연주를 중단한 뒤 곡의 Start 지점 또는 End 지점으로 찾아가는 경우가 많다. 툴 바의 트랜스포트 모듈에 곡의 Start 지점 또는 End 지점으로 찾아가는 버튼이 있다. 버튼을 눌러 Start 지점 또는 End 지점을 찾아가는 것은 매우 번거로우므로 보통은 단축키를 사용한다.

앞의 예제에서 Spacebar를 눌러 곡을 연주하다가 다시 Spacebar를 눌러 연주를 중단하였다. 곡의 시작점으로 찾아가려면 트랜스포트에서 RTZ 버튼을 누른다.

단축키를 눌러 곡의 시작점으로 찾아가려면 단축키 W 키를 누른다.

곡의 맨 끝으로 찾아가려면 트랜스포트의 Go to End 버튼을 누른다.

단축키는 Ctrl + End 키이다.

루프 구간 연주 설정하기

곡을 연주하다 보면 전체 구간을 루프(반복) 연주하거나, 일부 구간을 반복 연주하는 경우가 있다. 예를 들어 곡을 작곡하다보면 마음에 들지 않는 구간이 생길수도 있는데 이런 경우 마음에 들지 않는 구간을 계속 모니터해봐야 해결책을 찾을 수 있다. 이처럼 반복해서 모니터할 경우 루프 구간을 설정하는 방법을 알아본다.

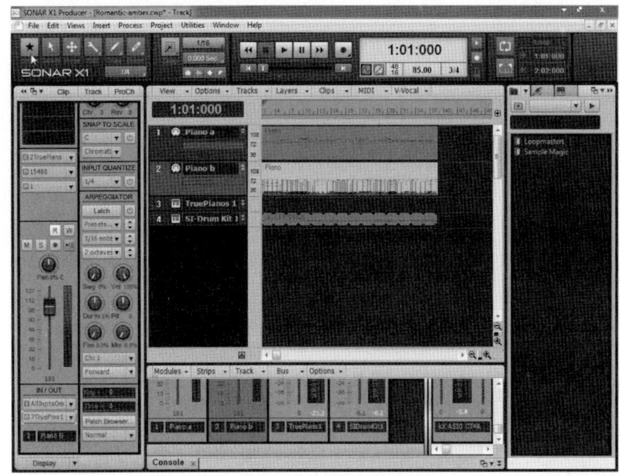

앞에서 불러온 'Romantic-amber' 파일을 이용해 전체 구간을 반복 연주하는 방법을 알아본다.

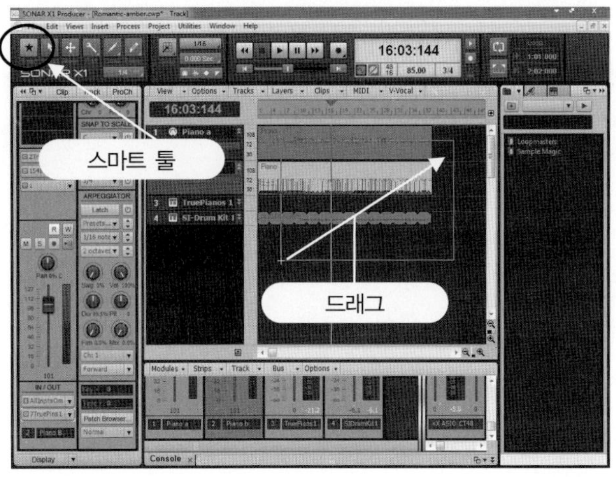

'스마트 툴'로 드래그하여 클립 전체(곡 전체)를 선택한다.

툴 바의 '구간 버튼'을 클릭한다. 선택한 영역만큼 구간이 설정되고, 자동으로 '루프 버튼'이 **On**으로 동작한다.

W 키를 눌러 곡의 처음으로 이동한다. **Spacebar**를 눌러 곡을 연주해 본다. 곡 전체를 반복 연주하는 것을 알 수 있다.

루프 연주를 종료하려면 '루프 버튼'을 클릭해 **Off**으로 전환한다.

클립이 선택된 상태를 해제하려면 트랙 뷰의 빈 곳을 마우스로 클릭한다. 클립이 선택된 상태에서 해제된다.

일부 구간만 반복시키려면 '룰러'를 이용해야 한다. 룰러에서 마우스로 드래그하면 해당 구간이 짙은 회색으로 변하면서 구간이 설정된다.

툴 바의 '구간 버튼'을 클릭한다. 선택한 일부 영역이 구간으로 설정되고, 자동으로 '루프 버튼'이 On으로 동작한다.

단축키 W 키를 눌러 '송 포지션 포인터'를 구간의 시간 부분으로 이동시킨다.

Spacebar를 눌러 곡을 연주하면 선택한 구간에서만 반복 연주된다.

구간 반복 연주를 해제하려면 루프 버튼을 누른다.

툴 바(컨트롤 바)

소나 X1의 툴 바는 '컨트롤 바'라고도 말한다. 이전 버전과 달리 모듈 형태로 여러 가지 도구들이 모여 있다. 전체 툴 바는 Views → Control Bars 메뉴로 표시하거나 감출 수 있다.

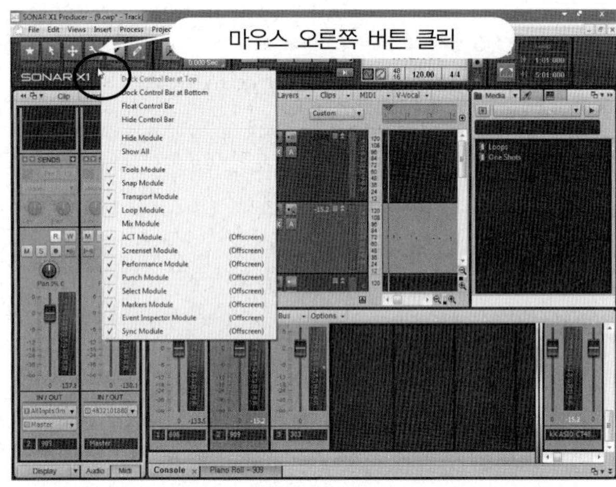

툴 바를 마우스 오른쪽 버튼으로 클릭하면 단축 메뉴가 실행되어 각각의 툴 바 모듈을 화면에 감추거나 표시할 수 있다. 또한 툴 바의 도킹 위치를 위, 아래로 변경할 수 있는 메뉴를 사용할 수 있다.

툴 바의 비어 있는 부분을 드래그하면 툴 바를 다른 위치로 이동시킬 수 있다.

각각의 작업 창 크기 조절하기

각각의 작업 창은 경계면을 마우스로 드래그하여 크기를 조절할 수 있다.

옆 그림은 트랙 뷰의 화면 크기를 조절한 모습이다. 경계 면을 마우스로 드래그하면 크기가 조절된다.

하단에 탭이 있는 콘솔 뷰, 악보 창, 피아노 롤 뷰는 하단 탭을 더블클릭하면 작업 창을 확대하거나 축소할 수 있다.

각각의 작업 창은 모서리에 버튼이 있다. 버튼을 클릭하면 작업 창 접기 등의 기능을 팝업 메뉴로 사용할 수 있다.

① **Dock at Left 메뉴 :** 해당 작업 창을 왼쪽으로 도킹한다.
② **Dock at Right 메뉴 :** 해당 작업 창을 오른쪽으로 도킹 한다.
③ **Undock 메뉴 :** 해당 작업 창을 도킹 상태에서 분리한다.
④ **Collapse 메뉴 :** 해당 작업 창을 접는다.

작업을 하다 보면 작업 창을 감춘 뒤 다시 불러오는 경우 가 있다. 이 경우에는 Views 메뉴에서 원하는 메뉴를 실 행해 해당 작업 창을 불러올 수 있다.

메모리에 부하가 걸린 경우 메뉴를 실행해도 반응을 하지 않는 경우가 있는데 이때는 해당 메뉴의 단축키를 누르면 해당 작업 창을 다시 불러올 수 있다.

02 마우스로 미디 입력하고 녹음 기능 익히기

소나를 본격적으로 공부하기 전 소나로 미디 데이터를 입력하는 방법, 악기를 선택하는 방법, 노래를 녹음하는 방법, 오디오 데이터를 믹싱하는 방법, CD를 제작하는 방법에 대해 미리 알아본다. 이번 장의 내용을 숙지하면 소나가 어떤 방식으로 동작하고, 어떤 작업을 할 수 있는 프로그램인지 충분히 이해할 수 있다.

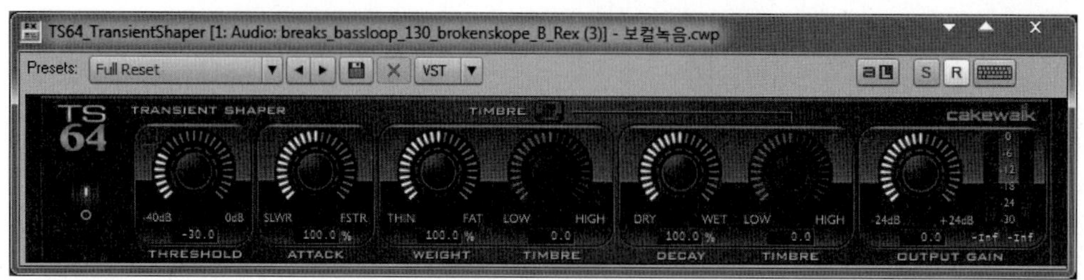

새 트랙 만들기, 트랙 삭제, 트랙 복제

노트(음표)를 입력하려면 미디 트랙을 만들어야 하고, 사운드나 보컬 노래를 녹음하려면 오디오 트랙을 일단 만들어야 한다.

1. 미디 트랙 만들기

앞의 예제에서 트랙 뷰의 비어 있는 부분을 마우스 오른쪽으로 클릭한 뒤 Insert MIDI Track 메뉴를 실행한다. 새로운 미디 트랙을 삽입한다는 뜻이다.

새 미디 트랙이 생성된 모습이다.

2. 새 오디오 트랙 만들기

보컬의 노래를 녹음하거나 사운드를 녹음할 계획이라면 새 오디오 트랙을 만들어야 한다.

트랙 뷰의 비어 있는 부분을 마우스 오른쪽으로 클릭한 뒤 Insert Audio Track 메뉴를 적용한다. 새로운 오디오 트랙이 삽입된다.

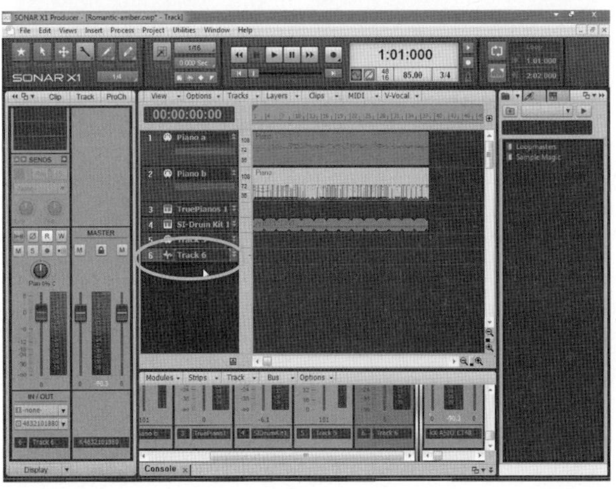

새 오디오 트랙이 생성된 것을 알 수 있다. 미디 트랙과 달리 아이콘 모양이 '웨이브 파형' 형태이다.

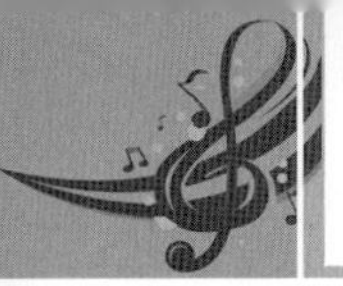

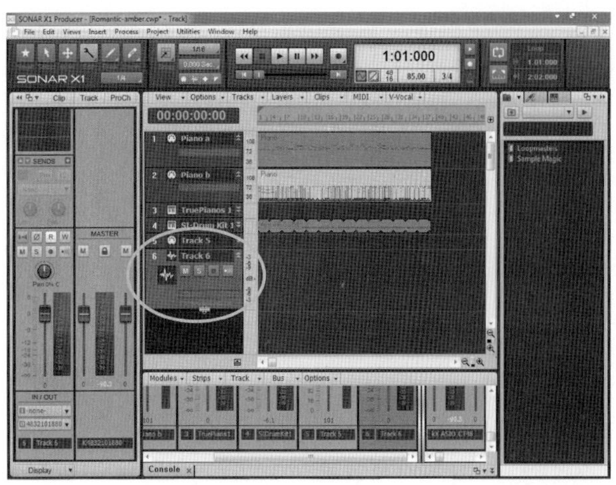

트랙 패널의 각종 파라미터가 안 보이므로 경계면 부분을
마우스로 드래그하여 트랙 패널을 아래로 확장한다.
트랙 패널에 있는 각종 옵션과 파라미터가 보인다.

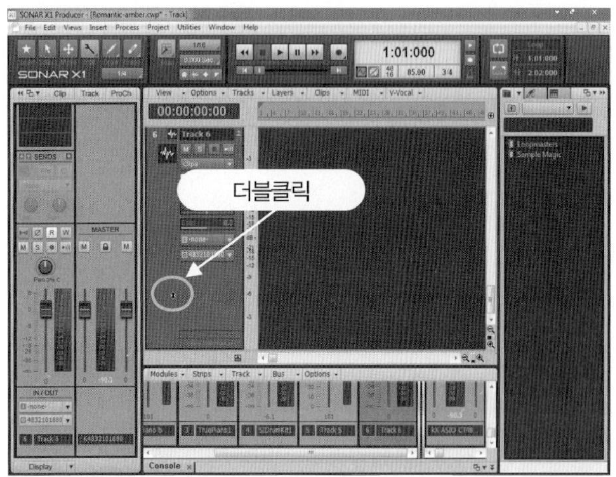

오디오 트랙의 비어 있는 부분을 더블클릭하면 오디오 트
랙 전체가 확장된다. 다시 더블클릭하면 오디오 트랙 전체
가 축소된다. 오디오 트랙의 전체 파라미터가 안보일 경우
에는 이런 식으로 확장한 뒤 작업한다.

이번에는 한 번에 복수의 트랙을 삽입하는 방법을 알아본다.
트랙 뷰의 비어 있는 부분을 마우스 오른쪽으로 클릭한
뒤 Insert Multiple Track 메뉴를 적용한다. 대화상자가 실
행된다.

대화상자의 Audio - Tack Count 항목에서 생성시킬 오디오 트랙 개수를 지정할 수 있다.

MIDI - Track Count 항목에서 생성시킬 미디 트랙 수를 지정할 수 있다.

적용하면 입력한 개수만큼 한 번에 여러 개의 트랙이 생성된다.

3. 트랙의 이동

원하는 트랙은 마우스로 드래그하여 상, 하로 자유롭게 이동시킬 수 있다. 예를 들어 MIDI 트랙은 모두 상단에 배치하고, Audio 트랙은 하단에 배치하는 것이 작업에 도움이 된다.

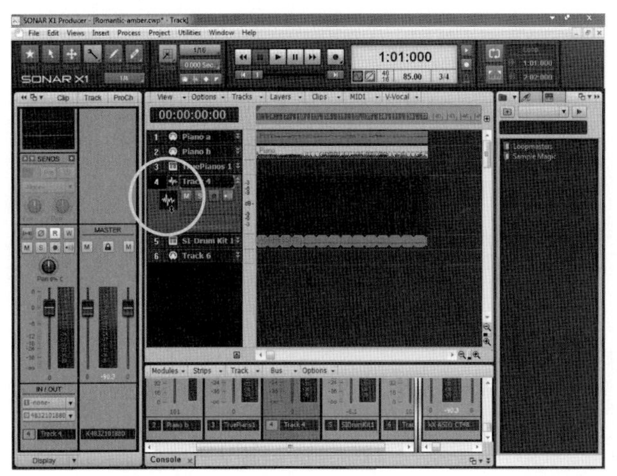

트랙 아이콘 부분을 아래로 드래그

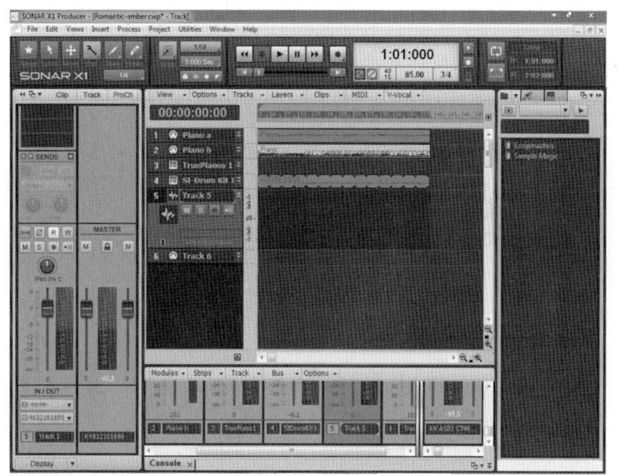

트랙을 한칸 아래로 이동시킨 모습

4. 필요 없는 트랙의 삭제와 트랙의 복제

작업을 하다 보면 필요 없는 트랙이 생기기 마련이다. 트랙을 마우스 오른쪽 버튼으로 클릭한 뒤 단축 메뉴에서 Delete Track 메뉴를 적용하면 해당 트랙을 삭제할 수 있다.

만일 특정 트랙을 복제하고 싶다면 복제할 트랙을 마우스 오른쪽 버튼으로 클릭한 뒤 Clone Track 메뉴를 사용한다.

원하는 트랙을 마우스 오른쪽 버튼으로 클릭

Delete Track 메뉴로 해당 트랙을 삭제한 모습

GM/GS/XG 소프트음원의 악기 선택하기

미디 트랙을 만든 뒤에는 악기를 선택해야 한다. 악기는 사운드 카드에서 기본 제공하는 GM/GS/XG 소프트음원이나, 가상 악기에서 선택할 수 있다. 먼저 사운드 카드에서 기본 제공하는 GM/GS/XG 소프트음원에서 악기를 선택해 보자.

1. 미디 트랙에서 악기 선택하기

미디 트랙의 아이콘 부분을 더블클릭하면 패널이 확장되어 숨어있는 파라미터가 표시된다. 패널을 다시 접으려면 미디 트랙 아이콘을 다시 더블클릭하면 된다. 악기는 $O \rightarrow C \rightarrow B \rightarrow P$ 순으로 연결해야 한다.

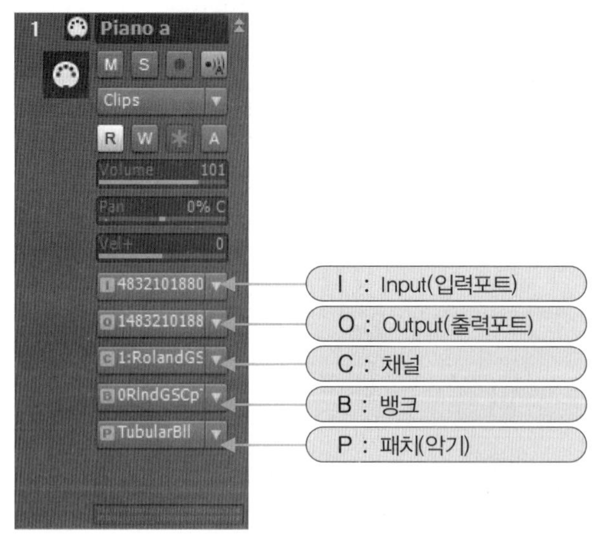

① **O (아웃포트, 출력포트) :** 출력작업에 사용할 음원장치를 선택한다. 별다른 음원이 없는 경우에는 사운드 카드에서 기본 제공하는 소프트 음원을 선택한다. 가상 악기를 로딩한 상태라면 가상 악기를 선택할 수 있다. 이후 미디 트랙을 플레이하면 해당 미디 트랙의 출력포트에 연결된 음원으로 사운드가 출력된다.

② **CH (채널) :** 사운드가 전송되는 채널을 설정한다. 채널은 모두 16개가 있는데 보통 1번 채널을 선택하고, 드럼 파트는 일반적으로 10번 채널을 선택한다. 만일 다른 트랙에서 1번 채널을 이미 점유하고 있다면 2번 채널이나 3번 채널... 등으로 채널 번호를 변경한다.

③ **Bank (뱅크) :** 악기 그룹인 뱅크를 선택한다. 음원에 따라 악기(패치)가 256개 이상일 경우가 있는데 이런 경우 256개의 악기를 하나의 그룹으로 묶어 뱅크라고 부른다. 음원에 따라 악기 수가 많으면 뱅크도 2, 3개 이상일 경우가 많다. 보통 자주 사용하는 악기는 첫 번째 뱅크에 들어있으므로 0번 뱅크나 1번 뱅크를 선택한다.

④ **Patch (패치) :** 위에서 뱅크를 지정하면 뱅크 안에 수록된 악기(패치) 목록이 나타난다. 원하는 악기를 선택하면 해당 악기로 사운드가 출력된다.

2. 인스펙터에서 악기 설정하기

미디 트랙 패널은 항상 접혀 있기 때문에 악기를 지정하려면 매번 미디 트랙 패널을 확장시킨 뒤 악기를 지정해야 한다. 이 작업은 매우 번거로우므로 이런 경우에는 해당 트랙의 인스펙터에서 악기를 설정하는 것이 더 빠르다. 인스펙터는 미디 트랙에서의 여러 가지 작업이 용이하도록 화면 제일 왼쪽으로 빼 놓은 장치이다. 인스펙터는 다른 미디 트랙을 선택하면 바로 해당 미디 트랙의 인스펙터로 자동 전환된다.

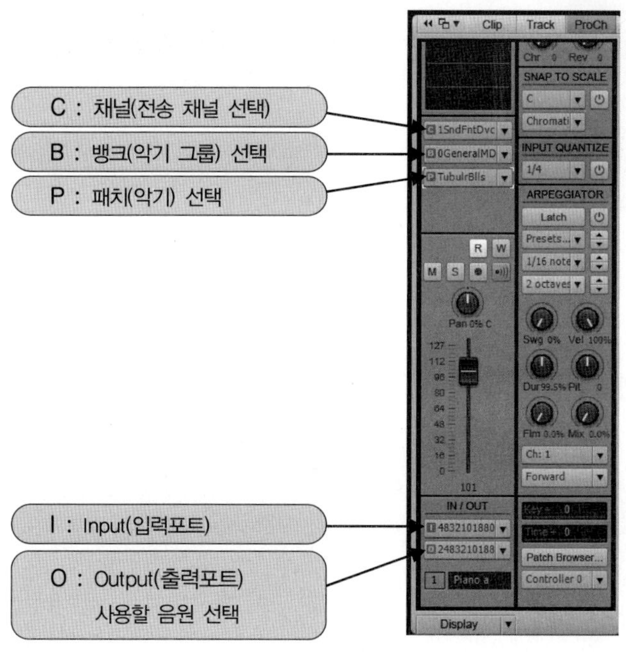

가상 악기 연결하고 사용할 악기 음색 선택하기

GM/GS/XG 소프트음원은 사운드 카드에서 기본 제공하는 미디용 음원이므로 악기의 음색이 음악용으로 사용하기에는 나쁘다. 물론 메모리에 부담을 주지 않고 바로 연결할 수 있다는 장점 때문에 작곡 초반에는 GM/GS/XG 소프트음원에서 제공하는 악기를 사용하는 경우가 많다.

완성된 곡은 후반 작업 시 오디오 클립으로 전환해야 하는데 GM/GS/XG 소프트음원은 오디오 클립으로 전환되지 않기 때문에 이때는 가상 악기나 외장 악기로 다시 교체해서 사운드를 출력해야 한다. 후반부에 가상 악기나 외장악기로 교체하면 곡의 스타일이 교체된 악기에 의해 많이 달라지는 경우가 많다. 따라서 GM/GS/XG 소프트음원은 가급적 사용하지 않고 바로 가상 악기를 연결해 곡을 만드는 것이 가장 좋은 방법이다. 곡을 만든 뒤 오디오클립으로 전환할 때는 결국 가상 악기나 외장 악기의 음색을 사용해 전환되기 때문이다.

여기서는 아예 처음부터 가상 악기에서 자신이 원하는 악기를 연결하는 방법을 알아본다.

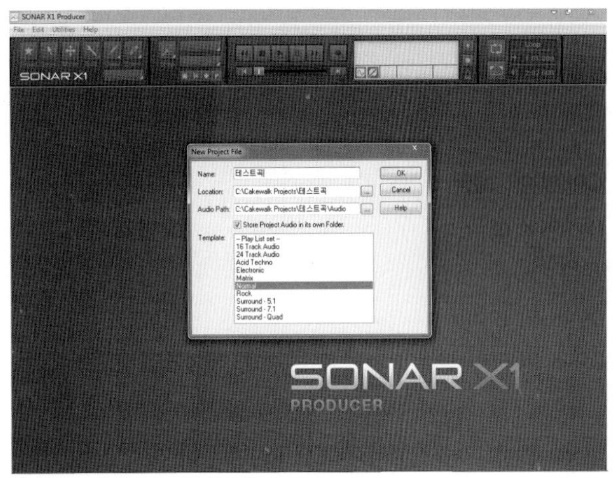

File → New 메뉴로 새 Normal 프로젝트를 불러온다.

Tip **Input(인풋) 포트란?**

Output → Channel → Bank → Patch는 사운드 출력에 사용할 장치, 채널, 악기그룹, 악기를 선택하는 기능이므로 사운드 출력과 관련되어 있다.

Input(인풋) 포트는 사운드 입력과 관련되어 있으므로 녹음이나 마스터 건반으로 입력 작업을 할 때 해당 장치들이 표시되는 곳이다.

그림처럼 트랙 패널과 버스 패널이 보인다. 버스 패널이
현재 작업에 방해되므로 화면 아래로 감추어 준다.

트랙 패널과 버스 패널의 경계면을 마우스로 드래그하여
아래로 드래그하면 버스 패널을 감출 수 있다.

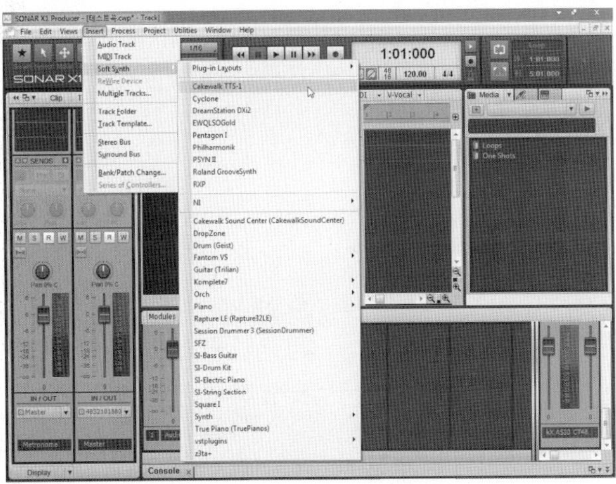

지금부터 흔히 사용하는 Cakewalk TTS-1 가상 악기를 삽
입해 본다. Insert → Soft Synth → Cakewalk TTS-1 메뉴
를 실행한다.

가상 악기를 어떤 방식으로 로딩할 것인지 대화상자가 실행된다. 기본값 그대로 설정하고 **OK** 버튼을 눌러 적용한다.

삽입한 가상 악기는 트랙 뷰에서 인스트루먼트 트랙 형태로 삽입된다.

인스트루먼트 트랙은 미디 트랙과 동일한 트랙이지만 가상 악기가 미리 연결되어 있는 일종의 악기 트랙을 말한다. 미디 트랙과 성질이 같으므로 인스트루먼트 트랙에서도 미디 입력 작업을 할 수 있다.

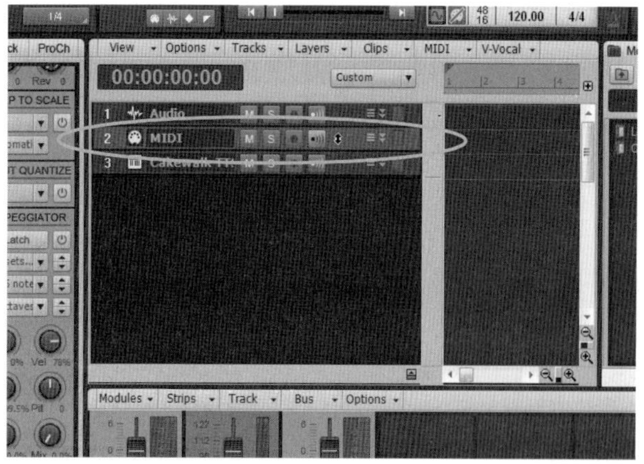

앞에서 삽입한 가상 악기를 다른 미디 트랙에 연결해 보자. 일단 가상 악기를 연결하고 싶은 **MIDI** 트랙을 클릭해 선택한다.

인스펙터의 **Output** 파라미터를 클릭해 팝업메뉴를 실행하면 앞에서 로딩한 TTS-1 가상 악기가 메뉴로 보인다. TTS0-1 메뉴를 선택하면 해당 미디트랙에 연결된다.

인스펙터의 **Output** 파라미터를 더블클릭하면 연결한 가상 악기 창이 실행된다.

현재 미디 트랙이 1개 밖에 없으므로 1번 채널에 원하는 악기를 연결해야 한다.

가상 악기 창의 1번 채널 버튼을 클릭하면 TTS-1 가상 악기에서 제공하는 여러 가지 패치(악기)를 선택할 수 있도록 대화상자가 실행된다.

패치의 이름 부분을 클릭하면 사용할 수 있는 악기 뱅크가 메뉴로 나타난다.

팝업 메뉴에서 Preset → Ensemble → Orchestra 메뉴를 선택한다. 오케스트라 악기가 삽입된다.

패치 이름을 보면 Orchestra로 변경된 것을 알 수 있다. 닫기 버튼을 클릭해 가상 악기 창을 닫아준다.

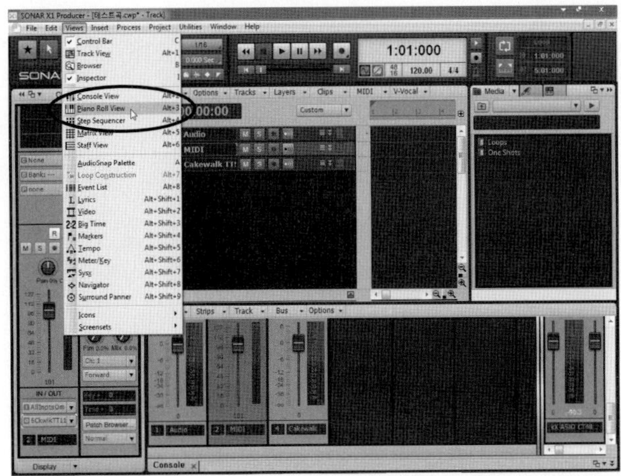

악기가 정상적으로 동작하는지 확인하기 위해 Views →
Piano Roll View 메뉴를 실행한다.

피아노 롤 뷰가 실행된다. 피아노 롤 뷰의 가운데에 있는
경계면을 아래로 드래그하여 감추어준다. 상단 피아노 롤
뷰만 보이게 된다.

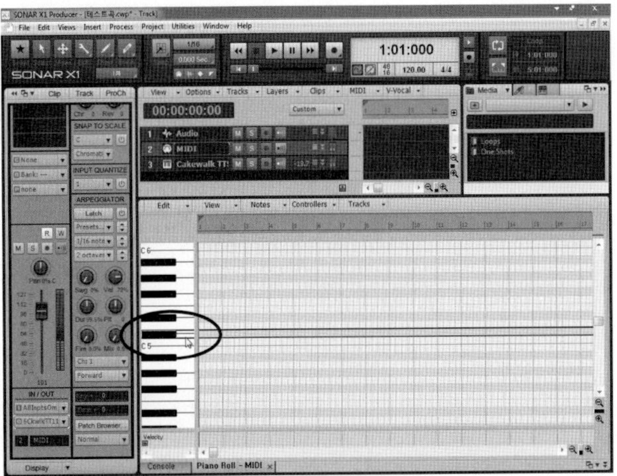

건반을 마우스로 눌러본다. 오케스트라 악기 소리를 들을
수 있다.

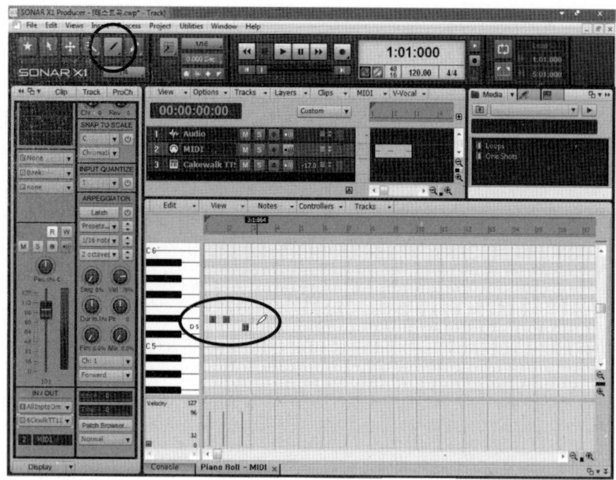

'연필 툴'을 선택한 뒤 원하는 위치에 노트(음표)를 입력한
다.

아울러 입력할 때 마다 사운드가 들리는 것을 알 수 있다.

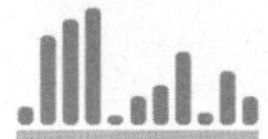

피아노 롤 뷰는 피아노 건반이 있는 노트 입력 창을 말한다. 노트를 입력하면 음표 형태가 아닌 막대 형태로 입력된다. 막대의 높낮이에 따라 음정이 설정되고, 막대의 길이는 음의 길이를 표시한다. 피아노 롤 뷰는 악보를 읽을 줄 모르는 사람들이 노트(음표)를 입력할 때 많이 사용한다.

01 File → New 메뉴로 새 프로젝트를 Normal 옵션으로 만든다.

Insert → Soft Synth → Roland Groove Synth 메뉴를 실행해 롤랜드 그루브 신스 가상 악기를 로딩한다.

02 로딩한 가상 악기를 MIDI 트랙의 아웃포트에 연결해 보자. 먼저 MIDI 트랙을 클릭해 선택한다.

03 인스펙터의 Output 파라미터를 클릭한 뒤 단축 메뉴에서 Roland GrooveSynth1을 선택한다. 해당 미디트랙의 출력포트에 그루브신스 가상 악기가 연결된다.

04 트랙패널에서 해당 미디 트랙의 Output 아이콘을 더블클릭하면 연결된 그루브신스 악기 창이 실행된다.

05 악기 창의 LCD창을 클릭해 패치(악기) 선택 메뉴를 실행한다.

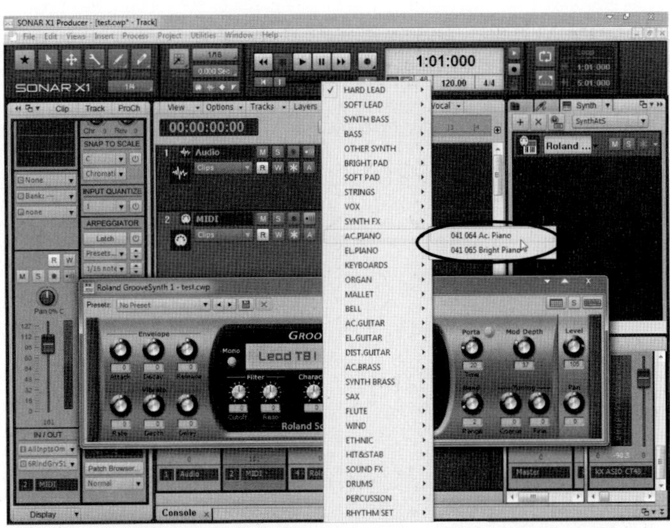

06 메뉴에서 EL.Piano → E.Piano 1을 선택한다. 일렉 피아노 악기가 사용된다.

07 악기 창을 닫고 원해 화면으로 돌아온다. 보시다시피 입력 작업을 하지 않았으므로 트랙 뷰에는 미디 클립이 아예 없다.

08 Views → Piano Roll View 메뉴를 실행해 피아노 롤 뷰를 불러온다.

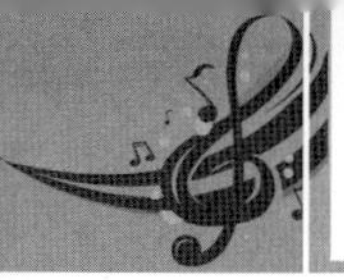

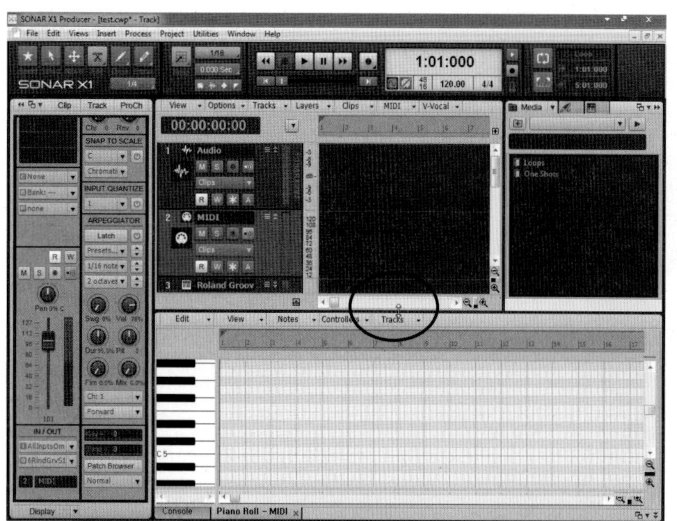

09 피아노 롤 뷰는 막대 형태로 노트(음표를 입력할 때 사용한다.

입력 작업에 용이하도록 경계면을 조절해 피아노 롤 뷰를 확대해준다.

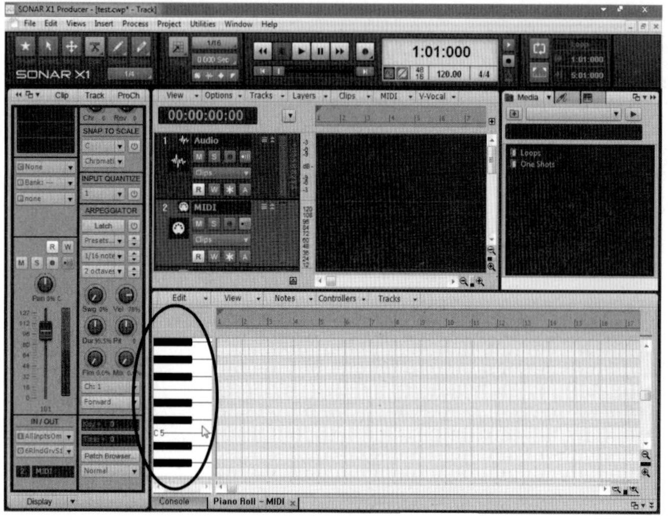

10 건반의 C5가 높은음자리의 '도' 음이다. C4 는 한 옥타브 아래 '도' 음이고, C6은 한 옥 타브 위 '도' 음이다.

마우스로 건반을 클릭하면 사운드를 들을 수 있다.

11 입력 작업을 하기 위해 '연필 툴'을 선택한 다. 그리고 입력할 노트(음표) 길이는 '1/8(8분 음표)'로 설정한다. 음표가 정렬될 간격인 스냅 간격은 1/8로 설정한다.

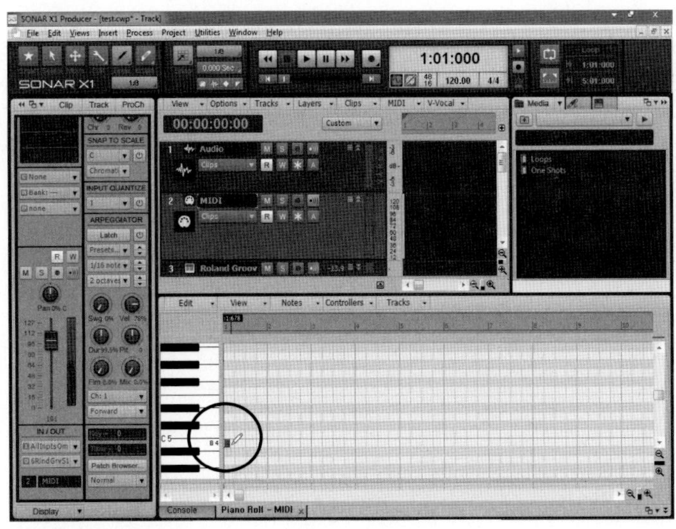

12 W 키를 눌러 곡의 맨 앞으로 송 포지션 포인터를 이동시킨다. 그리고 C5 한 칸 아래인 B4에 그림처럼 입력한다.

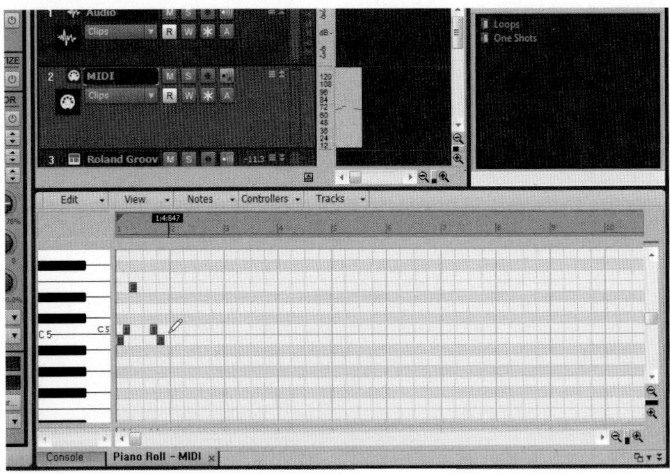

13 첫 번째 마디에서 그림처럼 계속 입력한다. 여러분이 원하는 리듬을 입력해도 상관없다. 이때 막대와 막대 사이의 띄어 입력된 부분엔 쉼표가 자동으로 삽입된다.

현재 1/8(8비트)로 입력하기 때문에 각각의 막대 길이는 8분 음표 길이이다. 음표 길이를 변경하고 입력하려면 툴 바에서 변경한다.
잘못 입력한 음표는 나중에 수정할 수 있다.

14 두 번째 마디는 첫 번째 마디와 조금 비슷한 리듬으로 입력한다.

마디 번호는 룰러를 보면 알 수 있다.

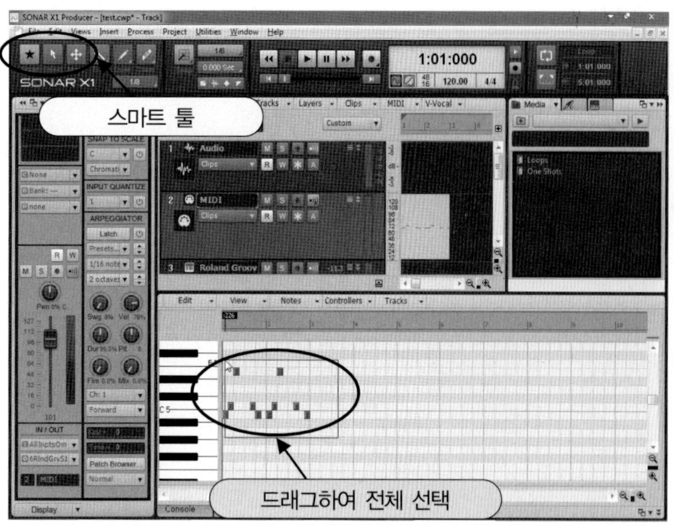

15 '스마트 툴'을 선택한 뒤 드래그하여 전체 노트(음표)를 모두 선택한다.

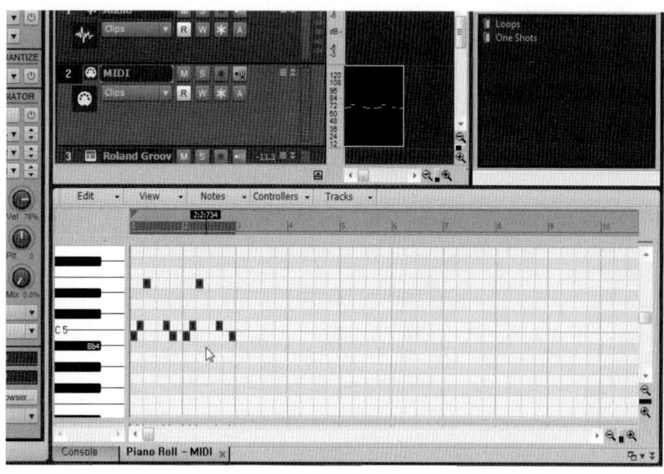

16 전체 노트가 선택된 모습이다. (단축키 Ctrl + A)

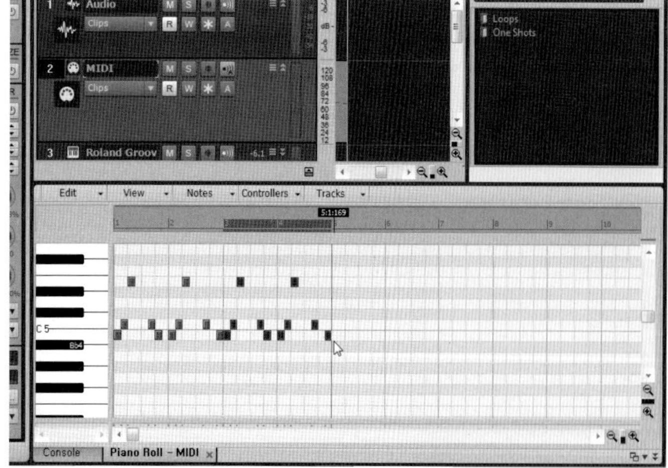

17 Ctrl + 드래그하여 선택한 노트들을 복사하여 3~4번 마디에 배치한다.

반복되는 리듬은 이와 같은 방식으로 복사하여 사용할 수 있다.

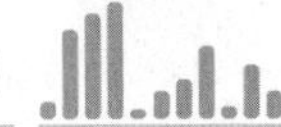

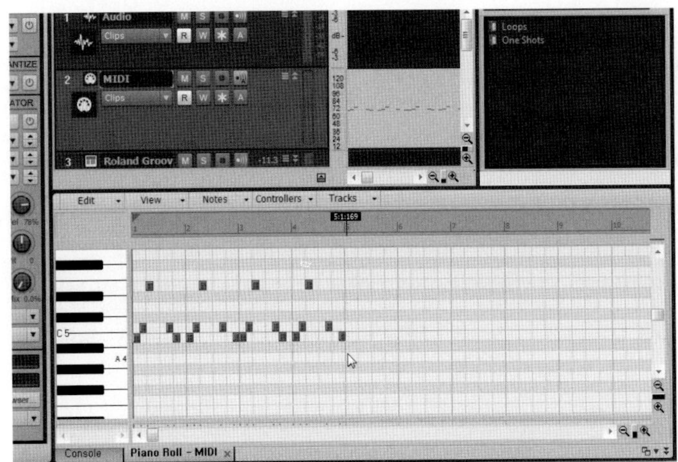

18 Ctrl + Shift + A를 눌러 선택 상태를 해제한다.

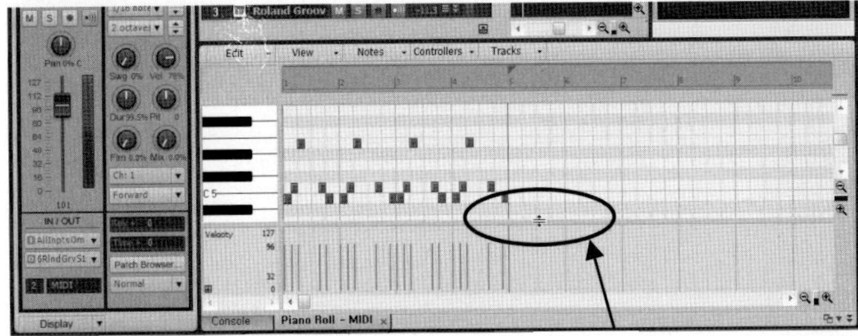

19 아래쪽 경계면을 드래그하여 위로 올리면 숨겨둔 벨로서티 창이 나타난다.

20 벨로서티는 각각의 음의 강약(피아노 건반을 누르는 강약)을 조절하는 기능이다.

벨로서티 막대의 길이가 길면 그 음의 세기는 강해지고, 벨로서티 막대 길이가 짧으면 그 음의 세기가 약해진다.

'연필 툴'로 각각의 음에 대한 벨로서티 강약을 조절할 수 있다.

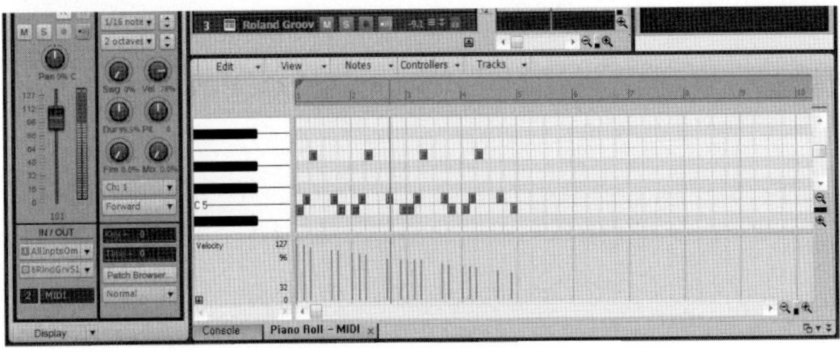

21 W 키를 눌러 송 포지션 포인터를 맨 앞으로 이동시킨다. Play 버튼을 눌러 곡을 연주해 본다.

피아노 롤 뷰가 막대 방식으로 노트(음표)를 입력한다면, 스태프 뷰는 오선지에서 입력 작업을 할 수 있는 악보 창을 말한다. 오선지에서 입력하기 때문에 악보를 읽을 수 있는 사람들에겐 유리한 작업 방식이 되지만, 보통은 피아노 롤 뷰에서 노트를 입력하고, 악보 창은 수정 작업을 할 때 사용한다.

01 앞의 예제에서 4마디까지 입력한 모습이다. 악보 창을 불러오기 위해 Views → Staff View 메뉴를 실행한다.

02 악보 창이 실행된 모습이다.

03 화살표(→) 키를 눌러 노트를 입력하지 않은 5마디 부분으로 이동한다.

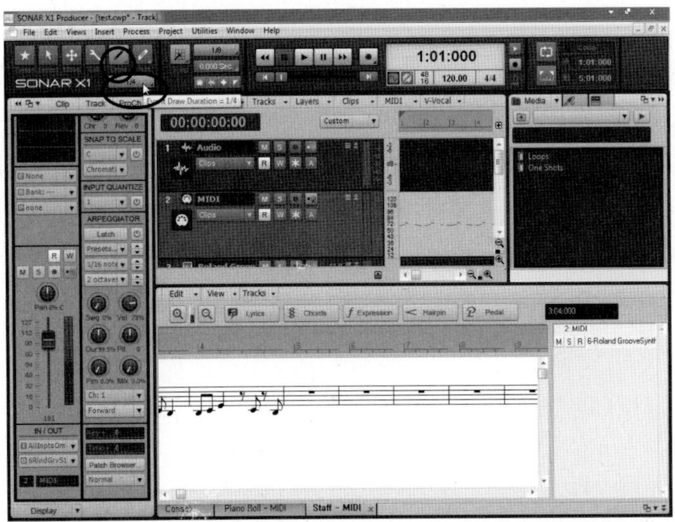

04 노트를 입력하는 방법은 피아노 롤 뷰와 똑같은 방식이다. 툴 바에서 '연필 툴'을 선택한 뒤 입력할 '음표 종류'를 선택한다. 여기서는 '4비트 음표'를 선택했다.

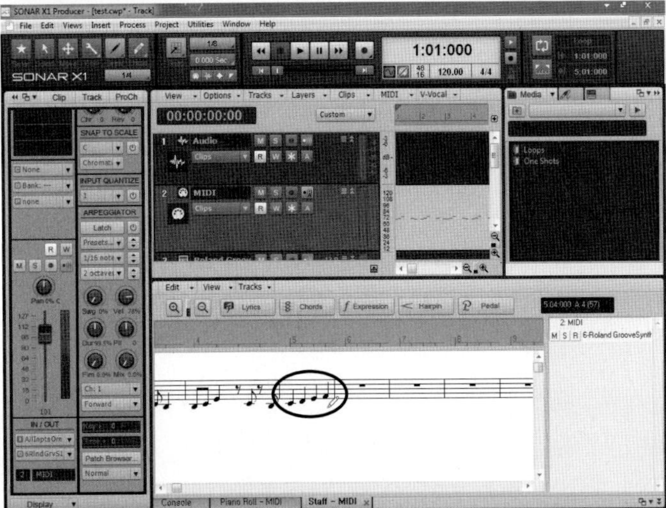

05 오선지에서 원하는 형태로 음표를 입력해 준다.

06 하단의 Piano Roll View 탭을 눌러 피아노 롤 뷰로 전환해 보자. 악보 창에서 입력한 내용이 피아노 롤 뷰에서도 입력된 것을 알 수 있다.

노트 입력은 피아노 롤 뷰, 악보 창 모두 사용할 수 있으므로 자신에게 편안한 작업 창에서 입력 작업을 하는 것이 좋다.

박자(Meter) 변경하기

곡의 박자는 LCD 창의 박자 부분을 클릭하면 변경할 수 있다. 변경된 박자는 송 포지션 포인터가 있는 곳에서부터 변경된다. 예를 들어 1번째 마디에 송 포지션 포인터가 있는 상태에서 박자를 변경하면 첫 번째 마디부터 마지막 마디까지 변경된 박자가 적용된다. 만일 3번째 마디에 송 포지션 포인터가 있다면 1~2번 마디는 기존 박자가 적용되고, 3번째 마디부터 마지막 마디까지 변경된 박자가 적용된다.

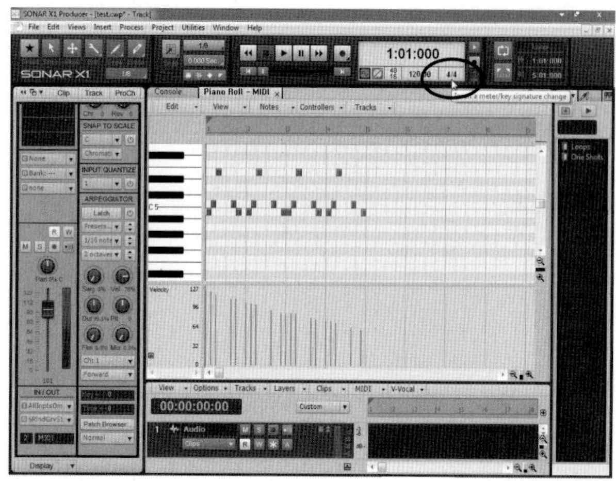

LCD 창의 숫자 부분이 현재 작업 중인 곡의 박자를 표시한다. 소나의 박자는 4/4박자가 기본값이다.

룰러에서 3번째 마디의 시작 부분을 마우스로 클릭하면 송 포지션 포인터가 3번째 마디의 시작 부분으로 이동된다.

LCD 창의 박자 부분을 클릭해 박자 대화상자를 불러온다. Beats Per Measure 항목을 2로 수정하고 Beats Value 항목은 4로 그대로 둔다.

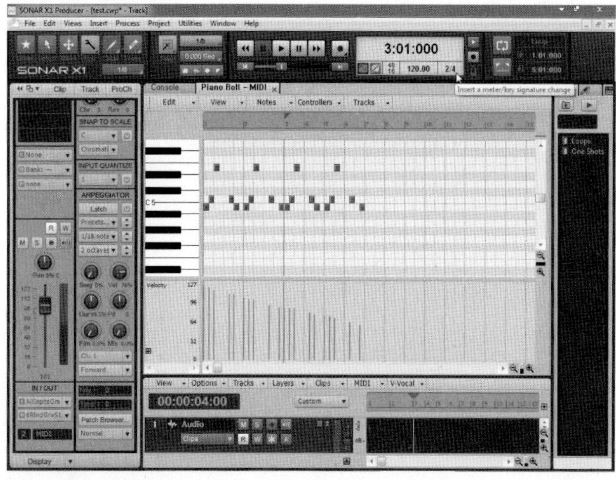

LCD 창의 박자 부분을 확인하면 4분의 2박자로 변경된 것을 알 수 있다.

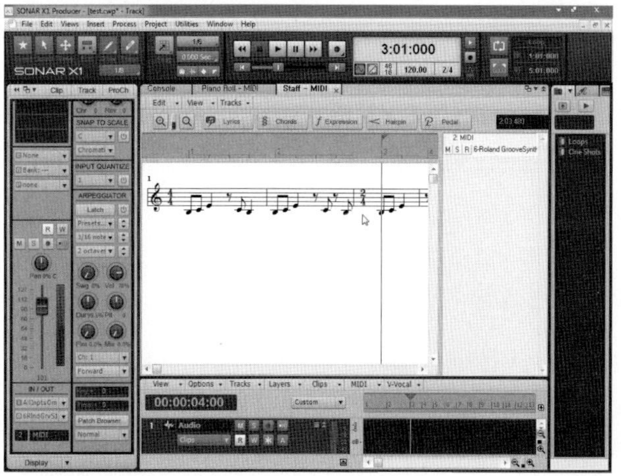

악보 창에서도 박자가 변경되었는지 확인하기 위해 Views → Staff Views 메뉴를 실행한다.

악보 창을 보면 1~2번 마디는 4분의 4박자이고, 3번 마디부터 변경된 4분의 2박 박자가 적용된 것을 알 수 있다.

음자리표(Clef) 변경하기

악보 창을 확인하면 오선지의 시작 부분에 높은음자리표 또는 낮은음자리표가 표시된다. 음자리표를 변경하려면 악보 창에서 마우스 오른쪽 버튼으로 클릭한 뒤 Layout 메뉴를 실행한다.

악보 창에서 마우스 오른쪽 버튼으로 클릭

소나의 오선지는 기본적으로 높은음자리표를 사용한다. 한 옥타브 낮은 베이스 악기용 악보를 입력하고 있다면 낮은음자리표로 교체해야 한다.

악보의 빈 곳을 마우스 오른쪽 버튼으로 클릭한 뒤 Layout 메뉴를 실행한다.

낮은음자리를 적용한 모습 (음표 위치가 달라진다.)

대화상자의 Clef 옵션이 음자리표를 교체하는 옵션이다. Clef 옵션에서 Bass를 선택하면 낮은음자리표로 변경되는 것을 알 수 있다.

Tip 음자리표를 변경하는 이유

음자리표는 현재의 오선지가 어느 옥타브인지 보여주는 심볼이다. 높은음자리는 오선지 영역이 우리가 흔히 볼 수 있는 기본 옥타브 영역임을 보여준다. 높은음자리 오선지에서 한 옥타브 낮은 베이스 악기용 곡을 작곡하고 있다면 기존 도 음보다 한 옥타브 아래쪽에 입력해야 한다. 이렇게 하면 음표들이 오선지 아래쪽에 몰려있게 되므로 악보를 읽는 것이 매우 어렵게 된다. 따라서 높은음자리를 낮은음자리로 변경하면 오선지는 같은 모양이지만 한 옥타브 아래쪽 음역대를 표시하는 오선지이므로 베이스 입력이 쉽고, 나중에 악보를 읽을 때도 유리하다.

마스터 건반을 사용한 - 리얼 입력 작업 배우기

마스터 건반으로 연주한 음이 소나의 '피아노 롤 뷰'나 '악보 창'에서 실시간 노트(음표)로 입력되는 것을 리얼 입력이라고 말한다. 연주한 내용이 실시간 음표로 전환되어 입력되기 때문에 머릿속에 떠오르는 악상을 마스터 건반으로 연주하여 소나에 바로 입력할 수 있다. 물론 100% 실시간 입력되지는 않지만 오디오 카드의 레이턴시 성능이 우수할 경우 0.002~0.005초 안에 실시간 리얼 입력된다. 사운드 카드 사용자의 경우 레이턴시가 보통 10ms이므로 건반을 누른 후 0.01초 뒤에 실시간 리얼 입력된다.

인스펙터의 Input 파라미터

먼저 마스터 건반을 컴퓨터와 연결해 준다. 소나를 실행한 뒤 작업할 미디트랙을 클릭해 선택한 뒤 인스펙터의 I 파라미터(Input, 입력포트)을 클릭하면 입력할 수 있는 장비가 표시되는데 여기서 마스터 건반을 선택하면 된다.

모든 입력 장치(All Innputs)를 선택하는 모습

마스터 건반이 USB 인터페이스로 연결된 경우에는 입력 포트에 'USB 오디오 장치'가 표시되므로 이 장치를 입력 포트에 설정하면 소나에서 마스터 건반을 인식하게 된다.

입력 장비 이름을 모를 경우에는 모든 입력장치를 자동 인식할 수 있도록 All Inputs을 선택한다. 이렇게 하면 모든 입력 장비를 소나에서 인식하게 된다.

Tip 미디 입력장치란?

미디 입력 작업에서 사용하는 각종 미디 장비를 말한다. 마스터 건반, 신디사이저, 미디 기타, 미디 드럼, 마이크 등이 입력 장비에 해당한다. 이들 입력 장비는 컴퓨터와 연결하는 방식이 제각각 이므로 장치마다 입력 포트에 표시되는 이름이 다르다.

리얼 입력으로 미디 노트 입력하기

컴퓨터와 마스터 건반을 연결한 상태라고 가정해 보자. 지금부터 마스터 건반을 사용해 악보를 리얼 입력하는 방법을 공부해 본다.

01 소나를 실행한 뒤 File → New 메뉴로 새 프로젝트 대화상자를 불러온다.

템플릿 창에서 Normal 템플릿을 선택한 뒤 곡 이름은 '리얼입력'이라고 설정하고 OK 버튼을 적용한다.

02 새 프로젝트를 만든 뒤에는 Insert → Soft Synth → TruePiano 메뉴를 실행해 '트루 피아노' 가상 악기를 로딩한다.

03 가상 악기를 연결할 미디 트랙을 클릭해 선택한다. 가운데에 있는 미디 트랙을 선택하면 된다.

04 인스펙터의 Ouput 포트를 클릭해 TruePiano 가상 악기를 선택한다. 선택한 미디 트랙의 출력포트에 TruePaino 가상 악기가 연결된다.

05 Input 파라미터를 클릭해 입력장치를 선택한다. 여기서는 All Input을 선택했다.

이렇게 하면 마스터 건반이 선택한 미디 트랙의 입력장치로 사용된다.

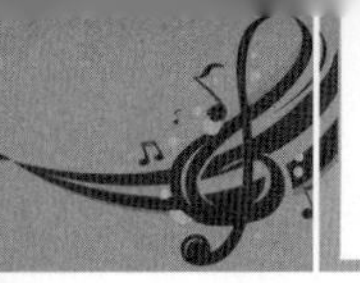

06 입력 중인 모습을 보기 위해 Views → Piano Roll View 메뉴를 실행하고 피아노 롤 뷰의 상단 경계면을 드래그하여 그림처럼 확대해준다.

07 단축키 W를 눌러 '송 포지션 포인터'를 곡의 시작 부분인 맨 왼쪽으로 이동시킨다.

08 미디 트랙의 Arm 버튼을 클릭한다. Arm 버튼은 녹음 작업을 실제 하지 않고 해당 트랙을 '녹음 준비 상태'로 만드는 기능이다.

리얼 입력 또는 오디오 녹음을 할 때는 일단 해당 트랙의 Arm 버튼을 클릭해 녹음 준비 상태로 만들어야 한다.

09 툴 바의 Record 버튼을 클릭해 리얼 입력 상태로 전환한다. 메트로놈 소리가 울리면서 리얼 입력 작업을 할 수 있다.

건반으로 연주를 시작하면 연주한 내용이 실시간으로 입력된다.

10 이번에는 Views → Staff View 메뉴로 악보 창을 열고 리얼 입력을 해 보자. 실시간 연주한 내용이 오선지에 찍히는 것을 알 수 있다.

리얼 입력을 종료하려면 Stop 버튼 또는 Spacebar를 누른다.

⊕ 참고

리얼 입력과 레이턴시

리얼 입력은 여러 장점이 많지만 레이턴시 때문에 건반을 누를 때 마다 바로 오선지에 입력되는 것이 아니라 약간의 지연시간(0.01~0.002ms)을 두고 입력된다. 따라서 리얼 입력 뒤에는 음표의 높이, 길이 등을 수정하는 과정이 필요하다. 수정 작업은 '악보 창'이나 '피아노 롤 뷰' 중 자신에게 편리한 작업 창에서 진행한다.

리얼 입력에서 레이턴시를 줄이려면 고급 오디오 카드를 사용하는 것이 좋다. 고급 오디오 카드를 부착하면 사운드 카드에 비해 50% 이상 레이턴시(지연시간)를 줄일 수 있다.

오디오 녹음을 시작해 보자 − 오디오 트랙

오디오 트랙은 오디오를 녹음하거나 오디오 클립을 편집할 때 사용한다. 보통 보컬의 노래를 녹음하거나 각종 효과음, 오디오 파일을 임포트해 편집할 때 사용한다.

1. 오디오 트랙 만들기

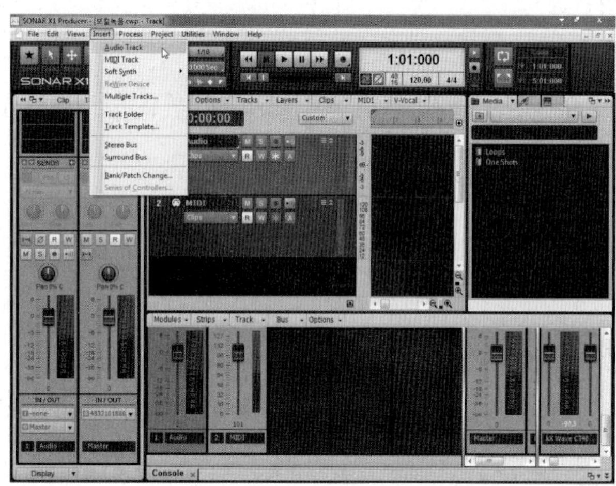

오디오 녹음이나 편집 작업을 하려면 일단 오디오 트랙을 만들어야 한다.

Insert → Audio Track 메뉴를 실행하면 새 오디오 트랙을 만들 수 있다.

2. 오디오 클립 가져오기

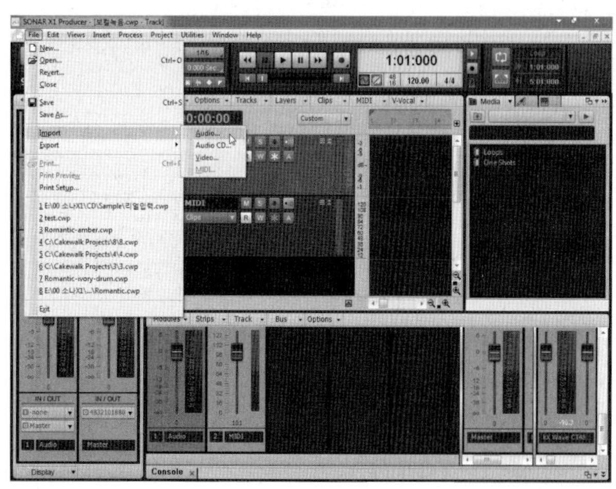

외부 오디오 파일을 임포트하여 편집하려면 오디오 트랙을 선택한 상태에서 File → Import → Audio 메뉴로 불러온다. 불러올 수 있는 오디오 포맷은 Wav, MP3, Wmv, Aif, Au, Sd2 포맷 등이 있다.

Tip 오디오 파일은 미디 데이터가 아니므로 가상 악기를 연결하지 않고 곧바로 사운드가 출력된다.

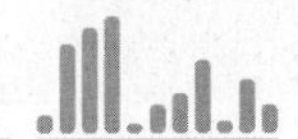

오디오 녹음 소스 설정하기

오디오 녹음을 하려면 일단 오디오 트랙을 만든 뒤, 오디오 트랙 패널의 **Arm** 버튼을 눌러 '녹음 준비 상태'로 전환한다. 그런 뒤 툴 바의 **Record** 버튼을 클릭하면 녹음이 시작된다. 마이크를 컴퓨터와 연결한 상태라면 보컬의 노래를 녹음할 수 있다. **Line In** 단자에 **CD** 플레이어를 연결한 상태라면 **CD** 플레이어에서 플레이하는 노래를 녹음할 수 있다. 녹음을 시작하면 오디오 트랙에 웨이브 파형이 나타나면서 녹음이 진행된다. **Stop** 버튼을 누르면 녹음 작업이 완료된다. 소나에서 녹음을 하려면 일단 소나를 실행하기 전 무엇을 녹음할 것인지 녹음소스를 선택한 뒤 소나를 실행한다.

1. 윈도우 XP에서 녹음 소스의 선택

마이크로 보컬의 노래를 녹음하려면 먼저 녹음할 소스를 지정해야 한다. [시작] 버튼을 누른 뒤 [제어판] - [사운드 및 오디오 장치]를 실행한다. 대화상자에서 '오디오' 탭을 선택한 뒤 '소리 녹음' 항목에서 '볼륨' 버튼을 클릭해 '녹음 컨트롤' 대화상자를 불러온다.

윈도우 XP에서 녹음 프로그램은 여기서 설정한 소스를 녹음하기 때문에 보컬의 노래나 악기 연주를 녹음하고 싶다면 마이크 항목에 체크 표시를 해야 한다. 만일 일렉기타의 연주를 녹음할 경우, 앰프에서 사운드 카드의 **Line In** 단자로 연결한 뒤 윈도우 XP의 녹음 소스 선택에서 '마이크' 대신 '라인 입력'을 선택한다.

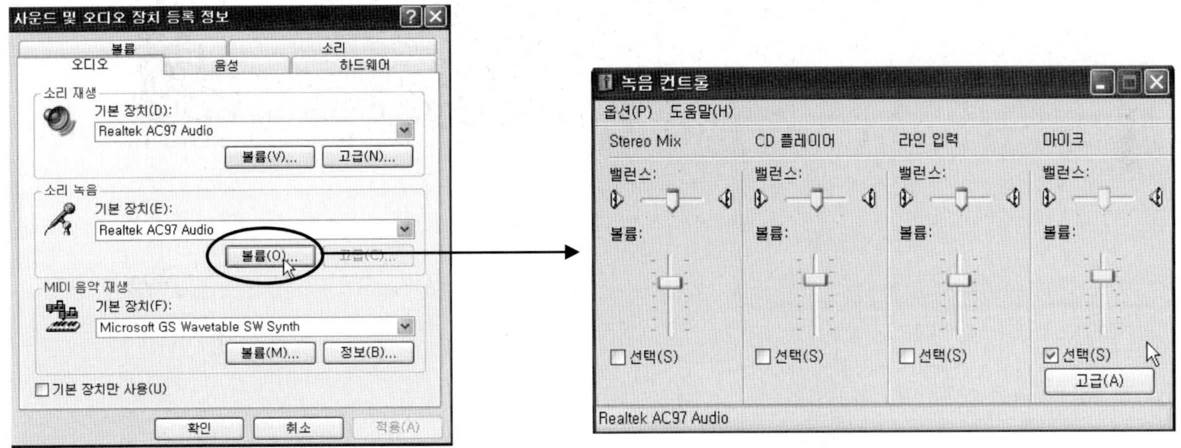

- **Stereo Mix** : 컴퓨터에서 들리는 모든 소리를 녹음할 수 있다. 이 경우 마우스 클릭 소리, 포털사이트에 접속했을 때 들리는 소리, 소나에서 재생 중인 음악을 녹음할 수 있다.
- **CD 플레이어** : DVD 드라이브에서 재생하는 CD 음반을 녹음할 수 있다.
- **라인 입력** : 사운드 카드(오디오 카드)의 **Line In** 단자에 연결된 MP3 플레이어, CD 플레이어의 사운드나 앰프에서 들어오는 일렉 기타 연주를 녹음할 수 있다.

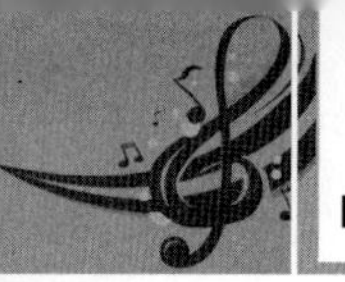

● **마이크** : 사운드 카드(오디오 카드)의 마이크 단자에 연결된 '마이크'로 보컬의 노래나 트럼펫 같은 악기 연주를 녹음할 수 있다.

2. 윈도우 7에서 녹음 소스의 선택

윈도우 7 사용자도 윈도우 XP와 마찬가지로 녹음 소스를 정확하게 지정해야 소나에서 녹음을 할 수 있다.

윈도우 7의 바탕화면에서 스피커 버튼을 마우스 오른쪽 버튼으로 클릭한 뒤 '녹음장치'를 선택한다.

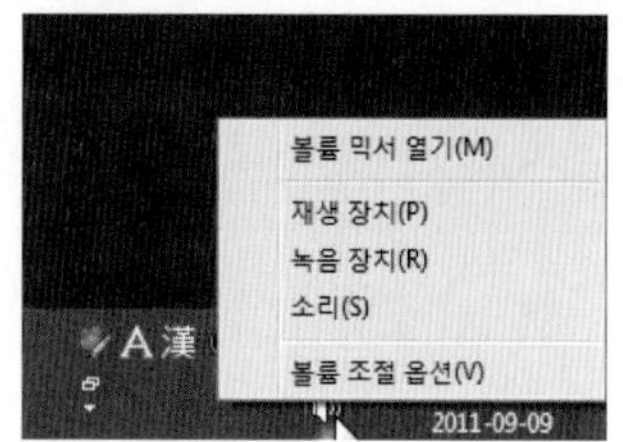

여러 가지 녹음장치가 화면에 표시된다.

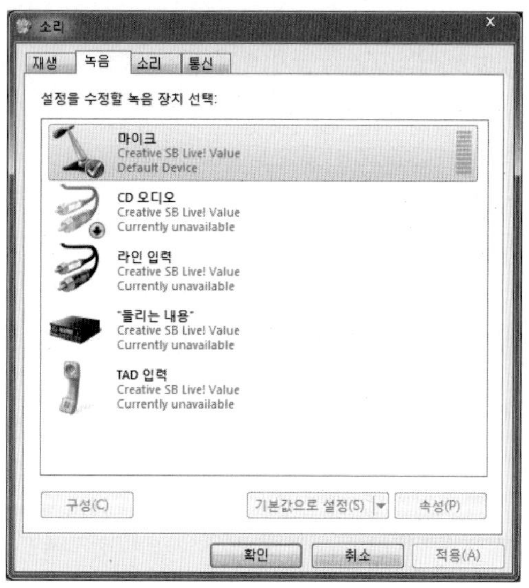

● **마이크** : 음성 녹음을 할 때 선택한다.

● **라인 입력** : Line In 단자로 들어오는 MP3 플레이어의 사운드를 녹음할 때 선택한다.

● **CD 플레이어** 컴퓨터에 부착된 DVD에서 재생하는 사운드를 녹음할 때 선택한다.

● **들리는 내용** : 윈도우 바탕화면에서 들리는 소리, 인터넷 사이트에서 재생하는 사운드, 인터넷 방송을 녹음할 때 선택한다.

위 그림의 녹음 소소는 사용하는 사운드 카드, 오디오 카드에 따라 구성이 달라질 수 있으므로 최대한 비슷한 장치를 선택한다.

소나에서 마이크로 녹음하는 방법을 알아본다. 보통 보컬의 노래, 악기 연주, 밴드 연주를 녹음할 때 이와 같은 방식을 사용한다. 보컬 녹음의 경우, 곡을 다 만든 뒤 곡을 연주하는 상태에서 할 수도 있지만, 아무것도 없는 상태에서도 할 수 있다.

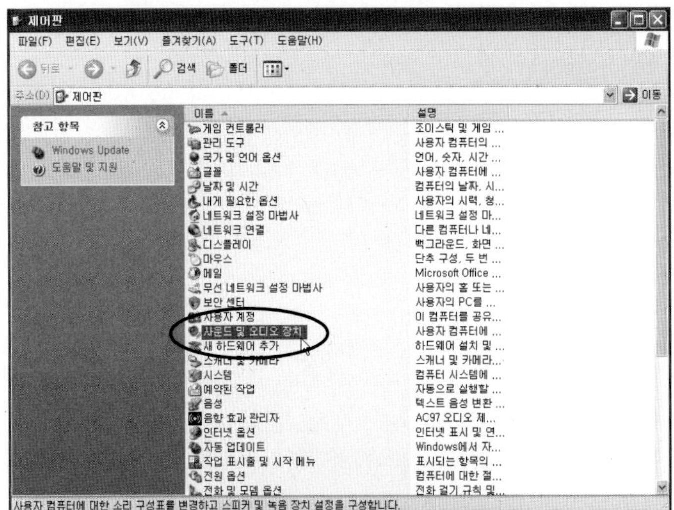

01 윈도우 XP 사용자는 일단 마이크 신호를 받을 수 있는 상태로 전환해야 한다.
[시작] - [설정] - [제어판] 메뉴를 실행한다. '사운드 및 오디오 장치' 아이콘을 더블클릭한다.

02 대화상자가 나타나면 '오디오' 탭을 클릭한 뒤 '소리 녹음' 항목의 '볼륨' 버튼을 클릭한다.

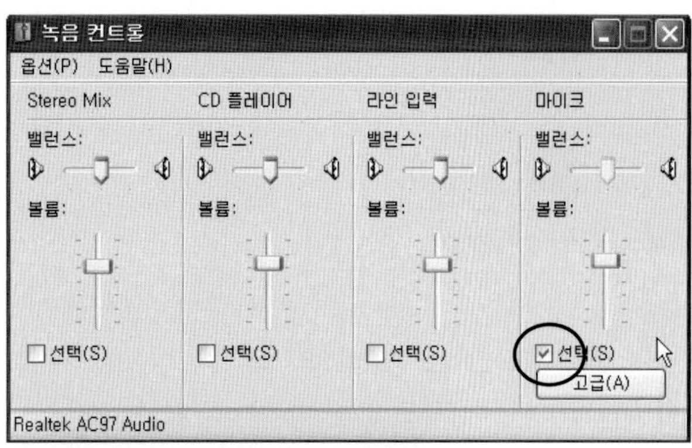

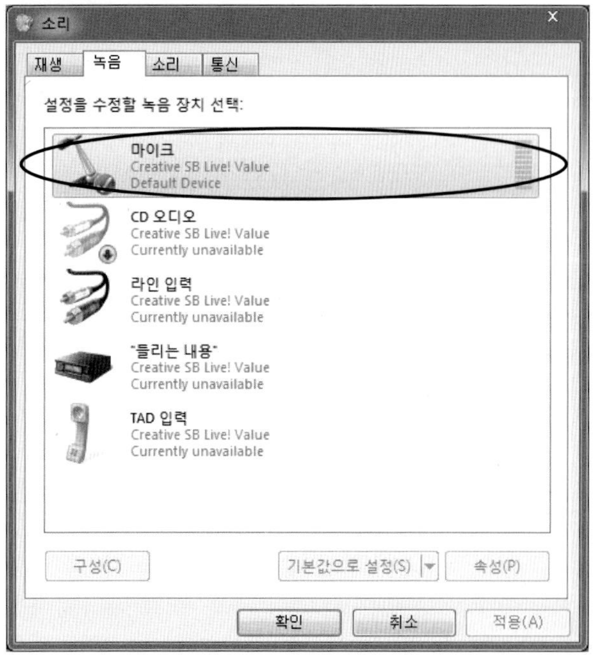

03 녹음 컨트롤 대화상자에서 '마이크' 항목에 체크한 뒤 볼륨을 적절히 조절한다.

이렇게 하면 윈도우 XP에서 마이크 신호를 받는 상태로 전환된다.

04 윈도우 7 사용자는 바탕화면에서 스피커 버튼을 마우스 오른쪽 버튼으로 클릭한 뒤 '녹음장치'를 선택한다.

05 마이크 녹음 작업이므로 '마이크(Mic)'를 선택한다. 참고로 사용하는 오디오/사운드 카드에 따라 옆 그림과 다른 장치가 표시될 수도 있는데 마이크 장치는 보통 '마이크' 또는 'Mic', 또는 'Microphone'으로 표시된다.

06 마이크 장치를 선택한 상태에서 대화상자 하단의 '속성' 버튼을 클릭해 마이크 속성 대화상자를 불러온다. '수준' 탭에서 마이크의 볼륨을 조절한 뒤 적용한다.

이렇게 하면 윈도우 7에서 마이크 신호를 받는 상태로 전환된다.

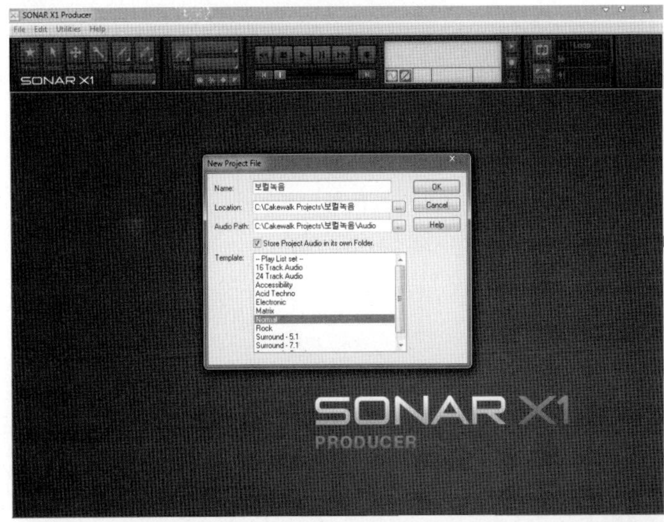

07 여기서는 아무것도 없는 빈 프로젝트에서 보컬의 노래를 녹음해 보자.

소나 X1을 실행한 뒤 File → New 메뉴로 새 프로젝트를 생성시킨다.

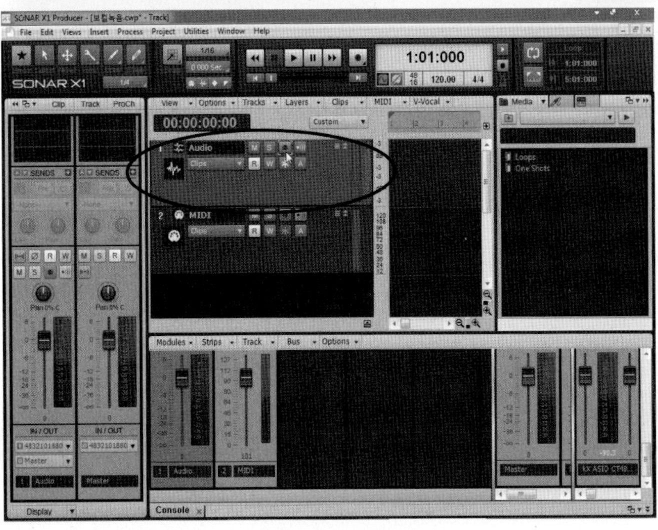

08 트랙 뷰에서 Audio 트랙을 클릭해 선택한다. 해당 오디오 트랙의 Arm 버튼을 클릭해 녹음 준비 상태로 전환한다.

09 인스펙터에서 Input(입력장치) 파라미터를 클릭해 마이크 장치가 연결된 입력장치를 선택한다. 사용하는 오디오/사운드 카드에 따라 입력장치의 이름이 다르게 표시된다. 마스터 건반이 연결된 사용자는 마스터 건반을 피해 다른 장치를 선택하면 된다.

10 소나로 돌아온 뒤 메인 툴 바의 Record 버튼을 클릭해 녹음을 시작한다.

Tip **Input Echo** 기능 사용하기

오디오 트랙 패널의 Arm 버튼 옆의 Input/Echo 버튼은 마이크를 통해 입력되는 노래를 녹음 중 듣고 싶을 때 선택한다. Input/Echo 버튼은 마이크를 통해 소나로 입력된 뒤 출력되어 나오는 자신의 노래 소리를 실시간으로 듣게 해준다.

11 녹음 시작과 동시에 노래를 녹음한다. 오디오 트랙에 웨이브 파형이 나타나면서 녹음이 진행 중인 것을 알 수 있다. 녹음이 끝나면 Spacebar를 눌러 녹음을 중단한다. 악기 연주도 마이크로 녹음하는 것이므로 방법으로 진행한다. 녹음된 결과물은 편집 후 사용한다.

참고

Mix 녹음 시 메트로놈 기능 끄기

앞의 예제는 아무 것도 없는 빈 프로젝트에서 녹음을 하는 모습이다. 예를 들어 곡을 만든 뒤 그 곡에 오디오 트랙을 생성시키고 녹음하는 경우도 있다. 이럴 경우 녹음 버튼을 클릭하면 미디 트랙이나 오디오 트랙에 있는 데이터가 함께 연주되면서 마이크 입력 신호가 녹음된다. 물론 녹음 소스를 '마이크'로 선택한 상태이기 때문에 마이크를 통해 입력되는 소리 외 트랙에서 연주되는 소리는 녹음되지는 않는다.

참고로, 녹음을 할 때는 메트로놈 소리가 들리는데 윈도우 사운드 옵션에서 녹음 소스를 Mix로 선택하면 마이크 신호 외에 메트로놈 소리도 녹음되므로 주의하자. 만일 메트로놈 기능을 끄고 싶다면 Edit → Preferences 메뉴를 실행한 뒤 Project → Metronome 탭에서 Recording 항목에 체크된 체크 표시를 제거한다.

보컬의 음정을 편집할 수 있어요 – 보컬 에디터

오디오 트랙에서 보컬의 노래나 악기 연주를 녹음한 뒤 확인하면 마음에 들지 않을 수도 있다. 예를 들어 음정이 잘 못된 구간이 있거나 연주 템포가 엇나간 경우도 있을 것이다. 이처럼 녹음된 노래의 음정이나 템포 등이 마음에 들지 않을 경우에는 재녹음, 펀치 녹음 등으로 녹음을 다시 할 수도 있다.

그러나 노래를 못 부르는 음치의 노래를 아예 기계적으로 수정할 수도 있다. 보컬 에디터는 녹음된 오디오 클립을 기계적으로 편집해 음정과 템포를 조절할 목적으로 사용한다. 보컬 에디터를 사용하면 음치의 노래도 원하는 만큼 보정시킬 수 있고 다양한 사운드효과를 추가할 수 있다.

오디오 트랙에 녹음된 오디오 클립을 마우스 오른쪽 버튼으로 클릭한 뒤 V Vocal → Create V-Vocal Clip 메뉴로 실행한다.

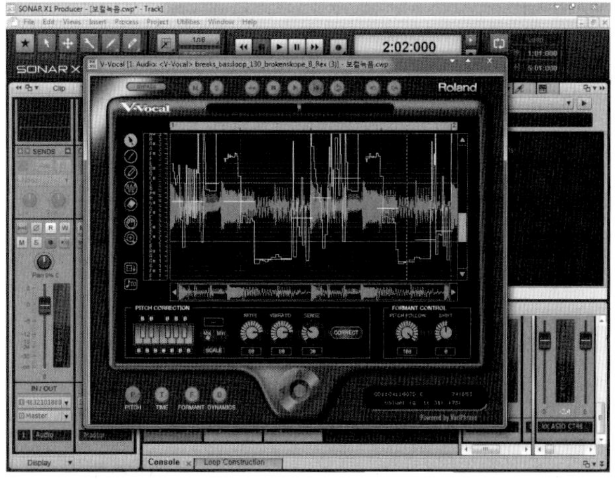

보컬 에디터 창이 실행되면 보컬의 노래를 음정, 키, 템포 등으로 조절하거나 편집할 수 있다. 악기 연주를 녹음한 경우에도 보컬 에디터로 음정, 키, 템포 등을 조절할 수 있다.
보컬 에디터의 사용법은 3부를 참고하기 바란다.

03 믹싱 작업과 마스터링 – 개념 미리 공부하기

미디로 만든 곡을 MP나 CD 플레이어 같은 일반적인 음악 장비로 감상하려면 오디오 파일로 믹스다운해야 한다. 미디 파트를 오디오 파트로 전환한 뒤 각각의 악기 파트의 볼륨, 이퀄라이저, 이펙트, 보컬 노래가 서로 최적의 화음으로 들리도록 조절하는 작업을 믹싱 작업이라고 말한다. 믹싱 작업은 각각의 악기 파트가 분리된 상태에서 진행하고, 이를 CD같은 음반에 수록하기 전 최종적으로 진행하는 사운드 작업을 마스터링 작업이라고 말한다.

이번 장에서는 미디 트랙을 오디오 트랙으로 전환하는 방법, 오디오 트랙의 믹싱 방법, 마스터 작업의 개념 등을 미리 공부한다.

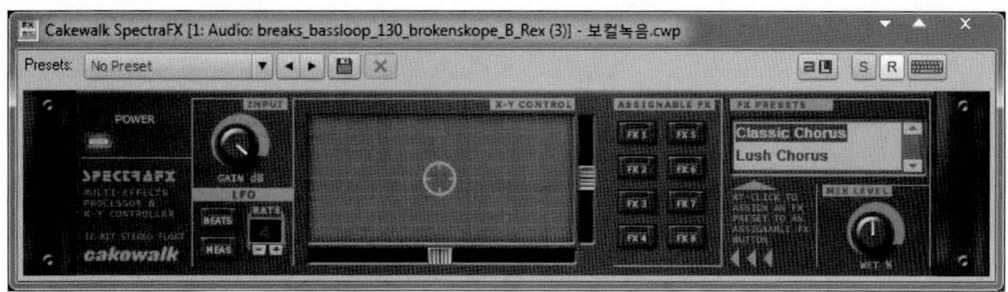

오디오 클립 만들기 – 믹스다운

미디 트랙을 만든 뒤 주선율을 작곡했다고 가정해 보자. 보조 선율은 주선율을 복제해 조금 손봐주는 식으로 만들게 된다. 주선율, 보조선율, 드럼 파트, 베이스 파트를 만들면 일단 4개의 미디 트랙으로 이루어진 하나의 곡이 완성된다.

곡이 완성될 무렵이면 각각의 트랙을 사운드로 출력하기 위해 여러 가지 가상 악기를 사용하게 된다. 보통 작곡을 시작할 때 연결한 가상 악기를 계속 사용하는 경우도 있지만, 일반적으로 곡의 분위기에 맞게 더 좋은 가상 악기로 교체하는 경우가 많다.

가상 악기를 연결하더라도 미디 트랙은 오디오 클립처럼 사운드 정보를 가진 것이 아니다. 미디 트랙은 말 그대로 음 높이, 음 길이, 음의 강약 등의 음악 정보만 가지고 있다. 가상 악기는 각각의 미디 트랙의 출력포트에 연결된 상태이므로 이 사운드정보를 각각의 미디 트랙과 합친 뒤 오디오 클립으로 전환하는 작업이 필요한데 이를 믹스다운이라고 말한다. 오디오 클립이 만들어지면 믹싱 작업과 마스터링 작업을 진행한 뒤 CD 음반을 제작할 수 있다.

미디 트랙을 오디오 클립으로 전환하는 방법은 두 가지가 있다. 가상 악기를 사용하는 경우는 바로 믹스다운할 수 있지만, 외장 음원을 사용하는 경우에는 외장 음원의 사운드를 오디오 트랙에 녹음해야 한다.

❶ 가상 악기로 사운드를 출력하는 경우

가상 악기는 컴퓨터 내부에 설치하여 사용하기 때문에 사운드 음원이 컴퓨터 안에 설치된 상태이다. 따라서 미디 트랙을 별다른 설정 없이 오디오 클립으로 바로 전환할 수 있다.

❷ 외장 음원 장비로 사운드를 출력하는 경우

외장 음원장비는 컴퓨터와 연결해서 사용하는 장비이기 때문에 사운드 음원이 컴퓨터가 아닌 외장 음원장비 안에 있다. 음원 자체가 외부에 있으므로 컴퓨터 내부로 끌어올 방법이 없다. 따라서 음원장비의 Line Out을 컴퓨터의 Line In으로 연결한 뒤 소나에서 Play하면서 이를 소나에서 다시 녹음하는 방법으로 오디오 클립을 만들어야 한다.

1. 미디 트랙과 가상 악기 – Freeze 기능으로 믹스다운하기

가상 악기를 사용한 미디 트랙은 음원 자체가 컴퓨터 안에 있기 때문에 오디오 트랙에다 녹음할 필요 없이 바로 믹스다운하는 방법으로 오디오 파일을 만들 수 있다. 믹스다운이란 여러 트랙을 합쳐 적은 수의 트랙으로 합치는 것을 말하지만 미디 트랙을 오디오 클립으로 변환하는 것도 믹스다운이라고 말한다. 보통 Export 메뉴 또는 Freeze 기능으로 믹스다운을 할 수 있다. 여기서는 Freeze 기능의 사용법을 알아보자.

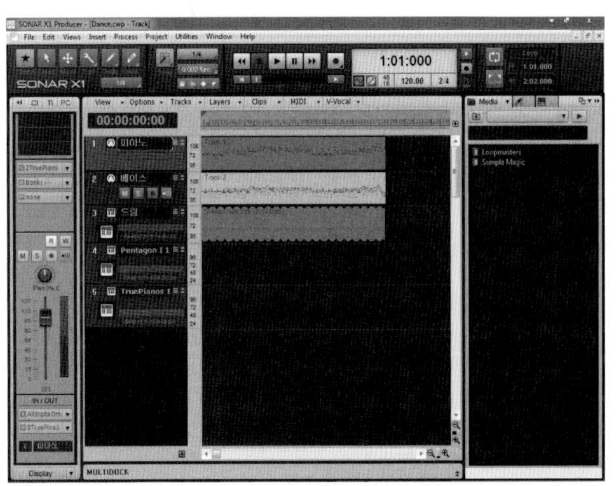

샘플 'Dance.cwp'를 불러오면 2개의 미디 트랙, 3개의 인스트루먼트(가상 악기) 트랙이 있다. 1번 미디트랙은 TruePiano 가상 악기를, 2번 미디트랙은 Pentagon 가상 악기를 연결하였다. 3번 인스트루먼트 트랙은 드럼 파트가 삽입되어 있다.

4번 Pentagon 트랙은 2번 미디 트랙에 연결된 가상 악기 트랙이고, 5번 TruePiano 트랙은 1번 미디 트랙에 연결된 가상 악기 트랙이다.

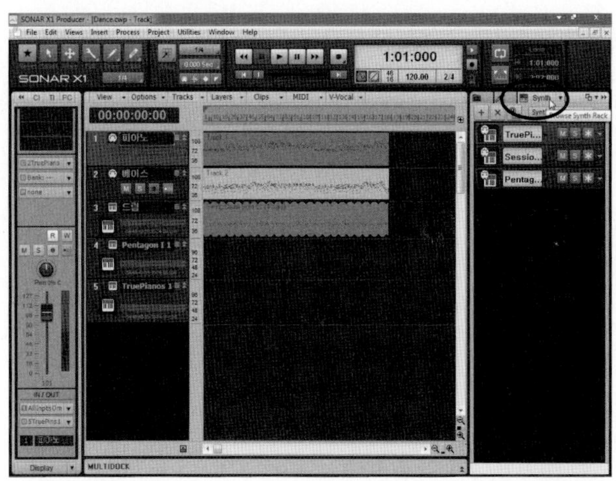

Freeze 기능으로 믹스다운하기 위해 브라우저 창의 Synth 탭을 클릭한다.

사용 중인 가상 악기 3개가 목록으로 나타난다.

TruePiano 가상 악기의 Freeze 버튼을 눌러 적용해 보자. 5번 TruePiano 트랙에 오디오 클립이 생성되는 것을 알 수 있다.

이 오디오 클립은 TruePiano 가상 악기(5번 트랙)가 연결된 1번 미디 클립을 바로 오디오 클립으로 전환한 결과물이다.

SessionDrummer 가상 악기와 Pentagon 가상 악기의 Freeze 버튼을 클릭해 프리즈 기능을 적용해 보자.

SessionDrummer 가상 악기가 삽입된 3번 트랙이 바로 오디오 클립으로 전환된다.

2번 미디 트랙과 연결된 4번 Pentagon 가상 악기도 바로 오디오클립으로 전환된다.

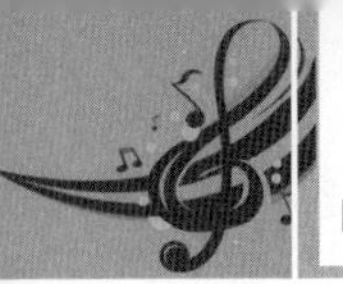

Freeze 기능을 사용하면 손쉽게 오디오 클립을 만들 수 있음을 알 수 있다. 이때부터 가상 악기 트랙은 가상 악기 기능을 상실하고 오디오 트랙으로 동작하게 된다. 참고로, 프리즈 기능을 취소하려면 Synth 브라우저 창에서 해당 가상 악기의 Freeze 버튼을 다시 클릭하면 된다.

2. 미디 트랙과 가상 악기 – Export 기능으로 믹스다운하기

3개의 미디 트랙이 있고 각각 가상 악기를 사용하고 있다고 가정해 보자. Freeze 기능을 사용하면 각각 오디오 클립으로 전환할 수 있지만 여러 가지 단점이 있다. 이런 경우에는 Export 메뉴를 사용하는 것이 좋다.

Export 메뉴는 선택한 미디 트랙 1개만 믹스다운하거나, 전체 미디 트랙을 각각 개별적인 오디오 클립으로 믹스다운하거나, 전체 미디 트랙을 합쳐 1개의 오디오 클립으로 믹스다운할 수가 있다.

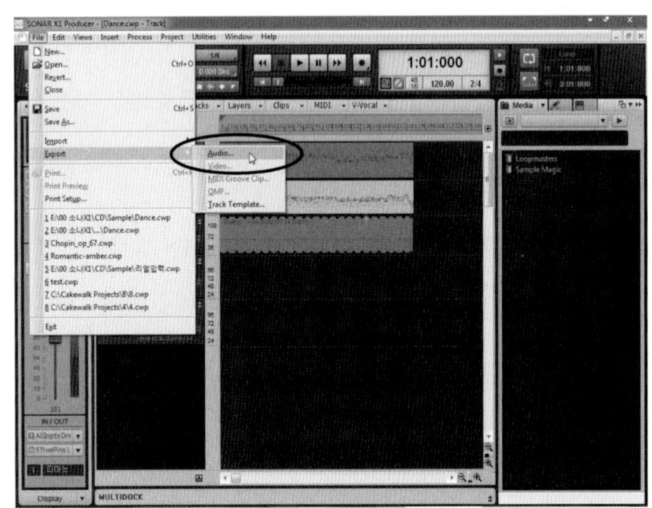

앞에서 공부한 'Dance.cwp' 파일을 다시 불러온다. 5개의 트랙 중 3개는 미디 클립이 있고 2개는 비어 있는 악기트랙이므로 믹스다운을 하면 3개의 미디 트랙만 믹스다운된다.

File → Export → Audio 메뉴를 실행한다.

Tip **Freeze** 기능의 주의점

프리즈 기능은 가상 악기를 하나의 미디 트랙에 연결한 경우에만 사용하는 것이 좋다. 예를 들어 하나의 가상 악기를 2개 이상의 미디 트랙에 연결했을 때 Freeze를 적용하면 2개의 미디 트랙이 하나의 오디오 클립으로 변환된다는 약점이 있다. 이렇게 하면 사운드 믹싱 작업을 할 수 없게 된다.

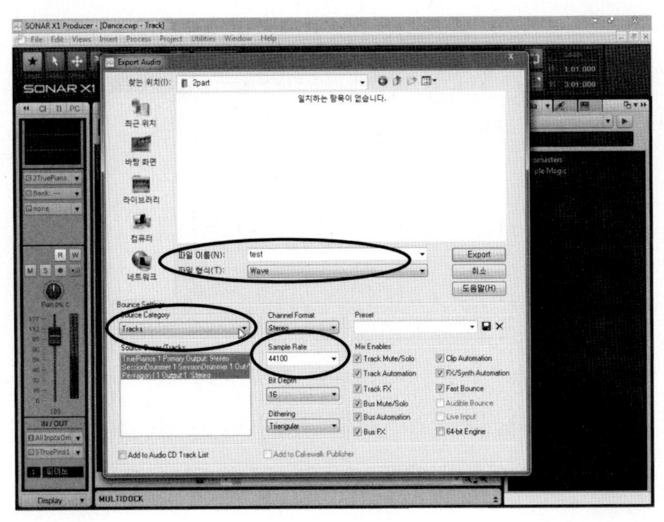

생성될 오디오 파일의 이름을 Test라고 지정한다.
3개의 미디 트랙을 각각 개별적인 오디오 클립으로
믹스다운할 예정이므로 Source Category를 클릭해
Tracks을 선택한다. 여기서 Entire Mix를 선택하면 3
개의 미디 트랙이 모두 합쳐져서 믹스다운된다.
샘플레이트는 44100, 비트 뎁스는 16비트로 설정하고
적용하면 믹스다운이 된다.

믹스다운을 완료하면 지정한 폴더에 3개의 오디오 클립이 생성된다. 미디 트랙 3개가 각각의 오디오 클립으로 전환
된 것이다.

이 오디오 클립을 소나 작업 창에서 사용하려면 새 오디오 트랙을 만든 뒤, File → Import → Audio 메뉴로 불러온다.

3. 미디 트랙과 외장 음원 – 오디오 파일로 녹음하기

외장 음원을 사용한 미디 트랙을 오디오 클립으로 전환하려면 보컬 노래를 녹음했던 방식과 똑같은 방식으로 녹음하
는 방식을 사용해야 한다.

이때 외장 음원의 Line Out 단자는 사운드 카드/오디오 카드의 Line In 단자로 연결되어 있어야 한다. 또한 윈도우
제어판의 '사운드 및 오디오 장치'에서 녹음 소스를 선택할 때 마이크 대신 Line In 항목을 선택하고, Line In이 없을
경우에는 Wave 항목 또는 Mix 항목을 선택해야 소나에서 외장 음원이 보내온 사운드를 받아서 오디오 트랙에 녹음
할 수 있다.

녹음 소스를 설정한 뒤에는 오디오 트랙의 Arm 버튼을 클릭해 녹음 준비 상태로 전환한 뒤 인스펙터의 Input 포트
에서 Line In이 연결된 입력 포트를 선택한다.

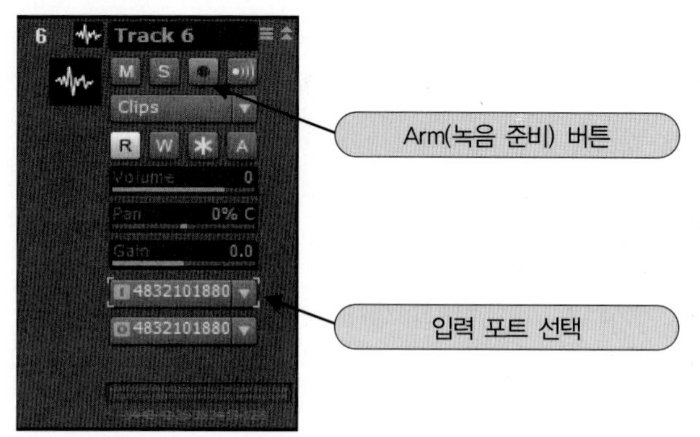

메인 툴 바의 Record 버튼을 누르면 미디 트랙에서 연주하는 곡이 오디오 트랙에 녹음된다. 녹음 테스트를 여러 번 하면서 적당한 볼륨으로 녹음해야 한다.

만일 메트로놈 기능이 켜 있고 제어판 녹음소스가 Mix로 설정된 상태라면, 메트로놈 사운드가 같이 녹음되기도 하는데 이 경우 Edit → Preferences 메뉴의 Project → Metronome 탭에서 Recording 항목에 체크된 체크 표시를 제거하거나, 툴 바의 Metronome During Recording 버튼을 끄고 녹음해야 한다.

이런 식으로 각각의 미디 트랙을 하나씩 연주하면서 각각 다른 오디오 트랙에 녹음해 악기별 오디오 클립을 만들 수 있다. 만일 여러 개의 미디 트랙이 있는 경우 녹음을 하면 모든 미디 트랙이 연주되어 녹음 중인 오디오 트랙에 한꺼번에 녹음되어 추후 믹싱 작업을 할 수 없다. 그러나 Line In을 여러 개 지원하는 오디오 카드 사용자의 경우 Line In을 서로 다르게 설정하여 동시에 각각의 오디오 트랙에 녹음할 수도 있다.

오디오 트랙과 버스 트랙

버스 트랙이란 별다른 기능 없이 여러 개의 오디오 트랙을 버스처럼 태워서 사운드 이펙트를 한 번에 적용하는 기능이다. 버스를 흔들어대면 버스에 탄 승객들이 모두 흔들리는 것처럼 해당 버스 트랙과 연결된 오디오 트랙에 같은 사운드 이펙트를 동시에 적용할 수 있다.

예를 들어 5개의 오디오 트랙을 만든 뒤 각각의 오디오 트랙마다 똑같은 이펙트를 적용하면 아무래도 메모리에 부담이 생긴다. 이때 5개의 오디오 트랙을 특정 버스 트랙으로 센드(Send)한 뒤 해당 버스 트랙에서 리버브같은 이펙트를 적용하면 5개의 오디오 트랙에서 출력되는 사운드에 모두 리버브 효과가 적용되어 개별적으로 이펙트를 적용하는 것보다 메모리를 많이 아낄 수 있다. 참고로 미디 트랙은 버스 트랙으로 센드할 수 없으므로 미디 트랙을 버스 트랙으로 센드하려면 먼저 오디오 파일로 믹스다운해야 한다.

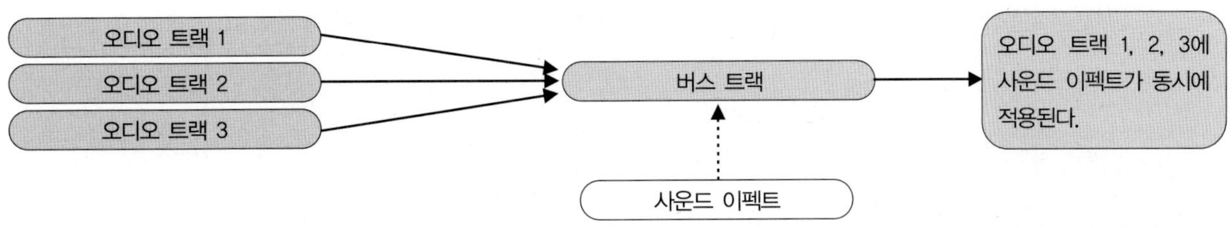

먼저 Insert → Stereo Bus 메뉴로 새로 버스 트랙을 만든다. 그런 뒤 원하는 오디오 트랙을 마우스 오른쪽 버튼으로 클릭한 뒤 Insert Send 메뉴를 사용하면 버스 트랙으로 오디오 트랙을 센드할 수 있다.

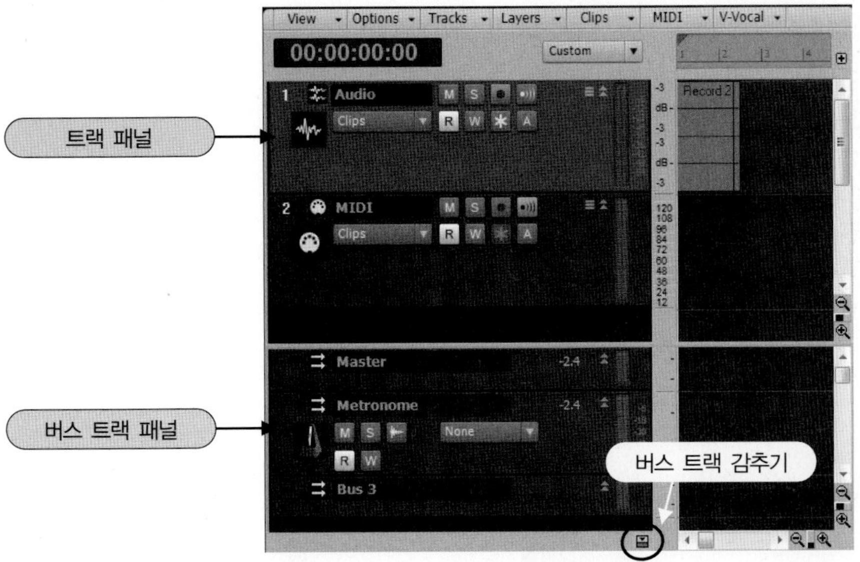

버스 트랙은 보통 최종 믹싱 작업에서 다양한 사운드 이펙트를 다수의 오디오 트랙에 동시에 적용할 때 만든다.

믹싱 작업하기

믹싱이란 지금까지 다양한 방법으로 만든 악기별 오디오 클립을 오디오 트랙에 재배치한 뒤 전체 사운드 파트를 귀에 듣기 좋도록 조절하고 스테레오로 섞는 작업을 말한다.

아래 표처럼 리드기타(주선율), 리듬기타(보조선율), 베이스기타(베이스선율), 드럼파트(드럼)를 창작한 뒤 오디오 클립을 만들고, 보컬의 노래를 녹음해 모두 5개의 오디오 트랙을 만들었다고 가정해 보자. 모든 파트를 한 번에 재생하면 각각의 파트가 간섭을 하면서 사운드의 언밸런스가 발생할 수도 있다.

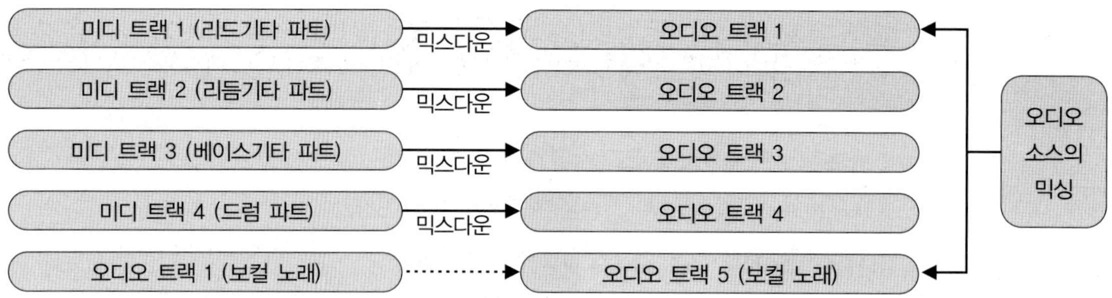

믹싱 장비인 믹서

현장에서의 믹싱은 믹서라는 장비로 진행하지만 소나 X1은 볼륨, 벨로서티, 팬, 이펙트 등의 내부 기능으로 사운드 믹싱 작업을 완벽하게 처리할 수 있다.

소나 X1에서의 믹싱 작업은 아래와 같이 여섯 가지 성분을 조율하면서 진행한다. 이를 요소를 음향 전문가들은 믹싱의 6대 요소라고 말한다.

1. 밸런스(Balance)

각 악기 파트의 밸런스를 조절한다. 어떤 악기는 볼륨이 크고 어떤 악기는 볼륨이 작을 때 이 볼륨을 잡아주는 역할을 한다. 물론 무작정 밸런스를 통일하는 것은 아니다. 음악 장르에 따라 베이스나 드럼이 강조되거나 강한 비트가 필요한 경우도 있는데 이런 경우엔 악기의 밸런스는 밸런스대로 잡고 베이스나 드럼, 강한 비트가 필요한 트랙은 그것을 강조하는 방식으로 믹싱 작업을 한다.

2. 파노라마(Panorama)

스테레오 사운드의 필드를 배치하는 작업이다. 관현악 연주를 보면 바이올린은 보통 왼쪽에 있다. 따라서 믹싱 작업에서는 바이올린을 스테레오의 왼쪽에서 들리도록 조절해야 한다. 이러한 배치는 기본적으로 지켜야 하는 것이지만 반드시 그런 것만은 아니다.

예를 들어 밴드의 일반적인 악기 배치를 보면 왼쪽에서부터 리듬 기타, 베이스, 보컬, 리드 기타가 있고 뒤쪽 중앙에 드럼 악기가 배치되어 있으므로 믹싱 작업에서도 이와 비슷하게 들리도록 배치해야 한다. 그러나 왼쪽에 배치해야 할 베이스악기를 어떤 음반의 경우 중앙에서 들리도록 배치한 경우도 있다. 왜 그런 배치를 했는지는 스스로 음반을 듣고 판단해볼 일이다.

3. 주파수 범위(Frequency range)

각 악기의 절대 음색이나 상대 음색을 만들어준다. 악기와 악기가 서로 간섭하면 선명도가 떨어지므로 이퀄라이저 등으로 악기음색이 서로 간섭하지 않도록 조율하기도 한다.

4. 차원(Dimension)

사운드 이펙트를 사용해 악기의 차원감 내지는 원근감을 부여한다. 리버브, 코러스, 딜레이 등의 다양한 이펙트를 사용해 이러한 효과를 만든다.

Tip 소나 X1의 믹싱 도구

소나 X1은 별도의 믹서 장비가 없어도 자체적으로 사운드 믹싱을 할 수 있다. 소나의 믹싱 기능은 오디오 클립을 마우스 오른쪽 버튼으로 클릭한 뒤 Audio FX 메뉴로 실행한다. Audio FX(사운드 이펙트) 메뉴에는 리버브 같은 울림 효과, 코러스 같은 합창 효과, 딜레이 같은 딜레이 효과 같은 기초 효과와 이퀄라이저 같은 음색 조절 효과가 있고 볼륨, 벨로서티, 패닝(Pan) 기능도 믹싱 작업에서 흔히 사용한다.

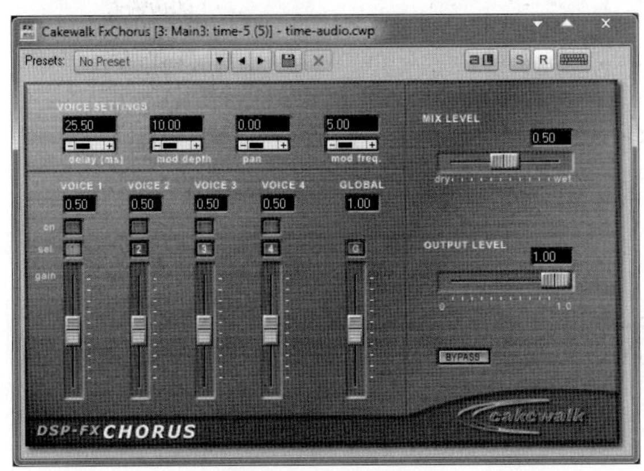

전문가들이 사용하는 믹싱 도구로는 컴프레서 이펙트, 게이트 이펙트, 리미터 이펙트 등이 있는데 고출력 부분을 깎아 내거나 저음부 잡음을 제거하는 용도로 사용한다. 소나 X1은 약 100여종의 FX 이펙트를 제공하므로 여러분이 상상하지 못하는 다양한 방법으로 믹싱 작업을 진행할 수 있다.

코러스 효과를 만드는 FxChorus 이펙트

5. 다이내믹(Dynamics)

다이내믹이란 사운드의 볼륨감 내지는 파워감을 조절하는 것과 비슷한 효과이다.

6. 흥미(Interest)

그 음악만이 가질 수 있는 음악적인 느낌을 부여하는 작업이다. 예를 들어 보컬의 성량이 다른 파트에 비해 많이 부족하다면 이를 키워줘야 한다. 보컬의 질이 떨어지면 이펙트 등을 사용해 느낌감이나 깊이감을 만들어 흥미를 만들어준다. 때때로 보컬 노래를 녹음할 때 '리버브 이펙트'나 '코러스 이펙트'를 오디오 트랙에 걸어 둔 상태에서 녹음하기도 한다.

오디오 트랙 인스펙터의 FX 패널을 마우스
오른쪽 버튼으로 클릭한 뒤 FxReverb 이펙트 적용

FxReverb를 적당하게 걸어두고 보컬 노래를
녹음하면 노래가 깊이감 있게 녹음된다.

음반 제작의 최종 편집 작업 – 마스터링 작업

음반 제작의 최종 편집 과정인 마스터링 작업은 믹싱된 데이터에서 2% 부족한 점을 채우기 위해 실시한다. 전체적으로 믹싱과 비슷한 작업으로 느껴지지만 실제로는 가장 전문적인 분야이다. 마스터링은 음악을 제품화하기 전 마지막으로 하는 작업이므로 잘못된 믹싱을 잡아주고, 곡의 볼륨을 평균화시키고, 사운드를 전반적으로 객관화시키고, 사운드를 안정감 있게 잡아주는 것이 목적이다. 즉 음반이란 상품을 만들면서 마지막으로 사운드를 다듬는 과정이라고 할 수 있다.

예를 들어 12개의 곡이 수록되어 있는 CD 음반을 제작하고 있다고 가정해 보자. CD 음반에서 어떤 곡은 볼륨이 크고 어떤 곡은 볼륨이 작다면 상품으로서의 가치가 상실된다. 각각의 곡을 일정 높이에 맞도록 볼륨을 조율하는 작업 또한 마스터링 작업의 한 분야이다. 마스터링 작업은 CD 음반 프레스 전 최종적으로 진행하기 때문에 마스터링이 끝나면 곧바로 음반 프레스를 할 수 있다.

1. 엔지니어의 주관성을 차단

믹싱은 엔지니어의 주관이 개입되지만 마스터링은 주관을 배제한 상태로 진행하는 것이 좋다. 최종 목표가 제품화이기 때문에 제품화시킬 음반에 계속 주관이 개입되어서는 안 될 것이다. 믹싱과 마스터링은 주관적인 판단을 제거하기 위해 다른 엔지니어가 하는 것이 좋지만, 국내 현실에서는 같은 엔지니어가 믹싱과 마스터링 작업을 동시에 하는 경우가 많다.

2. 마스터링 작업의 도구

마스터링은 보통 버스 트랙에 오디오 소스를 모아놓은 상태에서 진행한다. 주로 Audio FX 기능을 사용해 작업하며 믹싱 작업의 부족분을 채우는 작업이므로 믹싱 작업에 사용했던 이퀄라이저, 컴프레서, 디노이즈, 디더링, 리미터 기능 등을 총동원할 수 있다.

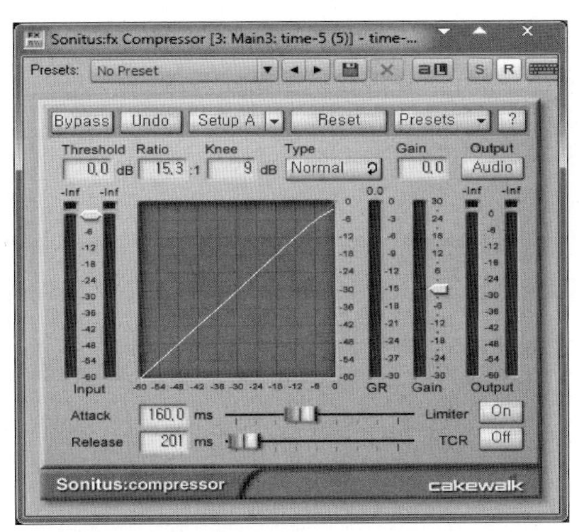

고출력부를 제거하는 소니투스 Compressor 게이트

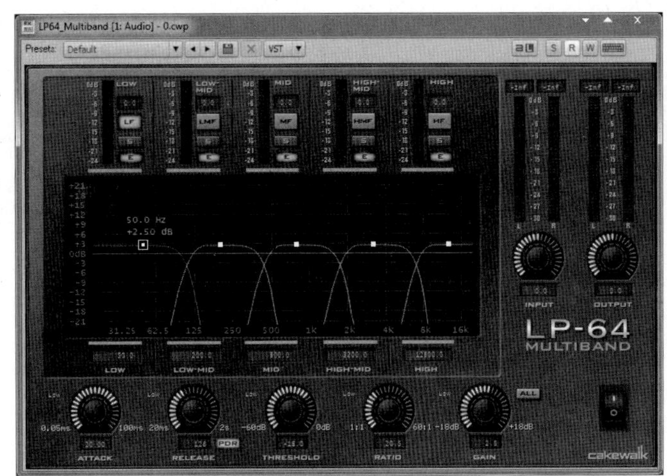

LP64 Multiband 컴프레서

마스터링 작업으로는 주파수를 보정해 저음부나 고음부의 문제점을 완화시키거나, 녹음시 발생한 잡음을 제거하거나 고볼륨을 안정화시키는 작업도 진행한다. 예들 들어 적절치 않은 고음부를 죽이고 부족한 저음부를 살리고 싶다면 컴프레서 이펙트를 사용하는데, 소나에서는 5밴드 방식의 컴프레서인 Linear Compressor (LP64-Multiband) 이펙터를 흔히 사용한다. 이퀄라이저나 컴프레서를 사용할 때는 Analyst같은 주파수 분석기를 켜놓고 주파수 분포도를 파악하며 작업한다.

고급 리버브 이펙트인 PerfectSpace

믹싱과 마스터링은 믹서 장비가 없어도 소나에서 완벽하게 진행할 수 있다. 만일 다른 프로그램에서 믹싱과 마스터링 작업을 하고 싶다면 소나에서 미디 트랙을 오디오 클립으로 믹스다운 한 뒤 사운드 포지 등의 오디오 전문 프로그램을 사용하기도 하지만 소나에서 해결하는 것이 가장 좋다. 소나 외의 프로그램으로는 '프로 툴스'를 추천할 만하다. 최근의 뮤지션들은 1인 음반 회사나 마찬가지이기 때문에 더 좋은 음질을 위해 소나, 큐베이스, 프로 툴스까지 모두 공부하는 경우가 많다.

3. 완성본 음악을 오디오 파일로 믹스다운하기

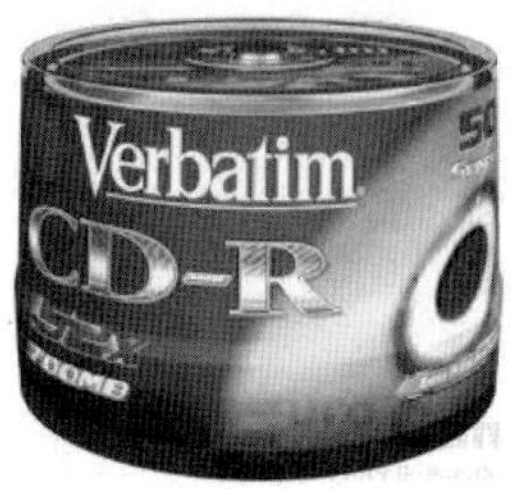

믹싱 작업과 마스터링 작업을 거치면 비로소 하나의 곡이 완성된다. 개개별 오디오 파트(악기 연주 파트)를 다시 편집할 필요가 없으므로 모든 트랙을 병합해 하나의 오디오 파일로 믹스다운해야 한다. 소나에서는 File → Export → Audio 메뉴로 믹스다운할 수 있다. 믹스다운으로 저장할 때는 대화상자의 설정에 따라 Wav 포맷이나 MP3 포맷으로 저장할 수 있다.

믹스다운 – Wav, MP3, Fla 파일 만들기

앞에서 마스터링 작업까지 마친 곡은 이제 휴대용 플레이어에서 감상할 수 있도록 Wav, MP3, Fla 파일로 저장해야 한다. Wav 포맷은 CD 제작에 사용하는 포맷이고, MP3 파일과 Fla 파일은 MP3 플레이어 등에서 사용할 수 있다. 믹스다운은 각각의 오디오 트랙을 모두 합쳐 하나의 오디오 파일로 저장하는 것이므로 일단 믹스다운을 하면 다시 개별적인 트랙으로 분리할 수 없다.

File → Export → Audio 메뉴의 대화상자가 실행되면 '파일형식'에서 원하는 믹스다운 포맷을 선택한다. Wav 포맷, MP3 포맷, Fla 포맷 등이 흔히 선택하는 음악 포맷이다.

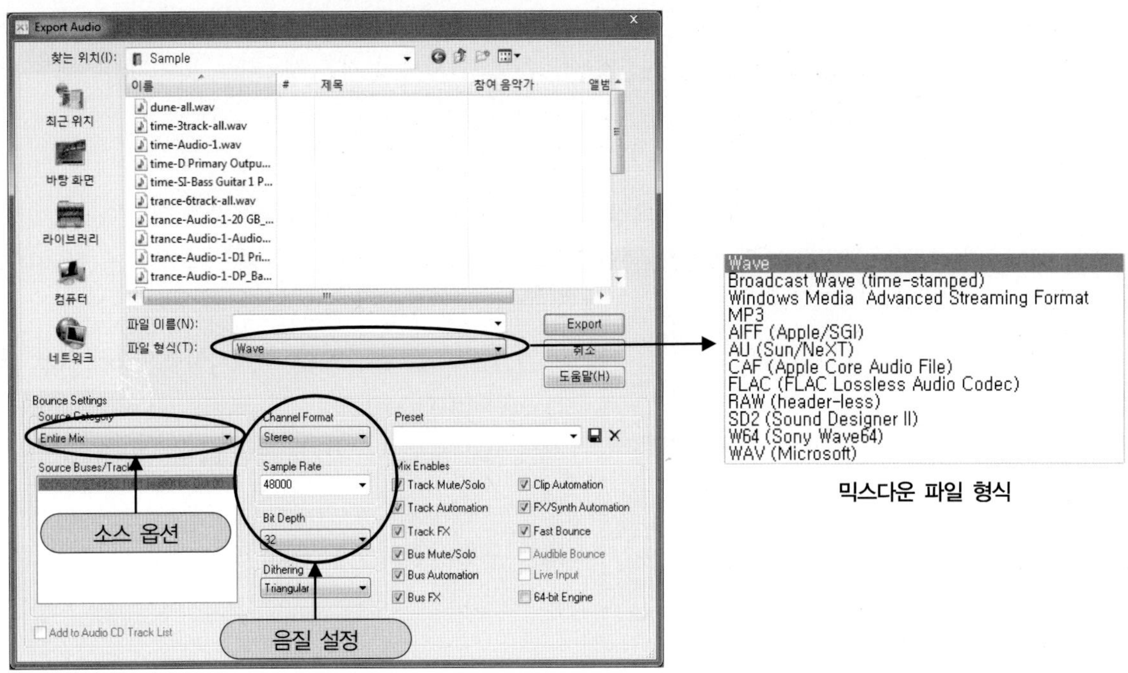

믹스다운 파일 형식

일반적으로 CD 음반을 제작할 경우 파일형식 Wav 포맷, Sample Rate 44100Hz, Bit Depth 16비트로 설정해야 한다. 고급 사운드/오디오 카드는 Sample Rate와 Bit Depth를 높여 더 고음질로 믹스다운할 수 있지만 수치가 높을수록 파일 용량이 기하급수로 늘어난다.

'파일 형식'을 클릭해 원하는 포맷을 선택하고 OK 버튼을 클릭한다. Wav 파일이 아닌 MP3 파일이나 Fla 파일로 믹스다운 할 때도 사운드의 음질은 Sample Rate 44100Hz, Bit Depth 16비트를 일반적으로 권장한다.

'소스 옵션'을 클릭하면 트랙을 합쳐서 믹스다운할지, 트랙을 개별적으로 믹스다운할지 설정할 수 있다. Entire Mix 옵션을 선택하면 모든 트랙이 합쳐진 뒤 하나의 Wav 파일로 생성된다. Tracks 옵션을 선택하면 각각의 트랙이 Wav 파일로 만들어진다.

Tip CD 음질 규격 – Sample Rate 44100Hz, Bit Depth 16

CD의 음질 규격은 Sample Rate 44100Hz, Bit Depth 16비트이다. 물론 더 고음질로 보관하고 싶다면 인위적으로 수치를 높여도 무방하지만 CD 규격을 지키지 않으면 나중에 CD로 아예 제작할 수 없으므로 꼭 CD 음질 규격에 맞추어 믹스다운하자.

CD 음반 만들기

예를 들어 10개의 곡을 만들고, 이들 곡을 믹싱하고, 믹스다운으로 10개의 Wav 파일을 확보했다고 가정해 보자. 이 정도면 공 CD에 음반 형태로 레코딩할 수 있다. 레코딩 작업은 소나 X1에서 기본 제공하는 프로그램과 외부 레코딩 프로그램을 사용할 수 있다.

소나 X1을 설치할 때 함께 설치되는 **Audio CD Burner** 프로그램을 실행하면 아래 그림과 같은 대화상자가 실행된다.

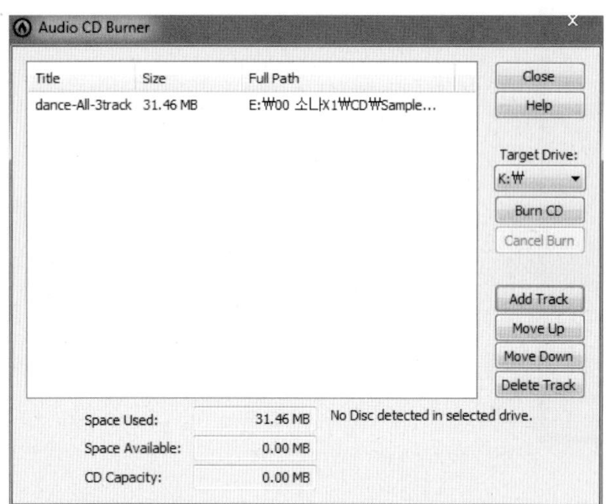

Add Track 버튼을 눌러 CD로 제작할 곡을 순서대로 추가한다.

추가시킨 곡들의 순서를 변경하려면 **Move Up, Move Down** 버튼을 사용한다.

특정 곡을 목록에서 삭제하려면 **Delete Track** 버튼을 사용한다.

목록 구성을 완료한 뒤 **Burn CD** 버튼을 누르면 CD로 구울 수 있다.

레코딩 프로그램으로 유명한 Nero를 사용해 CD 음반을 제작할 수도 있다.

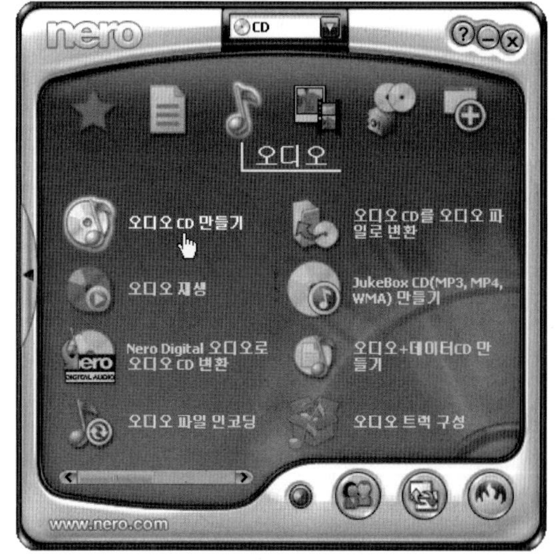

Nero를 실행한 뒤 '오디오 CD 만들기' 메뉴로 들어간다. 사용자의 컴퓨터에 설치된 Nero 버전이 필자와 다를 경우 옆 그림과 다른 모양일 수도 있다.

목록 창이 나타나면 '추가' 버튼을 클릭해 음악 CD에 들어갈 Wav 파일을 추가한다. 다른 곡도 추가하려면 계속 추가 버튼으로 곡을 추가하면 된다.

트랙 구성이 완료되면 DVD 드라이브에 공CD를 삽입한 뒤 레코딩 작업을 시작한다.

예제 샘플을 불러온 뒤 간단한 믹싱 작업을 한 뒤 Wav 파일로 믹스다운하는 방법을 알아본다. 먼저 File → Open 메뉴로 샘플 폴더의 'time-audio.cwp'를 불러온다.

01 샘플을 확인하면 5개의 오디오 트랙이 보인다. 3개의 리듬 파트, 1개의 베이스 파트, 1개의 드럼 파트로 구성되어 있는 곡이다.
3개의 리듬 파트 중 2개는 곡의 중반부에서부터 사운드가 들린다.

02 믹싱 작업은 사운드를 모니터하면서 진행해야 한다. 사운드를 모니터할 때는 곡 전체를 모니터하거나 일부 구간만 모니터할 수 있다. 여기서는 곡 전체를 반복 모니터하면서 믹싱 작업을 진행해 본다.
먼저 1번 트랙의 오디오 클립을 클릭해 선택한 뒤 '구간 선택 버튼'을 누른다. 곡 전체가 루프 구간으로 설정된다. 이제 Spacebar를 눌러 반복 연주를 시작한다.

03 하단의 콘솔 창을 보면 모두 7개의 스트립이 있다.

이 중 5개는 상단 5개의 오디오 트랙을 조절하기 쉽도록 스트립으로 빼 놓은 것이다. 2개는 버스 스트립, 나머지는 실제 사운드 출력에 사용하는 출력 장치를 조절할 수 있는 메인 스트립이다.

04 1번 오디오 스트립은 1번 오디오 트랙을 조절한다. 볼륨 페이더를 상하로 드래그하면 1번 오디오 트랙의 볼륨이 조절되는 것을 알 수 있다. 현재 볼륨으로도 충분하므로 볼륨 페이더를 더블클릭하여 기본값으로 돌아간다.

05 Bass 파트가 잘 들리지 않으므로 4번 Bass 스트립의 솔로(S) 버튼을 켜서 베이스 파트만 감상해 본다. 다시 솔로(S) 버튼을 끄면 역시 베이스 파트가 잘 들리지 않는다.

여기서는 베이스 파트를 강조하기 위해 볼륨을 높여보지만 역시 잘 들리지 않는다. 일반적으로 볼륨을 바로 높이면 음질이 깨질 수도 있으므로 볼륨 페이더를 더블클릭해 원래 볼륨으로 되돌린다.

06 스트립에서 위로 스크롤하면 스트립의 상단부가 보인다. 4번 트랙의 Fx 패널을 마우스 오른쪽 버튼으로 클릭해 단축 메뉴를 실행한다.

07 Audio FX → Boost11 메뉴를 실행한다. Boost11 이펙트는 볼륨처럼 사운드를 부스트 하는 도구이다.

08 부스트 이펙트에서 Boost 노브를 적당히 조절해 4번 트랙의 볼륨을 부스트 한다. 잘 들리지 않았던 베이스 파트가 잘 들릴 것이다. 마음에 들면 대화상자를 닫아준다.

09 이번에는 드럼 파트가 있는 5번 스트립의 솔로(S) 버튼을 클릭해 솔로로 감상해 본다. 솔로 버튼을 다시 클릭해 원래 상태로 돌아간다.

10 앞에서 들었던 드럼 음색을 강조해보겠다. 5번 스트립의 Fx 패널을 마우스 오른쪽 버튼으로 클릭한다.

11 단축 메뉴에서 Audio FX → Linear EQ 메뉴를 실행한다.

12 이퀄라이저가 실행되면 고음부 영역인 8Khz 부분을 클릭한다. 드럼의 고음부를 강조(Boost)하거나 컷옵(Cut Off)하기 위해서이다.

13 8Khz 부분을 위로 드래그하여 부스트 시킨다. 이렇게 하면 드럼 파트의 고음부 영역이 부각되어 들린다. 마음에 들면 이퀄라이저 대화상자를 닫아준다.

14 5번 스트립의 레벨미터를 확인하면 빨간색 램프가 켜져 있다. 8Khz 주파수대역을 부스트하면서 출력이 높아진 것이다. 빨간색 램프는 출력이 허용치 이상으로 높으면 켜지고, 나중에 해당 파트의 고음 영역이 찢어지는 듯 들릴 수도 있다. 따라서 해당 트랙의 볼륨을 약간 줄여주는 것이 좋다.

15 스트립을 스크롤하여 위로 이동하면 Gain 노브가 보인다. Gain 노브는 입력되는 사운드의 볼륨을 조절하는 효과가 있다. 마우스로 드래그하여 Gain 값을 약간 줄여주면 출력되는 볼륨도 조금 줄어드는 효과가 있다.

16 믹싱 작업은 이와 같이 사운드를 전체적으로 잘 다듬은 뒤 상품으로 만드는 과정이라고 할 수 있다. 따라서 믹싱 작업은 이퀄라이저, 컴프레서, 이펙트 등 다양한 기능을 총동원해서 작업해야 하며, 귀에 듣기 좋고, 사운드가 편하게 들리도록 작업해야 한다.

믹싱을 끝낸 뒤에는 Wav 파일로 믹스다운을 해야 한다. 만일 트랙 뷰에서 오디오 클립을 선택한 상태이면 해당 오디오 클립만 믹스다운될 수도 있으므로, Ctrl + Shift + A를 눌러 오디오 클립의 선택을 전부 해제한다.

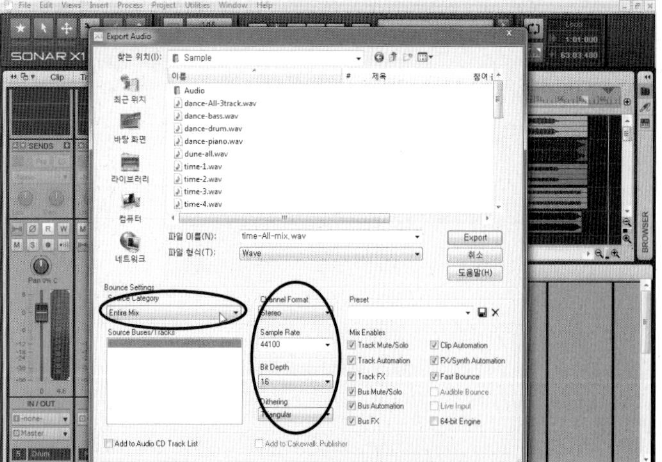

17 File → Export → Audio 메뉴를 실행한다. CD 음반에 수록하는 Wav 파일이므로 사운드 음질을 샘플레이트 44100, 비트 뎁스 16비트로 설정한다. Source Category 옵션은 Entire Mix를 선택한다.

OK 버튼을 눌러 다운믹스하면 지정한 폴더에 Wav 파일이 생성된다. 이 Wav 파일을 CD에 수록하면 음반이 만들어진다.

Part 3

소나 X1의 툴 바와
트랙 뷰 정복하기

SONAR

01 소나 X1의 툴 바

소나 X1의 툴 바(컨트롤 바)에 대해 공부해 본다. 툴 바는 미디 편집과 오디오 편집에서 자주 사용하는 기능이므로 반드시 사용법을 익혀두는 것이 좋다.

툴 바(컨트롤 바)

소나의 툴 바는 기본적으로 4개의 모듈이 표시된다. 대형 모니터를 사용할 경우 몇 개의 모듈이 더 표시된다. 툴 바는 View → Control Bar 메뉴 또는 단축키 C로 표시하거나 감출 수 있다.

툴 모듈　　　스냅 모듈　　　트랜스포트 모듈　　　루프 모듈

기본적으로 표시되는 툴 바 외에 추가로 표시하고 싶은 툴 바가 있을 경우, 툴 바 영역을 마우스 오른쪽 버튼으로 클릭한 뒤 원하는 모듈에 체크 표시를 한다.

툴 바를 마우스 오른쪽으로 클릭한 모습

툴 바에 추가로 표시할 수 있는 모듈은 아래와 같다.

믹스 모듈　　　ACT 모듈　　　ScreenSet모듈　　　퍼포먼스모듈　　　펀치 모듈　　　셀렉션 모듈　　　마커 모듈

툴 바 → 툴 모듈

툴 바 → 툴 모듈은 편집 작업에서 사용하는 중요한 편집 도구들이 모여 있다. 이들 도구들은 트랙 뷰, 미디 클립, 오디오 클립, 피아노 롤 뷰, 스태프 뷰(악보 창)에서 모두 같은 방식으로 동작한다. 클립이나 노트(음표)를 선택, 이동, 복사, 자르기 등의 작업을 할 수 있다.

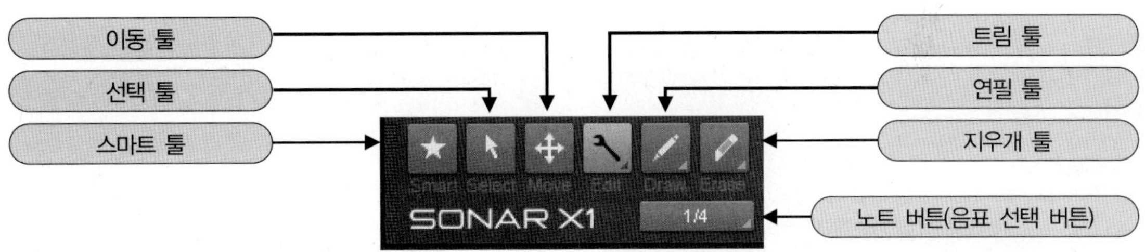

1. 스마트 툴

스마트 툴은 일종의 자동으로 동작하는 툴로서 '선택 툴', '이동 툴', '자르기 툴, '트림 툴'로 시기적절하게 동작한다. 오디오 클립이나 미디 클립의 면에 커서를 대면 선택 툴로 동작하지만 십자가(+) 표시가 나타나면 이동 툴로 동작하면서 클립을 다른 곳으로 이동시킬 수 있다.

또한 마디와 마디 경계면 또는 박자와 박자 경계면에 커서를 대면 '구간 선택 툴'로 동작하여 클립의 일부 구간을 선택한 뒤 이동시킬 수 있다.

클립의 시작점이나 끝 부분에 커서를 대면 '트림 툴'로 동작하여 클립 길이를 조절하고 오려내기 등의 작업을 할 수 있다. 상황에 맞게 자동으로 툴 기능이 동작하는 것이 특징이다.

다음은 미디 클립에서 스마트 툴을 사용하는 모습이다.

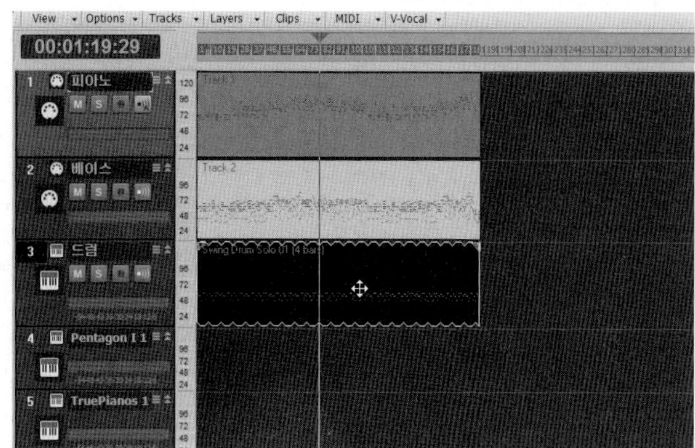

선택 툴로 동작하는 모습

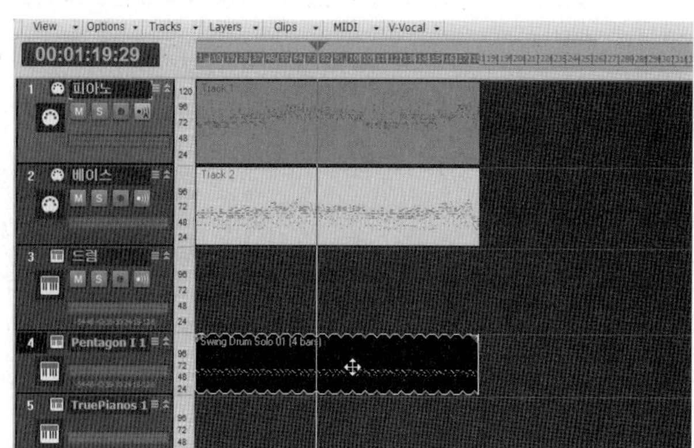

이동 툴로 동작하는 모습

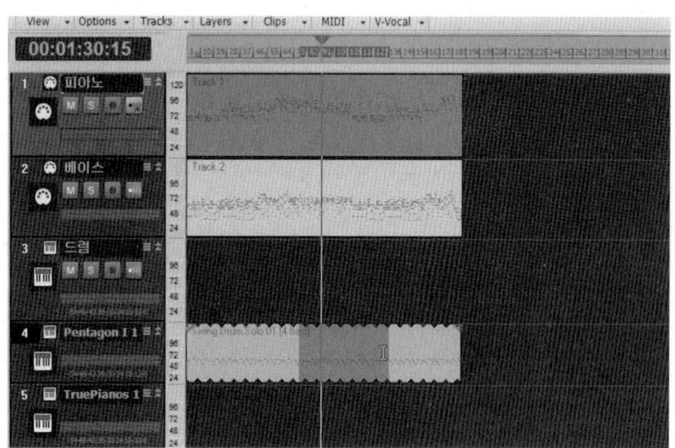

구간 선택 툴로 동작하는 모습

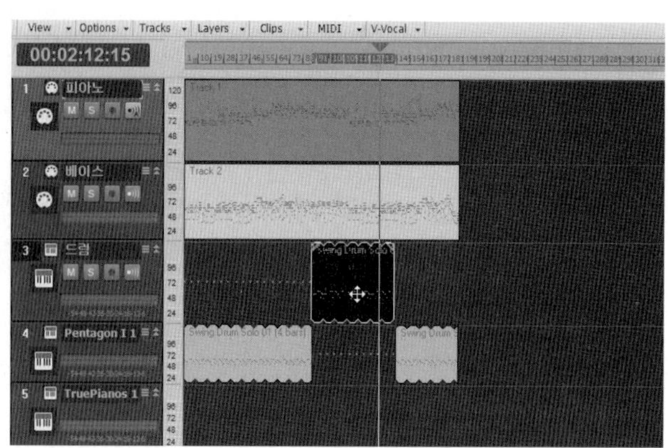

구간 선택한 부분을 이동시킨 모습

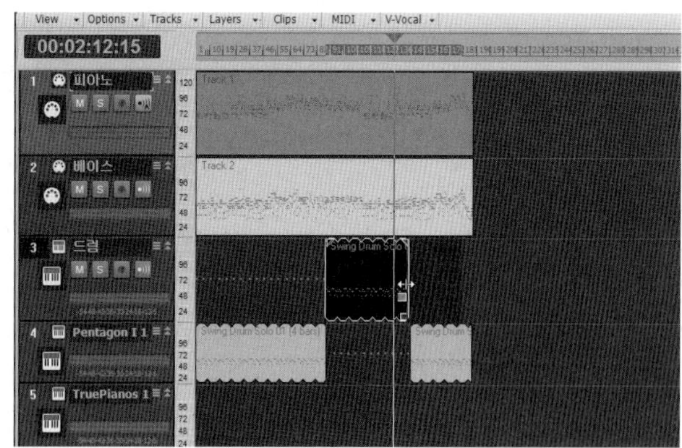

클립의 끝 부분에 커서를 댄 모습

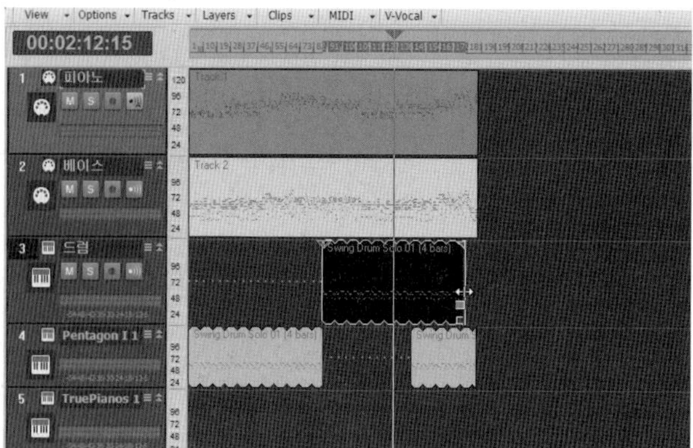

클립 길이를 조절한 모습

다음은 오디오 클립에서 스마트 툴을 사용하는 모습이다. 미디 클립을 편집하는 것과 같은 방식으로 선택 툴, 구간 선택 툴, 이동 툴, 자르기 툴, 트림 툴로 사용할 수 있다.

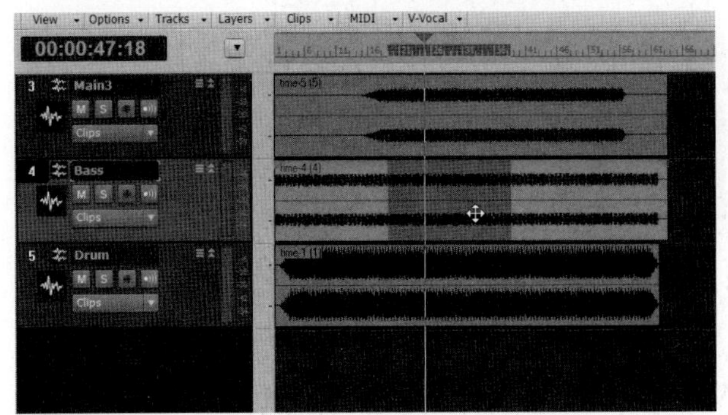

오디오 클립의 일부 구간을 선택한 모습

선택한 구간을 이동시킨 모습

Tip 스마트 툴 단축키

스마트 툴로 Alt + 클릭하면 자르기 기능으로 동작하여 클립을 자를 수 있다. 클립을 이동시킬 때 Ctrl + 드래그하면 클립을 복사하여 이동시킨다.

2. 선택(Select) 툴

미디 클립, 오디오 클립, 노트, 심볼 등을 선택할 때 사용하거나 구간 선택 툴로 동작한다. 말 그대로 선택 기능만 사용할 수 있다.

3. 이동(Move) 툴

미디 클립, 오디오 클립, 노트, 심볼 등을 선택하고 이동시킬 때 사용한다. **Ctrl** + 드래그하면 복사한 뒤 이동시킨다.

4. 트림(Trim) 툴

아래와 같이 모두 3개의 툴을 사용할 수 있다.

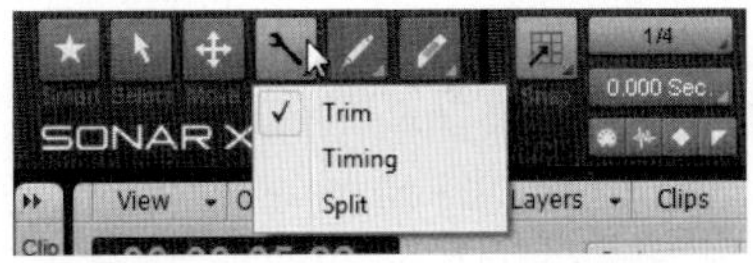

① **트림(Trim) 툴 :** 미디 클립 또는 오디오 클립의 길이를 늘이거나 줄인다.

다음은 오디오 클립의 길이를 늘이거나 줄인 모습이다. 연주 템포에는 영향을 주지 않고 클립의 길이를 조절하는 효과가 있다. 미디 클립의 길이도 이와 같은 방식으로 조절할 수 있다. 보통 클립의 시작부분이나 끝부분에서 불필요한 부분이 있을 경우 제거하는 용도로 사용한다.

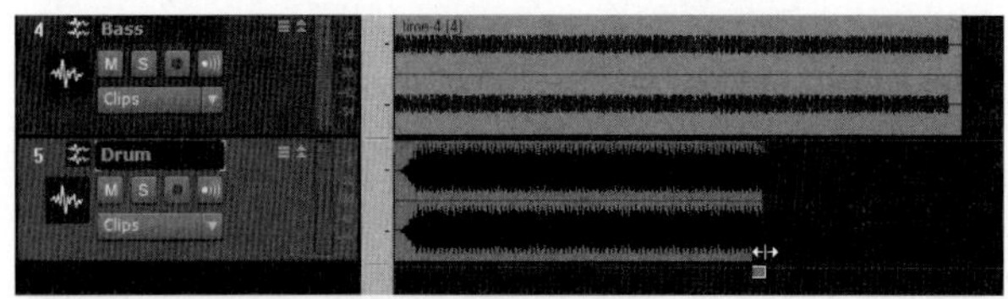

원래의 오디오 클립

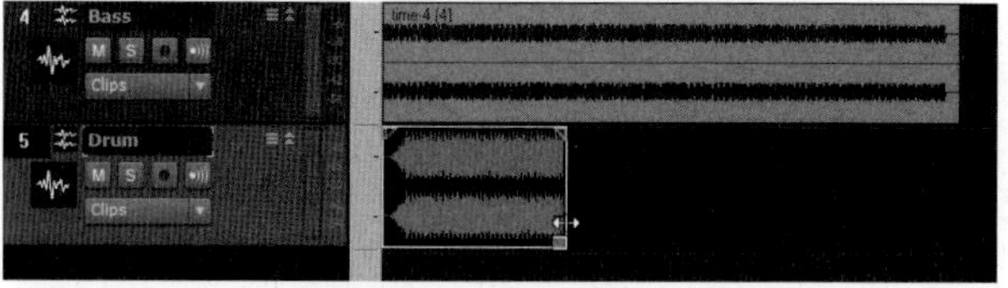

오디오 클립의 길이를 줄인 모습

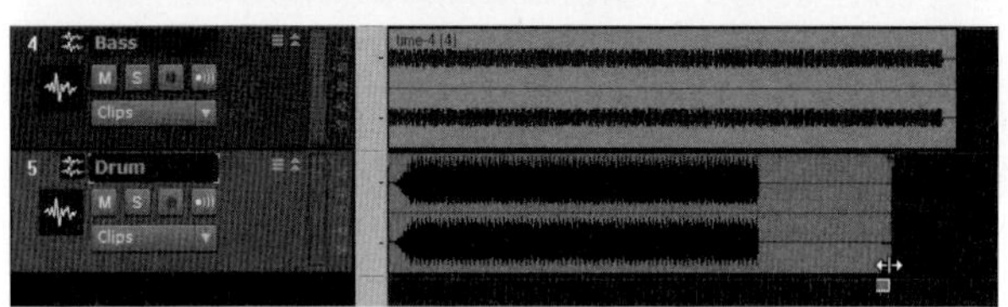

오디오 클립의 길이를 늘인 모습

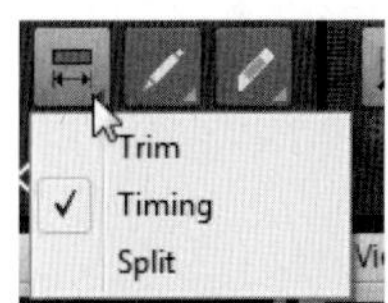

② **타이밍(Timing) 툴 :** 오디오 클립의 템포를 압축하거나 늘려준다. 해당 오디오 클립의 연주 템포를 조절하는 효과가 있다.

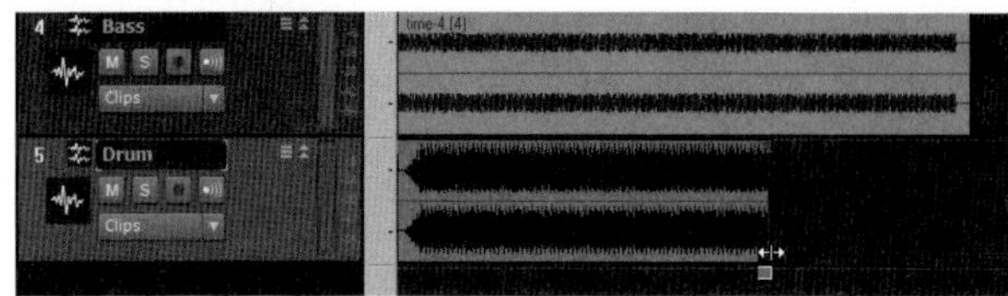

원래의 오디오 클립

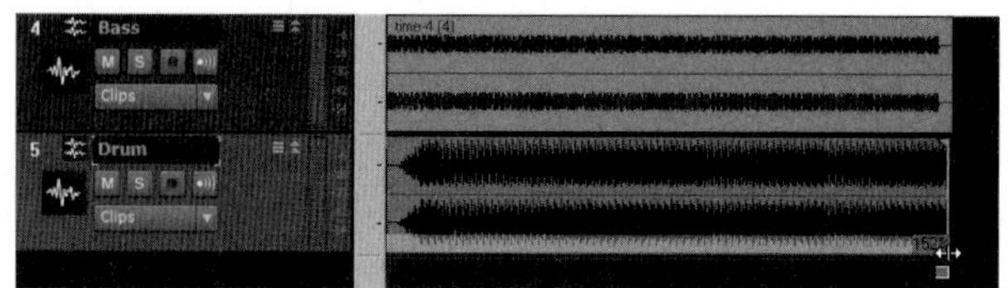

오디오 클립의 연주 템포를 늘린 모습 (152%)

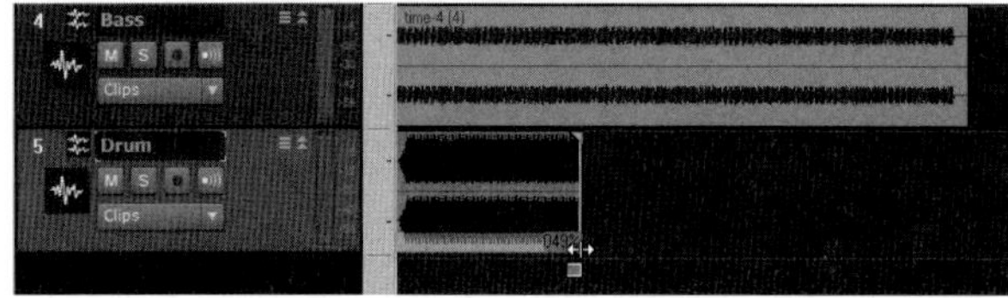

오디오 클립의 연주 템포를 줄인 모습 (49%)

Tip 타이밍 툴의 활용 방법

타이밍 툴은 오디오 클립의 연주 템포를 조절할 때 사용한다. 예를 들어 클립의 길이를 늘이면 오디오 파형도 늘어나고, 연주 템포도 느려진다. 클립의 길이를 줄이면 오디오 파형이 압축되고, 연주 템포도 빨라진다. 보통 외부에서 불러온 오디오 클립의 템포가 작업 중인 프로젝트의 템포와 다를 경우, 템포를 조절하는 용도로 사용한다.

참고로 타이밍 툴은 오디오 클립에서만 사용할 수 있고 미디 클립에서는 사용할 수 없다.

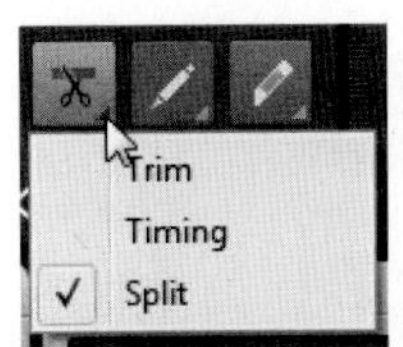

③ **가위 툴 (Split Tool)** : 클립을 좌우로 자를 때 사용한다. 자르고 싶은 지점을 클릭하면 클립이 마디 또는 박자를 기준으로 잘라진다.

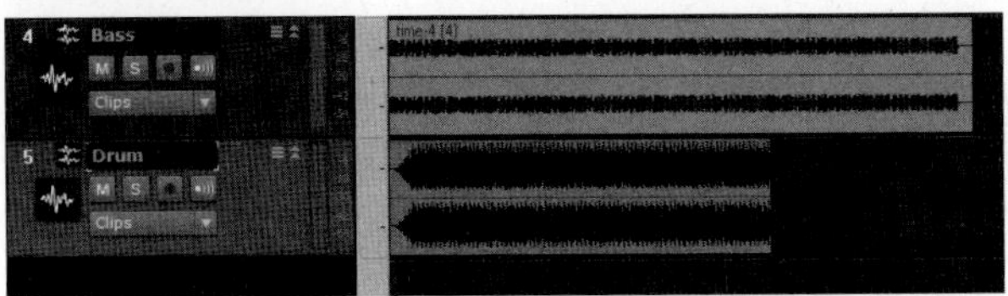

원래의 오디오 클립

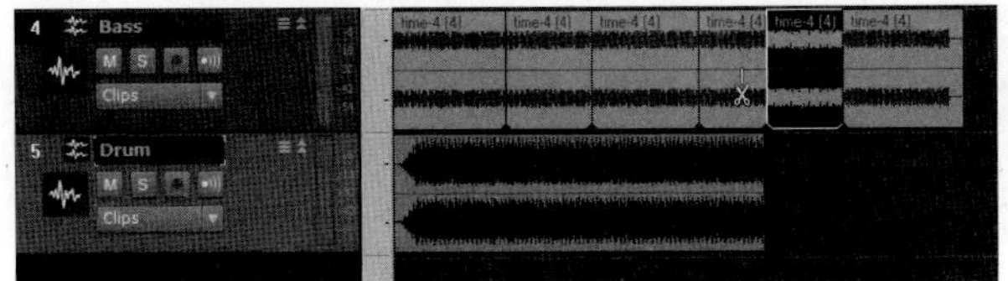

가위 툴로 클립을 여러 번 자른 모습

가위 툴을 선택한 뒤 클립을 마우스 오른쪽 버튼으로 클릭하면 단축 메뉴가 실행된다. 단축 메뉴에서 **Split** 메뉴를 실행하면 대화상자를 통해 자르기 작업을 할 수 있다.

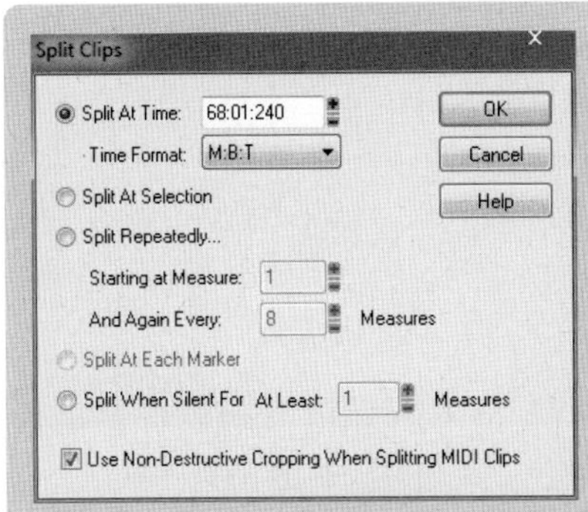

① **Split At Time** : 시간 단위로 분할 위치를 설정한다. 하단 Time Format 옵션에서 기준이 되는 시간 단위를 선택한다.

② **Split At Selection** : 사용자가 선택한 부분을 분할한다.

③ **Split Repreatedly** : 동일 간격으로 분할한다.
 - **Starting at Meature** : 분할을 시작할 마디를 설정한다.
 - **And Again Every** : 분할이 반복될 마디 간격을 설정한다.

④ **Split At Each Marker** : Split At Time에서 설정된 시간과 가까운 위치에 있는 마커를 기준으로 분할한다.

⑤ **Split When Silent For At Least** : 설정한 마디 간격에 미디 이벤트가 없을 경우 분할한다.

⑥ **Use Non-Destructive Cropping When Splittung MIDI Clips** : 여기에 체크하면 미디 이벤트가 있을 경우에도 분할한다.

5. 연필(Draw) 툴

7개의 툴로 구성된 연필 툴은 노트(음표) 입력 작업, 오토메이션 라인 편집 작업, 벨로서티 편집 작업에서 사용한다.

연필(Freehand) 툴은 자유 형태로 노트 입력 및 오토메이션 라인을 그릴 때 사용한다. Line 툴은 라인 형태로 노트 입력 및 오토메이션 라인을 그릴 때 사용한다.

피아노 롤 뷰에서 연필 툴 사용 모습

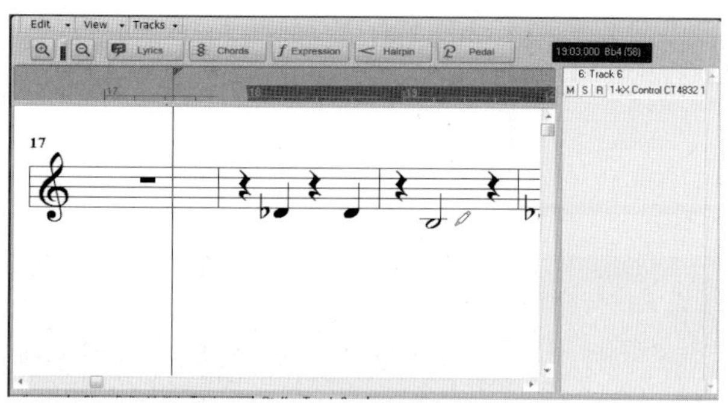

스태프 뷰에서 연필 툴 사용 모습

Sine 툴은 사인 형태로, Triangle 툴은 삼각형 형태로, Square 툴은 사각형 형태로, Saw 툴은 톱니 형태로 드로잉할 때 사용하는데 보통 오토메이션 라인을 그릴 때 많이 사용한다. 오토메이션이란 해당 트랙의 볼륨이나 팬(Pan)이 사용자가 그린 곡선 형태로 변화되는 것을 말한다. 오토메이션의 자세한 사용법은 트랙 뷰 기능을 참고한다.

Volume 오토메이션을 선택한 모습

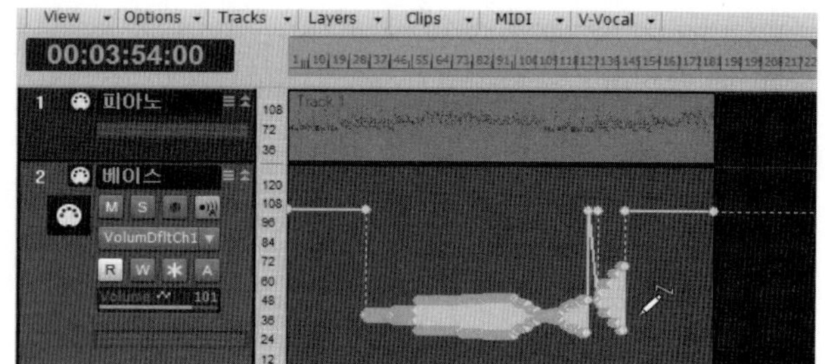

Saw 툴로 Volume 오토메이션 라인을 그린 모습

6. 지우개(Erase) 툴 & 뮤트(Mute) 툴

삭제 및 뮤트 기능을 사용할 수 있다.

① **지우개 툴 :** 클립의 일부 구간을 삭제하거나, 특정 노트를 삭제할 때 사용한다.

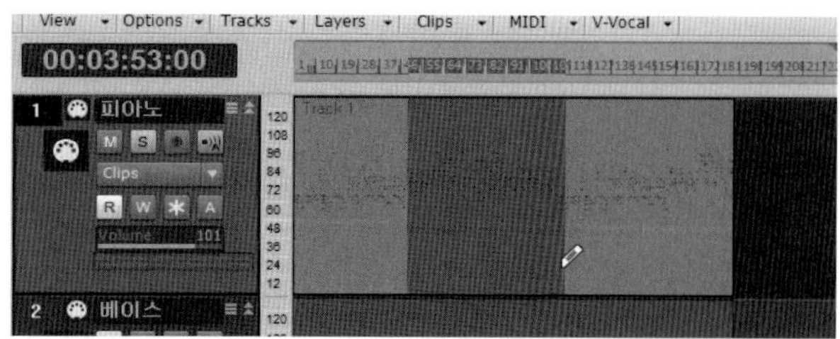

클립의 일부 구간을 선택해 삭제하는 모습

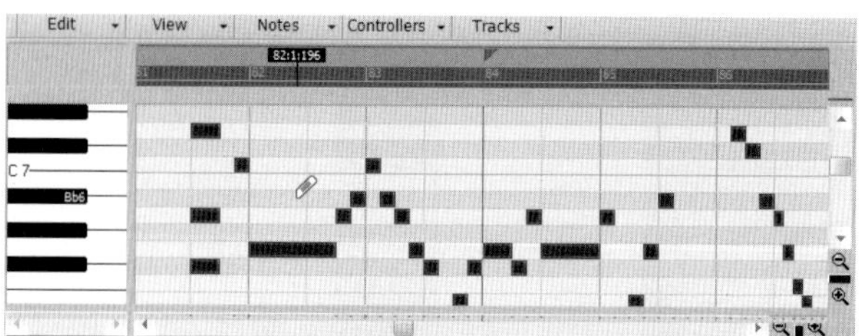

노트를 클릭해 삭제하는 모습

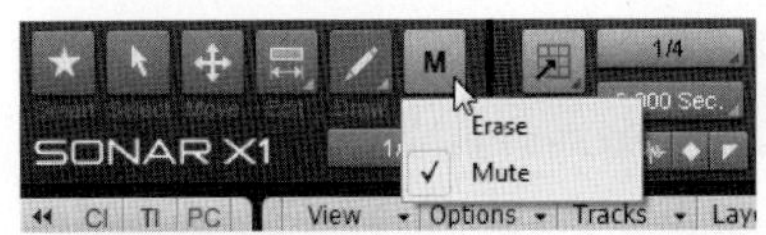

② **뮤트 툴 :** 클립이나 노트의 사운드를 들리지 않도록 뮤트시킬 때 사용한다. 다시 클릭하면 뮤트 기능이 해제된다.

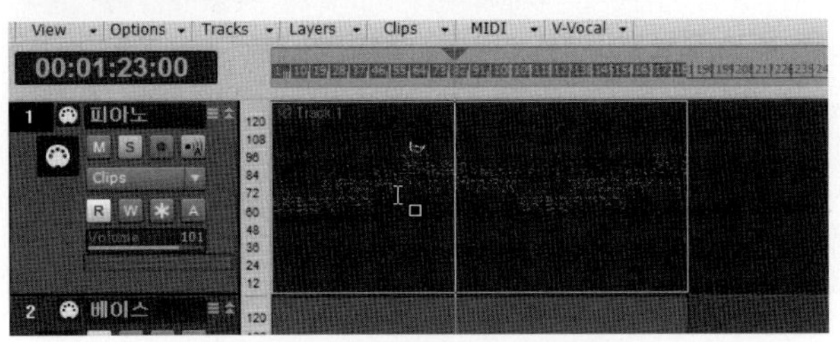

클립을 클릭해 뮤트시키는 모습

노트를 클릭해 뮤트시키는 모습

7. 노트 버튼(음표 선택 버튼)

음표는 영어로 노트(Note)라고 부른다. 노트 버튼(음표 선택 버튼)은 노트를 입력할 때 음표의 길이를 선택하는 기능이다. 클릭한 뒤 원하는 음표를 선택하고 연필 툴로 입력한다. 피아노 롤 뷰에서는 막대 형태로 입력되고, 스태프 뷰(악보 창)에서는 음표 형태로 입력된다. 음표의 자세한 입력 방법은 피아노 롤 뷰와 스패프 뷰를 참고한다.

음표 이름에서 Dotted는 '점음표'를 말한다. 예를 들어 1/4 Dotted는 4분점음표를 말한다. 음표 이름에서 Triplet는 해당 음표를 '셋잇단음표' 방식으로 입력하는 것을 말한다. 참고로, 쉼표는 음표를 입력한 뒤 음표 사이에 빈 박자가 있을 경우 자동 생성되므로 별도로 입력하지 않는다.

	영문 음표명	한글 음표명	음표	쉼표	비고
1	Whole Note	온음표	𝅝	▬	1마디 전체를 차지하는 음표
2	Half Note	2분 음표	𝅗𝅥	▬	1마디의 절반을 차지하는 음표
3	Quarter Note	4분 음표	𝅘𝅥	𝄽	4/4박자에서 1박자 음표
4	Eighth Note	8분 음표	𝅘𝅥𝅮	𝄾	4/4박자에서 반박자 음표
5	Sixteenth Note	16분 음표	𝅘𝅥𝅯	𝄿	4/4박자에서 반의 반박자 음표
6	Thirty Second Note	32분 음표	𝅘𝅥𝅰	𝅀	4/4박자에서 반의 반반박자 음표
7	Dotted	점음표	𝅘𝅥.		음표 길이를 1/2 추가
8	Triplet	셋잇단음표	♪♪♪		음표를 셋잇단 음표 방식으로 입력

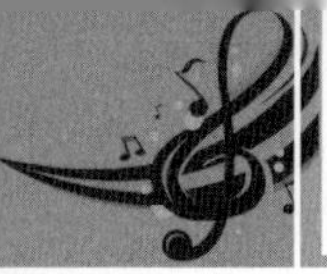

툴 바 → 스냅 모듈

스냅을 설정할 때 사용한다. 스냅을 설정하면 클립이나 노트를 이동, 복사할 때 박자나 마디에 맞게 이동시킬 수 있다.

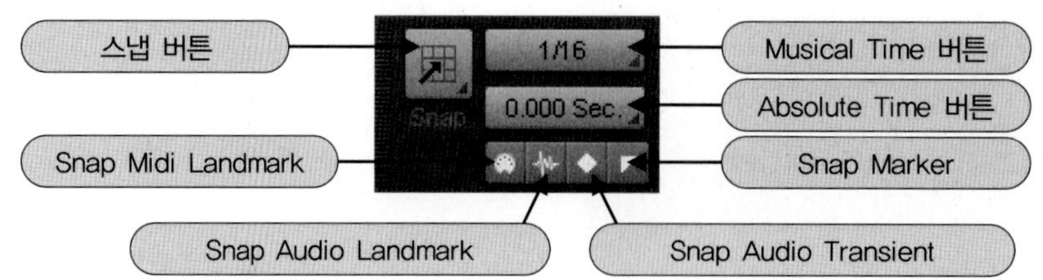

먼저 스냅 버튼을 클릭해 스냅 기능을 활성화시킨다. 그런 뒤 마디/박자에 스냅 시킬 것인지 아니면 연주 시간에 스냅시킬 것인지 옆 버튼들을 클릭해 설정한다. 하단 4개의 버튼을 누르면 더 복잡하게 스냅 위치를 지정할 수 있다.

1. Snap 버튼

스냅 기능을 활성화시킨다. 2가지 방식의 스냅 기능을 사용할 수 있다.

① **Snap To** : 이동시킬 클립이나 노트가 반박자 위치에 있을 때 이동된 장소에서 한 박자 위치에 스냅시킨다. 기본값이다.

② **Snap By** : 이동시킬 클립이나 노트가 반박자 위치에 있을 때 이동된 장소에서도 반박자 위치에 스냅시킨다.

2. Musical Time Snap 버튼

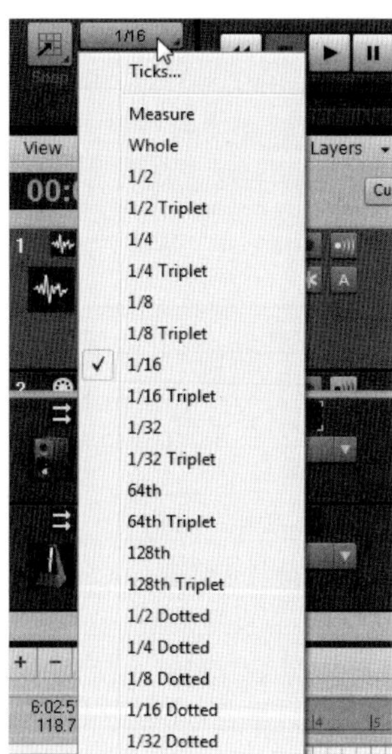

스냅 기능을 뮤지컬 타임에 적용시킨다. 뮤지컬 타임이란 실제 시간이 아닌 악보 상의 시간을 말한다. 즉 악보 상의 마디/박자/음표 단위가 뮤지컬 타임이다.

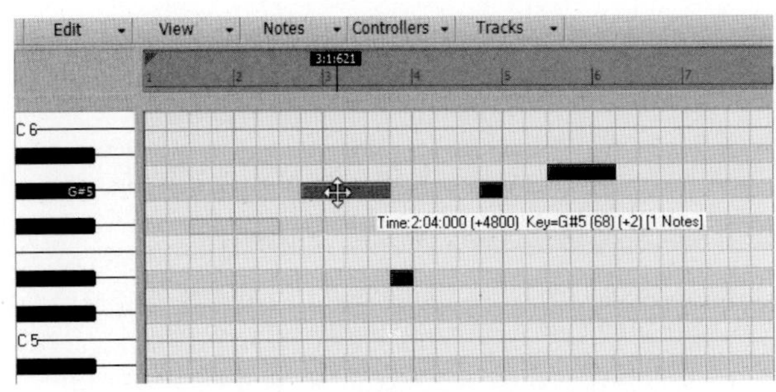

이동시킬 때 4분 음표 간격으로 스냅 이동되는 모습

예를 들어 1/4를 선택하면 이동 작업을 할 때 4분 음표(4비트음표) 간격으로 스냅되어 이동시킬 수 있다.

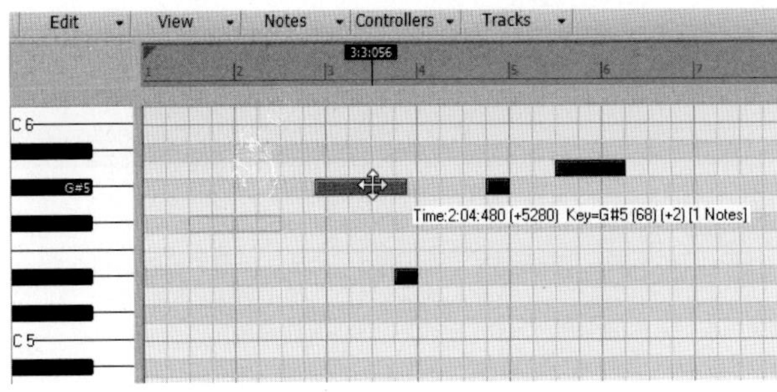

32분 음표 간격으로 이동시킨 모습

예를 들어 1/32를 선택하면, 이동 작업을 할 때 32분 음표 간격으로 스냅되어 이동시킬 수 있다.

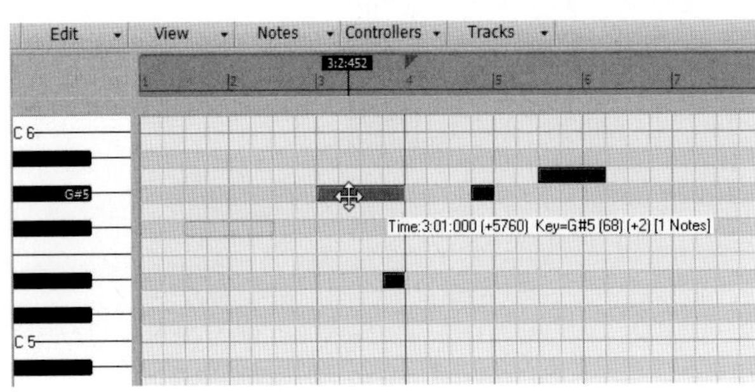

1마디 간격으로 스냅되어 이동시키는 모습

Measure(마디) 스냅을 선택하면 이동 작업을 할 때 1마디 간격으로 이동시킬 수 있다.

3. Absolute Time Snap 버튼

곡의 실제 시간을 기준으로 스냅을 설정할 수 있다. Samples, Frame, Second 단위를 선택한다. 보통 오디오 클립을 이동시킬 때 시간 단위로 스냅시키는 것이 좋다.

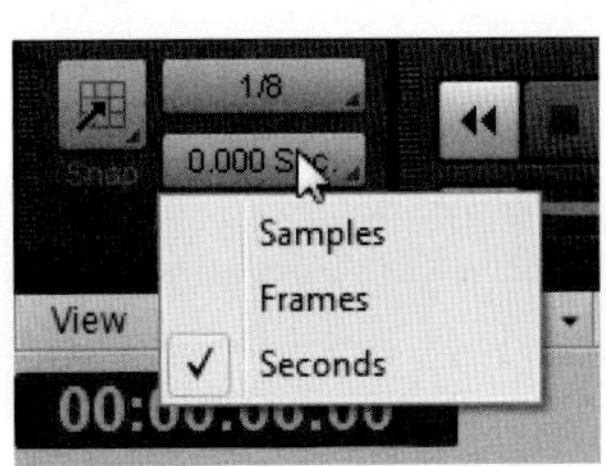

① **Sample** : 비디오 샘플링 수치에 스냅시킨다. 원하는 샘플링 수치를 지정한다.

② **Frames** : 비디오 프레임 수에 스냅시킨다. 원하는 프레임 수를 지정한다.

③ **Seconds** : 연주 시간에 스냅시킨다. 예를 들어 3이라고 입력하면 클립을 이동시킬 때 3초 간격마다 스냅되어 이동시킬 수 있다.

4. 추가 스냅 기능들

하단 4개의 버튼은 추가 스냅 기능으로 사용한다.

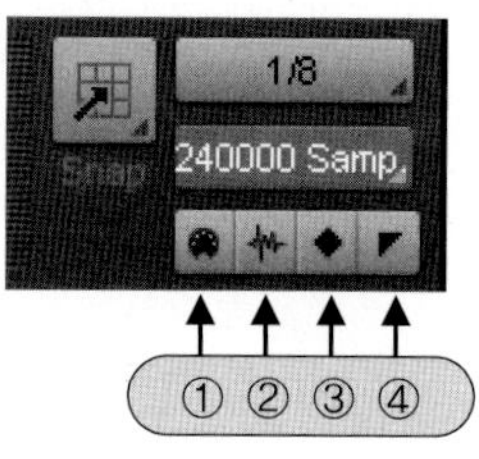

① **Snap Midi Landmark 버튼** : 미디 클립에 입력된 모든 이벤트를 기준으로 스냅한다.

② **Snap Audio Landmark 버튼** : 클립의 시작점과 종료점을 기준으로 스냅한다.

③ **Snap Audio Transient 버튼** : AudioSnap 팔레트에서 생성시킨 수직 그리드를 기준으로 스냅한다.

④ **Snap Marker 버튼** : 사용자가 만든 마커를 기준으로 스냅한다.

툴 바 → 트랜스포트(Transport) 모듈

프로젝트를 재생, 정지, 녹음, 이동시킬 수 있는 버튼을 제공한다. 또한 LCD 창에서 박자 변경 등의 작업을 할 수 있다. 추가 기능으로 메트로놈 기능이 있다.

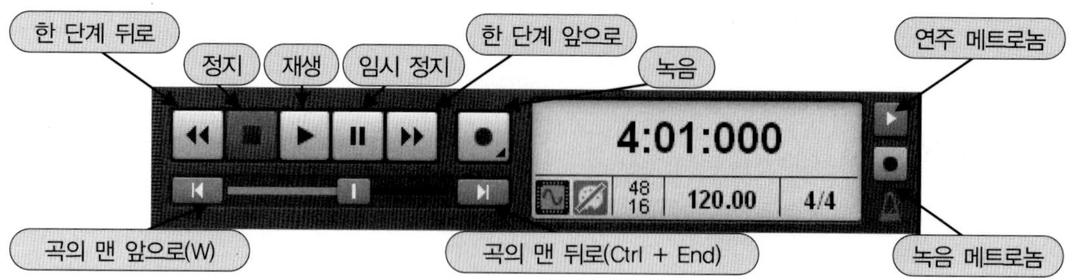

1. 재생(Play) 버튼

곡을 플레이한다. 단축키는 Spacebar

2. 정지(Stop) 버튼

연주/녹음 작업을 정지한다. 단축키는 Spacebar

3. 녹음(Record) 버튼

미디 리얼 입력을 하거나, 오디오 녹음 작업을 시작한다. 단축키는 R. 마우스 오른쪽 버튼으로 클릭하면 녹음 옵션을 설정할 수 있는 대화상자가 실행된다.

4. 연주 메트로놈 버튼

연주 작업 시 메트로놈 사운드가 들리도록 해준다. 보통 이 기능을 사용하지 않는다.

5. 녹음 메트로놈 버튼

녹음 작업 시 메트로놈 사운드가 들리도록 해준다.

6. 연주시간 보기

프랜스포트의 LCD 창은 각종 정보를 제공하고, 이들 정보를 교체할 때 사용한다.

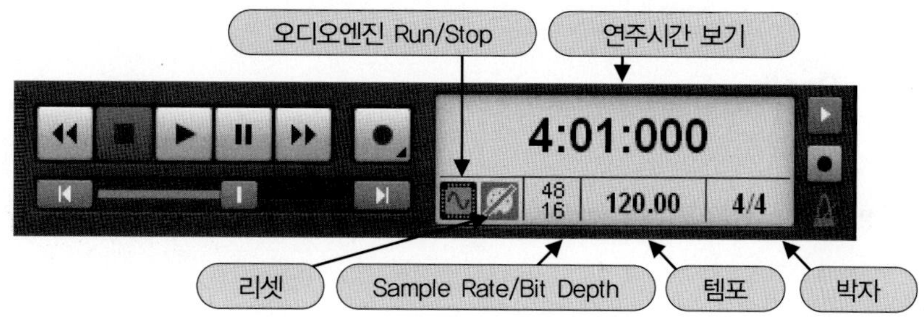

현재 프로젝트의 연주 위치를 알 수 있도록 연주시간이 표시된다. 마우스 오른쪽 버튼으로 클릭하면 연주시간 표시 방식을 교체할 수 있다.

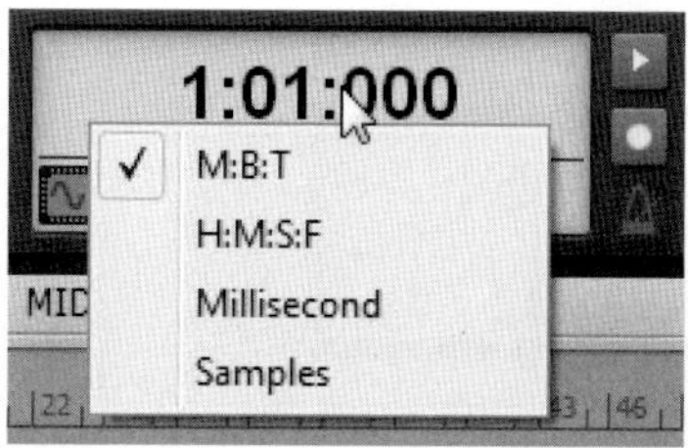

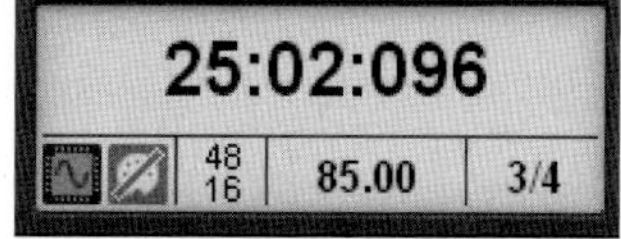

① **M:B:T** : 연주 위치를 악보 상 시간으로 표시해준다. 즉 마디/박자/틱 간격으로 보여준다. 틱은 1박자를 60분의 1로 나눈 값이다.

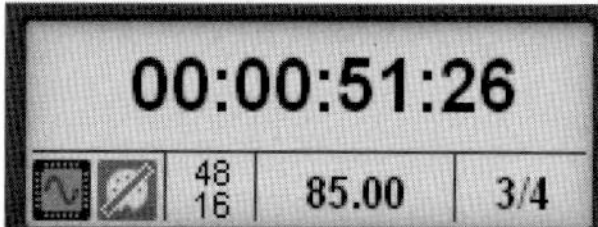

② **H:M:S:F** : 연주 위치를 실제 시간으로 표시해준다. 즉 시간:분:초:프레임 단위로 보여준다. 프로젝트를 비디오 영상과 싱크시킬 때는 보통 H:M:S:F로 연주 위치를 확인한다.

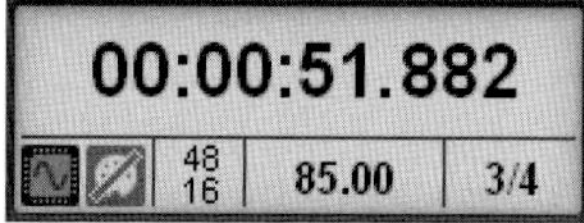

③ **Millisecond** : 연주 위치를 1/1000초 단위로 표시해준다.

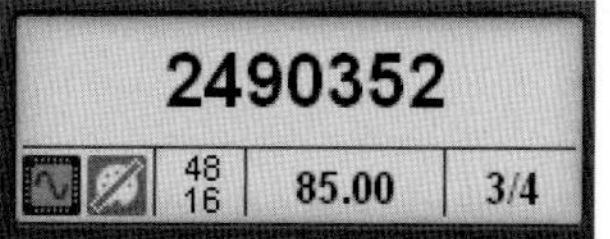

④ **Samples** : 연주 위치를 샘플 단위로 표시해준다.

7. 오디오 엔진 On/Off

오디오 엔진을 Run/Stop 시킨다.

8. 리셋

미디 신호와 오디오 신호를 초기화시킨다. 사운드가 불안전할 때 사용한다.

9. Sample Rate/Bit Depth

믹스다운할 때의 오디오 클립의 샘플레이트와 비트 뎁스가 표시된다. 이 옵션을 교체하려면 File → Export → Audio 메뉴의 대화상자를 사용한다.

10. 템포

프로젝트의 연주 템포를 보여준다. 마우스로 클릭하면 템포를 변경할 수 있다. 수치를 낮추면 연주 템포가 점점 느려지고, 수치를 높이면 연주 템포가 점점 빨라진다.

템포를 변경하는 모습

11. 박자

현재 프로젝트의 박자를 보여준다. 마우스로 클릭하면 박자를 변경할 수 있도록 Meter/Key 대화상자가 실행된다.

At Measure 옵션에서 박자 변경이 시작될 마디를 먼저 지정한다. 그런 뒤 박자를 변경하거나 키를 변경하면 해당 마디부터 박자나 키가 변경된다.

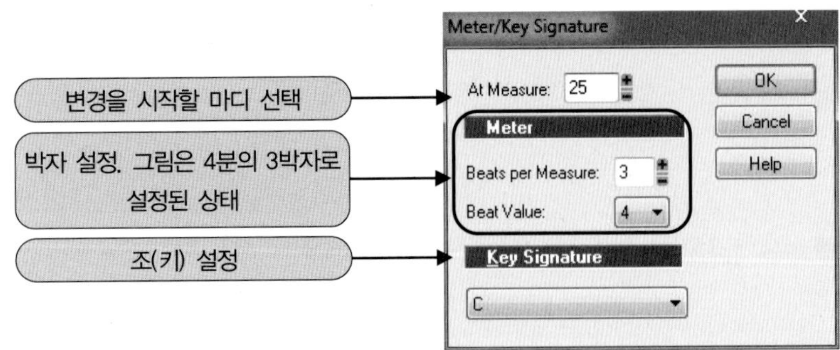

툴 바 → 루프(Loop) 모듈

루프 모듈은 루프 연주를 설정할 때 사용한다. 루프 연주될 구간을 지정하고, 루프 연주될 구간이 표시된다.

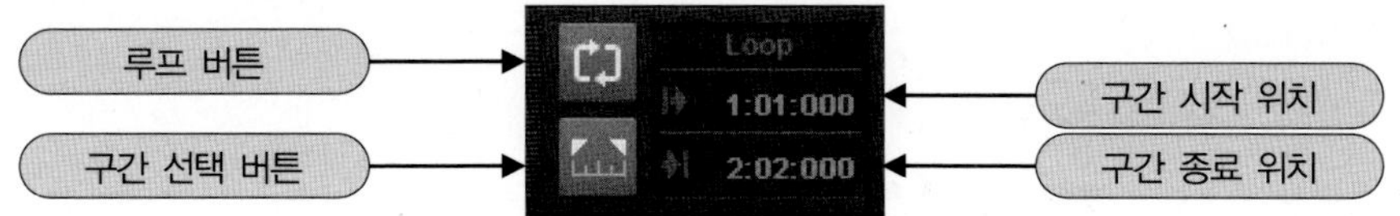

1. 루프(Loop) 버튼

곡의 루프 연주(반복 연주) 상태를 On/Off 한다.

2. 구간 선택 버튼

선택한 구간을 반복 연주하도록 해준다. 먼저 타임 룰러에서 마우스로 드래그하여 구간을 선택한 뒤, 이 버튼을 클릭하면 선택된 구간이 루프 연주 구간으로 설정된다.

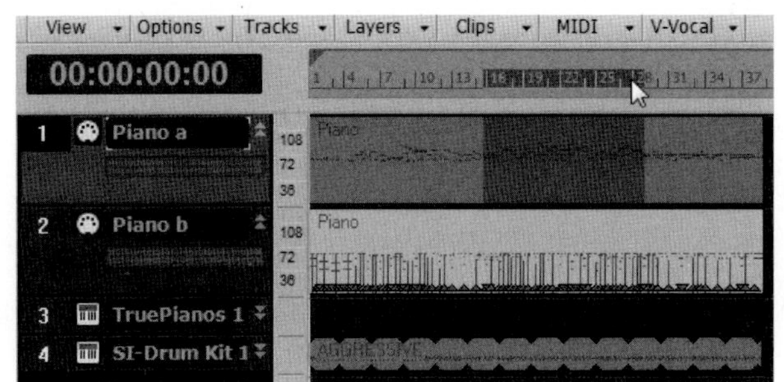

룰러에서 드래그하여 구간을 선택한 모습

구간 선택 버튼을 클릭해 루프 설정을 한 모습

3. 구간 시작 위치

루프 구간의 시작 위치가 표시된다. 마우스로 클릭해 시작 위치를 직접 입력할 수도 있다. 기본적으로 마디/박자/틱 단위로 표시된다. 단축키 W키를 누르면 루프 구간 시작점으로 이동할 수 있다.

4. 구간 종료 위치

루프 구간의 종료 위치가 표시된다. 마우스로 클릭해 직접 입력할 수도 있다.

툴 바 → 믹스(Mix) 모듈

믹스 모듈은 전체 트랙을 일괄적으로 제어할 때 사용한다. 뮤트, 솔로, 에코 등의 다양한 기능을 전체 트랙에 일괄 제어할 수 있다.

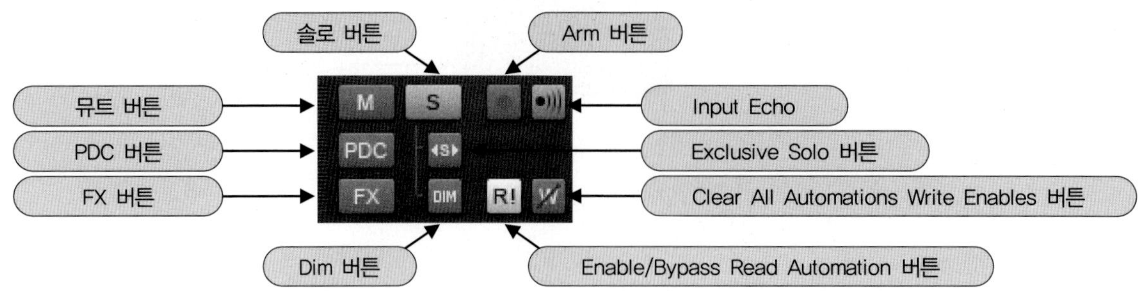

① **뮤트(Mute) 버튼** : 전체 트랙에서 뮤트 버튼을 On/Off한다.

② **솔로(Solo) 버튼** : 전체 트랙에서 솔로 버튼을 On/Off한다.

③ **암(Arm) 버튼** : 전체 트랙의 Arm(녹음 준비) 버튼을 On/Off한다.

④ **에코(Input Echo) 버튼** : 전체 트랙의 Input Echo 버튼을 On/Off한다. 마이크로 보컬을 녹음할 때 필요한 기능으로 녹음중인 목소리를 헤드폰으로 실시간 들려준다.

⑤ **PDC 버튼** : 가상 악기와 라이브 인풋 모니터링 사용 시 레인턴시가 발생하는 것을 막기 위해 사용하는 기능을 On/Off한다.

⑥ **Exclusive Solo 버튼** : 보통 Solo 버튼을 켜면 해당 트랙을 솔로로 연주한다. 이때 이미 다른 트랙이 솔로로 연주하고 있으면 그 트랙도 함께 연주된다. Exclusive Solo 버튼이 켜 있으면 Solo 버튼을 켤 때마다 다른 솔로 트랙은 모두 무시하고 해당 트랙만 솔로로 연주한다.

⑦ **Dim 버튼** : 솔로 버튼이 켜있는 트랙은 정상 볼륨으로 연주하고 나머지 트랙은 볼륨을 줄여서 연주한다.

⑧ **Enable/Bypass Read Automation 버튼** : Enable 또는 Bypass된 오토메이션 읽기(Automation Read) 버튼을 On/Off 한다.

⑨ **Clear All Automations Write Enables 버튼** : 오토메이션 쓰기(Automations Write) 버튼을 On/Off한다.

툴 바 → 마커(Markers) 모듈

마커는 '트랙 뷰', '악보 창', '피아노 롤 뷰' 등에서 사용자가 임의대로 삽입한 표시를 말한다. 예를 들어 후렴이나 반복되는 구간이 있다면 이를 표시할 목적으로 삽입하기도 한다. 마커를 생성시키면 생성된 마커 별로 이동 작업을 신속히 진행할 수 있을 뿐 아니라 작곡자가 원하는 메시지를 삽입할 수 있다. 마커 기능을 사용하려면 먼저 툴 바를 마우스 오른쪽 버튼으로 클릭한 뒤 **Marker** 메뉴로 모듈을 표시해야 한다.

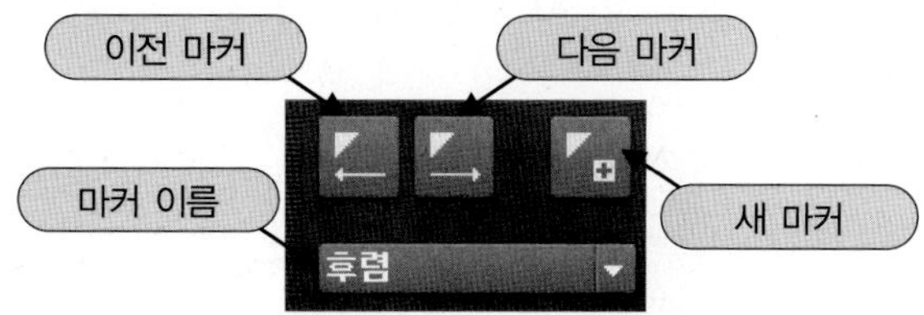

① **마커 이름 :** 현재 선택된 마커 이름이 표시된다. 클릭하면 마커 목록에서 선택한 마커로 이동할 수 있다.

② **이전 마커로 이동 :** 이전 마커로 이동한다.

③ **다음 마커로 이동 :** 다음 마커로 이동한다.

④ **새 마커 :** 송 포지션 포인터가 있는 위치에 새 마커를 추가한다.

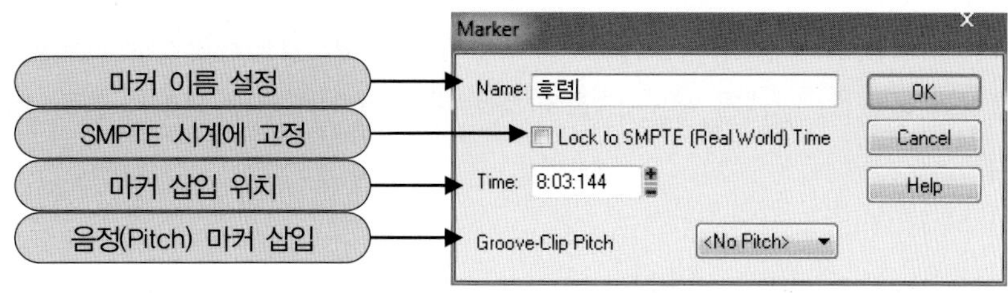

다음은 '트랙 뷰'와 '피아노 롤 뷰'에서 마커를 삽입한 모습이다.

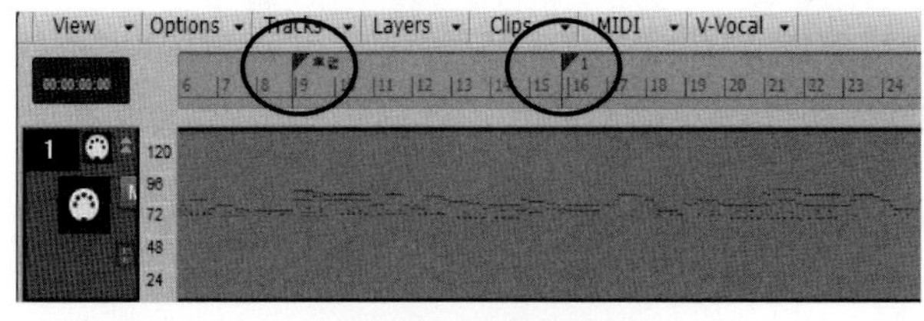

트랙 뷰에서 삽입한 마커

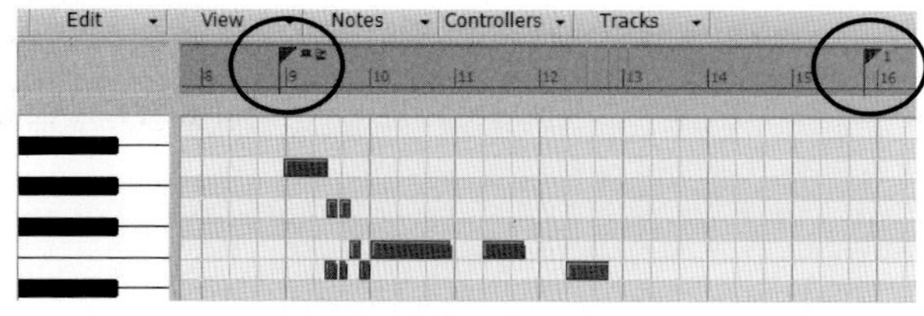

피아노 롤 뷰에서 삽입한 마커

툴 바 → ACT 모듈

컴퓨터와 연결된 ACT 미디 컨트롤러를 소나에서 인식시키고 매핑 작업을 진행한다. 예를 들면 베링거 BCF2000같은 컨트롤러나 Edirol PCR 300같은 마스터 건반을 인식시키면 소나에서의 믹싱 작업이나 각종 조절 작업을 이들 장비로 컨트롤 할 수 있다. 마우스나 키보드로 소나의 각종 페이더 조작이 귀찮을 경우 BCF2000같은 보급형 컨트롤러를 연결해 녹음실처럼 소나를 제어하는 것도 생각해 볼 만하다.

장비를 컴퓨터와 연결한 뒤 매핑 설정을 하고 **ACT Learn** 버튼을 누르면 외부 장비로 소나를 제어할 수 있다.

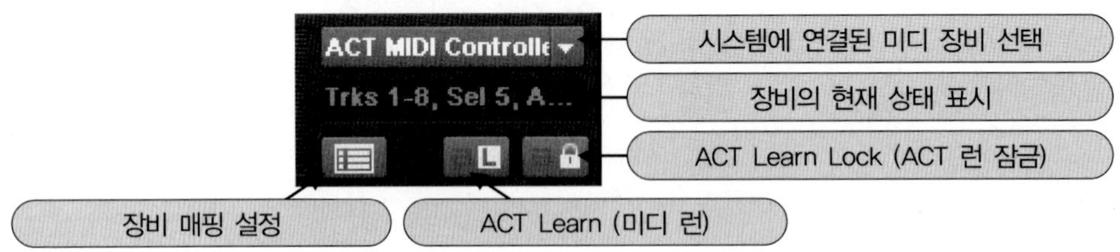

툴 바 → ScreenSet 모듈

일종의 화면 스크린샷 기능이다. 작업 창 크기, 위치, 확대 상태, 도킹 상태를 스냅샷으로 등록한 뒤 원할 때마다 등록된 번호를 클릭해 해당 작업 창 상태로 돌아간다. 1~10번까지 이미 여러 가지 작업 창 상태가 등록되어 있고, 해당 작업 창을 연 상태에서 작업 창 크기를 조절하면 그 상태가 해당 번호에 등록된다. 나중에 해당 번호를 클릭하면 그 당시의 작업 창 상태로 돌아갈 수 있다.

ScreenSet 모듈은 툴 바를 마우스 오른쪽 버튼으로 클릭한 뒤 ScreenSet 메뉴로 불러온다.

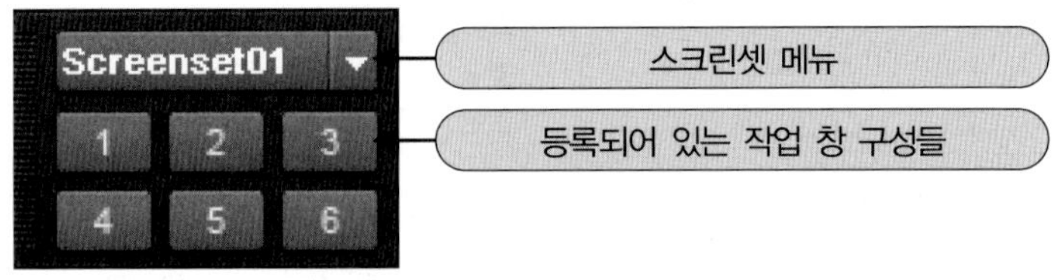

툴 바 → Event Inspector 모듈

노트(음표)같은 미디 이벤트의 위치(Time), 음정(Pitch), 벨로서티(Velocity), 음 길이(Duration), 채널(Channel) 정보를 보여준다. 보통 피아노 롤 뷰에서 노트 입력 시 사용한다. 선택한 노트의 위치, Pitch, Velocity, Duration 등을 교체할 수도 있다.

툴 바를 마우스 오른쪽 버튼으로 클릭한 뒤 Event Inspector 메뉴로 모듈을 실행한다. 그런 뒤 피아노 롤 뷰 등에서 원하는 이벤트를 선택하면 이곳에 현황이 표시된다.

툴 바 → 퍼포먼스(Performance) 모듈

툴 바를 마우스 오른쪽 버튼으로 클릭한 뒤 Performance 메뉴로 모듈을 실행한다. 현재의 CPU 점유량, 하드디스크 점유량, 메모리 점유량을 보여준다.
가상 악기를 많이 연결한 경우 CPU 점유량과 메모리 사용량이 늘어나면서 소나의 실행이 도중에 중단될 수도 있다. 이런 경우 CPU와 메모리를 업그레이드한다.

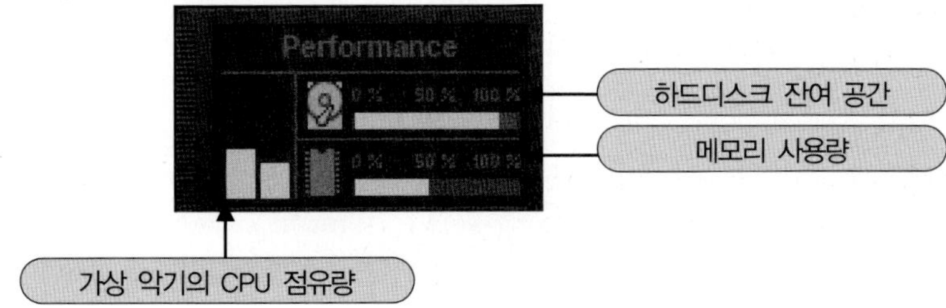

툴 바 → 펀치(Punch) 모듈

툴 바를 마우스 오른쪽 버튼으로 클릭한 뒤 단축 메뉴에서 선택하면 펀치 모듈이 표시된다. 마스터 건반으로 리얼 입력하거나 보컬의 노래를 녹음할 때 '펀치 구간'을 설정할 수 있다. 펀치 구간을 설정하면 펀치 구간에서는 '녹음 기능'으로 동작하고, 그 외 구간은 Play 기능으로 동작한다.

예를 들어 3분짜리 노래를 녹음했다고 가정해 보자. 1분 10초부터 1분 30초 사이의 구간이 마음에 들지 않으면 노래를 처음부터 다시 녹음해야 할 것이다. 매번 노래를 처음부터 다시 녹음하다 보면 아무래도 스트레스가 쌓인다. 이런 경우 처음부터 노래를 녹음하지 않고 1분 10초~1분 30초 구간만 녹음 모드로 동작시킬 때 펀치 기능을 사용한다. 이렇게 하면 0초~1분 10초까지는 이전에 녹음한 내용이 Play되고, 1분 10초~1분 30초 구간은 Record 모드로 동작하고, 1분 30초~3분까지는 다시 이전에 녹음한 내용이 Play 모드로 동작한다. 펀치 구간인 1분 10초~1분 30초 구간에 도착할 때 그 부분에 들어가는 노래만 다시 녹음하면 된다.

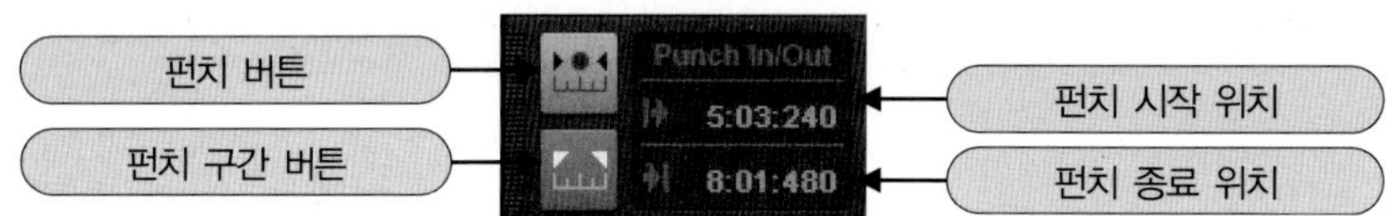

① **펀치(Auto-punch) 버튼 :** 펀치 녹음 기능을 On/Off한다.
② **펀치 구간 버튼 :** 룰러에서 선택한 구간을 펀치 구간으로 설정한다.

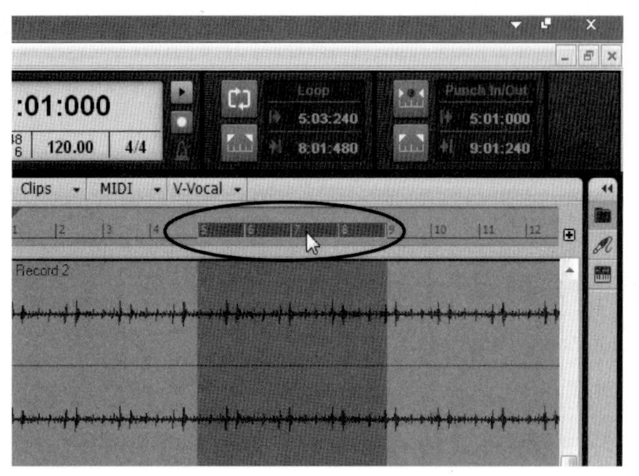

룰러에서 선택 영역을 지정한 모습

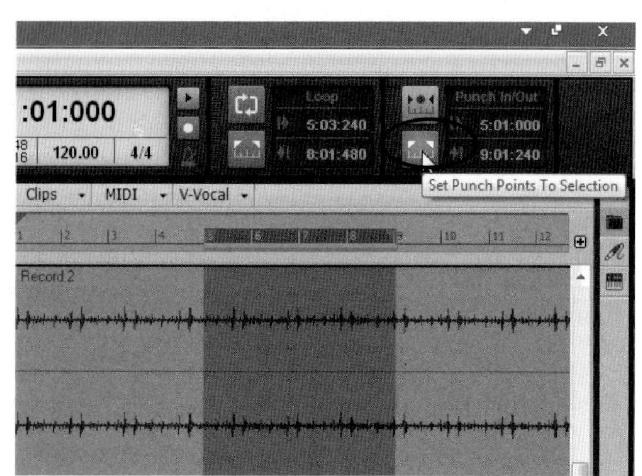

펀치 구간 버튼을 클릭해 펀치 녹음 영역으로 설정한 모습

③ **펀치 시작 위치(Punch In Time) :** 펀치 녹음(구간 녹음)의 시작 위치가 표시된다. 직접 수치를 입력해 시작 위치를 지정할 수 있다.
④ **펀치 종료 위치(Punch Out Time) :** 펀치 녹음의 종료 위치를 표시한다. 직접 수치를 입력해 종료 위치를 지정할 수 있다.

펀치 녹음은 말 그대로 잘못 녹음된 구간만 다시 녹음할 때 사용한다. 루프 버튼과 함께 사용하면 펀치 구간을 무한 반복하면서 계속 녹음시킬 수 있다. 펀치 녹음은 보컬 녹음 작업에서 흔히 사용하지만 마스터 건반으로 노트를 리얼 입력할 때도 사용한다.

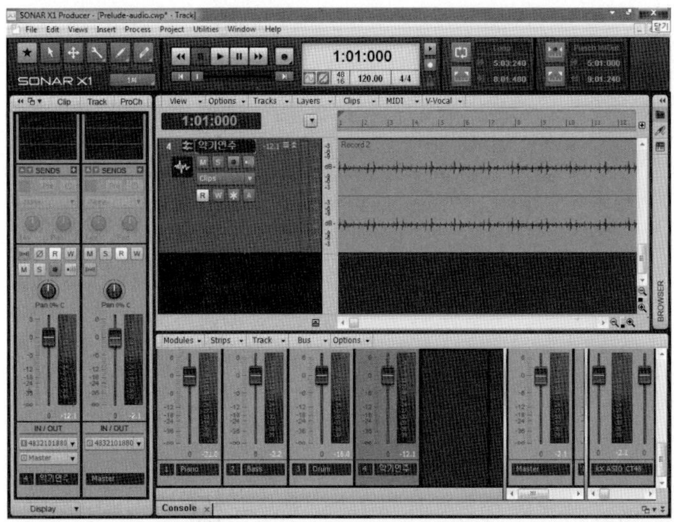

01 오디오 트랙을 하나 만든 뒤 보컬 노래를 마이크로 녹음했다고 가정해 보자. 나중에 녹음된 내용을 Play해보니 5~9마디 사이의 노래가 마음에 들지 않아 해당 구간만 다시 녹음하기로 결정했다.

02 룰러에서 마우스로 드래그하여 다시 녹음하고 싶은 영역을 선택해준다. 여기서는 마음에 들지 않았던 5~9마디 사이를 선택하였다.

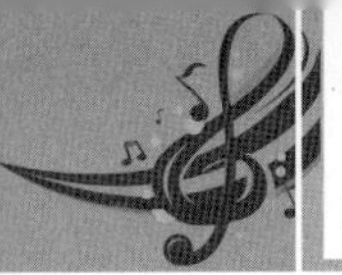

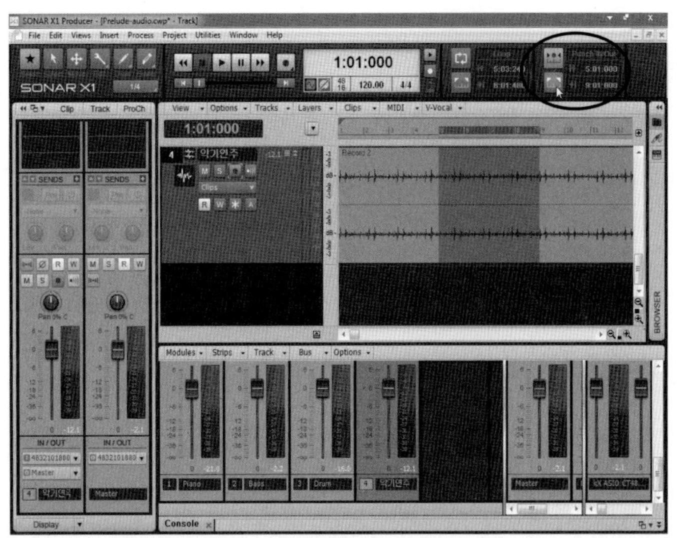

03 툴 바를 마우스 오른쪽 버튼으로 클릭한 뒤 **Punch Module** 메뉴를 실행해 펀치 모듈을 툴 바에 표시한다.

펀치 모듈에서 '펀치 구간 버튼'을 클릭해 룰러에서 선택한 구간을 펀치 구간으로 설정한다.

04 오디오 트랙의 Arm 버튼을 눌러 녹음 준비 상태로 전환한다.

05 W 키를 눌러 송 포지션 포인터를 곡의 시작 부분으로 이동시킨다. 녹음(Record) 버튼을 클릭해 녹음을 시작한다.

06 메트로놈 사운드가 잠시 들린 뒤 녹음이 시작된다. 이때 앞부분은 펀치 구간이 아니므로 녹음되지 않고 Play 모드로 동작한다. 이 앞부분에서는 보컬 역시 노래를 처음부터 다시 부르지만 녹음되지 않고 지나가게 된다.

07 Play 모드로 동작했다가 펀치 구간에 진입하면 자동으로 녹음 모드로 동작한다. 이때 보컬은 해당 부분을 노래하고 있을 것이다. 마음에 들지 않았던 부분을 다시 녹음하는 것이므로 펀치 구간에서는 노래를 더 잘 부르려고 할 것이다.

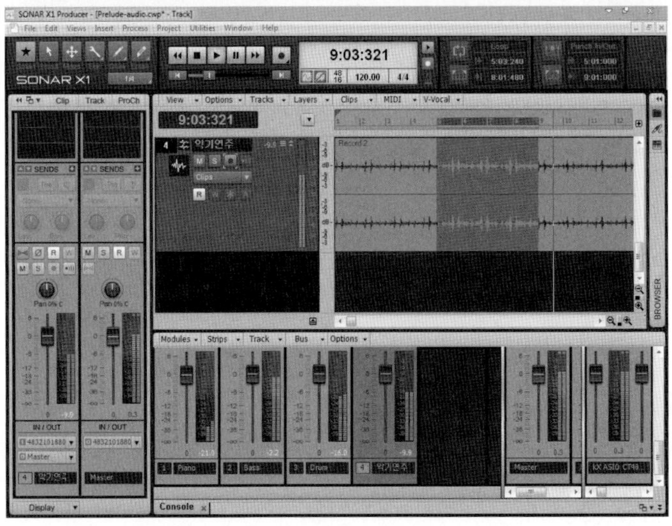

08 송 포지션 포인터가 펀치 구간을 지나면 녹음 모드가 끝나고 다시 Play 모드로 동작한다.

이후 녹음 결과물이 마음에 들면 Spacebar를 눌러 작업을 종료한다.

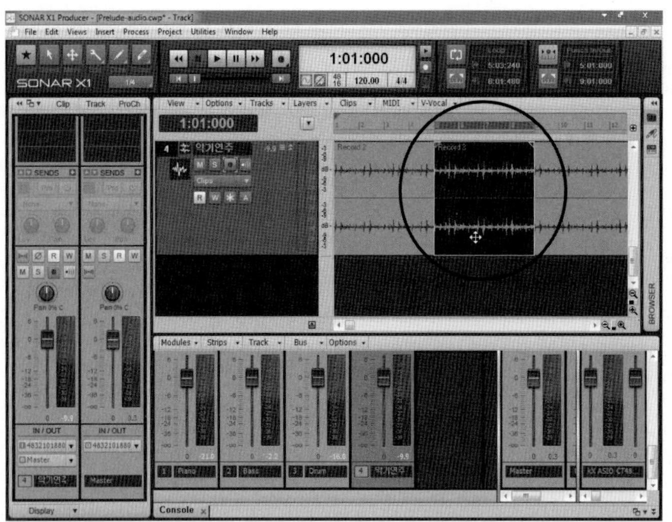

09 마우스로 클릭하면 펀치 구간에 새로 녹음한 오디오 클립이 겹쳐있음을 알 수 있다.

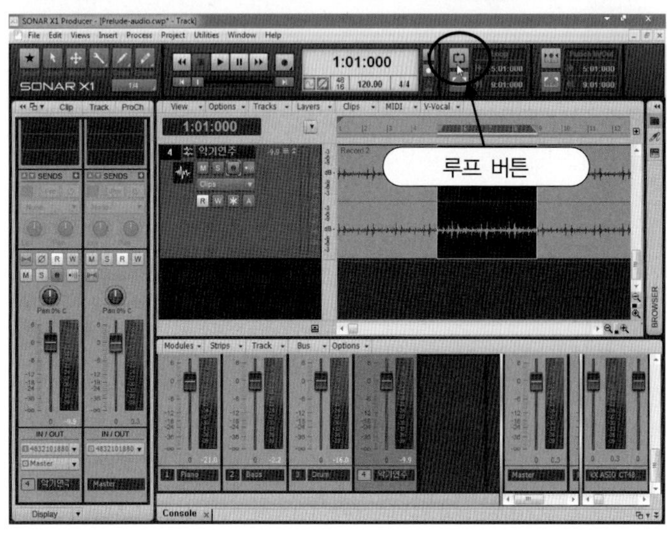

10 만일 펀치 구간을 루프하면서 연속으로 반복 녹음하고 싶다면 녹음을 시작하기 전 Loop 버튼을 클릭한다. 이렇게 하면 펀치 구간에서 계속 루프하면서 녹음하게 된다.

Tip 소나는 펀치 녹음을 할 때 Sound on Sound 방식으로 녹음을 한다. 트랙 상에 있는 기존 클립 위에 새로 녹음한 클립이 겹쳐 있는 방식이다. 만일 Overwrite 모드로 펀치 녹음을 하면 트랙 상에 있는 기존 클립을 제거하고 새로 녹음한 클립으로 자동 교체된다. 펀치 녹음 옵션은 Edit → Preferences 메뉴를 실행한 뒤 Project → Record 탭의 Recording Options에서 변경할 수 있다.

11 기본값인 Sound on Sound 방식으로 펀치 녹음을 하면 새로 녹음된 클립이 계속 겹 쳐 있게 된다.

겹쳐 있는 클립을 확인하고 싶다면 트랙 패널의 레 이어 버튼을 클릭한다. 펀치 구간에서 겹 쳐있는 클립을 확인할 수 있다.

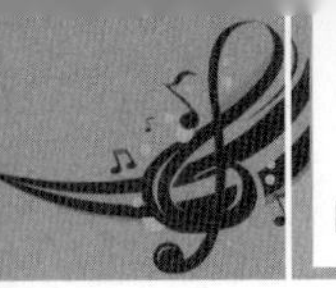

Sync 툴 바 – 동기화 옵션 설정하기

소나와 외장 미디 장비, 오디오 장비, 비디오 장비 사이의 클록 동기화 방식을 선택한다. 동기화란 서로 다른 두 기기의 싱크로율을 맞춰 같이 동작되도록 하는 것을 말한다. 보통 소나에서 연주 중인 미디 데이터와 외부 비디오 장비를 싱크시킬 목적으로 사용한다.

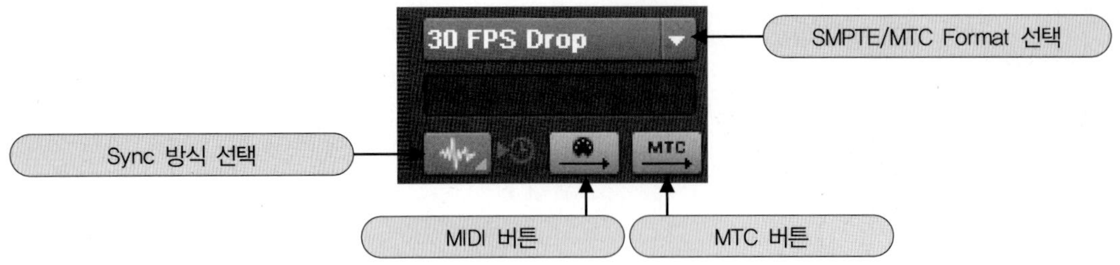

1. 싱크 방식 선택

다음과 같이 4가지 싱크 방식이 있다.

① **Internal Sync :** 클록이 컴퓨터 또는 사운드 카드 클록에 맞추어지므로 소나가 마스터가 되고 외장 장비는 소나의 클록 속도를 따르게 된다. 소나에서 Play 버튼을 누르면 외부 영상 장비도 Play 된다.

② **Midi Sync :** 외장 미디 장비에 소나를 동기화시킬 때 선택한다. 외장 미디 장비가 마스터가 되고 소나는 슬레이브가 된다. 외장 미디 장비의 동작 유무에 따라 소나가 반응한다.

③ **SMPTE Sync :** 외부 영상 장비나 비디오 장비와 동기화시킬 때 선택한다. 소나의 미디 클립이 외부 영상 장비에서 재생중인 영상의 타임 코드에 동기화된다. 보통 영화나 TV 화면용 배경음악을 만든 뒤 영상과 미디 배경음악을 동기화시킬 때 사용한다. 외부 영상 장비가 마스터가 되고 소나는 슬레이브가 되므로, 외장 영상 장비를 동작시키면 소나에서 미디를 연주하게 된다.

④ **Audio Sync :** 소나의 트랙 뷰에 삽입된 오디오 클립 시간에 맞게 미디 클립을 동기화시킨다. 연주할 때 오디오 데이터의 속도를 미디 데이터가 따라가지 못하는 현상을 방지한다.

2. SMPTE/MTC Format

외부 영상장비와 동기화시킬 때 재생 중인 외부 영상의 프레임 수를 선택한다. 미디 클립이 재생 중인 외부 영상의 프레임 수에 맞게 Play 된다. 보통 영화나 TV화면용 음악을 만든 뒤 영상과 미디 음악을 동기화시킬 때 사용한다.

3. MIDI 버튼

미디 신호를 외부 미디 장비에 전송한다. Edit → Preferences 메뉴의 Project → MIDI 탭을 참고한다.

4. MTC 버튼

미디 신호를 외부 영상 장비에 전송한다. Edit → Preferences 메뉴의 Project → MIDI 탭을 참고한다.

툴 바 → 셀렉션(Selection) 모듈

툴 바를 마우스 오른쪽 버튼으로 클릭한 뒤 Select Module 메뉴를 실행하면 셀렉션 모듈이 나타난다. 사용자가 입력한 구간을 선택 영역으로 지정하는 기능이다. 또는 송 포지션 포인터가 있는 위치를 선택 영역으로 지정할 수 있다. 선택된 클립은 마우스로 드래그하여 이동시키거나 복사, 오려내기, 삭제 등의 작업을 할 수 있다.

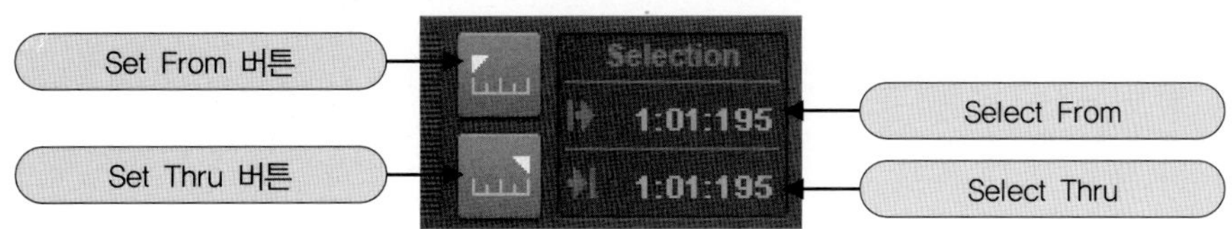

① **Set From 버튼** : 송 포지션 포인트가 있는 위치를 선택 시작 위치로 지정해준다.

② **Set Thru 버튼** : 송 포지션 포인트가 있는 위치를 선택 종료 위치로 지정해준다.

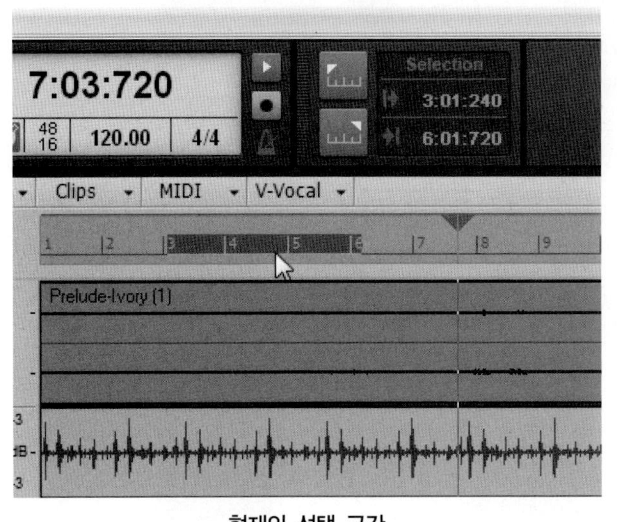

현재의 선택 구간

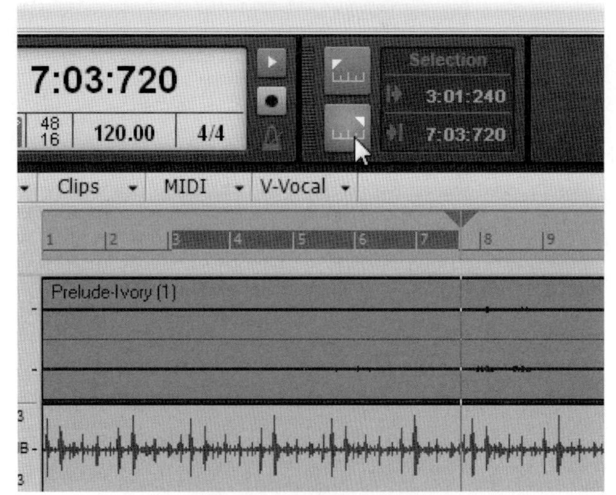

Set Thru 버튼을 클릭해 송 포지션 포인터가 있는
위치를 선택 종료 지점으로 지정한 모습

③ **Select From** : 사용자가 직접 선택 시작 위치를 입력할 수 있다.

④ **Select Thru** : 사용자가 직접 선택 종료 위치를 입력할 수 있다.

02 트랙 패널과 인스펙터 패널 – 악기 설정과 볼륨 설정

트랙 뷰에서 가장 중요한 기능인 트랙 패널은 해당 트랙에 삽입된 미디, 오디오, 비디오 클립을 관리하는 기능이다. 트랙 패널 왼쪽에 있는 인스펙터 패널은 해당 트랙의 사운드 입출력을 설정하고 사용할 악기를 선택하는 기능을 제공한다.

트랙 뷰의 화면 구성

트랙 뷰는 소나를 실행하면 항상 자동으로 열린다. 각각의 트랙에는 악기를 1개씩 연결할 수 있고 각각의 트랙마다 볼륨, 벨로서티 등을 개별적으로 조절할 수 있는 트랙 패널이 있다.

클립 패널에는 각각의 트랙에 삽입된 미디 데이터나 오디오 클립이 표시된다. 왼쪽의 인스펙터는 각각의 트랙에 있는 볼륨, 벨로서티 등의 콘트롤 기능을 별도로 빼 놓은 것으로, 각각의 트랙을 확장할 필요 없이 컨트롤할 때 사용한다.

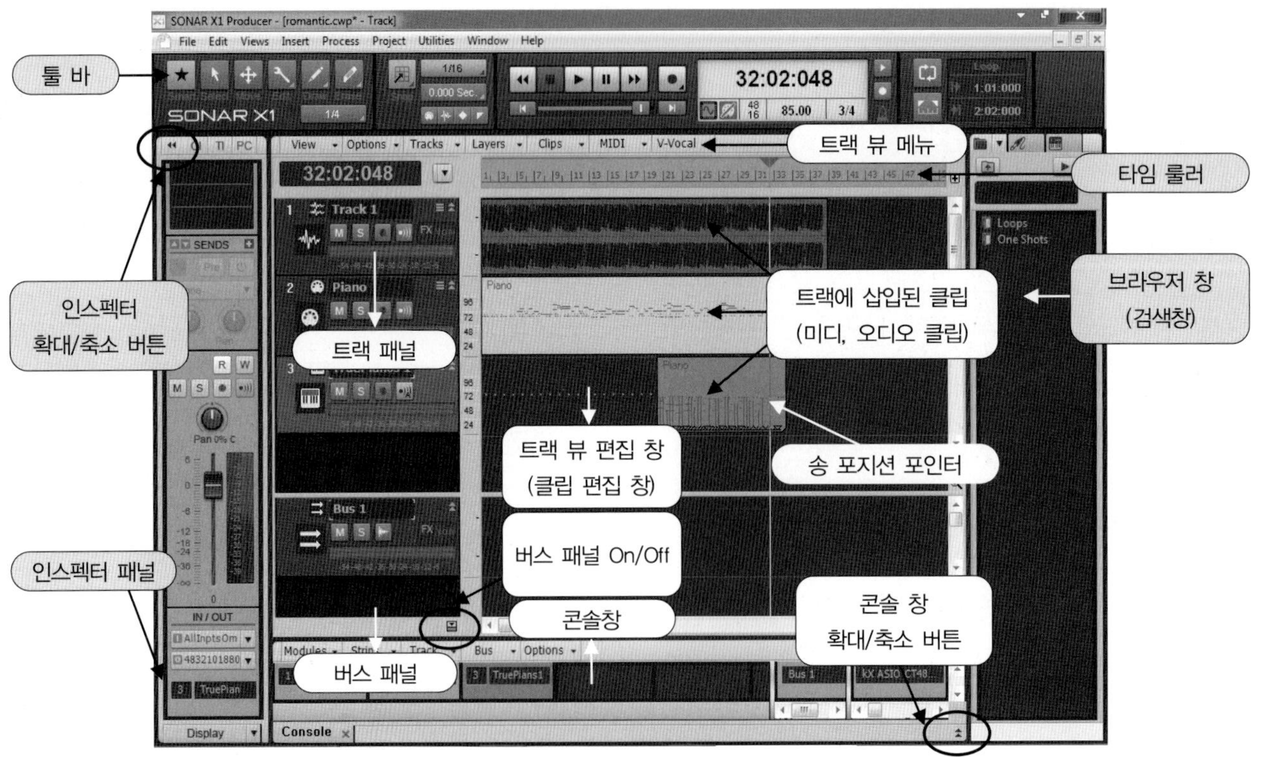

트랙의 종류

소나 X1에서는 모두 4개의 트랙이 있다. 각각의 트랙은 해당 클립을 관리하고 편집하는 기능을 제공한다. 트랙 패널의 빈 곳을 마우스 오른쪽 버튼으로 클릭하면 이들 트랙을 삽입할 수 있도록 단축 메뉴가 실행된다.

1. 오디오 트랙

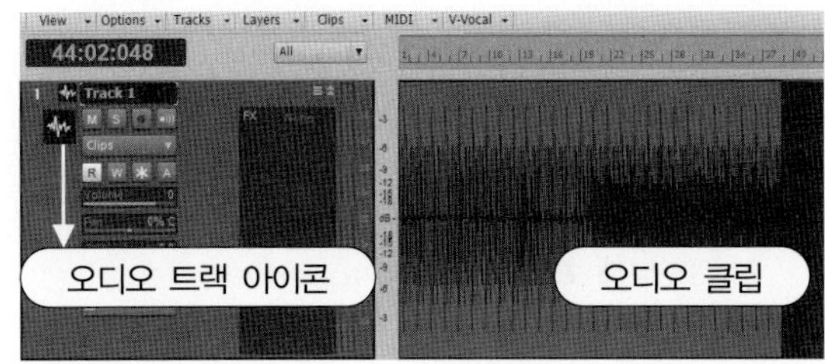

오디오 녹음 작업, 오디오 클립 편집 작업을 진행한다.
트랙 패널에 '오디오 파형 모양의 아이콘'이 표시된다. 오디오 트랙 패널에는 오디오 입출력 포트 선택 기능, 볼륨 조절 기능 등의 파라미터가 있다.

2. 미디 트랙

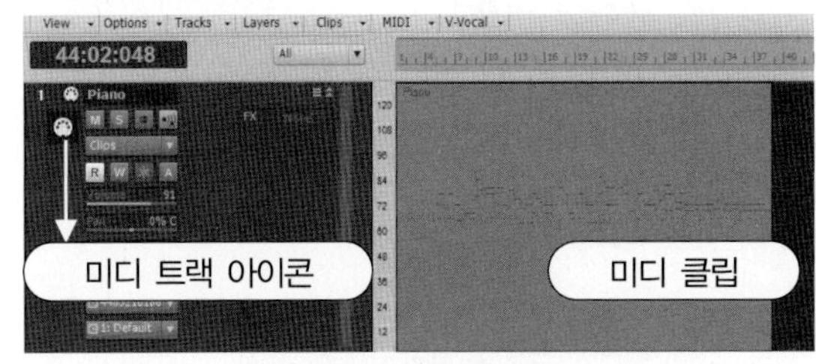

미디 입력(작곡) 작업, 미디 클립 편집 작업을 진행한다.
트랙 패널에 '미디 입출력 포트 모양의 아이콘'이 표시된다. 또한 미디 입출력 포트 선택 기능, 볼륨 조절 기능 등의 파라미터가 있다.

3. 가상 악기 트랙(인스트루먼트트랙)

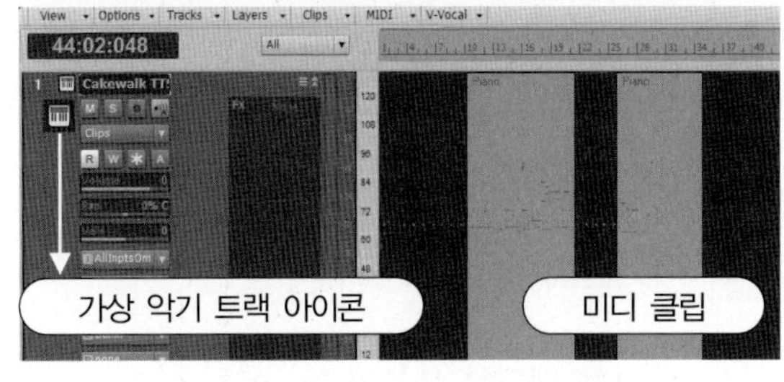

미디 트랙과 같은 기능이지만 미리 가상 악기를 출력포트에 연결한 트랙을 말한다.
트랙 패널에 '피아노 건반 모양의 아이콘'이 표시된다. 미디 트랙처럼 미디 클립을 편집할 수 있다.

4. 비디오 트랙

뮤직 비디오를 제작할 때 비디오 영상과 음악을 싱크시키기 위해 제공되는 트랙이다.
트랙 패널에 '필름 모양의 아이콘'이 표시된다.
비디오 영상은 편집할 수 없지만 비디오 사운드는 별도 오디오 트랙으로 생성되어 편집할 수 있다.

트랙 패널 기본 동작 방식

트랙 패널은 사운드 입출력 포트를 설정하고, 악기 선택 기능, 볼륨 조절 기능, Pan 조절 기능 등의 다양한 기능을 제공한다. 지금부터 트랙 패널의 기본적인 동작 방식을 알아본다.

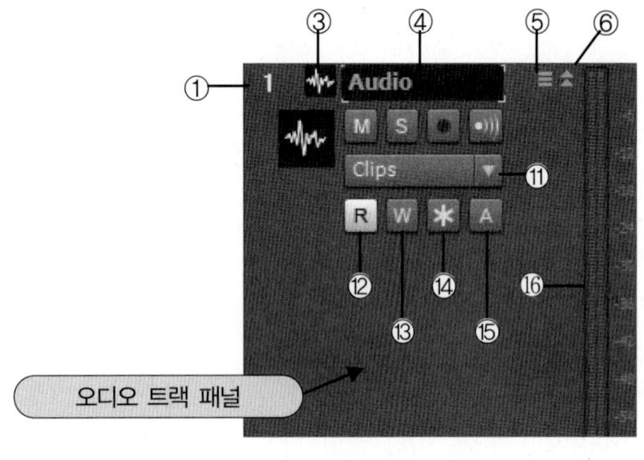

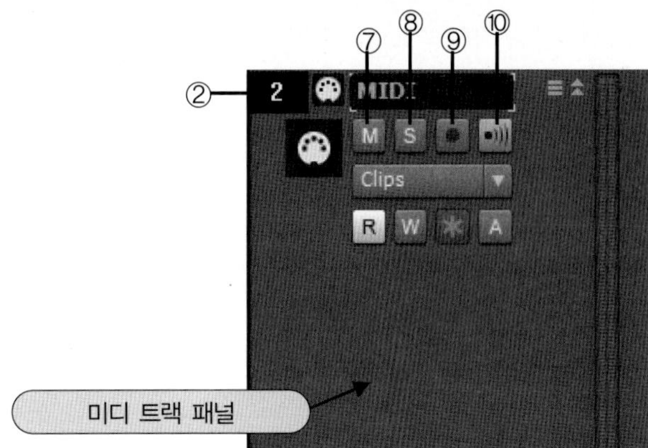

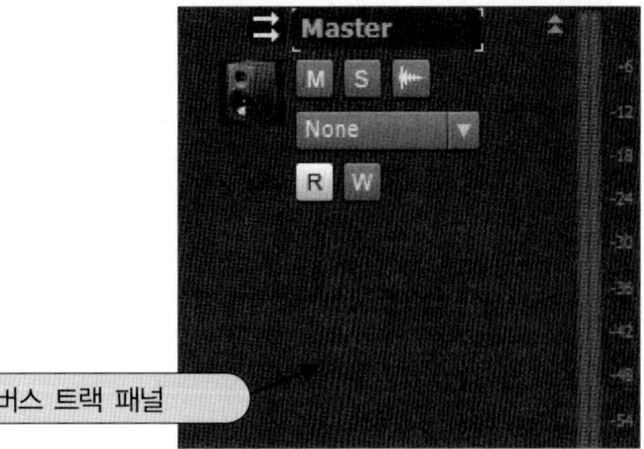

① 트랙 번호 버튼

② 트랙 선택 버튼

③ 트랙 타입(Track Properties)

④ 트랙 이름

⑤ 레이어 버튼

⑥ 축소/확대 버튼

⑦ 뮤트(Mute) 버튼

⑧ 솔로(Solo) 버튼

⑨ 녹음 준비(Arm) 버튼

⑩ Input Echo 버튼

⑪ 오토메이션 버튼

⑫ 오토메이션 읽기 버튼

⑬ 오토메이션 쓰기 버튼

⑭ Freezen 버튼

⑮ Archive 버튼

⑯ 레벨 미터

1. 트랙 번호 버튼 2

트랙은 위에서부터 아래로 1, 2, 3, 4, 5... 번호가 부여된다. 트랙은 상하로 이동시킬 수 있으므로 번호는 트랙 위치에 따라 항상 변경된다.

트랙의 번호

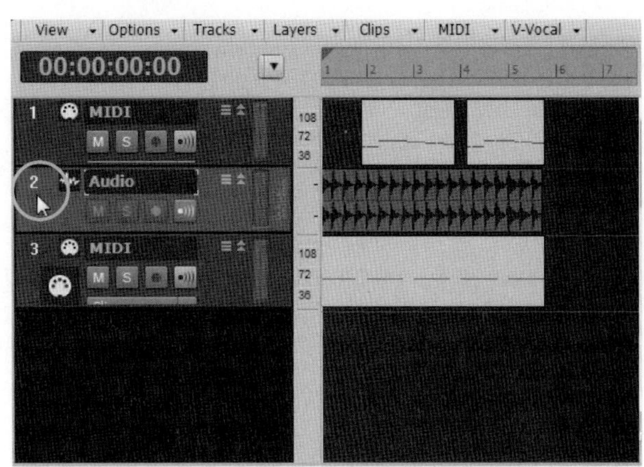

트랙을 아래로 이동시키면 번호도 변경된다.

2. 트랙 선택 버튼 3

트랙 번호 부분을 클릭하면 번호 부분이 검정색 사각형으로 반전되어 해당 트랙과 해당 트랙에 삽입된 클립을 선택한 상태가 된다. 번호 부분을 Ctrl + 클릭하면 트랙을 복수로 선택할 수 있다. 마우스로 번호 부분을 따라 아래로 쭈욱 드래그해도 복수의 트랙을 선택할 수 있다. 복수로 선택된 트랙의 클립들은 이동시킬 때 같이 이동된다. 번호를 다시 클릭하면 선택에서 해제된다.

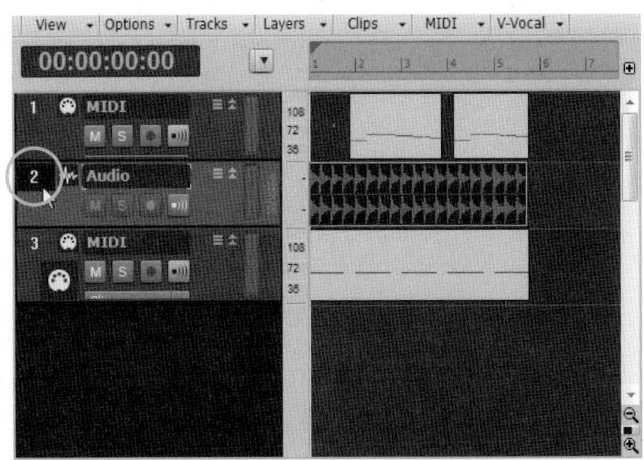

트랙 번호를 클릭해 트랙과 클립을 선택한 모습

번호 부분을 쭈욱 드래그하여 선택한 모습

3. 트랙 타입 버튼(Track Type, Track Properties) 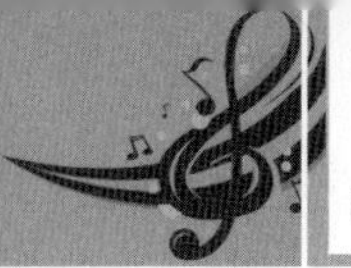

트랙 타입 버튼은 미디 트랙, 오디오 트랙 등 여러 가지 아이콘으로 표시된다. 아이콘을 더블클릭하면 트랙 패널을 확장하거나 축소할 수 있다. 미디 트랙에 가상 악기가 연결된 경우 아이콘을 더블클릭해 가상 악기를 실행할 수 있다.

① **미디 트랙** : 미디 정보를 입력할 수 있는 작곡 전용 트랙이다.

② **오디오 트랙** : 오디오를 녹음하거나 오디오 클립을 편집하는 트랙이다.

③ **가상 악기 트랙** : 출력포트에 가상 악기를 미리 연결한 트랙이며 인스트루먼트 트랙이라고도 말한다. 미디 트랙과 같은 기능을 하지만 가상 악기가 미리 연결되어 있다.

④ **버스 트랙** : 여러 트랙에 동일한 이펙트를 적용할 수 있도록 특별하게 생성시키는 트랙이다.

⑤ **비디오 트랙** : 동영상이 삽입된 비디오 전용 트랙이다.

4. 트랙 이름

작업 트랙의 이름이 표시된다. 더블클릭하면 트랙 이름을 교체할 수 있다. 보통 악기 이름을 트랙 이름으로 설정하는 경우가 많다.

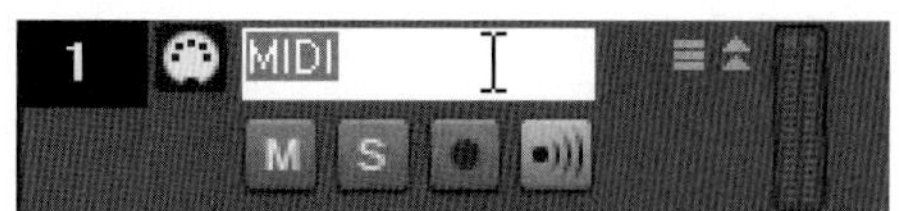

트랙 이름 부분을 더블클릭하는 모습

트랙 이름을 변경한 모습

Tip 트랙의 상, 하 이동

화살표가 나타난 모습

트랙 이름의 오른쪽에 커서를 대면 화살표가 나타난다. 이때 상하로 드래그하면 트랙을 위, 아래로 이동시킬 수 있다.

5. 레이어 버튼(Track Layer On/off)

하나의 트랙에 여러 개의 클립이 겹쳐 있을 경우, 이 버튼을 켜면 레이어 보기 상태로 전환되어 삽입된 클립들이 레이어 층으로 배열된다. 보통 겹쳐 있는 클립을 편집하기 편하도록 레이어 층 보기 상태로 전환할 때 사용한다. 만일 삽입된 클립들이 겹쳐있지 않다면 레이어 층 보기 상태로 전환되지 않는다.

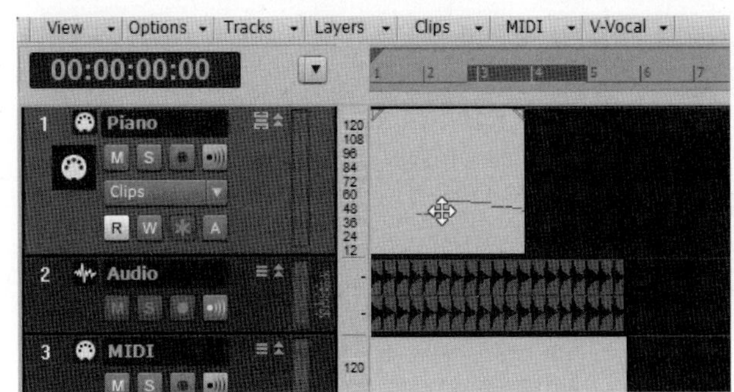

그림처럼 미디 트랙에 미디 클립이 1개 있다고 가정해 보자.

미디 클립을 **Ctrl** + 드래그하여 복사한 뒤 겹쳐 놓는다. 또는 여러 개의 미디 클립이 겹쳐 있을 수도 있다. 이렇게 되면 겹쳐 있는 부분에 어떤 데이터가 있는지 육안으로 구별하기 힘들뿐 아니라 자르기 등의 편집 작업을 할 때 아래 클립과 겹쳐 있기 때문에 작업이 어려울 것이다.

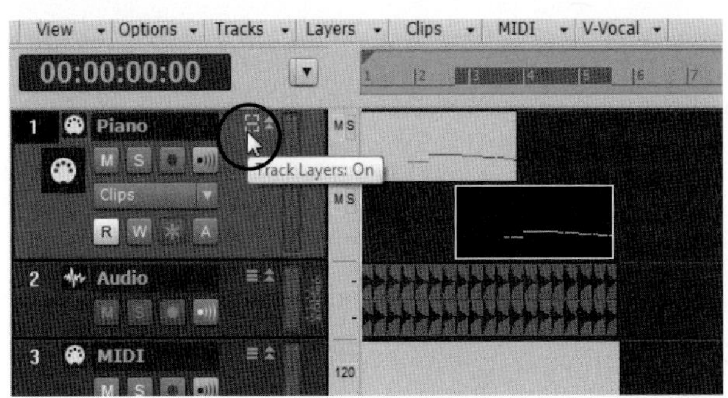

트랙 패널의 **Layer** 버튼을 클릭하면 겹쳐 있는 클립들이 레이어 층으로 분리되어 표시된다. 편집 작업이 용이해질 것이다.

6. 축소/확대 버튼 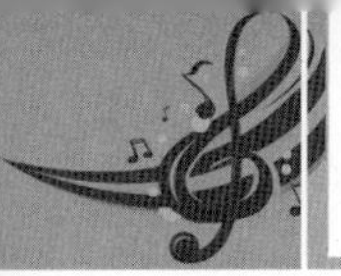

트랙의 높이를 축소하거나 확대할 수 있다. 트랙과 트랙 사이의 경계면을 마우스로 드래그하여 트랙 높이를 조절할 수도 있다. 트랙의 면을 더블클릭하면 트랙이 최대 크기로 확대된다.

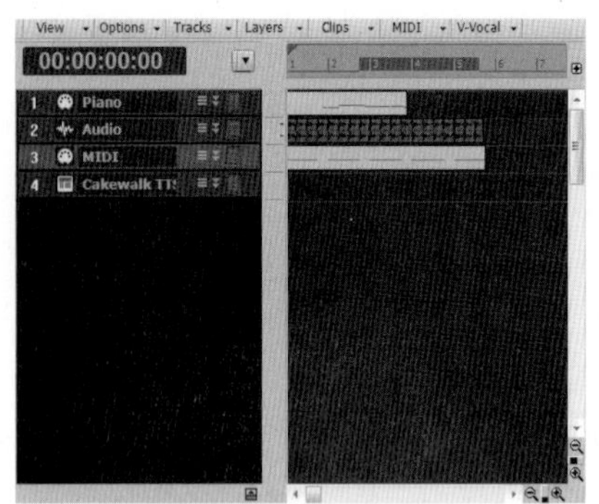

일반적인 트랙 패널 높이

트랙을 확대한 모습

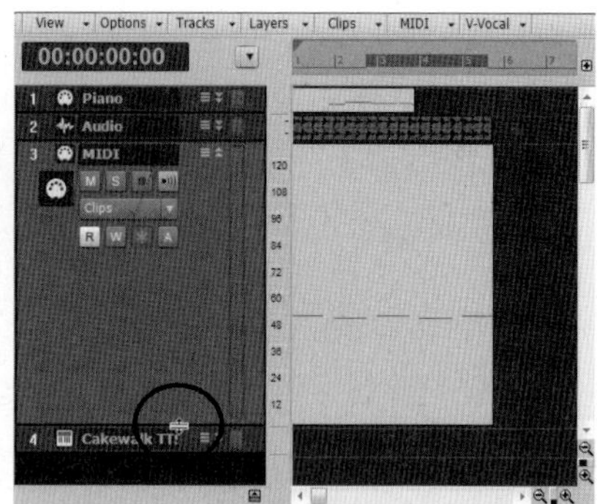

경계면을 드래그하여 확대한 모습

7. 뮤트 버튼 (Mute)

해당 트랙의 소리를 뮤트한다. 해당 트랙의 소리를 들리지 않도록 해준다. 연주 중에도 뮤트를 적용할 수 있다.

8. 솔로 버튼 (Solo)

해당 트랙의 소리만 들리도록 솔로 연주를 한다. 다른 트랙의 소리는 뮤트되어 들리지 않게 된다. 연주중에도 솔로 연주를 적용할 수 있다.

9. Arm 버튼 (Arm for Recording, 녹음 준비 버튼)

소나에서 마스터 건반으로 리얼 입력을 하거나 보컬의 노래를 마이크로 녹음하려면 먼저 해당 트랙을 '녹음 준비 상태'로 만들어야 한다. Arm 버튼을 클릭하면 해당 트랙이 리얼 입력 준비 상태, 혹은 마이크 녹음 준비 상태가 된다.

예를 들어 미디 트랙에서 Arm 버튼을 누르면 해당 미디 트랙에 마스터 건반으로 미디 데이터를 리얼 입력할 수 있는 준비 상태가 되고, 오디오 트랙에서 Arm 버튼을 누르면 마이크로 노래를 녹음할 수 있도록 준비 상태로 만들어준다. 이 후 메인 툴 바의 Record 버튼을 클릭하면 녹음이 시작된다. 소나 같은 시퀀서 프로그램은 대부분 '녹음 준비 버튼'을 제공하는데 이 버튼을 켜지 않으면 녹음이 되지 않으므로 다른 트랙에 잘못 녹음되는 일을 방지할 수 있다.

10. 에코 버튼(Input/Echo)

노래나 악기 연주를 오디오 트랙에 녹음할 때 사용하는 기능이다. 마이크를 통해 들어오는 사운드를 소나에서 받은 뒤 다시 들리게 하는 기능이다. 보통 노래를 녹음할 때는 헤드폰을 끼고 미디 연주를 들으며 녹음하는데, 헤드폰에서 미디 연주와 함께 마이크로 입력되는 자신이 노래를 들을 수 있게 된다.

11. 오토메이션 버튼

클릭하면 오토메이션 작업이나 클립 작업을 할 수 있도록 선택할 수 있다. 오토메이션 작업에 대해서는 다음 페이지의 따라하기 예제를 참고한다.

① **Clips** : 클립 편집 작업을 할 수 있다. 오토메이션 작업 후 클립 편집 작업을 하려면 여기서 Clips을 선택해야 한다.
② **Audio Transients** : 오디오 Transients 작업을 할 수 있다.
③ **Automaion** : 오토메이션 작업을 할 수 있다.
④ **Clip automaion** : 클립 오토메이션 작업을 할 수 있다.

12. 오토메이션 읽기 버튼 (Automation Read Enable)

해당 트랙을 연주할 때(읽을 때) 오토메이션 기능을 함께 읽는다. 해당 트랙에 오토메이션이 설정된 경우 동작한다.

13. 오토메이션 쓰기 버튼(Automation Write Enable)

해당 트랙을 연주할 때 오토메이션 쓰기 기능을 활성화시킨다. 해당 트랙에 오토메이션이 설정된 경우 동작한다.

14. Freezen 버튼

미디 트랙에 가상 악기가 연결된 경우 오디오 클립으로 믹스다운한다.

15. Archive 버튼

해당 트랙의 클립을 솔로연주, 뮤트연주 등을 할 수 없도록 보관한다.

🔍 참고

오토메이션(Automation)이란 무엇일까?

곡을 연주하고 있을 때 볼륨 같은 파라미터를 조절하면 그 조절 값이 실시간 트랙에 기록되는데 이를 '오토메이션 쓰기'라고 한다. 나중에 실시간 기록된 '오토메이션 쓰기' 내용대로 연주하려면 '오토메이션 읽기' 버튼이 켜 있어야 한다.

오토메이션 기능으로 조절 가능한 요소는 '오토메이션 쓰기' 버튼을 누르면 화면상에 표시된다. 보통 볼륨, 팬, 페이즈, 스윙, 벨로서티 등을 조절할 수 있다. 보통 곡이 연주중인 상태에서 사용자가 임의대로 볼륨이나 팬 값을 조절하여 나중에 그 값으로 곡을 연주시킬 목적으로 오토메이션을 사용한다.

오토메이션 버튼을 클릭한 뒤 볼륨 변화를 기록하기 위해 Volume 오토메이션을 선택한다.

오토메이션을 기록하기 위해 W 버튼을 클릭하면 오토메이션 쓰기에서 기록 가능한 조절 도구들이 화면에 빨간색 테두리로 표시된다.

이후 곡을 Play한 상태에서 원하는 조절 도구를 조절하면 그 값이 오토메이션 커브로 기록된다.
나중에 오토메이션 읽기(R) 버튼이 켜 있으면 기록된 내용대로 곡을 플레이할 수 있다.

오토메이션 기능의 활용 - 연주중 볼륨 자동 변경시키기

오토메이션 기능으로 볼륨 조절 모습을 기록한 뒤 이를 Play할 때 다시 사용해 본다. 먼저 DVD 부록의 샘플 폴더에서 예제 'Etude.cwp'를 불러온다.

01 샘플을 불러온 뒤 Play 버튼을 눌러 곡을 처음부터 모니터해 본다. 모니터링이 끝난 뒤에는 W 키를 눌러 송 포지션 포인터를 곡의 시작 부분으로 이동시킨다.

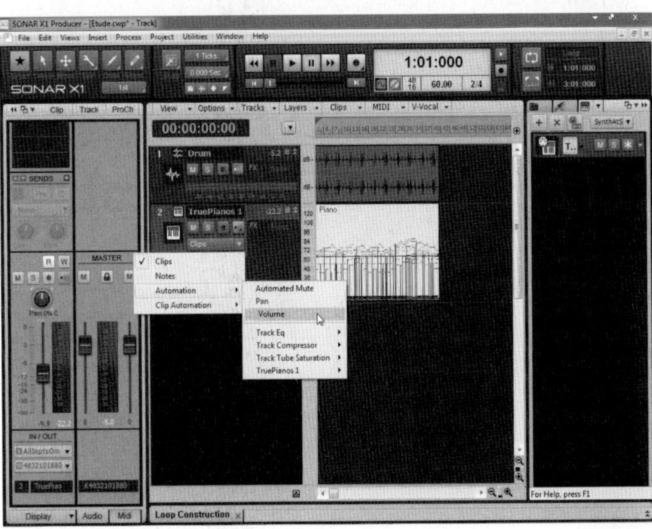

02 2번 미디 트랙을 클릭해 선택한다. 2번 미디 트랙 패널에서 Clips이라고 쓰여 있는 오토메이션 버튼을 클릭한 뒤 'Volume' 오토메이션을 선택한다.

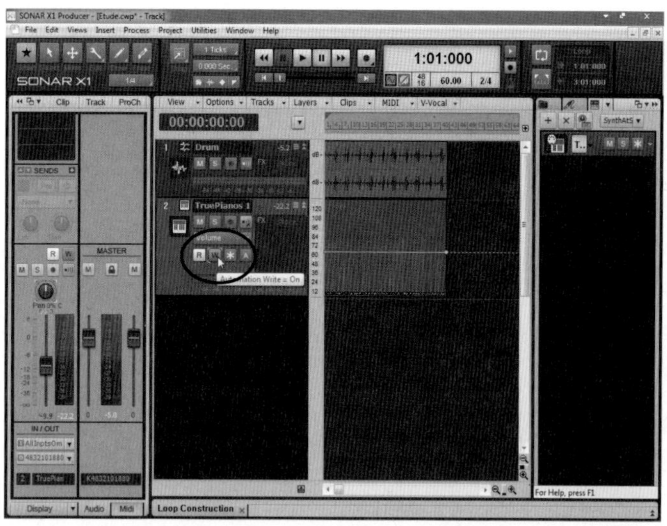

03 W 버튼을 눌러 '오토메이션 쓰기' 상태로 전환한다. 지금부터 볼륨이나 팬 값을 조절하면 오토메이션 곡선으로 기록된다는 뜻이다.

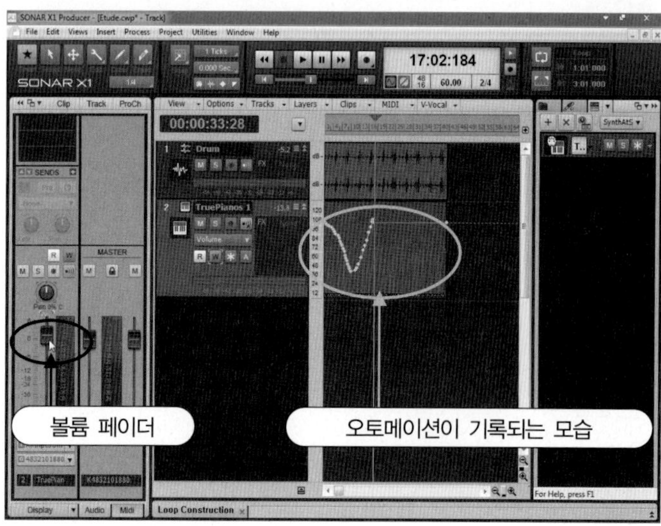

04 Spacebar를 눌러 곡을 처음부터 연주한다. 연주되고 있을 때 볼륨 페이더를 천천히 높이거나 낮추면서 볼륨에 변화를 줘본다. 볼륨 변화가 해당 트랙에서 오토메이션 곡선으로 기록되는 것을 알 수 있다.

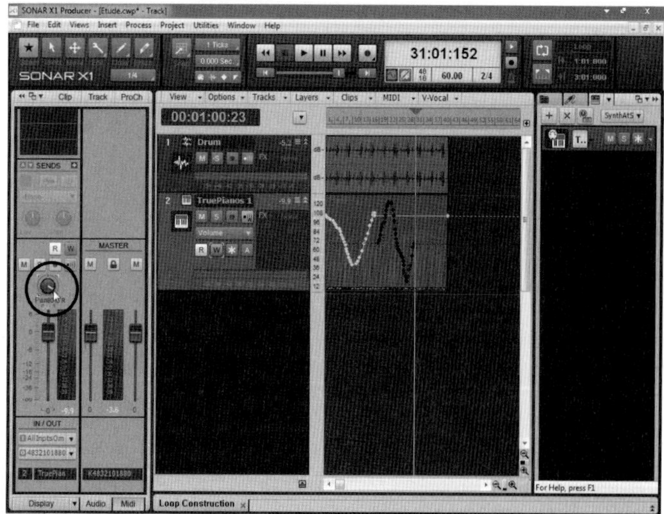

05 이번에는 Pan 노브를 조절해 팬 값을 좌우로 변경해다. 트랙을 보면 팬 값의 변화가 다른 곡선으로 기록되는 것을 알 수 있다.

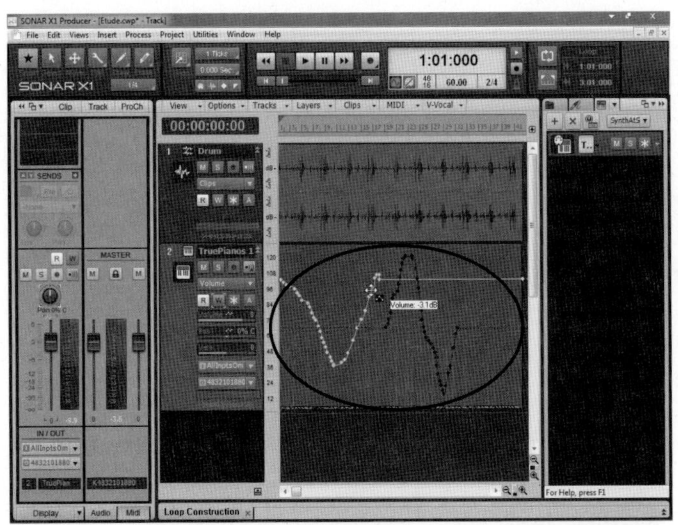

06 Spacebar를 눌러 연주를 멈춘 뒤 트랙 패널을 확인하면 볼륨 변화와 팬의 변화가 오토메이션으로 기록된 것을 알 수 있다.

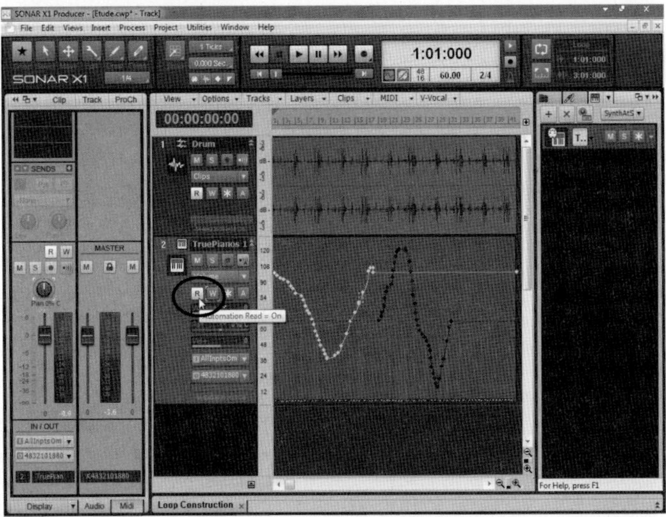

07 트랙 패널에서 W 버튼을 끈 뒤, 오토메이션 읽기 기능인 R 버튼을 클릭한다. R 버튼을 클릭하면 여러분이 기록한 오토메이션 곡선을 Play 모드에서 읽을 수 있다.

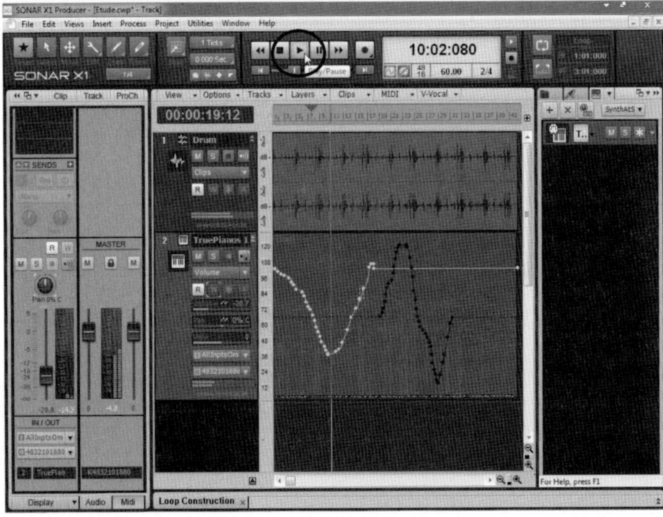

08 Play 버튼을 눌러 곡의 처음부터 연주해 본다. 볼륨과 팬 값이 오토메이션 곡선 모양으로 변하는 것을 알 수 있다.

오토메이션은 이처럼 사용자가 임의대로 볼륨, 팬 등을 조절하는 모습을 기록한 뒤 Play 모드에서 다시 사용하는 것을 말한다.

참고로, 오토메이션 편집 모드에서 클립 편집 모드로 돌아가려면 해당 패널의 오토메이션 버튼을 클릭해 Clips로 변경하면 된다.

참고

오토메이션 곡선(엔벨로프)의 수정

오토메이션은 사용자가 페이더나 노브를 조절하는 모습을 기록한 것이기 때문에 곡선 모양이 들쑥날쑥하다. 외장 컨트롤러를 사용해 조절하는 경우에는 곡선 모양이 부드럽게 처리되지만 마우스로 조절할 경우 때는 아무래도 곡선 모양이 좋지 않다. 곡선 모양이 부드러울수록 소리의 변화도 부드럽게 처리되기 때문에 곡선을 수정하는 작업이 필요할 것이다.

오토메이션 곡선을 수정하려면 툴 바의 '연필 툴'이나 '라인 툴' 등으로 직접 그리는 방법이 있고, 오토메이션 곡선을 마우스 오른쪽 버튼으로 클릭한 뒤 단축 메뉴로 수정할 수도 있다.

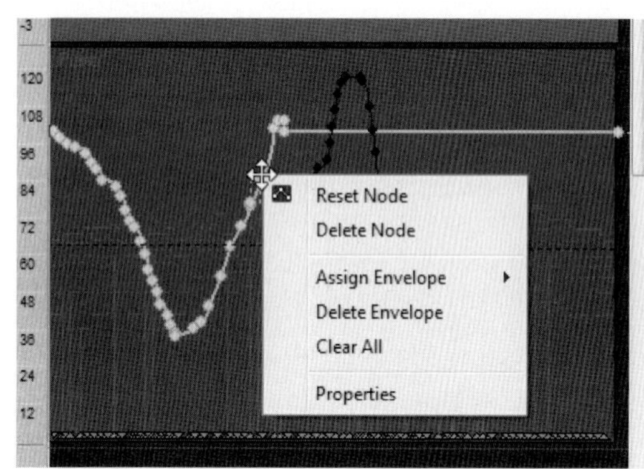

마우스 오른쪽으로 클릭하면 나타나는 단축 메뉴

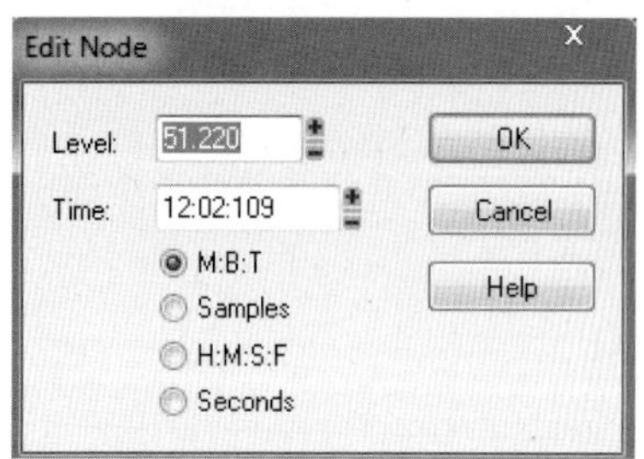

① **Reset Node** : 해당 노드(점)의 위치를 원래 위치로 되돌린다.

② **Delete Node** : 해당 노브(점)를 삭제한다.

③ **Assign Envelope** : 해당 곡선을 다른 오토메이션 곡선으로 교체한다.

④ **Delete Envelope** : 해당 오토메이션(곡선)을 삭제하고 오토메이션 적용 전으로 돌아간다.

⑤ **Clear All** : 볼륨, 팬 등 모든 오토메이션 곡선을 삭제하고 오토메이션 적용 전으로 돌아간다.

⑥ **Properties** : 해당 노트(점)의 위치와 높이를 대화상자를 통해 조절할 수 있다. 대화상자의 Level 항목은 노드의 높낮이를 조절하고, Time은 노드의 시작 위치를 조절하는 기능이다.

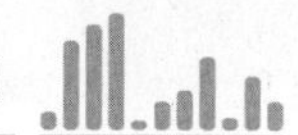

인스펙터(Inspector) 패널 – 입출력 포트와 악기 선택하기

트랙 패널의 각종 파라미터를 설정하려면 트랙 패널을 열어야 한다. 문제는 트랙마다 서로 다르게 파라미터를 설정하는 경우가 많기 때문에 매번 이 트랙, 저 트랙을 열었다 닫았다 해야 하는 번거로움이 발생한다. 이를 방지하고 사용상의 편리를 위해 트랙 패널의 각종 파라미터를 화면 왼쪽에 별도로 빼놓은 장치가 있는데 이것이 인스펙터 패널이다.

예를 들어 1번 트랙을 선택하면 인스펙터에 1번 트랙의 옵션을 설정할 수 있는 파라미터가 표시되고, 2번 트랙을 선택하면 인스펙터에 2번 트랙의 옵션을 설정할 수 있는 파라미터가 표시된다.

따라서 트랙을 일일이 열 필요 없이 인스펙터 패널에서 트랙의 파라미터를 바로 설정할 수 있다.

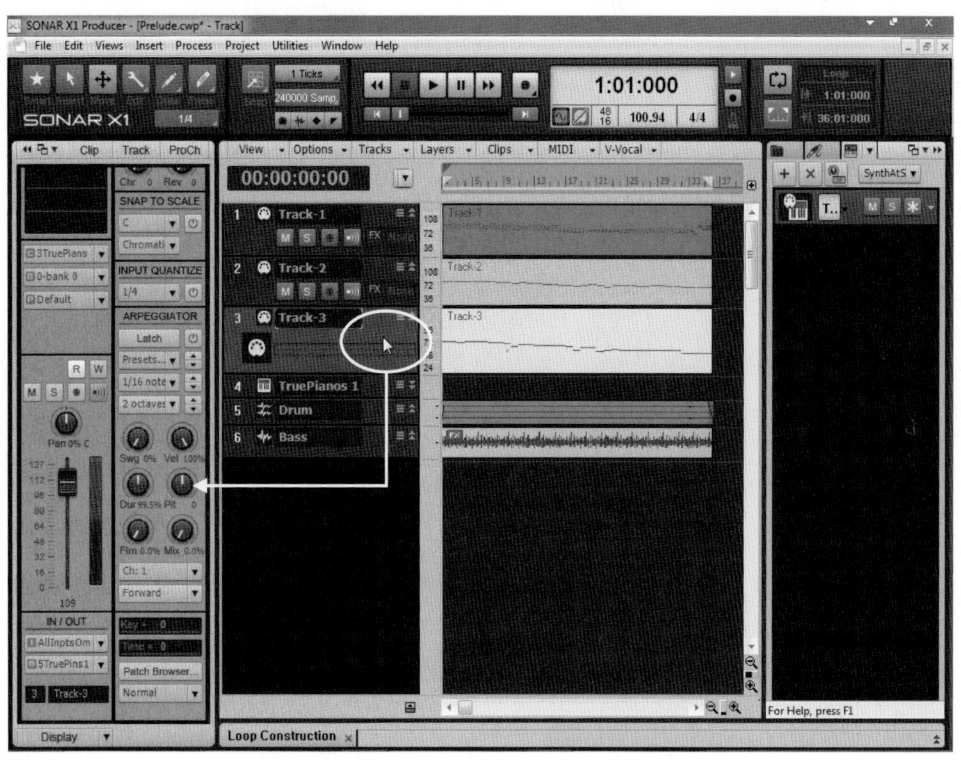

트랙을 클릭할 때 마다 해당 인스펙터로 자동 전환된다.

인스펙터 패널의 파라미터는 앞에서 배운 트랙 패널의 파라미터와 동일하지만 인스펙터에는 '사운드 입출력 포트 설정 기능', '악기 선택 기능', 'FX 추가 기능', '이퀄라이저 조절 기능' 등이 있다.

여기서는 인스펙터 패널에만 있는 기능들을 공부해 본다.

인스펙터는 오디오 트랙용 인스펙터와 미디 트랙용 인스펙터가 있다. 둘은 모양이 조금 다르지만 사용법은 거의 비슷하다.

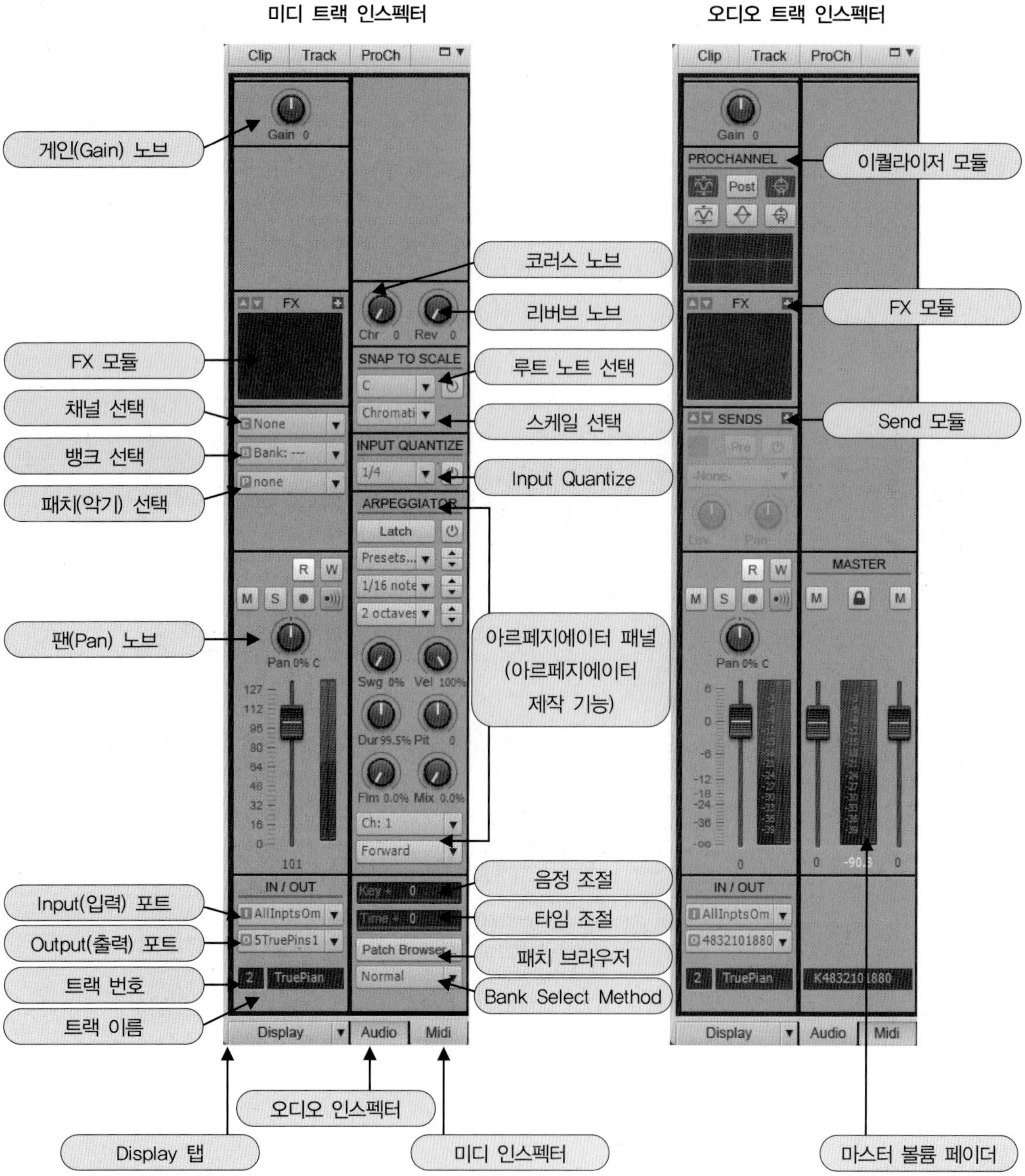

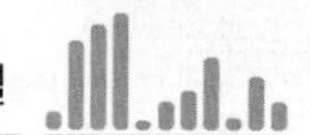

1. 볼륨(Volume) 페이더

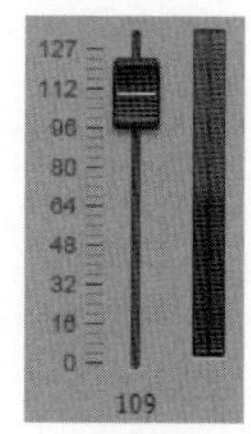

해당 트랙의 볼륨을 조절한다. 페이더를 상하로 드래그하면 된다. 페이더를 더블클릭하면 원래 볼륨으로 돌아간다. 0~127 사이에서 조절한다. 오른쪽 레벨미터에서 사운드 입출력 상태가 LED로 표시된다.

2. 팬(Pan) 노브

해당 트랙의 스테레오 상태를 조절할 수 있는 팬 슬라이더는 양쪽 스피커에서 어느 방향으로 들리게 할지 조절하는 기능이다. 마우스를 드래그하면 왼쪽/오른쪽 스피커로 소리를 내보낼 수 있다. -100% ~ 100% 사이에서 조절하며 더블클릭하면 양쪽 스피커에 동일하게 들리도록 0%에 고정된다. 노브를 더블클릭하면 Pan 값이 기본값인 0%로 설정된다.

3. Display 탭

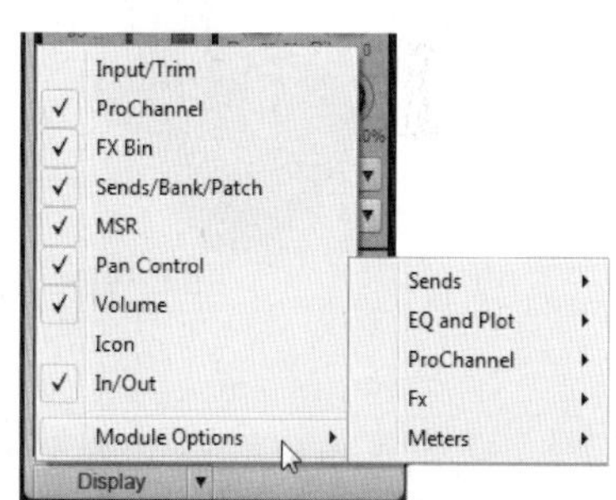

인스펙터에 표시하고 싶은 요소를 지정할 수 있다. 하위 메뉴인 Module Options 메뉴에서는 레벨 미터의 표시 방식을 변경할 수 있다.

4. 트랙 번호/트랙 이름

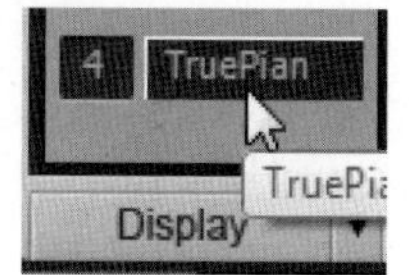

작업중인 트랙 번호와 이름이 표시된다. 이름 부분을 클릭해 다른 트랙으로 이동할 수도 있다.

5. 인풋 포트(Input Port, 입력 포트) 버튼 – 입력에 사용하는 장비 선택

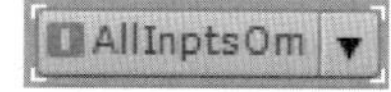

입력 포트란 사운드 신호나 미디 신호가 입력되는 포트를 말하며, Input을 뜻하는 I자로 표시되어 있다. 입력 장비를 컴퓨터와 연결한 경우, 사용하기 전에 여기서 그 신호가 들어오는(연결되어 있는) 포트를 선택한다. 마이크, Line In 등은 사운드 신호를 오디오 트랙으로 보내는 장치이고, 미디 건반(마스터 건반)은 미디 신호를 미디 신호로 보내는 입력 장치이다.

입력 포트의 개수는 컴퓨터에 설치된 미디 인터페이스 또는 오디오 카드마다 다르다. 예를 들어 입력 포트를 여러 개 가진 오디오 카드의 경우 동시에 여러 대의 미디 장비를 연결할 수 있으므로 해당 장비를 사용할 때는 이곳에서 해당 장비가 연결된 입력 포트를 선택하면 된다. 입력 장비가 마스터 건반 하나만 연결되었거나 입력 장비가 어느 포트에 연결되어 있는지 모를 경우에는 All Input을 선택하면 모든 입력 장비의 신호를 소나에서 받을 수 있다.

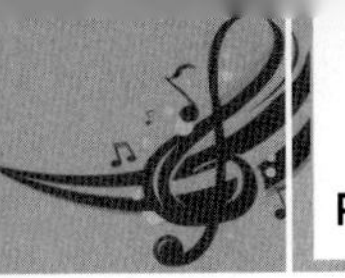

입력 장비는 장비에 따라 이름이 다르게 표시되므로 각 장비의 사용설명서를 참고한다.

미디 입력 장비로는 마스터 건반 같은 건반형 입력장치, 패드처럼 두들겨서 입력하는 타악기형 입력장치, 입으로 부는 관악기형 입력장치, 손으로 기타처럼 칠 수 있는 기타형 입력장치가 있다.

오디오 입력 장비로는 보컬 노래 녹음에 사용하는 마이크, 외부 플레이어의 사운드를 받을 수 있는 Line In 등이 있다.

인스펙터 패널의 인풋 포트 선택 버튼

미디 일렉기타

미디 드럼 입력장치

6. 아웃 포트(Output, 출력 포트) 버튼 – 출력에 사용하는 음원 장비 선택 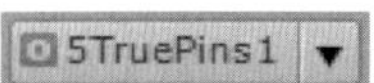

출력 포트는 사운드 출력에 사용하는 장비를 선택하는 기능이다. 출력(Output)을 뜻하는 O자로 표시되어 있으며, 소나에서 편집한 미디 데이터의 사운드 출력에 사용하는 장비를 연결하면 된다.

출력 포트 또한 입력 포트와 마찬가지로 오디오 카드에 따라 여러 개일 수 있고, 각각의 출력 포트마다 서로 다른 음원 장비를 여러 대 연결할 수 있다. 따라서 자신이 원하는 장비로 출력하려면 여기서 해당 장비가 연결되어 있는 출력 포트를 선택한다. 출력 장비 또한 장비에 따라 이름이 다르게 표시되므로 각 장비의 사용설명서를 참고한다.

미디 출력 장비로는 음원 모듈, 신디사이저, 샘플러 같은 하드웨어 방식의 장비가 있지만 요즘은 소프트웨어 형태의 가상 악기를 많이 사용한다.

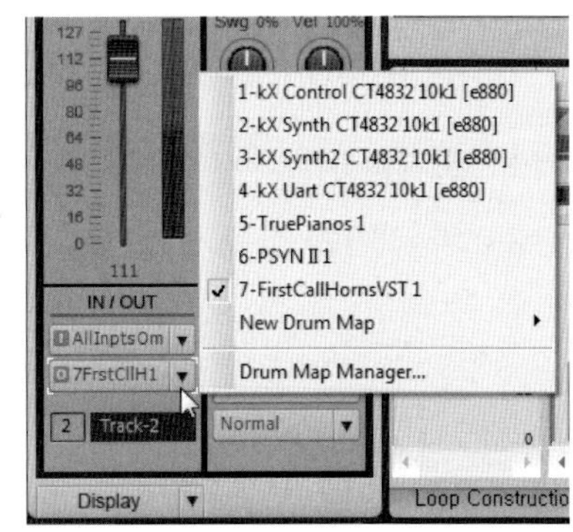

아웃 포트에 가상 악기를 연결하는 모습

원래 사운드 카드는 미디 출력을 위해 GM/GS/XG 등의 소프트음원을 제공하는데 이들 소프트음원은 소리가 나쁘기 때문에 가상 악기로 사운드를 출력할 것을 권장한다.

7. 채널 버튼 (Channel) – 음원 전송 채널

채널이란 아웃 포트와 연결된 음원 장비 또는 사운드 카드가 소나와 미디 정보를 주고받을 때 사용하는 통로를 말한다.

일반적으로 음원 장비와 가상 악기들은 미디 신호를 주고받기 위해 16개의 채널을 소유하는데 음원 장비에 따라 32채널, 64채널을 지원하기도 한다. 소유한 채널 개수만큼 미디 정보를 전송할 수 있으므로 16/32/64채널이란 각각 한 대의 음원 장비나 가상 악기에서 16개 악기, 32개 악기, 64개의 서로 다른 악기 정보를 동시에 주고받을 수 있다는 뜻이 된다.

채널을 선택하는 방법은 매우 간단하다. 보통 1번 채널을 선택하면 되는데, 만약 같은 악기가 다른 미디 트랙에서 1번 채널을 이미 사용하고 있다면 2번 채널을 선택하면 된다. 만일 1번 채널을 여러 트랙에서 동시에 공유했다면, 여러 채널이 모두 같은 악기를 사용하는 상태가 되므로, 그것을 피하려면 사용하지 않는 채널을 선택해야 한다.

물론 1개의 악기를 1개의 미디 채널에 연결해 사용하고 있다면 굳이 채널을 맞추지 않아도 된다. 그러나 1개의 악기를 여러 개의 미디 트랙에서 사용하고 있다면 악기와 미디 트랙의 채널 번호를 서로 맞추어 주어야 한다.

🔍 참고

가상 악기의 로딩과 아웃 포트에 연결하기

소나에서 가상 악기를 사용하려면 먼저 Insert → Soft Synth 메뉴로 사용할 가상 악기를 로딩해야 한다. 가상 악기를 로딩한 상태이면 미디 트랙의 인스펙터에서 아웃 포트를 클릭해 로딩된 가상 악기를 연결할 수 있다.

소나 X1은 기본적으로 TTS-1이나 SI Bass Guitar같은 가상 악기를 약 10여 종을 무료 제공하고 있다.

소나 번들 가상 악기인 SI Bass Guitar

예를 들어 TTS-1 가상 악기를 1번 미디 트랙, 2번 미디 트랙, 3번 미디 트랙의 출력 포트에서 동시에 사용하고 있다고 가정해 보자.

TTS-1 가상 악기는 1번 미디 트랙에 1번 채널을 이용해 바이올린 악기 신호를 보내고 있고, 2번 미디 트랙에는 3번 채널로 피아노 악기 신호를 보내고 있고, 3번 미디 트랙에는 7번 채널로 베이스 악기 신호를 보내고 있다고 가정해 보자. 이럴 경우 1번 미디 트랙은 Ch을 1로, 2번 미디 트랙은 Ch을 3으로, 3번 미디 트랙은 Ch을 7로 설정해야 TTS-1에서 보내오는 3개의 악기 신호를 올바르게 3개의 트랙에서 사용할 수 있다.

소나와 출력 장비 간의 미디 정보가 오고가는 채널 선택

8. 뱅크 버튼 (Bank) – 악기 그룹 선택하기

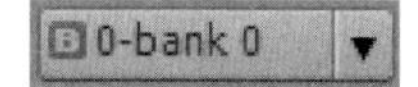

뱅크란 악기의 그룹을 말한다. 아웃 포트에 음원 장비를 연결하고, 음원 장비와 소나 사이에 미디 정보가 오고갈 채널을 선택한 뒤에는, 이제 음원 장비에서 제공하는 악기를 선택해야 하는데, 음원 장비에 악기 음색이 많을 경우에는, 악기 음색을 256개씩 묶어 그룹으로 나누어 관리를 한다. 이 그룹을 뱅크라고 말한다. 말하자면 악기를 그룹 별로 관리하는 것이 뱅크라 할 수 있으므로 뱅크 버튼을 클릭해 여러분이 원하는 악기가 들어 있는 뱅크를 선택하면 된다.

뱅크는 보통 피아노 종류는 피아노끼리, 바이올린 종류는 현악기로 묶어놓기도 하므로, 뱅크 이름을 읽으면 어떤 악기가 들어있는지 짐작할 수 있지만, 뱅크명이 0, 1, 2, 3... 번호 이름을 가진 경우도 있고, A, B, C, D... 알파벳 이름을 가진 경우도 많다.
자주 사용하는 악기는 대개 첫 번째 뱅크인 0번 뱅크나 1번 뱅크에 있기 때문에, 뱅크가 여러 개일 경우 보통 첫 번째 뱅크를 선택한다.

가상 악기를 사용할 경우 이곳에서 뱅크가 표시되는 경우도 있지만 뱅크가 표시되지 않을 수도 있다. 가상 악기의 경우 각각 자기만의 독립 프로그램(가상 악기 프로그램)이 있으므로, 독립 프로그램에서 바로 원하는 악기를 선택할 수 있다는 장점이 있다.

뱅크의 선택

9. 패치(Patch) 버튼 - 악기 선택

뱅크를 지정한 뒤 그 뱅크 안에 있는 악기를 선택하는 기능이 패치 버튼이다. 패치 버튼은 Patch를 뜻하는 P자 아이콘이 표시되어있다. 패치란 악기의 음색을 말하면 편의상 '악기'라고도 말한다. 예를 들어 가상 악기 안에 들어있는 바이올린, 피아노 같은 악기들을 패치라고 말한다.

만일 아웃 포트에 별도의 음원 장비를 연결하지 않은 경우, 사운드 카드에서 기본 제공하는 GM/GS/XG 소프트 음원 등이 자동으로 아웃 포트에 연결된 상태이기 때문에 이들 GM/GS/XG 음원이 제공하는 악기 음색을 선택할 수 있다.

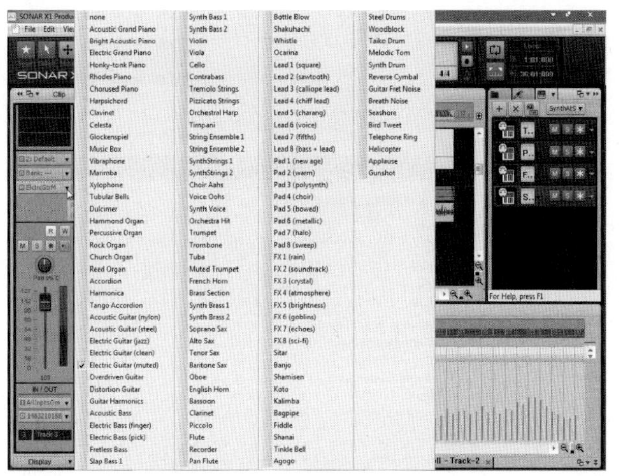

| 사운드 카드 사용자들이 흔히 보는 XG 소프트음원의 악기 음색 | 소나가 제공하는 가상 악기 PSYN이 제공하는 악기 음색 |

만일 소나 X1이 제공하는 가상 악기인 PSYN을 아웃 포트에 연결한 경우 채널, 뱅크, 패치를 경유하면서 PSYN이 제공하는 악기 음색을 선택할 수 있다. 악기 음색은 연주 중에도 교체할 수 있지만 가상 악기의 경우 데이터의 용량이 크기 때문에 연주를 중단하고 연결하는 것이 좋다.

10. 키+ 파라미터 (Key+)

해당 미디 트랙의 음정을 1옥타브씩 가감할 때 사용한다. 고음정을 저음정으로 단계적으로 낮추거나 저음정을 고음정으로 단계적으로 높일 수 있다. 음악을 연주하는 중간에도 키의 ± 조절이 가능하다. + 숫자는 음정을 높인 경우, - 숫자는 음정을 낮추 경우 표시된다.

11. 타임+ 파라미터 (Time+)

해당 클립의 스타트 시간을 마디:박자:틱 단위로 딜레이시키거나 당겨올 수 있다. 가상 악기 사용으로 데이터 용량이 클 경우 딜레이되는 클립을 보정할 목적으로 사용하기도 한다. + 숫자는 해당 클립의 스타트 시간을 딜레이시키고, - 숫자는 해당 클립의 스타트 시간을 당겨올 수 있다.

입력 방법은 마디 단위 : 박자 단위 : 틱 단위로 입력한다. 예들 들어 10:01:000이라고 입력했을 경우, 해당 클립이 10 마디 지연되어 연주되지만, 실제로 클립이 이동되지는 않는다. 만일 1:01:000, 즉 첫 번째 마디에서 바로 시작하는 이벤트가 있다면, 마이너스(-)로 당겨올 수 없다.

12. Patch Browser (패치 검색) 파라미터

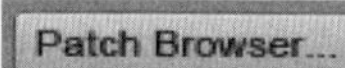

패치 즉 악기 이름을 검색하는 기능이다. 클릭한 뒤 대화상자에서 악기 이름을 검색할 수 있다.

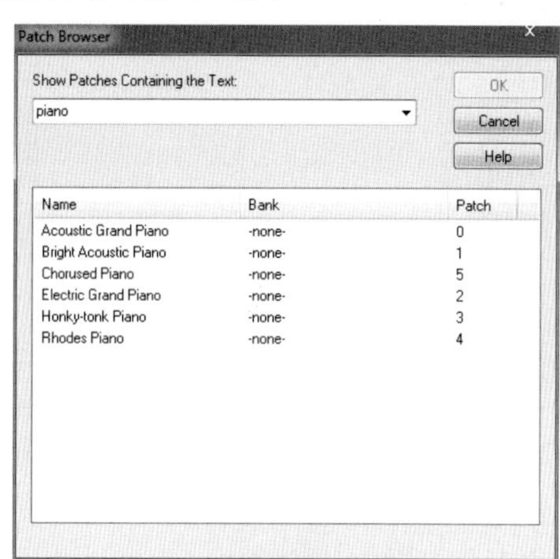

악기 음색을 검색하는 모습

13. Bank Select Method 파라미터

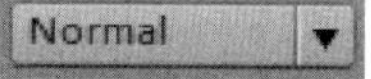

신디사이저 같은 외장악기에서의 뱅크 선택 방식을 지정한다. 컴퓨터와 연결된 신디사이저나 외장 음원의 매뉴얼을 참고한다.

14. 코러스(Chr) 노브 / 리버브(Rev) 노브

코러스 노브는 해당 미디 트랙에 합창처럼 울리는 효과를 추가할 때 사용한다. 리버브 노브는 해당 트랙에 연주홀에서 들을 수 있는 잔향/에코 효과를 추가할 때 사용한다. 마우스를 드래그하면 강약이 조절되며, 더블클릭하면 해당 효과의 중간 값인 64로 설정된다.

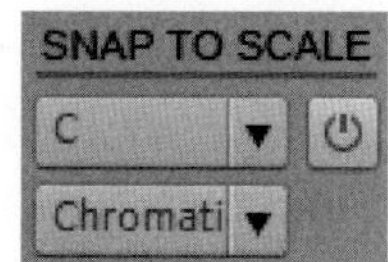

15. 루트 노트(Root Note) 파라미터 / 스케일(Scale) 파라미터

음악 작곡을 시작하기 전 음계의 구성인 스케일을 설정할 수 있다. 스케일이란 음악이론의 하나로 슬픈 음악, 행복한 음악, 행진곡, 라틴음악, 인도음악, 일본음악, 블루스, 재즈처럼 서로 다른 음악들의 고유 음계를 말하며 장음계, 단음계도 스케일의 한 종류다. 예를 들어 중국음악이나 재즈음악같이 각 음악들은 그들만의 특색 있는 음계가 있는데 이를 '스케일(Scale)'이라고 부른다.

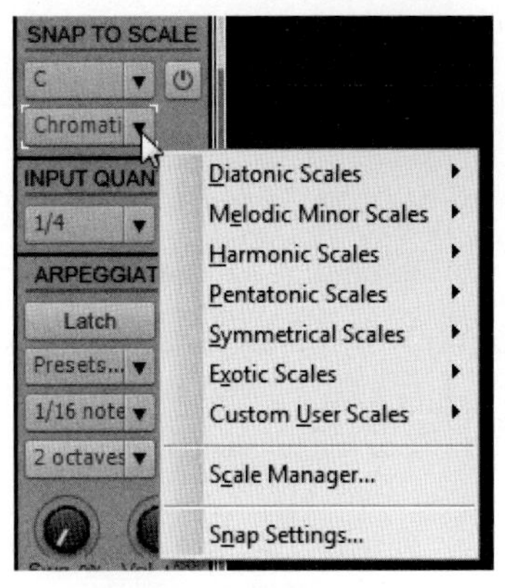

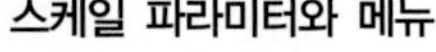

스케일 파라미터와 메뉴

① **스케일 파라미터 :** 스케일 파라미터는 미리 특정 음계에서 작, 편곡을 할 수 있도록 피아노 롤 뷰에 스케일 영역을 표시하는 기능이다. 예를 들어 블루스를 선택하면 피아노 롤 뷰에 블루스 음계에 해당하는 부분은 남고, 그 외 음계 영역은 회색으로 처리되어 입력할 수 없는 상태가 되어 초보자들도 블루스 풍의 작곡을 손쉽게 할 수 있도록 해준다. 상단의 루트 노트 파라미터와 같이 사용한다. 옆의 '전원 버튼'을 켜야 이 기능이 동작한다.

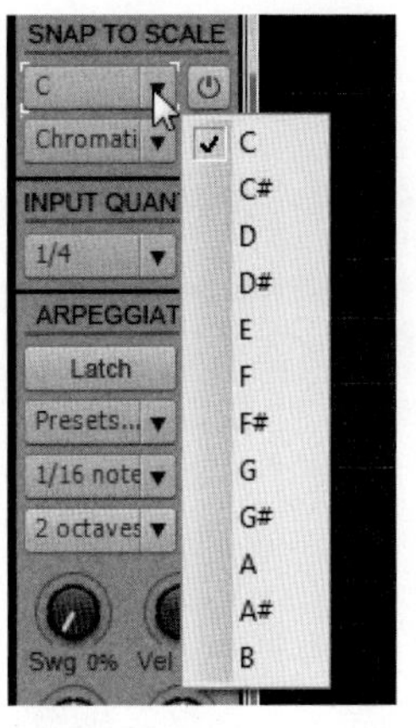

루트 노트 파라미터와 메뉴

② **루트 노트 파라미터 :** 스케일 기능을 활성화시키고, 해당 스케일의 Root Note(으뜸음)을 설정하는 기능이다. 스케일 기능과 으뜸음 설정 기능을 이용하면 작곡이론을 모르는 사람들도 스케일 형태로 노트 입력만 해도 그럴 듯한 음악을 만들 수 있다. 무턱대고 노트를 입력할 때와는 다른 약간 더 그럴 듯한 음악을 만들 수 있을 것이다. 옆의 '전원 버튼'을 켜야 이 기능이 동작한다.

16. Input Quantize(인풋 퀀타이즈) 파라미터

마스터 건반을 이용해 리얼 입력으로 녹음하다보면 노트 길이(음 길이)가 자신이 원하지 않게 들쑥날쑥하게 입력될 수도 있다. 이렇게 입력 작업을 할 때 노트들을 퀀타이즈(정렬 해상도)하는 기능이다. 전원 버튼을 클릭하면 퀀타이즈가 활성화되고, 왼쪽 직사각형 버튼을 클릭해 퀀타이즈 해상도를 설정한다.

퀀타이즈를 적용하면 입력된 노트들이 해당 설정 값으로 자동 정렬되어 입력되고, 미디 클립을 루프시키면 바로 정렬된 결과물을 볼 수 있을 뿐 아니라 귀로 확인할 수 있다.

만일 퀀타이즈된 미디 클립이 마음에 들지 않으면 녹음을 종료하자마자 Ctrl + Z를 눌러 취소한다. 퀀타이즈된 미디 클립이 삭제되고 퀀타이즈가 안 된 원래 리얼 입력된 노트가 트랙에 표시된다.

한편, 루프 레코딩 시 Sound On Sound 모드로 레코딩한 경우, Ctrl + Z를 눌러 취소하면 모든 퀀타이즈된 클립을 삭제할 수도 있다.

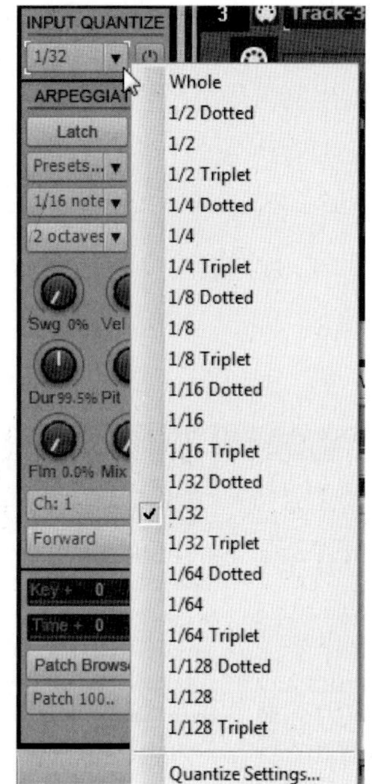

17. 게인(Gain) 노브

볼륨 페이더가 여러 가지 효과가 적용된 출력 사운드의 볼륨을 조절한다면, 게인 노브는 여러 효과를 적용하기 전인 입력되는 사운드의 게인 값(일종의 볼륨)을 조절한다.

18. Arpeggiator(아르페지에이터) 모듈

해당 미디 트랙에 아르페지오 연주 효과를 추가할 수 있다.

① **Latch** : 건반 키에서 손을 떼어도 아르페지오 연주가 계속 유지된다.

② **Preset** : 프리셋에서 미리 세팅된 아르페지오 연주 스타일을 선택할 수 있다. 또한 현재의 아르페지오 연주 설정을 프리셋으로 저장할 수 있다.

③ **Rate** : 아르페지오 연주 속도를 선택한다.

④ **Octave Range** : 아르페지오 음정 변화를 옥타브 단위로 선택할 수 있다.

⑤ **Swing** : 아르페지오 연주 패턴에 스윙풍 리듬을 추가한다. 8비트, 16비트, 32비트 노트가 기존 노트에 추가된다.

⑥ **Velocity** : 아르페지오 연주의 벨로서티를 조절한다. 원래 벨로서티를 조절하는 효과가 있다.

⑦ **Duration** : 아르페지오 패턴의 길이를 조절한다.

⑧ **Pitch** : 아르페지오 패턴의 음정을 반스텝씩 올리거나 낮출 수 있다.

⑨ **Flam** : 아르페지오 패턴의 간격을 조절할 수 있다.

⑩ **Mix** : 아르페지오 패턴의 믹스량을 조절한다. 0으로 설정하면 싱글 노트에 적용되고 100%으로 설정하면 코러스 효과가 많이 추가된다.

⑪ **Ch** : 아르페지오 효과를 다른 채널로 전송할 수 있다.

⑫ **Shapes** : 아르페지오 패턴의 연주 방향을 선택할 수 있다. Rhythm, Forward, Reverse, Forward Circle 1, Reverse Circle 1, Forward Circle 2, Reverse Circle 2, Inward, Outward, Inward Circle, Outward Circle, As Played, As Played Circle, Random 등에서 선택한다.

19. 페이즈 파라미터 / 인터리브 파라미터 – 오디오 인스펙터의 기능

미디 트랙이 아닌 오디오 트랙의 인스펙터에만 있는 옵션이다. 오디오 파형의 위상각을 뒤집거나, 스테레오를 모노로 변경할 때 사용한다.

① **인터리브(Interleave) 버튼 :** 해당 트랙의 오디오 클립을 모노 또는 스테레오로 전환한다. 클릭하면 모노, 다시 클릭하면 스테레오가 된다.

② **페이즈(Phase) 버튼 :** 해당 트랙의 오디오 클립 파형을 180도 역위상으로 뒤집어준다. 동일 오디오 클립을 복제한 뒤 복제한 클립에 페이즈를 적용해 사용하는 경우는 거의 없다. 보통 마이크로폰으로 녹음할 때 +, – 극성이 바뀌어 역위상 상태로 녹음된 오디오는 음향이 약간 이상한데 이때 파형을 180도 뒤집어 원래 음질로 되돌릴 수 있다.

또한 마이크로폰 두 대로 한 사람의 음성을 녹음할 때, 마이크 선의 길이나, 거리에 따라 각각 파형이 다르게 녹음될 수도 있는데, 이 경우 한쪽 마이크에서 녹음된 파형을 다른 한쪽 마이크에서 녹음된 파형과 비슷하게 만들기 위해 페이즈 기능을 적용하기도 한다.

참고로, 녹음 스튜디오에서는 각종 장비가 많기 때문에 실수로 역위상 녹음을 하거나, 스피커의 +, - 극성을 잘 못 물리는 경우가 빈번한데(스피커는 극성을 잘 못 물려도 소리는 똑같이 들리지만 자석이 반대로 밀거나 당기기 때문에 고출력시 문제가 발생한다.) 이를 방지할 목적으로 오실로스코프나 위상체크기류의 장비를 사용한다.

20. Master Level (마스트 레벨) – 오디오 인스펙터의 기능

마스터 볼륨을 조절한다. 2개의 페이더로 스테레오 좌우 채널의 볼륨을 따로 조절할 수 있다. 링크 버튼을 누르면 좌우 페이더가 링크되어 같이 움직인다.

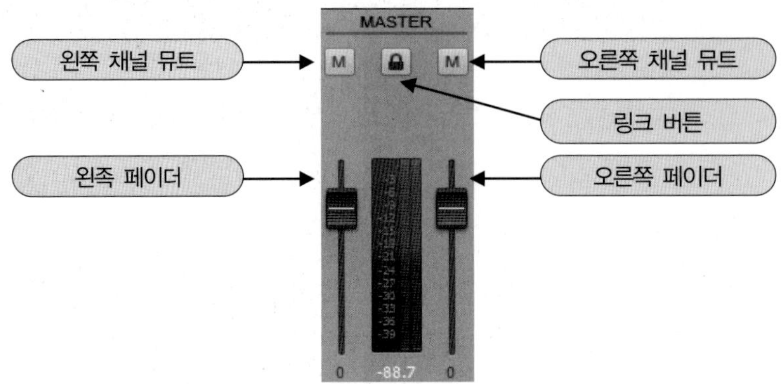

21. FX 모듈

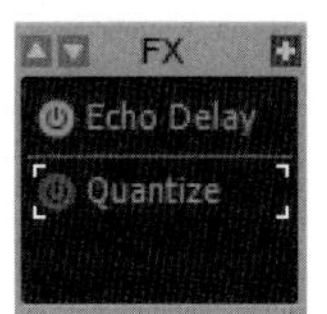

이펙트(Effect)는 일종의 음향 효과 또는 사운드 효과를 말한다. FX 모듈에서 적용한 이펙트는 해당 트랙에 삽입된 클립 전체에 적용되며, 여러 개의 이펙트를 동시에 적용할 수 있다.

FX 모듈의 검정색 액정창을 마우스 오른쪽 버튼으로 클릭하면 MIDI Plug Ins와 Audio FX 메뉴가 나타나는데 MIDI Plug ins는 미디 트랙에 적용하는 이펙트이고, Audio FX는 오디오 트랙에 적용하는 이펙트이다.

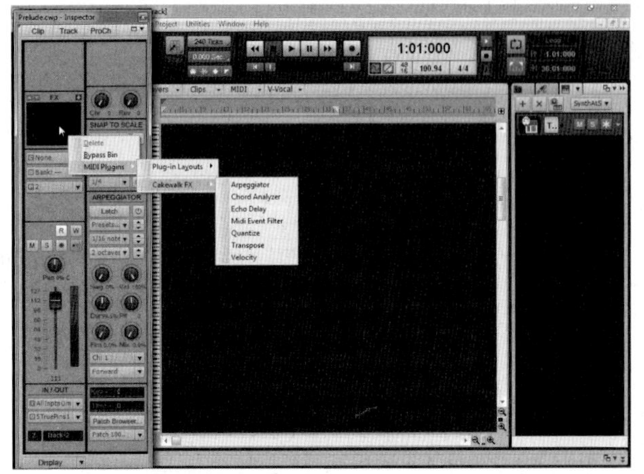

미디 인스펙터의 FX 패널을 오른쪽 버튼으로 클릭한 모습   오디오 인스펙터의 FX 패널을 오른쪽 버튼으로 클릭한 모습

FX 모듈에서 실행하는 이펙트는 트랙 자체에 이펙트를 적용해준다. 따라서 트랙 자체에 이펙트가 걸리므로 트랙에 삽입한 모든 클립은 자동으로 이펙트가 걸리는 상태가 된다. 예를 들어 잔향 효과인 리버브 효과를 트랙에 적용하면 해당 트랙에 있는 모든 클립에 리버브가 적용되어 그 트랙에 다른 클립을 추가해도 계속 자동으로 리버브가 걸린다. 또한 오디오 트랙을 만든 뒤 리버브 효과로 녹음하고 싶다면 해당 인스펙터의 FX 모듈에서 리버브 이펙트를 미리 적용해준다. 이렇게 하면 마이크 입력 신호에 리버브가 적용되어 녹음할 수 있다.

마우스 오른쪽 단축 메뉴

FX 모듈에서 이펙트(FX)를 적용하면 그림처럼 FX모듈 액정 창에 적용한 이펙트가 순서대로 표시된다. 이펙트를 여러 개 적용했을 경우 위, 아래로 드래그하여 적용 순서를 변경할 수 있다. 전원 버튼을 끄면(Off) 해당 이펙트는 적용되지 않는다.

적용한 이펙트를 삭제하려면 마우스 오른쪽 버튼으로 클릭한 뒤 Delete 메뉴를 사용한다. Bypass Bin 메뉴를 적용하면 전체 이펙트의 사용을 중지시키고 이펙터 적용 전 사운드를 출력한다. 각각의 이펙트 기능에 대해서는 이 책의 6부를 참고한다.

22. Send 모듈

Send 모듈은 해당 트랙의 사운드를 버스 트랙으로 내보낼 때 사용한다. 예를 들어 A B, C 등의 3개의 오디오 트랙이 있다고 가정하고, 이 3개의 오디오 트랙에 똑같은 값으로 이퀄라이저를 적용한다고 가정해 보자. 이렇게 하려면 각각의 오디오 트랙마다 FX 모듈에서 이퀄라이저를 하나씩 적용해야 하므로 모두 3개의 이퀄라이저를 적용해야 한다. 이럴 경우 이퀄라이저 3개가 메모리를 차지하므로 아무래도 메모리에 부담이 생긴다.

이처럼 똑같은 값으로 이펙트를 적용할 경우에는 개별적으로 이펙트를 적용하는 것이 아니라 A, B, C 사운드 신호를 버스 트랙에 모아서 버스 트랙에서 이펙트를 적용하는 방법이 있다.

예를 들어 A, B, C 오디오 트랙을 D라는 버스 트랙으로 각각 Send를 한다. 이렇게 하면 A, B, C 오디오 트랙의 사운드가 D 버스 트랙을 경유해 출력하게 된다. 이때 D 버스 트랙에서 이퀄라이저를 적용하면 A, B, C 사운드 신호에 같은 이퀄라이저가 적용되어 사운드가 출력된다. 따라서 개별적으로 각각의 트랙마다 이퀄라이저를 적용하는 것보다는 메모리의 부담이 작아진다.

Send 기능은 오디오 트랙의 사운드를 사용자가 지정한 특정 버스 트랙으로 Send할 때 사용한다.

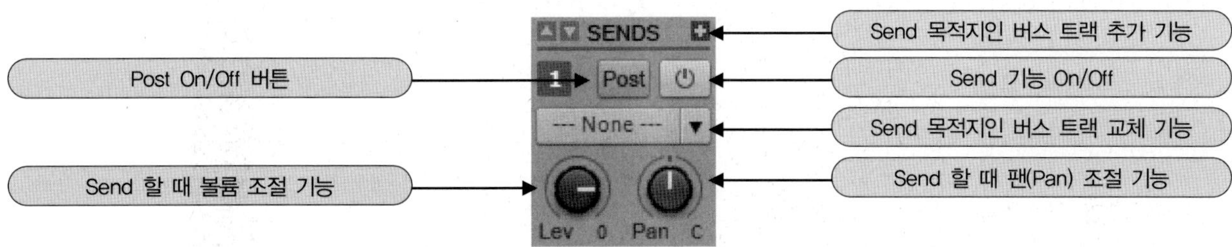

옆 그림은 1, 2, 3번 오디오 트랙을 각각 선택해 Master 버스 트랙으로 사운드를 센드(Send)한 모습이다.

Master 버스 트랙에서 이펙트를 적용하면 1, 2, 3번 오디오 트랙에 같은 이펙트가 적용되어 사운드가 출력될 것이다.

23. ProChannel 모듈

소나 X1 Producer에만 있는 기능이다. 인스펙터 → ProCh 탭을 클릭하면 사용할 수 있다. 이퀄라이저, 컴프레서, 튜브 새추레이션이 결합되어 오디오 클립의 음색을 조절할 수 있다. ProCh 탭에서 전원 버튼이 켜면 동작한다.

오디오 트랙을 선택한 뒤 인스펙터 상단의 ProCh 탭을 클릭하면 ProChannel 모듈로 전환된다. 1024*768 바탕화면 사용자는 상단 부분이 보이지 않으므로 바탕화면을 1152*864 이상으로 조절해야 한다.

Comp(컴프레서) 섹션은 오디오의 과대 출력 부분을 깎아 낼 때 사용한다. 전원 버튼을 켜면 이 기능이 동작한다. 컴프레서의 원리에 대해서는 6부, 이펙트를 참고하기 바라며 여기서는 간단한 사용법을 알아본다.

① **76/4K 버튼 :** 사용하고 싶은 컴프레서 모드를 선택한다.

② **Input 노브 :** 입력되는 사운드의 게인 값을 조절한다.

③ **Attack 노브 :** 컴프레서가 시작되는 타임을 조절한다.

④ **Release 노브 :** 컴프레서가 유지되는 타임을 조절한다.

⑤ **Output 노브 :** 컴프레서가 적용된 사운드의 출력 레벨(볼륨)을 조절한다.

⑥ **Ratio 버튼 :** 컴프레서의 압축 비율을 선택한다.

⑦ **Dry/Wet 노브 :** 원본 사운드와 컴프레서가 적용된 사운드의 혼합량을 조절한다.

Equalizer(이퀄라이저) 섹션은 이퀄라이저 조절 기능이다. 전원 버튼을 켜면 이 기능이 동작한다. 이퀄라이저의 원리에 대해서는 6부, 이펙트를 참고하기 바라며 여기서는 간단한 사용법을 알아본다.

① **Pure/Vintage/Modern :** 이퀄라이저 스타일을 선택한다.

② **그래프창 :** 마우스로 드래그하여 조절할 수 있다.

③ **LF :** Low 주파수 대역대를 조절한다.

④ **LMF :** Low-Mid 주파수 대역대를 조절한다.

⑤ **HMF :** Mid-High 주파수 대역대를 조절한다.

⑥ **HF :** High 주파수 대역대를 조절한다.

Tube Sat(튜브 새츄레이터) 섹션은 진공관 음색처럼 음색을 따뜻하게 만들 때 사용한다.

Routing 섹션은 이들 이펙트의 연결 순서를 교체하는 기능이다. 순서대로 컴프레서, 이퀄라이저, 튜브 새추레이션이다. 마우스로 드래그하여 연결 순서를 교체할 수 있다.

24. 인스펙터 → Clip 탭

인스펙터 상단의 **Clip** 탭을 클릭하면 선택한 클립의 이름, 시작 위치, 길이 등을 조절할 수 있는 **Clip Properties**가 실행된다.

Properties 섹션에서는 아래와 같은 옵션을 설정한다.

① **Clip Name :** 클립의 이름을 설정할 수 있다.

② **Time Format :** 아래 Start Time과 Length에 표시될 시간 포맷을 선택한다.

③ **Start :** 클립의 스타트 위치를 직접 입력해서 수정할 수 있다.

④ **Length :** 클립의 길이가 표시된다.

⑤ **Snap Offset :** 오디오 클립의 Snap Offset을 설정한다.

⑥ **Original Time :** 오리지널 SMPTE 타임을 표시한다.

⑦ **Time Base :** 템포를 변경할 때 어떤 타임을 기준으로 할지 선택한다.

⑧ **Mute :** 클립을 뮤트시킨다.

⑨ **Lock :** 클립을 편집, 이동시킬 수 없도록 잠근다.

⑩ **Automation Read :** 오토메이션 읽기를 활성화시킨다.

⑪ **Clips Linked :** 선택한 클립과 몇 개의 클립이 링크되어있는지 표시한다.

⑫ **Foreground :** 클립의 데이터 부분 색상을 지정한다.

⑬ **Background :** 클립의 데이터가 아닌 배경색 부분 색상을 지정한다.

⑭ **Use Track Colors :** 클립의 색상이 디폴트 색으로 전환된다.

Groove Clip 섹션에서는 아래와 같은 옵션을 설정한다.

① **Looping** : 선택한 클립을 ACIDized loops 방식의 그루브 클립으로 전환한다.
클립을 루프 용도로 사용할 때 선택한다. 그루브 클립에는 오리지널 템포, 오리지널 피치, 박자 수, Audio Transient 정보가 수록된다.

② **Stretch to Tempo** : 오디오 클립에만 적용되는 옵션으로 해당 클립을 Stretch 또는 Shrink할 수 있다. 하단 옵션 창이 활성화되어 조절 작업이 가능하다.

③ **Beats in Clips** : 상단 Looping 옵션을 선택했을 때 그루브 클립의 비트 수가 표시되고 조절할 수 있다.

④ **Original Tempo** : 상단 Stretch to Tempo 옵션을 선택했을 때 오리지널 템포가 표시되고, 변경할 수 있다.

⑤ **Follow Pitch** : 이 옵션에 체크하면 하단 옵션을 사용해 Transposes(조 옮김) 작업을 할 수 있다.

⑥ **Reference Note** : 클립의 키를 변경한다.

⑦ **Pitch** : 음정을 반음정 단위로 높이거나 낮출 수 있다.

⑧ **Fine Pitch** : 반음정을 1/100 단위(Cents)로 세밀하게 높이거나 낮출 수 있다.

Audio Snap 섹션은 오디오 클립을 스트레칭할 때 퀀타이즈를 적용해준다. 아래와 같은 옵션을 설정할 수 있다.

① **Enable** : 오디오스냅 기능을 활성화하거나 비활성화한다.

② **Average Tempo** : 최적화된 평균 템포를 보여준다. 원하는 평균 템포를 선택할 수 있다.

③ **Follow Project Tempo** : 프로젝트의 템포를 사용한다.

④ **Follow Options** : 프로젝트의 템포를 사용할 때 기준이 되는 템포 해상도를 선택한다. Beats(박자), Measures(마디), Clip(기본값), Auto-Stretch에서 선택한다.

⑤ **Filter Threshold** : 높은 수치를 입력하면 볼륨이 점차 커진다.

⑥ **Online Render** : 리얼타임 플레이할 때 사용할 알고리즘을 선택한다.

⑦ **Offline Render** : 믹스다운할 때 사용할 알고리즘을 선택한다.

⑧ **Enable Stretch** : 프로젝트의 템포에 따라 클립이 스트레칭된다.

⑨ **Stretch Amount** : 사용자가 직접 클립을 % 단위로 스트레칭할 수 있다.

⑩ **New Duration** : 사용자가 직접 클립의 길이를 입력해 스트레칭할 수 있다.

⑪ **New Thru-Time** : 사용자가 직접 Thru Time을 입력해 클립을 스트레칭할 수 있다.

25. 인스펙터 → Track 탭

인스펙터 상단의 Track 탭을 클릭하면 선택한 트랙의 이름, 트랙의 색상 등을 조절할 수 있는 Track Properties가 실행된다.

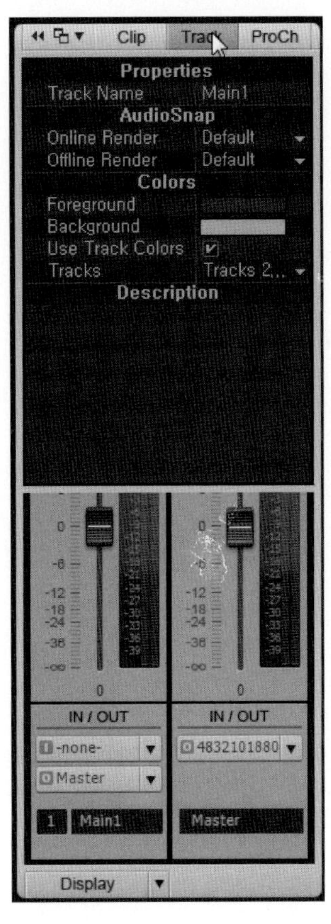

① **Track Name** : 트랙 이름을 설정할 수 있다.

② **Online Render** : 오디오 스냅과 관련된 기능으로 리얼타임 플레이할 때 사용할 알고리즘을 선택한다.

③ **Offline Render** : 오디오 스냅과 관련된 기능으로 믹스다운할 때 사용할 알고리즘을 선택한다.

④ **Foreground** : 클립의 데이터(이벤트) 색상을 설정한다.

⑤ **Background** : 클립의 데이터가 없는 부분의 색상을 설정한다.

⑥ **Use Track Color** : 클립 색상을 기본값으로 전환한다.

⑦ **Track** : 각 트랙별로 위에 설정한 색상을 사용한다.

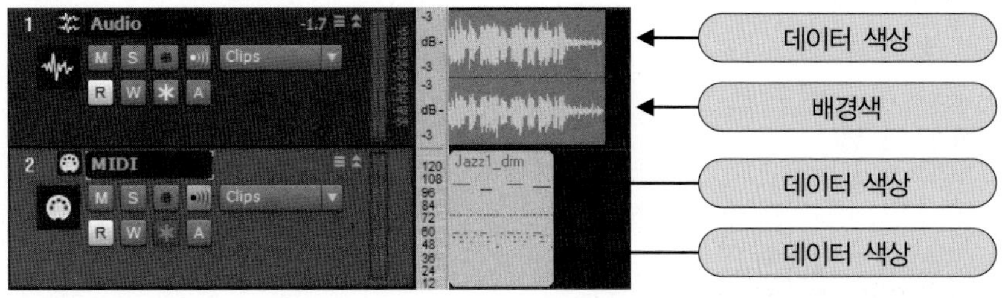

브라우저 창 – 검색 및 실행

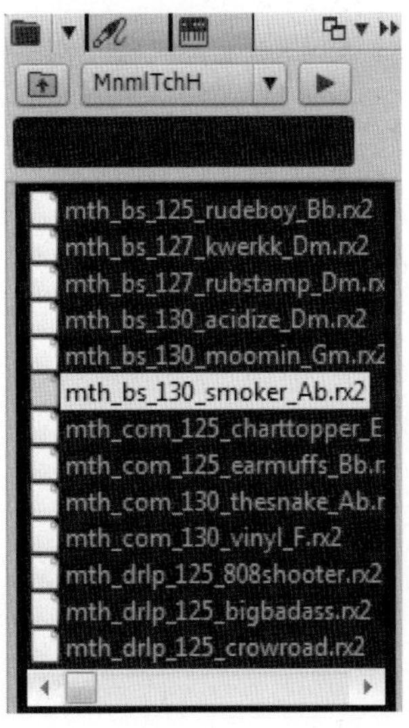

소나 X1에서 새로 등장한 브라우저 창은 검색 및 프로그램 실행 기능을 제공한다. 브라우저 창은 Views → Browser 메뉴로 실행하거나, 단축키 B를 눌러 실행한다.

1. Media 탭

소나 X1에서 기본 제공하는 오디오 샘플 파일과 미디 샘플 파일을 사용할 수 있다. 오디오 샘플(rx2 파일 포함)은 오디오 트랙으로 드래그하여 사용하고, 미디 샘플은 미디 트랙으로 드래그하여 사용한다.

① **폴더 버튼** : 상위 폴더로 이동할 수 있다.

② **풀다운 버튼** : 샘플이 저장된 디렉토리를 찾아갈 때 사용한다.

③ **Play 버튼** : 선택한 미디어 파일을 미리 모니터할 때 사용한다.

2. Plug-ins 탭

소나 X1에 설치된 각종 플러그인 이펙트와 가상 악기를 실행할 수 있다.

① **Audio FX 버튼 :** 이펙트 기능들이 모여 있다. 원하는 이펙트를 오디오 패널로 드래그하면 해당 오디오 패널에 이펙트가 적용된다. 만일 오디오 클립으로 드래그하면 해당 오디오 클립에 이펙트가 적용된다.

② **미디 FX 버튼 :** 미디 트랙에 적용하는 이펙트가 모여 있다.

③ **Synths 버튼 :** 가상 악기를 실행할 수 있다. 원하는 가상 악기를 더블클릭하면 트랙 뷰에 해당 가상 악기가 로딩된다.

④ **Rewire 버튼 :** 리와이어 방식으로 동작하는 플러그인을 실행할 수 있다.

3. Synth 랙 탭

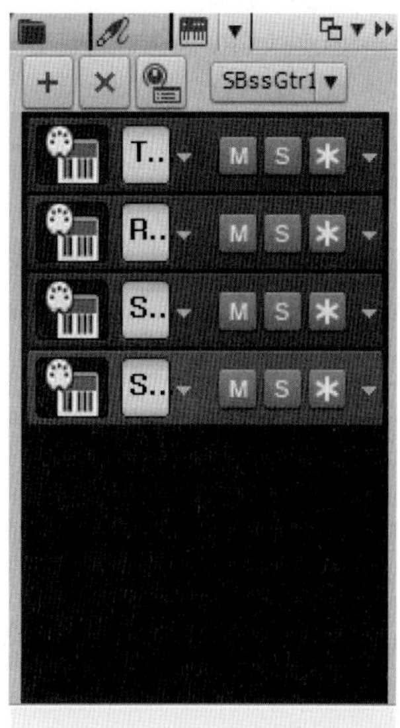

작업 중인 프로젝트에서 사용하고 있는 가상 악기가 목록으로 표시된다. 가상 악기를 로딩, 삭제, 관리할 때 사용한다. 자세한 사용법은 6부를 참고한다.

① **플러스(+) 버튼 :** 가상 악기 메뉴를 실행한다.

② **마이너스(-) 버튼 :** 선택한 가상 악기를 삭제한다.

03 트랙 뷰(Track View) - 클립 편집 기본기 익히기

소나 X1의 화면 중앙에 위치한 트랙 뷰는 트랙 패널(Track Panel)과 클립 영역으로 나누어져있다. 트랙 패널은 오디오 트랙, 미디 트랙, 버스 트랙을 생성시키고, 클립 영역에는 오디오 클립, 미디 클립, 비디오 클립을 삽입하는 장소이다. 지금부터 트랙 뷰에서의 작업 방식을 정리해 본다.

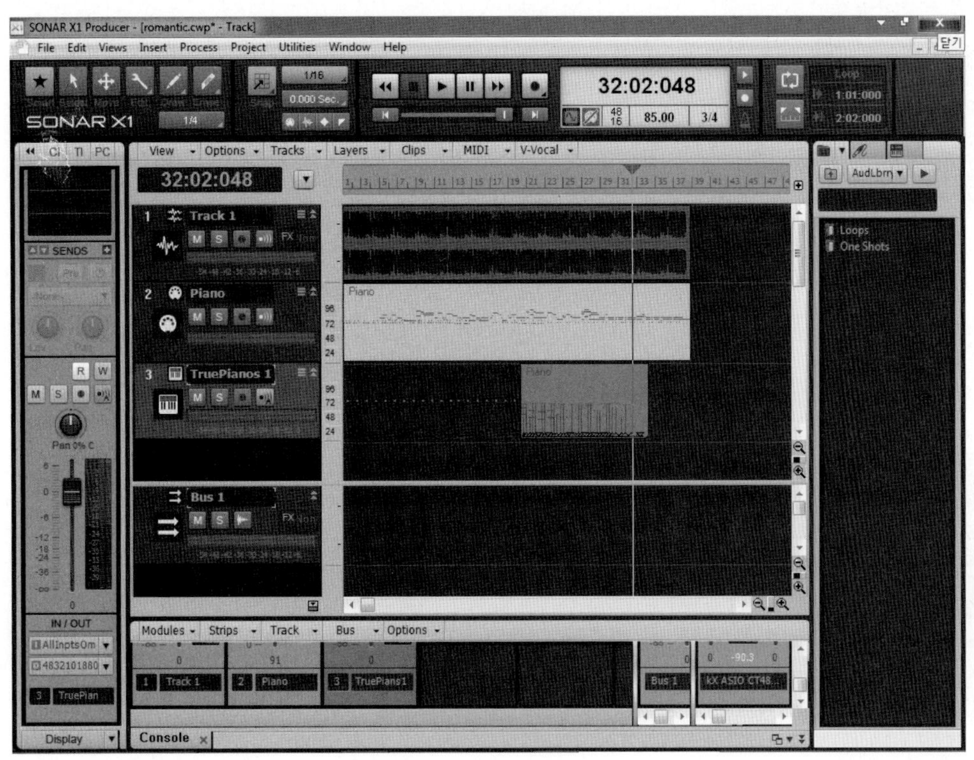

룰러(Ruler, 타임 룰러)

룰러는 트랙 상에서 연주 위치를 알려주고 편집 구간을 선택할 때 사용한다.

1. 연주 시간을 보여주는 타임 룰러

룰러는 현재 연주 중인 위치를 '악보 시간(미디 시간)'이나 '실제 시간'으로 보여준다. 기본값은 악보 시간이며, 악보의 몇 번째 마디/박자/틱에서 연주하고 있는지 한 눈에 알 수 있도록 해준다.

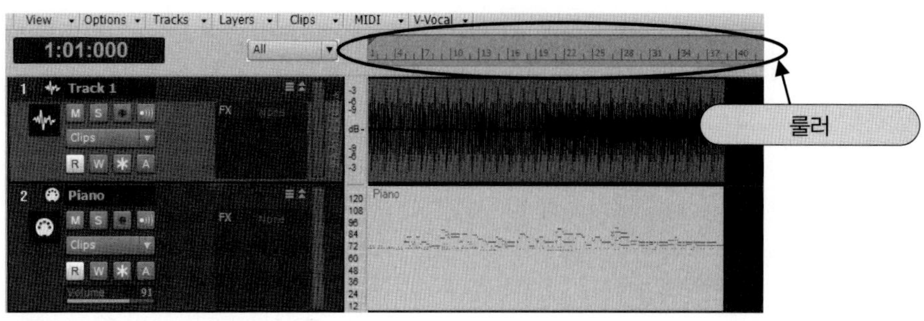

룰러의 오른쪽 끝 + 버튼을 클릭하면 시간 표시 형식을 추가할 수 있다.

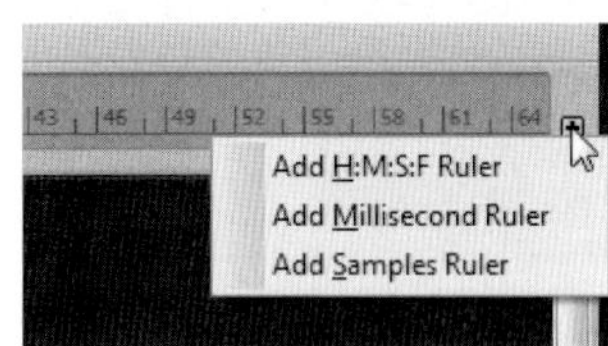

① **M:B:T** : 룰러의 시간 표시를 마디/박자/틱 단위로 보여준다. 기본값

② **H:M:S:F** : 룰러의 시간 표시를 시간/분/초/프레임 단위로 보여준다.

③ **Samples** : 룰러의 시간 표시를 샘플 단위로 보여준다.

④ **Milliseconds** : 룰러의 시간 표시를 1/1000초 단위로 보여준다.

2. 연주 시작 위치의 이동

룰러를 클릭하면 클릭한 부분으로 송 포지션 포인터가 이동되면서 연주 시작 위치도 이동된다.

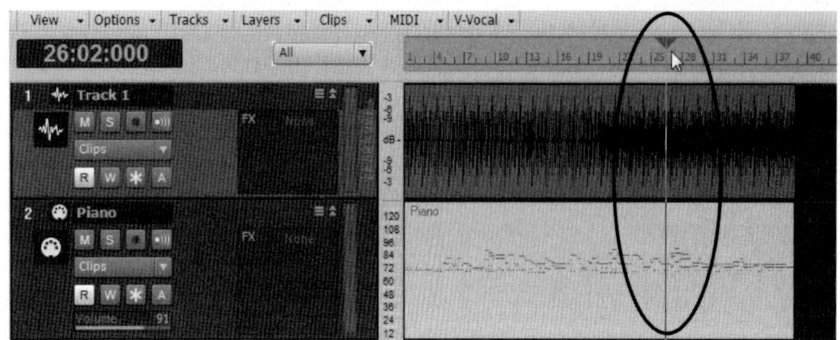

3. 룰러 단축 메뉴

룰러를 마우스 오른쪽 버튼으로 클릭하면 단축 메뉴를 사용할 수 있다.

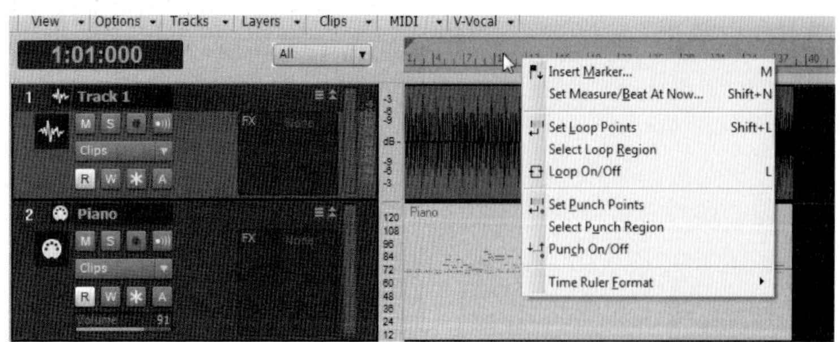

① Inert Marker 메뉴 : 클릭한 부분에 마커를 삽입한다.

② Set Measure/Bit at Now 메뉴 : 송 포지션 포인터가 있는 위치에 새로운 마디/박자를 삽입한다.

③ Set Loop Points 메뉴 : 룰러에 루프 포인트를 삽입한다. 루프 포인트를 좌우로 드래그하여 루프 구간을 설정한다.

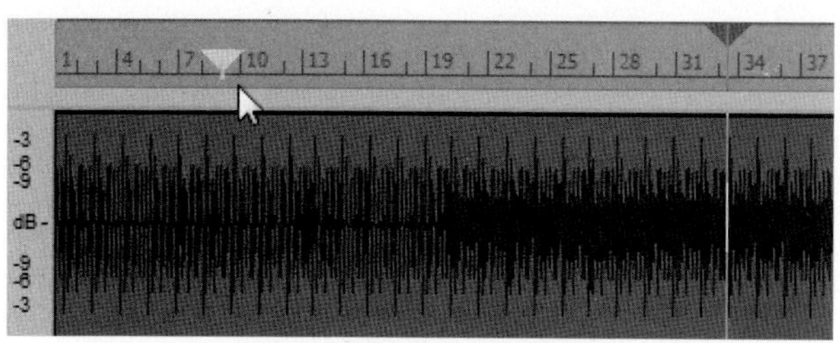
루프 포인트를 추가한 모습

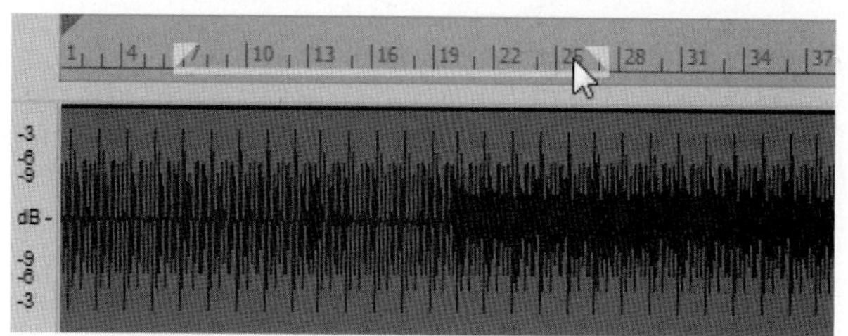
루프 구간을 설정한 모습

④ Select Loop Region 메뉴 : 룰러에서 선택한 구간을 루프 구간으로 설정한다.

⑤ Loop On/Off : 루프 기능을 켜거나 끈다.

⑥ Set Punch Points 메뉴 : 클릭한 부분에 펀치 포인트를 삽입한다.

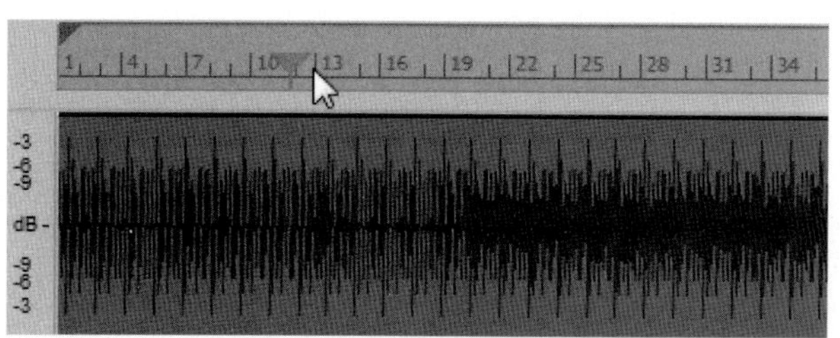
펀치 포인트를 추가한 모습

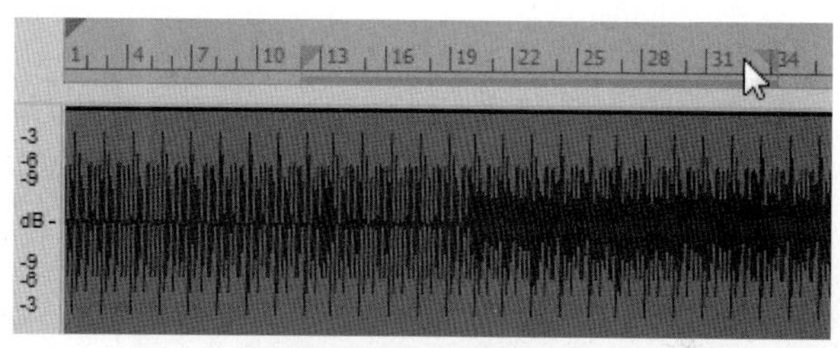
펀치 구간을 설정한 모습

⑦ Select Punch Region 메뉴 : 룰러에서 선택한 구간을 펀치 구간으로 설정한다.

⑧ Punch On/Off 메뉴 : 펀치 기능을 켜거나 끈다.

⑨ Time Ruler Format 메뉴 : 룰러의 시간 표시를 M:B:T(미디 시간), H:M:S:F(실제 시간) 등으로 교체할 수 있다.

편집할 클립 선택하기

이동, 복사, 삭제 작업을 하려면 클립을 선택해야 한다. 클립을 선택한 뒤 작업하는 방식은 오디오 클립과 미디 클립이 똑같다.

1. 트랙 선택하기

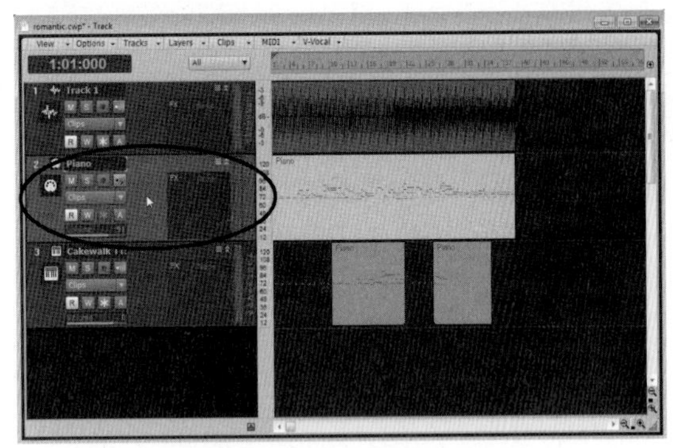

작업할 트랙을 선택하는 모습

트랙 패널에서 원하는 트랙을 클릭하면 그 트랙이 회색으로 변경되면서 선택된다. 이때 인스펙터는 해당 트랙의 인스펙터로 변경된다. 트랙의 파라미터를 조절해 볼륨, 팬 변경 작업을 할 수 있고, 입출력 포트를 변경할 수 있다.

2. 클립 선택하기

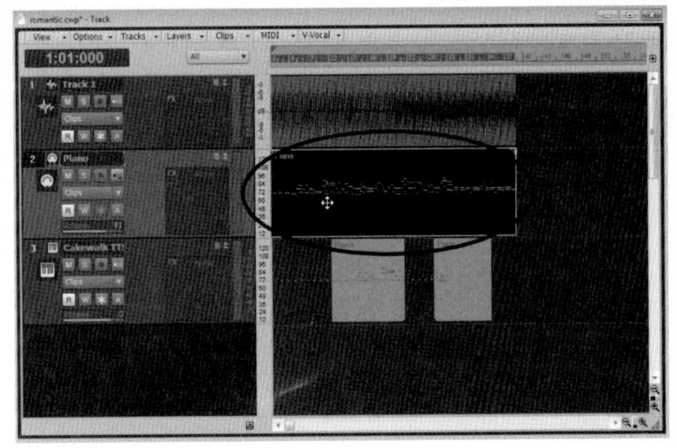

클립을 클릭해 선택한 모습

클립을 이동시키거나 오리기, 삭제하기 등의 작업을 하려면 '스마트 툴'로 해당 클립을 클릭해 선택한다. 선택된 클립은 검정색으로 반전된다.

전체 클립을 선택하려면 단축키 Ctrl +A를 누른다.

3. 클립 선택 해제하기

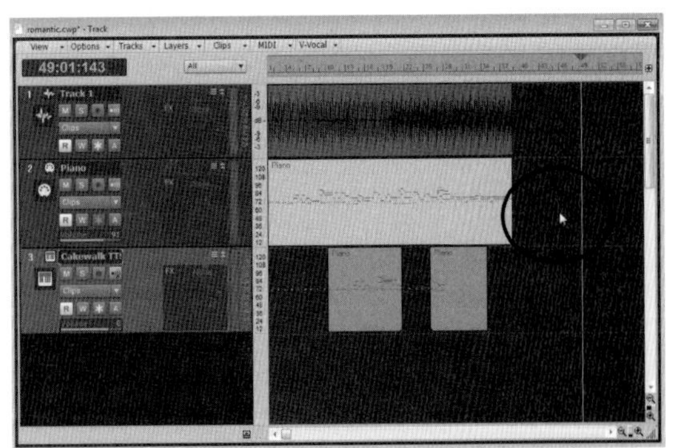

화면의 빈속을 클릭해 선택을 해제한 모습

클립의 선택을 해제하려면 트랙 뷰의 빈곳을 클릭한다. 또는 Ctrl + Shift + A를 눌러 선택을 해제한다. 믹스다운할 때는 선택된 클립만 믹스다운될 수도 있으므로 전체 트랙을 믹스다운하려면 Ctrl + Shift + A를 눌러 클립의 선택을 해제해야 한다.

4. 여러 개의 클립 선택하기

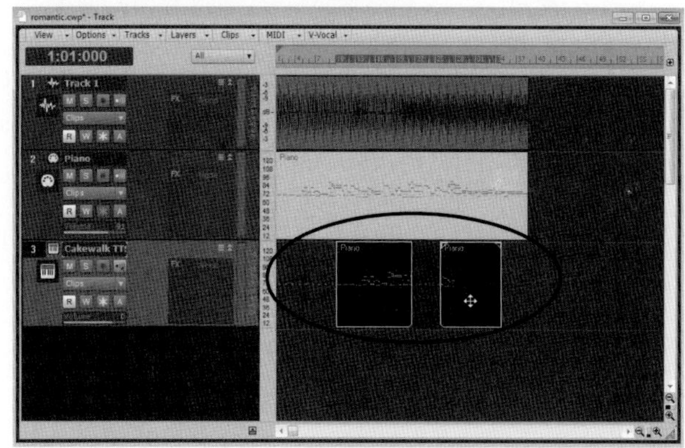

Ctrl + 클릭하는 모습

스마트 툴로 **Ctrl** + 클릭하면 2개 이상의 클립을 중복으로 선택할 수 있다.

5. 트랙 번호를 클릭해 선택하기

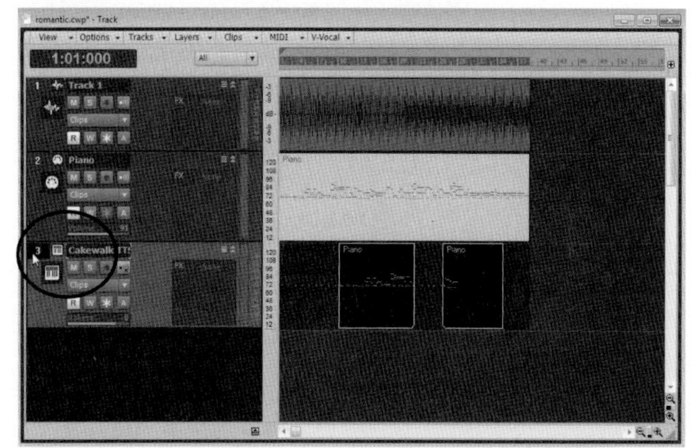

번호를 클릭해 선택하는 모습

트랙 패널에서 번호 부분을 클릭하면 해당 트랙과 클립이 동시에 선택된다. 번호는 검정색으로 반전되며 선택된 상태임을 보여준다.

번호를 다시 클릭하면 선택에서 해제되고, 더블클릭하면 전체 클립과 전체 트랙이 동시에 선택된다. 이동 작업을 하면 전체 클립이 같이 움직인다.

6. 클립의 일부분만 선택하기

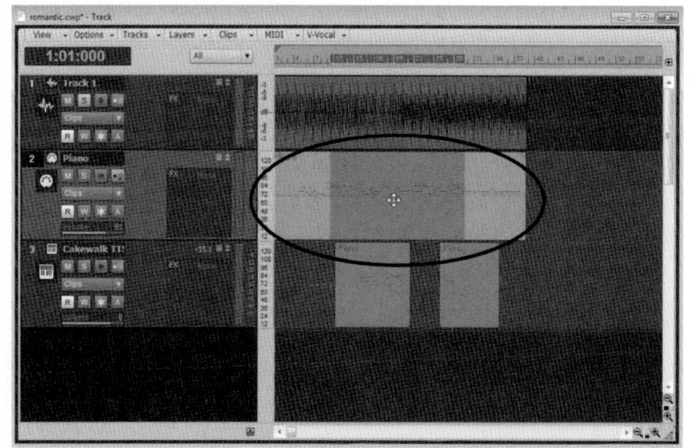

클립의 일부 구간만 선택한 모습

룰러를 보면 마디와 박자가 표시되어 있다. 클립에서 마디, 박자가 있는 경계면에 커서를 대면 커서가 I자로 변한다. 이때 드래그하면 클립의 일부 구간만 선택할 수 있다. 선택된 구간은 이동, 복사 작업을 할 수 있다.

7. 클립의 이동, 복사

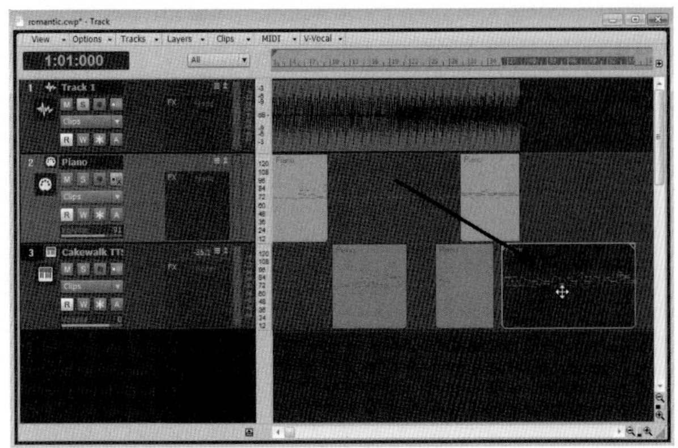

클립을 이동시킨 모습

선택된 클립은 다른 곳으로 이동시킬 수 있다. 이때 원래 부분은 삭제되고 드래그한 부분으로 이동된다.

이동시킬 때 **Ctrl** + 드래그하면 복제한 뒤 이동시킬 수 있다.

마디, 박자, 틱 단위로 편집 구간 설정하고 이동, 복사, 삭제하기

클립의 일부 구간 리듬이 반복되어서 나타나는 곡을 만들고 있다고 가정해 보자. 이런 경우 반복되는 리듬을 일일이 입력하는 작업이 번거로울 것이다. 이때는 마디 단위나 틱 단위로 반복되는 부분만 복사하여 사용하거나 이동시킨 뒤 사용한다. 먼저 타임 룰러에서 원하는 구간을 설정한다. 그런 뒤 편집할 트랙을 하이라이트시킨 뒤 타임 룰러에서 복사할 구간을 지정하면 된다. 미디 클립, 비디오 클립 모두 같은 방식으로 편집할 수 있다.

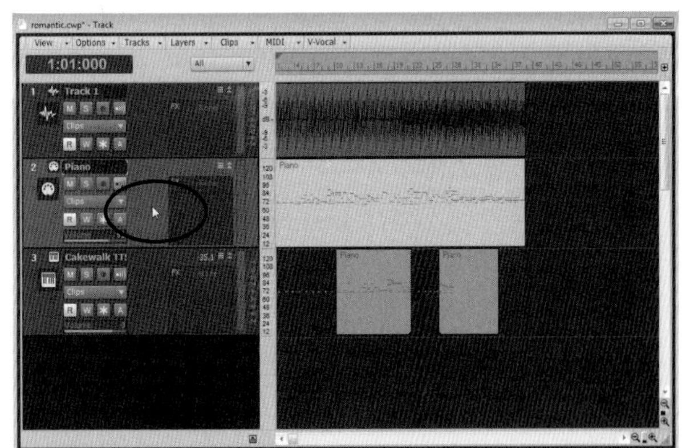

트랙 패널에서 편집하고 싶은 트랙을 클릭해 하이라이트시킨다. (회색으로 반전시킨다.)

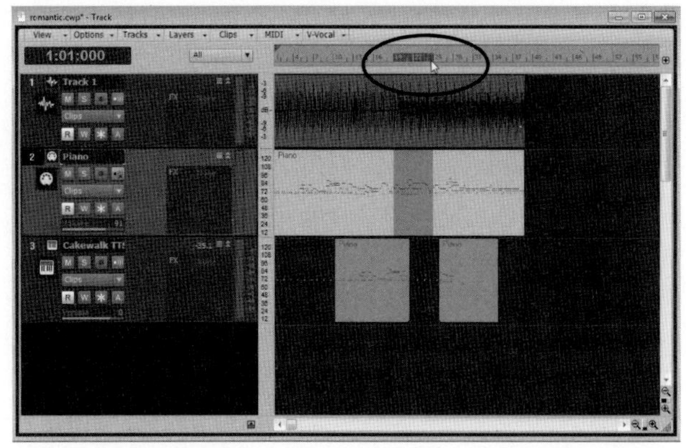

룰러에서 마우스로 드래그하여 복사할 구간을 설정한다.

기본적으로 Snap 버튼에서 설정한 값에 맞게 선택 영역이 스냅된다. 여기서는 1/16박자로 스냅 설정이 되어 있으므로 16분 음표 간격에 맞게 스냅되어 선택 영역을 지정할 수 있다.

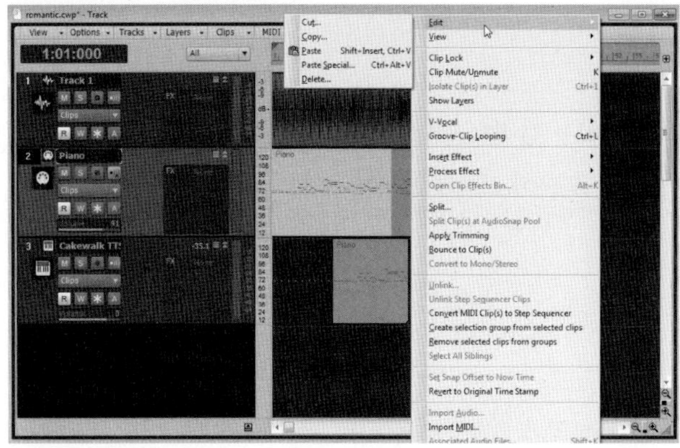

선택된 구간을 마우스로 드래그하여 원하는 위치로 드래그해도 되지만 이럴 경우 박자가 어긋날 수도 있다. 안전하게 작업하기 위해 Copy 메뉴를 사용한다.

선택된 미디 클립을 마우스 오른쪽으로 클릭한 뒤 Edit → Copy 메뉴를 실행한다.

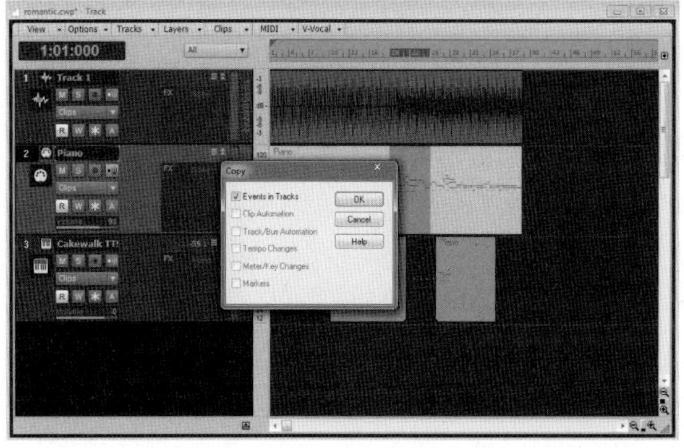

Copy 대화상자가 나타나면서 추가 복사할 요소를 선택할 수 있다. 기본값으로 복사한다.

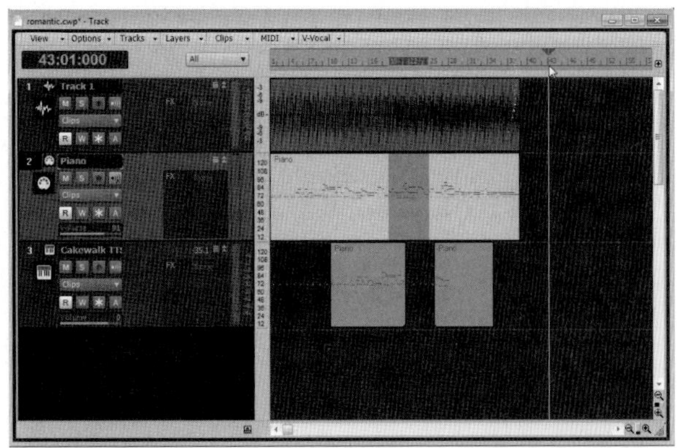

룰러에서 붙여넣고 싶은 위치를 마우스로 클릭한다. 송 포
지션 포인터가 이동되어 나타난다.

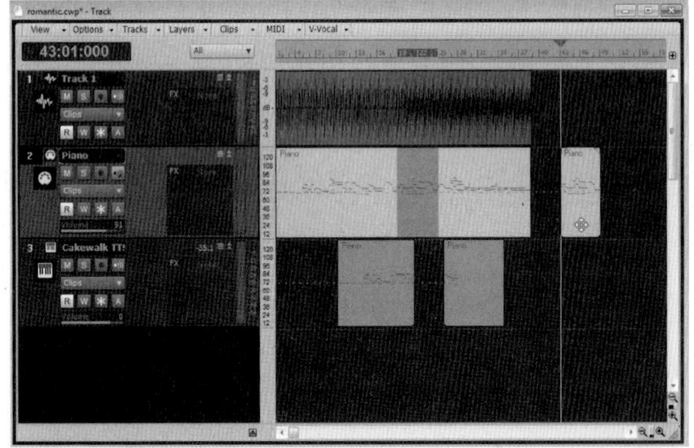

Edit → Paste 또는 Ctrl + V를 눌러 복사해둔 클립을 붙
여 넣는다.
룰러의 마디 간격을 정확히 파악한 뒤 붙여 넣었으므로
붙여넣은 클립이 박자에서 어긋나지 않게 된다.

Tip 스냅 단위 변경하기

스냅을 유지하면서 구간을 설정할 때 마디 단위가 아닌
4분 음표나 16분 음표 단위로 선택하고 싶은 경우가 있
다. 이 경우 스냅 버튼을 마우스 오른쪽으로 클릭한 뒤
원하는 스냅 간격을 지정한다. 여기서 Measure 단위를
선택하면 마디 단위로 선택한 뒤, 마디 단위로 붙여넣을
수 있다. 1/16음표를 선택하면 16분 음표 간격으로 선택
할 수 있고, 붙여 넣을 때도 16분 음표 간격으로 스냅되
어 붙여 넣을 수 있다.

트랙 뷰 메뉴

트랙 뷰 상단의 '트랙 뷰 메뉴'에는 트랙 뷰에서 사용하는 기능들이 메뉴로 제공된다. 새 트랙을 생성시키거나 클립을 편집하는 기능들로 구성되어 있다.

1. View → Navigator Show/Hide(내비게이터) 메뉴

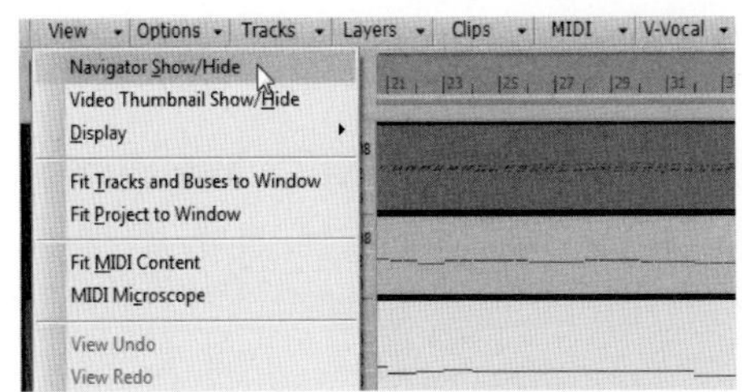

내비게이터 영역을 화면에 표시하거나 감춘다. 내비게이터는 트랙에 삽입된 모든 클립을 축소해서 보여준다. 보통 삽입한 클립이 많을 경우, 작업할 클립을 찾아볼 때 유용한다. 내비게이터 테두리를 드래그하면 내비게이터 영역을 확대할 수 있다.

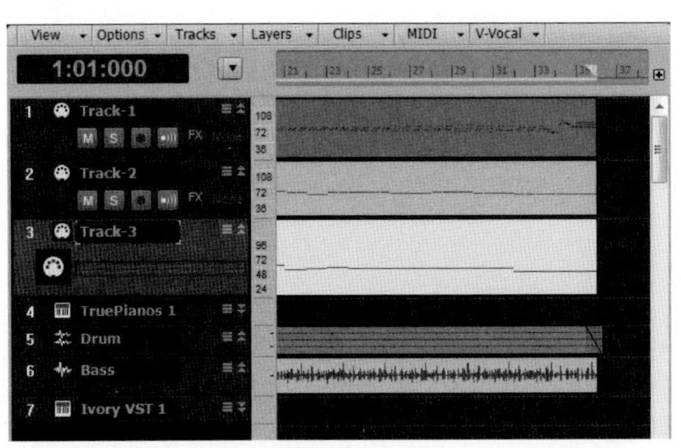

원래의 트랙 뷰

네비게이터를 이용해 보고 싶은 영역으로 이동하는 모습

2. View → Video Thumbnail Show/Hide 메뉴

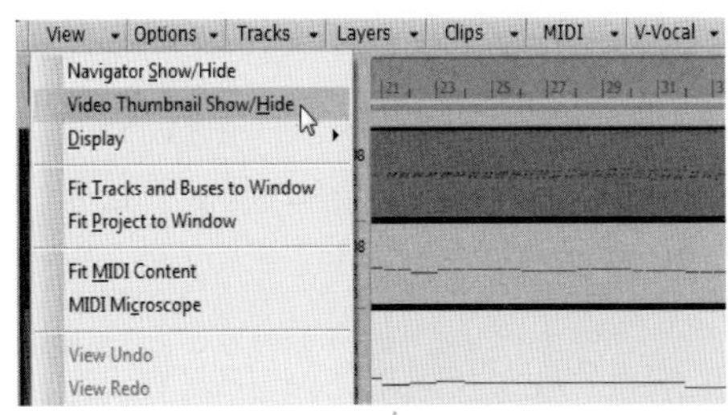

비디오 트랙을 표시하거나 감출 수 있다. 소나는 완성된 곡을 동영상의 배경음악으로 사용할 목적으로 동영상 클립을 임포트 하는 기능을 제공하는데, 동영상을 임포트 하면 바로 동영상 프레임이 표시된다.

참고로 소나는 File → Import → Video 메뉴로 Avi, Mpeg, Wmv, Mov 포맷의 동영상을 임포트 할 수 있지만 관련 코덱이 설치되지 않은 경우 비디오가 안 보일 수도 있다.

소나는 동영상 클립을 임포트 해도 동영상을 직접 편집할 수 없다. 따라서 뮤직비디오 등을 만들 때는 소나의 곡 길이에 맞게 미리 동영상을 제작한 뒤 소나로 불러와야 한다. 이때 동영상에 수록된 오디오는 동영상 화면과 분리되어 소나의 오디오 트랙에 새로 생성된다. 따라서 동영상의 오디오는 소나에서 편집할 수 있지만 영상 파트는 편집할 수 없다.

예제 동영상을 불러온 뒤 사운드를 편집하는 방법을 알아본다.

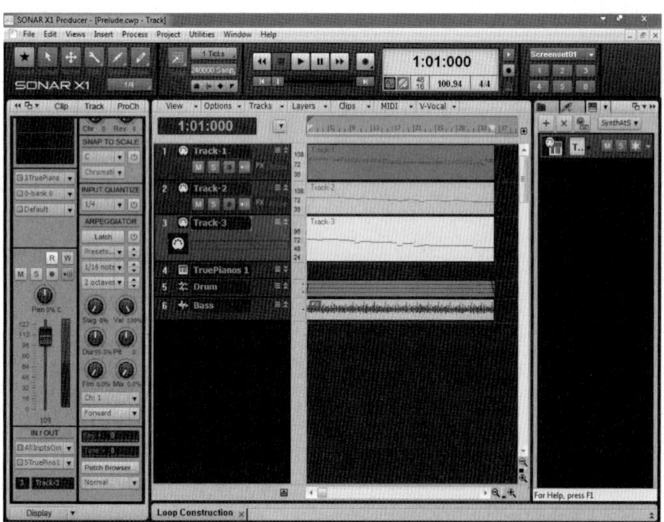

01 File→Open 메뉴로 샘플 'Prelude.cwp' 파일을 불러온 뒤 따라해 본다. 현재 이 프로젝트에는 비디오 영상이 없다.

02 비디오 파일을 불러오기 위해 File → Import → Video 메뉴를 실행한다.

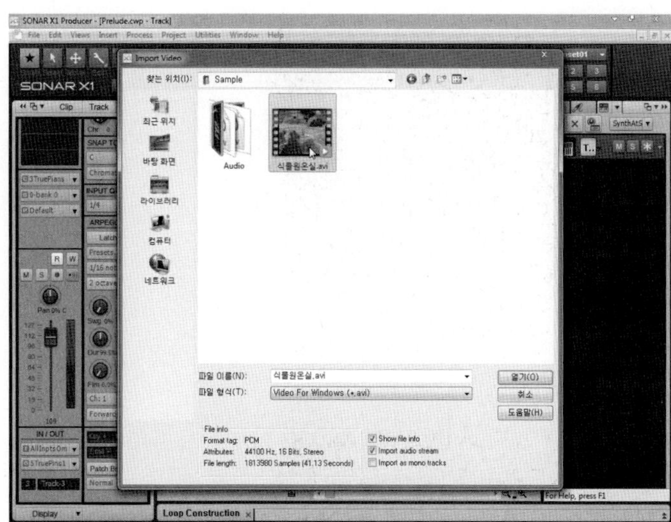

03 DVD 부록의 샘플 폴더에서 '식물원온실.avi' 파일을 불러온다.

04 비디오 파일을 불러오면 바로 비디오 트랙이 생성되는 것을 알 수 있다. 또한 콘솔 창에서 비디오 영상을 볼 수 있도록 비디오창이 나타난다.

05 비디오 트랙에서 비디오 미리보기가 되지 않을 경우 비디오 트랙 패널의 'Video Thumbnail' 버튼을 켜 섬네일을 미리 볼 수 있도록 해준다. 이때 섬네일은 바로 표시되지 않고 비디오를 1회 플레이해야 표시된다.

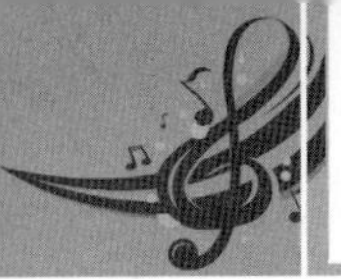

06 트랙 패널 하단으로 이동하면 비디오 영상에 수록된 사운드가 오디오 클립으로 분리되어 있는 것을 알 수 있다. 이 오디오 패널을 클릭해 선택한다.

07 Spacebar를 눌러 Play시키면 비디오 영상의 사운드가 너무 크기 때문에 프로젝트의 음악 소리가 잘 드리지 않는다.

08 해당 오디오 트랙의 볼륨을 인스펙터에서 줄여준다. 비디오 영상의 볼륨이 줄어들면서 음악 소리가 들리는 것을 알 수 있다.

비록 비디오 영상은 편집할 수 없지만 비디오에 수록된 사운드는 편집할 수 있음을 알 수 있다.

3. View → Display 메뉴

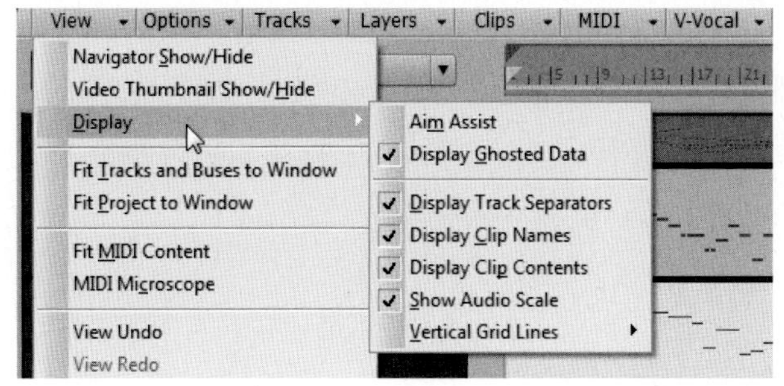

트랙 뷰에서 표시하고 싶은 요소를 선택한다. 메뉴에 체크하면 해당 요소들이 트랙 뷰에 표시된다.

4. View → Fit Tracks and Buses to Window 메뉴

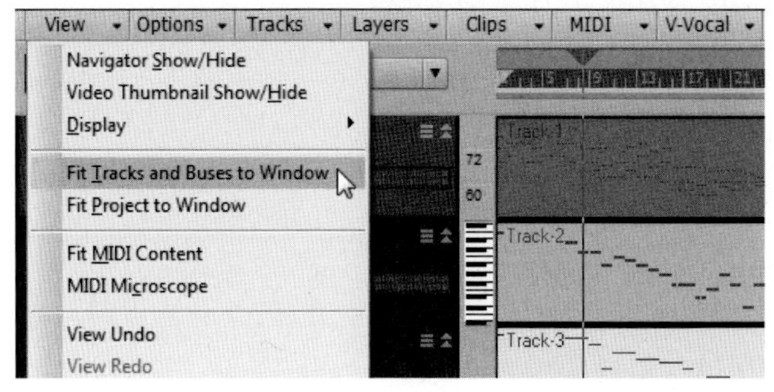

Fit Tracks and Buses to Window 메뉴는 들쑥날쑥한 패널의 높이를 트랙 뷰 크기에 맞게 재배열해준다. Fit Project to Window 메뉴는 전체 트랙을 가급적 트랙 뷰에다 보여주도록 크기를 조절해준다.

5. View → MIDI Microscope 메뉴

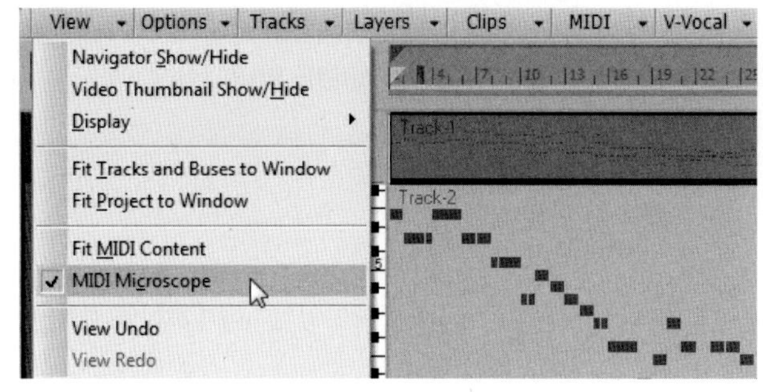

피아노 롤 뷰에서 미디 노트를 돋보기 형태로 확대해서 보여준다.

6. View → Undo/Redo 메뉴

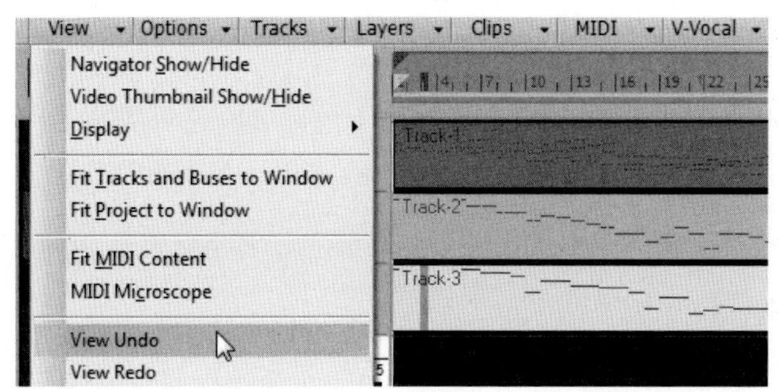

Undo 메뉴는 트랙 패널의 정렬 상태를 이전으로 되돌린다. Redo 메뉴는 트랙 패널의 정렬 상태를 원래대로 되돌린다.

7. Options → Auto Crossfade 메뉴

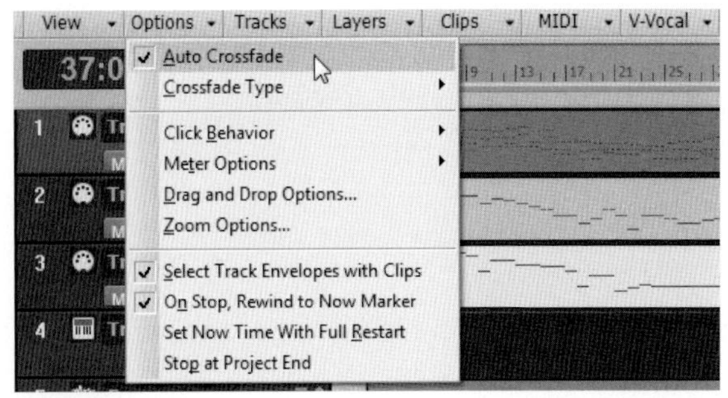

A, B 두 클립이 겹쳐서 이어질 때 겹쳐 있는 부분에 자동으로 페이드인/아웃을 삽입해 크로스페이드를 만들어준다. 보통 두 오디오 클립이 겹쳐 연주될 때 겹쳐 있는 부분을 부드럽게 이어지도록 할 때 사용한다.

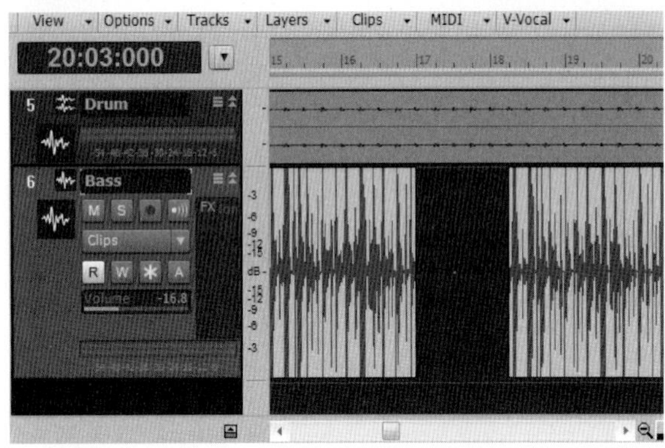

오디오 트랙에 2개의 오디오 클립이 연이어있다. A 클립과 B 클립이 끝 부분에서 서로 겹치도록 배치할 예정이다.

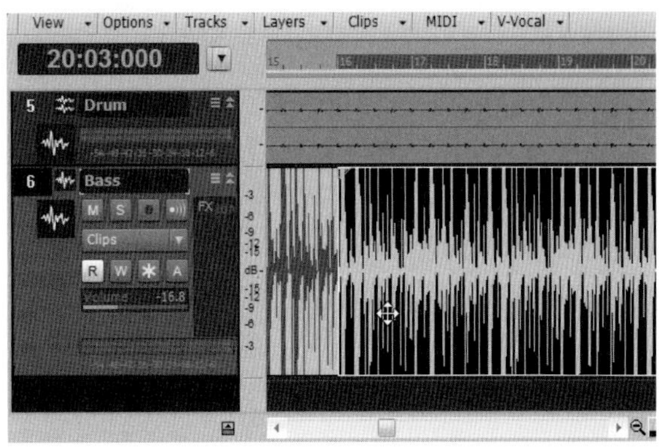

Auto Crossfade 메뉴를 적용하지 않으면 A, B 클립의 겹쳐 있는 부분에 페이드 효과가 적용되지 않는다. 따라서 A에서 B로 넘어갈 때 사운드가 갑자기 변하게 된다.

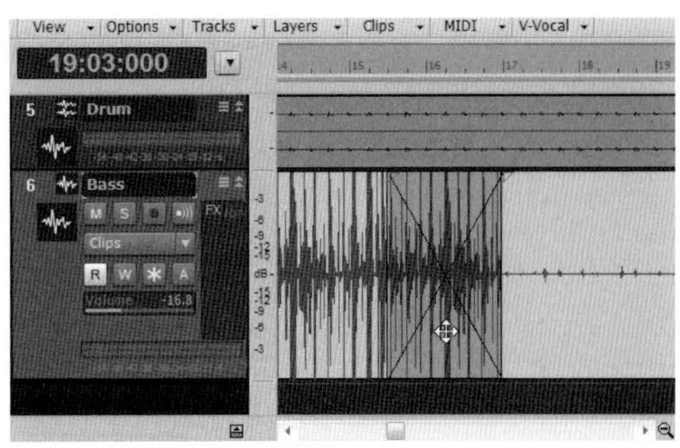

Auto Crossfade 메뉴를 적용하면 A, B 클립의 겹쳐 있는 부분에 크로스페이드가 자동으로 적용된다.

이때 앞쪽에 있는 오디오 클립의 끝에는 페이드아웃이, 뒤쪽에 있는 오디오 클립의 시작부분엔 페이드인 효과가 적용된다. 따라서 A에서 B로 연주될 때 사운드가 부드럽게 이어지는 효과가 만들어진다.

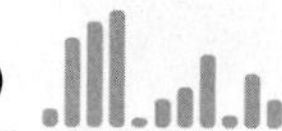

Tip 마우스로 오디오 클립의 페이드 인/아웃 설정하기

1. 오디오 클립의 페이드인/아웃 만들기

오디오 클립의 좌우 면에 커서를 대면 빨간색 삼각형 아이콘이 나타난다. 이때 좌우로 그래그하면 페이드 인/아웃을 설정할 수 있다.

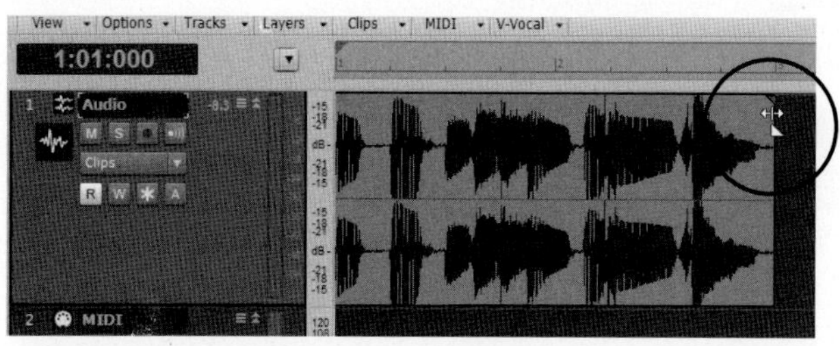

마우스를 오디오 클립의 경계면으로 이동시키면 삼각형 아이콘이 나타난다.

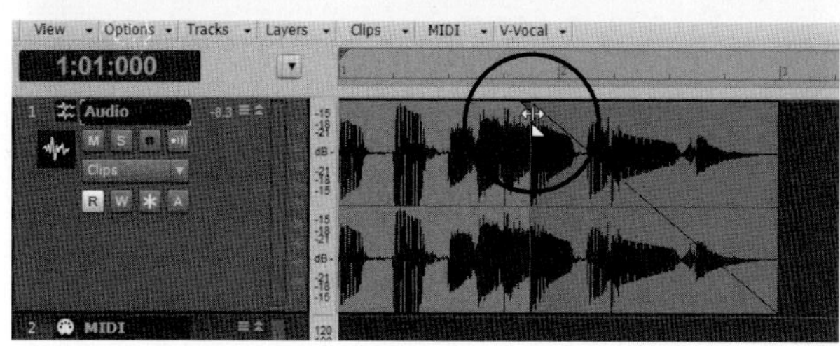

이때 드래그하면 페이드 인/아웃을 설정할 수 있다. 옆 그림은 페이드 아웃을 설정한 모습이다.
변경된 웨이브폼처럼 볼륨이 점점 낮아지는 페이드 아웃 효과가 만들어진다.

2. 웨이브폼 파형 조절하기

마우스를 트랙 경계면에 대면 파형 아이콘이 나타난다. 이때 상하로 드래그하면 삽입된 오디오 클립의 파형이 커지거나 작아진다.

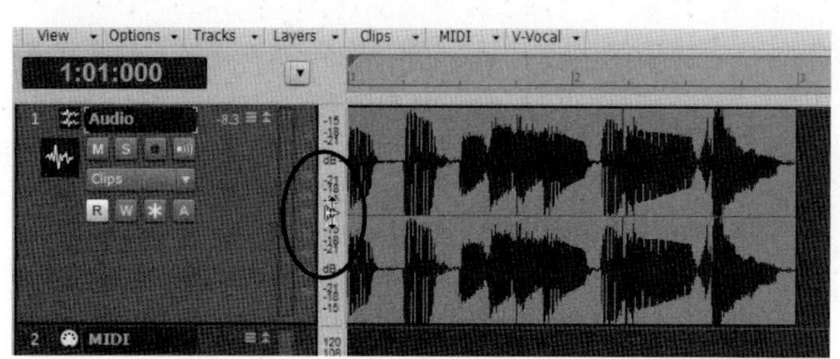

트랙 경계면에 마우스 커서를 대면 파형 아이콘이 나타난다.

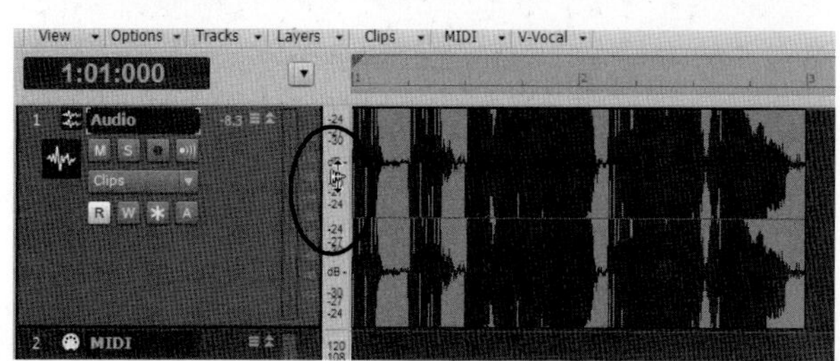

위로 드래그하면 오디오 파형이 확장된다. 그만큼 해당 오디오 클립의 볼륨이 커진다.

8. Options → Crossfade Type 메뉴

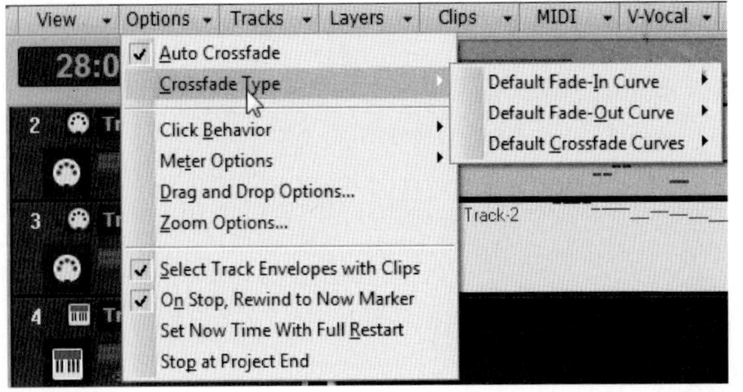

앞 페이지에서 공부한 크로스페이드의 방식을 선택할 수 있다. 두 클립이 만나는 이음새 부분이 자동으로 크로스페이드될 때 이곳에서 설정한 방식으로 페이드인/아웃이 자동으로 만들어진다.

다음은 크로드페이드 방식을 비교한 모습이다.

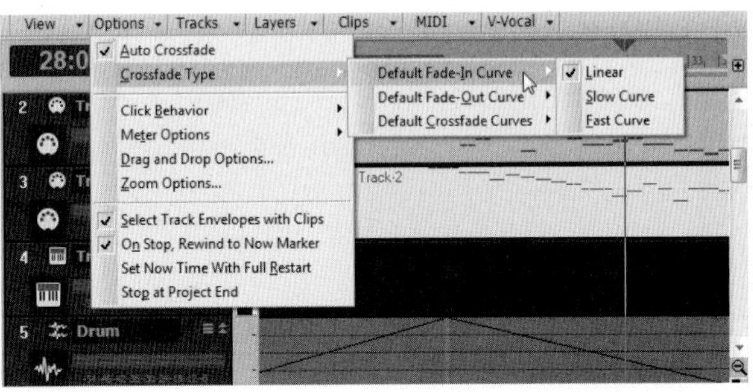

① **Fade In Curve** : 겹쳐 이어지는 오디오 클립 중 뒤쪽 오디오 클립의 시작 부분 페이드 상태를 조절한다. 오디오 클립의 시작 부분 사운드가 도형 모양으로 페이드인되면서 점점 볼륨이 커진다.

Linear를 선택하면 평범하게 시작 부분 사운드가 점점 커지고, Slow Curve를 선택하면 느리게 시작 부분 사운드가 커진다. Fast Curve를 선택하면 빠르게 시작 부분 사운드가 커진다.

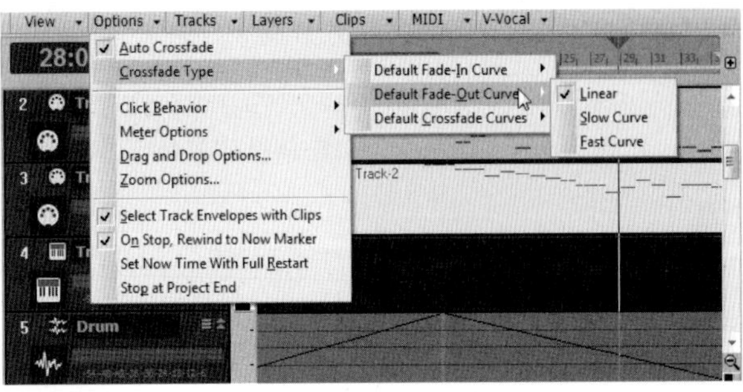

② **Fade Out Curve** : 겹쳐 이어져있는 오디오 클립 중 앞쪽 오디오 클립의 끝 부분 페이드 아웃 상태를 조절한다. 오디오 클립의 끝부분 사운드가 도형 모양으로 페이드 아웃되어 사라진다.

Linear를 선택하면 평범하게 끝 부분 사운드 볼륨이 작아지고, Slow Curve를 선택하면 느리게 끝 부분 사운드 볼륨이 작아진다. Fast Curve를 선택하면 빠르게 끝 부분 사운드 볼륨이 작아진다.

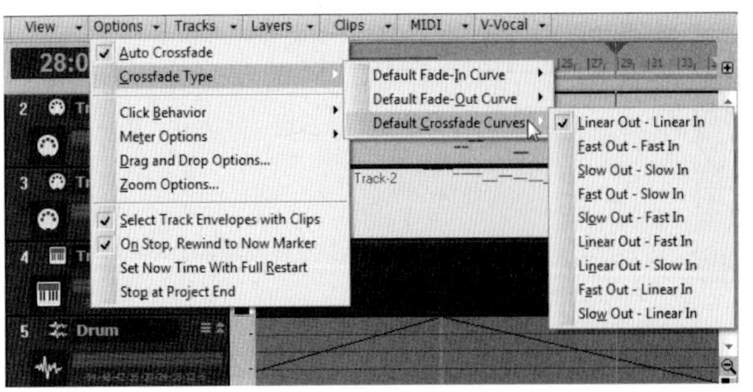

③ **Crossfade Curves** : 두 오디오 클립의 이음새 부분의 크로스페이즈 방식을 선택한다. 도형 모양으로 이음새 부분의 사운드 볼륨이 조절된다.

예를 들어 Fast Out-Fast In을 선택하면 앞쪽 클립의 끝 부분 볼륨이 빠르게 페이드아웃되고, 뒷부분 클립의 시작 부분 볼륨이 빠르게 페이드인된다.

9. Options → Click Behavior 메뉴

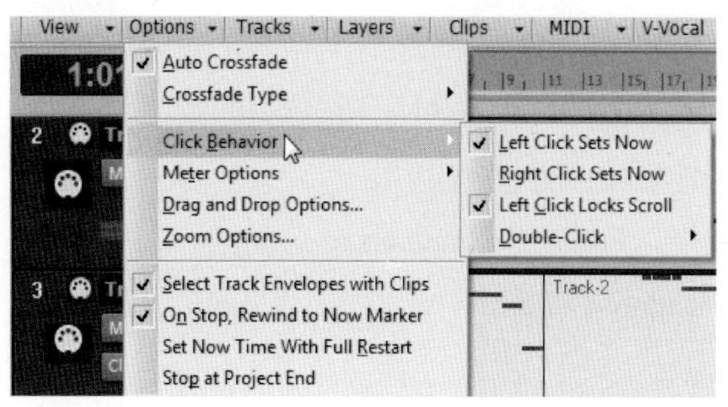

마우스 왼쪽 버튼, 오른쪽 버튼, 더블클릭했을 때 어떤 작업을 할 수 있는지 설정할 수 있다. 특별한 경우가 아니라면 기본 설정을 그대로 사용하는 것이 좋다.

예를 들어 기본값인 Left Click Sets Now 메뉴를 선택하면 마우스 왼쪽 버튼을 클릭했을 때 송 포지션 포인터가 클릭한 위치로 이동해온다. Right Click Sets Now 메뉴를 선택하면 마우스 오른쪽 버튼을 클릭했을 때 송 포지션 포인터가 클릭한 위치로 이동해온다.

Double Click 메뉴는 미디 클립을 더블클릭했을 때 피아노 롤 뷰가 열리게 할 것인지 스태프 뷰(악보 창)이 열리게 할 것인지 선택할 수 있다.

10. Options → Meter Options 메뉴

각각의 트랙 패널에는 미디/오디오의 입출력 상태를 시각적으로 보여주는 레벨 미터가 있다. Meter Options 메뉴는 각종 녹음 미터, 플레이 미터를 트랙에 표시하거나 감출 때 사용한다.
또한 각각의 레벨 미터에 표시되는 요소를 지정할 때 사용한다.

다음은 기본값인 Horizontal Meters(가로 미터)와 Vertical Meters(세로 미터)를 비교한 모습이다.

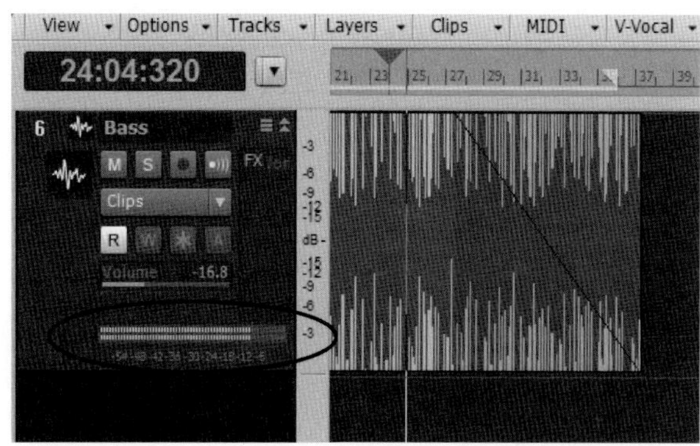

가로 미터(Horizontal Meters)의 모습

세로 미터(Vertical Meters)를 사용하는 모습

11. Options → Drag and Drop Options 메뉴

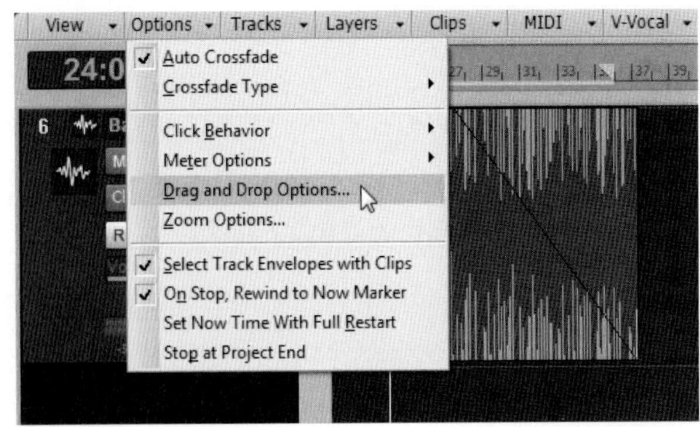

클립이나 노트(음표)를 선택한 뒤 마우스로 이동시킬 때는 여러 가지 옵션으로 이동/복사 작업을 할 수 있다. 이동, 복사 옵션을 여기서 설정한다.

이 옵션은 Edit → Preferences 메뉴를 실행한 뒤 Custumization → Editing 탭에서도 변경할 수 있다.

다음은 대화상자에서 옵션을 설정하는 모습이다.

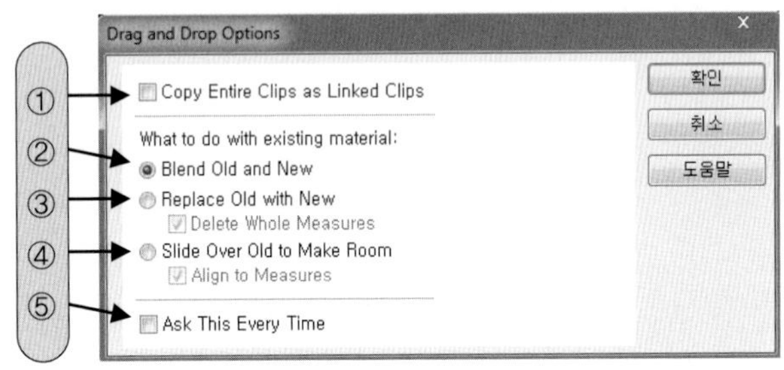

① **Copy Entire Clips as Liked Clips** : 복사할 때 링크 클립으로 만들어준다.

② **Blend Old and New** : 이동된 데이터가 목적지에 있는 데이터와 혼합되는 방식이다. 기본값이다.

③ **Replace Old with New** : 목적지에 있는 데이터를 삭제하고 이동된 데이터로 채우는 방식이다. Delete While Measure 옵션에 체크하면 마디 단위로 삭제된다.

④ **Slide Over to Make Room** : 목적지에 있는 데이터를 새로 이동되어온 데이터만큼 오른쪽으로 밀어주는 방식이다. Align to Measure 옵션에 체크하면 마디 단위로 이동된다.

⑤ **Ask This Every Time** : 체크 표시를 하면 이동 작업을 할 때 마다 이 옵션 대화상자가 나타나 어떻게 이동할 것인지 묻게 된다. 체크 표시를 제거하면 대화상자가 나타나지 않는다. 보통은 이 옵션을 사용하지 않는다.

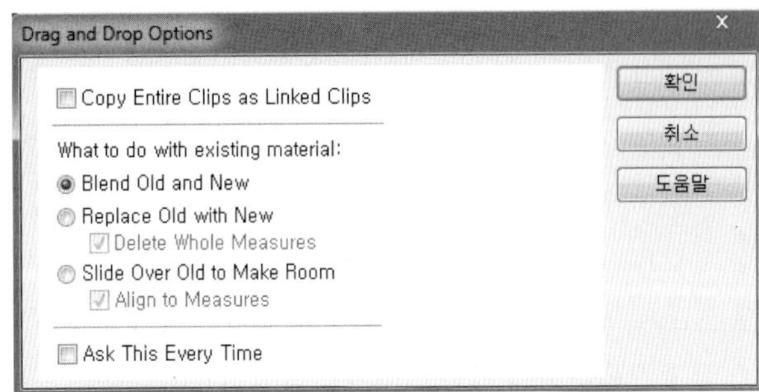

클립을 이동, 복사할 때마다 나타나는 대화상자

12. Options → Zoom Options 메뉴

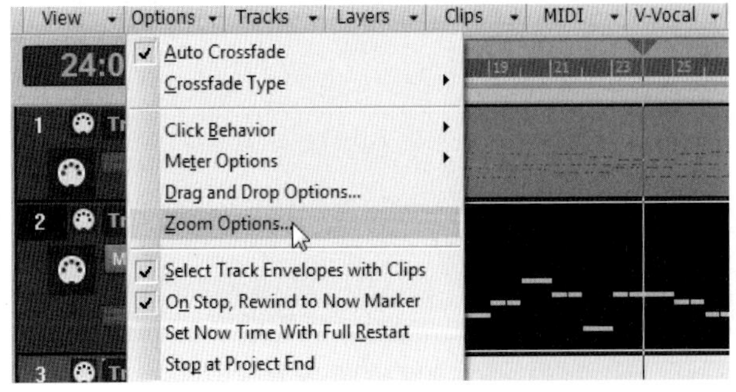

화면 확대/축소 기능에 대한 옵션을 설정할 수 있다. 마우스 휠을 Alt + 휠 스크롤(↑)하면 화면을 확대할 수 있고, Alt + 휠 스크롤하면(↓) 화면을 축소할 수 있다.

Zoom Options 메뉴를 실행하면 다음과 같은 대화상자가 실행된다.

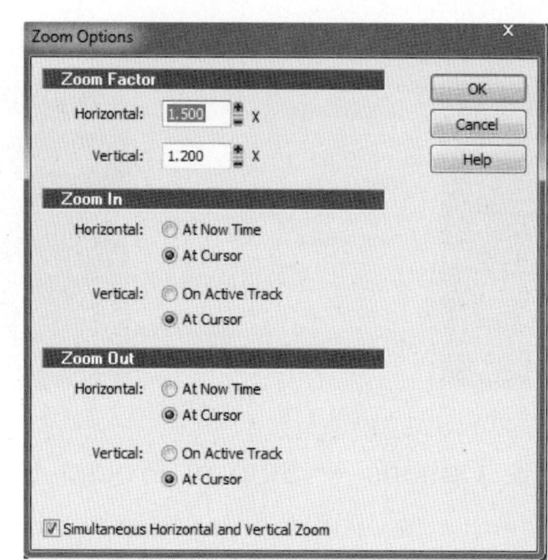

① **Zoom Factor :** Horizontal 옵션에서 가로 방향으로 확대되는 비율을 설정한다. Vertical 옵션은 세로 방향으로 확대되는 비율을 설정한다.

② **Zoom In :** 가로, 세로 방향으로 확대할 때 기준이 되는 요소를 선택한다. 커서를 기준으로 할지 송 포지션 포인터 위치를 기준으로 할지 설정할 수 있다.

③ **Zoom Out :** 가로, 세로 방향으로 축소할 때 기준이 되는 요소를 선택한다. 커서를 기준으로 할지 송 포지션 포인터 위치를 기준으로 할지 설정할 수 있다.

④ **Simultaneous Horizontal and Vertical Zoom :** 이 옵션에 체크하는 것이 기본값이다. 이 옵션에 체크하지 않으면 마우스 휠로 확대, 축소할 때 다음과 같이 동작한다.

- Alt + 마우스 휠 : 세로 방향으로 동작한다.
- Alt + Shift + 마우스 휠 : 세로 방향으로 빠르게 동작한다.
- Ctrl + Alt + 마우스 휠 : 가로 방향으로 동작한다.
- Ctrl + Alt + Shift + 마우스 휠 : 가로 방향으로 빠르게 동작한다.

13. Options → Select Track Envelopes with Clips 메뉴

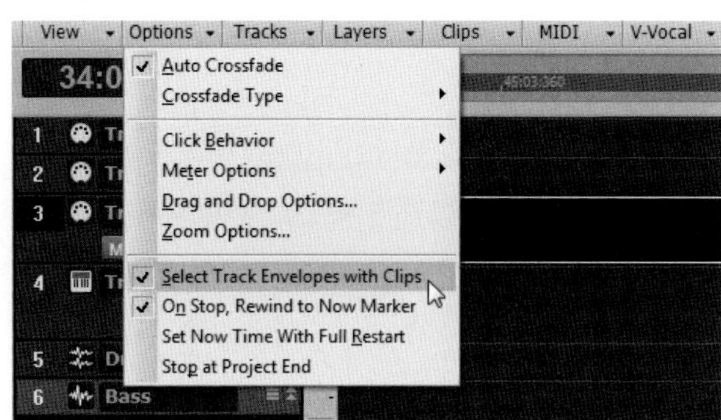

이 메뉴에 체크 표시를 하면 클립을 선택할 때 각종 엔벨로프도 함께 선택된다.

14. Options → On Stop Rewind to Now Marker 메뉴

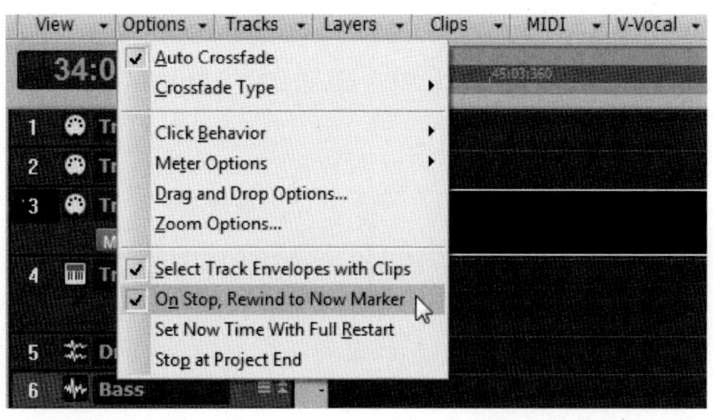

이 메뉴에 체크 표시를 하면 Play를 스톱했을 때 송 포지션 포인터가 있는 위치로 되돌아간다.

이 메뉴에 체크하지 않으면 스톱했던 부분에 송 포지션 포인터가 이동되어 온다.

15. Options → Set Now Time With Full Restart 메뉴

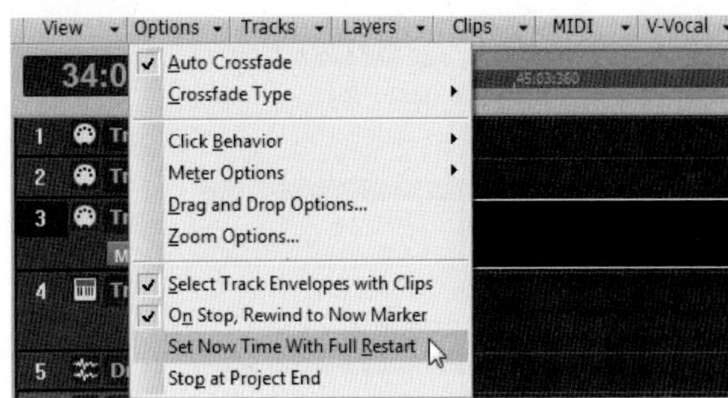

곡을 Play하는 도중에 룰러에서 특정 부분을 클릭하면 그 부분에서 다시 Play된다.

16. Options → Stop at Project End 메뉴

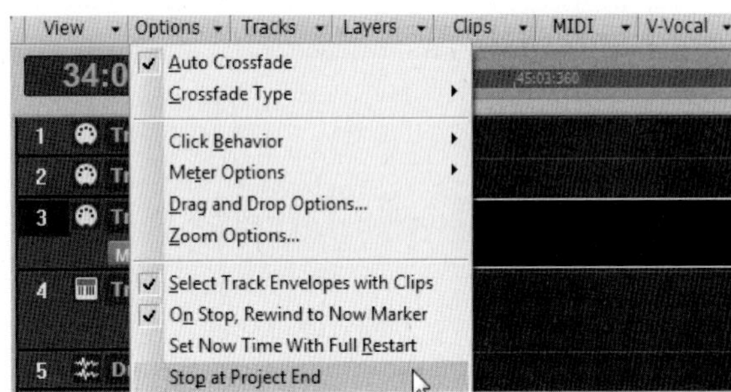

이 메뉴에 체크 표시를 하면 클립의 끝 부분에서 Play도 자동으로 종료된다. 이 메뉴에 체크하지 않으면 정지 버튼을 누르지 않는 한 계속 Play 상태가 유지된다.

17. Tracks → Make Instrument Track 메뉴

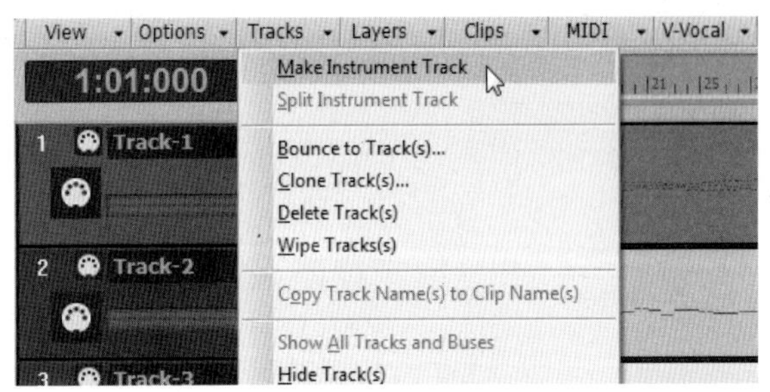

같은 가상 악기를 사용하는 오디오 트랙과 미디 트랙이 있을 경우 이들을 하나의 가상 악기 트랙으로 합쳐준다.

18. Tracks → Split Instrument Track 메뉴

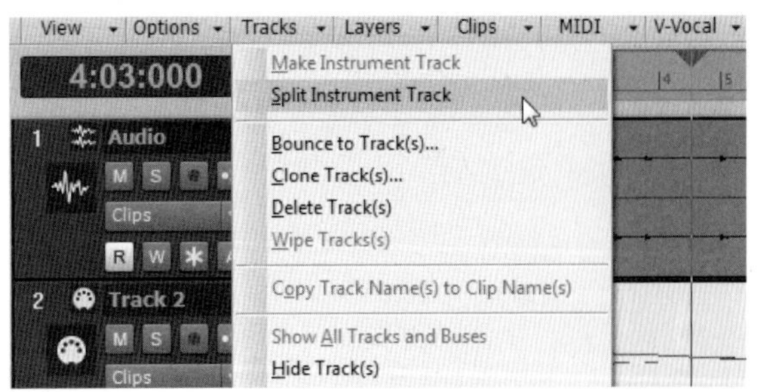

악기 트랙을 오디오 트랙과 미디 트랙으로 분할해준다.

19. Tracks → Bounce to Track 메뉴

미디 클립 또는 오디오 클립을 편집했을 경우, 편집한 내용을 적용해 새 클립으로 만드는 것을 바운스라고 한다. 예를 들어 해당 트랙에서 클립이 2개 이상 연이어지는 경우 하나의 클립으로 합쳐주기도 한다.

Bounce to Track 메뉴는 클립을 대상으로 하지 않고 그 트랙 안에 있는 모든 클립을 대상으로 바운스한다.

예를 들어 오디오 클립에 페이드인 효과를 적용하면 오디오 파형은 원본과 같은 상태에서 페이드인 효과가 적용된 상태이다. 바운스 메뉴를 적용하면 페이드인 효과가 적용되어 오디오 파형이 아예 변경된 새 클립이 생성된다. 즉 바운스 기능이란 편집된 요소가 모두 적용된 새 클립으로 교체하는 것이라 할 수 있다.

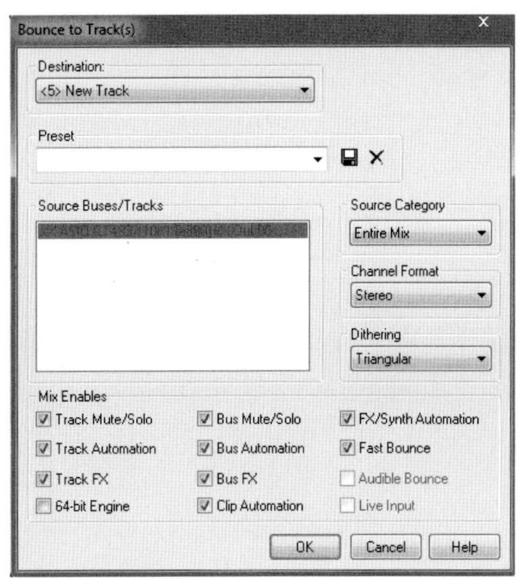

대화상자가 실행되면 Destination 옵션에서 바운드되어 새로 생성될 클립을 어느 곳에다 만들지 지정할 수 있다. 기존 트랙에 만들거나 새 트랙을 생성시킨 뒤 만들 수 있다.

대화상자 하단 옵션은 바운스할 때 어떤 편집 요소를 포함할 것인지 지정하는 기능이다. 보통 기본값인 모든 편집 요소를 포함해 바운스시키는 것이 좋다.

20. Tracks → Clone Track 메뉴

선택한 트랙을 복제한 뒤 하나 더 생성시킨다. 말 그대로 트랙을 복제하는 기능이다.

21. Tracks → Delete Track 메뉴

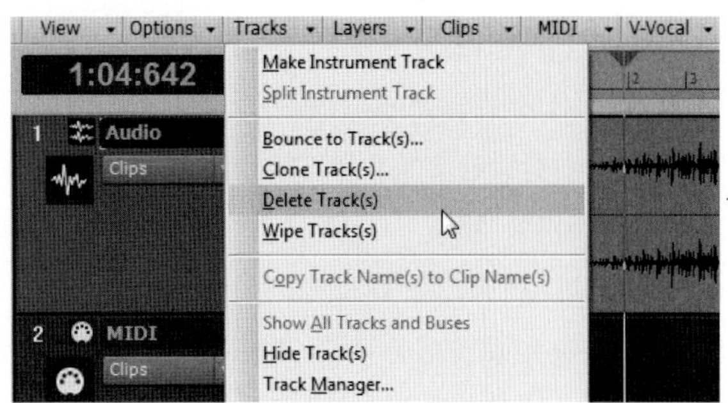

선택한 트랙을 완전히 삭제한다. 트랙 안에 있는 클립도 함께 삭제된다.

22. Tracks → Wipe Track 메뉴

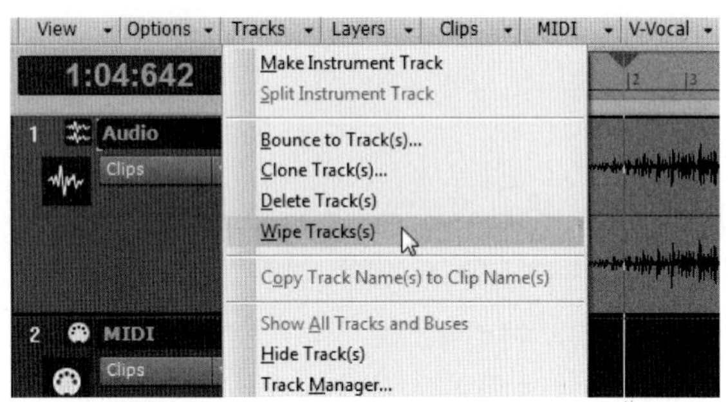

선택한 트랙 안에 있는 클립만 삭제한다. 트랙은 그대로 남아 있다.

23. Tracks → Copy Track Name to Clip Name 메뉴

트랙 이름을 클립 이름으로 사용한다. 메뉴를 적용하면 트랙 이름이 클립의 이름으로 사용된 것을 알 수 있다.

24. Tracks → Show All.../Hide Track 메뉴

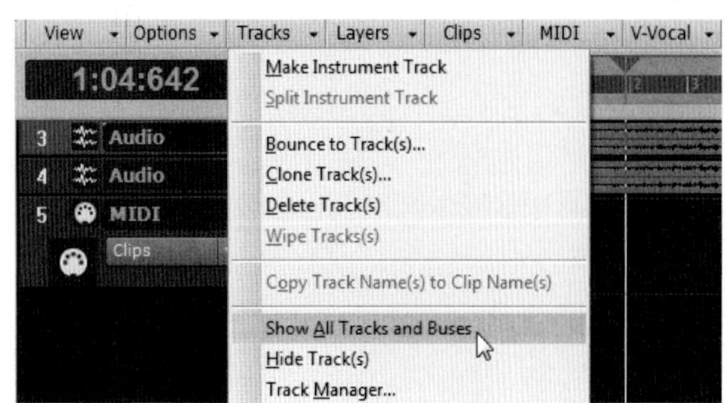

Hide Track 메뉴는 선택한 트랙을 트랙 뷰에서 감출 때 사용한다.

Show All... 메뉴는 Hide Track 메뉴로 감춘 트랙들을 다시 트랙 뷰에 표시하는 기능이다.

25. Tracks → Sort Track 메뉴

트랙을 어떤 방식으로 정렬할지 지정할 수 있다.

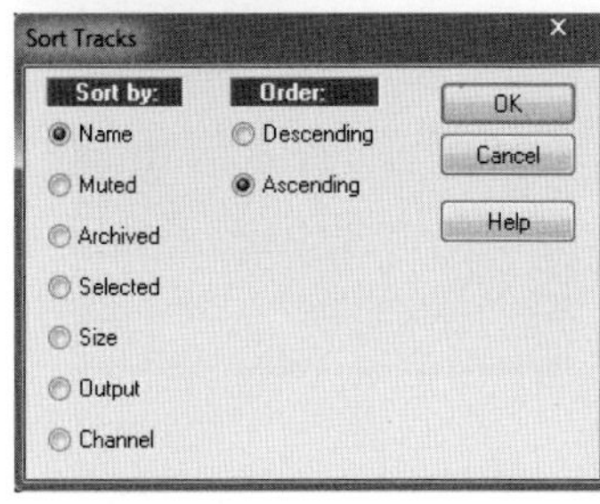

Sort By 옵션에서 이름 순서, 뮤트 순서, Archived(편집) 순서, 클립 크기 순서 등의 트랙 정렬 방식을 선택한다.

Oder 옵션은 정렬할 때 오름차순으로 할지 내림차순으로 할지 선택하는 기능이다.

26. Tracks → Track Manager 메뉴

트랙 매니저를 실행해 화면에 표시할 트랙을 지정할 수 있다.

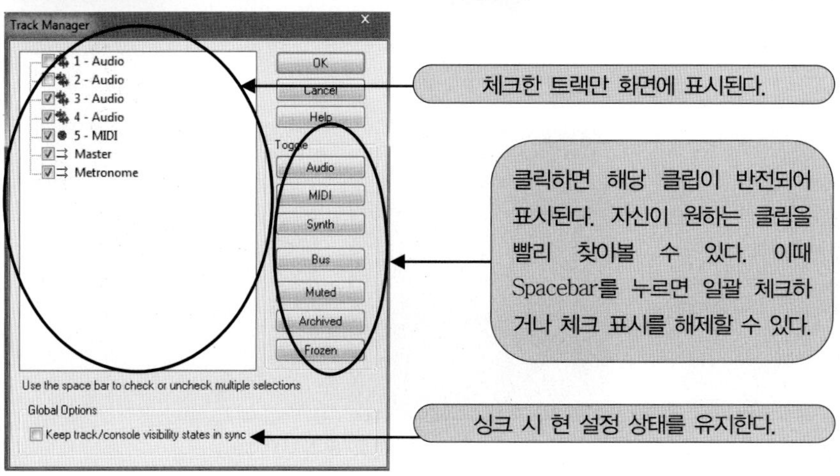

27. Layers → Show Layer 메뉴

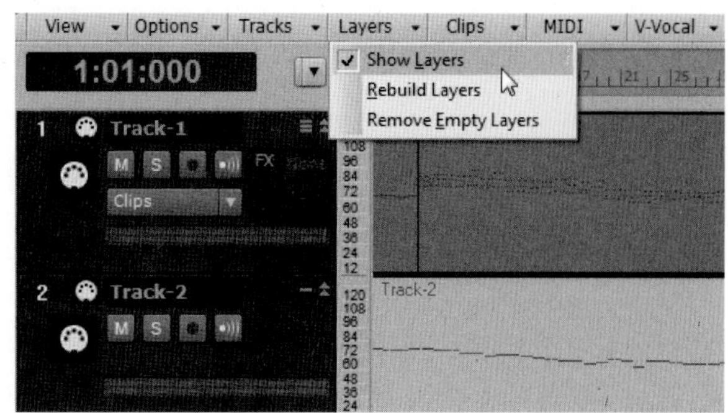

하나의 트랙에 여러 클립이 있는 경우, 이 버튼을 켜면 레이어 보기 상태로 전환되어 삽입된 클립들이 레이어 층으로 배열된다. 보통 겹쳐 있는 클립을 편집하기 편하도록 레이어로 보여준다. 또한 오디오를 겹쳐서 녹음한 경우 레이어 상태로 전환할 수 있다.

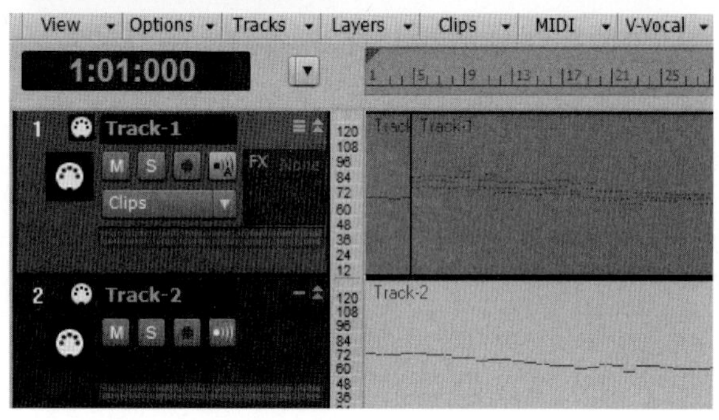

첫 번째 트랙에 겹쳐 있는 클립들

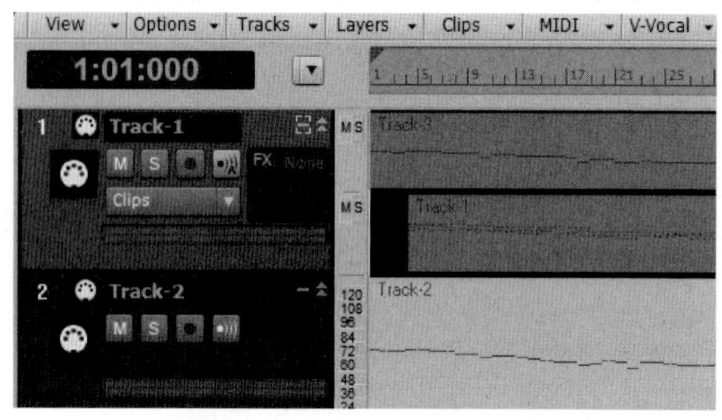

레이어 보기 상태로 전환한 모습

28. Layers → Rebuilt Layer 메뉴

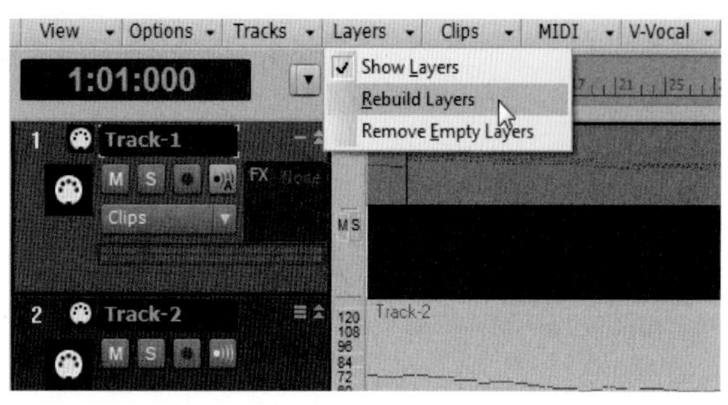

하나의 트랙에 여러 클립이 있는 경우, 앞의 Show Layer 메뉴를 적용하면 레이어로 분리시킬 수 있다.

만일 레이어로 분리되지 않는다면 이 메뉴를 적용해 강제 분리시킬 수 있다.

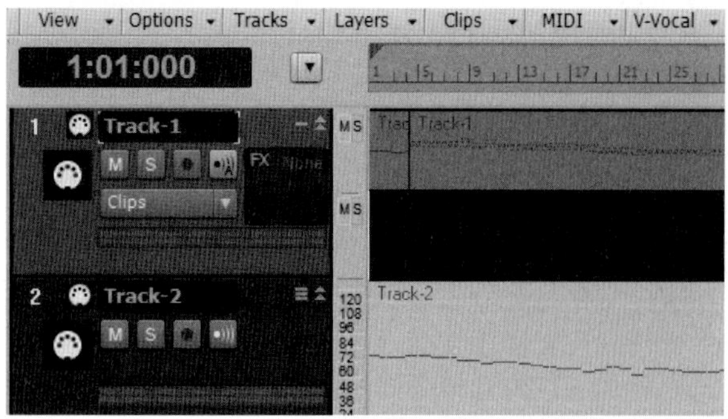

레이어로 분리되지 않은 모습

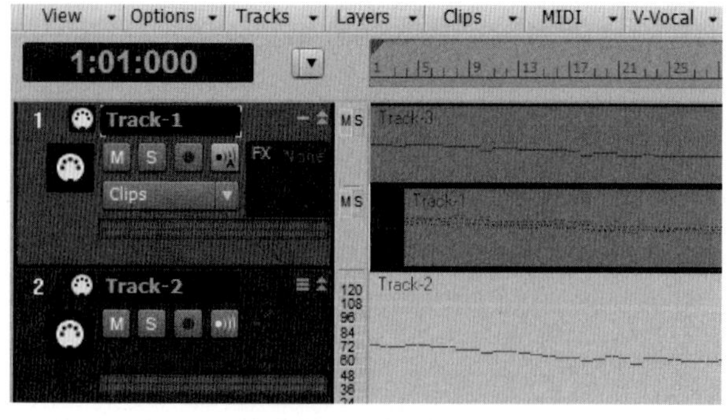

레이어로 분리시킨 모습

29. Layers → Remove Empty Layer 메뉴

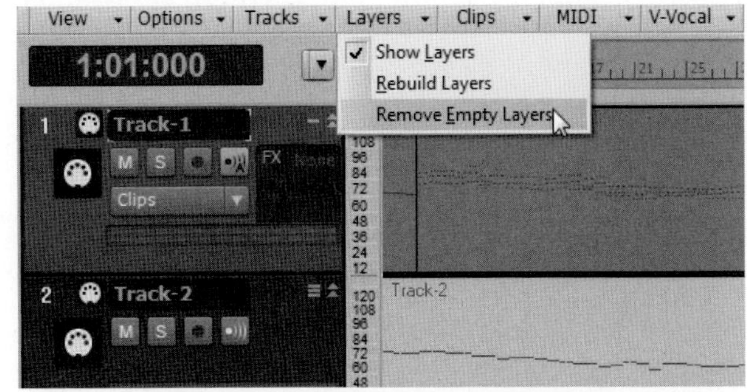

레이어 층에 클립이 없을 경우, 해당 비어 있는 레이어를 삭제한다.

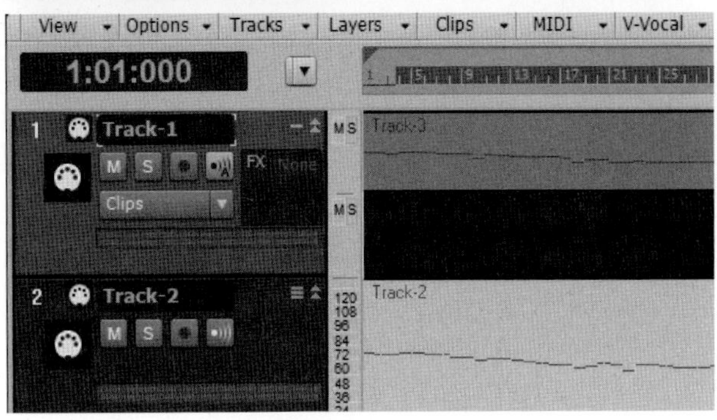

레이어에 클립이 없는 모습

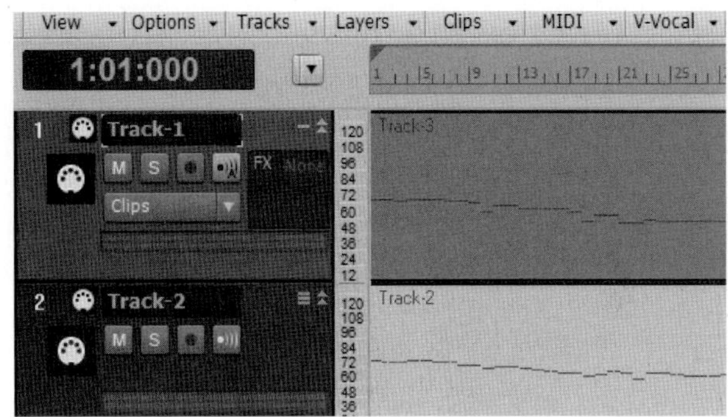

클립이 없는 레이어를 삭제한 모습

30. Clips → Apply Trimming 메뉴

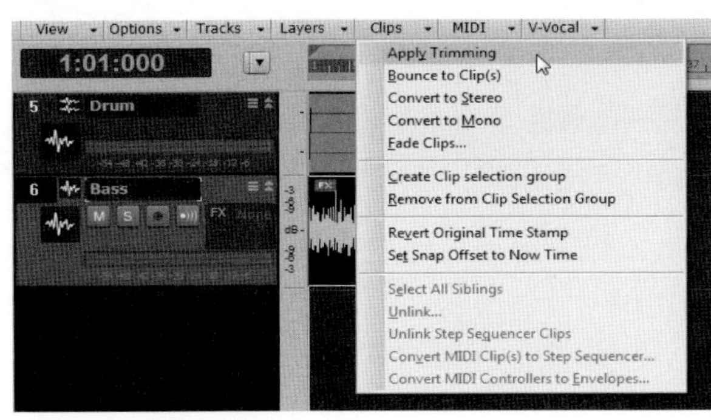

트림 툴로 편집한 오디오 클립 또는 길이를 줄인 오디오 클립은 사실상 원본이 보존된 상태에서 편집 내용이 적용된 클립이라 할 수 있다.

이 메뉴를 적용하면 이들 클립들을 실제 편집이 적용된 새 파일로 갱신해서 표시해준다.

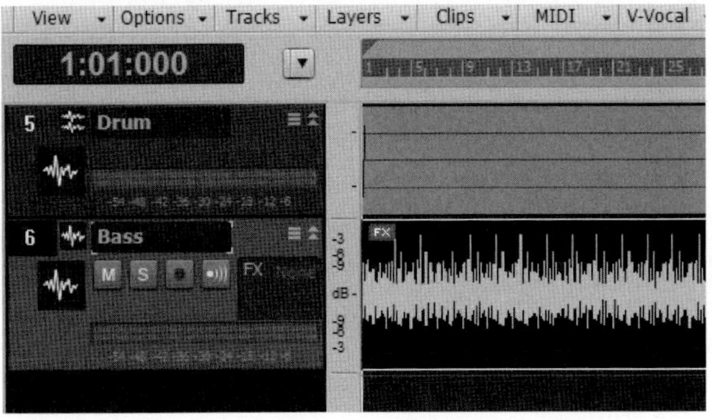

오디오 클립의 연주 길이를 '트림 툴'로 줄여보자.

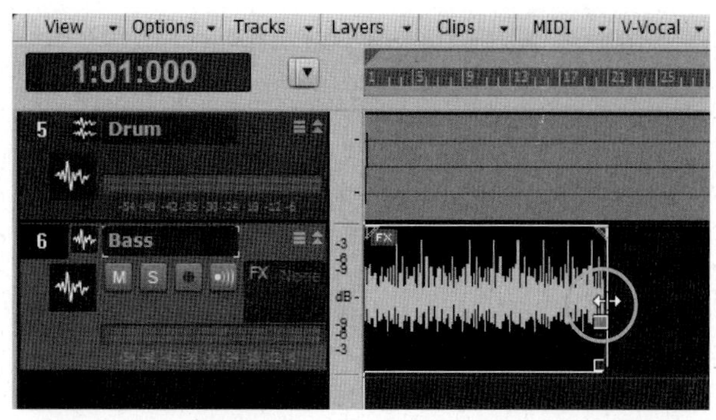

오디오 클립의 연주 길이를 트림 툴로 줄인 모습이다. 편집된 클립임을 표시하기 위해 클립 모서리가 삼각꼴로 깎여 있다.

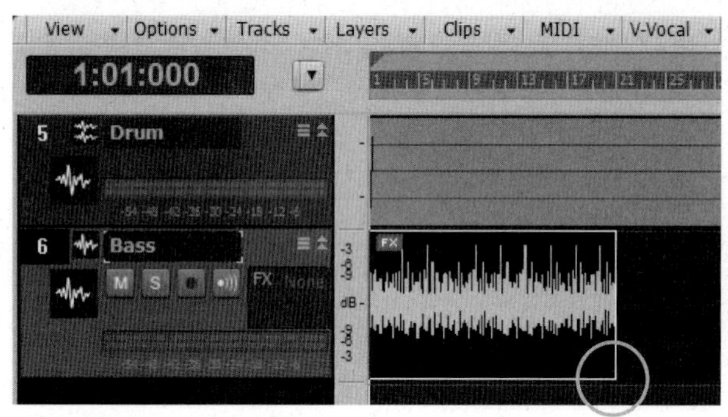

Apply Trimming 메뉴를 적용하면 해당 클립이 새 오디오 클립으로 갱신되어 교체된다. 편집된 클립임을 표시하는 모서리의 삼각꼴 표시가 없다.

31. Clips → Bounce to Clip 메뉴

Apply Trimming 메뉴와 비슷한 기능으로 편집을 적용한 오디오 클립을 실제 편집이 적용된 새 파일로 갱신해서 표시해준다. 동일 트랙에서 2개 이상의 선택한 클립을 합쳐 하나의 클립으로 만들 때도 사용한다.

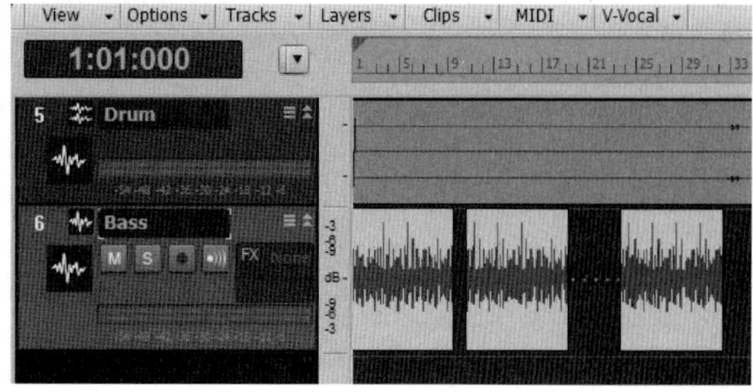

오디오 트랙에 3개의 오디오 클립이 삽입되어 있다.

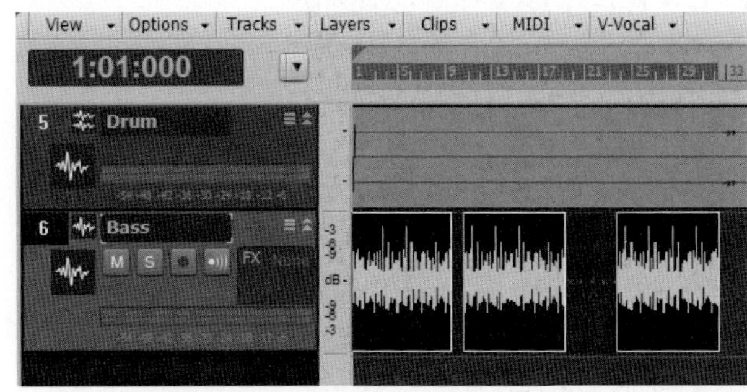

'스마트 툴'로 드래그하여 3개의 오디오 클립을 모두 선택한다.

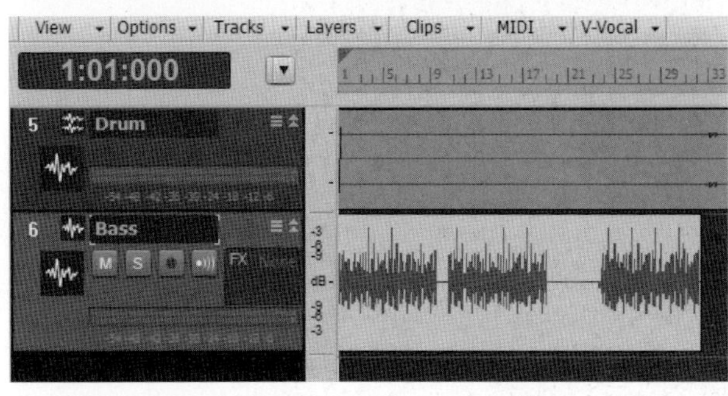

마우스 오른쪽 버튼으로 클릭한 뒤 Bounce to Clip 메뉴를 적용하면 1개의 클립으로 합쳐진다.

32. Clips → Convert to Stereo 메뉴

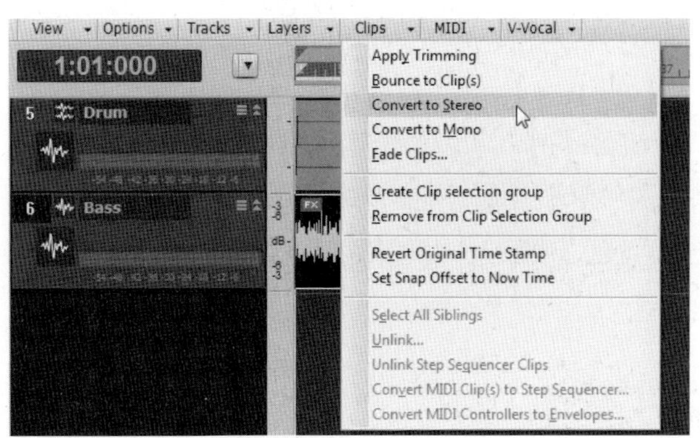

선택한 클립을 스테레오로 바꾼다.

다음은 오디오 클립을 선택한 뒤 Convert to Stereo 메뉴를 적용한 모습이다.

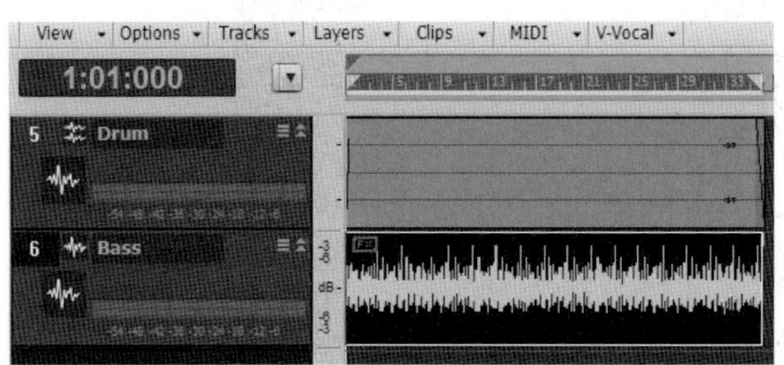

클립을 선택한 모습

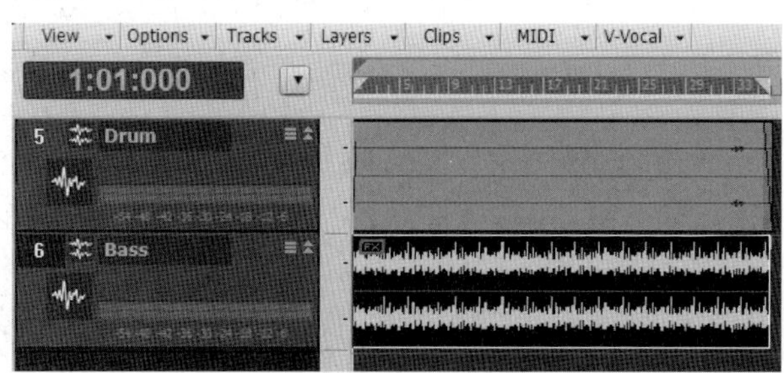

스테레오로 변경한 모습

33. Clips → Convert to Mono 메뉴

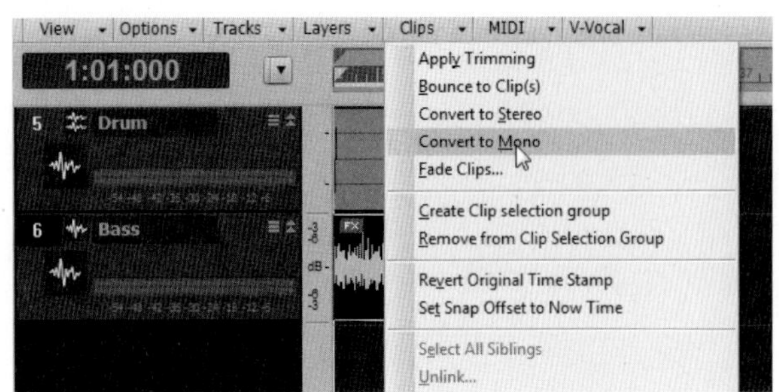

선택한 클립을 모노로 바꾼다.

다음은 오디오 클립을 선택한 뒤 Convert to Mono 메뉴를 적용한 모습이다.

클립을 선택한 모습

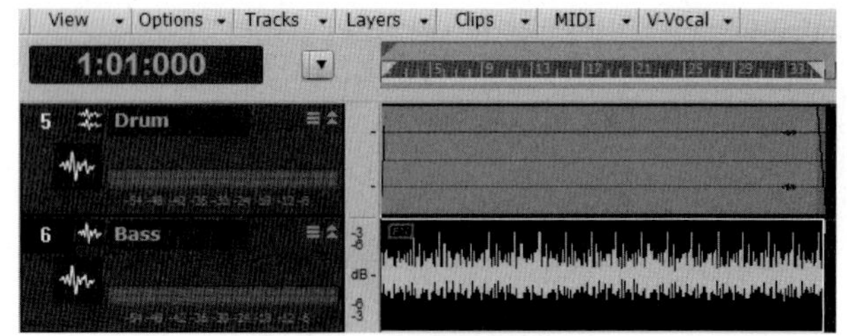

모노로 변경한 모습

34. Clips → Fade Clips 메뉴

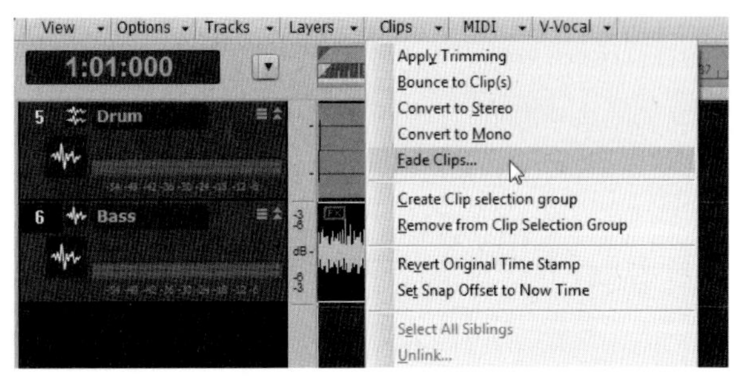

선택한 클립에 페이드인/아웃 효과와 크로스페이드 효과를 적용할 수 있다. 대화상자를 통해 적용하기 때문에 여러 클립을 동시에 선택한 뒤 동일한 값으로 적용할 때 유용하다.

Fade Clips 메뉴를 실행하면 다음과 같이 대화상자가 실행된다.

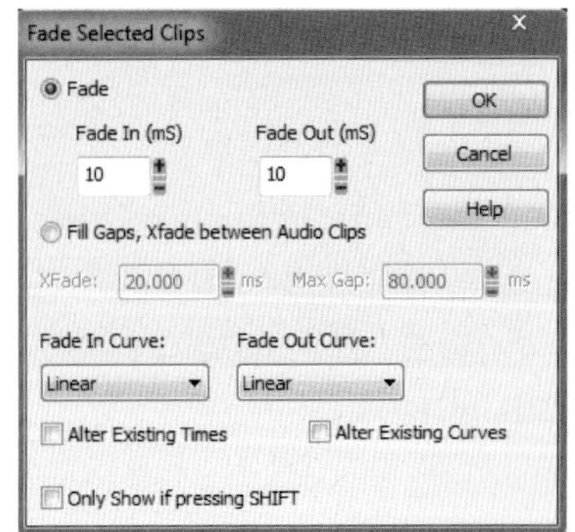

① **Fade** 옵션 : 페이드 In/Out을 설정한다. 1/1000초 단위로 설정할 수 있다.

② **Fill Gaps...** 옵션 : 크로스페이드 효과를 설정한다.

③ **Fade In Curve** 옵션 : 페이드인 효과에 사용할 커브 모양을 선택한다.

④ **Fade Out Curve** 옵션 : 페이드아웃에 사용할 커브 모양을 선택한다. 페이드 인/아웃 커브 모양은 아래와 같이 3개에서 선택한다.

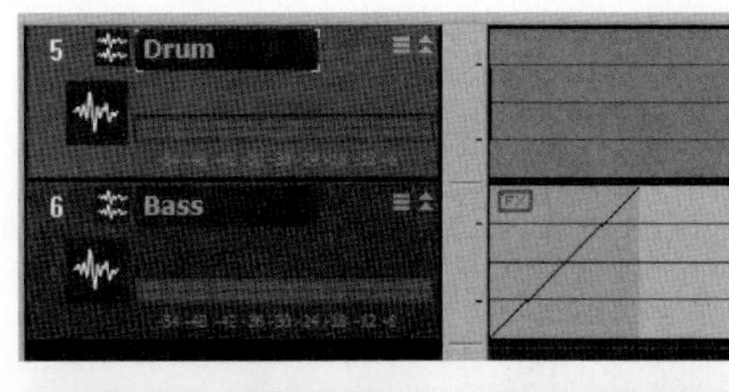

Linear 타입은 볼륨 변화가 직선 형태로 점점 커지거나 점점 작아진다.

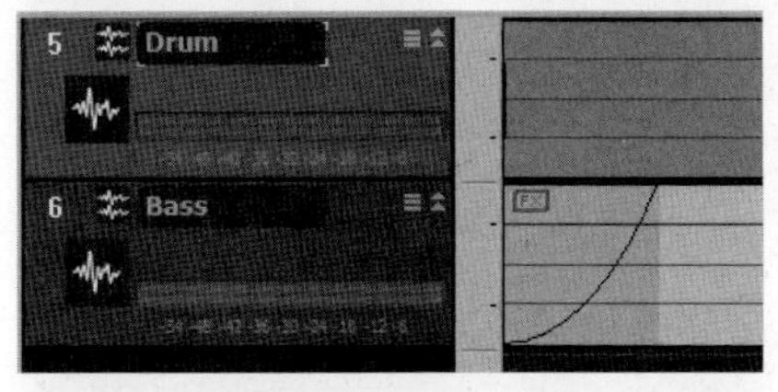

Slow 타입 커브는 볼륨 변화가 처음에는 느렸다가 점점 빠르게 변화되는 타입이다.

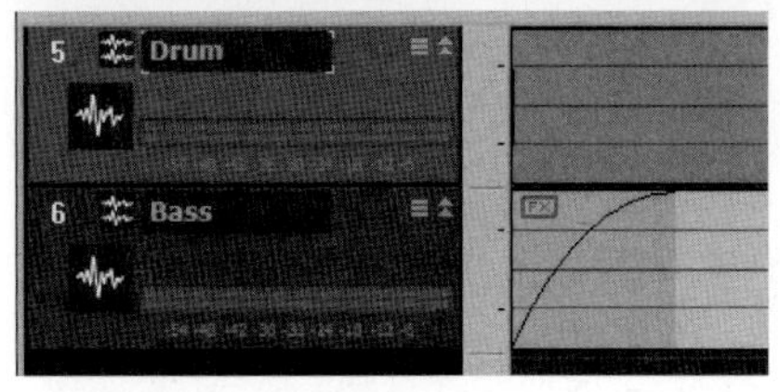

Fast 타입 커브는 볼륨 변화가 처음에는 빨랐다가 점점 느리게 변화되는 타입이다.

⑤ **Alter Existing Time** : 기존의 페이드인/아웃 간격을 수정하며 적용한다.

⑥ **Alter Existing Curves** : 기존의 페이드인/아웃 커브 모양을 수정하며 적용한다.

⑦ **Only Show if pressing Shift** : 이 옵션에 체크하면 Fade Clips 메뉴를 대화상자를 실행하지 않고 이전 옵션으로 바로 적용할 수 있다. 이때 Shift + 메뉴를 실행하면 다시 대화상자가 실행된다.

35. Clips → Create Clip selection group 메뉴

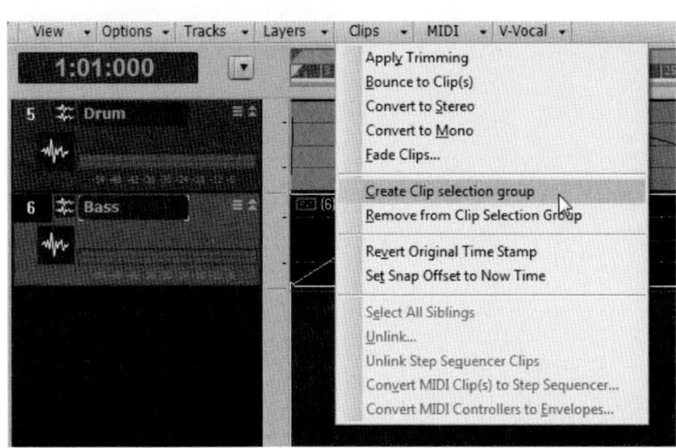

2개 이상의 클립을 선택한 뒤 실행한다. 선택된 클립들을 하나의 그룹으로 묶는다. 이동시킬 때 같이 움직이게 된다.

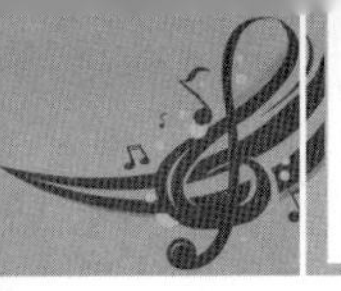

클립을 그룹으로 묶을 경우, 해당 클립들은 이름에 같은 '번호'가 표시된다.

그룹으로 묶을 클립 2개를 선택한 모습

그룹으로 묶은 모습

36. Clips → Remove from Clip selection group 메뉴

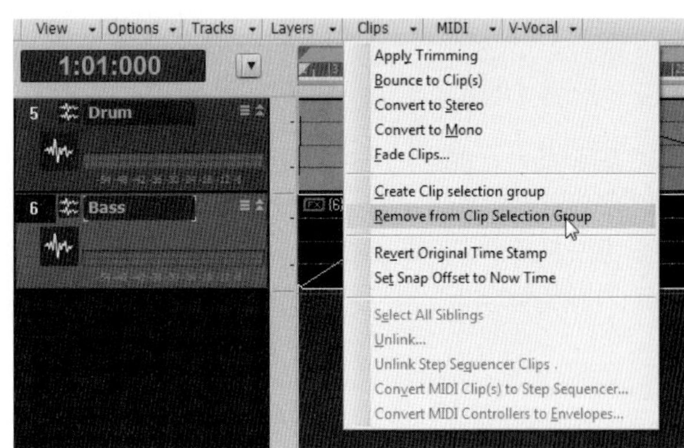

클립을 그룹을 묶었을 경우, 이들을 해제하고 원래대로 단일 클립으로 되돌린다.

37. Clips → Revert Original Time Stamp 메뉴

이동시킨 클립을 원래의 오리지널 위치로 다시 이동시킨다.

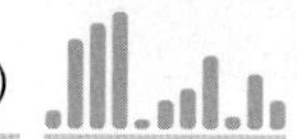

38. Clips → Set Snap Offset to Now Time 메뉴

Snap Offset을 송 포지션 포인터에 맞추어 정렬한다. 오디오 파형이 송 포지션 포인터에 정렬되는 효과가 있다.

39. Clips → Select All Siblings 메뉴

선택한 클립과 링크된 모든 클립을 선택 상태로 만든다. 링크 클립을 만들려면 Copy → Paste 작업을 할 때 대화상자의 Copy Entire Clips as Linked Clips 옵션을 선택하면 된다. 또한 드래그앤 드롭으로 복사할 때 대화상자의 Copy Entire Clips as Linked Clips 옵션을 선택하면 된다. 링크 클립은 클립 좌우와 아래쪽에 점선 표시가 나타난다.

소나는 기본적으로 같은 패턴, 같은 노트를 복사하여 붙일 때 대화상자의 Copy Entire Clips as Linked Clips 옵션으로 링크 클립을 만들 수 있지만 붙여넣을 때 대화상자가 실행되지 않으므로 Copy Entire Clips as Linked Clips 옵션을 사용할 수 없다. 대화상자를 사용하고 싶다면 트랙 뷰 메뉴의 Options → Drag and Drop Options 메뉴를 적용한다.

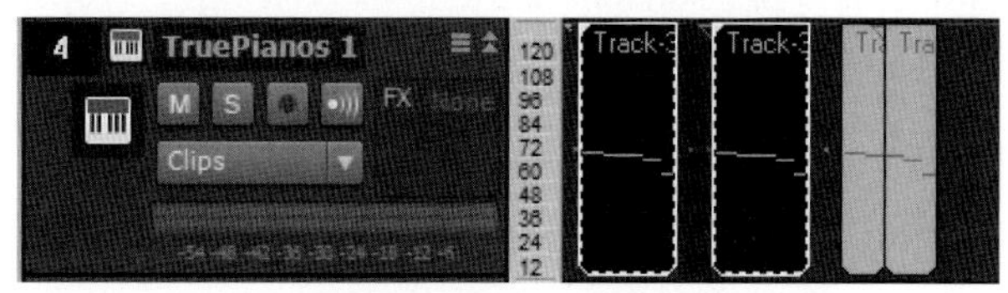

점선 표시가 있는 링크 클립

40. Clips → Unlink 메뉴

링크를 해제할 수 있도록 대화상자가 실행된다.

41. Clips → Unlink Step Sequencer Clips 메뉴

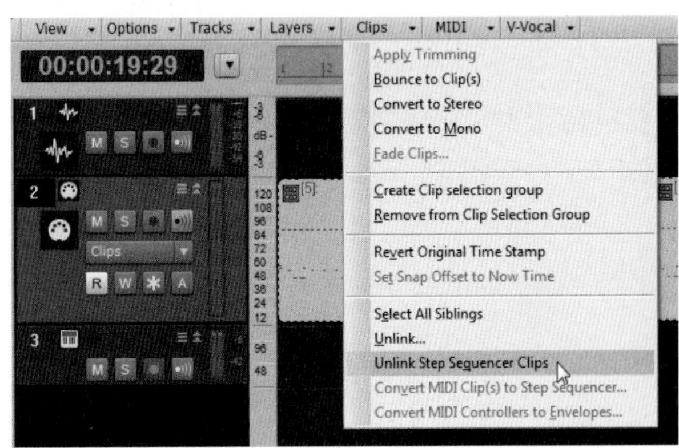

선택한 스텝 시퀀서 클립을 링크에서 해제한다. 해제된 클립은 때 링크된 클립에 영향을 주지 않고 독립적으로 편집할 수 있다.

42. Clips → Convert MIDI to Step Sequencer 메뉴

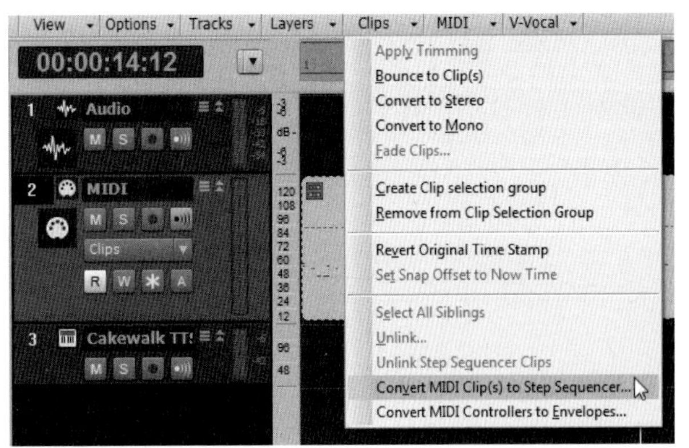

선택한 미디 클립을 스텝 시퀀서 클립으로 전환한다. 스텝 시퀀서 클립이란 스텝 시퀀서로 만든 미디 클립을 말하며 보통 특정 리듬을 루프시켜 사용할 때 만든다.

스텝 시퀀서 클립의 장점은 복사하여 루프 시킨 뒤, 하나만 편집하면 복사해 둔 클립도 모두 같은 편집 작업이 적용된다는 점에 있다. 또한 스텝 시퀀서 클립을 더블클릭하면 스텝 시퀀서가 실행되어 편집 작업을 피아노 롤 뷰에 비해 쉽게 진행할 수 있다.

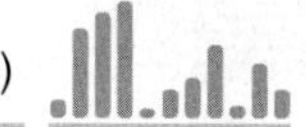

베이스 파트나 드럼 파트처럼 똑같은 리듬이 반복될 경우, 해당 클립을 루프시켜 사용하는 것이 좋다. 보통 해당 클립을 복사해서 배치하면 루프가 되지만 이 경우 원본 클립을 수정하면 복사한 클립은 수정되지 않는다. 만일 특정 클립을 수정했을 때 복사해둔 클립까지 자동 수정되게 하려면 스텝 시퀀서 클립을 만드는 것도 생각해 볼 만하다.

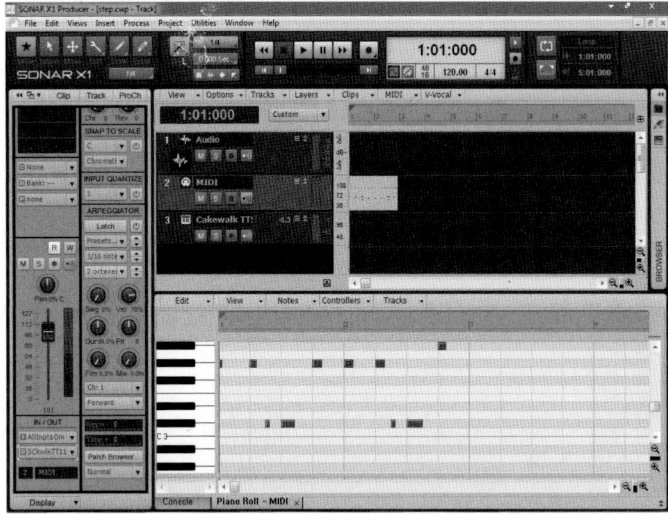

01 예제 'step.cwp'를 불러온다. 미디 클립에 드럼 파트가 제작되어 있고, 악기는 TTS-1의 드럼 음색을 연결한 상태이다.

사운드를 모니터하기 위해 Spacebar를 눌러 연주해 본 뒤 다시 Spacebar를 눌러 연주를 정지시킨다.

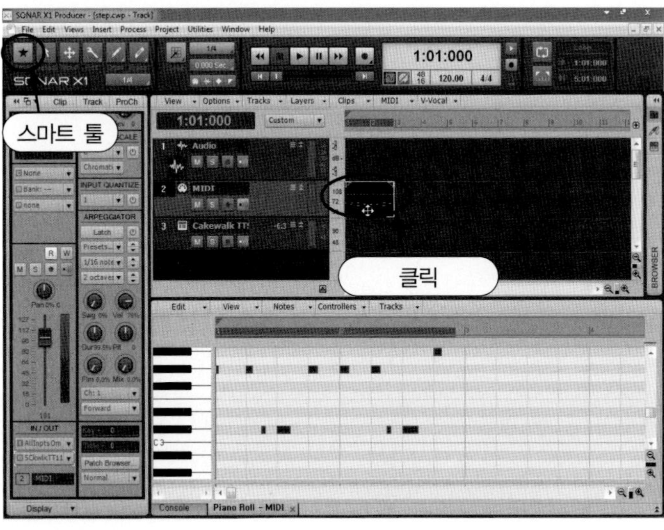

02 미디 클립을 스텝 시퀀서 클립으로 전환해 보자. '스마트 툴'로 미디 클립을 클릭해 선택한다.

03 트랙 뷰의 Clips → Convert MIDI to Step Sequencer 메뉴를 적용하면 미디 클립이 스텝 시퀀서 클립으로 전환된다.

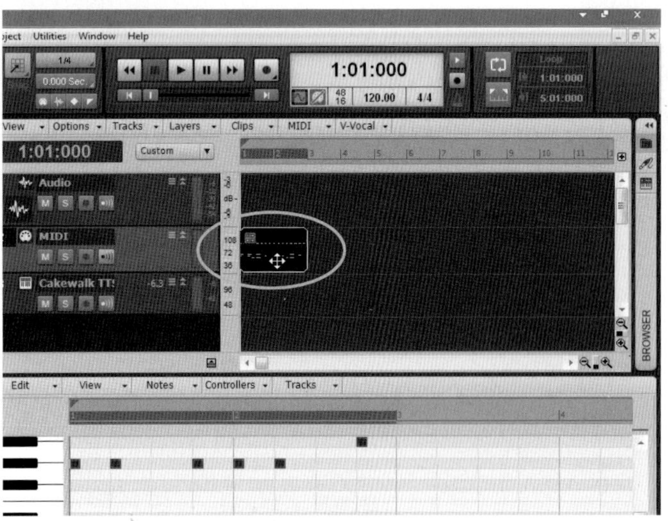

04 스텝 시퀀서 클립에는 그림처럼 사각형 아이콘이 표시된다.

05 클립을 선택한 뒤 Ctrl + 드래그하여 복제한다. 모두 5개가 되도록 복제하였다. 이렇게 하면 같은 리듬이 5회 반복된다.

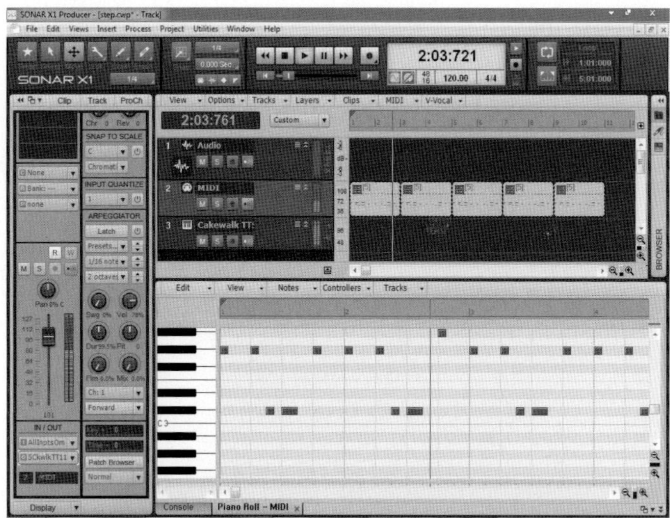

06 W 키를 누른 뒤 Spacebar를 눌러 처음부터 연주해 본다. 같은 드럼 리듬이 5회 반복되는 것을 알 수 있다. 다시 Spacebar를 눌러 연주를 중단한다.

07 스텝 시퀀서 클립은 어느 하나의 클립을 수정하면 나머지 클립도 모두 똑같이 수정된다는 특징이 있다. 5개의 클립 중 원하는 클립을 더블클릭하면 수정할 수 있도록 스텝 시퀀서가 실행된다.

08 스텝 시퀀서 창에서 편집하는 방법은 매우 간단하다. 비어 있는 셀을 클릭하면 노트가 입력된다. 마우스 오른쪽 버튼으로 클릭하면 입력된 노트를 삭제할 수 있다. 이런 식으로 원하는 리듬이 되도록 수정해 보자.

그런 뒤 곡을 처음부터 다시 연주하면 모든 클립에 같은 수정 작업이 적용된 것을 알 수 있다.

43. Clips → Convert MIDI Controller to Envelopes 메뉴

미디 컨트롤러로 조절한 내용이 피아노 롤 뷰에서 엔벨로 프로 전환된다.

44. MIDI → Show Note 메뉴

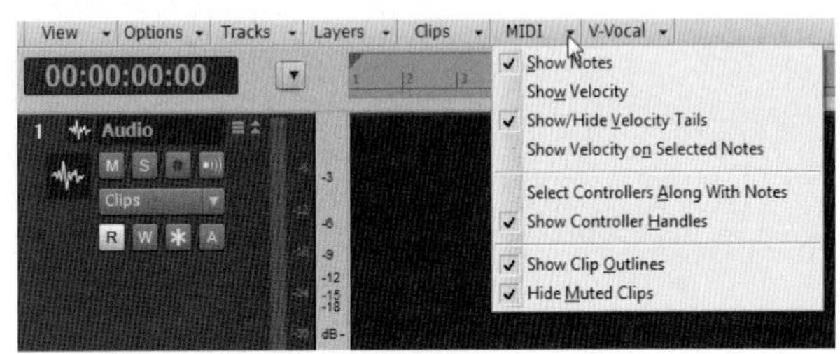

MIDI 메뉴는 트랙 뷰가 아닌 피아노 롤 뷰에서 사용한다. 자세한 사용법은 4부 미디 작곡 기능인 '피아노 롤 뷰'의 View 메뉴와 Notes 메뉴를 참고한다.

45. MIDI → V Vocal 메뉴

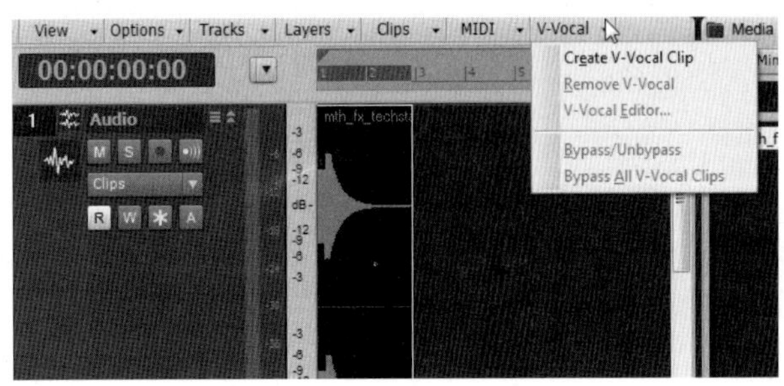

V-Vocal 메뉴는 보컬의 음정, 음색 등을 편집하는 기능이다. 자세한 사용법은 4부 보컬 편집 기능을 참고한다.

Part 4

미디 작곡, 악보 창,
미디 컨트롤러 정복하기

S O N A R

01 피아노 롤 뷰(Piano Roll View) - 노트 편집 창

피아노 롤 뷰는 노트(음표)를 막대 모양으로 입력하는 편집 창이다. 막대의 길이는 음표의 길이를 표시하고, 막대의 상, 하 방향은 음정을 표시한다. 막대의 길이와 위치로 리듬을 만들기 때문에 음악을 공부하지 않은 사람들도 손쉽게 작, 편곡 작업을 할 수 있도록 도움을 준다.

피아노 롤 뷰는 미디 트랙에 삽입된 미디 클립을 더블클릭하거나, Views → Piano Roll View 메뉴로 실행한다. 단축키는 미디 트랙을 선택한 상태에서 Alt + 3을 누른다.

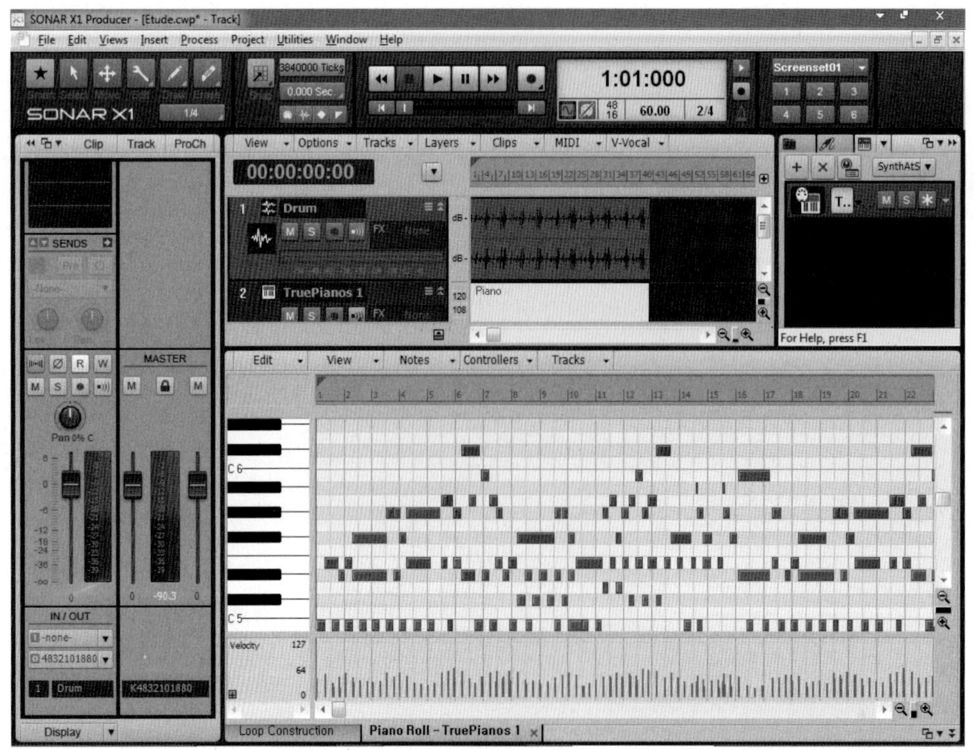

피아노 롤 뷰의 작업 화면

샘플 'Etude.cwp'를 불러온 뒤 2번 미디 트랙을 클릭해 선택한다. Alt + 3을 눌러 피아노 롤 뷰를 불러온다. 피아노 롤 뷰의 왼쪽 건반을 마우스로 누르면 2번 트랙과 연결된 TruePianos 가상 악기를 통해 사운드가 들리는 것을 알 수 있다. Spacebar를 누르면 연주가 시작되고, 다시 Spacebar를 누르면 연주가 정지된다.

● 피아노 롤 뷰의 작업 창

피아노 롤 뷰가 화면에 나타나면 작업하기 편하도록 하단 'Piano Roll View' 이름 탭을 마우스로 더블클릭하여 화면을 확대할 수 있다. 이름 탭을 다시 더블클릭하면 원래대로 축소된다.

피아노 롤 뷰에서 마디는 룰러에서 확인할 수 있다. 1개의 셀은 1박자를 표시된다. 아래 프로젝트는 4분의 2박자 곡이므로 2개의 셀이 1마디가 된다. 만일 4분의 4박자 곡이라면 4개의 셀이 1마디가 된다.

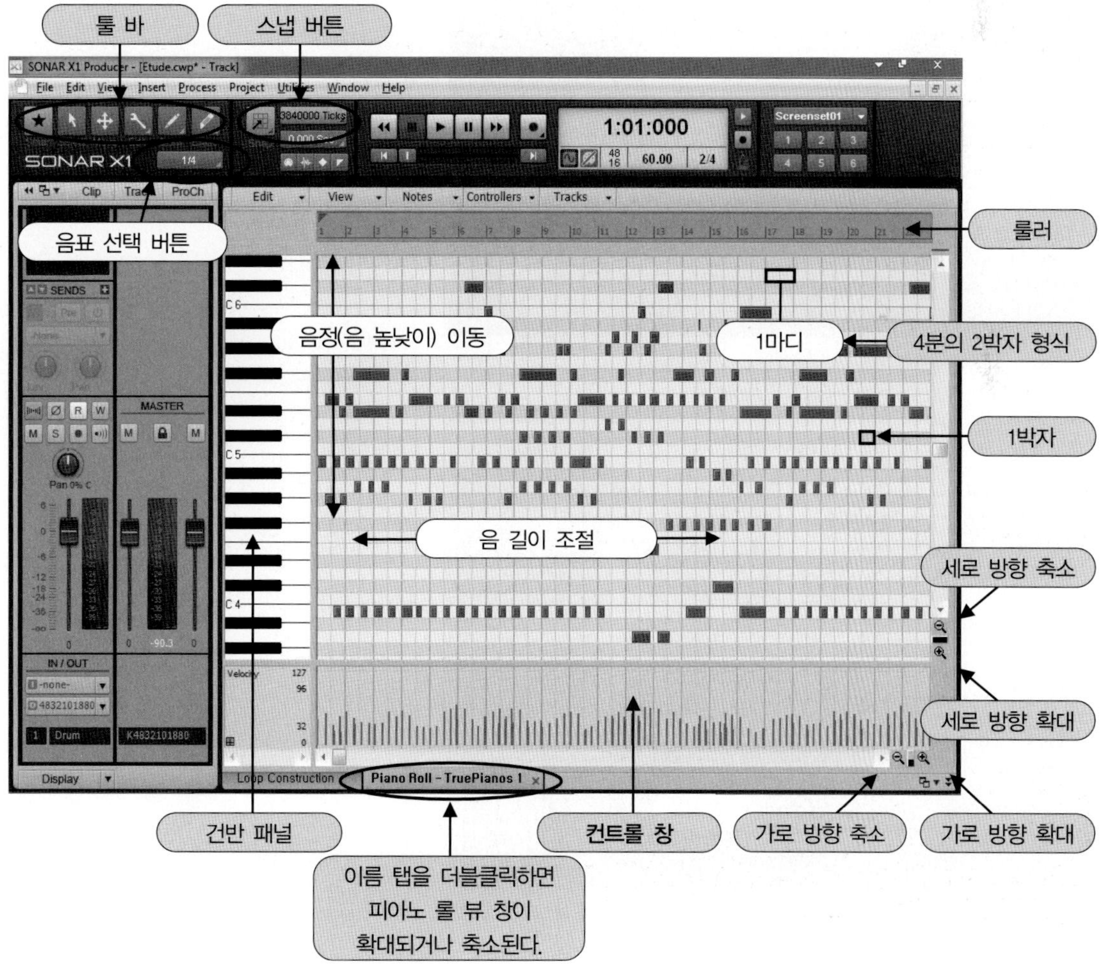

피아노 롤 뷰는 기존의 미디 클립을 편집할 때도 사용하지만 보통은 새 프로젝트를 생성시킨 뒤 작곡을 시작할 때 사용한다. 새 프로젝트를 생성시킨 뒤 스냅 방식을 설정하고 작곡을 시작하는 방법을 알아본다.

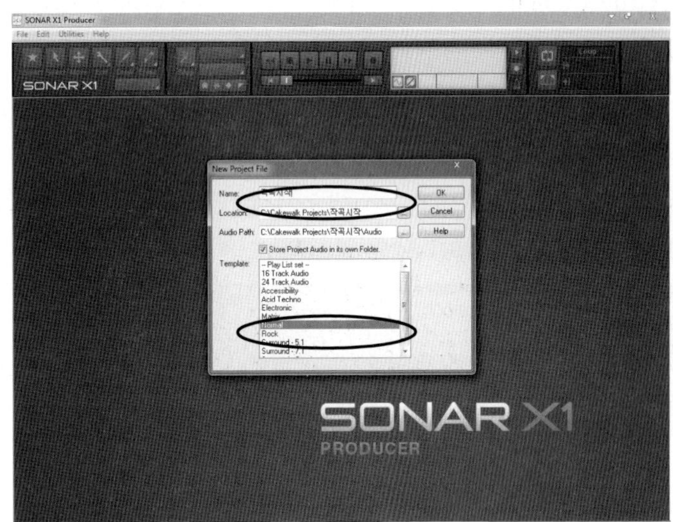

01 File → New 메뉴로 '작곡시작' 파일명을 가진 Normal 프로젝트를 생성시킨다.

02 Normal 프로젝트는 1개의 오디오 트랙, 1개의 미디 트랙, 2개의 버스 트랙로 구성되어 있다.

일단 노트 입력과는 관련 없는 버스 트랙이 작업에 방해되므로 닫아두기로 한다. 중앙의 버스 버튼을 클릭하면 버스 트랙을 닫을 수 있다.

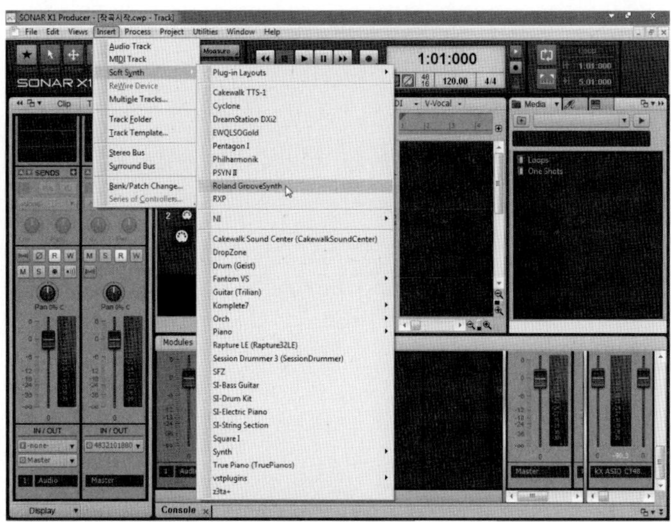

03 사운드 카드용 소프트음원은 음색이 좋지 않으므로 Insert → Soft Synths → Roland GrooveSynth 메뉴를 실행해 Roland GrooveSynth 가상 악기를 불러온다.

04 로딩한 GrooveSynth 가상 악기를 미디 트랙에 연결해야 하므로 2번 미디 트랙을 클릭해 선택한다.

05 2번 미디 트랙의 인스펙터에서 Output 파라미터를 클릭해 Roland GrooveSynth 가상 악기를 선택한다. 이렇게 하면 2번 미디 트랙의 출력포트에 GrooveSynth 가상 악기가 연결된다.

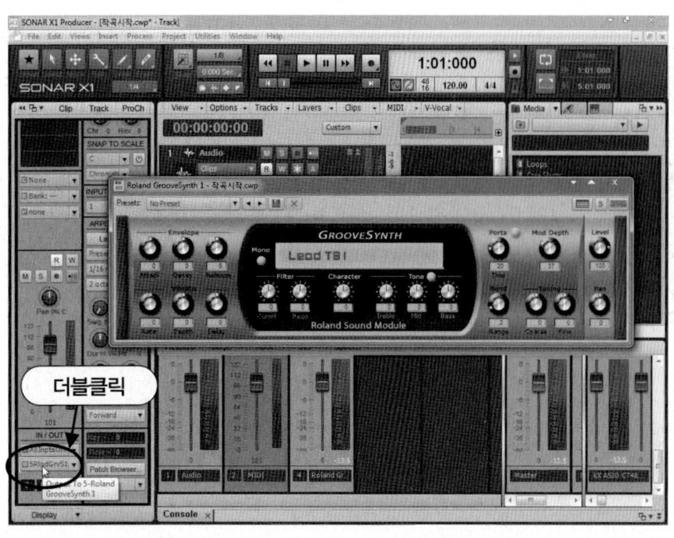

06 GrooveSynth 가상 악기는 수백개의 악기 음색을 제공하므로 다른 악기 음색으로 교체해 본다.
인스펙터의 Output 파라미터를 더블클릭해 가상 악기 창을 불러온다.

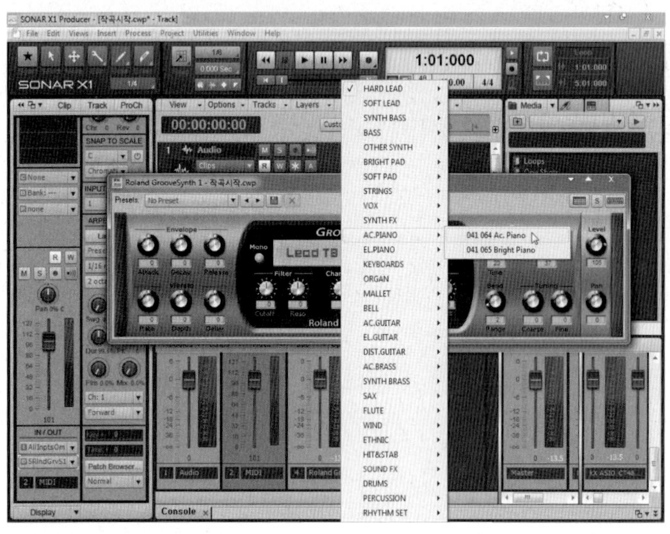

07 가상 악기 창의 악기이름 부분을 클릭한 뒤 AC Piano → Ac Piano 악기 음색을 선택한다. Ac Piano란 어쿠스틱 피아노 악기를 뜻한다.

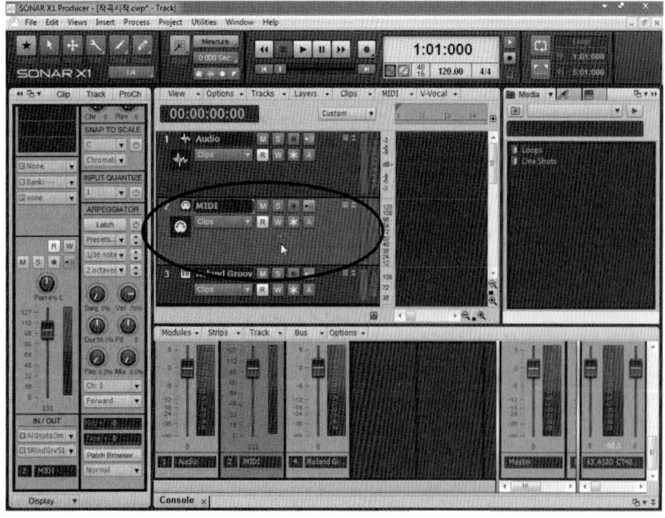

08 피아노 롤 뷰는 미디 트랙을 선택한 상태에서 실행해야 한다. 미디 트랙이 선택된 상태인지(밝은 회색) 미리 확인해 본다.

09 Views → Piano Roll View 메뉴를 실행하거나, 단축키 Alt + 3을 눌러 피아노 롤 뷰를 불러온다.

10 피아노 롤 뷰의 아래 이름 탭을 더블클릭해 작업하기 편하도록 피아노 롤 뷰를 확대한다.

소나는 기본적으로 4/4박자의 피아노 롤 뷰가 나타난다. 이제 원하는 노트를 입력하면 된다.

11 노트 버튼을 클릭한 뒤 입력할 노트(음표) 길이를 4분 음표로 설정한다.

225

12 스냅 버튼을 눌러 스냅 간격을 설정한다. 예를 들어 1/4를 선택하면 4분 음표 단위로 스냅되어 노트가 입력된다. 만일 1/8을 선택하면 8분 음표 단위로 스냅되어 노트가 입력된다.

여기서는 1/4를 선택하여 4분 음표 단위로 스냅되어 노트를 입력할 예정이다.

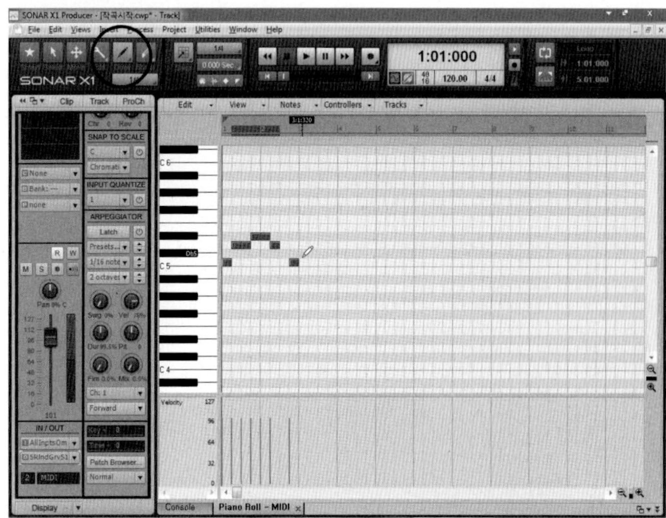

13 소나는 C5가 높음음자리표의 '도' 건반이고 C4는 낮은음자리표의 '도' 건반이다.

'연필 툴'을 선택한 뒤 2마디 분량의 노트를 그림처럼 입력한다. 스냅 간격을 1/4로 설정하였으므로 4분 음표가 셀에 딱딱 스냅되어 입력되는 것을 알 수 있다. 만일 스냅 간격을 1/8로 설정하였으면 셀과 셀 사이 경계면에도 노트가 입력될 것이다.

14 현재는 4분 음표로 입력하고 있다. 연이어있는 4분 음표 2개를 연결하여 2분 음표로 만들려면 연결하고 싶은 노트에 마우스 커서를 댄다.

'풀 아이콘'이 나타나면서 두 노트를 풀칠로 연결할 수 있음을 알 수 있다.

15 노트의 길이를 조절해 음길이를 조절하는 방법도 있다.

'스마트 툴로 노트의 경계면을 드래그하면 음길이를 조절할 수 있다.

16 노트의 길이를 자를 수도 있다. ' Split 툴'로 자르고 싶은 노트를 클릭하면 노트가 잘라진다. 스냅 간격이 1/4로 설정되어 있으므로 4분 음표 간격으로 잘라진다.

17 노트를 삭제할 수도 있다. '연필 툴' 상태에서 노트에 커서를 대면 '지우개 툴'로 변하면서 잘못 입력한 노트를 삭제할 수 있다.

이와 같은 방식으로 편집을 하면서 작곡 작업을 진행할 수 있다.

피아노 롤 뷰에서 베이스 파트를 만들어 보자. 일반적으로 베이스 연주는 특정 리듬 패턴이 반복되는 경우가 많다. 여기서는 일정 길이만큼 베이스 패턴을 입력한 뒤 이것을 반복시켜 베이스 파트를 만들어본다. 아울러 입력 작업의 정확성을 기하기 위해 스냅 설정, 세로선 표시 방법을 알아본다.

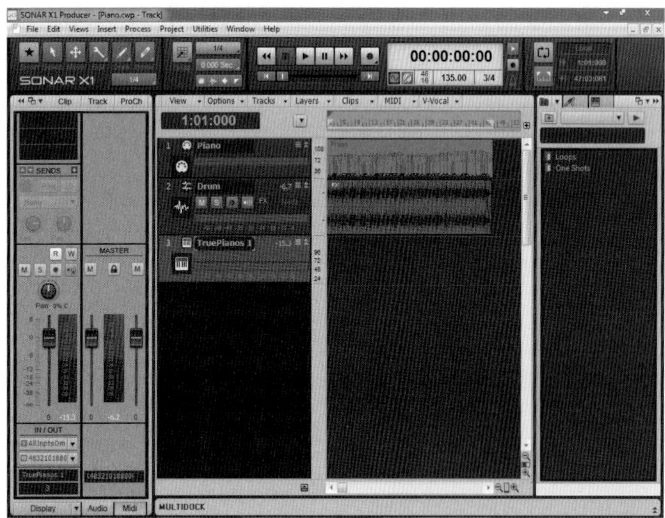

01 File → Open 메뉴로 예제 'piano.cwp'를 불러온다. Spacebar를 눌러 곡을 연주하면 '리듬 파트'와 '드럼 파트'가 입력되어 있는 것을 알 수 있다.

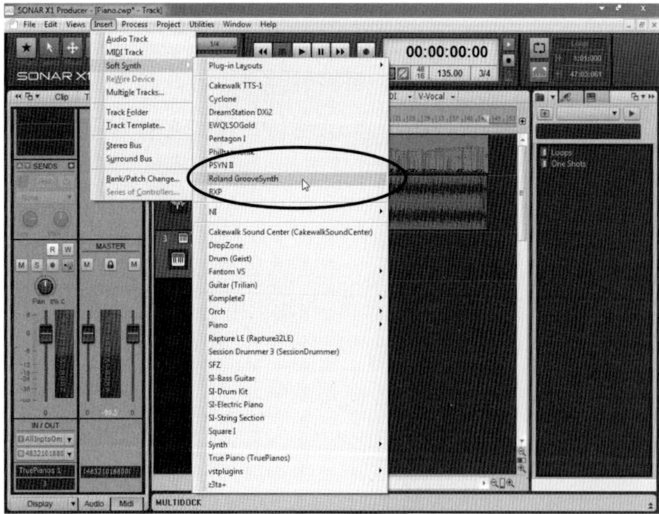

02 지금부터 베이스 파트를 입력해 본다. 베이스 악기를 선택하기 위해 Insert → SoftSynth → Roland GrooveSynth 메뉴를 실행한다.

03 그루브신스 가상 악기 트랙이 생성되면 별도의 미디 트랙을 만들지 않고 가상 악기 트랙에 바로 미디 노트를 입력해 보자.
먼저 그루브신스 가상 악기 트랙 패널의 입출력 아이콘을 더블클릭한다.

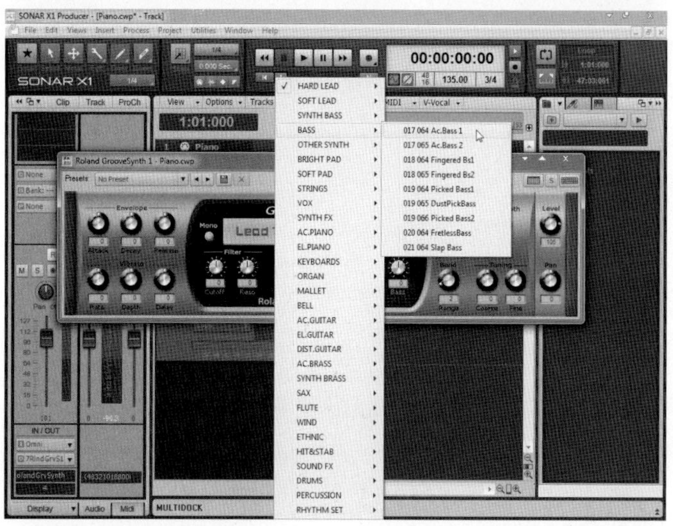

04 대화상자가 나타나면 악기 이름 부분을 클릭한 뒤 Bass → AC.Bass 악기를 선택한다.

05 어쿠스틱 베이스기타인 AC.Bass 악기가 선택된 모습이다. 악기 창을 닫아준다.

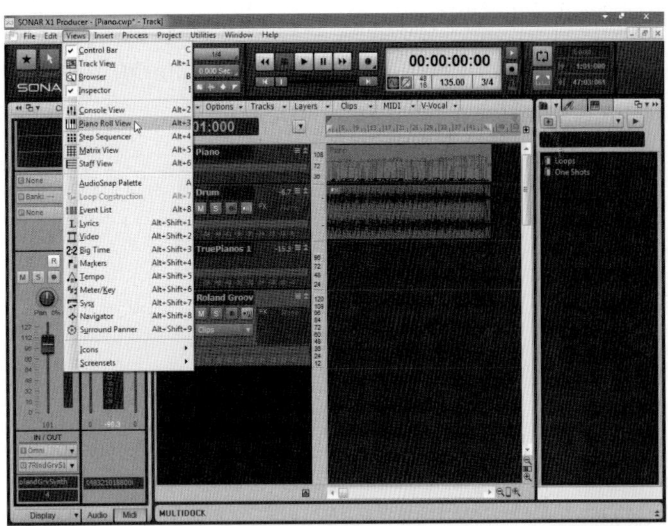

06 미디 입력 작업을 진행하기 위해 View → Piano Roll View 메뉴를 실행한다.

07 하단 Piano Roll View 탭을 더블클릭해 Piano Roll View를 확대한다.

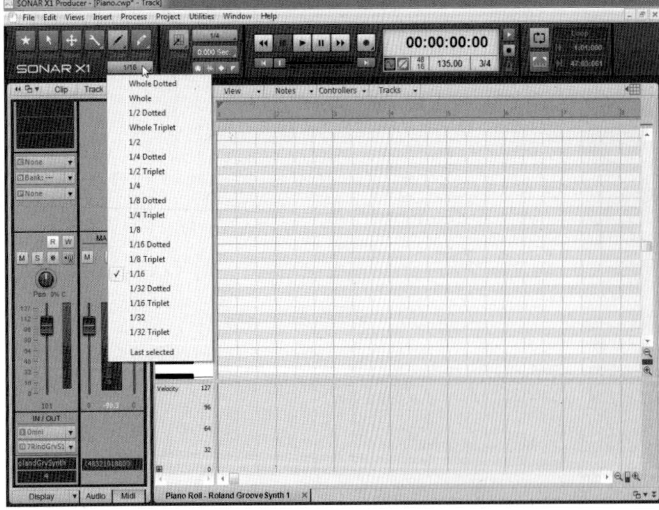

08 '연필 툴'을 선택한 뒤 '노트 버튼'을 클릭해 1/16분 음표를 선택한다.

09 '스냅 버튼'을 클릭해 1/16을 선택한다. 이렇게 하면 피아노 롤 뷰의 셀 크기가 16분 음표 길이와 같아진다. 하지만 화면상에는 아무런 변화가 없다.

10 피아노 롤 뷰의 Views 메뉴를 실행한 뒤 Show Clip Outline 메뉴에 체크하고, Show Vertical Gridlines 메뉴에도 체크한다.

Show Clip Outline 메뉴는 클립의 끝부분을 확인하는 기능이고 Vertical Gridlines 메뉴는 피아노 롤 뷰에 세로선을 표시하는 기능이다.

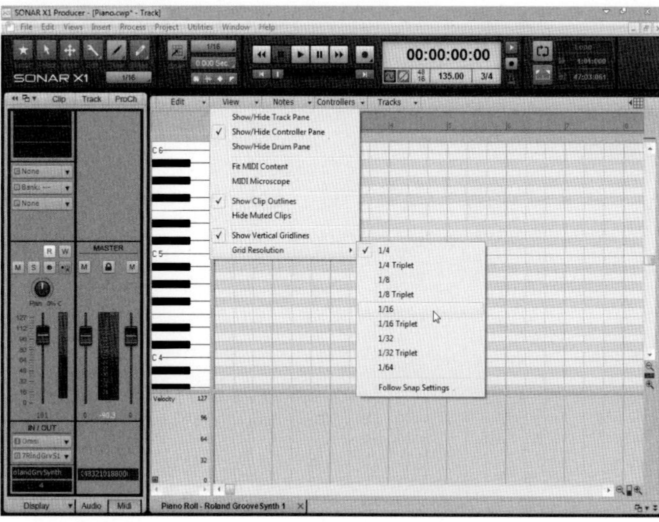

11 다시 피아노 롤 뷰의 Views → Grid Resolution 메뉴를 실행해 1/16을 선택한다. 세로선이 16분 음표 간격으로 표시된다.

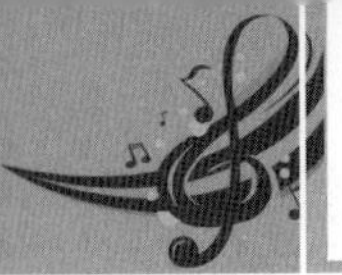

12 화면을 보면 세로선이 16분 음표 간격으로 표시된 것을 알 수 있다.

스냅 버튼도 16분 음표 스냅 상태이고, 입력할 노트 길이도 16분 음표이므로 정확하게 각각의 셀에 노트를 입력할 수 있는 상태이다.

13 연필 툴로 첫 번째 마디, A3 건반키에 노트 7개를 입력한다. 박자가 맞아야 하므로 그림과 같이 정확하게 입력한다.

14 2개씩 연이어 입력한 노트에 커서를 대면 '풀 툴'이 나타난다. 연이어 입력한 노트를 하나의 노트로 붙이는 기능이다.

첫 번째로 연이어있는 노트에서 드래그하면 2개의 노트가 하나로 이어진다.

15 두 번째 연이어 있는 노트 2개와, 세 번째 연이어 있는 노트 2개도 각각 붙여준다.

16 두 번째 마디에서 F3 건반키에 그림과 같이 노트 7개를 입력한다.

박자가 맞아야 하므로 그림과 같이 정확하게 입력한다.

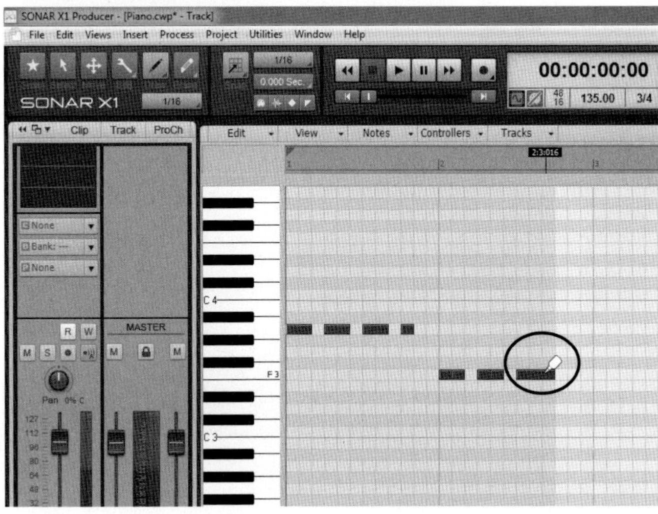

17 앞의 2개씩 연이어 있는 노트는 그대로 두고, 3개가 연이어있는 노트는 '풀 툴'로 하나의 노트로 붙여준다.

18 그림과 같이 1번 마디와 2번 마디에 베이스 리듬을 입력했는지 확인한다.

하단 Piano Roll View 탭을 더블클릭해 피아노 롤 뷰 화면을 축소한다.

19 그루브 신스 가상 악기 트랙을 보면 방금 입력한 내용이 미디 클립으로 생성된 것을 알 수 있다.

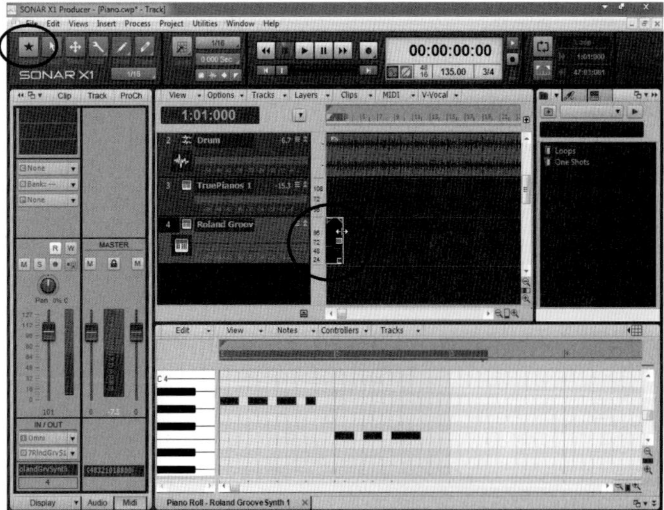

20 스마트 툴로 미디 클립의 오른쪽 면을 드래그하여 클립의 길이를 2마디에 맞추어준다.(룰러에서 3이라고 표시된 부분이 2마디 끝부분이다.)

정확하게 2마디 길이로 조절해야 하므로 피아노 롤 뷰를 확인하면서 작업한다. (피아노 롤 뷰에서 어두운 음영 부분이 미디 클립이 차지하는 부분이다.)

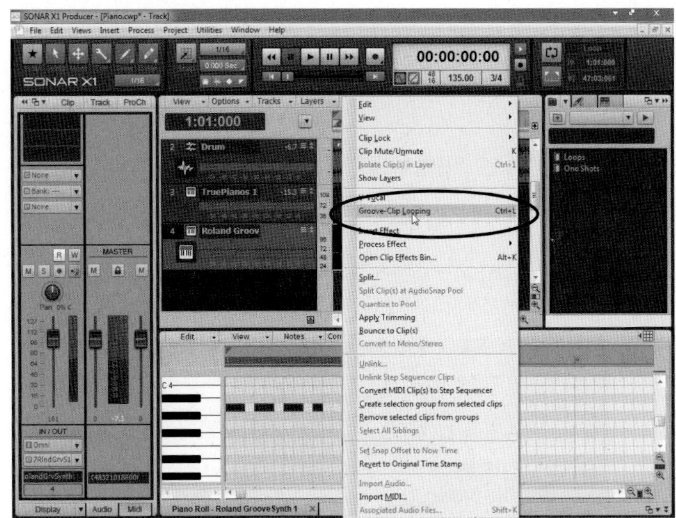

21 길이를 조절한 미디 클립을 마우스 오른쪽 버튼으로 클릭한 뒤 Gloove-Clip Looping 메뉴를 적용한다.

해당 클립이 루프 속성을 가진 그루브 미디 클립으로 전환된다.

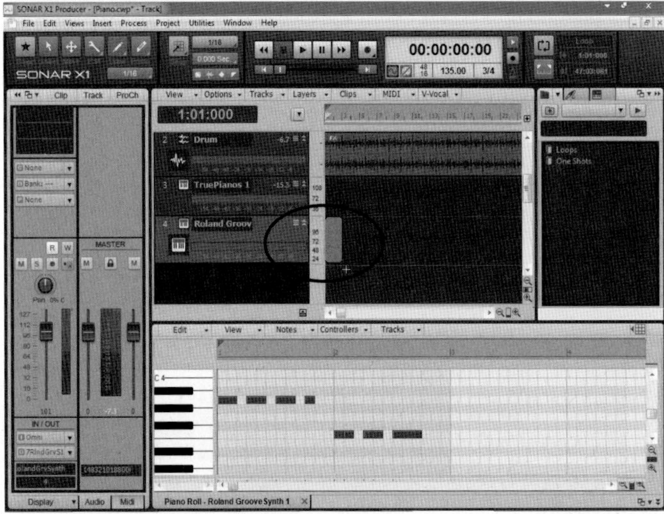

22 그루브 루프 속성을 가진 미디 클립은 모서리가 둥글게 깎여있다. 미디 클립을 확인하면 모서리가 둥글게 처리된 것을 알 수 있다.

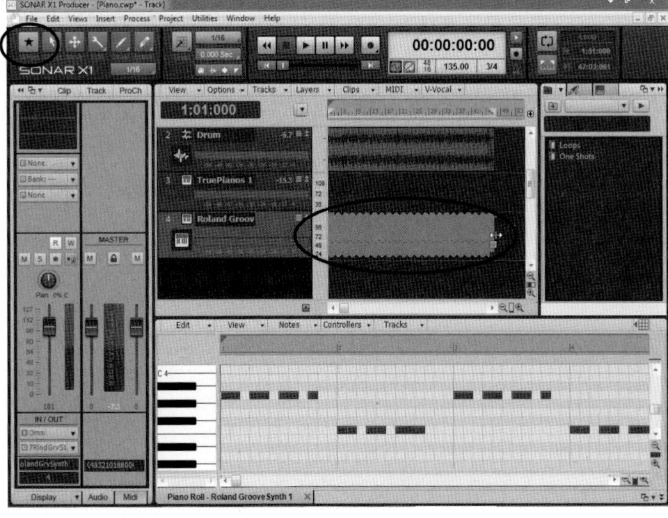

23 스마트 툴로 그루브 클립의 오른쪽 끝 부분을 드래그하여 곡 전체 길이에 맞게 늘려준다.

클립 길이가 늘어나도 루프 속성의 그루브 클립이기 때문에 앞에서 입력한 베이스 패턴이 반복되어서 사용된다.

W 키를 눌러 곡의 시작부로 이동한 뒤 Spacebar를 눌러 곡을 연주해 본다. 베이스 파트가 만들어진 것을 알 수 있다.

노트의 이동과 복사

노트를 선택한 뒤 이동, 복사 작업을 할 수 있다. 마우스로 드래그하면 그 영역 안에 있는 모든 노트를 선택할 수 있다. Ctrl +드래그하면 선택된 노트를 드래그하여 복사할 수 있다. 또한 선택된 노트는 Delete 키를 눌러 삭제할 수도 있다.

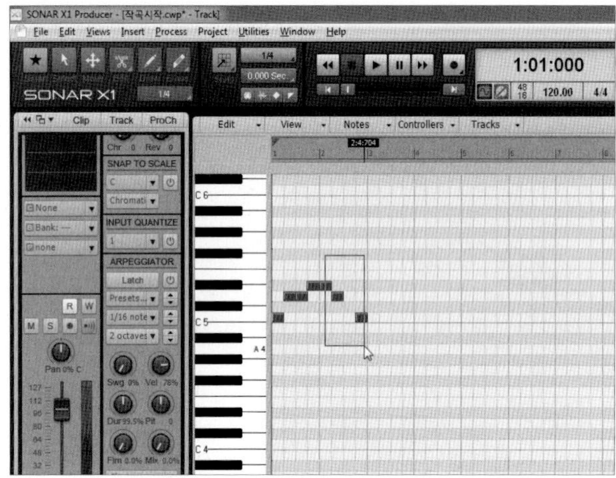

스마트 툴로 드래그한 영역만 선택하는 모습

Ctrl + 드래그하여 복사한 모습

선택한 노트를 이동시킨 모습

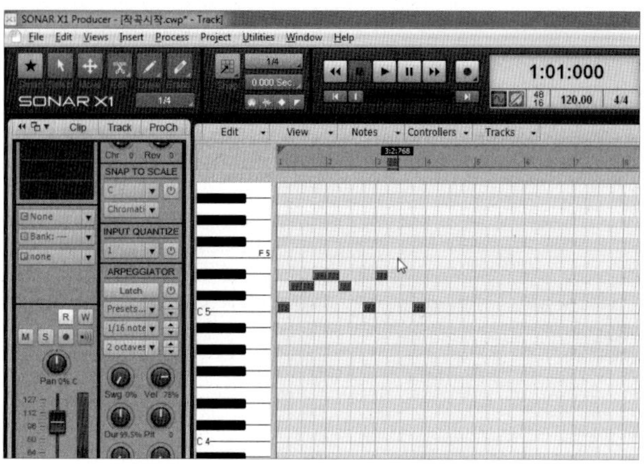

선택한 노트를 Delete 키로 삭제한 모습

> ### Tip 복사 & 붙이기 단축키
>
> 선택한 노트는 Ctrl + C로 복사할 수 있고 Ctrl + V로 붙여 넣을 수 있다. 붙여 넣을 때는 송 포지션 포인터가 있는 위치에 붙여진다.

건반 강약인 벨로서티 편집하기 - 컨트롤러 패널

컨트롤러 패널은 노트마다 개별적으로 벨로서티(강약)를 설정할 수 있고 각종 이벤트를 파악할 수 있다. 여기서는 각각의 노트에 설정된 벨로서티(강약)를 '연필 툴'이나 '라인 툴'로 수정하는 방법을 알아본다.

먼저 피아노 롤 뷰에서 원하는 노트를 입력한다. 입력한 노트는 기본적으로 설정된 벨로서티로 입력된 상태이기 때문에 필요에 따라 벨로서티를 수정할 수 있다.

피아노 롤 뷰 하단 경계면을 위로 드래그하면 벨로서티를 설정할 수 있도록 컨트롤러 패널이 나타난다.

컨트롤러 패널이 나타난 모습이다.

컨트롤러 패널의 왼쪽에는 벨로서티(강약) 숫자가 0~127로 설정되어 있으므로 벨로서티가 각각의 노트마다 어느 정도로 설정되어 있는지 감을 잡을 수 있다.

원하는 벨로서티에서 연필 툴로 드래그하면 벨로서티의 길이를 지울 수 있다. 지운 부분에서 다시 위로 드래그하면 벨로서티 길이를 다시 그릴 수 있다. 선 길이가 길수록 건반을 누르는 강약이 강해진다.

해당 노트의 건반 강약을 이런 식으로 조절할 수 있다.

연필 툴을 좌우로 드래그하면 모든 노트의 벨로서티를 일괄적으로 지울 수 있다. 예를 들어 10개의 벨로서티를 대상으로 45도 아래로 지우면 건반을 누르는 강약이 점점 약해지게 될 것이다.

이번에는 라인 툴로 벨로서티를 조절한 모습이다. 그림과 같이 벨로서티를 그리면 점점 강하게 연주될 것이다.

🔍 참고

스마트 툴(F5)로 노트 편집하기

단축키 F5를 누르면 스마트 툴을 사용할 수 있다.

1. 스마트 툴로 벨로서티 조절하기

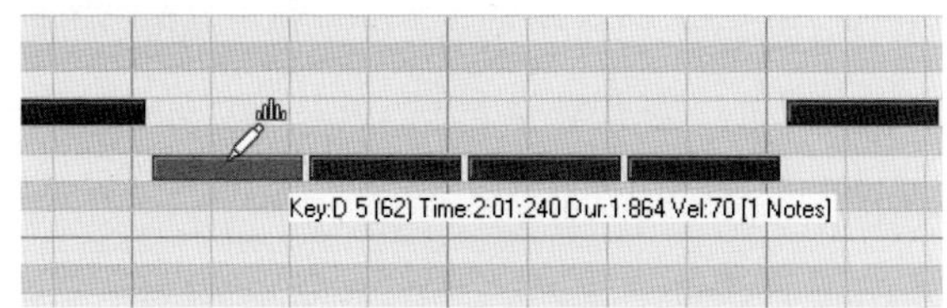

스마트 툴로 노트의 윗면을 상하로 드래그하면 벨로서티를 조절할 수 있다. 풍선메시지에서 조절중인 벨로서티 값이 표시된다.

2. 스마트 툴로 음길이 조절하고, 음길이 자르기

스마트 툴로 노트의 모서리에 커서를 대면 음 길이를 좌우로 조절할 수 있다. Alt + 클릭하면 원하는 부분을 자를 수 있다.

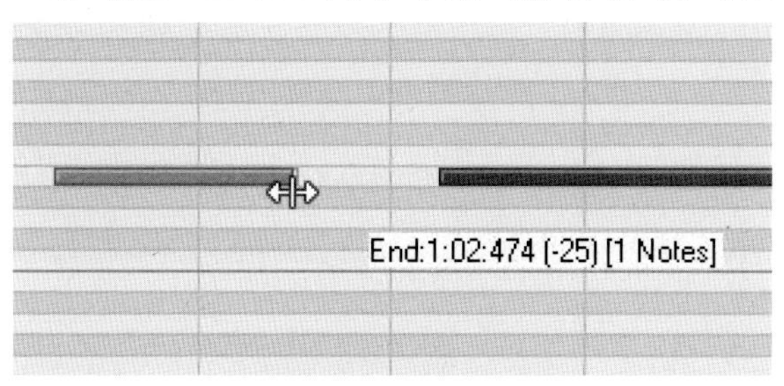

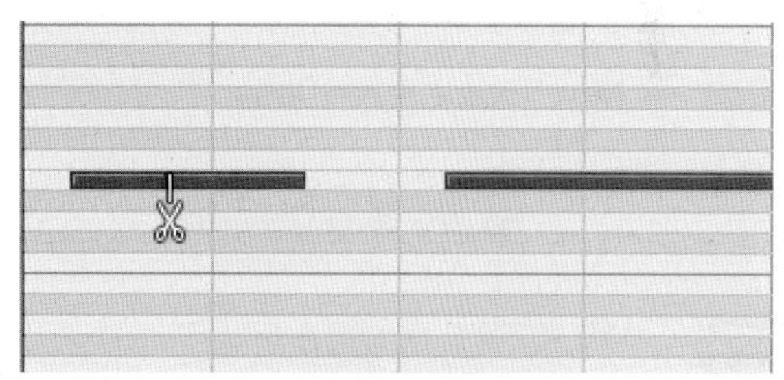

음 길이를 조절하는 모습   Alt + 클릭으로 자르는 모습

3. 대화상자로 음길이, 음정 조절하기

스마트 툴로 노트를 더블클릭하면 Note Properties 대화상자가 실행되어 노트의 이동, 길이 조절 작업을 할 수 있다.

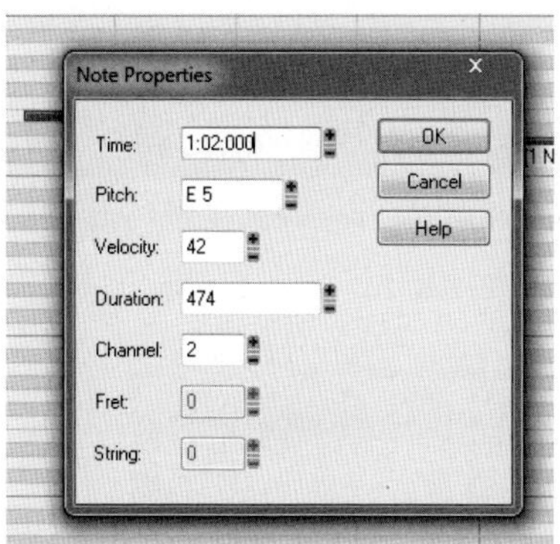

① Time : 해당 노트의 악보상(M:T:B) 위치를 조절한다.
② Pitch : 해당 노트의 음정을 조절한다.
③ Velocity : 해당 음정의 건반 누르기 강약인 벨로서티를 조절한다.
④ Duration : 해당 노트의 음 길이를 조절한다.
⑤ Channel : 해당 노트가 속해있는 채널을 알 수 있다.
⑥ Fret : 기타 코드 제작시 Fret 위치 정보이다.
⑦ String : 기타 코드 제작시 String 위치 정보이다.

피아노 롤 뷰의 메뉴

피아노 롤 뷰 상단에 있는 메뉴에 대해 알아본다.

1. Edit → Note/Velocity 메뉴

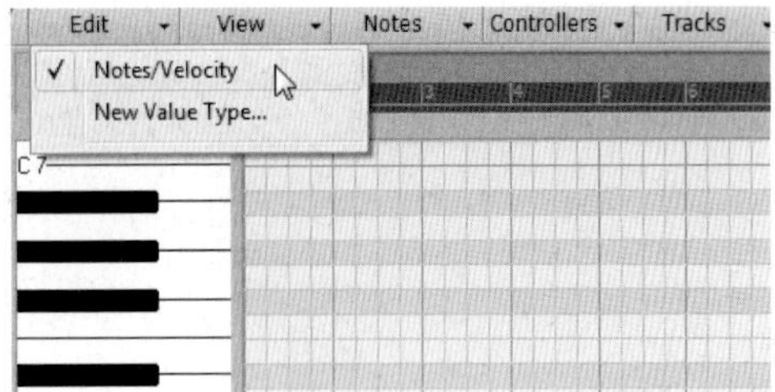

피아노 롤 뷰 하단 컨트롤러 창에서 벨로서티와 다른 미디 이벤트가 겹쳐 있는 경우 벨로서티를 편집할 수 없다. 만일 벨로서티를 편집하고 싶다면 이 메뉴를 실행한다.

2. Edit → New Event Type 메뉴

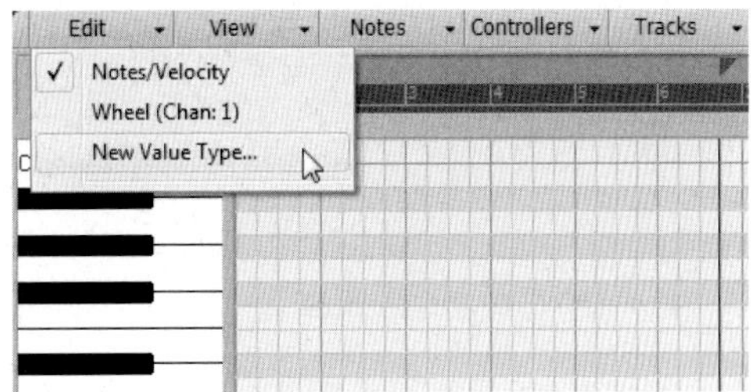

피아노 롤 뷰 하단의 컨트롤러 패널에 사용자가 원하는 새 컨트롤러 이벤트를 삽입한다. 추가한 컨트롤러 이벤트는 확인이 편하도록 메뉴에 표시된다.

다음은 New Event Type 메뉴로 Wheel 컨트롤러 이벤트를 추가한 모습이다. 컨트롤러 패널에 벨로서티 외에 Wheel 이벤트가 추가되는 것을 알 수 있다. 마스터 건반의 모듈레이션 휠을 조절하는 것과 같은 모듈레이션 효과를 만들 수 있다.

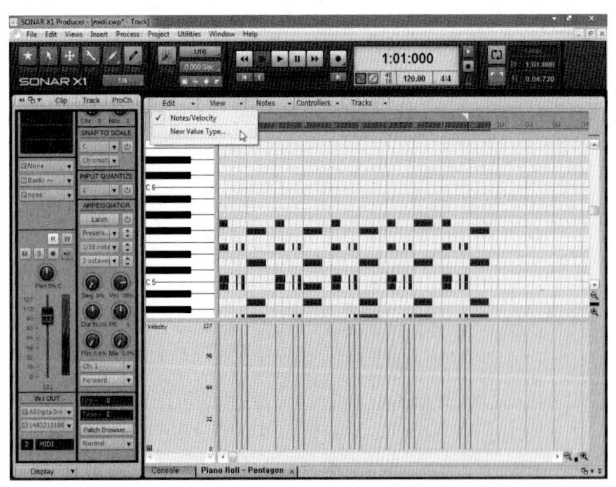

메뉴를 실행하는 모습

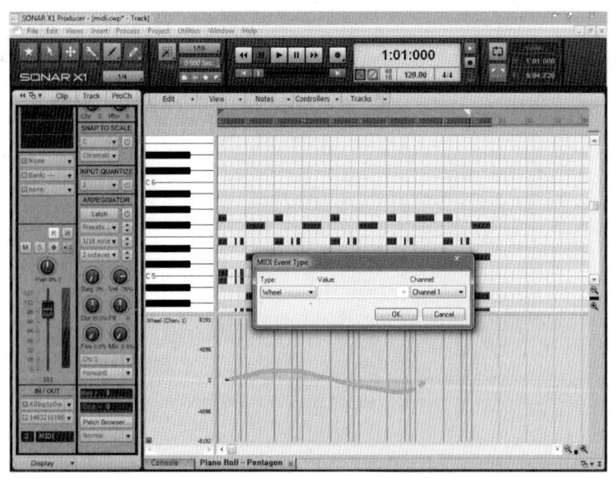

휠 컨트롤러 이벤트를 추가하는 모습

3. View → Show/Hide Track Pane 메뉴

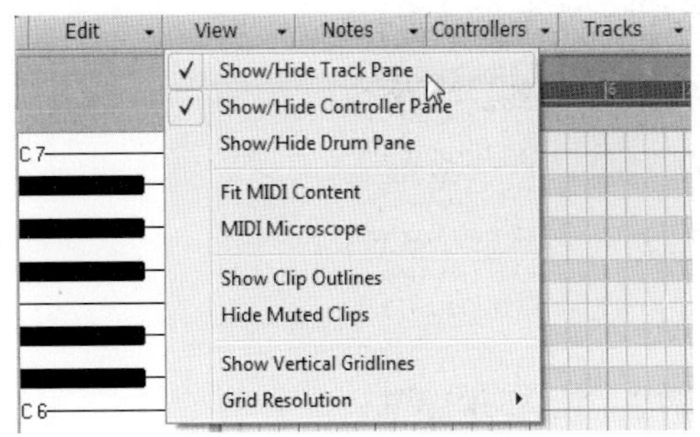

피아노 롤 뷰 오른쪽에 현재의 트랙 상태를 알 수 있도록 트랙 목록 창을 표시해준다.

다음은 Show/Hide Track Pane 메뉴를 실행해 트랙 목록 창을 오른쪽에 표시한 모습이다. 트랙 는 다음과 같은 기능을 가지고 있다.

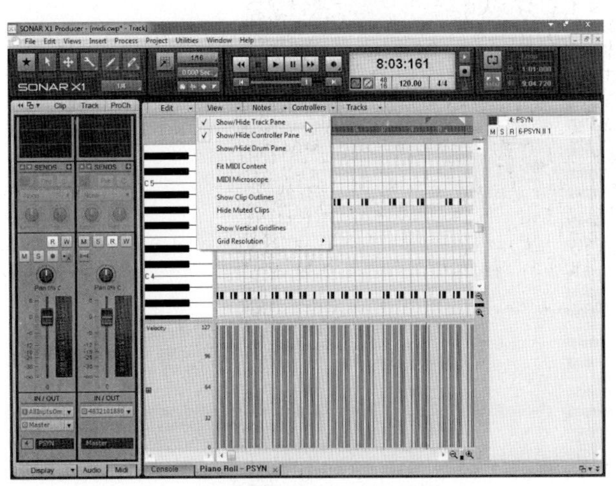

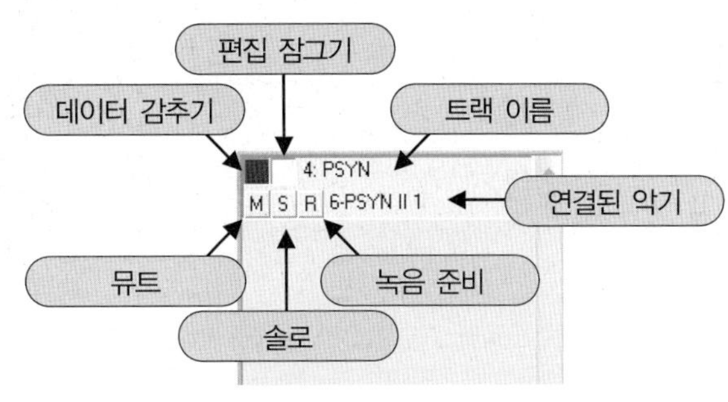

트랙 번호를 Ctrl + 클릭하여 트랙을 여러 개 선택한 뒤 다시 피아노 롤 뷰를 불러오면(Alt + 3) 선택된 트랙이 모두 트랙 에 표시된다.

또한 각각의 트랙에 있는 미디 이벤트가 전부 같은 화면에서 표시되므로 한층 쉽게 각 파트별 편집 작업을 할 수 있다.

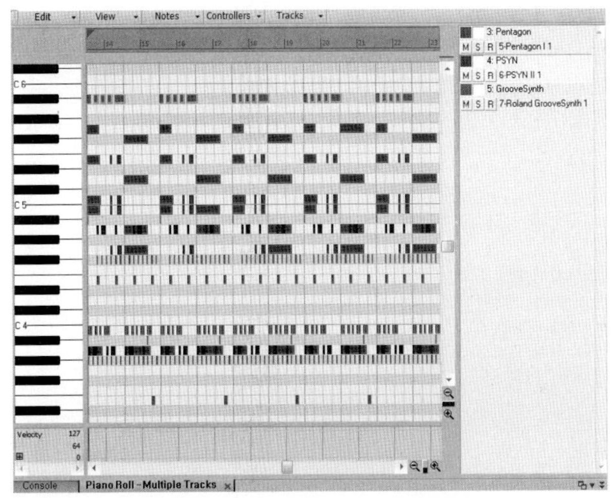

미디 트랙 3개를 선택한 뒤 피아노 롤 뷰를 실행한 모습

4. View → Show/Hide Controller Pane 메뉴

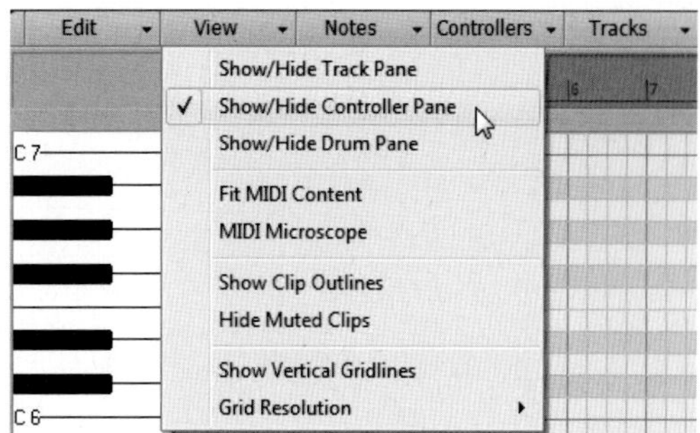

피아노 롤 뷰 하단에 컨트롤러 패널을 열거나 닫는다.

다음은 컨트롤러 패널을 닫은 모습이다. 컨트롤러 패널을 닫으면 벨로서티 라인이 피아노 롤 뷰에 함께 표시되는 것을 알 수 있다.

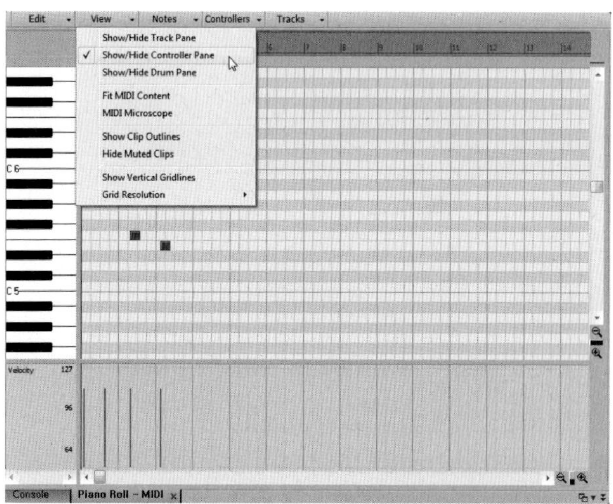

Show/Hide Controller Pane 메뉴를 적용한 모습

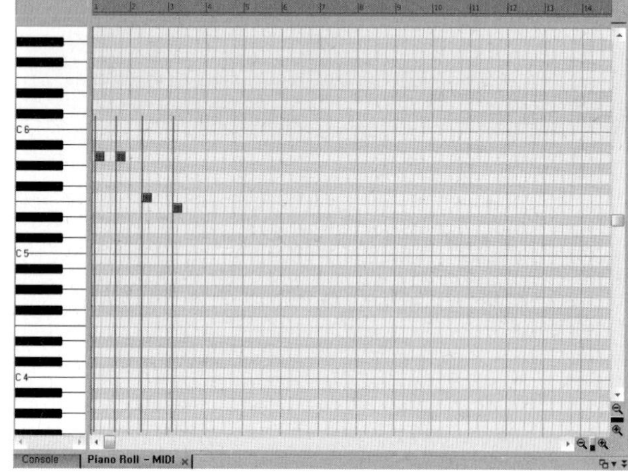

컨트롤러 패널을 닫은 모습

5. View → Show/Hide Drum Pane 메뉴

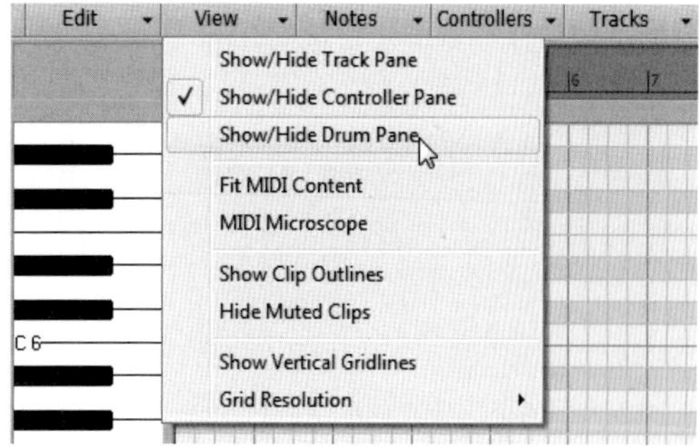

드럼 맵 패널을 열거나 닫는다.

피아노 롤 뷰의 장점은 드럼 맵으로 드럼 파트를 손쉽게 제작할 수 있다는 점에 있다. 드럼 맵이란 피아노 롤 뷰처럼 생긴 입력 창에서 드럼 악기의 입력이 쉽도록 왼쪽 건반 부분에 드럼 이름을 배치한 것을 말한다. 드럼 이름을 클릭하면 드럼 사운드를 미리 들을 수 있으므로 드럼 파트를 손쉽게 만들 수 있다.

01 File → Open 메뉴로 'drum.cwp' 파일을 불러온다. 3개의 미디 트랙이 있고 1개의 가상 악기 트랙이 있다. 가상 악기는 3개의 미디 트랙에서 같이 사용하고 있다.

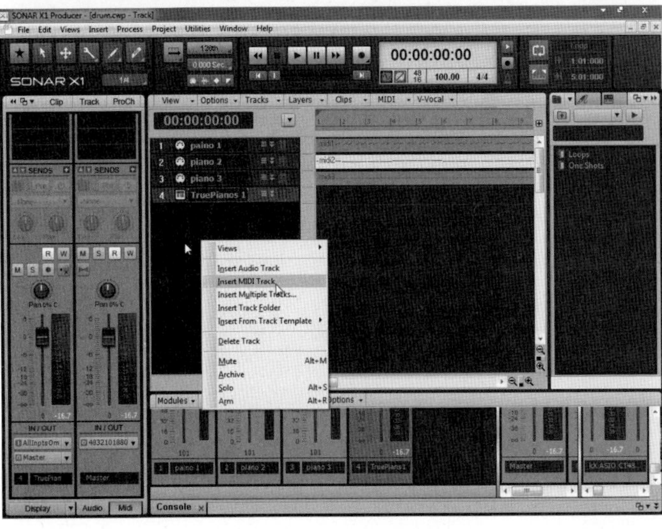

02 트랙 뷰의 빈 곳을 마우스 오른쪽 버튼으로 클릭한 뒤 Insert MIDI Track 메뉴로 새 미디 트랙을 생성시킨다.

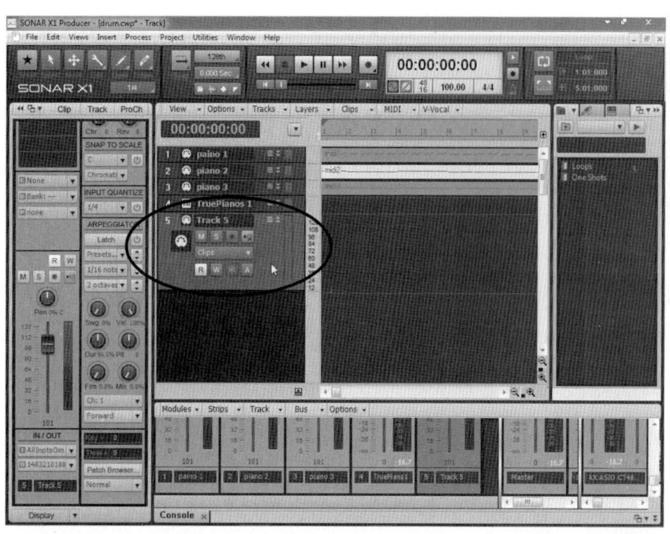

03 새로 생성된 미디 트랙의 하단 경계면을 마우스로 드래그하여 작업하기 편하도록 크기를 조절해준다.

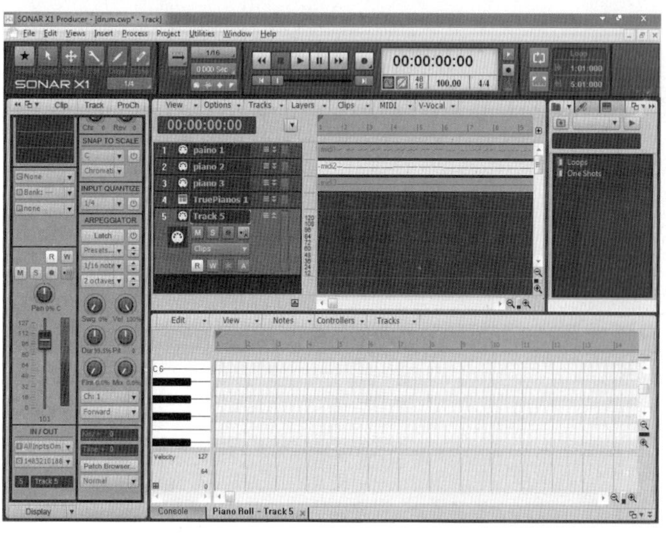

04 Alt + 3을 눌러 피아노 롤 뷰를 불러온다. 피아노 롤 뷰에 드럼 맵 편집 창을 표시해 보자.

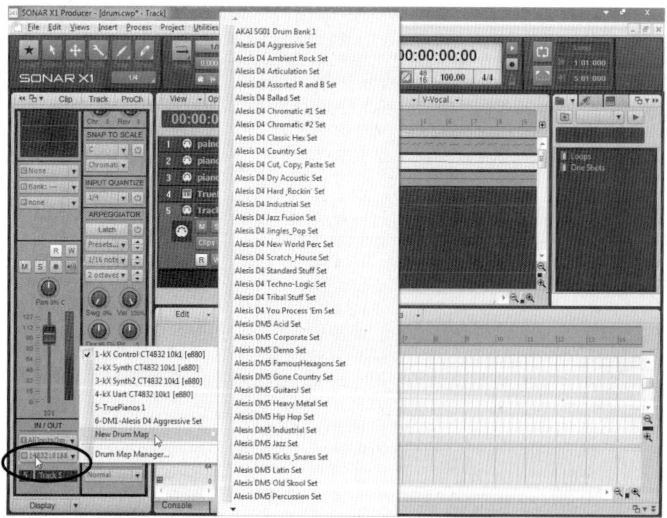

05 해당 미디 트랙의 인스펙터에서 Output을 클릭해 팝업 메뉴를 실행하고 New Drum Map 메뉴를 실행하면 사용할 수 있는 드럼 맵을 볼 수 있다.

드럼 맵이란 다양한 드럼 악기의 드럼 이름을 쉽게 찾을 수 있도록 미리 드럼 이름을 매핑한 입력 창을 말한다.

메뉴를 보면 주로 외장 드럼 악기가 많다. 자신이 가지고 있는 외장 드럼 악기가 Roland일 경우 R을 누르면 Roland 모델명으로 메뉴가 이동된다.

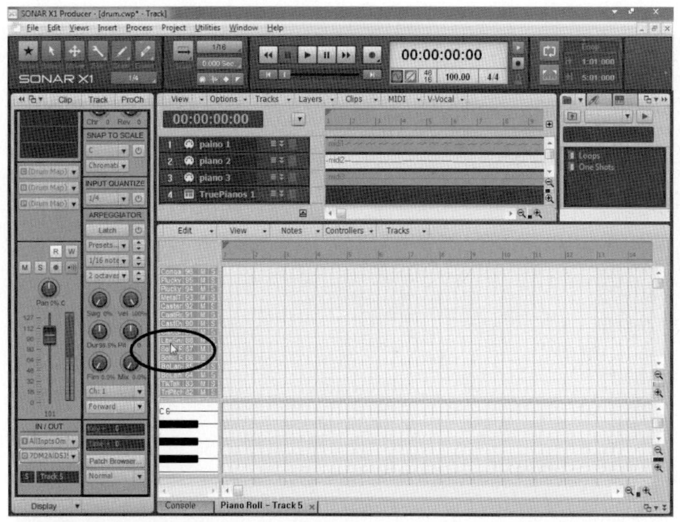

06 여기서는 외장악기가 없으므로 적당히 마음에 드는 드럼 맵 메뉴를 실행해 보았다. 그림처럼 드럼 맵 입력 창이 나타난다.

드럼 맵에서 드럼 이름 부분을 마우스로 클릭하면 해당 드럼 악기의 사운드를 미리 들을 수 있다.

07 현재는 외장악기가 없으므로 Ctrl + Z를 눌러 바로 전 작업을 취소한다.

Ctrl + Z을 누르면 드럼 맵 편집 창이 사라지면서 바로 전에 만든 미디 트랙이 삭제된 것을 알 수 있다.

08 다시 트랙 뷰의 빈 곳을 마우스 오른쪽 버튼으로 클릭한 뒤 Insert MIDI Track 메뉴로 새 미디 트랙을 생성시킨다.

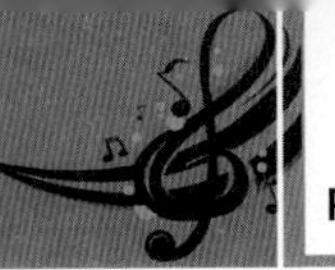

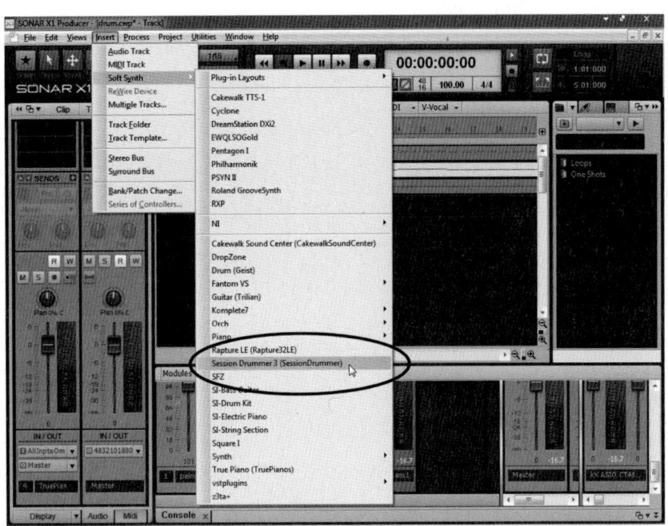

09 이번에는 소나에서 기본 설치되는 드럼 악기를 사용해 드럼 맵을 작성해 보자.
Insert → SoftSynth → Session Drummer 메뉴를 실행한다. Session Drummer는 드럼용 가상 악기이다.

10 작업 창에 Session Drummer 가상 악기 트랙이 생성되었다. 이 드럼 악기를 바로 전 생성시킨 미디 트랙의 Output에 연결해 보자.

11 Session Drummer 가상 악기 바로 위에 있는 미디 트랙을 클릭해 선택한다.

12 미디 트랙의 인스펙터에서 Output을 클릭해 Session Drummer 가상 악기를 연결한다.

13 해당 미디 트랙의 아이콘을 더블클릭하면 연결한 가상 악기가 실행된다.

14 Session Drummer 가상 악기는 여러 가지 드럼키트와 드럼음색을 프로그래밍 방식으로 제공하므로 사용하고 싶은 프로그래밍을 선택해야 한다.

Prog 항목을 더블클릭하면 프로그래밍 선택 대화 상자가 실행된다. 제일 상단의 Acoustic 폴더를 오픈한 뒤 첫 번째 항목인 Smart Loop... 프로그래밍을 더블클릭해 선택한다.

해당 드럼 악기 파일이 로딩된다.

15 가상 악기 창을 닫고 원래 작업 창으로 돌아온다.

Alt + 3을 눌러 피아노 롤 뷰를 불러온다.
피아노 롤 뷰의 하단에 있는 이름 탭을 더블클릭해 확대한다.

16 피아노 롤 뷰 상단으로 드럼 맵 편집 창이 숨어있는 것을 알 수 있다. 마우스로 드럼 이름 부분을 클릭하면 드럼 악기 사운드를 미리 들을 수 있다.

> **Tip** 드럼 맵과 외장 드럼 악기가 일치하지 않을 경우 드럼이름과 다른 드럼 악기가 연결되는 경우도 있다. 따라서 외장 드럼 악기를 사용할 경우 반드시 같은 이름의 드럼 맵을 로딩해야 한다.

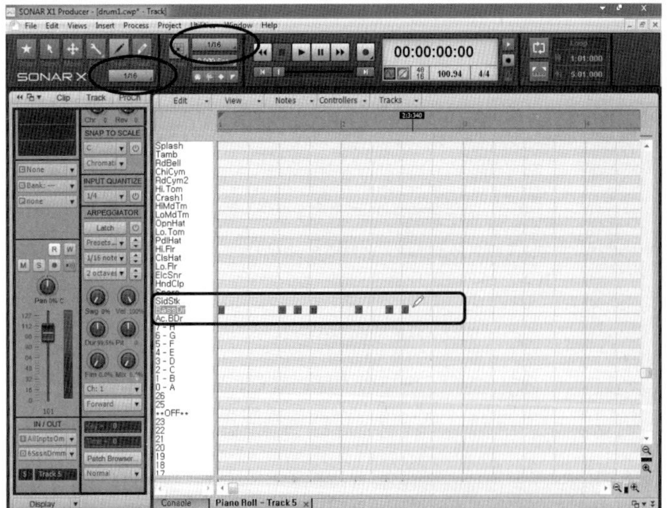

17 BassDR(베이스 드럼) 이름 부분을 마우스로 클릭하면 베이스 드럼 악기의 사운드를 미리 들을 수 있다. 지금부터 2마디 분량의 드럼 패턴을 입력해 보자.
먼저 노트 버튼을 클릭한 뒤 1/16분 음표를 선택하고, 스냅 버튼도 마우스 오른쪽 버튼으로 클릭해 1/16으로 설정한다.
1~2마디 부분에 그림처럼 드럼 노트를 입력한다.

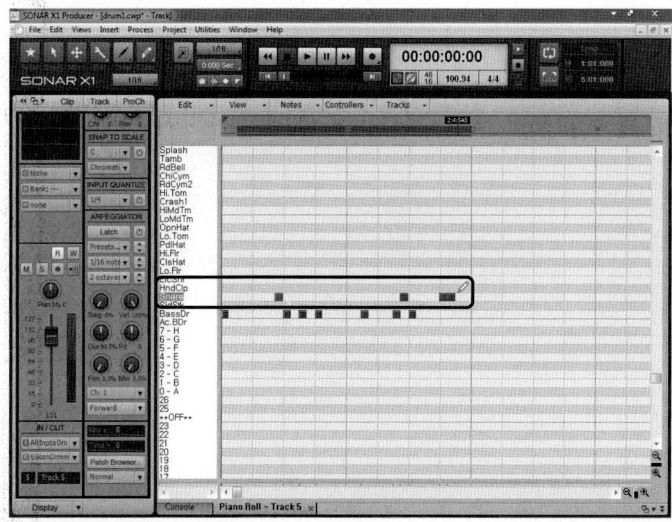

18 이번에는 Snare 악기 열에 드럼 노트를 그림처럼 3개 입력한다. 입력 방식은 피아노 롤 뷰에서 입력하는 것과 같은 방식이다. 그림과 다른 간격으로 입력하면 박자가 어긋날 수도 있으므로 가급적 그림과 똑같은 위치에 입력한다.

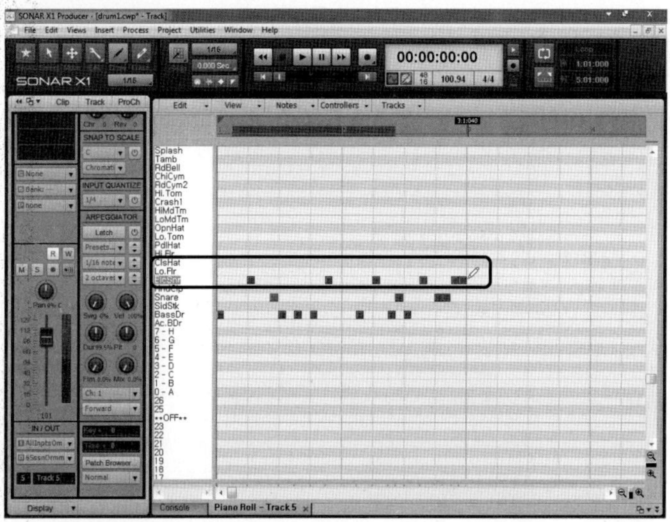

19 이번에는 Elc Snr(일렉트릭 스네어) 악기 열에 드럼 노트 5개를 그림과 같은 위치에 입력한다.

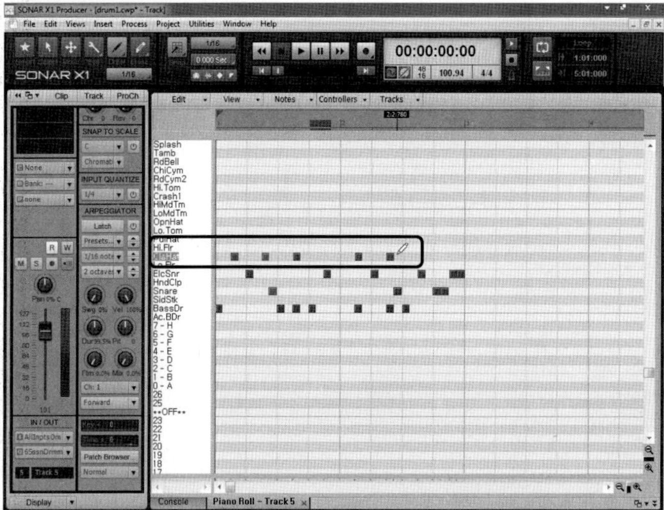

20 이번에는 ClsHat 악기 열에 드럼 노트 5개를 그림과 같은 위치에 입력한다.

Tip 노트를 입력할 때는 항상 현재 입력 상태와 박자 간격을 미리 모니터하는 것이 좋다. W 키를 눌러 송 포지션 포인터를 곡의 시작 부분으로 이동시킨 뒤 Spacebar를 눌러 모니터하면 된다.

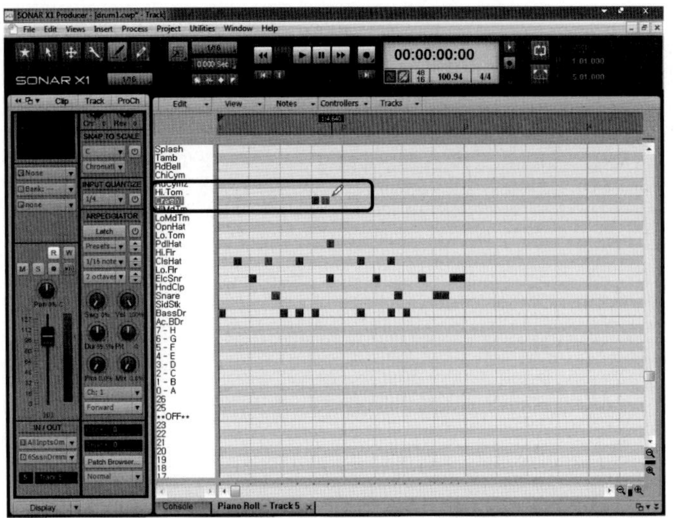

21 이번에는 PdlHat 악기 열에 노트 1개를 그림과 같은 위치에 입력하고, Crash1 악기 열에 노트 2개를 그림과 같은 위치에 입력한다.

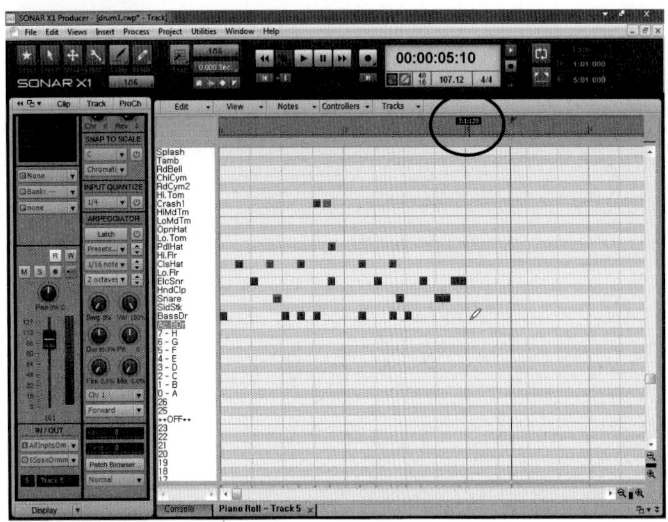

22 룰러를 보면 알 수 있듯 딱 2마디 분량의 드럼 패턴을 입력하였다.

23 드럼 연주는 일반적으로 일정 패턴으로 연주하기 때문에 필요한 만큼만 입력한 뒤, 입력한 패턴을 반복해서 사용하는 것이 좋다.

편집 창 하단의 피아노 롤 뷰 이름 부분을 더블클릭해 피아노 롤 뷰를 절반쯤 닫아준다.

24 트랙 뷰로 돌아오면 미디 트랙에 미디 클립이 생성된 것을 알 수 있다. 이 미디 클립을 곡의 길이만큼 반복해서 사용해 보자.

먼저 스마트 툴로 해당 미디 클립을 선택한 뒤 Ctrl + C를 눌러 복사한다.

25 해당 미디 트랙을 마우스 오른쪽 버튼으로 클릭한 뒤 Groove Clip-Looping 메뉴를 적용한다. 이 메뉴는 해당 클립을 루프 용도의 그루브 클립으로 전환하는 기능이다.

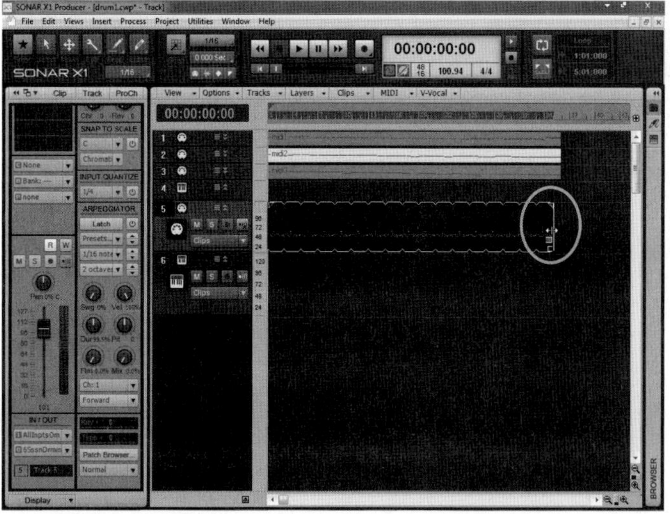

26 그루브 클립으로 전환되면 클립의 오른쪽 경계면을 드래그하여 35마디까지 늘려준다.

루프용 그루브 클립은 클립의 길이와 상관없이 맨 처음 입력한 2마디 분량의 패턴이 계속 루프되어 사용된다.

27 룰러의 35마디 부분을 마우스로 클릭해 송 포지션 포인터를 이동시킨다.

Ctrl + V를 눌러 맨 처음 복사해 둔 2마디 분량의 클립을 붙여준다.

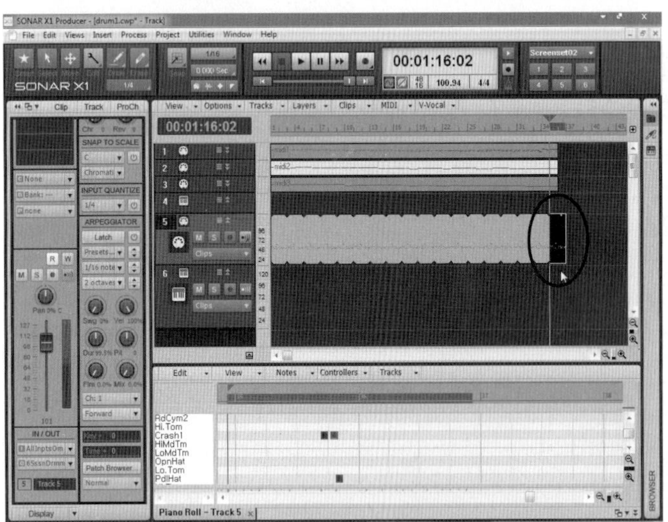

28 붙여넣은 2마디 분량의 클립을 스마트 툴로 클릭해 선택한다.

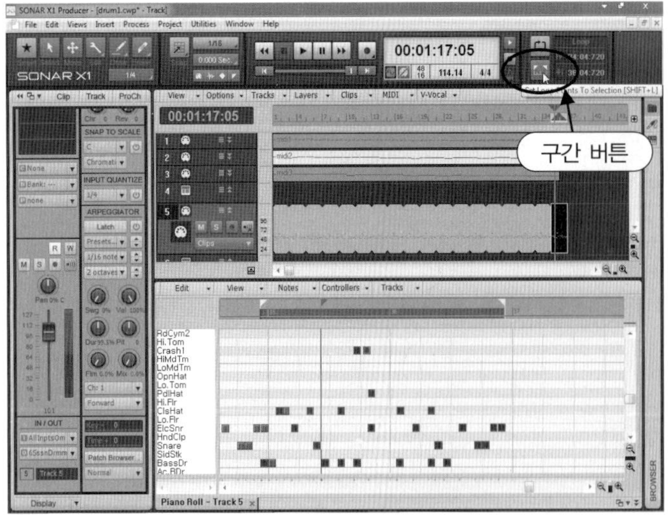

29 툴 바의 '구간 버튼'을 클릭해 선택한 클립을 루프 연주할 수 있도록 해준다.

단축키 W 키를 2회 눌러 송 포지션 포인터를 루프 구간으로 이동시킨다. Spacebar를 눌러 연주를 시작한다.

30 마지막에 붙여넣었던 클립을 더블클릭하면 드럼 맵 편집 창으로 전환된다.

여기서 맨 오른쪽 끝에 있는 드럼 노트 2개를 드래 그하여 선택한다.

31 선택한 드럼 노트 2개를 1칸 위인 Lo.Flr 악기 열로 이동시킨다.

이렇게 하면 반복되는 패턴인 그루브 클립도 마음 대로 사용할 수 있고, 미리 다른 곳에서 가져온 클 립도 붙여서 사용할 수 있음을 알 수 있다.

32 툴 바의 루프 버튼을 클릭해 루프 연주를 해제한다.

W 키를 눌러 송 포지션 포인터를 곡의 시작 위치 로 이동시킨 뒤, Spacebar를 눌러 곡을 연주해 본 다. 원래 있었던 3개의 미디 트랙에 1개의 드럼 파 트가 만들어진 것을 알 수 있다.

6. View → Fit MIDI Content 메뉴

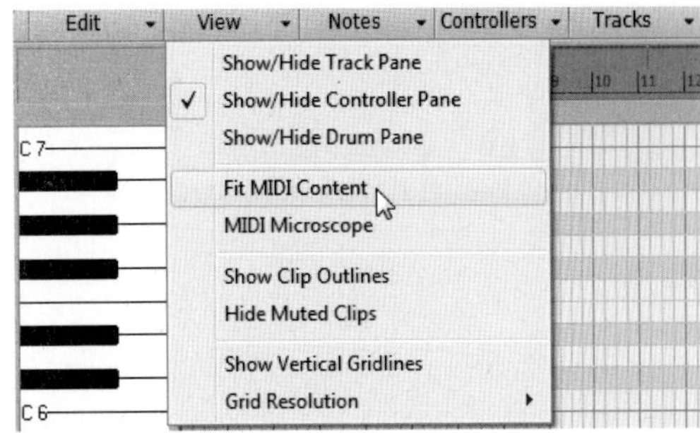

피아노 롤 뷰에서 미디 데이터 영역을 화면에 꽉 차게 보여준다. 화면을 축소했을 경우 노트가 잘 보이지 않는데 이런 경우 사용한다.

7. View → MIDI Microscope 메뉴

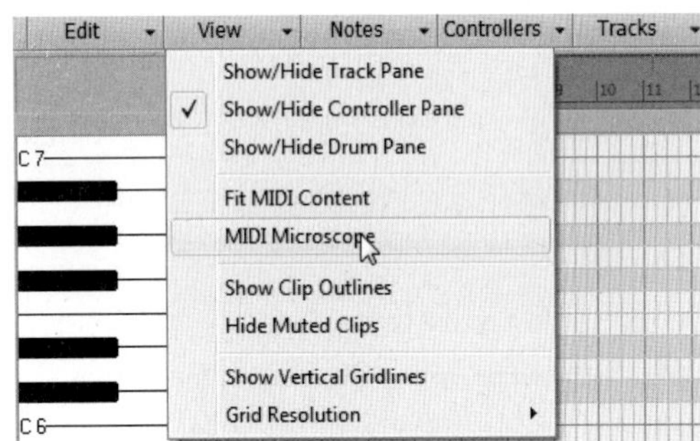

노트를 입력할 때 입력하기 쉽도록 돋보기 기능이 동작한다.

8. View → Show Clip Outline 메뉴

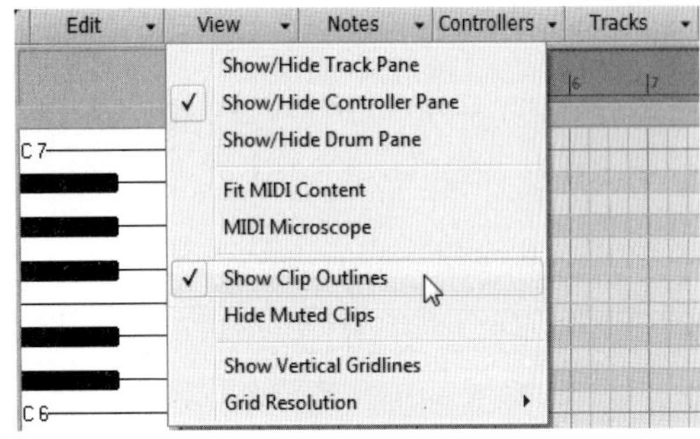

피아노 롤 뷰에서 노트가 입력된 영역을 조금 어두색으로 표시해준다. 곡의 끝 부분이 어느 부분에 있는지 파악할 때 유용한다.

9. View → Hide Muted Clips 메뉴

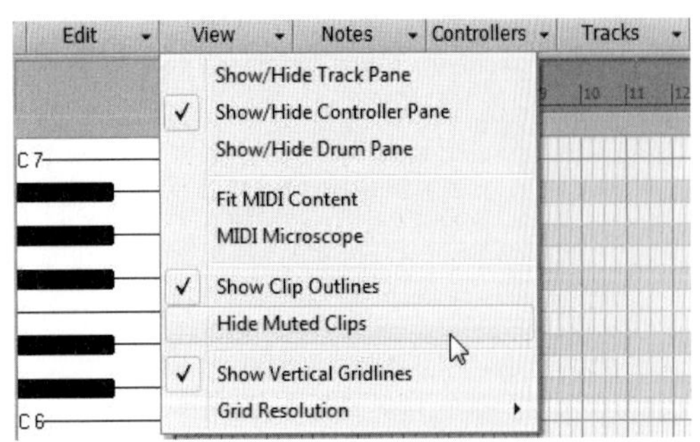

뮤트를 적용한 클립을 화면에서 감춘다.

10. View → Show Vertical Gridlines 메뉴

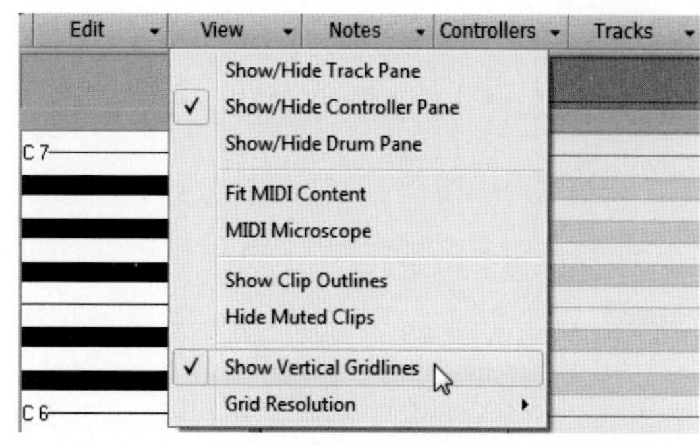

세로 방향의 박자 선을 화면에서 감추거나 표시한다. 피아노 롤 뷰에서 박자 선을 감추면 마디 선만 남게 된다.

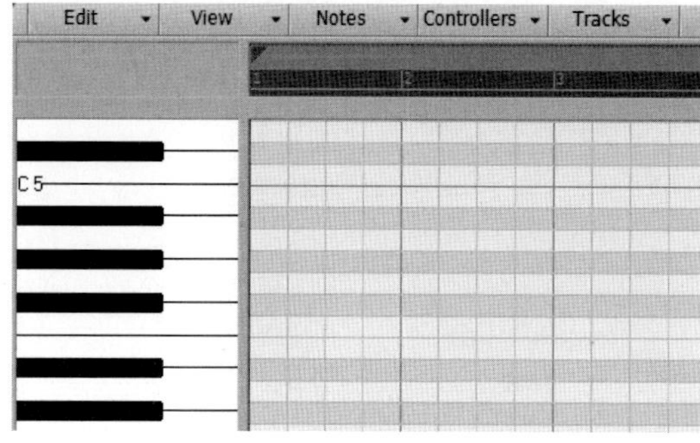

세로 박자 선을 표시한 모습

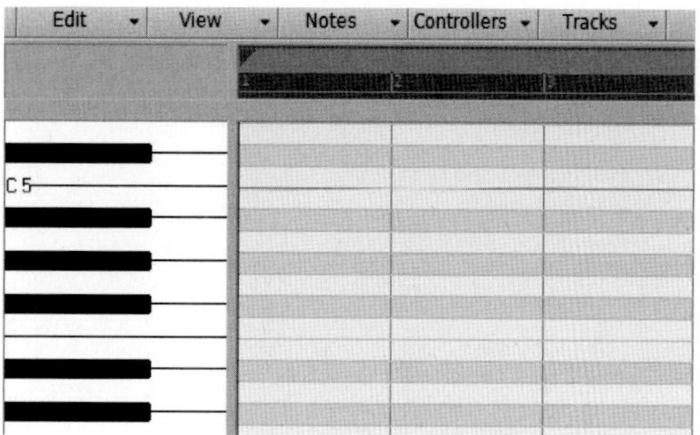

세로 박자 선을 감춘 모습

11. View → Grid Resolution 메뉴

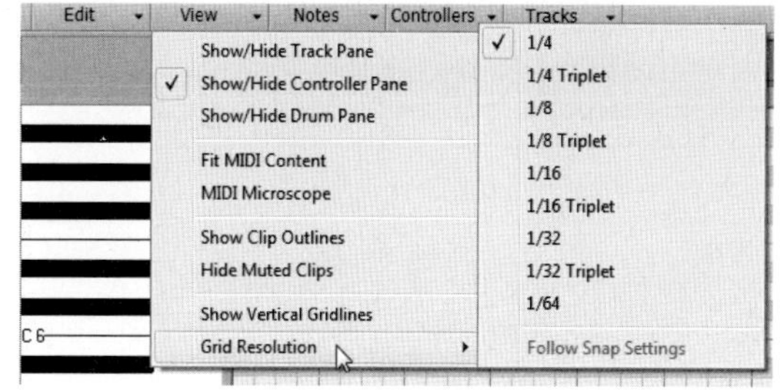

피아노 롤 뷰에서 그리드 해상도를 조절하는 기능이다. 노트 입력시 좀 더 세밀한 배치 작업을 할 수 있다.

예를 들어 1/64를 선택하면 1마디에 64개의 그리드 선이 표시된다. 이때 보통 상태에서는 64개의 그리드 선이 보이지 않지만 화면을 확대하면 64개의 그리드 선이 삽입된 것을 알 수 있다.

12. Note → Show Note 메뉴

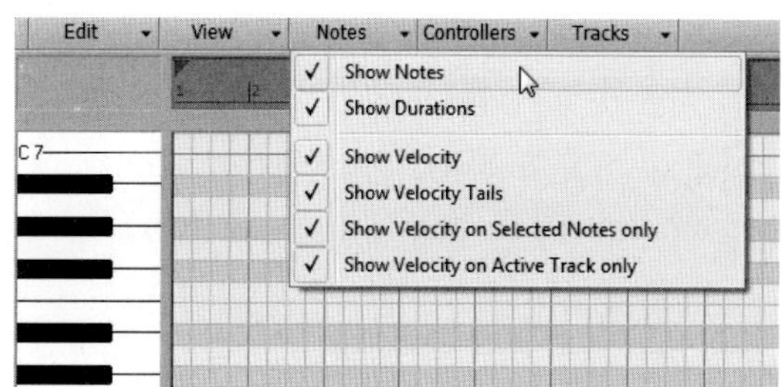

피아노 롤 뷰, 드럼 맵에서 입력되어 있는 노트를 화면에 표시하거나 감춘다.

13. Note → Show Duration 메뉴

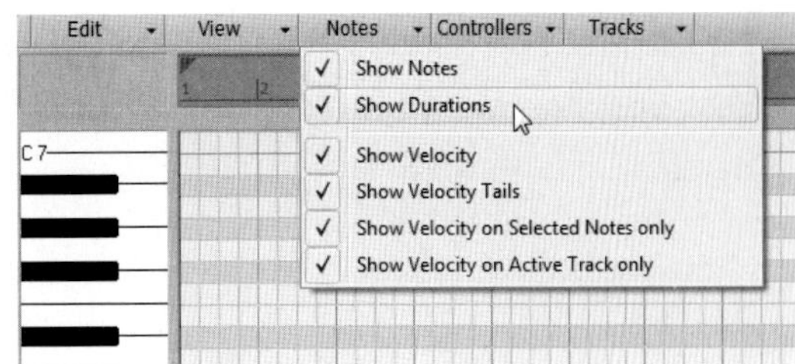

드럼 맵에서 사용하는 이 기능은 삼각형 형태의 노트를 길이를 알 수 있도록 직사각형 형태로 전환할 때 사용한다. 드럼 노트를 잘못 입력하거나 중구난방 입력하면 노트가 겹치면서 드럼 소리 또한 겹치게 된다.

삼각형 모양의 노트로는 겹쳐 있는 상태를 알 수 없으므로 직사각형 형태로 전환해 겹쳐 있는 상태를 시각적으로 확인하게 해준다.

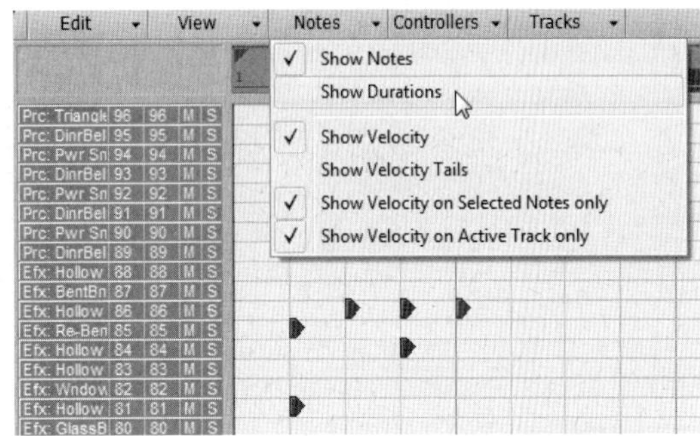

드럼 맵에서 Show Duration 메뉴를 끈 모습

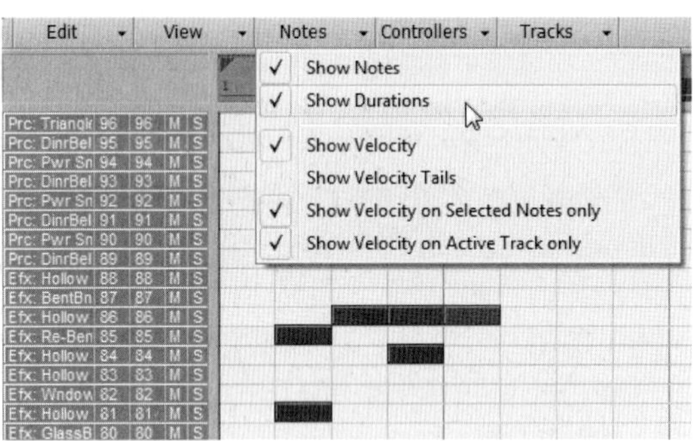

드럼 맵에서 Show Duration 메뉴를 켠 모습

14. Note → Show Velocity 메뉴

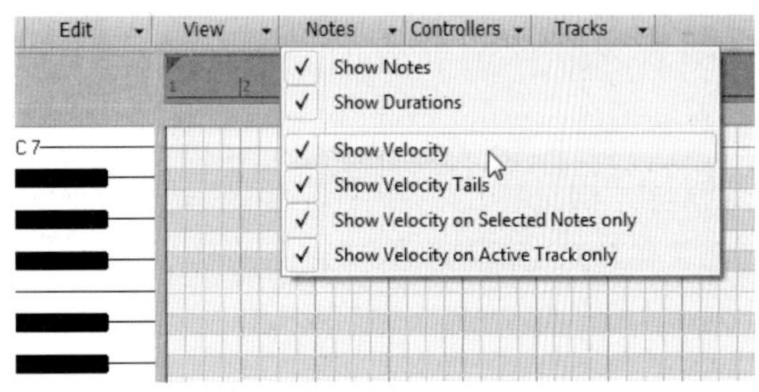

컨트롤러 패널에서 벨로서티 선을 표시하거나 감춘다.

15. Note → Show Velocity Tail 메뉴

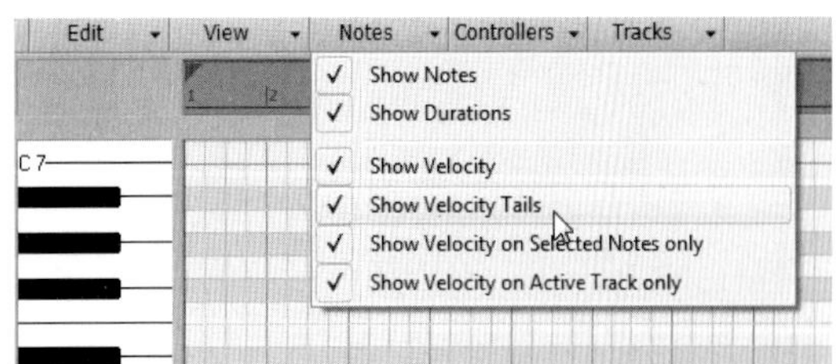

드럼 맵 편집 창에서 사용하며 각각의 노트에 설정된 벨로서티를 육안으로 바로 확인할 수 있도록 꼬리로 보여주는 기능이다. 꼬리의 높낮이에 따라 벨로서티가 강하게 설정되었는지 약하게 설정되었는지 확인할 수 있다.

만일 한 번에 여러 개의 벨로서티를 조절하려면 '스마트 툴'로 여러 개의 노트를 선택한 뒤 상, 하로 드래그한다.

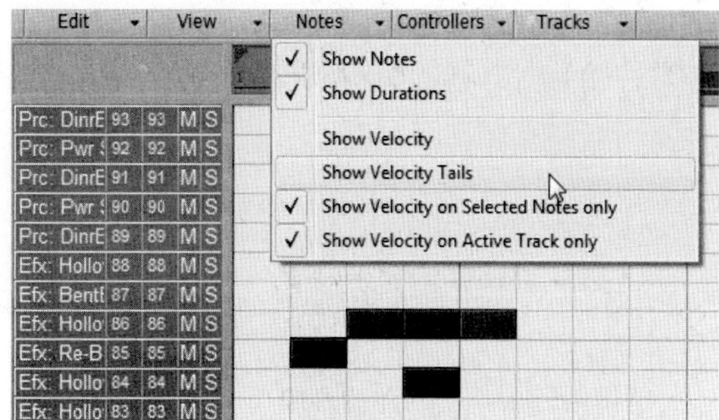

드럼 맵에서 벨로서티 테일을 감춘 모습

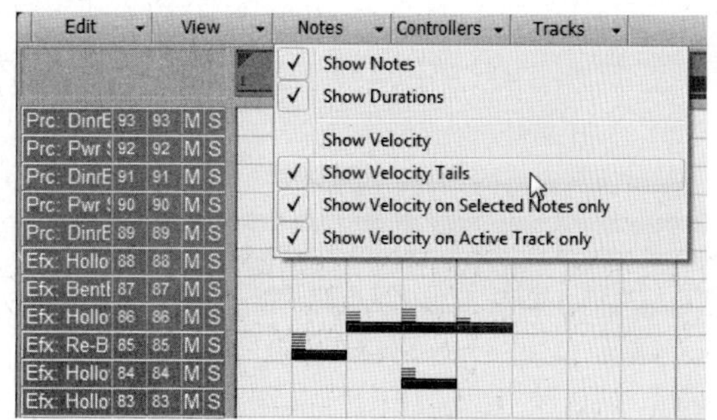

드럼 맵에서 벨로서티 테일을 표시한 모습

16. Note → Show Velocity on Selected Notes Only 메뉴

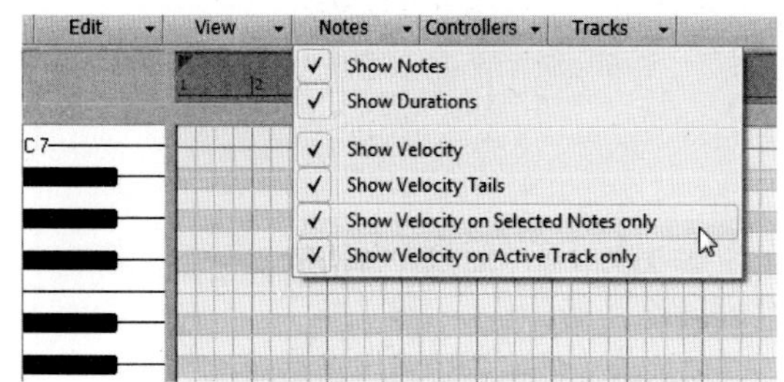

선택한 노트의 벨로서티만 컨트롤러 패널에서 보여준다.

17. Note → Show Velocity on Active Track Only 메뉴

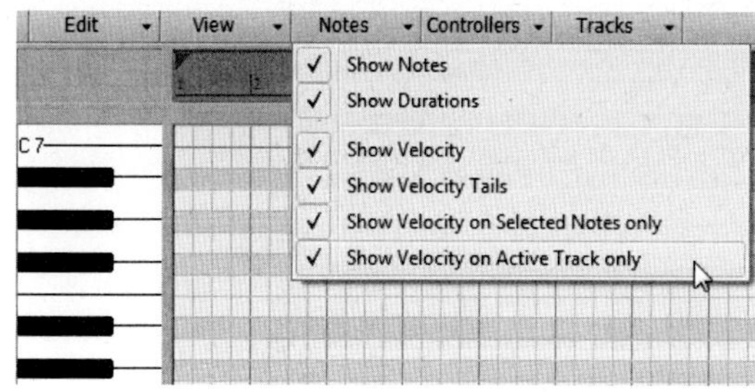

여러 개의 미디 트랙을 동시에 피아노 롤 뷰에서 불러온 뒤 편집할 경우, 현재 활성화된 트랙의 벨로서티만 보여준다.

참고

드럼 맵에서 마우스로 드럼 강약 조절하기

드럼 맵에서 드럼 노트를 입력한 뒤 벨로서티를 조절하려면 하단 컨트롤러 패널을 이용해야 한다. 하지만 벨로서티 테일 기능을 사용하면 마우스로 노트 입력과 동시에 벨로서티를 조절할 수 있다.

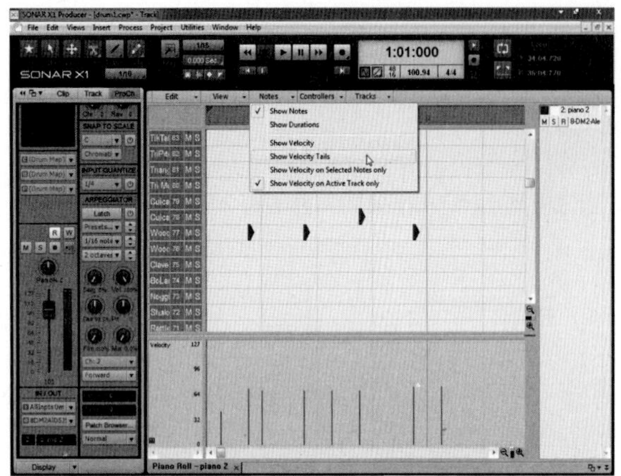

드럼 맵에서 노트를 입력하는 모습이다. 드럼 치는 강약인 벨로서티를 조절하려면 하단 컨트롤러 패널에서 벨로서티 선의 길이를 조절해야 한다.

연필 툴로 벨로서티 선의 높낮이를 깎아 벨로서티를 조절할 수 있지만 이 방법은 다수의 벨로서티를 대상으로 하기엔 작업이 좀 짜증난다.

이 경우 Notes → Show Velocity Tails 메뉴를 적용한다.

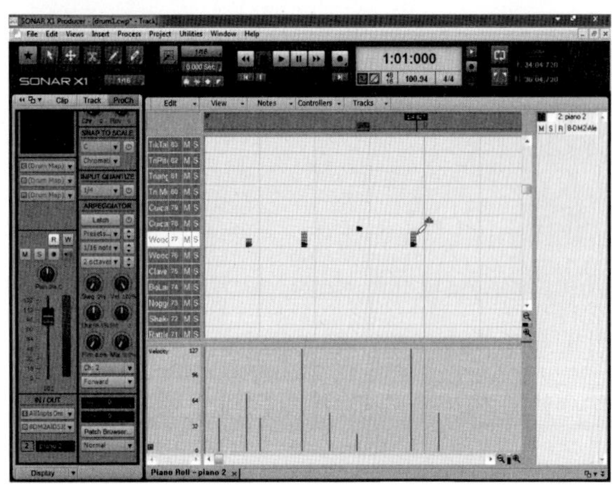

Show Velocity Tails 메뉴를 적용하면 노트에 벨로서티 테일(꼬리)가 표시된다.

F5를 눌러 스마트 툴을 선택한 뒤 각각의 노트를 위, 아래로 드래그해 본다. 벨로서티 테일이 조절되는 것을 알 수 있다. 아울러 하단 컨트롤러 패널의 벨로서티 선도 함께 조절되는 것도 알 수 있다.

이런 식으로 드럼 치는 강약을 조절할 수 있다.

18. Controllers → Select Controllers along with notes 메뉴

노트를 선택하면 해당 노트와 관련 있는 컨트롤러도 함께 선택된다.

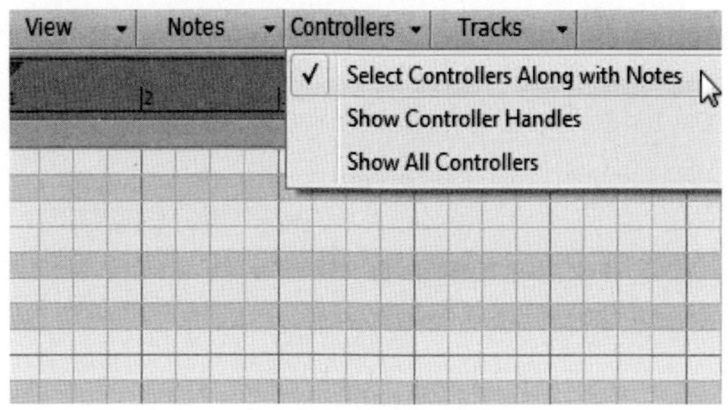

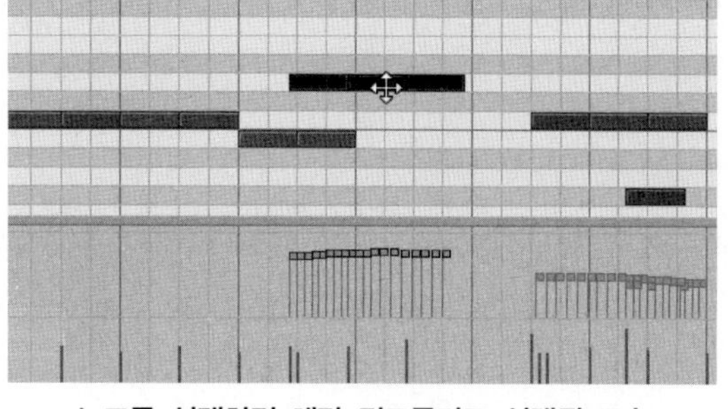

메뉴를 실행하는 모습   **노트를 선택하면 해당 컨트롤러도 선택된 모습**

19. Controllers → Show Controllers Handles 메뉴

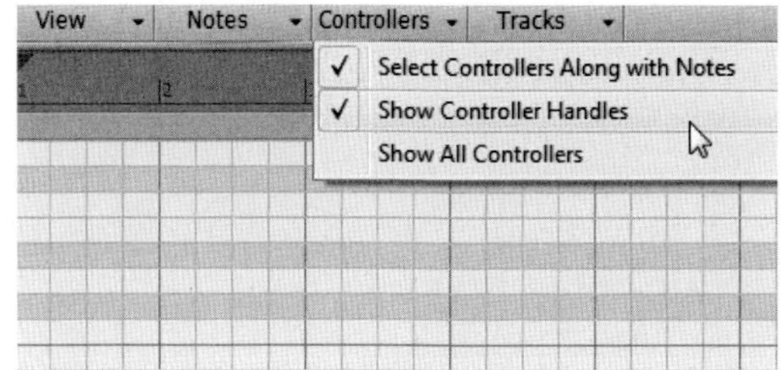

킨트롤러 핸들을 함께 보여준다.

20. Controllers → Show All Controllers 메뉴

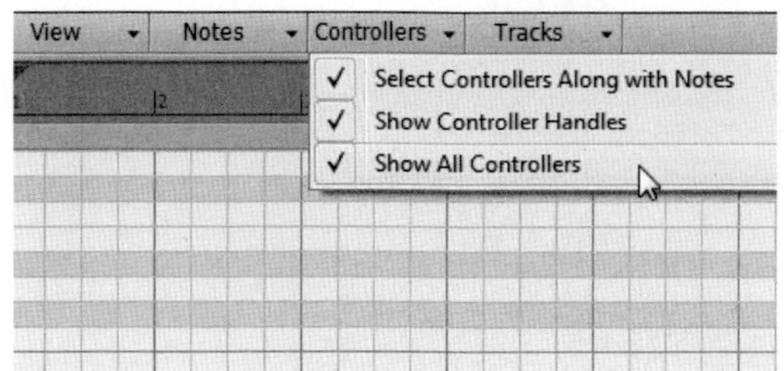

모든 컨트롤러를 함께 보여준다.

21. Tracks → Pick Tracks(픽업 트랙) 메뉴

피아노 롤 뷰는 보통 미디 트랙 1개를 열고 입력 작업을 한다. 하지만 지금부터 설명하는 기능들을 이용하면 여러 개의 미디 트랙을 하나의 화면에 모두 열고 노트 입력 작업을 할 수 있다.

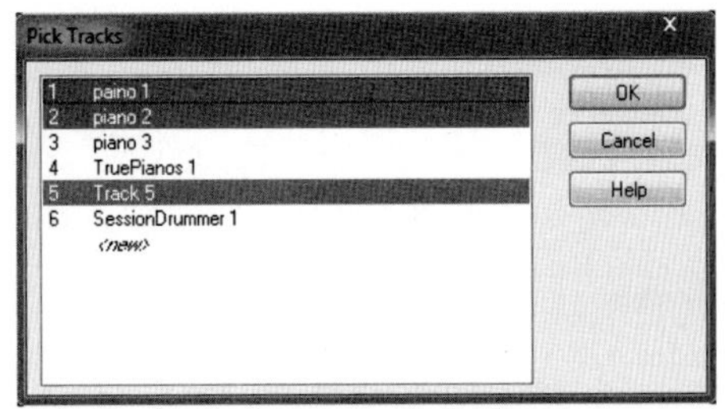

먼저 Pick Tracks 메뉴를 실행한다. 대화상자에서 **Ctrl** + 클릭하여 동시에 보고 싶은 트랙을 지정한다.

앞에서 복수의 트랙을 픽업해오면 피아노 롤 뷰에 픽업해 온 트랙에 있는 모든 노트들이 한 화면에 표시된다. 물론 노트들은 각각의 트랙 별로 색상이 다르므로 언제든지 구분하여 편집할 수 있다.

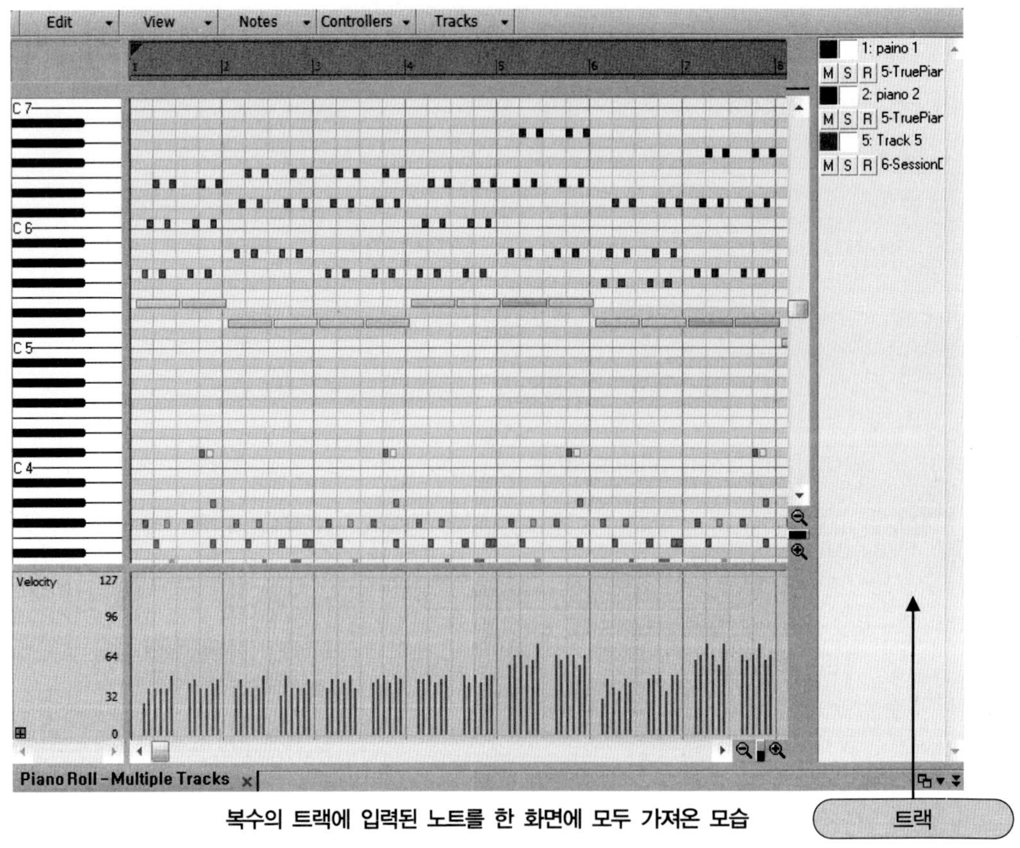

복수의 트랙에 입력된 노트를 한 화면에 모두 가져온 모습

Tip 노트를 보면 색상이 구별되어 있지만 어느 트랙의 노트인지 구분이 안 된다. 어느 트랙의 노트인지 색상으로 쉽게 구별하려면 View → Sonw/Hide Track Pane 메뉴를 실행해 트랙 를 표시하는 것이 좋다.

22. Tracks → Show Next Track 메뉴

여러 개의 트랙을 한 화면에서 불러온 경우, 바로 다음 트랙에 있는 노트들이 입력 창이 나타난다.

23. Tracks → Show Previous Track 메뉴

여러 개의 트랙을 한 화면에서 불러온 경우, 바로 이전 트랙에 있는 노트들이 입력 창이 나타난다.

24. Tracks → Show All Tracks 메뉴

오른쪽 트랙 에서 색상 버튼을 클릭해(Show/Hide Track 버튼)을 클릭해 몇몇 트랙의 노트들을 작업 창에서 감추는 경우가 있다. 이때 이 메뉴를 실행하면 감춘 트랙의 노트들이 다시 작업 창에 나타난다.

3번 트랙의 노트들을 화면에서 감춘 모습

Show All Track 메뉴로 다시 표시한 모습

25. Tracks → Hide All Tracks 메뉴

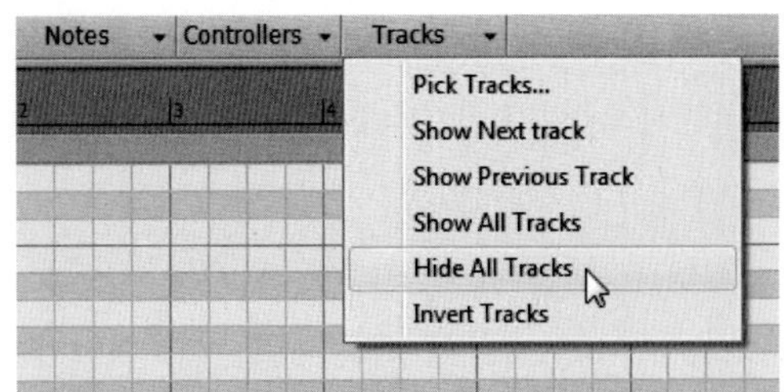

피아노 롤 뷰 화면에서 모든 노트를 일괄적으로 감출 수 있다.

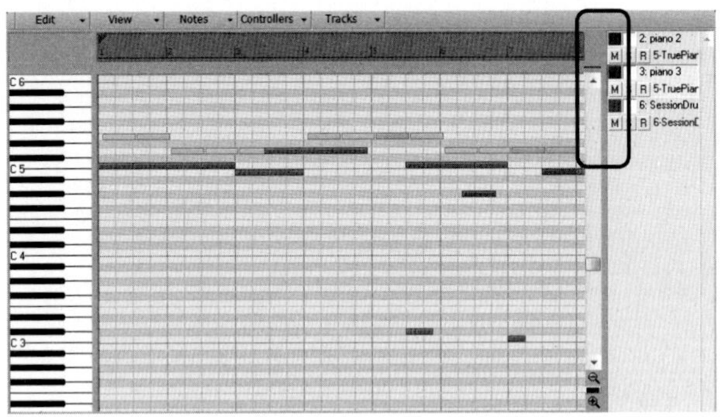

모든 노트들을 화면에 표시한 모습

모든 노트들을 화면에서 감 춘 모습

26. Tracks → Invert Tracks 메뉴

현재 보고 있는 노트들을 모두 감춘 뒤, 보고 있지 않던 다른쪽 트랙의 노트들을 모두 표시한다.

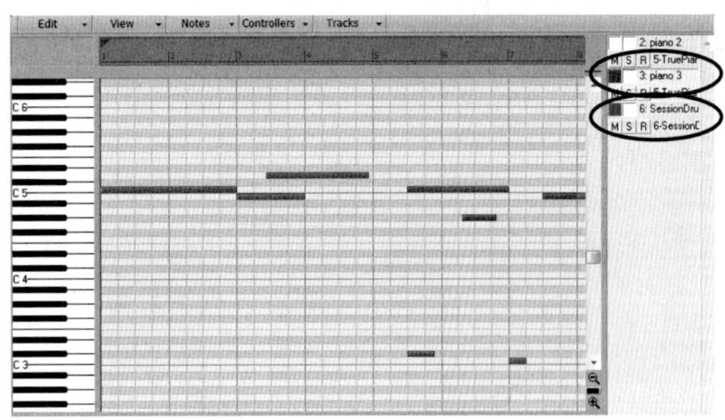

3, 6번 트랙 노트들을 보고 있는 상태

Invert Tracks 메뉴로 다른 트랙을 보고 있는 상태

02 스태프 뷰(Staff View) – 악보 창 익히기

스태프 뷰는 메인 메뉴의 Views → Staff View 메뉴로 실행하거나 단축키 Alt + 6으로 실행한다. 피아노 롤 뷰가 막대 형태로 노트를 입력한다면, 스태프 뷰는 악보 형태로 노트를 입력하는 편집 창이다. 악보 전문 프로그램인 피날레처럼 작업할 수 있고, 64분 음표를 제외한 대부분의 음표 및 기호 표현이 가능하다. 또한 가사 입력 작업도 할 수 있으므로 말 그대로 악보편집 창이라고 할 수 있다. 하지만 대부분의 사용자들은 미디 입력 작업을 피아노 롤 뷰에서 많이 하고, 스태프 뷰는 악보로 확인하면서 수정 작업을 할 때 즐겨 사용한다.

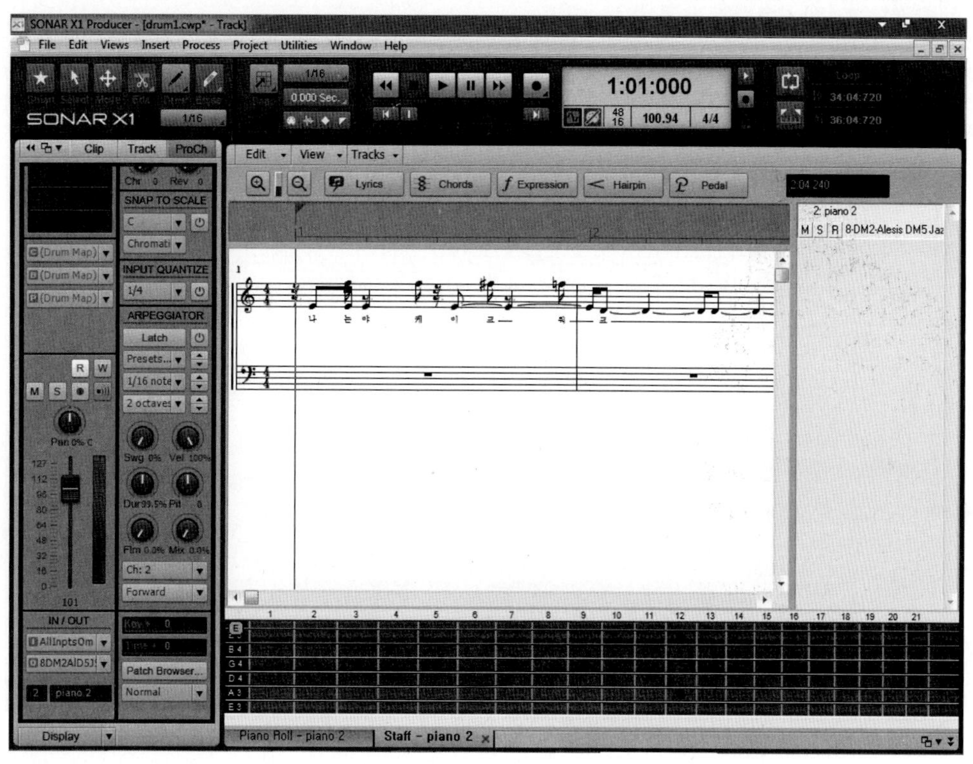

스태프 뷰(Staff View) 화면 기능

스태프 뷰는 메인 툴 바의 각종 입력 및 편집 기능이 피아노 롤 뷰와 똑같다. 노트 입력, 노트 이동, 노트 삭제, 스냅, 입력할 노트 선택(노트 버튼)은 피아노 롤 뷰와 같은 기능이다.

스태프 뷰 메뉴에서는 인쇄 기능 등을 사용할 수 있는데 소나 **X1** 버전 **ProducerX1cPatch.exe**로 업그레이드해야 사용할 수 있다.

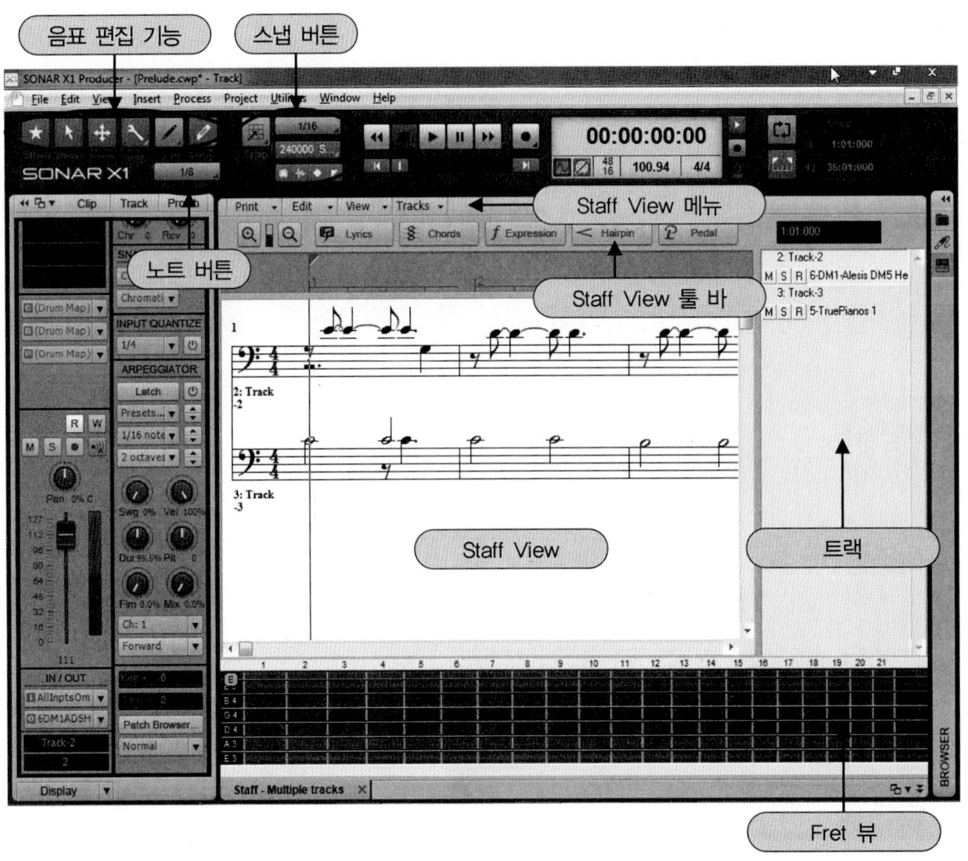

앞에서 말했듯 스태프 뷰는 악보를 읽을 수 있는 사람들이 음표를 입력할 때 사용한다. 악보를 읽지 못하는 사람들은 오히려 피아노 롤 뷰가 노트 입력에 더 편리할 수도 있다.

어떤 창에서 입력하건 스태프 뷰와 피아노 롤 뷰 양쪽에 동일한 미디 이벤트가 입력된다. 따라서 입력 도중 스태프 뷰와 피아노 롤 뷰를 오고가면서 작업할 수 있다.

Fret 뷰는 기타 연주자들을 위해 연주 위치를 알려주는 역할을 한다.

스태프 뷰(악보 창)에서 음표 입력하기

스태프 뷰에서 음표를 입력하려면 먼저 '연필 툴'을 선택한 뒤 아래 버튼에서 원하는 음표를 선택한 뒤 입력한다. 음표를 입력하다보면 8분 음표가 4분 음표로 입력되기도 하는데 이는 스태프 뷰의 Edit → Fill Duration 메뉴가 활성화된 상태이기 때문이다. Fill Duration 메뉴가 켜 있으면 박자를 채우기 위해 더 큰 음표가 입력될 수도 있으므로 정확하게 입력하려면 Fill Duration 메뉴를 꺼두는 것도 좋은 방법이 된다.

먼저 File → New 메뉴로 새 프로젝트를 하나 만든다. 미디 트랙을 선택한 뒤 원하는 가상 악기를 연결한다. 미디 트랙이 선택된 상태에서 Views → Staff View 메뉴를 실행하거나 Alt + 6을 눌러 스태프 뷰를 실행한다.

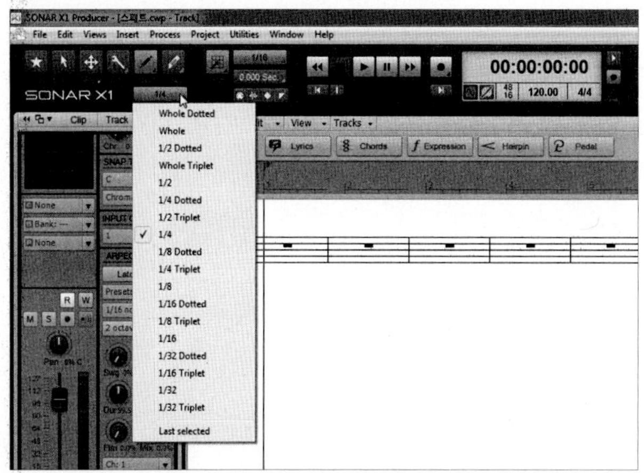

메인 툴 바에서 '연필 툴'을 선택한다.

연필 툴 아래에 있는 '노트 버튼'을 클릭한 뒤 입력할 음표를 선택한다.

노트 버튼을 클릭해 입력할 음표 선택

	영문 음표명	한글 음표명	음표	쉼표	비고
1	Whole Note	온음표	o		
2	1/2 (Half Note)	2분 음표	♩		
3	1/4 (Quarter Note)	4분 음표	♩	♩	
4	1/8 (Eighth Note)	8분 음표	♪	y	
5	1/16(Sixteenth Note)	16분 음표	♪	?	
6	1/32(Thirty Second Note)	32분 음표	♪	?	
7	Dotted	점음표	♩.		음 길이 1/2 추가할 때 사용
8	Triplet	셋잇단음표	♪♪♪		셋잇단음표 제작할 때 사용

1. 일반 음표 입력하기

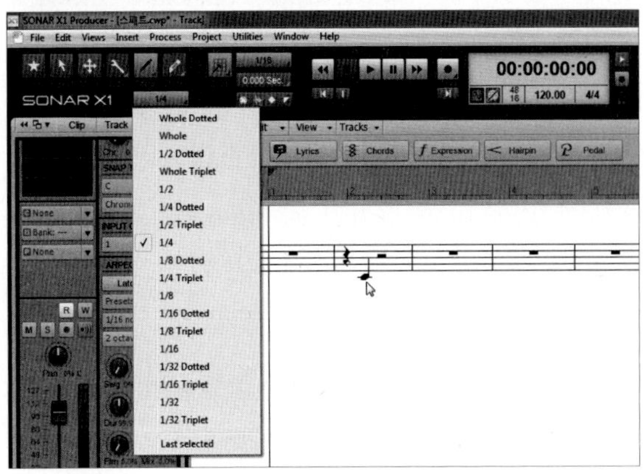

일반 음표를 입력하는 모습

일반 음표는 노트 버튼을 클릭한 뒤 원하는 음표를 선택한 뒤 연필 툴로 입력한다.

2. 점음표 입력하기

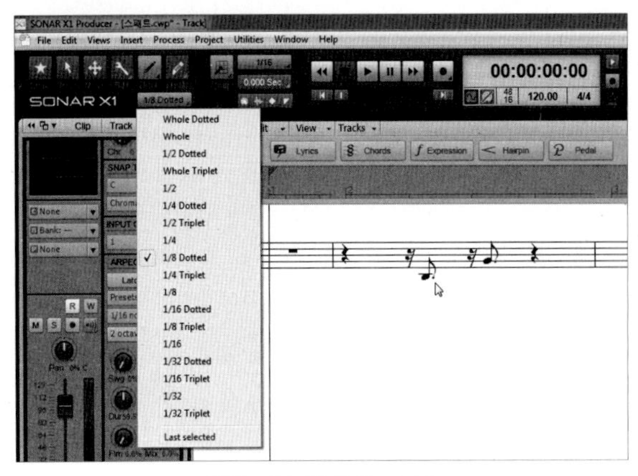

점음표를 입력하는 모습

점음표란 음표의 오른쪽에 점이 있는 음표를 말한다. 점음표는 점이 없는 원래 음표보다 길이가 50% 길어진다. 예를 들어 1/4Dotted를 선택하면 '점4분 음표'가 입력된다.

3. 셋잇단음표 입력하기

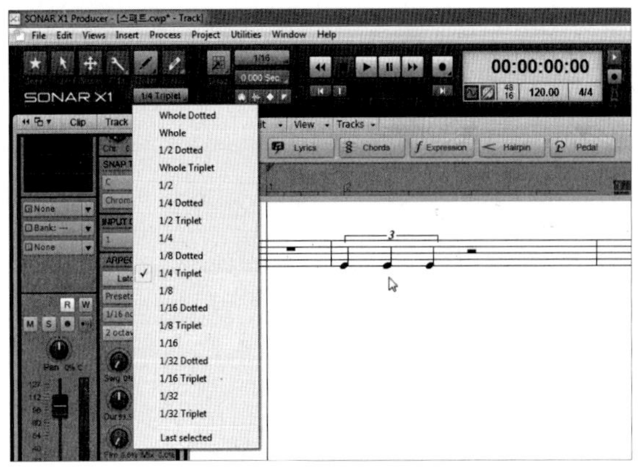

셋잇단음표를 입력하는 모습

셋잇단음표란 같은 길이의 음표가 3개 잇달아 있는 음표를 말한다. 노트 선택 버튼에서 Triplet 글자가 있는 것은 셋잇단 음표이다.

악보 해상도(Display Resolution)가 높게 설정되어 있을 경우, 그것보다 낮은 음표를 입력하면 높은 음표로 합산되어 표시된다. 예를 들어 악보 해상도가 1/4로 설정되어 있으면 4분 음표를 입력할 때 4분 음표로 표기되지만, 8분 음표를 입력하면 8분 음표로 표기되는 것이 아니라 4분 음표로 합산되어 표시된다. 악보 해상도는 스태프 뷰의 View → Display Resolution 메뉴에서 설정한다.

4. 64분 음표/128분 음표의 입력

소나는 악보해상도를 최대 32분 음표까지만 지원하기 때문에 32분 음표 이하인 64분 음표나 128분 음표는 악보상에 표기되지 않는다. 그렇다고 64분 음표나 128분 음표를 입력할 수 없는 것은 아니다.

예를 들어 32분 음표의 Duration이 120이라면 32분 음표를 마우스 오른쪽 버튼으로 클릭한 뒤 Duration 항목을 60으로 줄여준다. 이렇게 하면 32분 음표 음길이의 절반이므로 64분 음표로 변경되지만 악보해상도가 32분 음표 이하는 지원하지 않기 때문에 악보 상에서는 32음표로 표시된다.

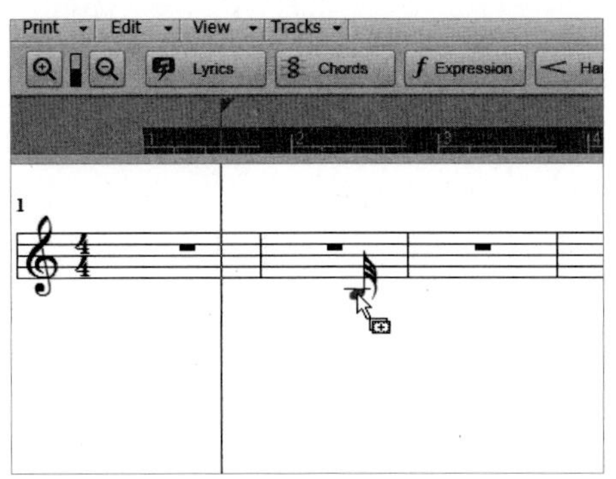

32분 음표를 입한 모습

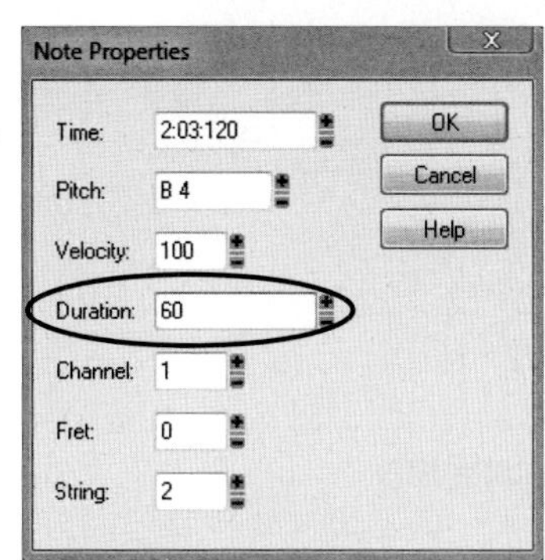

음표를 오른쪽 버튼으로 클릭한 뒤 Duration 항목 조절

5. 쉼표 입력하기

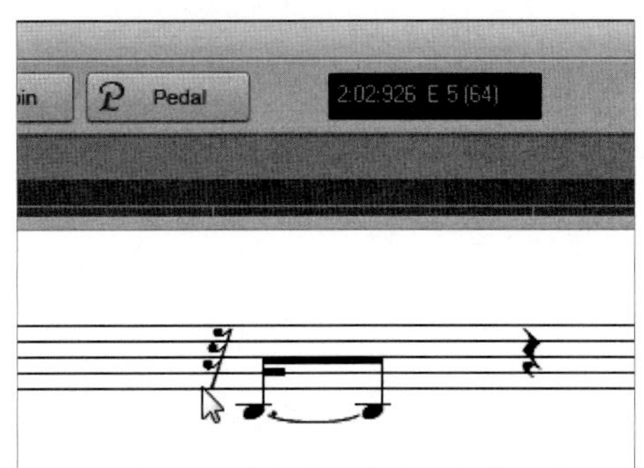

소나에서 쉼표는 자동으로 입력된다. 음표를 입력하다 보면 마디 안에서 비어 있는 박자가 생성되는데 비어 있는 박자 부분에 쉼표가 자동으로 채워진다.

음표의 Duration 길이는 박자에 따라 다를 수도 있으므로 반드시 32분 음표의 Duration 시간을 확인한 뒤 그 절반으로 설정해야 64분 음표가 입력된다. 물론 화면상에서는 64분 음표가 아닌 32분 음표로 표시된다.

음표의 이동, 삭제, 편집

스태프 뷰에서 음표를 입력 수정하려면 메인 툴 바의 선택 툴, 연필 툴, 지우개 툴을 사용한다.

1. 음정 이동

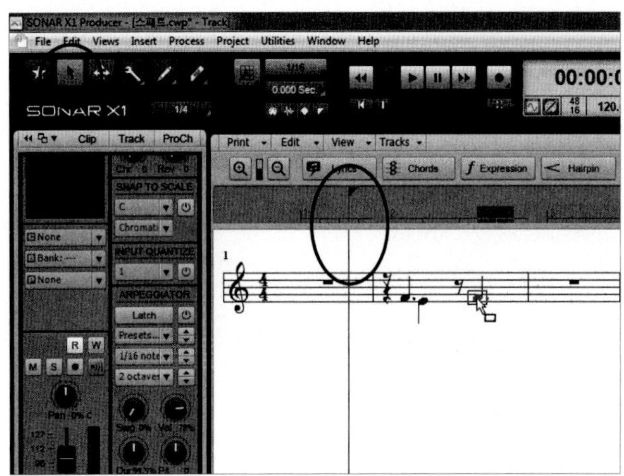

선택 툴로 위, 아래로 드래그하는 모습

선택 툴로 음표를 선택한 뒤 상, 하로 이동시키면 음정을 이동시킬 수 있다.

2. 음표 복사

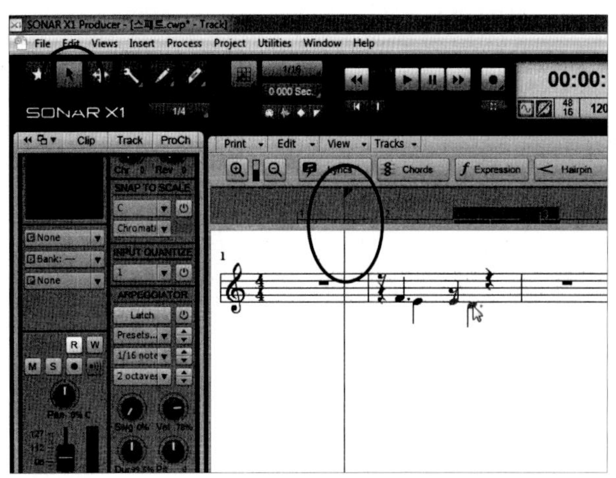

선택 툴로 Ctrl + 드래그하는 모습

선택 툴로 음표를 선택한 뒤 **Ctrl** +드래그하면 복사할 수 있다. 같은 리듬을 반복해서 사용할 경우 음표를 복사해서 사용한다.

Tip 잘못 입력한 글자를 삭제하려면 지우개 툴을 사용하거나, 해당 글자를 선택한 뒤 Delete 키를 누른다.

3. 음표 삭제

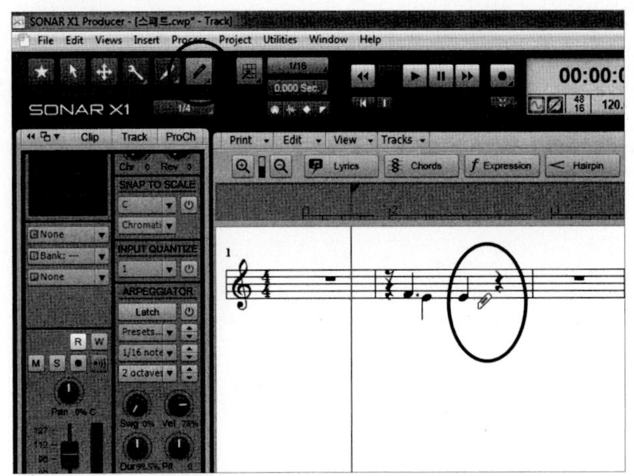

지우개 툴로 음표를 삭제하는 모습

선택한 음표는 Delete 키를 눌러 삭제할 수 있다. 또한 지우개 툴로 클릭해 삭제할 수 있다. Ctrl + A를 누른 뒤 Del 키를 누르면 모든 음표를 선택해 삭제할 수 있다.

스태프 뷰(악보 창)의 툴 바

스태프 뷰의 툴 바 기능에 대해 알아본다.

1. 줌 버튼

화면을 축소하거나 확대한다. 축소 버튼은 단계적으로 축소를, 확대 버튼은 단계적으로 확대한다. 가운데의 줌 레벨은 상하로 드래그하여 화면을 축소하거나 확대할 때 사용한다.

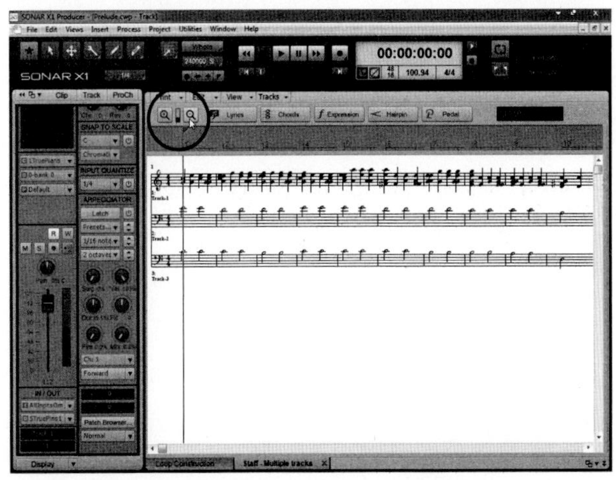

축소 버튼을 클릭해 악보를 축소하는 모습

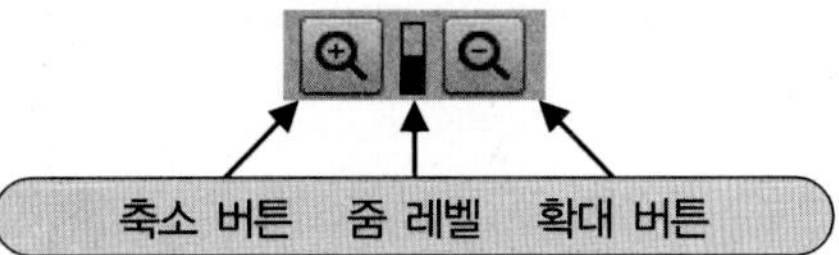

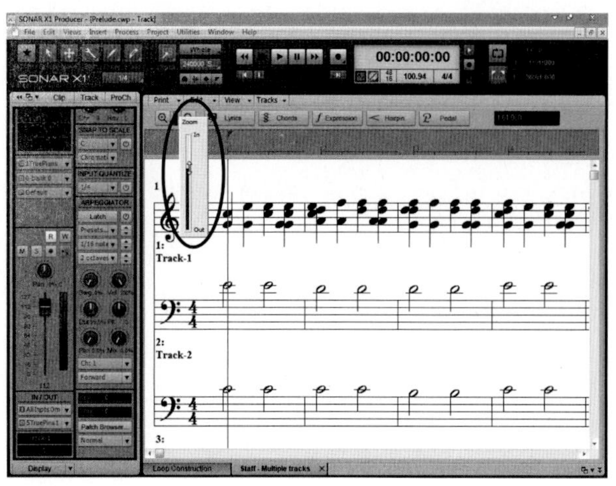

줌 레벨 버튼은 상하로 드래그하여 악보를 확대하거나 축소할 때 사용한다.

2. 가사(Lyrics) 버튼   Lyrics

가사 버튼은 악보 창에서 가사를 직접 입력할 때 사용한다. 연필 툴을 선택한 뒤 가사 버튼을 클릭하고 원하는 음표의 바로 밑을 클릭하면 텍스트를 입력할 수 있다.

먼저 '연필 툴'을 선택한다.

가사(Lyrics) 버튼을 클릭한다. 가사를 입력할 수 있도록 어두운 색으로 반전된다.

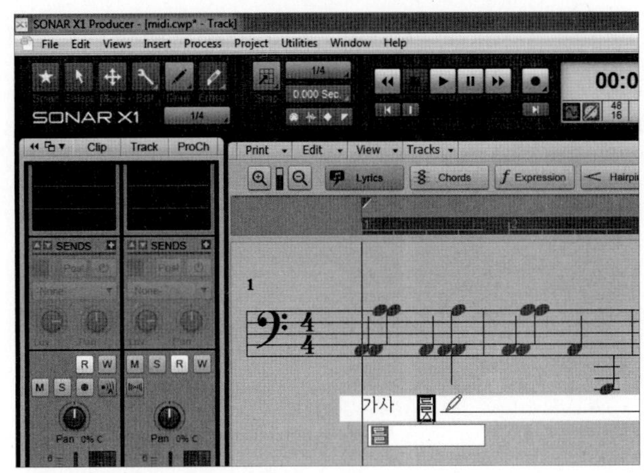

원하는 음표 아래를 클릭해 입력한다. Spacebar를 눌러 계속 가사를 입력하거나, 원하는 음표 아래를 계속 클릭해 입력한다.

입력이 끝나면 가사(Lyrics) 버튼을 클릭해 입력 창을 빠져나온다.

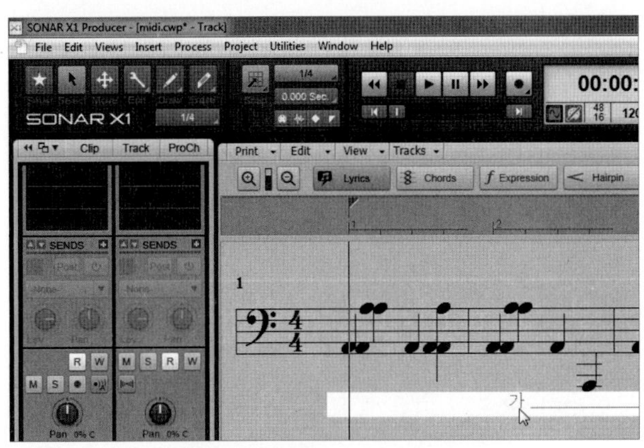

연필 툴로 원하는 글자를 클릭하면 가사를 수정할 수 있도록 텍스트 입력 창이 나타난다.

선택 툴로 글자를 드래그하면 글자를 다른 위치로 이동할 수 있다.

선택 툴로 글자를 이동시킨 모습

선택 툴 또는 연필 툴로 글자를 마우스 오른쪽 버튼으로 클릭하면 Lyric Properties 대화상자가 실행되어 글자를 미세하게 이동시킬 수 있고, 글자 내용을 수정할 수 있다.

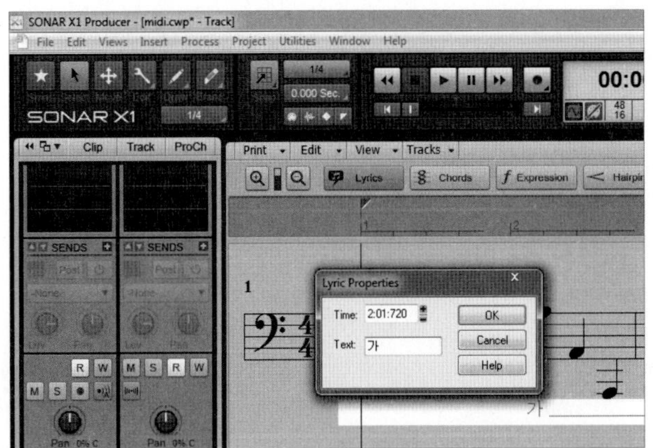

대화상자의 Time 항목은 기본적으로 MBT 시간으로 표기되므로 마디, 박자, 틱 간격으로 미세하게 글자 위치를 조절할 수 있다.

그림의 2:01:720 시간은 2번째 마디, 1번째 박자, 72틱을 의미한다.

3. 코드(Chord) 버튼 - 화음 입력 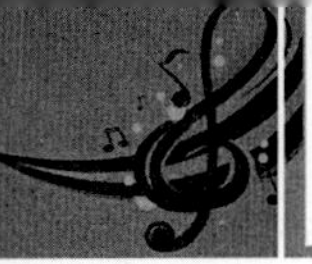

원하는 위치에 코드 이름과 기타 연주용 다이어그램을 삽입할 수 있다. 소나에서 입력할 수 있는 코드 이름은 실제 음악 코드처럼 수백 종류가 있다. 기타용 다이어그램은 코드 이름을 입력한 뒤 기타 연주에 필요할 경우 별도로 작성한다.

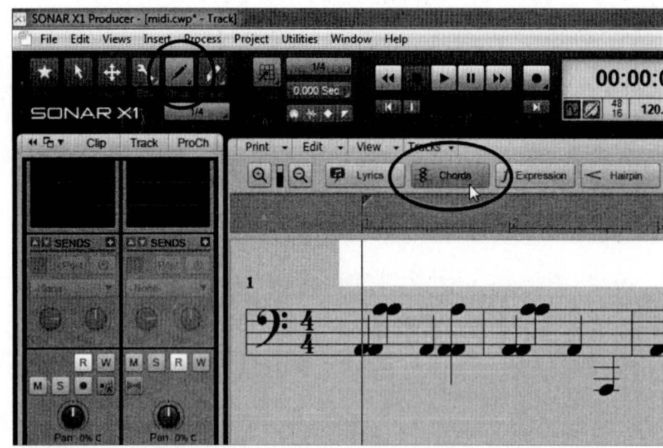

연필 툴을 선택한 뒤 코드 버튼을 클릭한다.

원하는 음표 위에서 연필 툴로 클릭하면 기본 코드인 C 코드가 자동으로 입력된다.

잘못 입력한 코드는 지우개 툴로 삭제할 수 있다.

코드 이름을 수정하려면 원하는 코드 이름을 마우스 오른쪽 버튼으로 클릭한다.

Chord Properties 대화상자가 실행되면 아래와 같은 방법으로 코드 이름을 변경할 수 있고 기타 연주용 다이어그램을 작성할 수 있다.

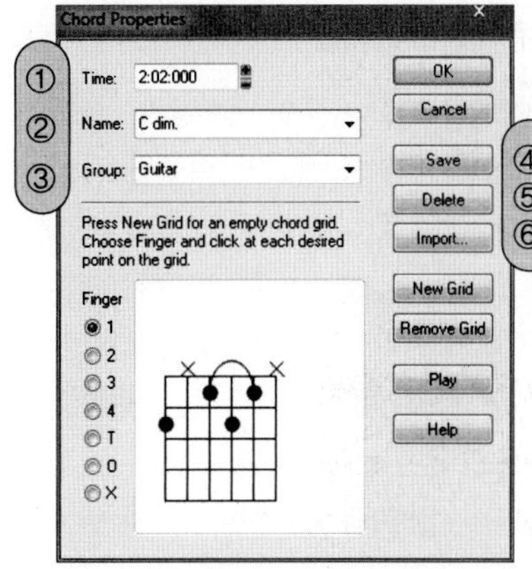

① **Time :** 악보 상에서 코드 심볼의 위치를 이동시킨다.

② **Name :** 기본 코드인 C 코드 외의 수백 가지의 다른 코드를 선택할 수 있다. 피아노를 배운 사람이라면 쉽게 알 수 있는 항목이다.

③ **Group :** 복수의 코드를 그룹으로 묶는다.

④ **Save 버튼 :** 현재의 코드 그룹을 저장한다.

⑤ **Delete 버튼 :** Name 항목을 선택한 상태라면 현재의 코드 이름을 삭제하고 Group 항목을 선택한 상태라면 현재의 코드 그룹을 삭제한다.

⑥ **Import 버튼 :** 외부에서 코드 라이브러리 파일을 불러온다.

Import 대화상자의 모습

🔍 참고

코드(화음)란?

기본 코드인 C 코드는 도, 미, 솔을 동시에 누를 때 들리는 화음을 말한다. 코드는 보통 마디의 첫 번째 음에 삽입하며, 피아노곡 등으로 편곡된 가요나 성가 악보 등에서 멜로디를 치는 오른손과 달리 왼손으로 반주 효과를 낼 때 활용한다.

물론 코드란 한 번에 2~3개의 음을 동시에 내는 화음을 말하고 곡의 분위기를 만들어주는 효과를 주지만 C 코드라고 해서 반드시 도, 미, 솔을 동시에 누르지는 않는다. 해당 마디에서 도, 미, 솔을 동시에 누르기도 하지만 도, 미, 솔을 단계적으로 눌러 연주자만의 독특한 화음과 분위기를 만들기도 한다. 피아노곡으로 편곡된 가요 악보에서는 오른손 악보와 왼손 악보가 동시에 있는데 코드가 표기되어 있는 경우에는 코드를 왼손으로 연주하여 곡의 분위기를 맛깔스럽게 만든다. 참고로, 소나의 악보 창에서 입력한 코드는 플레이할 때 들리지 않고 악보에만 표기된다.

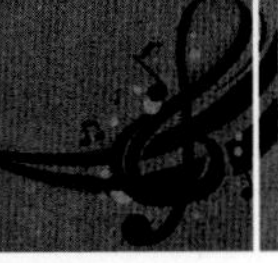

Tip   기타 코드 작성하기

① **기타 연주용 다이어그램 작성하기** : 앞의 대화상자에서 New Grid 버튼을 클릭하면 기타 코드용 운지법을 표기하는 다이어그램을 제작할 수 있다. 제작된 다이어그램은 악보상의 코드 이름 하단에 작은 크기로 삽입된다.

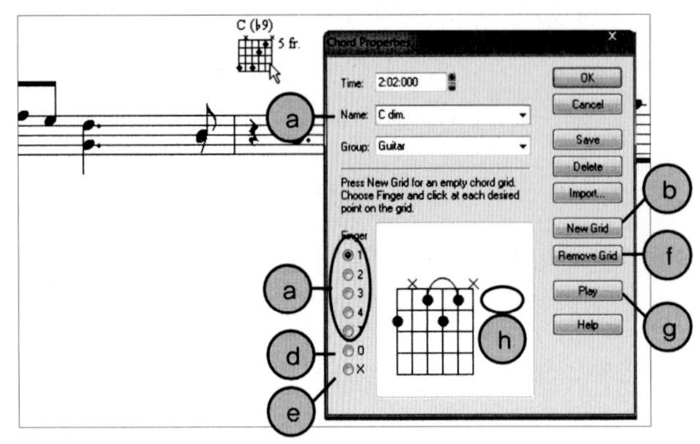

a. **Name** : 제작할 코드 이름을 선택한다. 코드 이름을 선택하면 코드 운지법이 적용된 다이어그램이 자동 제작된다.

b. **New Grid 버튼** : 기타 코드용 다이어그램을 제작할 때 필요에 따라 운지 상태를 다르게 작성할 수도 있는데 이 경우 이 버튼을 클릭한다.

c. **손가락 번호** : 1(검지), 2(중지), 3(약지), 4(새끼), T(엄지) 손가락을 의미한다. 먼저 원하는 손가락 번호에 체크한 뒤 프렛에 운지점을 찍으면 된다.

d. O는 기타에서 줄을 누르지 않은 상태를 말하며, 개방현이라고 말한다. 이 옵션에 체크한 뒤 다이어그램 상단부에 O라고 찍으면 개방현으로 표기된다.

e. X : Mute 현을 말하며, 소음현이라고 말한다. 이 옵션에 체크한 뒤 다이어그램 상단부에 찍어준다.

f. **Remove Grid 버튼** : 다이어그램의 작성을 취소한다.

g. **Play 버튼** : 제작된 기타 코드 다이어그램을 미리 들을 수 있다.

h. **프렛 번호** : 다이어그램의 우측 빈 여백을 클릭하면 프렛 번호를 설정할 수 있는 대화상자가 실행된다. 현재 프렛이 기타의 프렛 보드에서 몇 번째 프렛인지 보여줄 때 유용하다.

② **한 손가락으로 두 프렛 이상 누르는 바레코드(하이코드) 작성하기** : 원하는 프렛에 운지점을 찍은 뒤 해당 운지점을 마우스로 계속 클릭하면 손가락 번호가 1, 2, 3, 4, 엄지... 순으로 계속 변경된다. 이때 1번을 선택하면 해당 운지점은 1번 손가락인 검지로 설정된다. 이후 다른 위치에 운지점을 찍은 뒤 마우스로 계속 운지점을 클릭하면 손가락 번호가 다시 1, 2, 3, 4, 엄지... 순으로 변경되는데 이때 1번을 선택하면 해당 운지점 역시 1번 손가락인 검지로 설정된다. 이럴 경우 두 운지점은 바레선으로 연결되어 한 손가락(검지)으로 동시에 누르는 바 레코드로 설정된다.

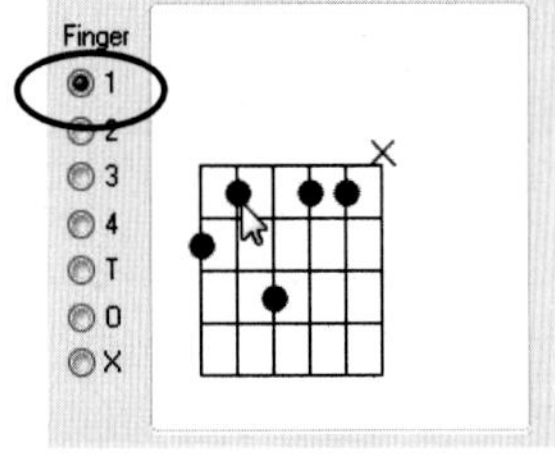

점을 만든 뒤 해당 점을 계속 클릭해 1번으로 설정

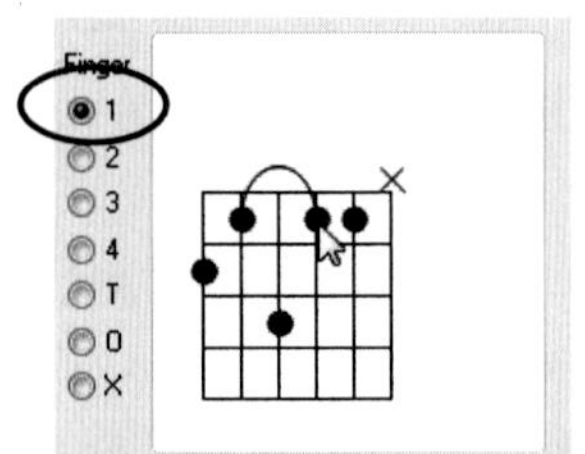

다른 점을 만든 뒤 해당 점을 계속 클릭해
같은 1번으로 설정하면 바 레코드로 연결된다.

4. 셈여림(Expression) 버튼 – 발상기호 입력 f Expression

발상기호를 음표 하단에 입력한다. 예를 들어 피아니시모(pianissimo)는 '점점 여리게' 연주하라는 뜻이며 'pp'로 표기된다. 'ppp'는 피아니시모보다 더 여리게 연주하라는 뜻이며 피아니시시모라고 읽는다. 그 외 매우 세게 연주하라는 뜻의 포르테시모(ff), 포르테시모보다 더 세게 연주하는 포르테시시모(fff), 조금 세게 연주하라는 뜻의 메조포르테(mf), 세게 연주한 후 여리게 연주하는 포르테피아노(fp) 등이 있다. 연필 툴로 직접 입력하고 잘못 입력한 기호는 지우개 툴로 삭제한다.

연필 툴을 선택한 뒤 셈여림 버튼을 클릭한다.

원하는 음표 하단에서 연필 툴로 클릭하면 텍스트 입력 창이 나타난다. 원하는 셈여림 기호를 키보드로 타이핑한다.

Tip 헤어핀 심볼과 셈여림 심볼의 벨로서티

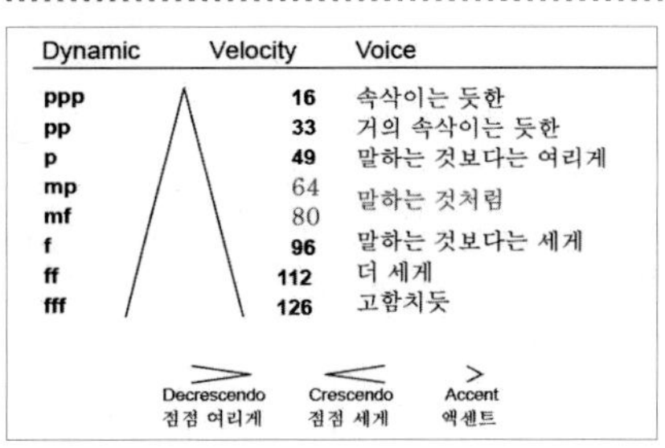

헤어핀 심볼과 셈여림 심볼은 소나에서 연주할 때는 적용되지 않고 악보 상에만 표기된다. 연주자는 악보의 각종 심볼을 참조하여 강약을 조절해 연주할 수 있다.
만일 소나의 음표마다 강약을 설정하고 연주시키려면 각각의 음표를 벨로서티 옵션으로 조절해야 한다. 옆의 표는 발상기호를 벨로서티로 환원한 값이다.

Enter 키를 누르면 기호가 입력된다.

기호를 마우스 오른쪽 버튼으로 클릭하면 대화상자가 실행되어 다른 기호로 변경할 수 있다. 만일 뒤쪽에 다른 발상기호와 앞의 발상기호를 연결하려면 하이픈(—)을 입력한다.

5. 헤어핀 버튼 – 크레센도/디미뉴엔도 입력 

헤어핀 버튼은 음표 아래에 강약 기호를 입력할 때 사용한다. 강약 기호는 크레센도(점점 세게), 디미뉴엔도(점점 여리게) 등이 있다.

연필 툴을 선택한 뒤 헤어핀 버튼을 선택한다.

셈여림 기호를 삽입할 음표 밑을 연필 툴로 클릭한다. 기본적으로 크레센도 기호가 삽입된다.

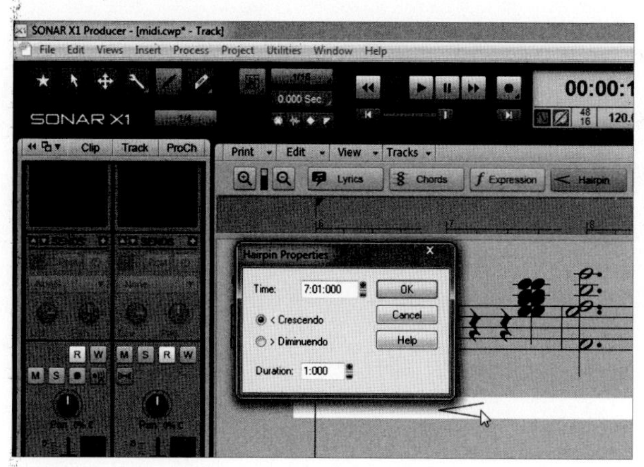

입력된 크레센도/디미뉴엔도 기호는 선택 툴로 선택한 뒤 다른 위치로 이동할 수 있다.

입력된 기호 모양을 변경하려면 마우스 오른쪽 버튼으로 클릭한다.

대화상자에서는 크레센도/디미뉴엔도 기호가 놓여있는 위치를 변경할 수 있고, 크레센도/디미뉴엔도 기호를 서로 전환하거나 길이를 조절할 수 있다.

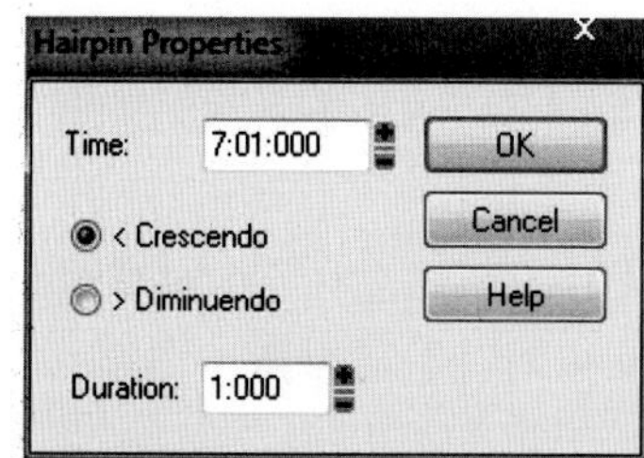

① Time : 크레센도/디미뉴엔도 기호의 악보상 위치가 표시된다.
② 〈 Crescendo : 크레센도를 말하며 그 구간에서 점점 세게 연주하라는 뜻을 가지고 있다.
③ 〉 Diminuendo : 디미뉴엔도를 말하며 그 구간에서 점점 여리게 연주하라는 뜻을 가지고 있다.
④ Duration : 크레센도/디미뉴엔도 기호의 길이를 조절한다.

다음은 Crescendo를 Diminuendo로 교체하고 Duration(길이)도 2:000으로 설정한 모습이다.

6. 페달(Pedal) 버튼 – 페달 심볼 입력

피아노의 서스페인 페달을 밟는 것과 같은 기능이다. 음표 하단에 페달 기호를 삽입하며 페달 기호는 64번 미디 이벤트로 삽입된다. 페달 기호가 삽입된 피아노곡은 실제 페달을 밟는 효과가 삽입되어 소나에서 곡을 연주할 때도 적용된다. 소나에서 페달 기호는 보통 페달을 밟은 기호(P)와 페달을 떼는 기호(*)가 함께 삽입되는데 이들 기호들은 선택 툴로 이동시킬 수 있다.

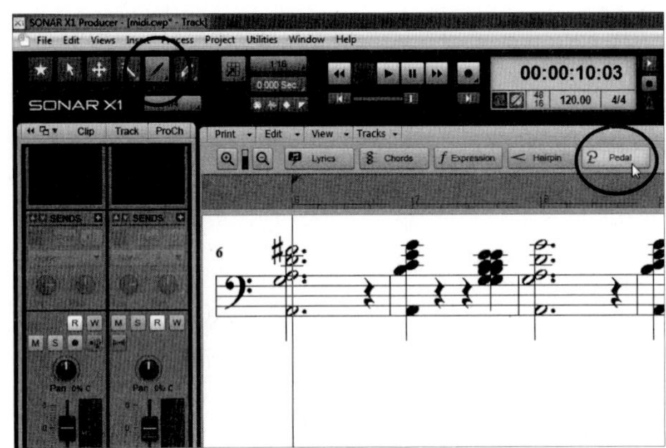

연필 툴을 선택한 뒤 페달 버튼을 클릭한다.

페달을 삽입할 음표 하단을 연필 툴로 클릭하면 페달이 자동으로 삽입된다.

페달의 시작점(P)과 종료점(*)은 박자 간격으로 삽입되는데 선택 툴로 드래그하여 박자 간격을 조절할 수 있다.

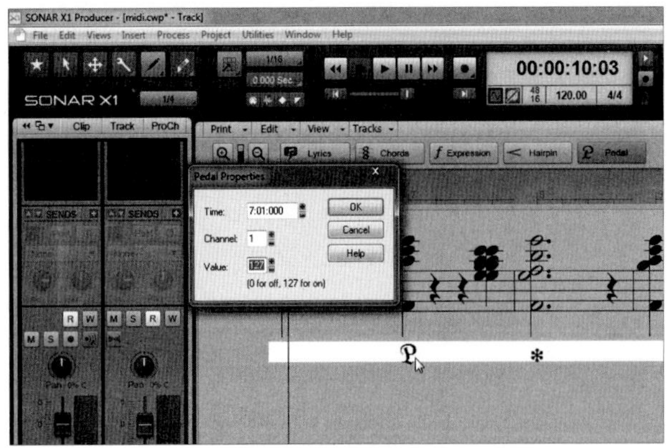

페달을 마우스 오른쪽 버튼으로 클릭하면 강약 조절 기능인 Value 값을 조절할 수 있도록 대화상자가 실행된다.

스태프 뷰(악보 창)의 메뉴

스태프 뷰의 메뉴 사용법을 지금부터 알아본다.

1. Print → Print 메뉴 (인쇄)

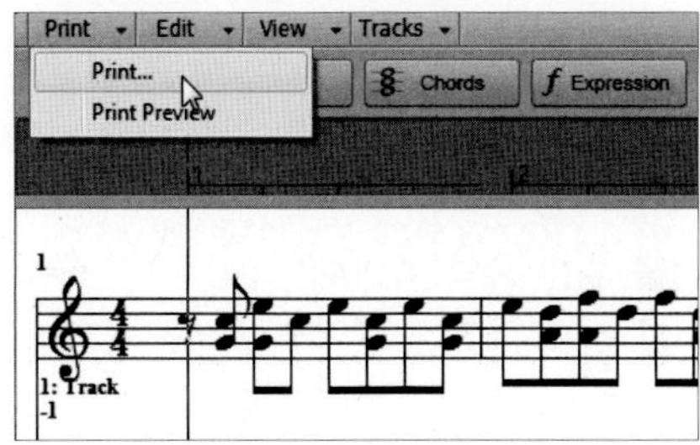

현재의 스태프 뷰를 악보 형태로 인쇄한다. 악보 인쇄 모양은 Print Preview 메뉴에서 설정한다.

2. Print → Print Preview 메뉴

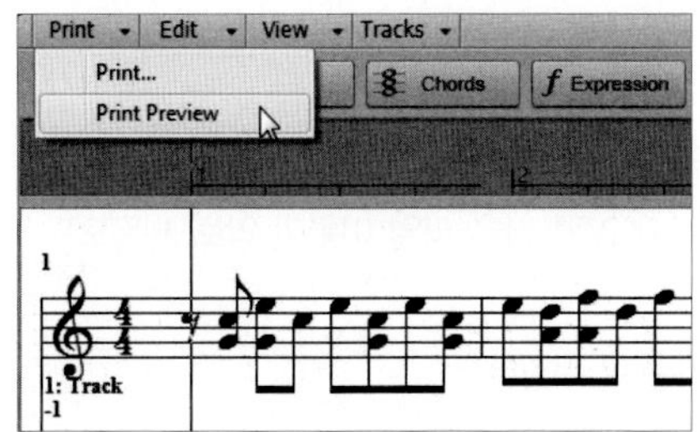

스태프 뷰를 인쇄하기 전 악보 모양을 설정할 수 있다.

다음은 Print → Print Preview 메뉴를 실행해 인쇄될 악보 모양을 확인하는 모습이다. 악보 사이즈는 Preview 창 상단의 Configure 버튼을 클릭해 변경한다.

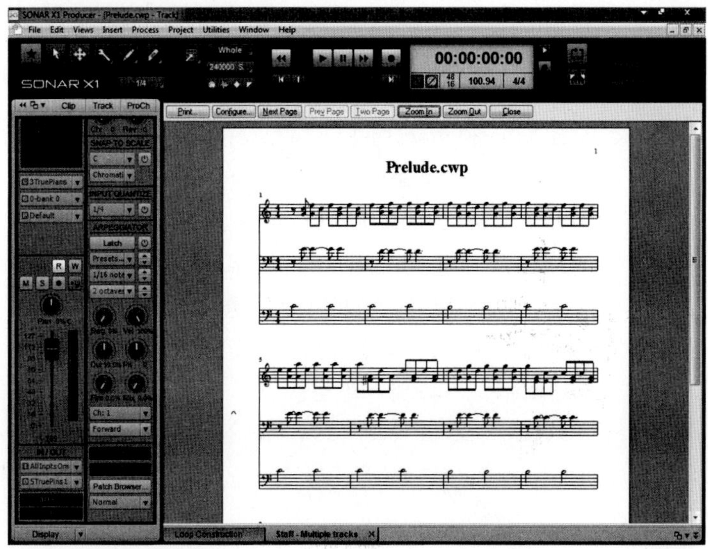

앞의 Print Preview 화면에서 Configure 버튼을 클릭하면 다음과 같이 다양한 악보 크기를 선택할 수 있다. 한 페이지에 들어가는 마디 수 등을 구체적으로 조절할 수는 없지만 필요한 형태로 인쇄 작업이 가능하다.

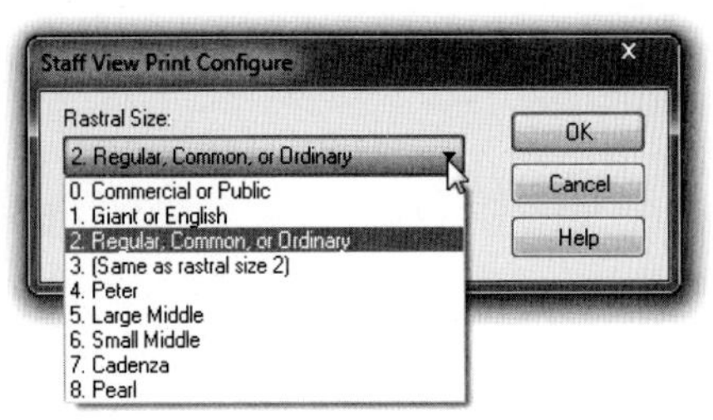

① **Commercial or Public** : 제본할 수 있는 필사본 악보 형식

② **Giant or English** : 초등밴드용, 교육용, 오케스트라용 형식

③ **Regular Common** : 클래식, 콘서트용 낱장 악보 형식

④ **Same as rastral 2** : Regular Common과 유사한 형식

④ **Peter** : 오르간 연주용 등의 2절판 악보

⑤ **Large Middle** : 밴드, 취주악대용 낱장 악보

⑥ **Small Middle** : 성가곡, 합창단을 위한 요약된 악보

⑦ **Cadenza** : 포켓판, 군악행진곡용 악보

⑧ **Pearl** : 주제 선율 악보, 연주하기 편하도록 요약된 악보

🔍 참고

악보 제목 설정하기 (Project → Info 메뉴)

악보의 제목이 인쇄되지 않는다면 Project → Info 메뉴로 악보의 제목을 미리 설정해야 한다.

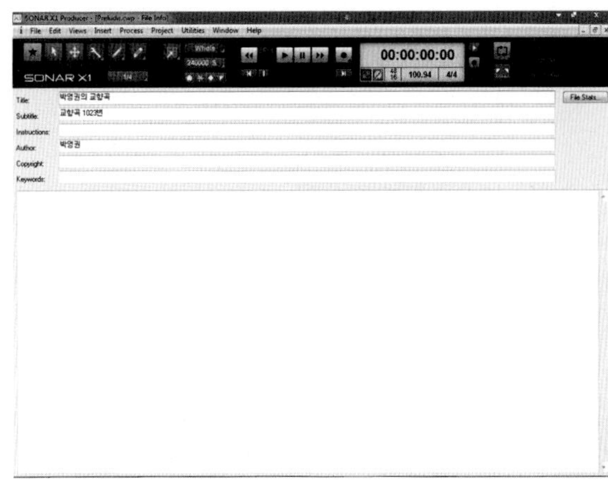

① Title : 곡 제목을 입력한다. 인쇄할 때 악보 제목으로 사용된다. 곡 제목을 설정하지 않은 경우 파일 이름이 악보 제목으로 사용된다.

② Subtitle : 곡의 부제를 입력한다.

③ Instructions : 간단한 소개말을 입력한다.

④ Author : 작곡자를 입력한다.

⑤ Copyright : 저작권 정보를 입력한다.

⑥ Keywords : 노래에 대한 키워드를 입력한다.

⑦ Project Description Text Box : 이 프로젝트에 대한 추가 정보를 입력하거나 사용한 악기를 입력한다.

⑧ File Statistics 버튼 : 해당 프로젝트에 대한 각종 정보를 다음과 같이 확인할 수 있다.

- Created : 이 프로젝트를 맨 처음 저장했을 때의 시간 정보
- Editing Time : 편집에 사용한 전체 시간 정보
- Revision : 변경된 파일을 저장한 횟수
- Events : 프로젝트에 삽입된 이벤트 총 갯수
- Sample rate : 오디오의 샘플레이트 정보
- Bit depth : 오디오의 비트 정보
- Pan Law : 오디오의 Pan Law 세팅 정보
- File version : 소나 버전 정보

3. Edit → Fill Durations 메뉴

각각의 마디에서 음표와 쉼표를 정돈해 깔끔한 악보를 만들어준다. 예를 들어 4분의 4박자 마디에서 8분 음표 4개를 입력하면 8분 쉼표가 자동으로 삽입되는데, 이처럼 쉼표가 많을 때 8분 음표를 4분 음표로 올려주면서 8분 쉼표를 깔끔하게 정돈하는 효과를 만든다.

Fill Durations 메뉴는 음 길이를 적당히 늘려 쉼표를 제거할 때 사용한다. 메뉴를 활성화시키면 제거된 쉼표만큼 음 길이를 자동으로 늘여서 깔끔하게 정돈된 것을 알 수 있다.

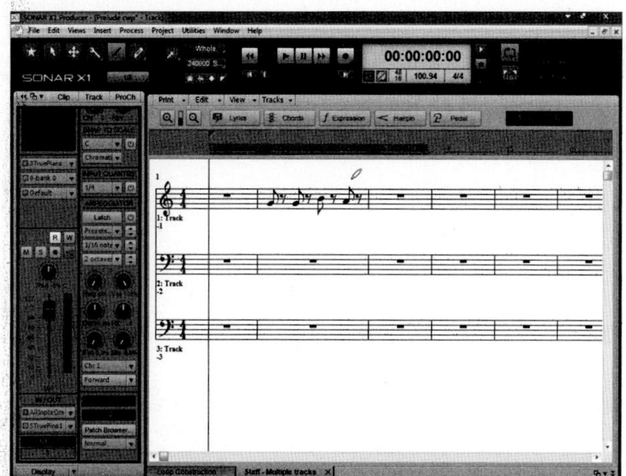

Fill Durations 메뉴를 끄고 8분 음표를 입력하면 박자에 맞게 쉼표가 자동 삽입된다.

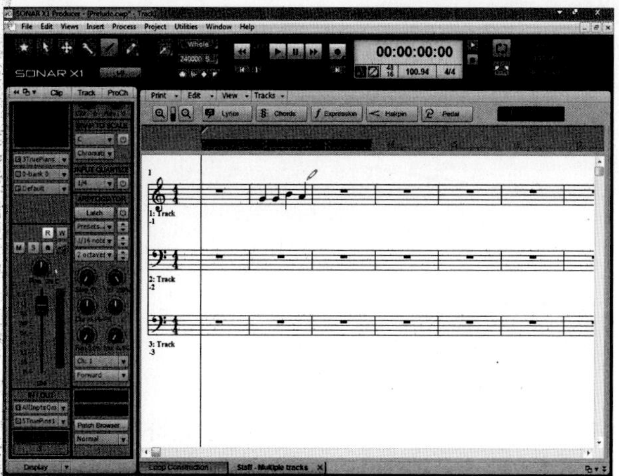

Fill 버튼을 켜고 8분 음표를 입력하면 자동 삽입된 쉼표를 제거하고 8분 음표를 4분 음표로 정돈해준다.

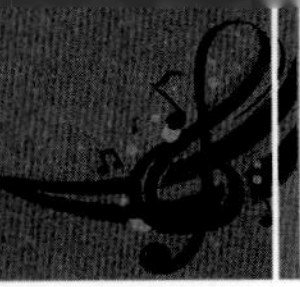

4. Edit → Trim Durations 메뉴

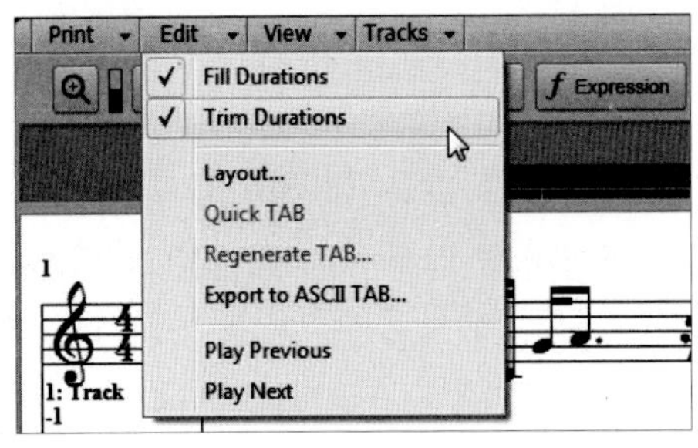

Edit → Fill Durations 메뉴와 비슷한 정돈 기능이다. 음 길이가 다음 음과 겹칠 때 자르는 방식으로 정돈해준다. 정확하게 말하면 음이 초과될 때 넘치는 부분을 잘라내는 방식으로 정돈해준다.

5. Edit → Layout 메뉴

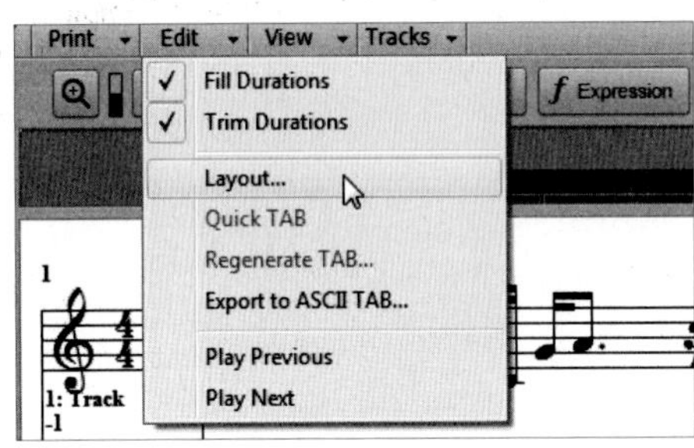

악보의 레이아웃인 보표의 모양과 음자리표를 설정할 수 있다. 또한 글꼴 모양 등을 설정할 수 있다. 레이아웃 메뉴를 실행한 뒤 대화상자에서 설정한다.

소나는 기본적으로 높은음자리표를 사용하므로 다른 음자리표를 사용하려면 레이아웃 대화상자에서 음자리표 변경 작업을 해야 한다.

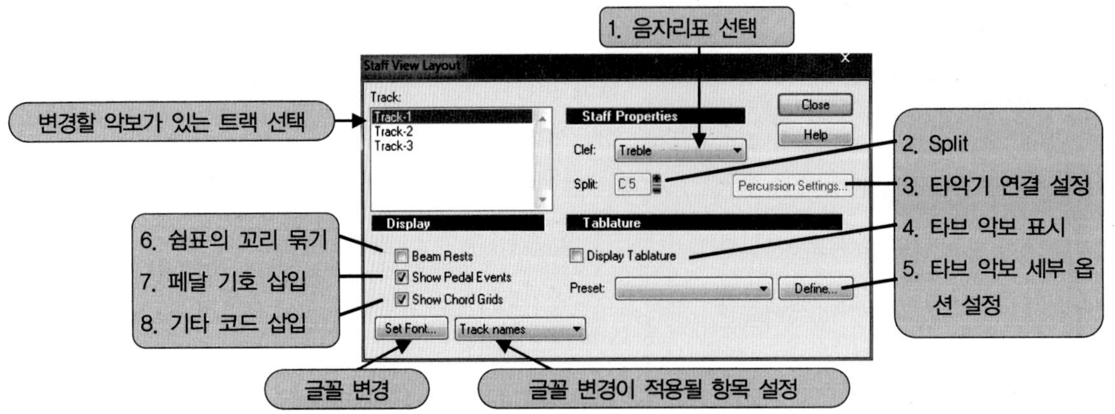

① **Clef 옵션 :** 음자리표를 변경할 때 사용한다. 음자리표란 보표 상에서 전체 음역을 보여주는 것을 말하며, 높은 음 악기와 낮은 음 악기를 한 보표 상에서 동시에 표기할 수 없어 만들어졌다. 높은 음자리표는 우리가 흔히 보는 보표처럼 생겼고 일반적으로 높은 음역대의 악기에서 사용한다. 낮은음자리표는 낮은 음 악기용 보표로 사용한다. Clef 옵션을 클릭하면 다음과 같이 여러 가지 음자리표를 선택할 수 있다.

높은음자리표　　　　낮은음자리표

음자리표(Clef) 읽은 방법

앞의 옵션에서 선택할 수 있는 음자리표 종류와 읽는 방법에 대해 정리해 본다.

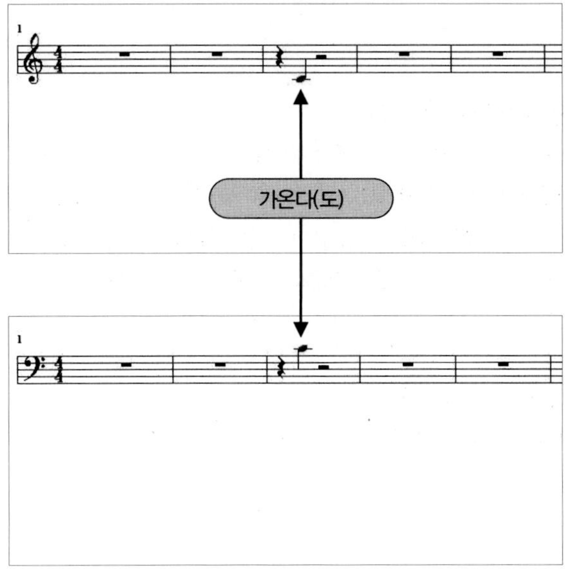

1. 높은음자리표(Treble/새솔, G)음자리자표)

도, 레, 미의 도(흔히 가온다라고 한다)보다 높은 음을 작곡할 때 선택한다. 높은 음 악기 예를 들면 바이올린, 플루트, 오보에, 클라리넷, 트럼펫을 그릴 때 사용하며, 피아노 오른손, 일반 성악곡을 그릴 때 사용한다.

2. 낮은음자리표(Bass/바(파, F)음자리표)

가온다(도)보다 낮은 음을 그릴 때 사용한다. 낮은 음 악기인 첼로, 더블베이스, 바순, 튜바, 트롬본 악보 작성에 사용한다. 또한 낮은음으로 반주하는 피아노 왼손, 베이스 같은 낮은 음성에 사용한다.

3. 큰 보표(높/낮은음자리표, Treble/Bass)

높은음자리표와 낮은음자리표가 동시에 표시되는 큰 보표를 불러온다. 양손 피아노 악보에 적당하다.

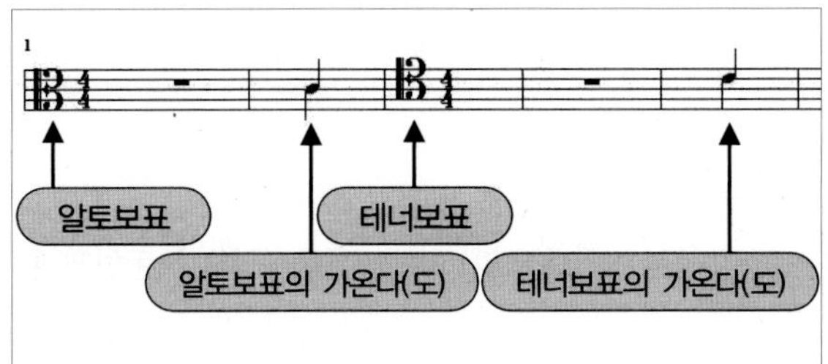

4. 가온음자리표(C, 다음자리표)

가온음자리표는 두 가지가 있는데 알토보표는 비올라에서만 사용하기 때문에 비올라음자리표라고 말하고, 테너 보표는 트롬본 고음부, 첼로 고음부, 바순 등에서 사용한다.

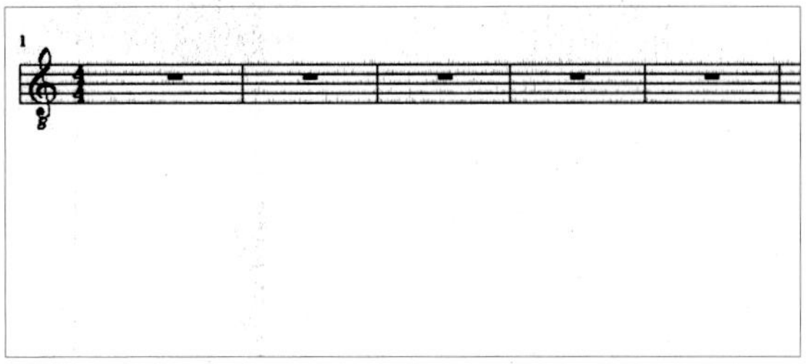

5. Octave-treble 음자리표

보컬 음악에서만 사용하며 보컬 테너 음자리표라고 말한다. 요즘은 높은음자리표에서 테너 곡을 작곡하는데 테너 곡은 보컬 테너 음자리표에서 작곡하는 것이 더 정확하다. 높은음자리표보다 한 옥타브 낮은음자리표이다.

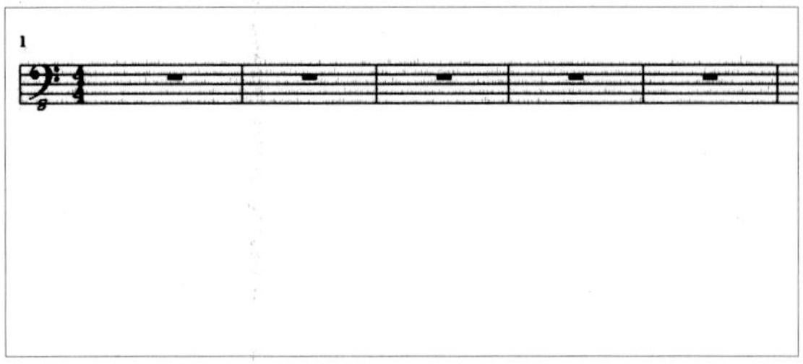

6. 8va Bass 음자리표

낮은음자리표보다 한 옥타브(8음) 더 낮은음자리표이다. 예를 들어 낮은음자리표 기호의 상단에 11 숫자가 있으면 낮은음자리표보다 11음이 높고, 낮은음자리표 기호의 하단에 11 숫자가 있으면 낮은음자리표에 비해 11음이 낮은 보표인 셈이다.

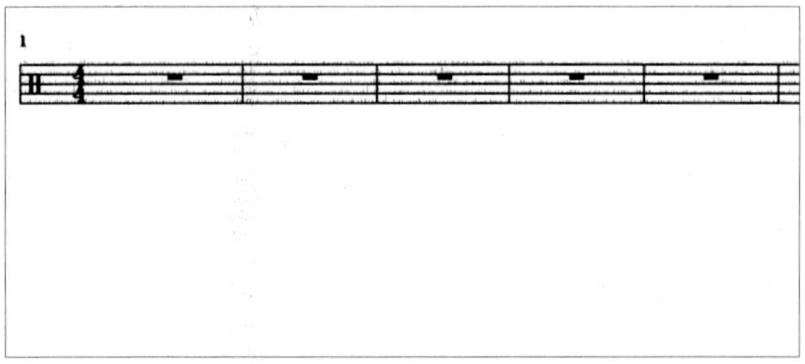

7. Percussion 음자리표

여러 개용 타악기용 보표로 사용한다.

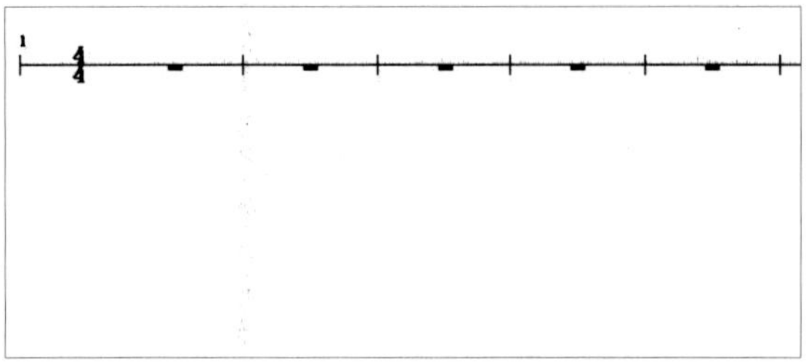

8. Percussion Line 음자리표

일반적으로 단일 타악기용 보표로 사용하지만 여러 개의 타악기 작업에서도 사용할 수 있다.

② **Split 옵션 :** 높은음자리표와 낮은음자리표가 동시에 표시되는 큰 보표(Treble/Bass)를 불러온 경우, 높은음자리표와 낮은음자리표의 경계가 될 음을 지정한다. 경계가 될 음을 지정하면 해당 음은 높은음자리 또는 낮은음자리로 이동하게 된다.

현재의 큰 보표

상하 보표의 경계가 될 음을 변경한 모습

③ **Percussion Settings 옵션** : 앞의 Clef 옵션에서 타악기용 음자리표를 불러온 경우, 타악기와 여러분이 원하는 음
정을 연결하는 작업을 진행할 수 있다. 소나는 기본적으로 GM 연결 방식을 지원하므로 GM 방식의 악기 건반에 할
당된 타악기를 자동 인식한다. 만일 GM 악기가 아닌 다른 형식의 악기를 사용할 경우엔 건반에 할당된 타악기와
오선지상의 음정이 다를 수 있으므로 타악기와 음정 간의 연결 또는 수정 작업을 여기서 진행한다. 대화상자의 *
표시는 타악기가 연결된 음정들을 말한다.

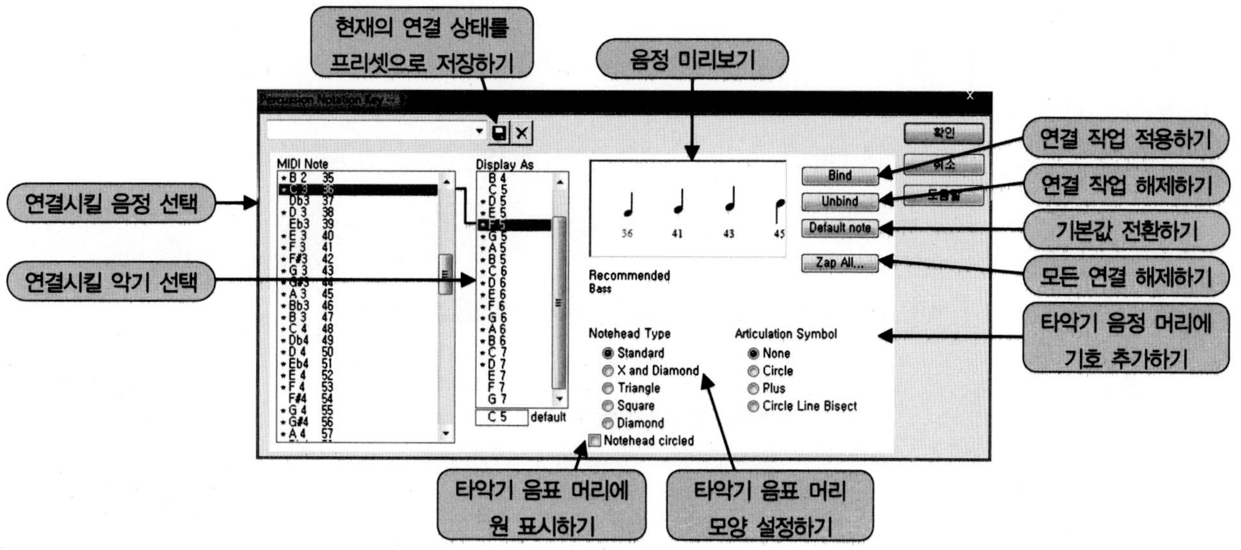

④ **Display Tablature (타브 악보 표시하기)** : 현재의 오선지 하단에 기타 연주에 사용할 수 있는 타브(TAB) 악보를
표시해준다. 타브 악보란 악보를 읽지 못하는 사람들을 위해 기타의 프렛 보드 형태로 만들어진 기타 연주 전용 악
보를 말한다. 기타의 프렛 보드와 동일한 형태로 표시하기 때문에 기타 연주 시 손가락으로 어느 프렛(프렛)을 눌러
야할지 알 수 있다. 타브 악보는 기타의 종류에 따라 줄 수를 다르게 변경할 수 있고, 연필 툴로 오선지에 음표를
찍듯 운지법을 입력할 수 있다.

현재의 악보

타브 악보를 표시한 모습

⑤ **Define 버튼 :** 앞에서 Display Tablature 옵션에 체크하면 타브 악보가 표시되는데, 이 타브 악보에 대한 다양한 옵션을 설정할 수 있다.

세부 옵션을 설정하기 위해 **Define** 버튼을 클릭하면 **Tablature Settings** 대화상자가 실행된다. **Method** 옵션에서 타브 표시 방식을 선택할 수 있는데 **Floating, Fixed, MIDI channel** 등에서 선택할 수 있다. **Floating**을 선택하면 프렛보드 전체 영역에서 최적화된 위치에 프렛 번호가 표기되고 **Fixed**를 선택하면 범위가 한정된다.

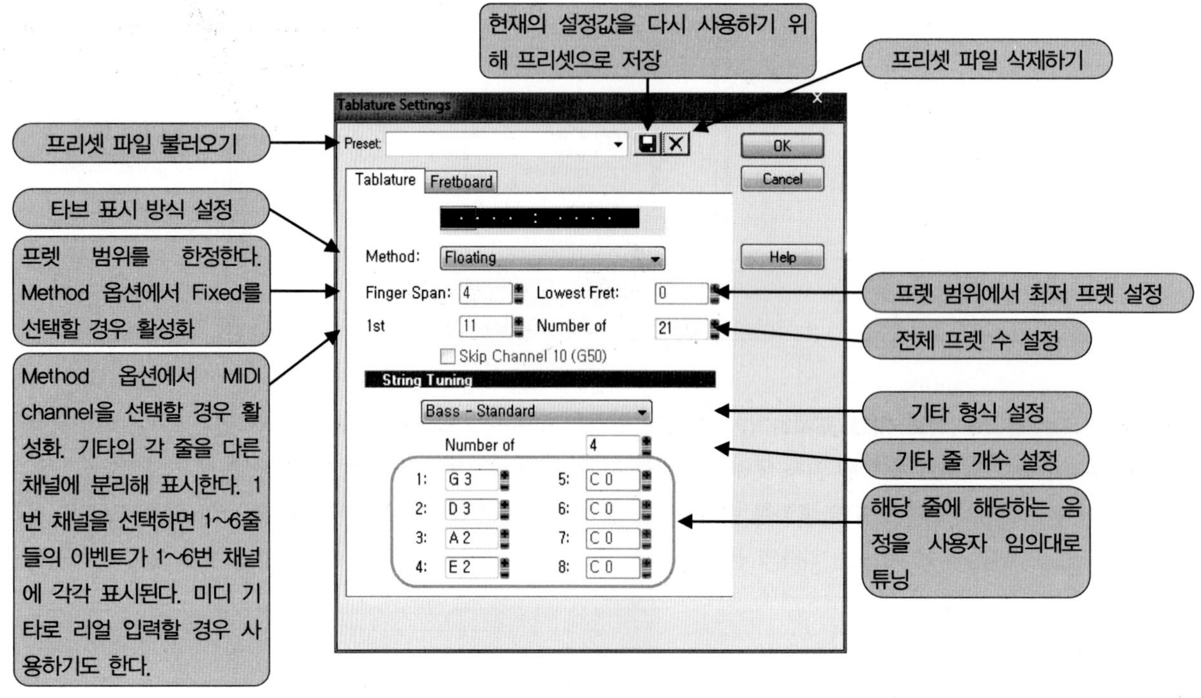

Tip 스태프 뷰에서 Fret View 버튼을 클릭하거나 단축키 V를 누르면 여기서 설정한 모양대로 기타의 프렛보드가 악보 창 하단에 표시된다.

앞의 대화상자에서 프렛 보드 탭을 클릭하면 프렛 보드 모양을 설정할 수 있다.

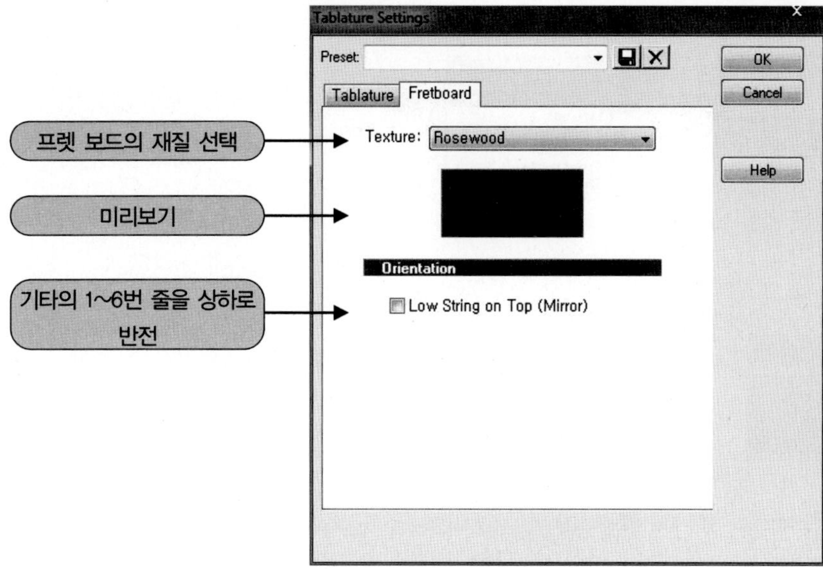

⑥ **Beam Rests 옵션** : 음표나 쉼표의 꼬리를 자동으로 묶어준다.

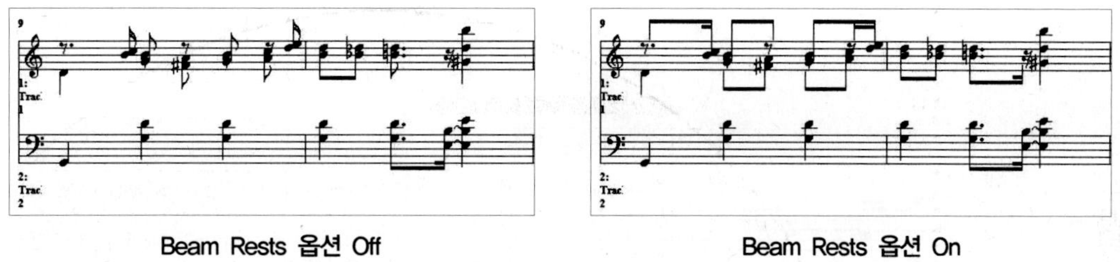

Beam Rests 옵션 Off	Beam Rests 옵션 On

⑦ **Show Pedal Evens 옵션** : 페달 이벤트를 표시한다.

⑧ **Show Chord Grid 옵션** : 코드 이름 아래에 기타용 코드 다이어그램을 표시한다. 코드 이름을 마우스 오른쪽 버튼으로 클릭하면 Cord Properties 대화상자가 실행되어 기타용 코드 다이어그램을 제작할 수 있는데 이 옵션에 체크하면 코드 다이어그램이 나타난다.

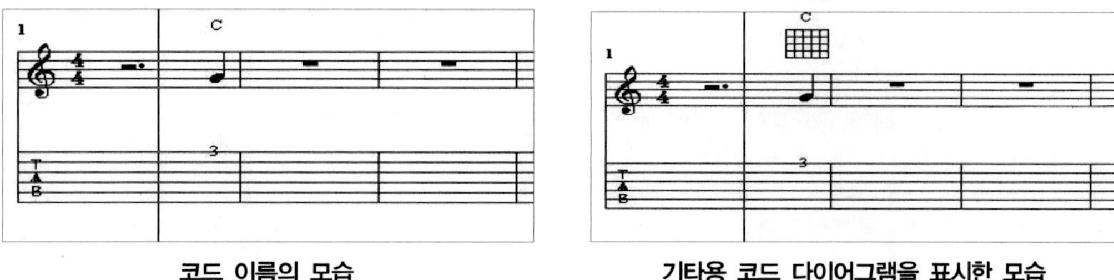

코드 이름의 모습	기타용 코드 다이어그램을 표시한 모습

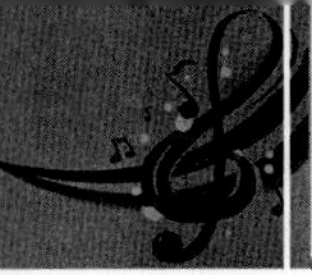

⑨ **Set Font 옵션 :** 트랙 이름, 가사 창 등에서 사용하는 글꼴을 변경할 수 있다.

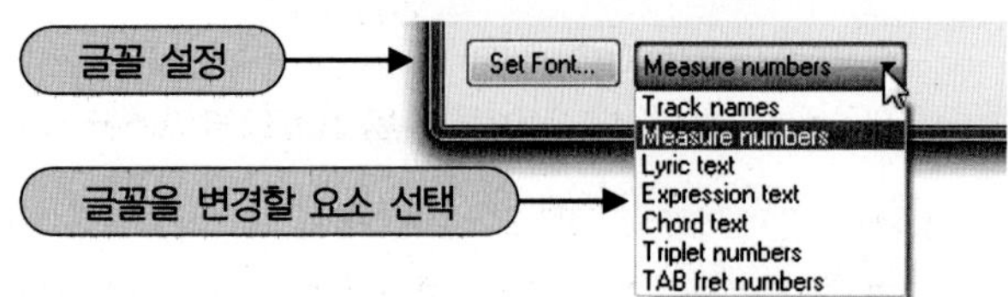

6. Edit → Quick TAB 메뉴

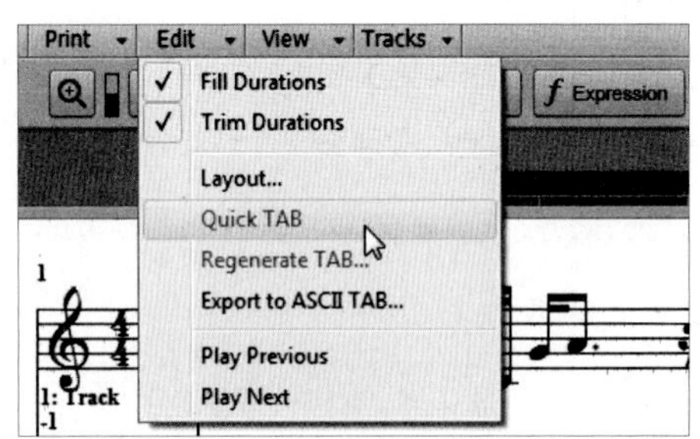

레이아웃 버튼에 있는 **Quick TAB** 메뉴는 대화상자를 통하지 않고 타브 악보를 빠르게 생성시킬 때 사용한다.

다음은 **Quick TAB** 메뉴를 실행해 타브 악보를 생성시킨 모습이다.

원래 보표 아래쪽에 타브 악보가 만들어지는 것을 알 수 있다.

타브 악보를 만든 모습

7. Edit → Regeneration TAB 메뉴

Regenerate TAB 메뉴는 타브 악보의 줄 수, 프렛 보드의 배경색을 변경할 때 사용한다. 타브 악보를 생성시킨 뒤 '선택 툴'로 타브 악보를 선택해야 이 메뉴를 사용할 수 있다.

8. Edit → Export to ASCII Tab 메뉴

타브 악보를 ASCII Tab 파일로 저장한다.

9. View → Show/Hide Fret Pane 메뉴

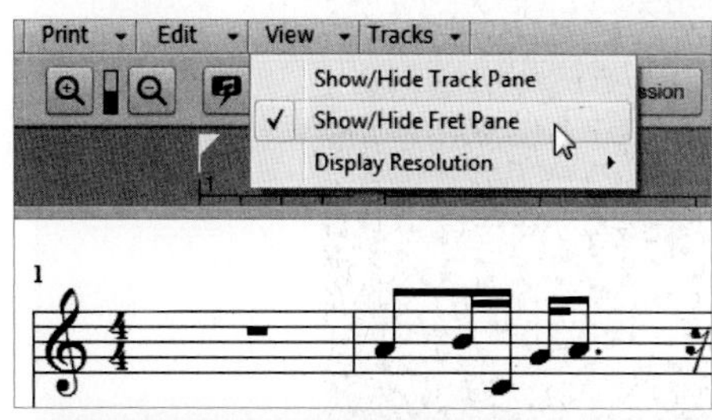

기타 연주나 강습에 활용할 수 있는 프렛 보드 창을 악보 창 하단에 표시한다. 곡을 연주하면 해당 음정이 기타의 어느 프렛에 위치하는지 알 수 있어 기타 독학에 도움이 된다.

옆 그림은 프렛 보드 창을 화면에 표시한 모습이다.

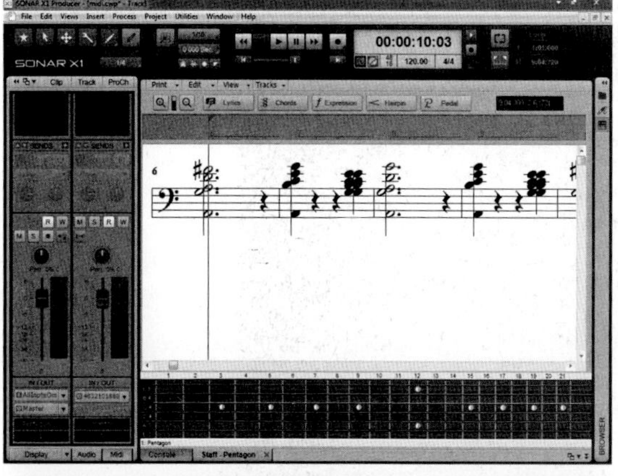

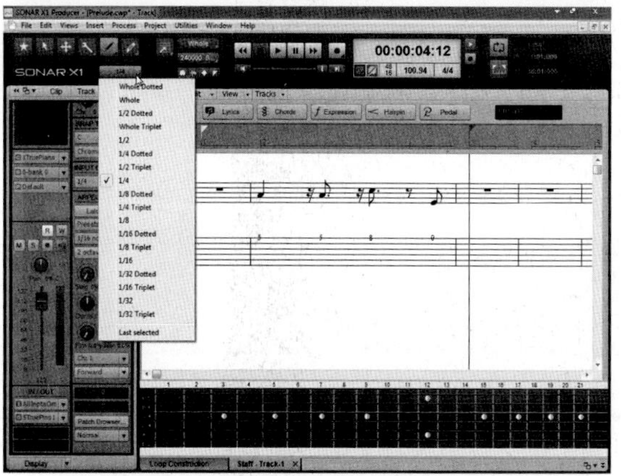

연필 툴 선택 후 입력할 음표 선택

프렛 보드에서 음을 입력하는 모습

① **프렛 보드에서의 음 입력과 수정 :** 프렛 보드는 음의 입력에도 사용한다. 연필 툴을 선택한 뒤 원하는 음표를 선택하고 프렛 보드에서 클릭하면 운지할 음이 입력된다. 또한 프렛 보드는 즉석에서 음을 수정할 때도 사용한다. 원하는 프렛 음을 프렛 보드 상에서 좌우로 드래그하거나 악보 창으로 드래그하여 음정 높낮이를 조절한다.

② **기타 줄의 변경 :** 현재 음이 위치한 기타 줄을 변경하려면 악보 창에서 원하는 음을 마우스 오른쪽 버튼으로 클릭한 뒤 Strings 항목에서 교체한다.

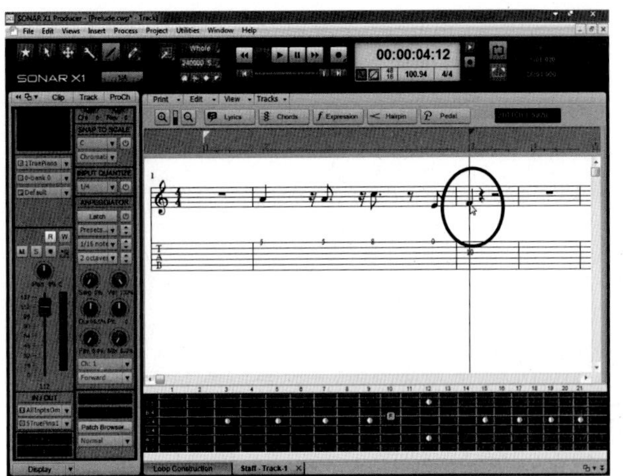

악보 창에서 음을 오른쪽 버튼으로 클릭

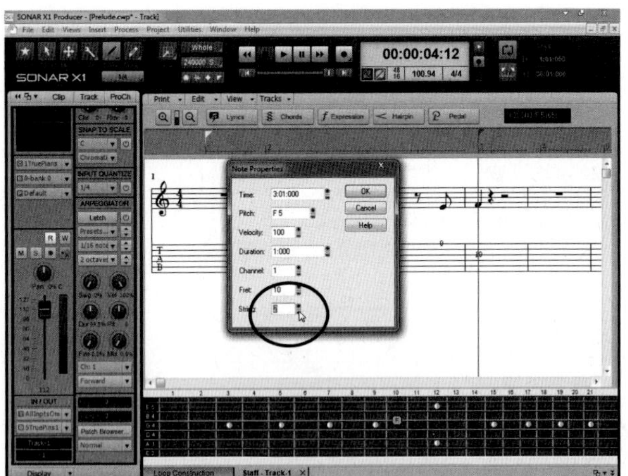

기타 줄 위치를 변경하는 모습

프렛 보드 단축 메뉴

프렛 보드에서 마우스 오른쪽 버튼을 클릭하면 다음과 같이 단축 메뉴를 사용할 수 있다.

① **Layout :** 레이아웃 대화상자를 실행한다.
② **Select Fretboard Track :** 복수의 트랙에서 작업할 경우 프렛 보드로 표시할 트랙을 선택한다.
③ **Export to ASCII TAB :** Text 문서 형태로 타브 악보를 저장한다. 악보 창 상단의 Export to ASCII TAB 버튼과 동일 기능이다.
④ **Mirror Fretboard :** 프렛 보드의 기타 줄을 상하로 뒤집는다.
⑤ **Wood Grain :** 프렛 보드의 배경 이미지를 변경한다.

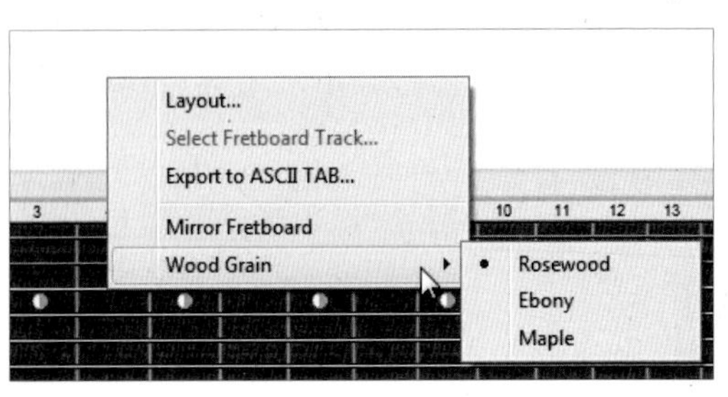

10. View → Display Resolution 메뉴 (악보 해상도)

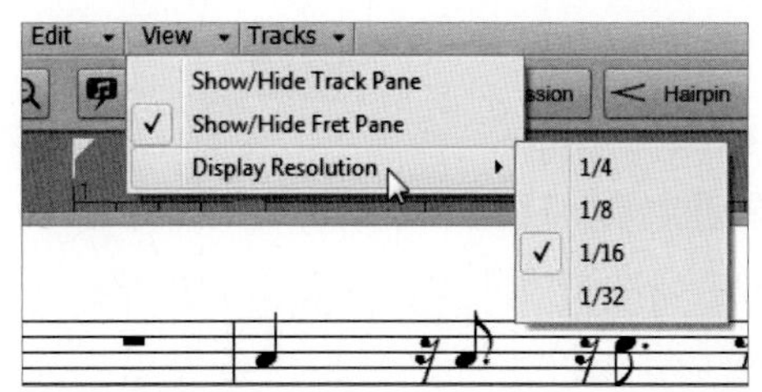

악보 창의 디스플레이 해상도를 설정한다. 또는 입력할 음표의 길이를 한정할 때 사용한다. 예를 들면 디스플레이 버튼에서 8분 음표를 선택하면 8분 음표까지 입력할 수 있고, 악보도 8분 음표 이하는 8분 음표로 합산한 뒤 보여준다.

악보 해상도는 보통 깔끔한 악보 출력을 위해 조절하는 경우가 많다.

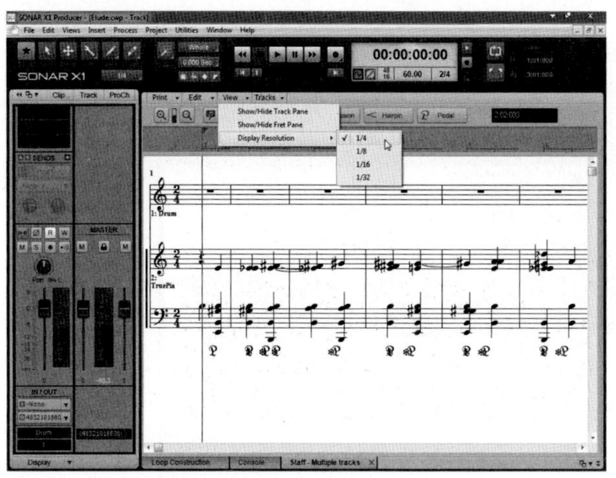

4분 음표 해상도와 입력할 수 있는 음표들

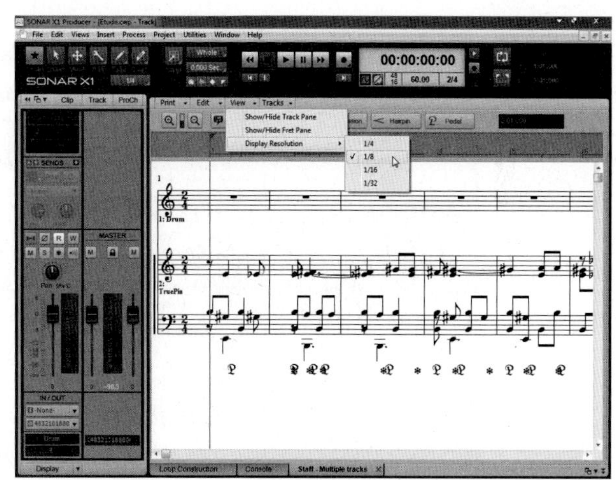

8분 음표 해상도와 입력할 수 있는 음표들

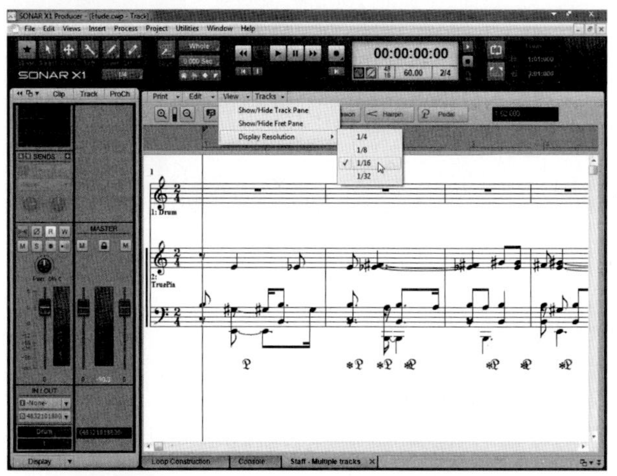

16분 음표 해상도와 입력할 수 있는 음표들

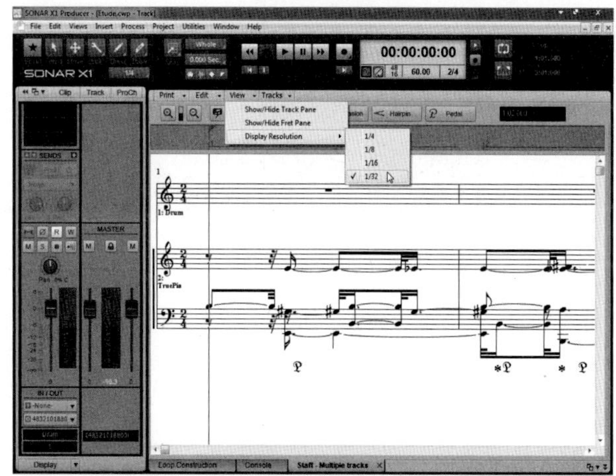

32분 음표 해상도와 입력할 수 있는 음표들

03 리릭 뷰(Lyric View) - 가사 창

가사 창은 문서를 작성하듯 가사를 입력할 때 사용하거나 작성된 가사를 확인할 때 사용한다. TEXT 방식으로 입력한 가사는 입력 즉시 악보 창의 음표 순서대로 자동으로 붙게 되므로 수정 및 배치 작업이 용이하다. 하지만 무조건 음표 순서대로 연결된다는 단점이 있으므로 원하지 않는 음표에 연결되지 않도록 하려면 가사 창과 악보 창을 동시에 열고 음표와 가사의 배치 상태를 육안 대조하면서 작업해야 한다. 가사 창은 Views → Lyrics View 메뉴를 실행한다.

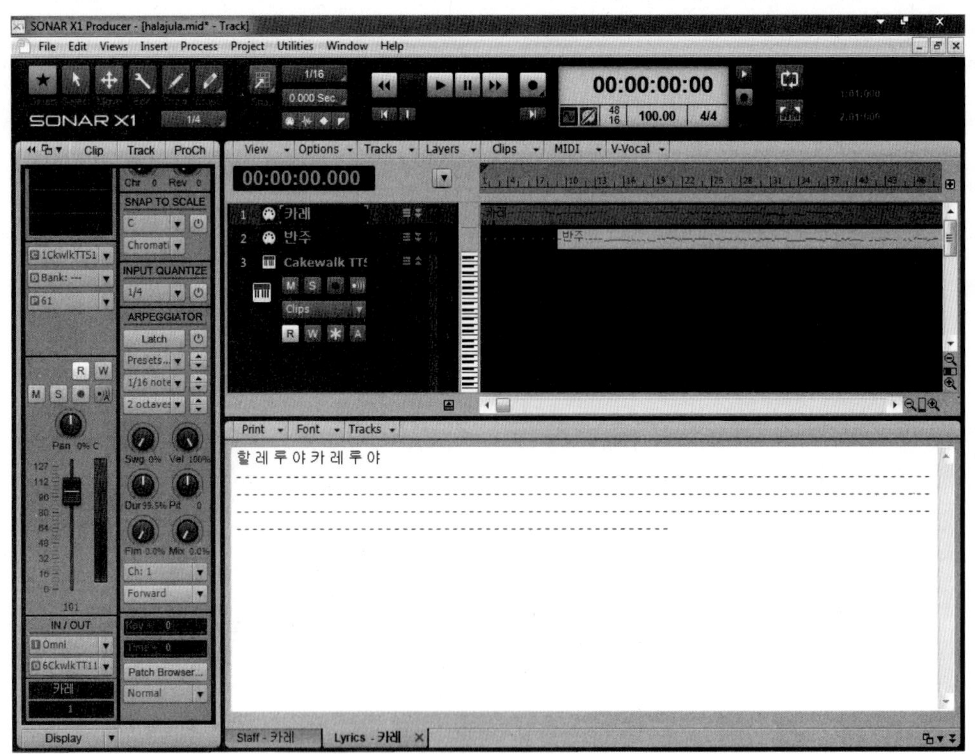

가사 창(Lyrics View)에서의 가사 입력

메인 메뉴의 Views → Lyrics View 메뉴로 가사 창을 불러온 뒤 가사를 입력하는 방법을 알아본다. 가사 창을 단축키로 불러오려면 Alt + Shift + 1을 누른다.

1. 가사 창의 기능

가사 창은 가사 입력 기능과 인쇄 기능, 글꼴 선택 기능, 다른 트랙 픽업 기능 등을 제공한다.

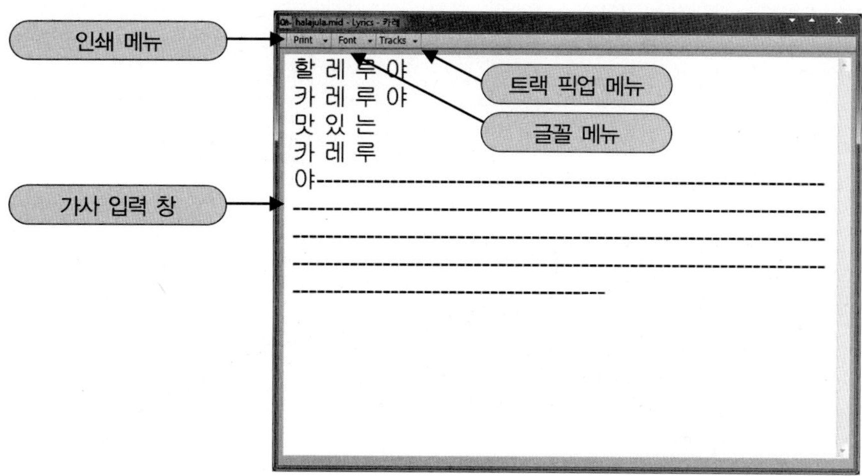

2. 가사의 입력

가사는 음표 1개당 한 글자씩 붙게 된다. 가사를 입력할 때는 음표와 음표를 구분하기 위해 반드시 글자 사이를 Spacebar를 눌러 띄어쓰기를 해야 한다. 띄어쓰기를 하지 않은 단어는 하나의 음표에 두 글자가 붙게 된다. 긴 음절을 입력할 경우에도 쉼표는 자동으로 무시되고 음표에 따라 정렬된다.

띄어쓰기를 한 가사

띄어쓰기를 하지 않은 단어가 있는 가사

3. 붙여쓰기와 하이픈의 응용

분절되지 않아야 할 온전한 단어를 입력한 경우 글자와 글자 사이를 붙여서 입력한다. 예를 들어 '카레'란 글자가 분절되지 않아야 한다면 '카 레'가 아닌 '카레'라고 입력한다.

이와 달리 음표 하나를 무시하고 가사를 입력하려면 하이픈 사이에 띄어쓰기를 적용한다. 예를 들어 '카 - 레'라고 입력한 경우 '카, 레' 사이의 음표 하나를 무시하고 건너뛰게 된다.

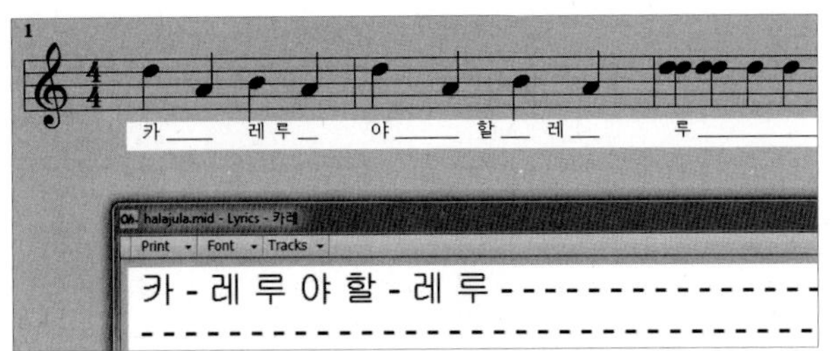

하이픈 좌우를 띄어쓰기하여 해당 음표를 무시한 가사

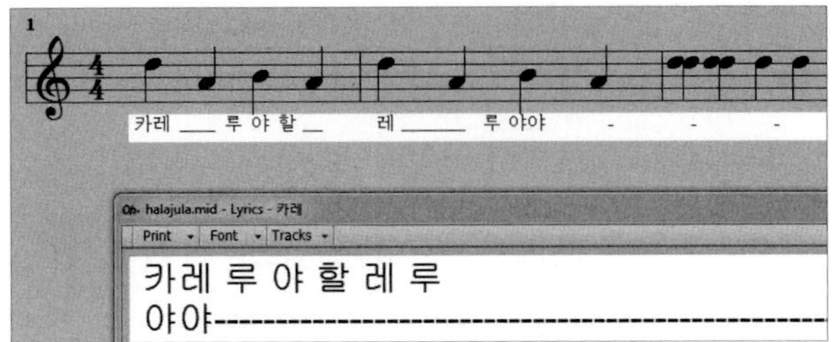

단어가 분절되지 않도록 붙여 쓴 가사

4. 가사의 글꼴 변경

가사 창의 Font 메뉴를 클릭하면 글꼴을 변경할 수 있다. 악보 창의 글꼴은 그대로인 상태에서 가사 창의 글꼴만 변경할 수 있다. 글꼴은 나중에 가사를 입력할 때 해당 글꼴로 인쇄된다.

5. 가사의 인쇄

가사를 인쇄하려면 가사 창의 Print → Print 메뉴를 사용한다. 가사 창의 글자만 인쇄할 수 있고 악보 창의 악보는 인쇄되지 않는다. 가사 창의 Print → Print Preview 메뉴는 가사 창의 인쇄 상태를 미리 확인할 때 사용한다.

 참고

여러 개의 악보가 열려있는 경우 가사가 입력되는 악보 창 선택하기

가사를 입력할 트랙을 선택하는 모습

만일 악보 창에 여러 개의 트랙 악보가 열려있는 경우에는 가사 창의 Track → Pick Track 메뉴로 가사를 입력해야 할 악보 트랙을 정확하게 선택해야 한다. 그렇지 않을 경우 다른 트랙의 악보 창에 가사가 입력될 수도 있다.

04 스텝 시퀀서(Step Sequencer) - 패턴 리듬 입력하기

스텝 시퀀서는 송 시퀀서(피아노 롤 뷰, 스태프 뷰)와 달리 반복되는 패턴 리듬을 제작하기 편하도록 특화된 시퀀서이다. 일반적으로 드럼 연주나 베이스 기타 연주는 반복되는 리듬 패턴을 가지고 있으므로 곡의 드럼 파트나 베이스 파트 제작에 사용하다. 말 그대로 1스텝씩 입력하기 때문에 입력 작업도 매우 쉽다. 스텝 시퀀서는 메인 메뉴의 Views → Step Sequencer 메뉴로 실행하거나 단축키 Alt + 4로 실행한다.

스텝 시퀀서의 화면

스텝 시퀀서는 음원을 선택하는 기능 외에 모든 기능을 제공한다. 음원은 트랙 뷰에서 임의의 트랙을 생성시킨 뒤 드럼이나 베이스 악기를 연결해 사용하거나 드럼 맵을 생성시킨 뒤 사용한다.

스텝 시퀀서는 직사각형의 패턴 입력 창에서 특정 부분을 클릭하면(On) 그 부분이 연주되는 방식인데, 일정하게 반복되는 리듬 패턴을 지정한 마디 한도에서 제작할 때 유용하다.

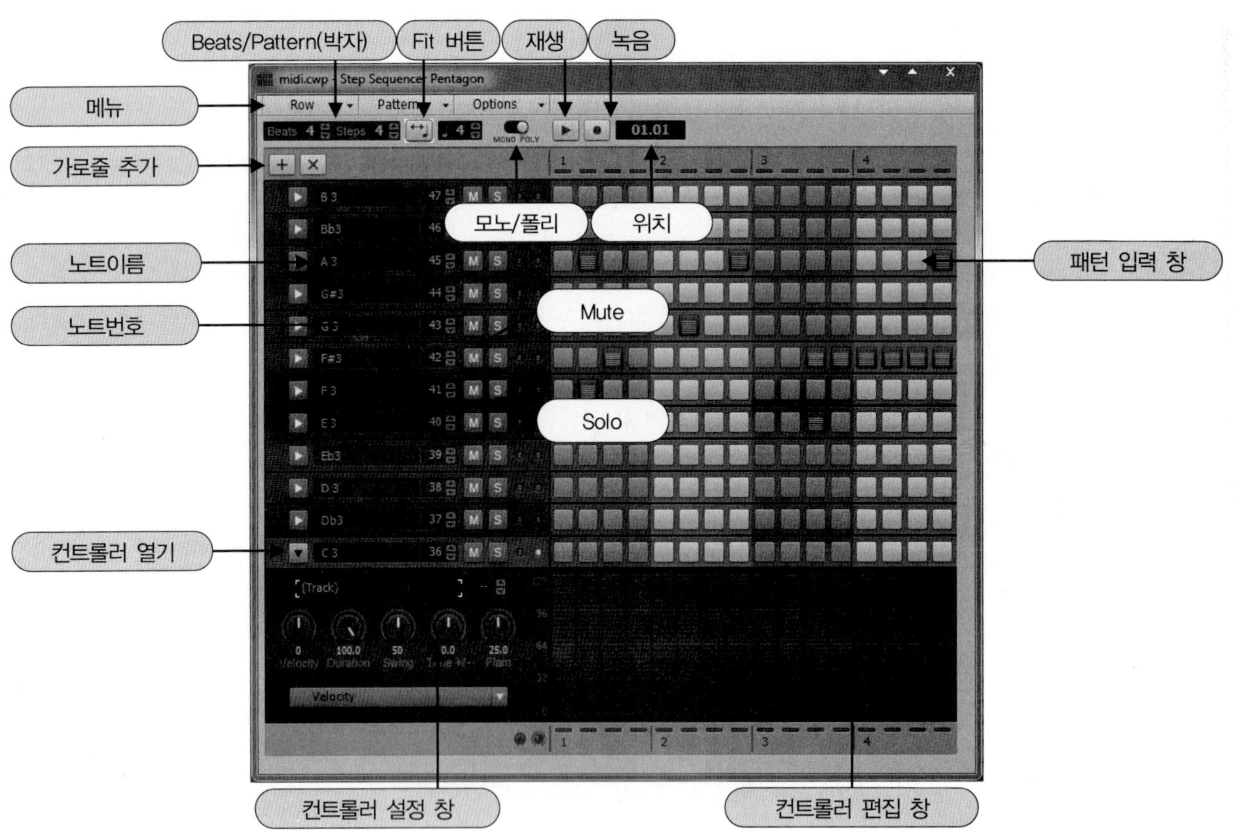

> **Tip** 스텝 시퀀서는 일정하게 반복되는 리듬을 제작할 때 사용한다. 패턴을 입력한 뒤 스텝 시퀀서를 닫으면 미디 트랙에 클립이 생성된다. 스텝 시퀀서로 생성시킨 클립은 루프 속성이 있으므로 클립의 오른쪽 끝을 마우스로 드래그하여 늘리면 패턴이 반복해서 연주된다.

스텝 시퀀서 – 툴 바

스텝 시퀀서 툴 바는 노트 길이(박자) 등을 조절하고 Play 등의 기능을 제공한다.

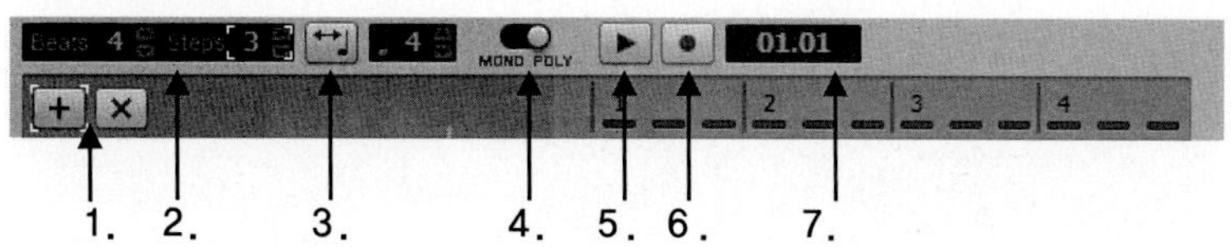

1. +/x 버튼

+ 버튼은 가로줄을 추가한다. x 버튼은 선택한 줄을 삭제하는 기능이다.

2. Beats/Steps (노트길이, 박자)

패턴 길이를 설정한다. 4분의 3박자일 경우 그림처럼 4:3이라고 입력한다.

3. Fit 버튼

Fit 버튼을 누르면 동작한다. Fit 버튼 오른쪽에 설정한 박자만큼 루프 연주 속도가 변경된다. 예를 들어 1박자로 설정하면 1회 루프 속도가 1박자 속도에 싱크되어 빨라지고, 4박자로 설정하면 1회 루프가 4박자에 싱크되어 연주된다.

4. Mono/Poly 버튼

Mono를 선택하면 단선율 입력만 할 수 있어 패턴 편집 창에서 세로 방향으로 1개의 노트만 입력된다. Poly를 선택하면 다선율 입력이 가능해 세로 방향으로 여러 개의 노트 입력이 가능하다.

5. Play 버튼

현재의 패턴을 연주한다. 다른 미디 트랙이 있을 경우에도 패턴만 연주한다.

6. 녹음(Step Record) 버튼

스텝 레코딩 기능을 활성화시킨다.

7. 위치

현재 연주 위치를 마디:박자 수로 표시해준다.

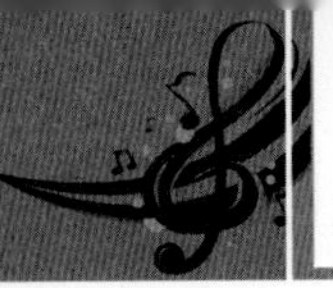

스텝 시퀀서 - 패턴 입력 창

패턴 입력 창은 노트를 입력하고, 음정을 변경하는 기능을 제공한다.

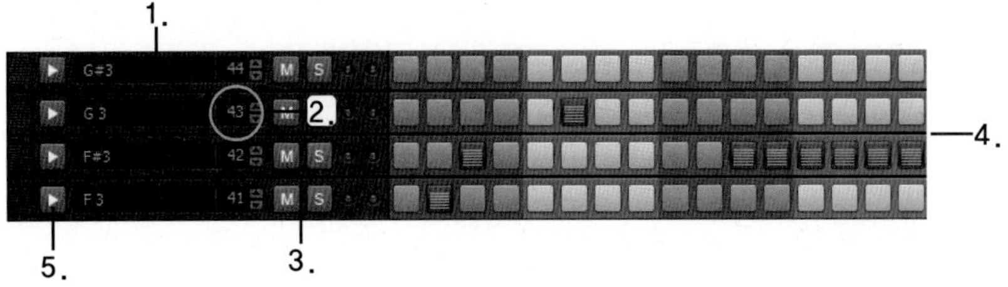

1. 노트 이름

노트 이름(음정 이름)이 표시되고 이름 옆의 숫자를 클릭해 음정을 변경할 수 있다. 드럼 맵을 사용할 경우 노트 이름에 드럼 악기명이 표시된다. 이름을 마우스 오른쪽으로 클릭하면 팝업메뉴가 실행된다.

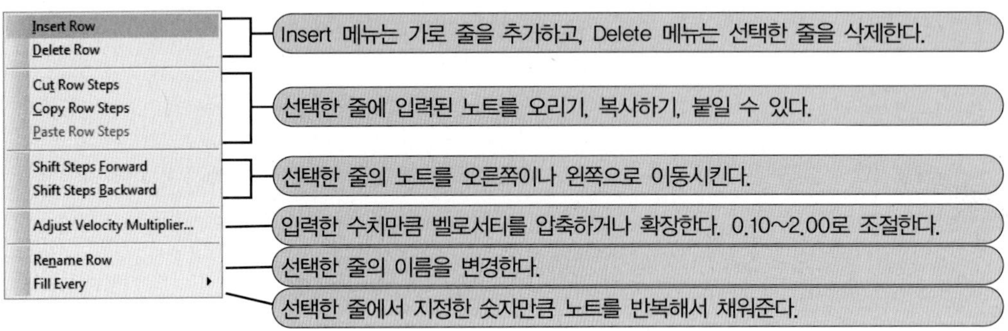

2. 음정 변경

해당 줄의 음정을 변경할 수 있다.

3. Mute/Solo

Mute 버튼은 해당 음을 묵음으로 처리하고 Solo 버튼은 해당 음을 솔로 연주한다.

4. 노트 셀

마우스로 클릭하면 노트가 입력된다. 마우스 오른쪽 버튼으로 클릭하면 노트를 삭제할 수 있다. 입력된 패턴을 더블 클릭하면 해당 노트의 벨로서티를 조절할 수 있다.

5. 컨트롤러 열기

해당 줄의 벨로서티 등을 조절할 수 있는 컨트롤러 창을 Open한다.

스텝 시퀀서 – 컨트롤러 패널

스텝 시퀀서의 컨트롤러 패널은 피아노 롤 뷰의 컨트롤러와 같은 기능이다. 입력된 패턴의 볼륨, 피치 휠, 채널 애프터터치, RPN, NRPN 등의 미디 이벤트를 설정할 수 있고 벨로서티를 조절할 수 있다. 원하는 이벤트를 지정한 뒤 연필로 막대를 그려주면 된다. 미디 이벤트에 대해서는 '피아노 롤 뷰'의 컨트롤러와 '이벤트 리스트 뷰'를 참고한다.

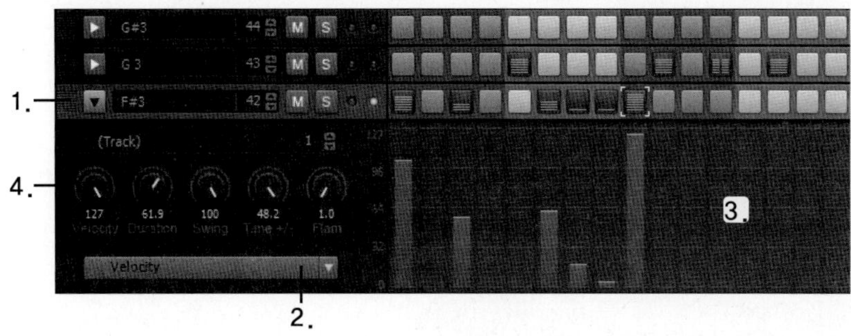

1. 컨트롤러 버튼

컨트롤러 패널을 표시하거나 감춘다.

2. Event Type

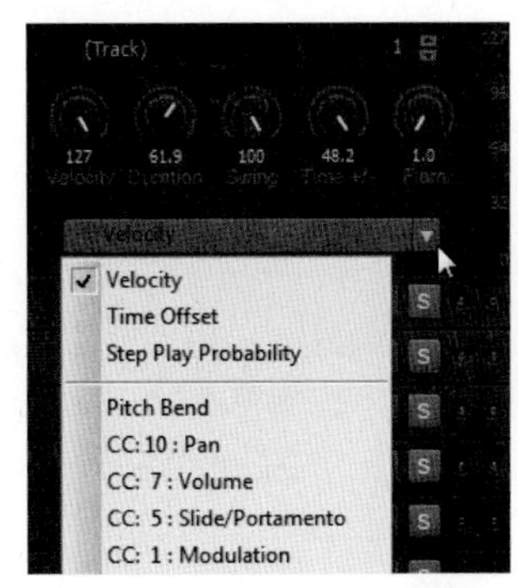

사용할 수 있는 미디 이벤트

컨트롤러 이벤트 유형을 선택한다. 예를 들어 Velocity 이벤트를 선택하면 건반을 누르는 강약인 벨로서티를 조절할 수 있고, Modulation 이벤트를 선택하면 모듈레이션 휠 효과를 만들 수 있다. 미디 이벤트에 대해서는 '피아노 롤 뷰'의 컨트롤러와 '이벤트 리스트 뷰'를 참고한다.

3. 컨트롤러 편집 창

앞에서 컨트롤러 이벤트 유형을 선택한 뒤 여기서 원하는 형태로 막대를 그려준다. 예를 들어 7-Volume 이벤트를 선택한 뒤 막대를 그리면 막대 길이에 맞게 볼륨이 조절된다.

4. 조절 노브

해당 줄에 있는 모든 노트들을 대상으로 조절 작업을 할 수 있다. Velocity(강약 조절), Duration(음길이 조절), Swing(스윙풍 리듬감 추가), Time(불규칙한 속도감 추가), Flam(플램 연주 효과 추가) 효과를 조절할 수 있다. 노브를 더블클릭하면 0으로 설정되어 해당 조절 기능이 동작하지 않는다.

스텝 시퀀서는 드럼 파트나 베이스 파트같이 반복되는 리듬을 가진 파트를 만들 때 사용한다. 여기서는 스텝 시퀀서로 드럼 파트를 만들면서 드럼 악기의 연결 방법과 스텝 시퀀서의 사용법을 자세히 파악해 본다.

01 File → Open 메뉴로 샘플 폴더의 'sonata.cwp'를 불러온다. 4개의 가상 악기 파트에 각각 미디 클립이 삽입되어 있다. Spacebar를 눌러 곡을 연주해 보고 W 키를 눌러 송 포지션 포인터를 곡의 시작부로 옮겨놓는다.

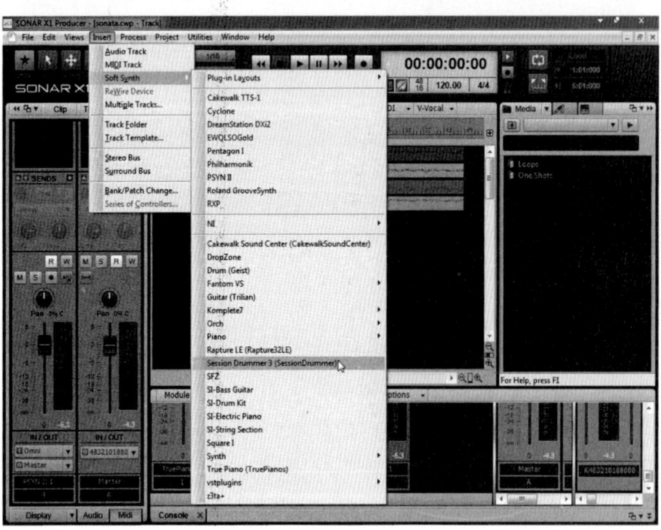

02 드럼용 가상 악기인 Insert → SoftSynths → Session Drummer 3을 실행한다. 대화상자의 옵션을 수정하지 않고 OK 버튼을 눌러 대화상자를 닫는다.

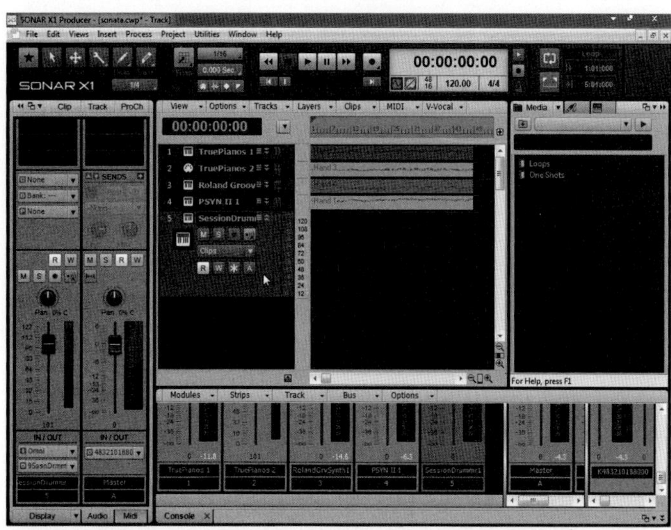

03 가상 악기 트랙이 새로 생성되는 것을 알 수 있다. 미디 트랙을 만들지 않고 가상 악기 트랙에 바로 미디 클립을 만들어보자.

04 가상 악기 트랙의 입출력 아이콘을 더블클릭해 가상 악기 창을 실행한다.

05 가상 악기 창의 Prog 항목을 더블클릭해 프로그램 검색창을 불러온다. 프로그램 검색창에서 [Steven Slate_OldZepKit_Dry.prog] 음색을 더블클릭해 로딩한다.

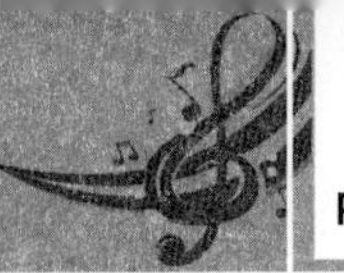

06 원하는 드럼 프로그래밍이 로딩되었으므로 마우스로 드럼을 클릭해 본다. 드럼 음색을 들을 수 있다.

가상 악기 창을 닫아준다.

07 스텝 시퀀서로 반복되는 드럼 패턴을 만들기 위해 Views → Step Sequencer 메뉴를 실행한다.

08 스텝 시퀀서가 실행되면 예제 그림처럼 Beats 항목을 5로 수정한다.

원래 4박자 영역이 화면에 표시되지만 Beats 항목을 5로 수정했으므로 5박자 영역이 화면에 표시된다.

09 셀을 클릭해 그림과 같은 모양으로 노트를 입력한다. 입력된 노트를 삭제하려면 마우스 오른쪽 버튼으로 클릭한다.

입력을 마친 뒤에는 W 키를 누른 뒤 연주해 본다.

10 BassDr(베이스드럼) 사운드가 약하므로 벨로서티를 높여 보겠다. 제일 하단 BassDr의 컨트롤러 버튼을 클릭해 컨트롤러 패널을 오픈한다.

11 그림처럼 엇박자 형태로 벨로서티 길이를 높여준다. 마우스로 막대 부분을 클릭하면 된다.

12 두 번째 줄의 악기 사운드가 약하므로 다른 악기로 교체해 본다.
악기 이름 옆의 번호를 클릭해 52번으로 교체하면 ChSym(차이나심벌즈)가 사용된다.

13 ChSym(차이나심벌즈) 악기의 벨로서티를 조절하기 위해 컨트롤러 버튼을 클릭해 컨트롤러창을 오픈한다.

14 그림처럼 벨로서티 길이를 최대치로 높여 준다.

15 세 번째 악기인 Lo.Tom(로우톰) 악기의 컨트롤러 버튼을 클릭해 컨트롤러 창을 오픈한다.

16 마우스로 클릭해 벨로서티 길이를 그림처럼 높여준다.

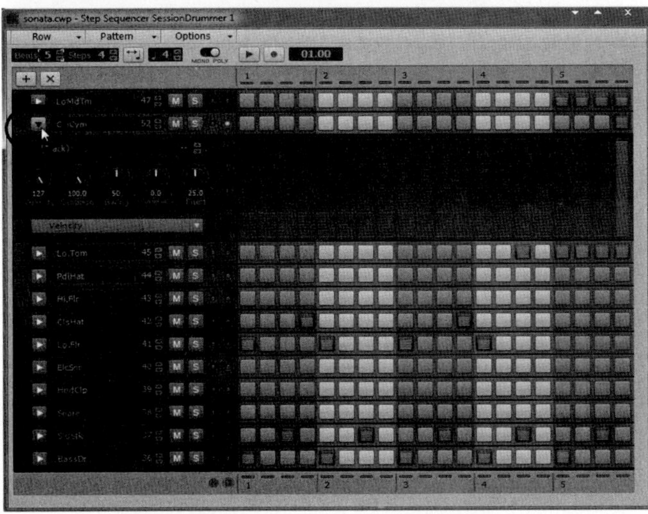

17 W 키를 눌러 송 포지션 포인터를 곡의 맨 앞으로 이동시킨 뒤 연주해 본다. 아직도 ChSym(차이나심벌즈)의 사운드가 약하게 들린다. 더 크게 들리도록 해보자.

두 번째 줄인 ChSym(차이나심벌즈)의 컨트롤러 버튼을 클릭해 컨트롤러 창을 다시 오픈한다.

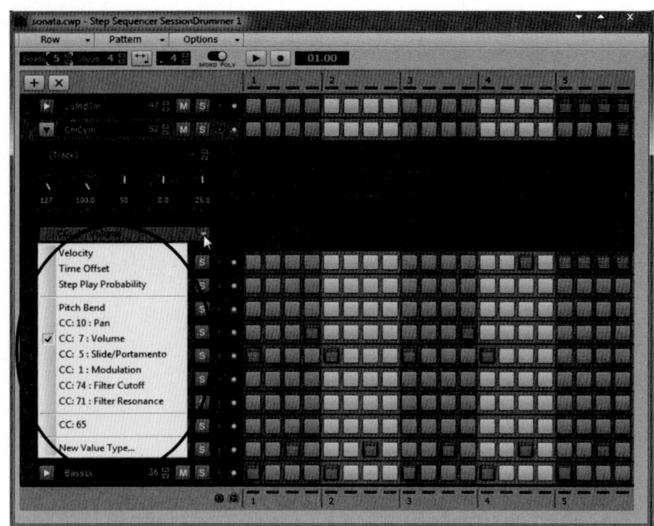

18 컨트롤러 이벤트 선택 버튼을 클릭한 뒤 CC 7:Volume 컨트롤러를 추가한다.

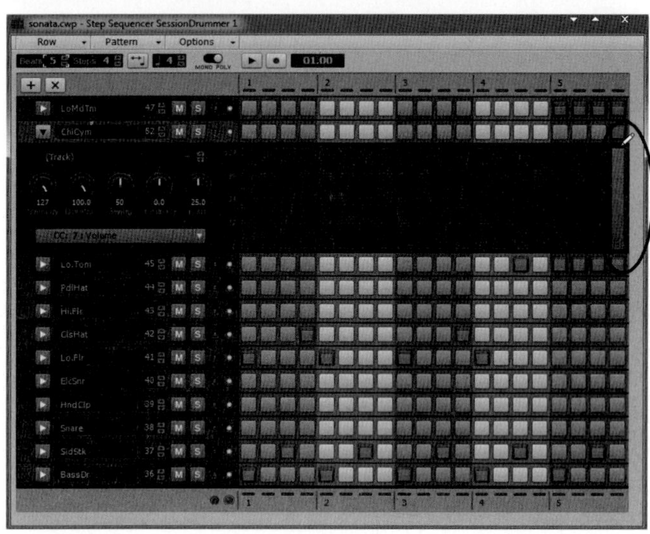

19 Volume 컨트롤러를 조절할 수 있는 상태 이다. 입력된 노트의 볼륨을 최대치로 높여준다.

이제 스텝 시퀀서를 닫고 트랙 뷰로 돌아간다.

20 트랙 뷰로 돌아오면 가상 악기 트랙에 스텝 시퀀서로 만든 미디 클립이 생성된 것을 알 수 있다.

스텝 시퀀서로 만든 미디 클립은 루프 속성이 있으므로 미디 클립의 오른쪽 끝을 드래그하여 곡 전체 길이에 맞게 늘려주면 앞에서 입력한 패턴이 루프되어 사용된다.

Spacebar를 눌러 곡을 연주하면 드럼 파트가 만들어진 것을 알 수 있다.

05 이벤트 리스트 뷰(Event List View)
– 트랙에 삽입한 이벤트 확인하기

이벤트 리스트 뷰는 Views → Event List View 메뉴를 실행하거나 단축키 Alt + 8을 눌러 실행한다.

이벤트 리스트 뷰는 트랙에 삽입한 각종 이벤트를 일괄 확인하고 수정할 목적으로 사용한다. 노트 연주 위치, 채널 정보, 미디 이벤트의 설정값, 오디오 등의 해당 트랙에 삽입된 각종 이벤트 정보를 입수할 수 있을 뿐 아니라 픽업 트랙 메뉴로 복수의 트랙 정보도 함께 확인할 수 있다.

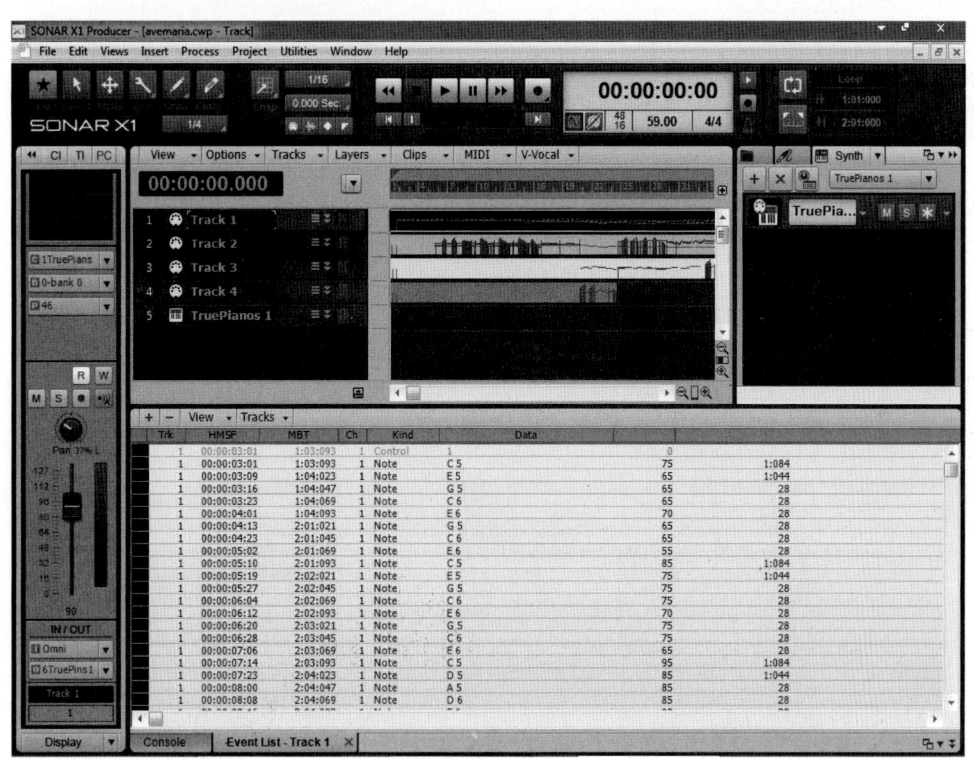

이벤트 리스트 뷰 화면

이벤트 리스트 뷰는 기본적으로 해당 트랙에 삽입된 미디 이벤트, 오디오 이벤트가 함께 표시된다. 또한 소속된 채널, 소속된 트랙, 이벤트가 위치한 시간상 위치, 악보상 위치가 표시된다. 이벤트 종류는 사용자가 추가 및 교체할 수 있고 노트 벨로서티, 노트 틱시간, 가사, 텍스트 등 이벤트의 데이터 정보도 수정할 수 있다. 상단의 +/- 버튼을 클릭해 현재 연주위치에 이벤트를 추가하거나 삭제할 수 있다. 보기(View) 메뉴를 클릭해 보고 싶은 이벤트만 화면에 표시할 수 있다. Tracks(픽업 트랙) 메뉴를 클릭해 다른 트랙의 이벤트도 함께 표시할 수 있다.

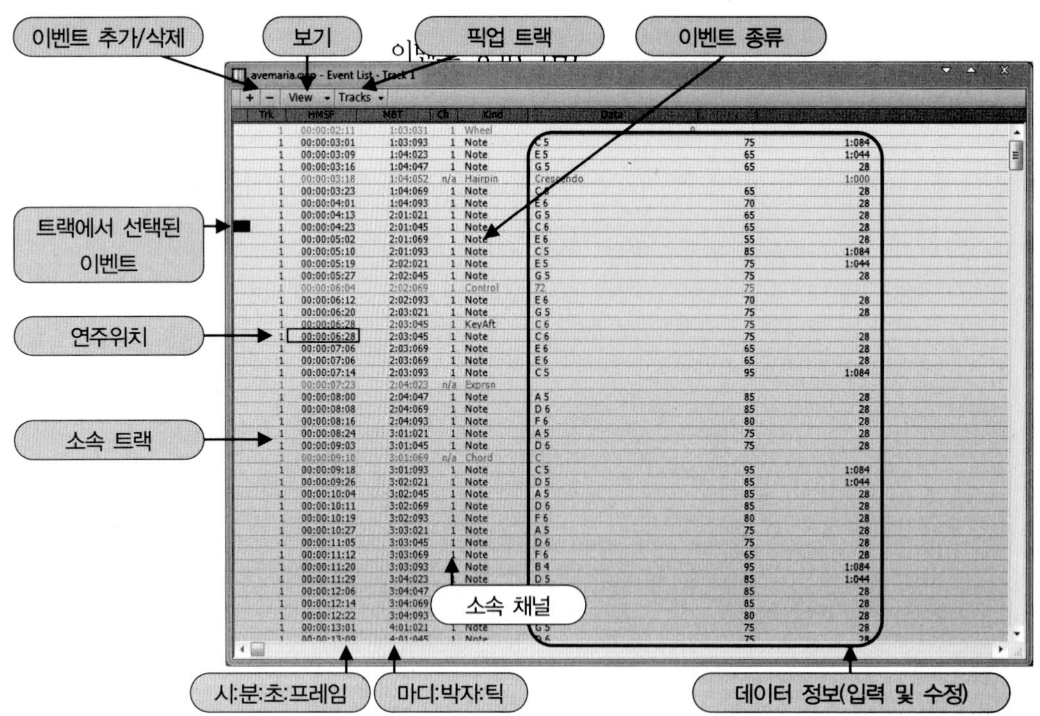

1. 이벤트의 추가

이벤트를 추가하려면 + 버튼을 클릭한다. 현재 선택한 이벤트를 복제해 하나 더 만들어준다. 이때 이벤트 종류(이름) 부분을 더블클릭해 다른 이벤트로 교체할 수 있다. 이벤트를 교체했을 경우 데이터 정보도 그에 맞게 수정할 수 있다.

2. 이벤트 데이터의 수정

이벤트 데이터를 수정하는 방법은 매우 간단하다. 데이터 정보가 입력된 항목을 클릭하면 수정할 수 있도록 대화상자가 실행되거나 입력 창이 나타난다. 예를 들어 노트(음표) 이벤트의 경우 음정, 벨로서티, 틱 시간 등의 데이터를 수정할 수 있다.

3. 이벤트 리스트 뷰의 공통 기능

이벤트 리스트 뷰는 기본적으로 18가지 이벤트 정보를 제공한다. 18가지 이벤트 정보 가운데 공통적으로 표시되는 정보는 다음과 같다. 참고로, HMSF와 MBT를 더블클릭하면 해당 이벤트의 위치를 변경할 수 있다.

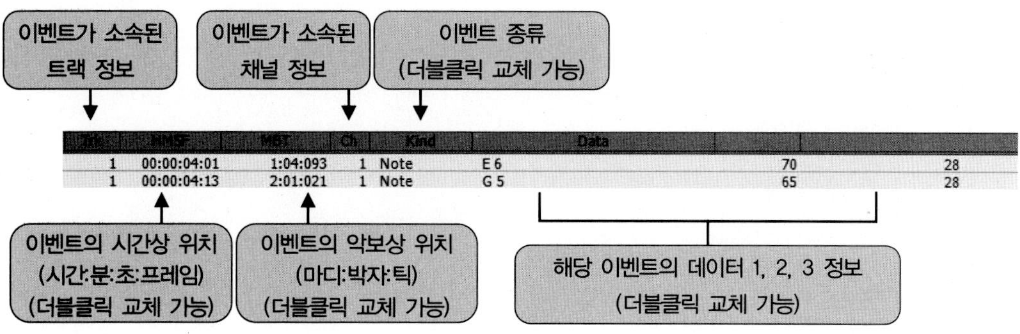

4. 이벤트 리스트 뷰에서 확인 가능한 18가지 정보

이벤트 리스트 뷰는 다음과 같이 18가지 정보를 확인할 수 있다.

1	노트 이벤트	곡에 삽입된 음표 정보	위치, 음정, 벨로서티, 길이
2	키 애프터터치 이벤트	키 애프터터치 압력값 정보	위치, 음정, 벨로서티
3	컨트롤러 이벤트	컨트롤러 이벤트 번호	제어량
4	패치 체인지 이벤트	악기 번호/악기 이름	악기 변경
5	채널 애프터터치 이벤트	채널 애프터터치 압력값 정보	위치, 벨로서티
6	피치 휠 이벤트	피치 휠 값	음정 조절
7	RPN 이벤트	파라미터 번호	RPN 이벤트 실행
8	NRPN 이벤트	파라미터 번호	NRPN 이벤트 실행
9	Sysx Bank 이벤트	시스템 익스클루시브 뱅크 번호	뱅크번호 표시
10	Sysx Data 이벤트	시스템 익스클루시브 데이터 메시지	데이터 표시
11	Text 이벤트	텍스트	메모 입력 기능
12	Lyric 이벤트	가사	가사 내용
13	MCI 이벤트	윈도우 MCI 명령어	외부 멀티미디어 파일 연주 기능
14	Audio 이벤트	웨이브 파일명	오디오 파일 정보
15	Shape 이벤트	엔벨로프 정보	엔벨로프 정보
16	Expression 이벤트	발상 기호	위치, 값
17	Hairpin 이벤트	셈여림 기호	위치, 값
18	Chord 이벤트	코드 이름	위치, 값

표시할 수 있는 18개의 이벤트와 사용 방법

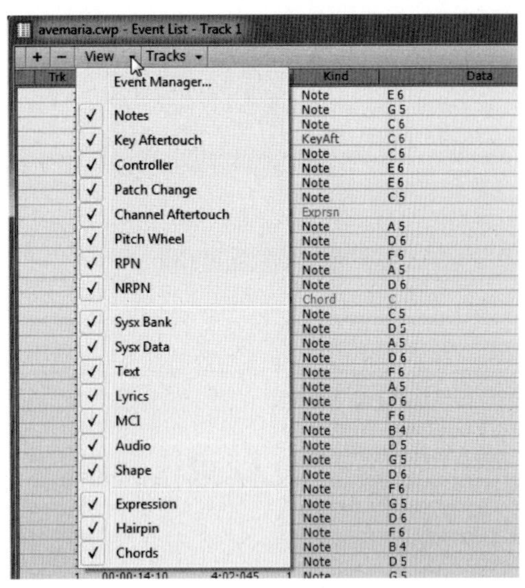

View 메뉴를 클릭하면 보고 싶은 이벤트를 지정할 수 있다. 기본적으로 켜 있는(On) 상태이며 모든 이벤트를 볼 수 있는 상태다. 만일 특정 이벤트를 끄면(Off) 해당 이벤트 정보는 화면에 표시되지 않는다.

1. Note - 노트 이벤트

삽입된 각각의 노트(음표) 정보를 보여준다. 데이터 에서 아래 항목을 더블클릭하면 해당 노트의 음정, 벨로서티, 음 길이(마디:박자:틱)를 변경할 수 있다.

Trk	HMSF	MBT	Ch	Kind	Data		
1	00:00:04:01	1:04:093	1	Note	E 6	70	28

2. KeyAft - 키 애프터터치 이벤트

특정 음을 건반으로 더욱 세게 눌렀을 때 압력이나 진동에 따라 음색에 미묘한 비브라토(떨림) 현상이 발생하는 것을 애프터터치라고 말한다. 신디사이저나 마스터 건반들은 애프터터치 센서 장착 제품의 경우 음원에 비브라토 현상을 발생하도록 할 수 있는데 이런 제품의 경우 바이올린 같은 현악기의 음을 미묘하고 자연스럽게 연주되도록 할 수 있다. 하지만 애프터터치 센서를 장착한 건반일수록 고가이고 이런 건반도 키 애프터터치를 지원하는 건반(PolyPhonic Aftertouch 지원 건반)과 채널 애프터터치(Channel Aftertouch)를 지원하는 건반으로 나누어지는데, 키 애프터터치 건반은 개개별 음에 비브라토를 줄 수 있고, 채널 애프터터치 건반은 개개별 음이 아닌 채널 전체-모든 건반에 비브라토를 만들 수 있다.

여기서는 키 애프터터치 정보가 표시되며, 해당 키 애프터터치 이벤트의 음정과 벨로서티를 변경할 수 있다. 참고로, 키 애프터터치 기능을 활성화하려면 Edit → Preferences 메뉴의 Midi → Playback and Recording 탭에서 Key After Touch 옵션에 체크한다.

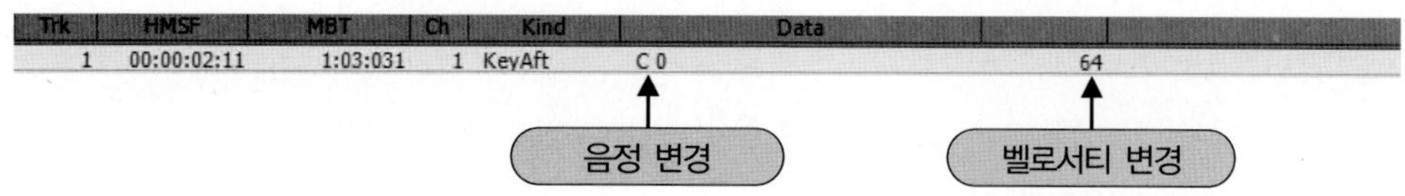

3. Control – 컨트롤러 체인지 이벤트

볼륨, 모듈레이션, 악기 등을 제어하는 컨트롤러 체인지 이벤트가 표시된다. 또한 원하는 컨트롤러 이벤트를 선택한 뒤 해당 이벤트가 사용하는 옵션값을 수정하기도 한다. 0~127개의 컨트롤러 이벤트 가운데 자주 사용하는 명령어는 7번 볼륨, 64번 서스페인 페달, 91번 리버브, 93번 코러스 등이 있고, 0번과 32번은 뱅크를 교체할 때 사용한다.

먼저 + 버튼을 클릭해 새 이벤트를 추가한 뒤 Kind 항목을 더블클릭해 Control로 변경하면 컨트롤러 체인지 이벤트가 나타난다.

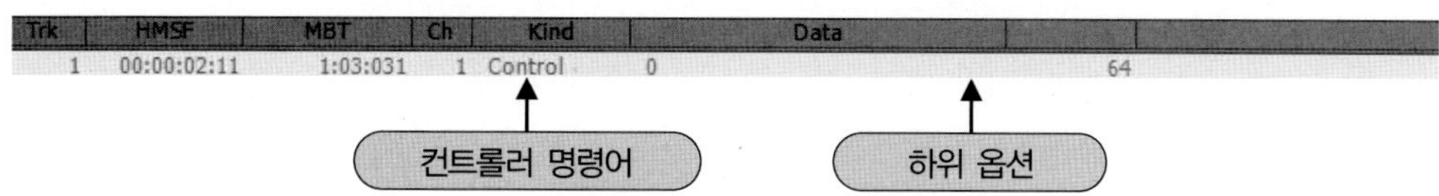

여기서는 볼륨을 컨트롤해 보자. Data 항목의 첫 번째 공란에서 7번을 입력하고 엔터키를 누르면 7-Volume 컨트롤러가 삽입된다.

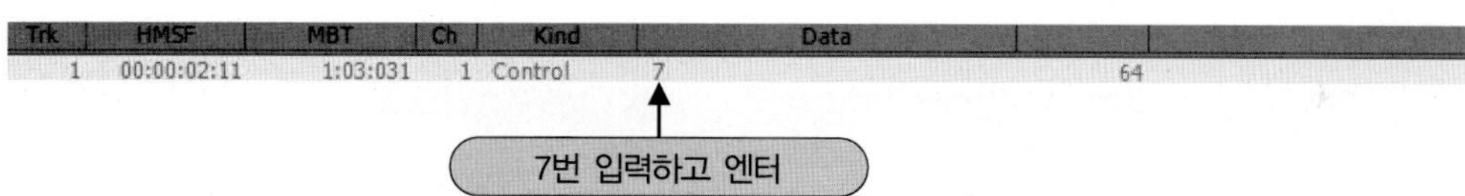

이후에 데이터 항목에서 볼륨을 0~127 사이에서 조절한다. 이렇게 하면 해당 위치부터 설정한 볼륨으로 곡이 연주된다.

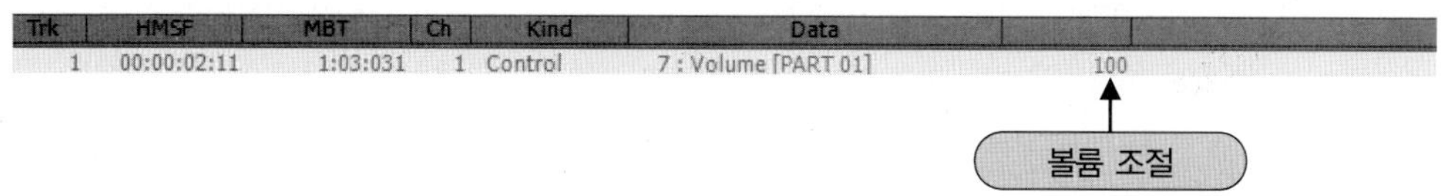

> **Tip** 트랙에 가상 악기가 연결되지 않은 경우 Data 1 항목에 7-Volume 이라는 글자 대신 7번이라는 글자만 표시될 수도 있지만 볼륨 조절 기능으로 똑같이 동작한다.

4. Patch – 패치(악기) 체인지 이벤트

패치(악기) 정보가 표시되며, 악기를 다른 악기로 교체할 수 있다. 위에서 설명한 컨트롤러 체인지 이벤트에서 뱅크를 교체했을 때 패치 체인지 이벤트를 사용할 수 있다.

여기서는 소나 X1 번들 가상 악기인 TTS-1을 사용하고 있는 상태라고 가정하고, 뱅크와 패치를 교체해 보자.

먼저 + 버튼을 클릭하거나 키보드의 Insert 키를 눌러 새 이벤트를 추가한다. Kind 항목을 더블클릭해 Control로 변경하면 컨트롤러 체인지 이벤트가 나타난다.

컨트롤러 체인지 이벤트에서 뱅크 교체 명령어인 0을 입력하고 0~127번중 기본 뱅크인 0번을 선택한다.

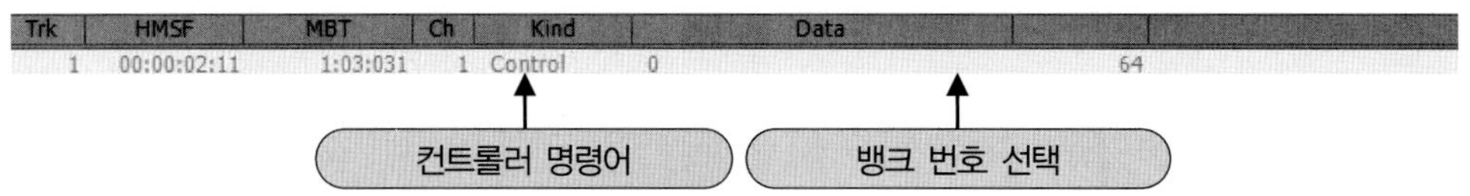

Control 이벤트 문자열을 더블클릭하면 대화상자가 실행된다.

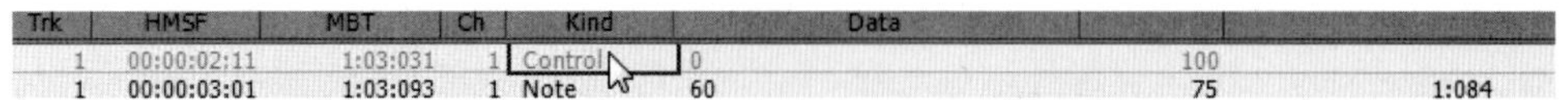

대화상자에서 Patch Change 옵션에 체크하면 패치 체인지 이벤트로 전환된다.

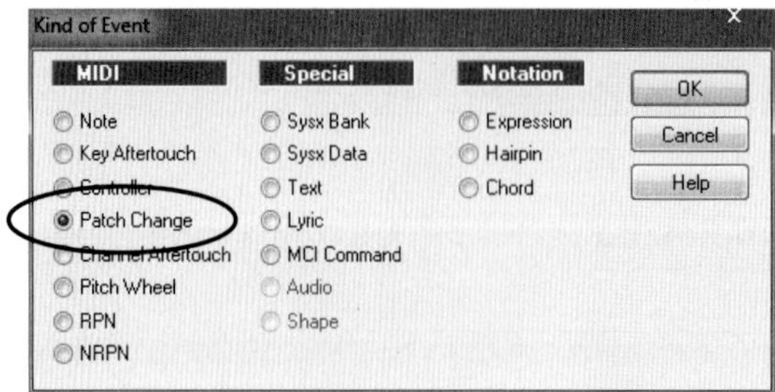

패치 체인지 이벤트의 Data 항목을 보면 현재 사용 중인 악기가 보인다. Normal 문자열을 더블클릭한다.

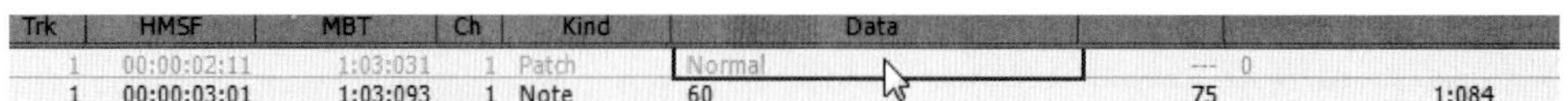

대화상자에서 원하는 뱅크와 원하는 악기를 선택한다. 뱅크 항목에서 15488-Preset Normal0을 선택했고, Patch 항목에서 Jazz GT(재즈기타)를 선택했다.

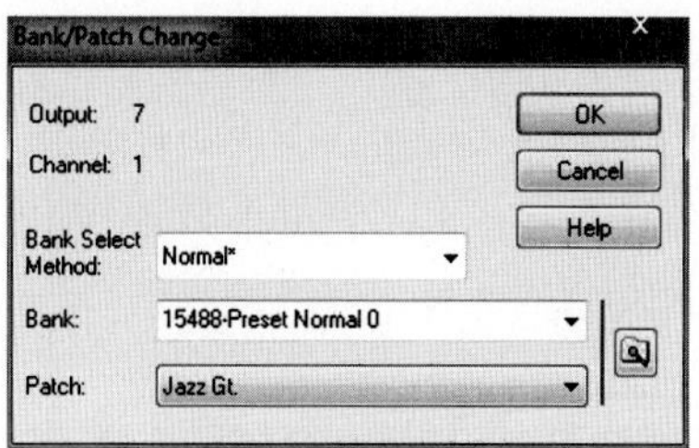

패치 체인지 이벤트의 Data 2 항목과 Data 3 항목을 보면 악기가 교체된 것을 알 수 있다. 연주를 하면 변경된 악기로 연주된다.

5. ChanAft – 채널 애프터터치 이벤트

앞에서 설명한 '키 애프터터치'가 각각의 음에 비브라토를 적용할 수 있다면 '채널 애프터터치'는 각각의 음에 애프터터치를 적용하지 않고 채널 전체에 비브라토를 적용할 때 사용한다. 여기서는 적용된 채널 애프터터치 정보가 표시되며 해당 채널 애프터터치의 벨로서티를 변경할 수 있다.

🔍 참고

수작업으로 채널 애프터터치 제작하기

소나의 경우 애프터터치 건반을 사용하지 않아도 내부에서 비브라토를 만들 수 있지만, 개개별 음이 아닌 채널 전체 음에 적용하는 '채널 애프터터치'제작 기능만 제공한다. 채널 애프터터치를 수작업으로 삽입하려면 다음과 같이 해야 한다.

먼저 채널 애프터터치 기능을 활성화하기 위해 Edit → Preferences 메뉴의 Midi → Playback and Recording 탭에서 Channel After Touch 옵션에 체크한다.
그런 뒤, 피아노 롤 뷰에서 컨트롤러 패널을 열고 Channel Aft 이벤트를 삽입한 뒤 '연필 툴'로 라인을 그리면 채널 애프터터치가 적용된다.

6. Wheel – 피치 휠 이벤트

피치 휠 값을 변경해 음정을 반음 단위나 한음 단위로 올리거나 낮출 수 있다. -8192, 0, 8191 숫자로 조절하며 -8192 는 한음 낮추고 +8191은 한음 높인다. 사용하는 외장악기나 가상 악기에 따라 피치 휠이 안 먹힐 수도 있다.

+ 버튼을 클릭해 새 이벤트를 추가한 뒤 Kind 항목을 더블클릭해 Pitch Wheel로 변경하고 값을 조절하면 그 위치부 터 이어지는 음들은 음정이 낮아지거나 높아진다.

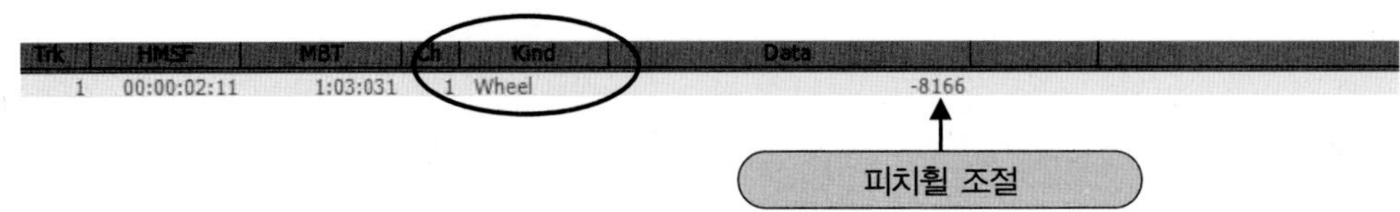

7. RPN 이벤트

앞에서 배운 컨트롤러 체인지 이벤트를 조합한 뒤 사용하는 기능이다. 미디 규격을 준수하는 조절 방식(Registered Parameter Number)이라고 하여 RPN 이벤트라고 부른다. 컨트롤러 체인지 이벤트가 0~127 사이에서 조절할 수 있 는 반면 RPN 이벤트는 0~16383 사이에서 값을 조절, 매우 정교한 설정이 가능하다.

먼저 + 버튼을 클릭해 새 이벤트를 추가한 뒤 Kind 항목을 더블클릭해 RPN 이벤트로 교체하고 번호를 입력한다. 0 (Pitch Bend Range), 1 (Fine Tuning), 2 (Coarse Tuning), 3 (Tuning Program Select), 4 (Tuning Bank Select)에서 입력하고 오른쪽 설정값의 수치를 조절한다.

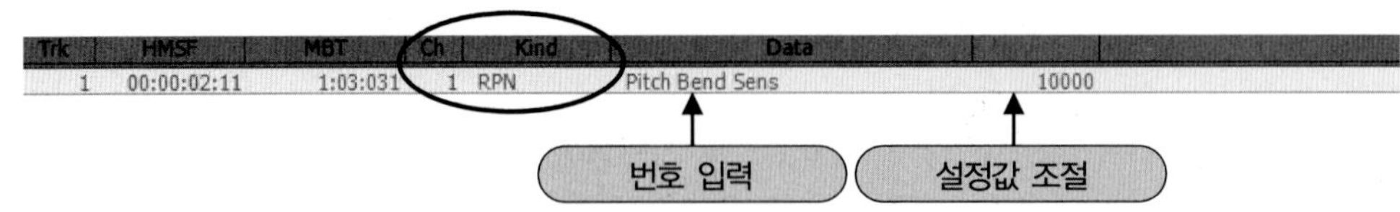

번호	내용	설정값
0	Pitch Bend Sensitive 피치휠 이벤트와 함께 사용하며 피치휠의 민감도를 조절한다.	0~16383
1	Fine Tuning 악기를 정밀하게 조율한다.	0~16383
2	Coarse Tuning 악기를 거칠게 조율한다.	0~16383

RPN 이벤트는 컨트롤러 체인지 이벤트에서도 적용할 수도 있다. 과거의 케이크워크 버전은 대개 이 방식으로 RPN 이벤트를 적용하였다.

컨트롤러 체인지 이벤트에서 적용하려면 101 (Parameter MSB), 100 (Parameter LSB), 6 (Data MSB), 38 (Data MSB) 번호를 입력하데 101 (Parameter MSB), 100 (Parameter LSB), 6 (Data MSB)는 반드시 순서대로 입력해야 한다.

① **Fine Tuning 방법 :** 아래와 같이 입력한 뒤 6 Data MSB로 Fine Tuning의 세부 옵션을 조절한다. 64는 원래 음정 이고 0~127 사이에서 조절한다.

Trk	HMSF	MBT	Ch	Kind	Data	
2	00:00:00:00	1:01:000	2	Control	101-RPN MSB	0
2	00:00:00:00	1:01:000	2	Control	100-RPN LSB	1
2	00:00:00:00	1:01:000	2	Control	6-Data Entry MSB	127

② **Coarse Tuning 방법 :** 아래와 같이 입력한 뒤 6 Data MSB로 음정 조절을 한다. 64는 원래 음정이고, 반음 내리려 면 −1, 한 음정 내리려면 −2를 설정하고 반음 올리려면 +1, 한 음정 올리려면 +2를 더해 입력한다.

Trk	HMSF	MBT	Ch	Kind	Data	
2	00:00:00:00	1:01:000	2	Control	101-RPN MSB	0
2	00:00:00:00	1:01:000	2	Control	100-RPN LSB	2
2	00:00:00:00	1:01:000	2	Control	6-Data Entry MSB	62

8. NRPN 이벤트

정식 미디 규격이 아닌 조절 방식(Non-Registered Parameter Number)이라고 하여 NRPN 이벤트라고 부른다.

99 (Parameter MSB), 98 (Parameter LSB), 6 (Data MSB), 38 (Data MSB) 번호를 입력하데 99 (Parameter MSB), 98 (Parameter LSB), 6 (Data MSB)는 반드시 순서대로 입력한다. 비브라토 등을 조절할 수 있다.

입력 방식은 앞의 RPN 입력 방식과 똑같다.

9. Sysx Bank 이벤트

시스템 익스클루시브 뱅크 이벤트라고 말한다. 시스템 익스클루시브 뷰의 뱅크 정보를 받아서 표시한다. 뱅크 번호만 표시된다. 시스템 익스클루시브에 대해서는 시스템 익스클루시브 뷰를 참고한다.

Trk	HMSF	MBT	Ch	Kind	Data
1	00:00:02:11	1:03:031	n/a	SysxBank	20

10. Sysx Data 이벤트

시스템 익스클루시브 데이터 이벤트라고 말한다. 시스템 익스클루시브 데이터를 표시하거나 교체할 수 있다. 시스템 익스클루시브는 외장악기나 신디사이저의 악기 세팅 정보를 가지고 있으며 자세한 내용은 시스템 익스클루시브 뷰를 참고한다.

11. Text 이벤트

각종 메시지나 메모를 이벤트 리스트 뷰에 입력할 때 사용한다. 그 외 다른 기능은 없다.

12. Lyric 이벤트

가사를 보여준다. 더블클릭하면 글자를 수정할 수 있다.

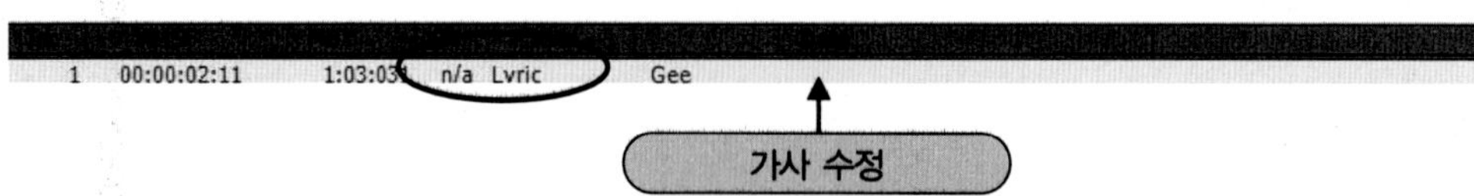

13. MCI 이벤트

소나에서 연주할 때 윈도우 MCI 명령어를 실행해 외부 멀티미디어 파일을 잠시 호출하는 기능이다. MCI란 Madia Control Interface의 약자로 소나에서 윈도우즈 미디어 포맷인 Wav, Avi, Mp3 포맷의 멀티미디어 파일을 같이 재생할 때 사용한다.

두 가지의 명령어 가운데 Play 명령어는 멀티미디어 파일을 재생할 때, Stop 명령어는 재생을 중지할 때 삽입한다.

예를 들어 곡의 두 번째 마디에 play c:\time.wav라고 입력하면 소나에서 곡을 연주하다가 두 번째 마디에 오면 c: 드라이브의 time.wav 파일을 호출한 뒤 같이 재생한다.

Stop 명령어는 특정 마디에서 wav 파일의 재생을 중단할 때 사용한다.

MCI 이벤트는 wav, mp3, avi 파일을 지원하며 소나에서 작곡중인 곡과 외부 배경 반주를 같이 감상하면서 싱크 상태를 미리 확인할 때 사용한다.

14. Audio 이벤트

오디오 클립에 대한 정보를 보여준다. 또한 HMSF, MBT 항목에서 오디오 클립 위치를 조절할 수 있다.

15. Shape 이벤트

트랙이나 클립에 삽입된 엔벨로프 정보를 일목요연하게 보여준다. 엔벨로프는 트랙 뷰의 엔벨로프 연필 툴로 제작하며 Volume, Reverb, Chorus, Pan, Automated Mute 등의 여러 가지 종류를 그릴 수 있다. Shape 이벤트에서는 제작한 엔벨로트 길이, 엔벨로프 형태 등의 정보를 제공한다.

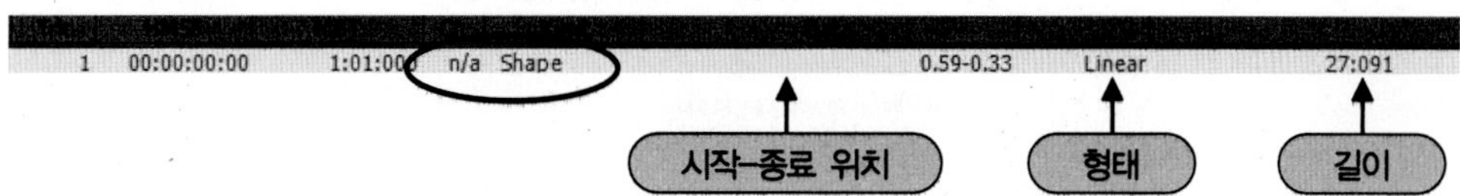

16. Expression 이벤트

악보에 발상기호가 삽입된 경우 발상기호 정보를 보여준다. 또한 마우스로 더블클릭해 발상기호를 교체할 수 있다. HMSF, MBT 항목에서는 발상기호 위치를 이동시킬 수 있다.

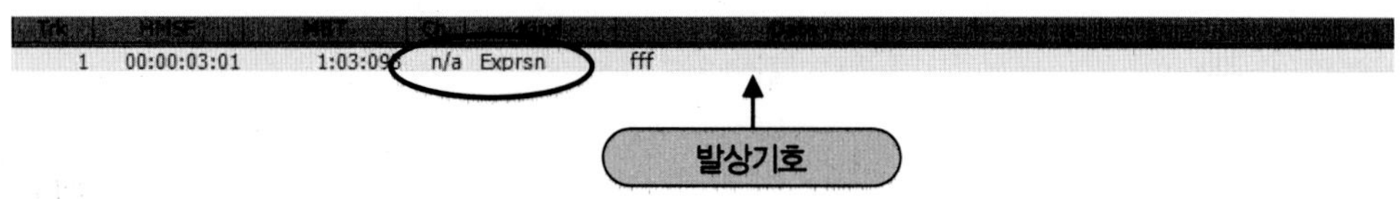

> **Tip** ▌ **CD 드라이브의 CD곡 호출해 연주하기**
>
> CD 드라이브의 CD 곡을 호출하려면 Play CDAUDIO 0이라고 입력한다. CD의 1번 트랙부터 연주하라는 명령어이다.

17. Hairpin 이벤트

악보에 크레센도, 디미뉴엔도 같은 셈여림 기호가 설정된 경우, 셈여림 기호 정보를 보여준다. 또한 셈여림 기호를 변경하거나 길이를 조절할 수 있고 HMSF, MBT 항목에서 셈여림 기호의 위치를 이동시킬 수 있다.

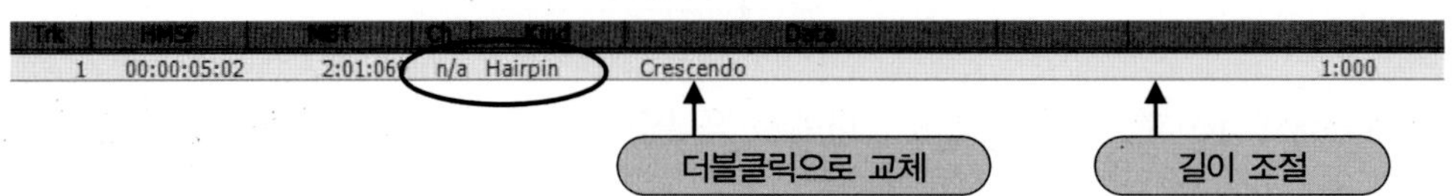

18. Chord 이벤트

악보에 코드가 입력된 경우 코드 정보를 보여준다. 코드 정보를 더블클릭하면 다른 코드로 변경할 수 있도록 Chord Properties 대화상자가 실행된다. 또한 HMSF, MBT 항목에서 코드 위치를 이동시킬 수 있다.

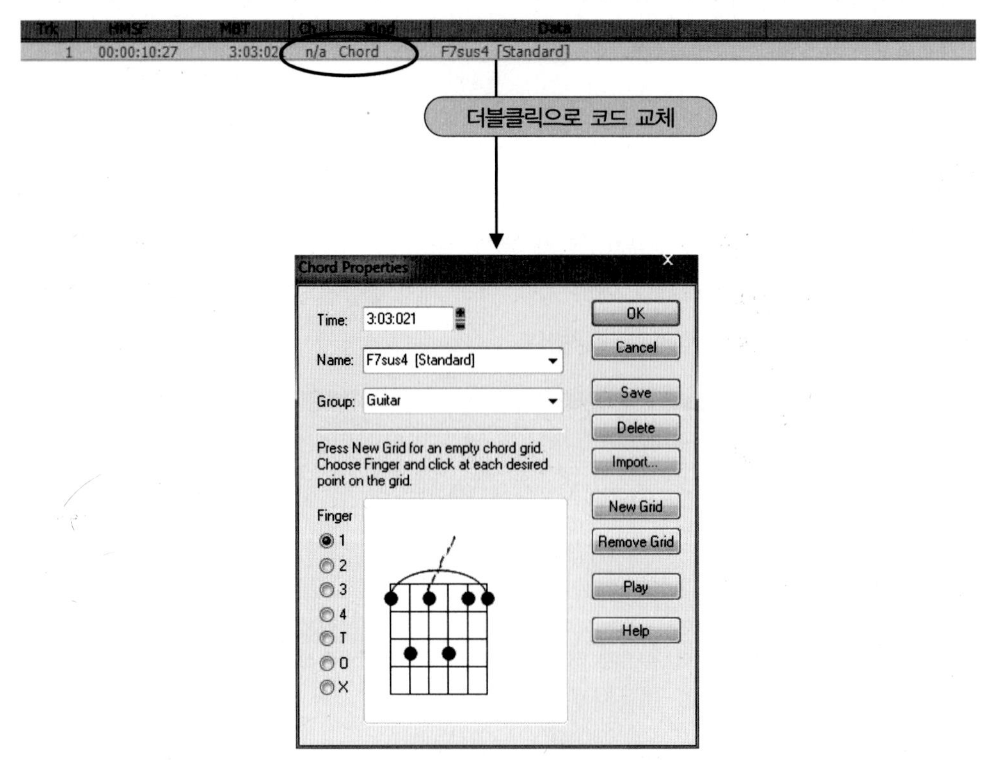

Chord Properties 대화상자

 특정 이벤트 연주하기

이벤트 리스트 뷰에서 특정 이벤트만 연주하려면 Ctrl 키를 누른 상태에서 마우스로 원하는 이벤트를 클릭한다.

컨트롤러 체인지 이벤트 명령어의 종류

이벤트 리스트 뷰에서 컨트롤러 이벤트를 삽입할 경우 다음과 같은 방식으로 삽입한다. 먼저 원하는 위치에 원하는 컨트롤러 이벤트를 삽입한 뒤 **Data 1** 항목에서 세부 설정 값을 조절한다.

번호	제목	내용	설정값
0	Bank	뱅크 선택	0~127
	컨트롤 체인지 이벤트의 Data 항목에 0을 입력하고 오른쪽에서 0~127 사이에서 뱅크를 선택한다. 기본 뱅크는 보통 0번이나 1번에 위치한다. Kind / Data Control 0 / 0		
1	Modulation	음의 떨림 효과	0~127
	컨트롤 체인지 이벤트의 Data 항목에 1을 입력하고 오른쪽에서 0~127 사이로 음의 떨림 효과를 만들어준다. 수치가 높을수록 떨림효과가 높아진다. Kind / Data Control 1 : Modulation / 100		
2	Breath	관악기의 강약 조절	0~127
	관악기의 입으로 부는 강약을 조절한다. 컨트롤 체인지 이벤트의 Data 항목에 2를 입력하고 오른쪽에서 0~127 사이로 강약을 조절한다. 고급 음원을 사용할 경우 동작한다. Kind / Data Control 2 : / 100		
7	Volume	해당 채널의 볼륨 크기를 조절한다.	0~127, 기본값=100
	컨트롤 체인지 이벤트의 Data 항목에 7을 입력하고 오른쪽에서 0~127 사이로 볼륨 값을 조절한다. Play하면 현재 위치에서부터 새로운 볼륨 값이 적용된다. Kind / Data Control 7 : Volume [PART 01] / 100		
10	Pan	팬 좌우 조절	왼쪽 0, 중간 64, 오른쪽 127
	컨트롤 체인지 이벤트의 Data 항목에 10을 입력하고 오른쪽에서 0~127 사이로 팬 값을 조절한다. 팬 값은 왼쪽 0, 중간 64, 오른쪽 127로 입력한다. Kind / Data Control 10 : Pan [PART 01] / 100		
11	Expression	셈여림 조절	0~127, 기본값=127
	컨트롤 체인지 이벤트의 Data 항목에 11을 입력하고 오른쪽에서 0~127 사이로 셈여림 값을 조절한다. 0을 입력하면 소리가 들리지 않는다. Kind / Data Control 11 : Expression / 127		

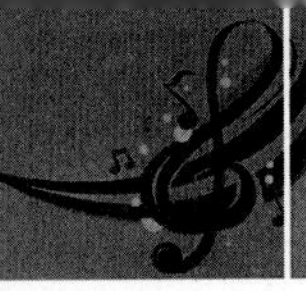

번호	제목	내용	설정값
64	Damper Pedal	피아노의 오른쪽 댐퍼페달 기능	OFF=0, On=127

피아노의 오른쪽 댐퍼페달과 동일, 여음 효과, 64번 번호를 입력한다.

Kind	Data	
Control	64 : Hold	127

번호	제목	내용	설정값
65	Sustain Pedal	서스페인 페달	

서스페인 페달과 동일. 여운 효과, 65번 번호를 입력한다.

Kind	Data	
Control	65 : Portamento Sw [PART 01]	127

번호	제목	내용	설정값
66	Sostenuto Pedal	소스테누토 페달	0~127

소스테누토 페달과 동일. 피아노 가운데 페달 효과, 66번을 입력한다.

Kind	Data	
Control	66 : Sostenuto	0

번호	제목	내용	설정값
67	Soft Pedal	소프트페달과 동일	

소프트페달 효과를 만든다. 67번을 입력한다.

Kind	Data	
Control	67 : Soft	0

번호	제목	내용	설정값
91	Reverb	리버브	0~127

리버브 효과를 삽입한다. 91번을 입력한다.

Kind	Data	
Control	91 : Reverb Send [PART 01]	90

번호	제목	내용	설정값
93	Chorus	코러스	0~127

코러스 효과를 삽입한다. 93번을 입력한다.

Kind	Data	
Control	93 : Chorus Send [PART 01]	90

번호	제목	내용	설정값
94	Delay(SC-88)	딜레이	0~127

딜레이 효과를 삽입한다. 94번을 입력한다.

Kind	Data	
Control	94 :	127

번호	제목	내용	설정값
121	Reset	리셋	(Switch on=0)

컨트롤러 '1, 11, 64'의 값과 피치밴더 조절 값을 리셋한다. 121번을 입력한다.

Kind	Data	
Control	121	0

06 시스템 익스클루시브 뷰 - Sysx View

신디사이저는 벨로서티, 볼륨, 필터 등의 다양한 조작 기능이 있는데 이와 같은 각종 세팅 정보는 신디사이저마다 개성이 틀리므로 MIDI 규정 이외의 신호라고 할 수 있다. 시스템 익스클루시브 뷰는 미디 규정 외 정보인 신디사이저의 시스템 익스클루시브 메시지를 송, 수신할 때 사용한다. 소나의 시스템 익스클루시브 뷰는 신디사이저 신호를 주고받을 수 있도록 256개 뱅크를 제공하며, 이때 주고받는 메시지를 시스템 익스클루시브 메시지(Sysx Massage)라고 말한다.

참고로, 시스템 익스클루시브 뷰는 프로젝트 별로 동일 신디사이저를 다르게 제어할 때도 사용하지만 신디사이저의 설정 값을 백업하는 용도로 사용하기도 한다.

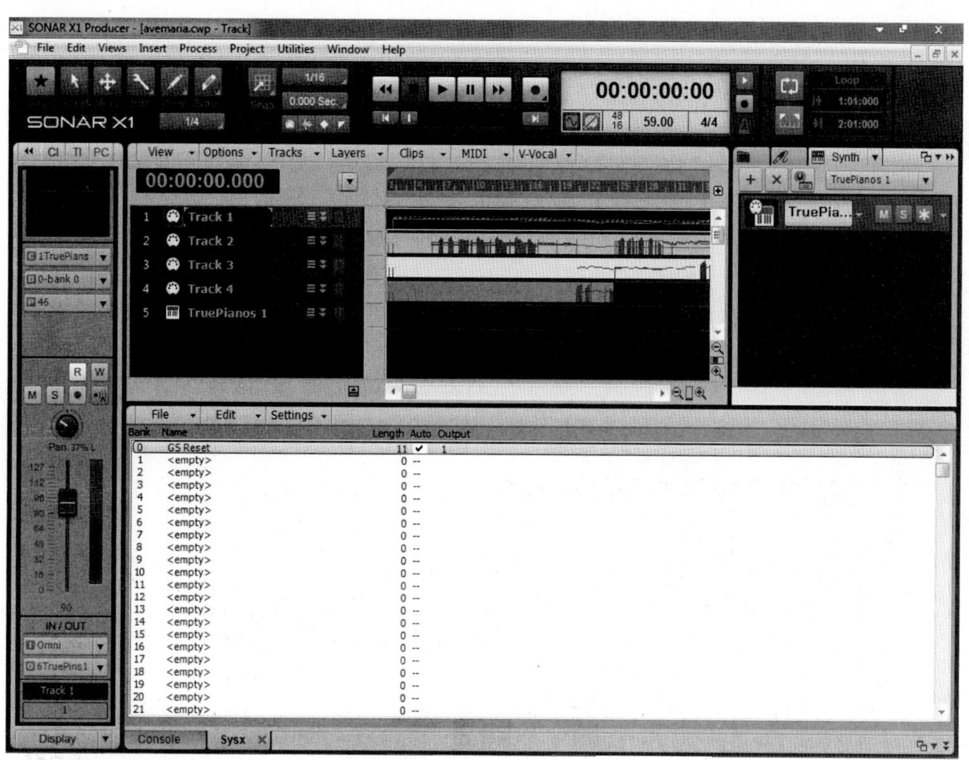

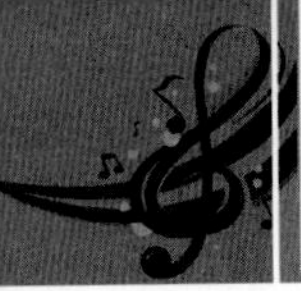

시스템 익스클루시브 뷰 메인화면

시스템 익스클루시브 뷰는 메인메뉴의 Views → Sysx 메뉴로 실행한다. 최대 256개의 Sysx 뱅크로 구성되어 있으며 각각의 뱅크 별로 Sysx 메시지를 작성해 송, 수신할 수 있다. 사용자가 Sysx 메시지를 작성하는 경우는 거의 없으며 보통은 신디사이저로부터 덤프 데이터라고 불리는 데이터를 수신 받아 사용한다. 신디사이저는 현재의 세팅 상태를 Utility 기능 등을 사용해 덤프 메시지로 전송하고, 소나는 Receive 기능으로 덤프 데이터를 수신 받는다. 따라서 곡을 저장한 뒤 다시 불러오면 신디사이저의 각종 세팅 상태가 덤프 데이터를 전송받았던 상태로 돌아갈 수 있다.

시스템 익스클루시브 상단에 위치한 3개의 메뉴는 Sysx 메시지를 주고받는 기능을 제공한다. 참고로 컨트롤러 명령어는 MIDI 규격에 속하지만 Sysx 메시지는 신디사이저 고유 신호이므로 신디사이저마다 체계가 다르다. 따라서 Sysx 메시지를 작성하려면 각각의 신디사이저 매뉴얼을 참고하는 것이 좋다.

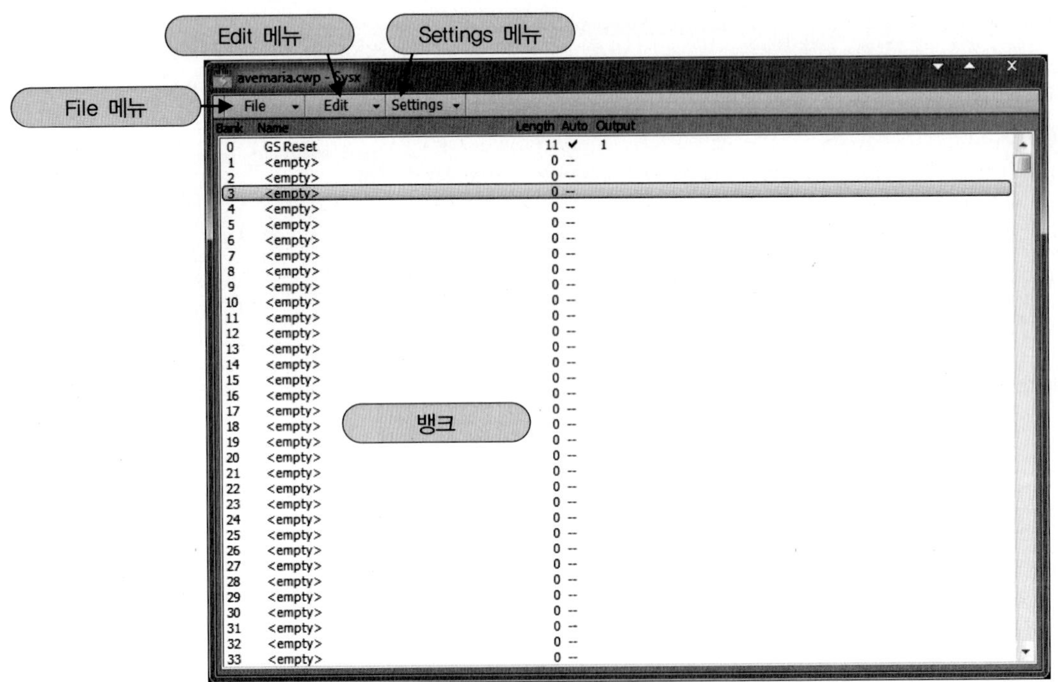

1. 뱅크

최대 256개의 뱅크가 제공되며 뱅크 별로 시스템 익스클루시브(Sysx) 메시지를 각각 등록할 수 있다. 비어 있는 뱅크를 더블클릭하거나, 비어 있는 뱅크를 선택한 상태에서 시스템 익스클루시브 메시지창의 Edit → Edit Data 메뉴를 실행하면 새로운 Sysx 메시지를 작성할 수 있다.

2. File → Open 메뉴

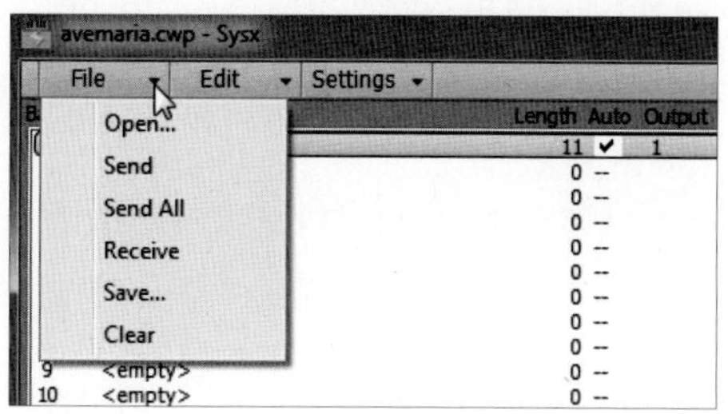

하드디스크에 저장된 Sysx 메시지 파일을 현재 선택한 빈 뱅크로 불러
온다. 미디 파일과 관련 없이 Sysx 메시지만 불러온다.

3. File → Send 메뉴

선택한 뱅크에 있는 Sysx 메시지를 시스템과 연결된 신디사이저 장비에 전송한다. 장비에 따라 반응이 바로 오는데
만일 아무런 반응이 없다면 Output이 잘못 설정되었는지 확인한다.

4. File → Send All 메뉴

모든 뱅크에 있는 Sysx 메시지를 신디사이저 장비에 전송한다.

5. File → Receive 메뉴

신디사이저로부터 덤프 데이터(Dumps Data)를 수신받는다. 먼저 빈 뱅크를 선택한 뒤 이 버튼을 클릭하고, 대화상자
가 나타나면 시스템과 연결된 신디사이저 장비를 목록에서 선택한다.

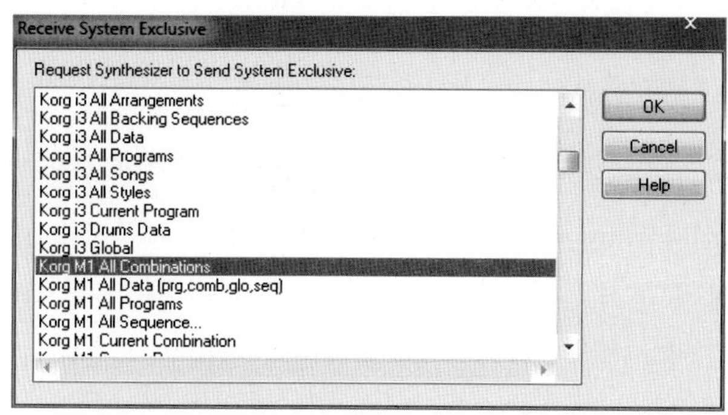

신디사이저 장비 목록에 자신의 장비가 없을 경우에는 제
일 상단의 **You Start Dump on Instrument**를 선택하고
OK 버튼을 클릭한다. 그런 뒤 신디사이저의 Utility 기능
등을 조작해 원하는 세팅 값을 선택한 뒤 소나로 덤프 데
이터를 내보낸다.

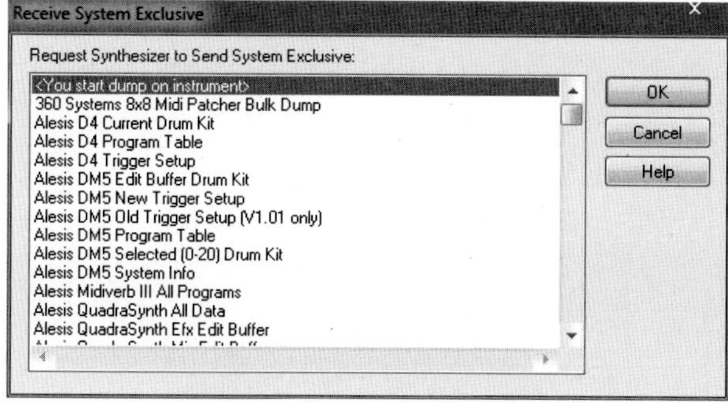

You Start Dump on Instrument 항목 선택

신호를 전송받는 모습

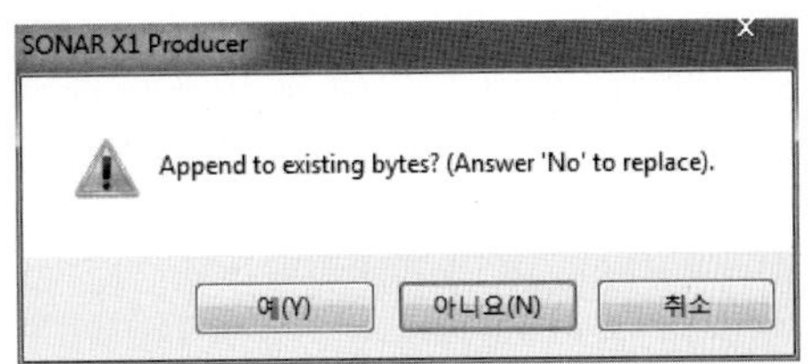

만일 선택한 뱅크가 비어있지 않은 뱅크라면 Appended(추가)/Replace (교체) 대화상자가 나타난다.

6. File → Save 메뉴

현재 선택한 뱅크에 있는 Sysx 메시지를 파일로 저장한다. 미디 파일과 관련 없이 Sysx 메시지만 *.Syx 포맷으로 저장된다. 신디사이저의 각종 세팅 값을 백업하는 기능으로 사용할 수 있다.

7. File → Clear Bank 메뉴

선택한 뱅크에 있는 Sysx 메시지를 삭제한다.

8. Edit → Edit Data 메뉴

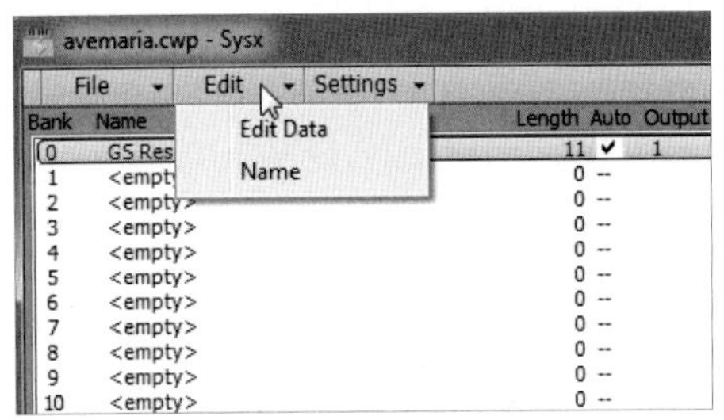

비어 있는 뱅크를 선택한 뒤 이 메뉴를 실행하면 Sysx 메시지를 작성할 수 있다. 비어 있는 뱅크를 더블클릭해도 Sysx 메시지를 작성할 수 있다.

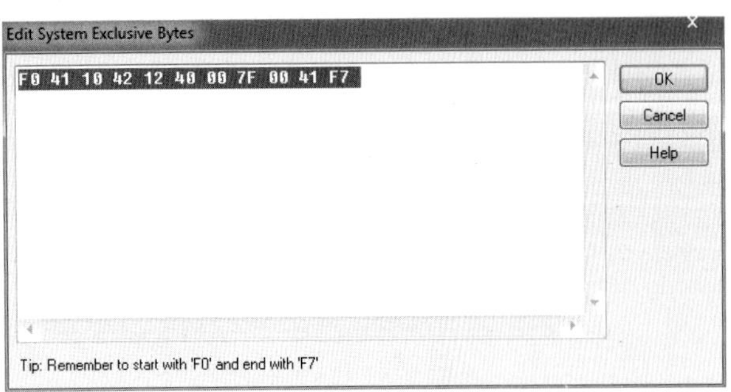

Sysx 메시지는 신디사이저마다 작성법이 다르므로 사용하는 신디사이저 매뉴얼을 참고한 뒤 작성한다. 메시지를 시작할 때는 반드시 'F0'이라고 입력해야 하며 메시지를 종료할 때는 반드시 'F7'이라고 입력해야 한다.

시스템 익스클루시브 메시지는 보통 위 그림과 같은 순서로 입력한다. 롤랜드사 제품의 Sysx 입력 방식인데 보통 9파트로 나누어져 있으며, 아래와 같은 뜻을 가지고 있다.

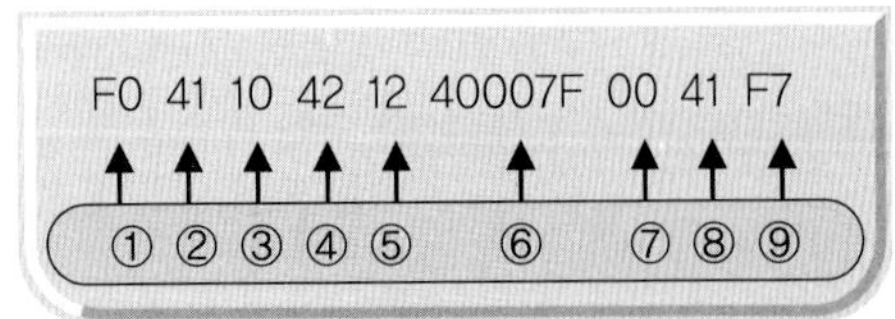

이것이 뜻하는 것은 아래와 같다. h는 16진수를 뜻하므로 h 글자는 입력하지 않는다.

①	F0h	시스템 익스클루시브 메시지의 시작을 뜻한다.
②	xxh	제조업체 ID를 입력한다. 41은 롤랜드사를 의미한다. 장비 매뉴얼 참고
③	xxh	디바이스 ID(장치 번호)를 입력한다. 같은 제조업체의 장비가 여러 대 연결된 경우 각각의 장비를 구별할 수 있다. 장비 매뉴얼 참고
④	xxh	모델 ID를 입력한다. 장비 매뉴얼 참고
⑤	xxh	Sending(12h)/Requesting(11h) 명령 번호를 입력한다. 장비 매뉴얼 참고
⑥	xxx...h	메인 데이터를 입력한다. 장비 매뉴얼 참고
⑦	xxh	Sending(12h)/Requesting(11h) 명령에 따라 달라진다. 장비 매뉴얼 참고
⑧	sum	체크썸, 전송 에러 방지 확인용. ⑥, ⑦번 값에 따라 달라진다. 장비 매뉴얼 참고
⑨	F7h	시스템 익스클루시브 메시지의 종료를 뜻한다.

예를 들어, 롤랜드사 장비(SC-88)의 '리셋'은 다음과 같이 입력한다.

F0 41 10 42 12 40007F 00 41 F7

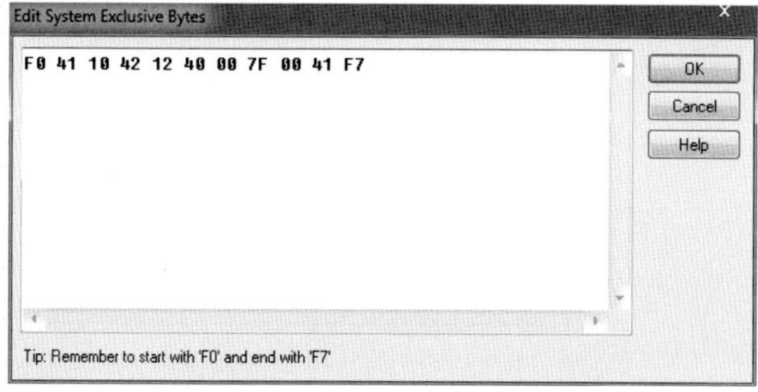

롤랜드사 장비(SC-88)의 'Patch Change'는 보통 아래와 같이 입력한다. 패치를 'Piano 2w'로 변경하는 메시지이다.

F0 41 10 42 12 401100 0801 26 F7

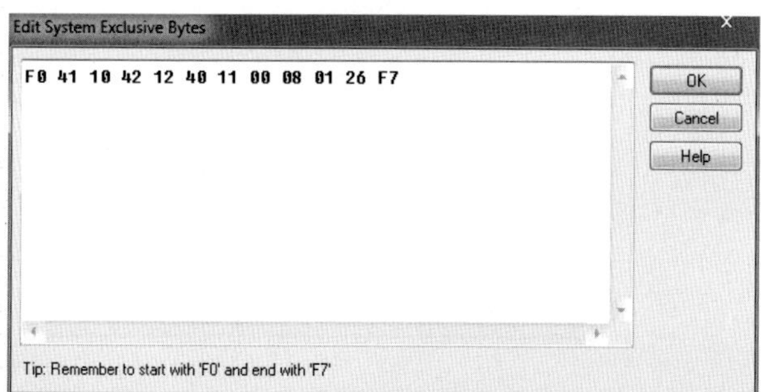

9. Edit → Name 메뉴

선택한 뱅크의 이름을 변경한다. 알기 쉬운 이름으로 지정하면 된다.

이름을 변경하는 모습

10. Settings → Auto 버튼

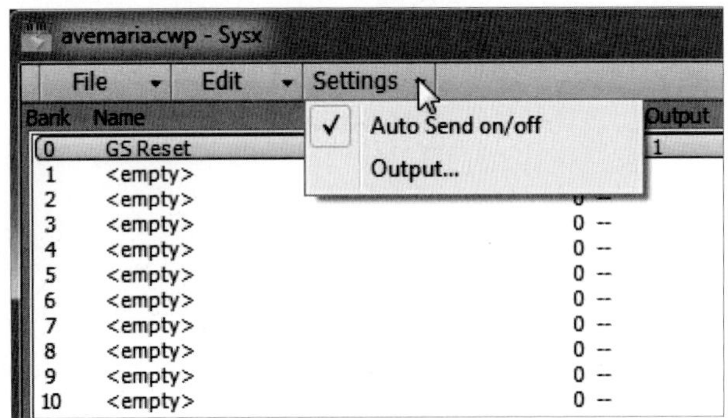

메뉴를 실행하는 모습

소나에서 프로젝트를 불러올 때 Sysx 메시지를 자동으로 신디사이저로 전송해준다. 프로젝트를 불러올 때마다 자동 전송 대화상자가 나타나므로 OK 버튼을 클릭해 확인해준다.

11. Settings → Output 버튼

Sysx 뱅크의 Output 포트를 선택한다.

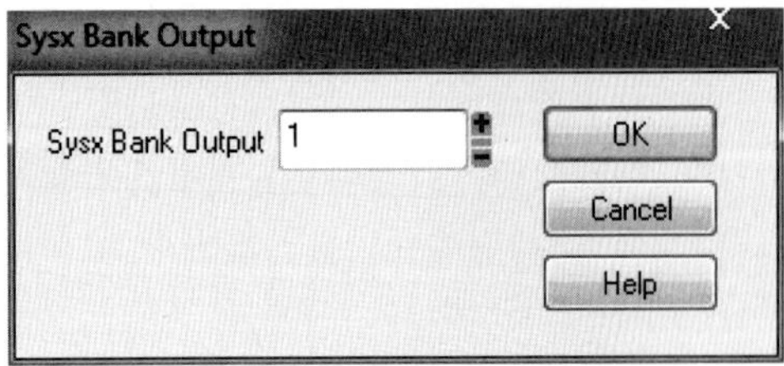

연주할 때 시스템 익스클루시브 메시지 전송하기

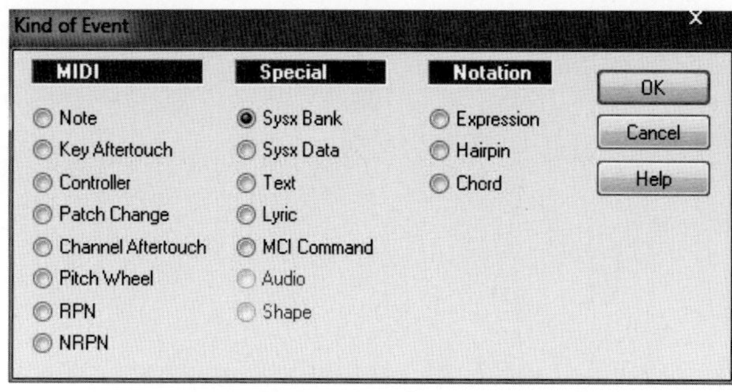

소나 X1은 Sysx 뱅크를 프로젝트의 특정 연주시간에 전송할 수 있다. 이 기능을 사용하려면 이벤트 리스트 뷰에서 Sysx Bank 이벤트나 Sysx Data 이벤트를 사용한다.

먼저 **Alt + 8**을 눌러 이벤트 리스트 뷰를 실행한 뒤 Kind 항목을 더블클릭해 Sysx Bank 이벤트를 선택한다.

Kind 항목을 더블클릭해 Sysx Bank 이벤트 선택

1. 연주 중 Sysx Bank 이벤트 전송하기

Views → Event List View 메뉴로 이벤트 리스트 뷰를 실행한다. 원하는 위치에서 + 버튼을 클릭해 새 이벤트를 삽입한 뒤 Kind 항목을 더블클릭해 Sysx Bank 이벤트로 교체한다.

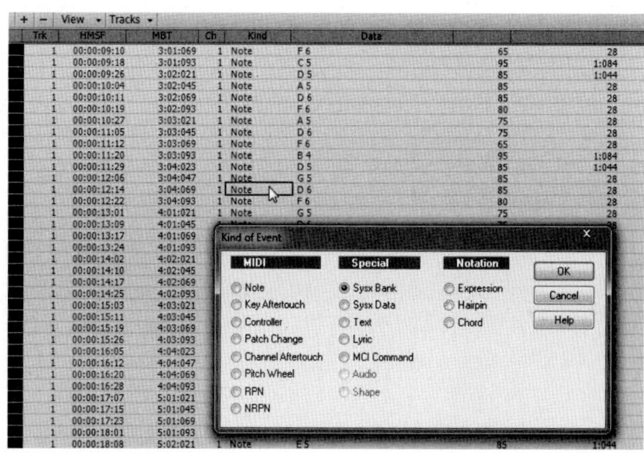

Tip **Sysx 뱅크 이름이 소실되는 이유**

Sysx 뱅크의 이름은 *.cwp 포맷과 *.cwb 포맷에서만 저장되며 *.mid 포맷에서는 저장되지 않는다.

Sysx Bank 이벤트가 생성되면 원하는 뱅크 번호를 입력한다. 연주 중 해당 위치에 오면 해당 뱅크에 있는 Sysx 메시지가 전송된다.

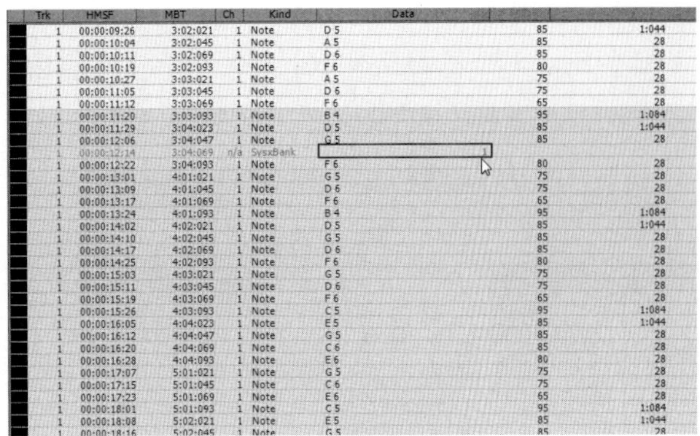

2. 연주 중 Sysx Data 이벤트 전송하기

Sysx Data란 이벤트 리스트 뷰에서 바로 Sysx 메시지를 입력할 때 사용한다. 이벤트 리스트 뷰의 원하는 위치에서 + 버튼을 클릭해 새 이벤트를 삽입한 뒤 Kind 항목을 더블클릭해 Sysx Data 이벤트로 교체한다.

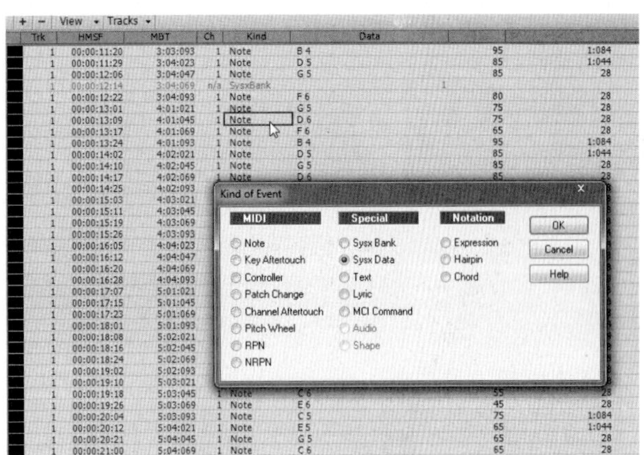

Sysx Data 이벤트 오른쪽 항목에 원하는 Sysx 메시지를 입력한다. 255 바이트 이내에서 입력해야 한다.

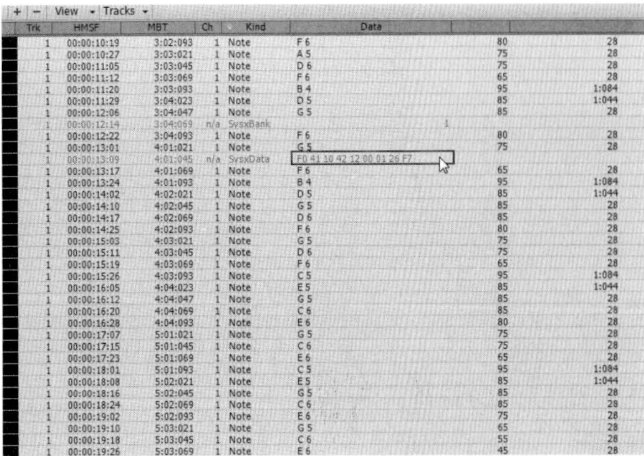

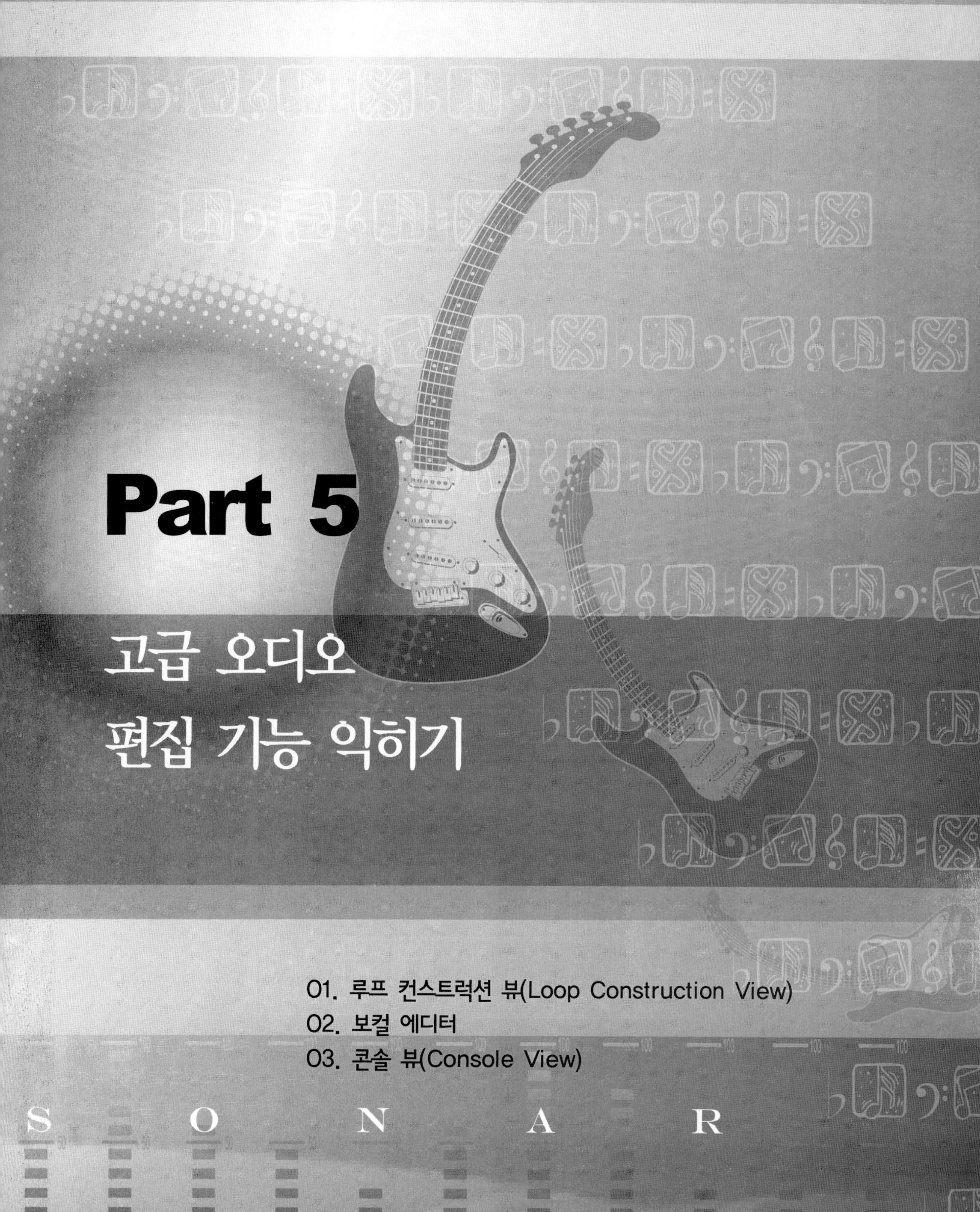

Part 5

고급 오디오
편집 기능 익히기

01. 루프 컨스트럭션 뷰(Loop Construction View)
02. 보컬 에디터
03. 콘솔 뷰(Console View)

S　O　N　A　R

01 루프 컨스트럭션 뷰(Loop Construction View)

- 그루브 클립 만들기

루프 컨스트럭션 뷰는 사용자가 원하는 오디오 클립을 루프 형태의 그루브 클립으로 만들 때 사용한다. 오디오 클립에서 반복 속성을 가진 마디를 찾아 분할한 뒤 연주 속도와 음정, 게인 값을 자유자재로 조절하여 그루브 클립을 만들 때 아주 좋다. 또한 작업 중인 미디 클립과 오디오 클립의 템포가 엇박자가 발생할 때 엇박자를 조절할 목적으로 사용하기도 한다.

루프 컨스트럭션 뷰는 오디오 클립을 더블클릭하면 실행된다. 또는 오디오 클립을 선택한 상태에서 Views → Loop Construction View 메뉴를 사용하거나 단축키 Alt + 7을 누른다.

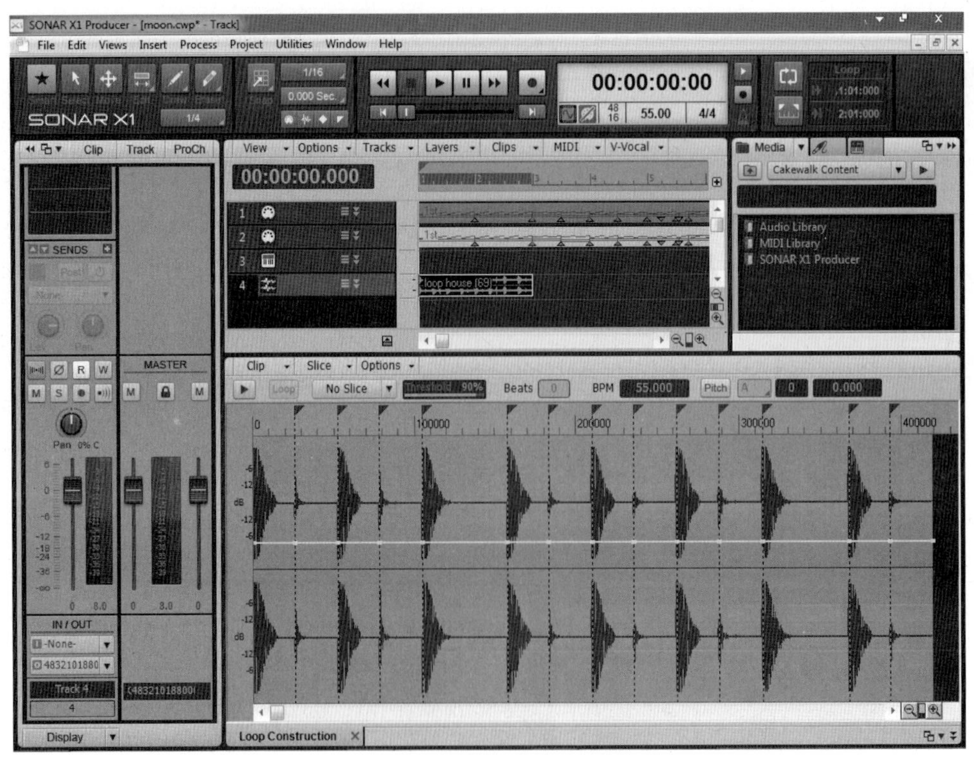

루프 컨스트럭션 뷰 화면의 기능

루프 컨스트럭션 뷰는 오디오 클립을 웨이브 파형 형태로 나누어 편집한다. 파형 변화 위치를 찾아 자동으로 분할하는 루프 버튼, 템포(박자)를 조절하는 비트 버튼, 그리고 각각의 웨이브 파형마다 게인(볼륨), 팬, 피치 값을 조절하는 기능들을 사용할 수 있다. 오디오 클립의 파형을 잘게 쪼개서 사용하고 싶은 부분만 뽑아서 루프 형태의 그루브 클립을 만들 때 아주 좋다.

편집할 오디오 클립을 선택한 상태에서 Views → Loop Construction View 메뉴를 사용하거나 단축키 Alt + 7을 누른다.

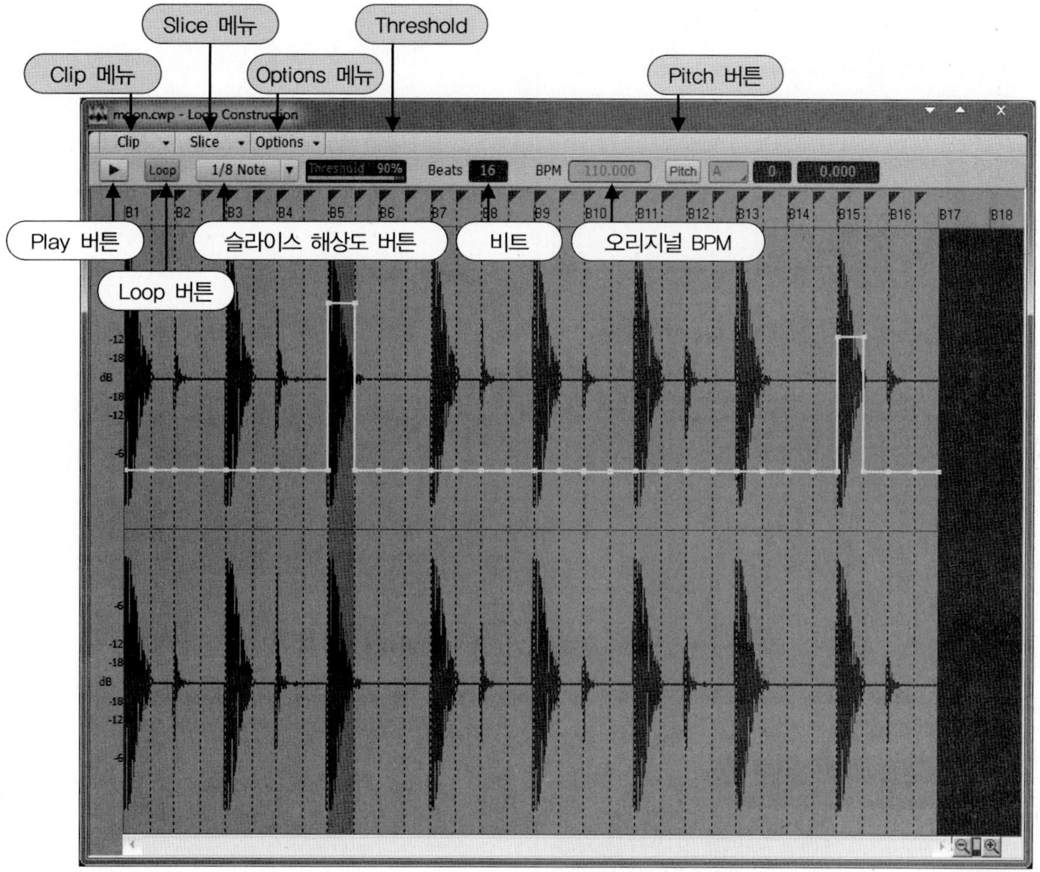

루프 컨스트럭션 뷰는 메뉴 사용법이 무척 복잡하다. 이해도를 높이고 그루브 클립의 개념을 익히기 위해 먼저 간단한 작업을 따라해 본다. 사용자가 원하는 오디오 클립의 템포 등을 조절한 뒤 그루브 클립으로 만들고, 이 그루브 클립을 루프시켜 사용해 보자.

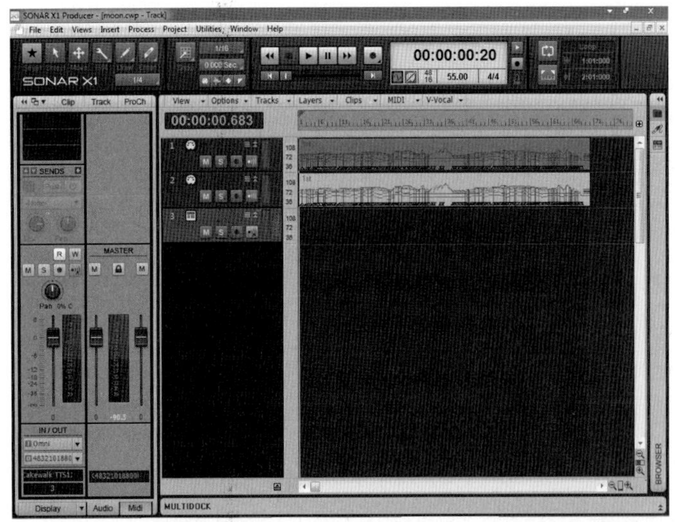

01 File → Open 메뉴로 예제 'moon.cwp'를 불러온다. 2개의 미디 트랙이 있고 1개의 가상 악기 트랙이 있다.
일단, Spacebar를 눌러 곡을 연주해 본다.

02 곡의 연주를 정지하고 W 키를 눌러 송 포지션 포인터를 곡의 맨 앞으로 이동시킨다.
트랙 패널의 빈 곳을 마우스 오른쪽으로 클릭한 뒤 Insert Audio Track 메뉴로 오디오 트랙을 하나 생성시킨다.

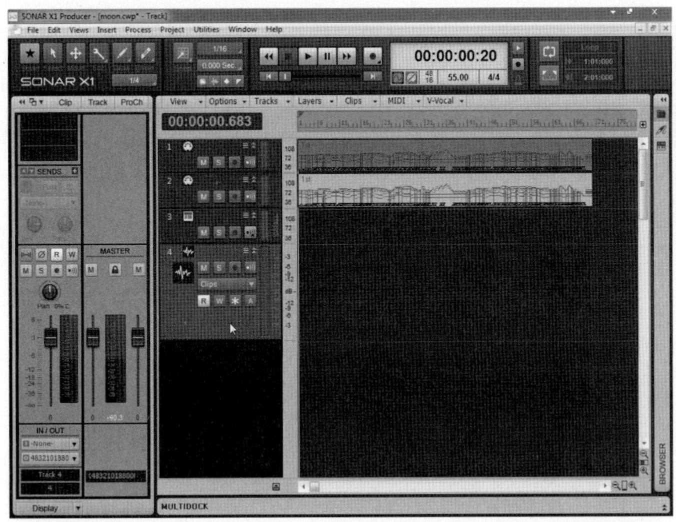

03 오디오 트랙이 생성된 모습이다. 이제 외부에서 오디오 클립을 불러온 뒤 그루브 클립으로 만들어보자.

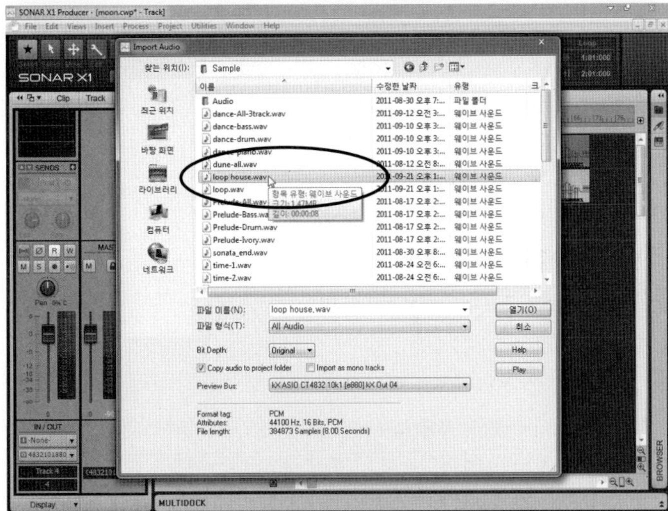

04 File → Import → Audio 메뉴로 'loop house.wav' 파일을 불러온다.

05 파일을 불러온 모습이다. 스마트 툴로 오디오 클립을 더블클릭하여 '루프 컨스트럭션 뷰'를 실행한다.

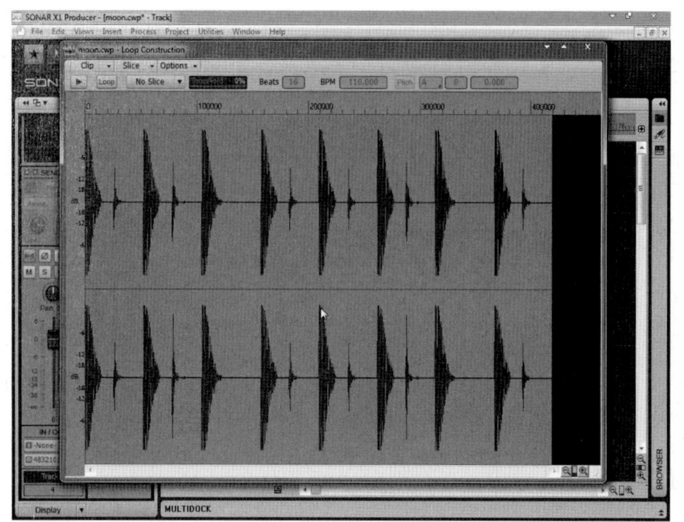

06 루프 컨스트럭션 뷰가 실행된 모습이다. 선택한 오디오 클립이 웨이브 파형 형태로 표시되는 것을 알 수 있다.

Spacebar를 눌러 곡을 연주하면 오디오 클립의 연주 속도가 매우 늦은 것을 알 수 있다. 연주를 중단한 뒤 W 키를 눌러 송 포지션 포인터를 곡의 시작 부분으로 이동시킨다.

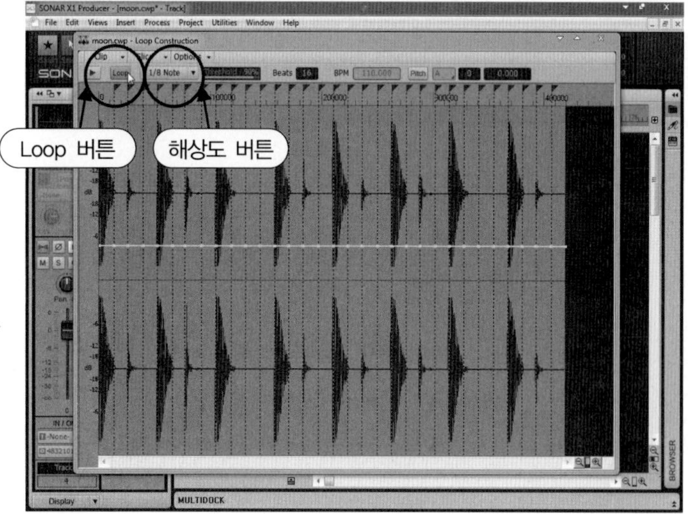

07 Loop 버튼을 클릭해 잘게 쪼개준다. 이때 Loop 버튼 옆의 해상도 버튼을 클릭해 1/8비트로 설정한다.

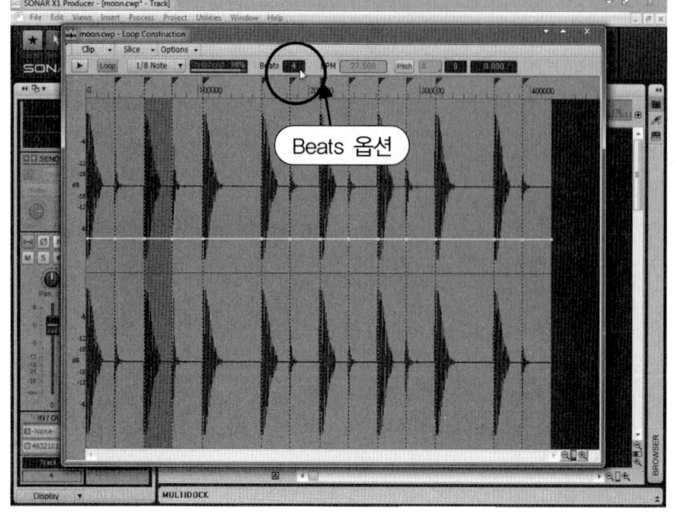

08 오디오 클립의 템포를 조절하기 위해 Beats 옵션을 4로 설정한다.

Spacebar를 눌러 곡을 연주하면 오디오 클립의 연주 속도가 2배로 빨라진 것을 알 수 있다.

연주를 중단한 뒤 W 키를 눌러 송 포지션 포인터를 곡의 시작 부분으로 이동시킨다.

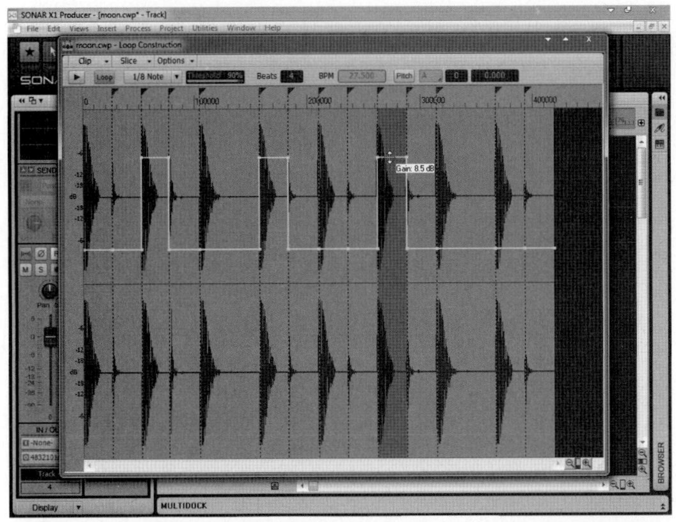

09 가운데 녹색 선을 드래그하여 상단으로 이동시킨다. 해당 오디오 파형의 게인 값(일종의 볼륨)을 높이는 효과가 있다.

옆 그림처럼 3군데의 게인 값을 높여준다.

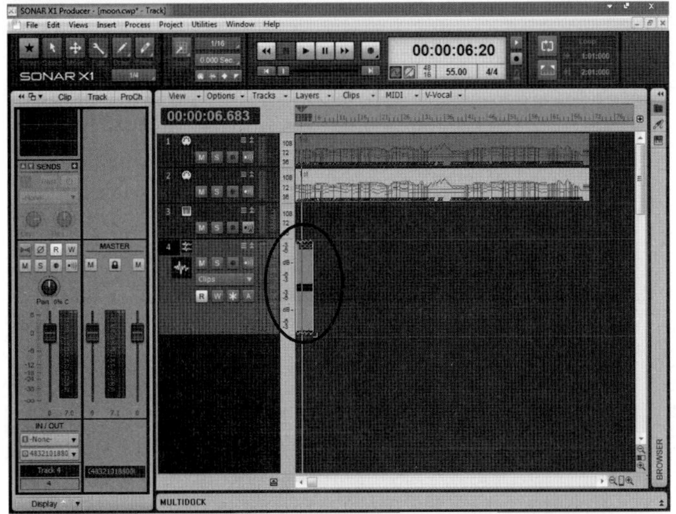

10 루프 인스트럭션 뷰를 닫고 트랙 뷰로 돌아온다.

오디오 클립을 확인하면 루프 속성이 생긴 것을 알 수 있다. (오디오 클립의 위, 아래가 파도 모양으로 변해있다.)

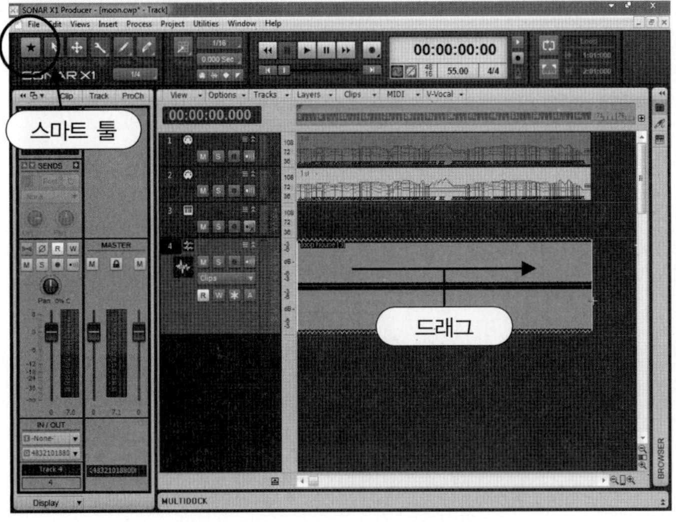

11 스마트 툴로 오디오 클립의 오른쪽 면을 드래그하여 곡 전체 길이에 맞게 늘려준다. 늘려난 부분은 원래 리듬이 루프되어 채워진다.

일반 오디오 클립을 템포와 게인 값을 조절한 뒤, 루프 속성의 그루브 클립으로 사용할 수 있음을 알 수 있다.

Loop 편집 모드 – 그루브 클립 만들기

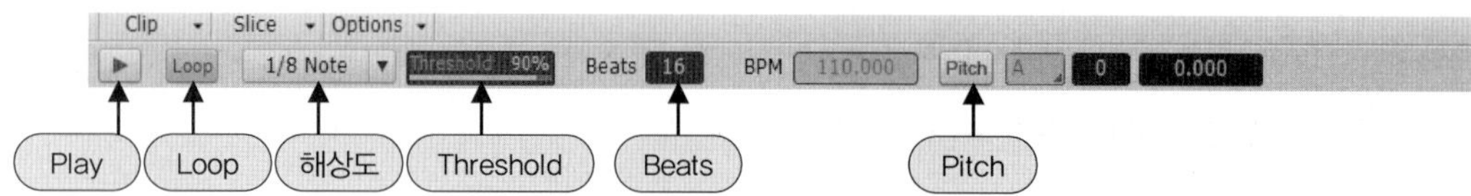

루프 컨스트럭션 뷰는 그루브 클립을 만드는 Loop 편집 기능과 오디오 클립의 길이를 늘이거나 줄이는 **Stretch**(스트레칭) 편집 기능 등 2가지 편집 모드가 있다. 이 둘의 편집 모드는 오디오 클립을 실제로 분할하지 않고 박자와 템포를 조절할 목적으로 가상으로 분할하는 점에 있다. 따라서 이들 기능으로 분할한 영역의 일부를 다른 위치로 이동시킬 수는 없다.

먼저 Loop 편집 모드에 대해 알아본다.

1. Play 버튼

현재 편집중인 오디오 클립을 연주한다. 다른 트랙이 있을 경우 함께 연주되지 않는다. 단독 오디오 트랙이 있을 경우에만 연주된다.

2. Loop 버튼

루프 편집 모드를 시작한다. 오디오 클립을 그루브 클립으로 만들 때 선택한다. 오디오 파일의 박자, 음정을 분석해 반복 속성을 가진 루프 영역을 찾아 자동으로 오디오 클립을 분할한다. 루프 버튼을 클릭해 오디오를 분할하면 오른쪽의 Beats in Clip 입력 창에서 숫자를 입력해 오디오 클립의 박자를 조절할 수 있다.

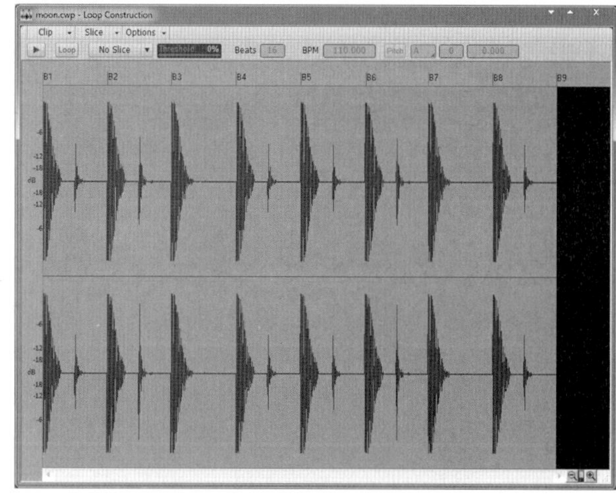

루프 컨스트럭션 뷰를 실행한 모습

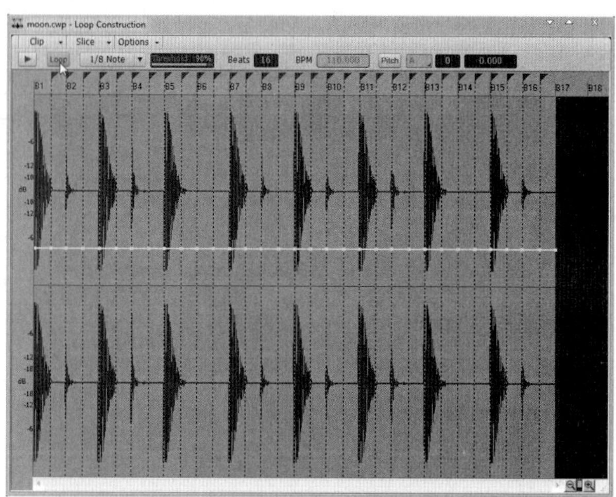

루프 버튼을 클릭해 루프 편집 모드로 전환한 모습

3. 해상도 버튼

분할될 칸 수를 설정한다. 예를 들어 1/8Note를 선택하면 1마디를 8개의 칸으로 분할한다. 1/32를 선택하면 1마디를 32칸으로 분할한다.

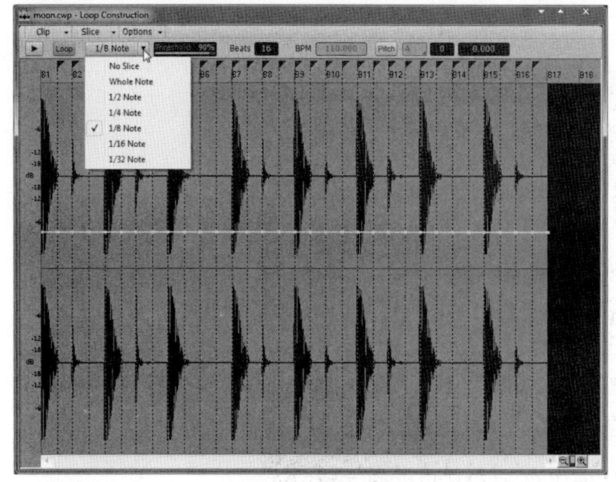

1/8Note를 적용한 모습

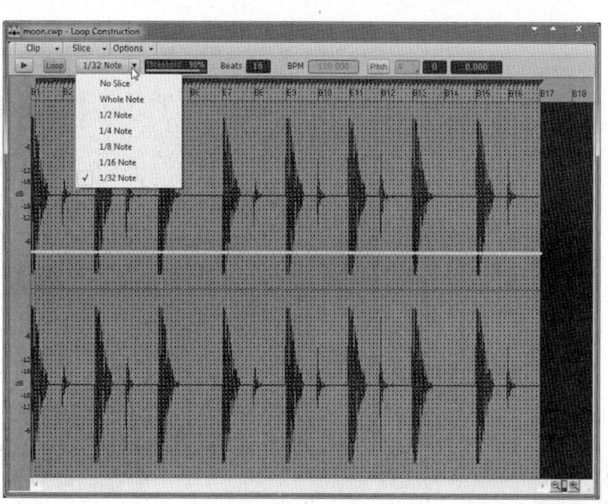

1/32Note를 적용한 모습

4. Threshold

오디오 신호의 과도신호 지역인 트랜션트(transient)에 대한 반응도를 조절하는 것으로 수치를 높일수록 미세한 트랜션트(transient)도 세밀하게 감지해 분할선을 만들어준다.

5. Beats 입력 창 – 오디오 템포 조절하기

루프 편집 상태에서 오디오 클립의 박자수를 조절할 수 있다. 통상적으로 4분 음표 기준으로 조절된다. 박자수를 낮추면 연주 속도가 빨라지고, 박자수를 높이면 연주 속도가 늦어진다.

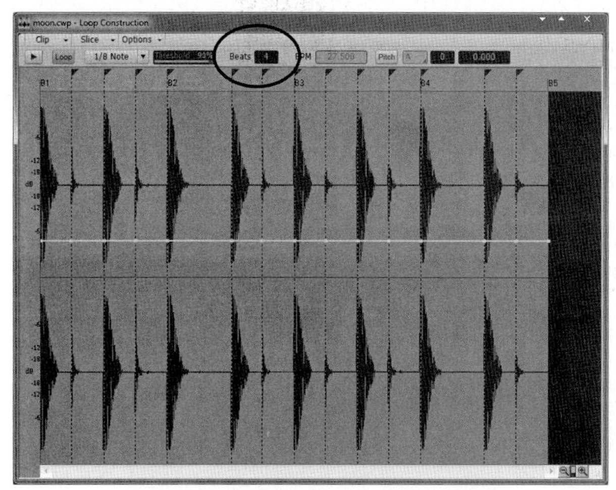

원래보다 수치를 낮추면 박자가 빨라진다.

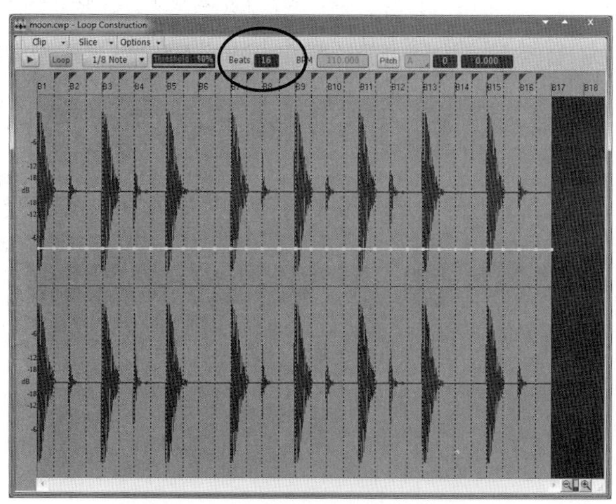

원래보다 수치를 높이면 박자가 늦어진다.

6. Pitch - 오디오 음정 조절하기

오디오 클립의 키/피치 값을 변경할 수 있다. 필요한 경우 작업 중인 미디 곡과 음정을 맞출 때 사용한다. Pitch 버튼을 클릭하면 이 기능이 활성화되고 Root Note에서 변경되는 키를 설정하고, Pitch 입력 창에서 피치 값을 미세하게 조절할 수 있다.

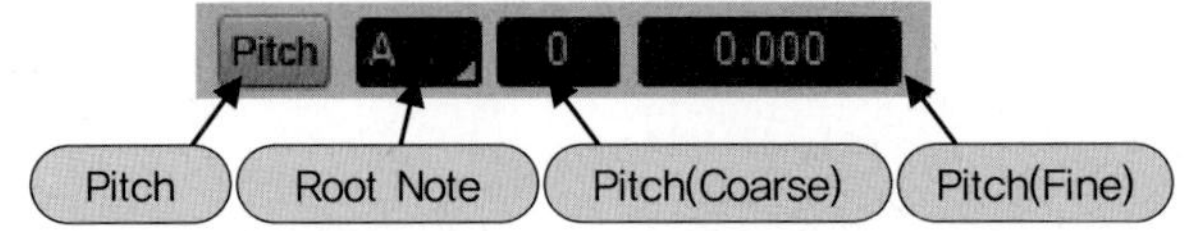

① **Pitch 버튼** : 키/피치 조절 기능을 활성화한다. 오른쪽의 Root Note와 Pitch를 조절할 수 있는 상태로 전환된다.

② **Root Note** : 오디오 클립의 원래 키를 무시하고 새로운 키를 할당한다. 오디오 클립의 전체 음정이 조절되는 효과가 있다. 보통 미디 곡과 음정을 맞출 때 사용한다.

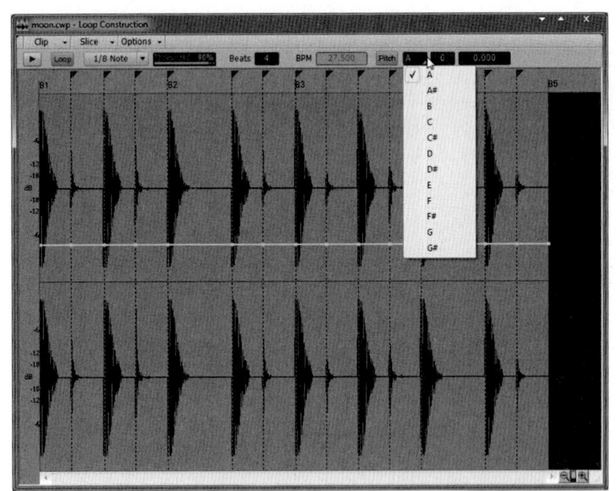

오디오 클립의 현재 키

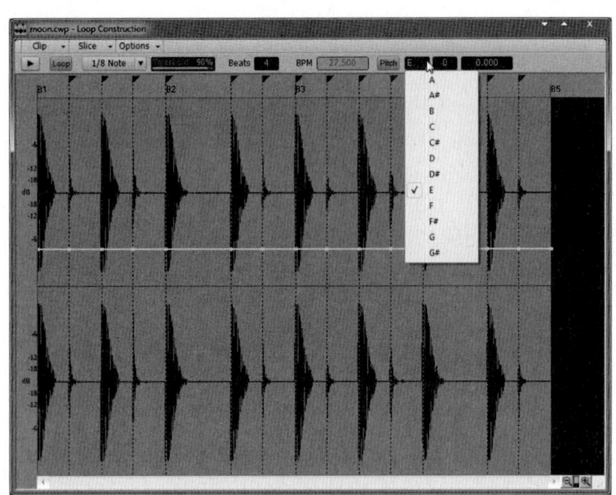

키를 E키로 변경한 모습

참고로, 화면상에서는 아무런 변화가 없지만 오디오 클립을 재생하면 키가 변경된 것을 알 수 있다.

③ **Pitch (Coarse) 입력 창** : 왼쪽의 Pitch 버튼을 클릭하면 Pitch 입력 창이 활성화되어 음정의 피치를 조절할 수 있다. -24~24 사이에서 조절한다. 디폴트 값은 0이며 1 단계씩 조절하면 반음씩 올리거나 낮출 수 있다. 예를 들어 -24에서 +24로 올리면 24 음정이 올라간다. 숫자를 조절한 뒤에는 반드시 Enter 키를 눌러야 설정값이 적용된다.

④ **Pitch (Fine) 입력 창** : Pitch (Coarse) 입력 창에 비해 정교하게 피치를 조절한다. 반음을 -50~50 사이에서 조절할 수 있으므로 반음을 1% 단위로 조절할 수 있는 셈이다. -50에서 +50으로 올리면 정확하게 반음이 상승된다.

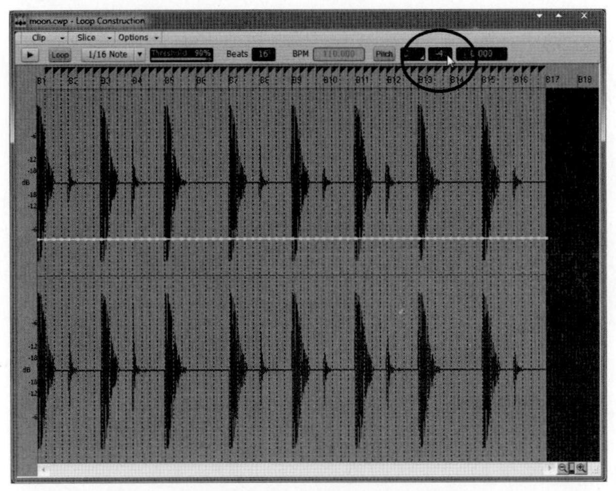

−4를 입력해 두 음정 낮춘 모습

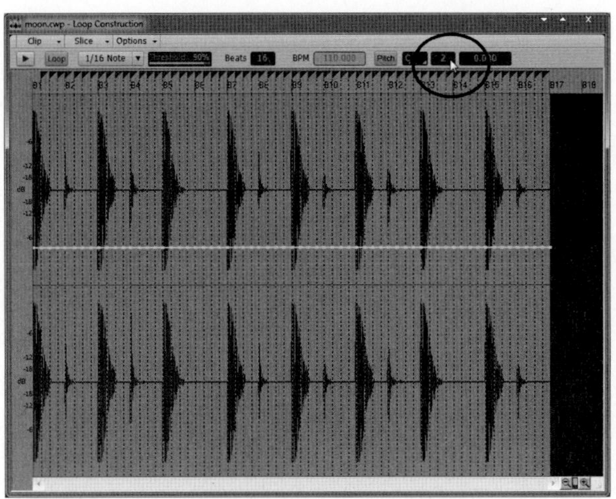

+2를 입력해 한 음정 높인 모습

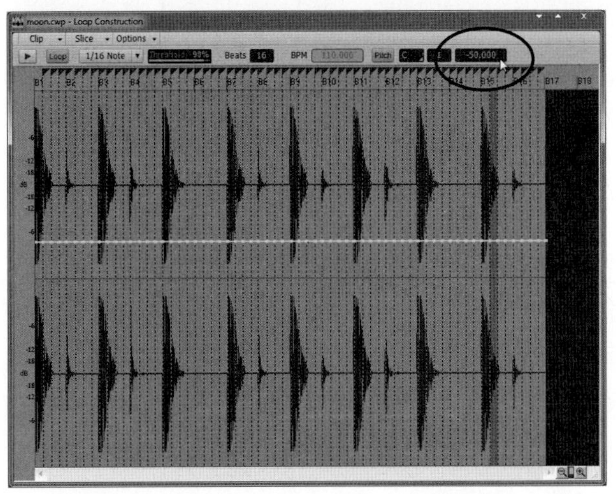

Pitch(Coarse) 항목에 −50을 입력해 한 음정 낮춘 모습

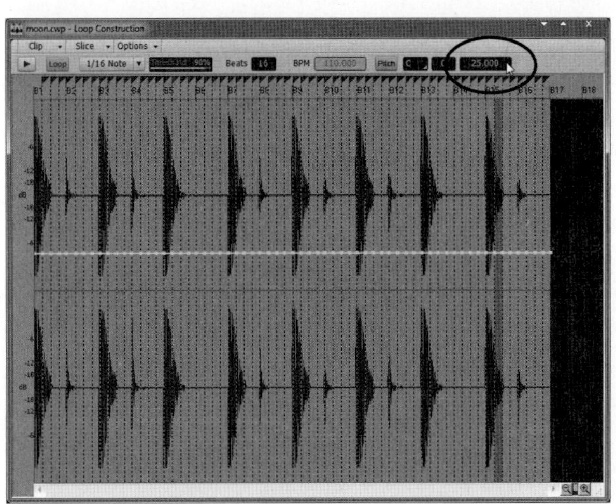

Pitch(Fine) 항목에 +25를 입력해 1/4 음정 높인 모습

스트레칭(Stretch) 편집 모드 – 오디오 클립을 늘이고 줄이기

프로젝트 템포 또는 미디 클립의 템포에 맞게 오디오 클립의 템포를 임의대로 조절할 때 사용한다. 스트레칭 기능은 루프 파일을 만들지 않고 오디오 클립의 템포를 조절할 때만 사용한다. 메인 툴 바의 **Timing** 툴과 같은 기능이지만 음정 조절 등의 기능이 추가되어 있다.

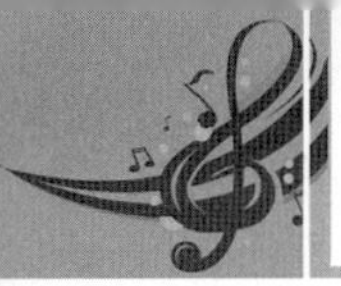

1. 스트레칭 편집 모드

스트레칭 모드는 루프 컨스트럭션 뷰에서 Clip → Stretch 메뉴로 실행한다. 메뉴 바의 사용법은 앞의 Loop 모드와 완전히 똑같다.

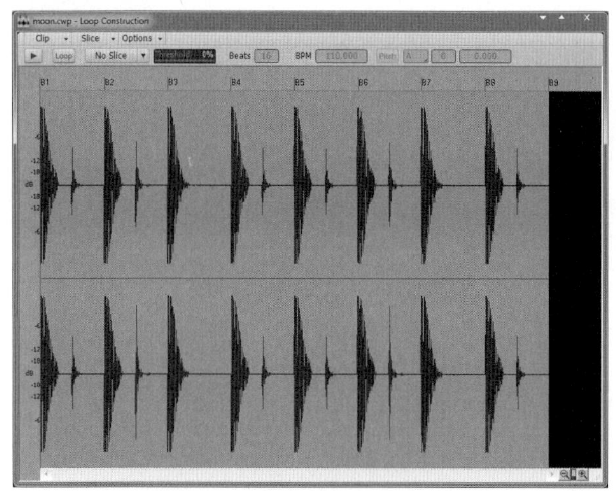

오디오 클립을 더블클릭해 루프 컨스트럭션 뷰 실행

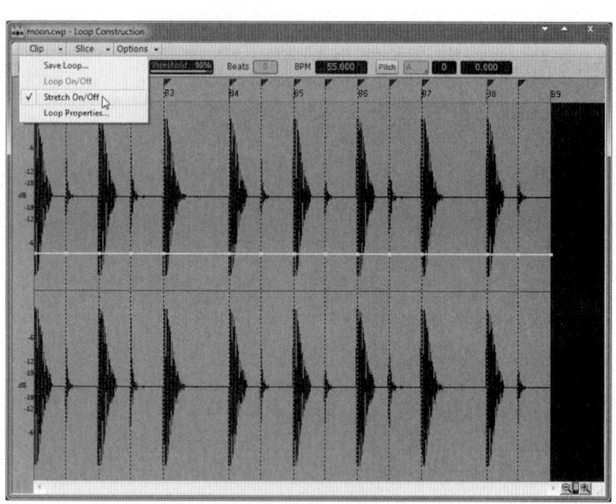

스트레칭 메뉴를 실행한 모습

2. 오리지널 BPM 입력 창

스트레칭 편집 모드에만 있는 기능으로 루프 편집 모드의 Beats 기능처럼 오디오 클립의 템포를 조절하는 기능이다. 수치를 낮추면 연주 템포가 빨라지고, 수치를 높이면 연주 템포가 늦어진다.

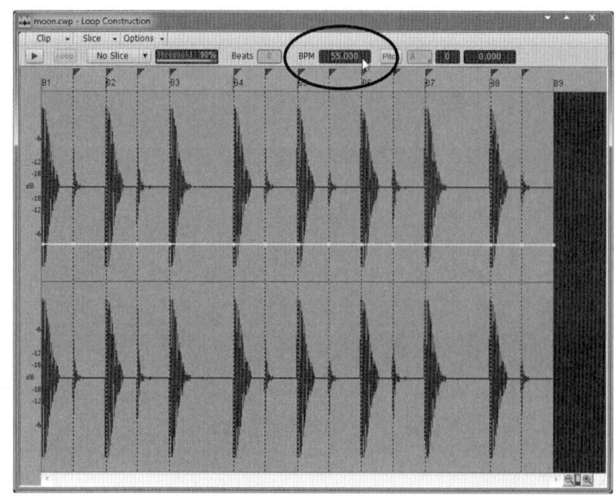

현재의 BPM 수치

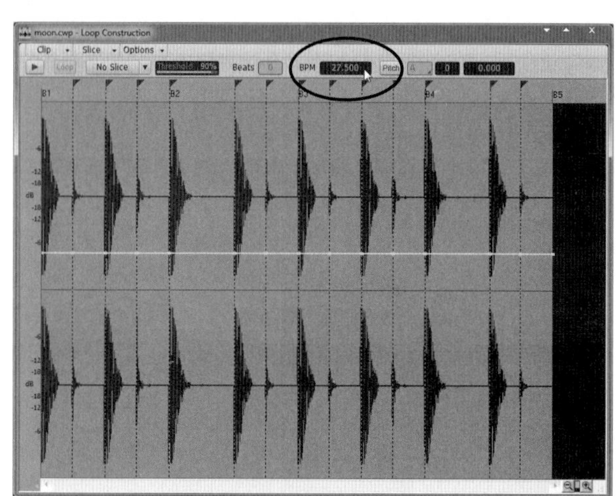

BPM 수치를 절반으로 낮춘 모습

Riff Wav 포맷 저장과 Wav 속성 설정하기

루프 컨스트럭션 뷰의 Clip 메뉴에 있는 Save Loop 메뉴와 Loop Properties 메뉴에 대해 알아본다.

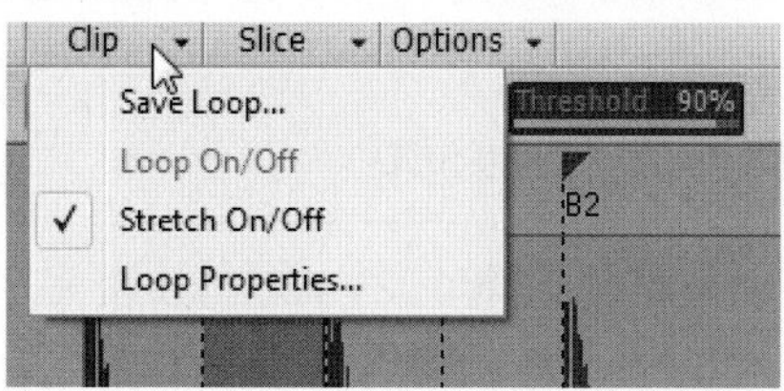

1. Clip → Save Loop 메뉴

Loop 모드에서 작업 중인 오디오 클립을 Riff Wav 파일로 저장한다. Riff Wav 파일에는 루프 정보가 포함되어 있어 ACID 등에서 사용할 수 있고 다른 시스템의 소나에서 사용할 수 있다.

2. Loop Properties 메뉴의 Groove-Clip 대화상자

오디오 클립의 루프 속성에 대한 옵션을 설정한다.

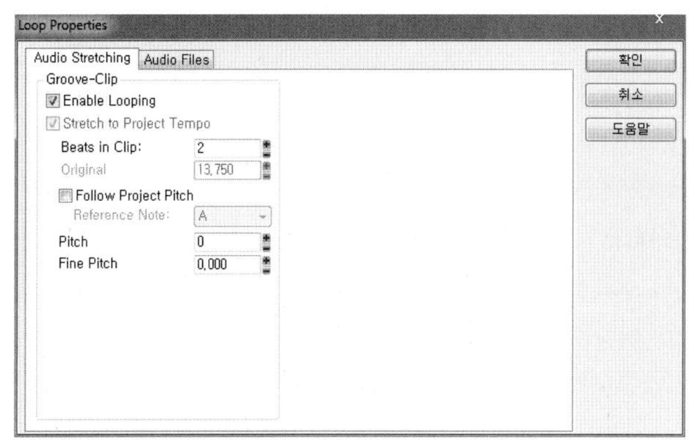

① **Enable Looping** : 루프 버튼(Enable Looping)과 동일 기능으로 오디오 클립에 루프 속성을 부여한다.

② **Stretch to Project Tempo** : 스트레칭 기능을 활성화 한다. 스트레칭 버튼(Enable Stretching)과 동일 기능 이다.

③ **Beats in Clip** : 루프 모드에서 오디오 클립의 템포를 조절하는 기능이다. Beats 옵션과 같은 기능이다.

④ **Original** : 스트레핑 모드의 Orig. BPM 입력 창과 동일 기능으로서, 오디오 클립의 템포를 조절한다.

⑤ **Follow Project Pitch** : 키/피치 조절 기능을 활성화한다. 루프 컨스트럭션 뷰의 툴 바에 있는 Root Note 옵션과 동일 기능이다.

⑥ **Reference Note** : 변경할 키를 설정한다. 루프 컨스트럭션 뷰의 툴 바에 있는 Root Note와 동일 기능이다.

⑦ **Pitch** : 루프 컨스트럭션 뷰 툴 바의 Pitch 입력 창과 동일 기능이다.

⑧ **Fine Pitch** : 피치를 정교하게 변경한다. 루프 컨스트럭션 뷰 툴 바의 Pitch(Fine)과 동일 기능이다.

3. Loop Properties 메뉴의 Audio Files 대화상자

오디오 클립의 저장 폴더를 확인하고 Recompute Picture 기능을 사용할 수 있다.

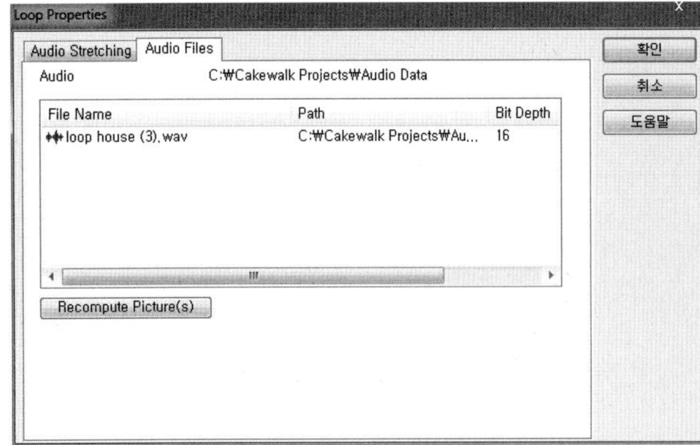

① **Audio** : 편집중인 오디오 클립의 파일명과 저장 위치를 알 수 있다.

② **Bit Depth** : 해당 오디오 클립의 Bit Depth를 보여준다.

③ **Recompute Picture(s)** : 오디오 클립의 파형 모양을 다시 그려준다.

➕ 참고

Bit Depth란?

Bit Depth는 흔히 '비트 심도'라고 말한다. 오디오 데이터를 처리하는 하드웨어나 소프트웨어의 정밀도를 표시하는 것으로 비트 심도가 높을수록 오디오 데이터의 해상력이 더욱 정밀해진다. 비트 수로 심도를 표현하는데 비트수가 1개 늘면 오디오 레벨 범위는 2배로 늘어난다. 16비트는 2의 16제곱(65,536개)이지만, 17비트라면 오디오의 정밀도가 2의 17제곱(131,072개)이 되므로 비트 수가 높을수록 더 정교한 데이터가 된다. 24비트일 경우 오디오 레벨 범위가 16,777,216개로 늘어난다. CD의 음질은 일반적으로 16bit, 44.1khz이므로 Bit Depth가 높으면 CD 음질보다 해상력이 높아진다. Bit Depth는 컴퓨터 그래픽에서도 같은 원리로 적용되어 비트 수가 높은 사진은 담고 있는 정보가 더 많으므로 사진의 계조가 좋다.

Slice 메뉴에서 게인, 팬, 피치 조절하기

분할 영역이 만들어지면 각각의 분할 영역마다 개별적으로 게인(볼륨), 팬, 피치(음정) 값을 조절할 수 있다. 관련 기능은 루프 컨스트럭션 뷰의 Slice 메뉴에 모여 있다.

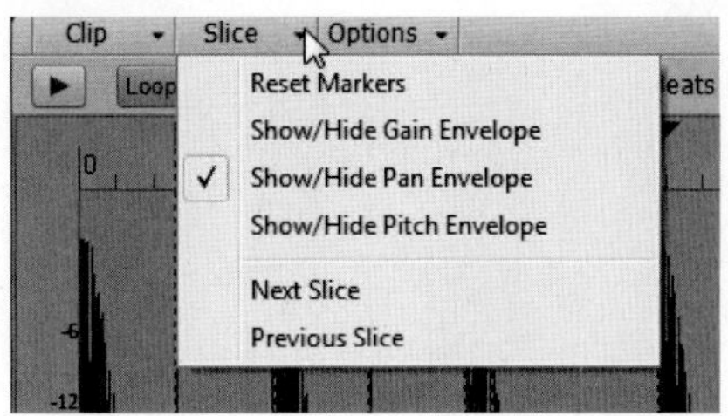

1. Slice → Reset Markers 메뉴

슬라이스 분할선을 이동시켰을 때 원래 위치로 리셋한다.

2. Slice → Show/Hide Gain Envelope 메뉴

선택한 분할 구간의 게인(볼륨)을 조절할 수 있는 게인 엔벨로프를 화면에 표시한다. 선택 툴로 엔벨로프 선을 상하로 조절해 볼륨을 수정하면 된다. 또는 오른쪽의 Gain 입력 창에 수치를 입력해 게인 값을 조절할 수 있다. 게인 엔벨로프 선은 초록색으로 표시된다.

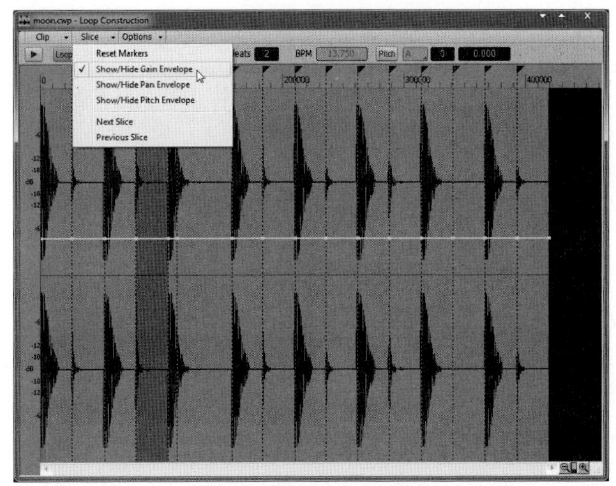

게인 엔벨로프 메뉴 실행

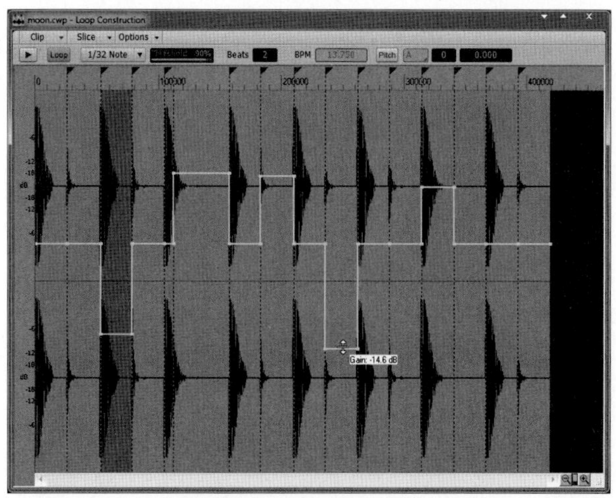

게인(볼륨)을 높이거나 낮춘 모습

3. Slice → Show/Hide Pan Envelope 메뉴

사운드를 스테레오 좌우 어느 쪽에서 들리게 할 것인지 팬 값을 조절할 수 있다. 메뉴를 실행하면 팬 엔벨로프가 화면에 표시한다. 선택 툴로 엔벨로프 선을 상하로 조절해 팬 값을 수정한다. 팬 엔벨로프 선은 빨간색으로 표시된다.

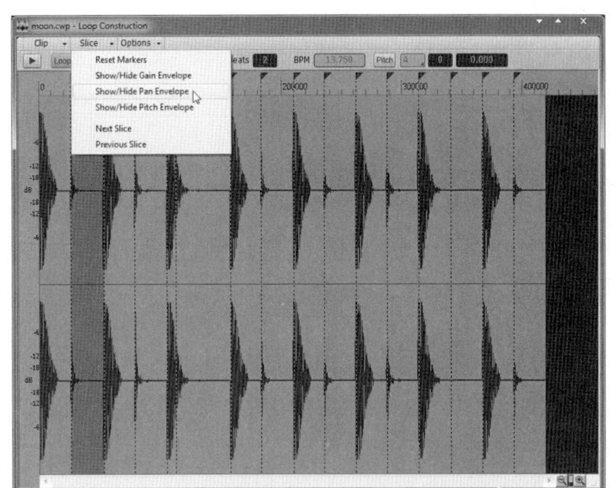

팬 엔벨로프 메뉴 실행

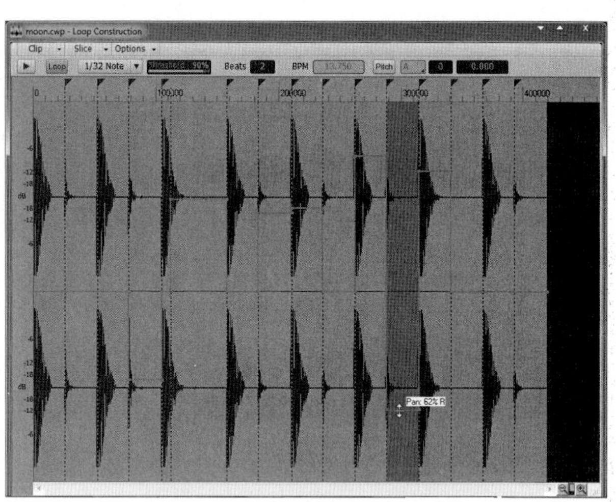

선택 툴로 팬 엔벨로프를 변경한 모습

4. Slice → Show/Hide Pitch Envelope 메뉴

분할 구간의 음정을 조절할 수 있다. 피치 엔벨로프를 위로 올리면 음정이 높아지고, 아래로 내리면 음정이 낮아진다. 피치 엔벨로프 선은 짙은 하늘색으로 표시된다.

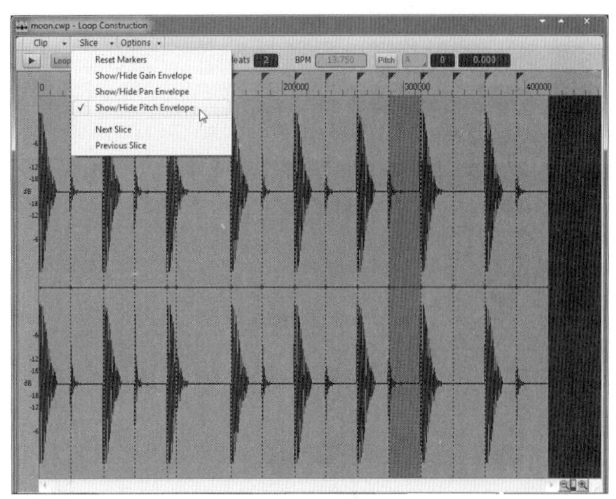

피치 엔벨로프 버튼 클릭

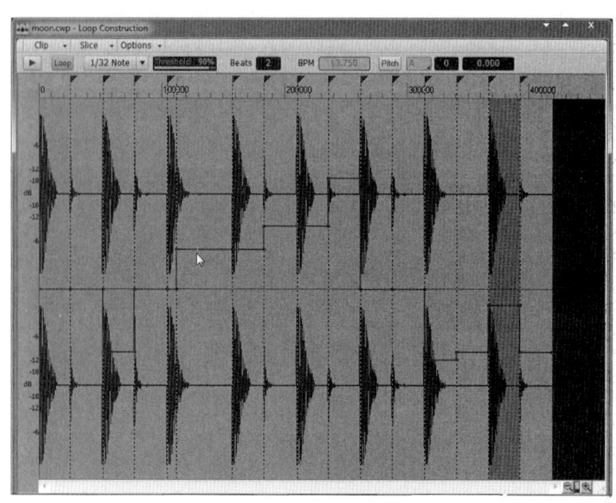

선택 툴로 피치 엔벨로프를 변경한 모습

Options 메뉴 – 루프 영역 미리 청음하기

루프 컨스트럭션 뷰의 Play 버튼은 루프 분할 영역을 설정한 뒤 미리 청음할 때 사용한다. 메인 툴 바의 Play 버튼과 달리 다른 작업을 하면 연주가 잠시 중단된다.

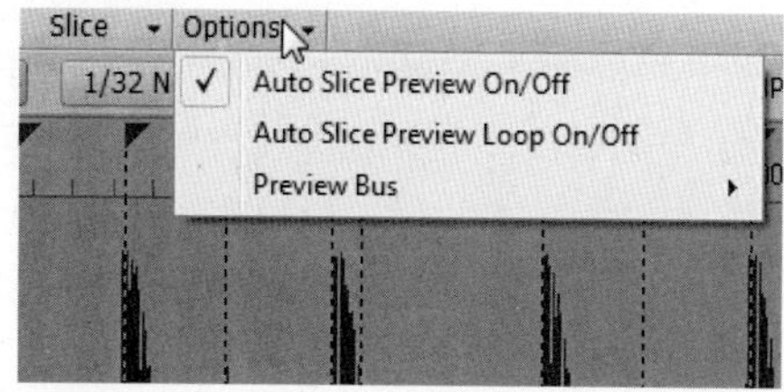

1. Options → Auto Slice Preview On/Off 메뉴

분할 구간을 마우스로 클릭했을 때 사운드가 모니터 되는 기능이다. Off로 설정하면 사운드를 모니터할 수 없다.

2. Options → Auto Slice Preview Loop On/Off 메뉴

분할 구간을 마우스로 클릭하여 때 사운드를 모니터할 때 루프 기능을 적용한다. Off로 설정하면 루프 기능이 동작하지 않는다.

3. Options → Audio Preview Bus 메뉴

프리뷰 할 버스나 사운드 드라이버를 선택한다. 버스 트랙을 만든 경우, 원하는 버스를 경유해 사운드를 출력할 수 있다.

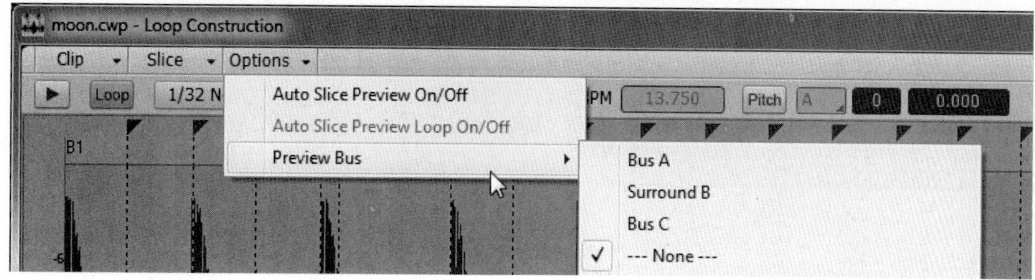

02 보컬 에디터 – 기계음 만들기

보컬 에디터는 보컬의 음정, 박자, 템포 등을 편집하는 기능이지만 음성 변조 기능이 뛰어나기 때문에 요즘 흔히 말하는 기계음을 만들 때 많이 사용한다. 원래는 보컬의 노래가 녹음된 오디오 트랙의 웨이브 파형에 Vocal 파형을 생성시킨 뒤 파형의 형태를 변경시켜 음정이나 박자를 조절하는 기능이다. 비슷한 프로그램인 멜로다인(Melodyne)이 기계적인 정확성 위주로 동작하는 반면 보컬 에디터는 예민하고 감각적으로 동작한다. 멜로다인은 외부 설치 프로그램이지만 보컬 에디터는 소나에 기본적으로 내장되어 있다.

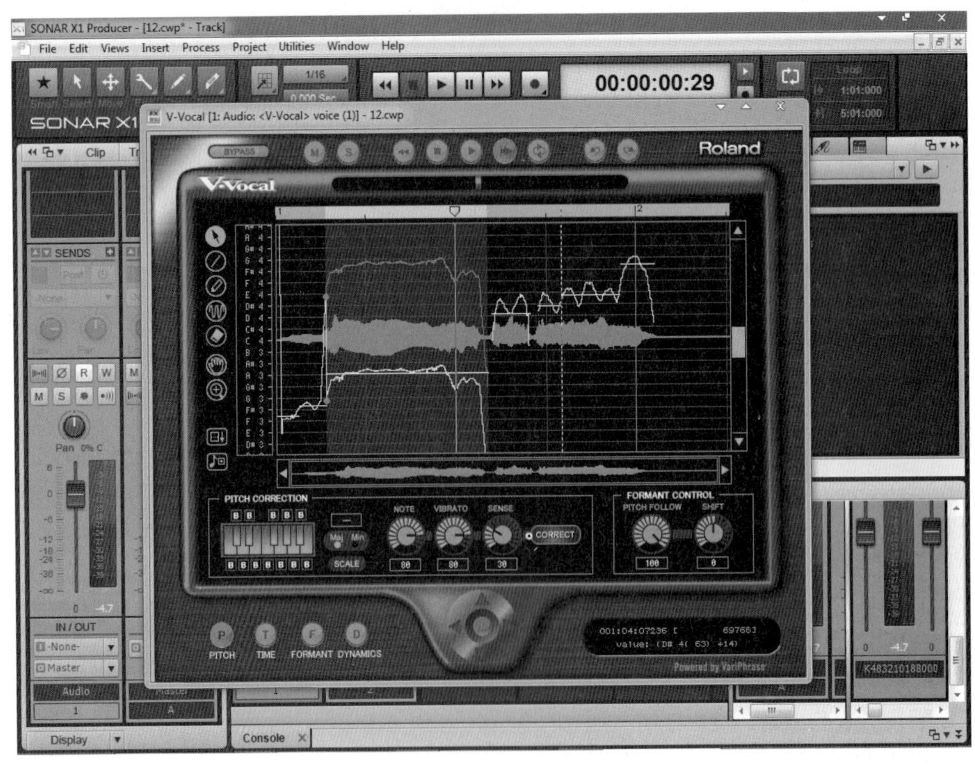

보컬 에디터 화면 기능

오디오 트랙에서 보컬의 노래를 녹음한 오디오 클립을 선택한 뒤 트랙 뷰의 V-Vocal → Create V-Vocal Clip 메뉴를 실행하면 보컬 에디터를 사용할 수 있다.

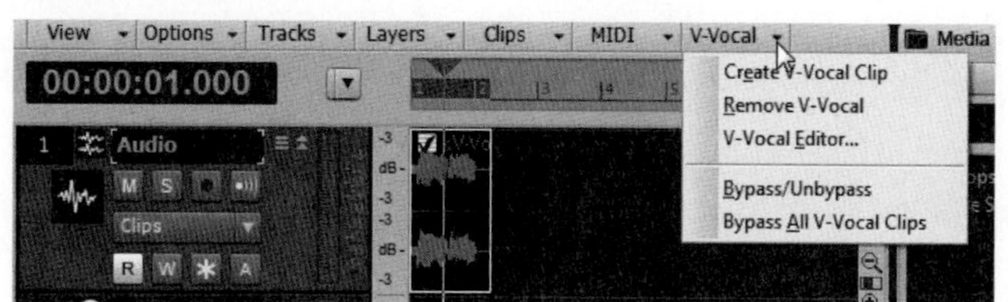

트랙 뷰의 Create V-Vocal Clip 메뉴

File → New 메뉴로 새 프로젝트를 만든 뒤 File → Import → Audio 메뉴로 'vocal.wav' 파일을 불러온다. 오디오 클립을 선택한 상태에서 트랙 뷰의 V-Vocal → Create V-Vocal Clip 메뉴를 실행한다.

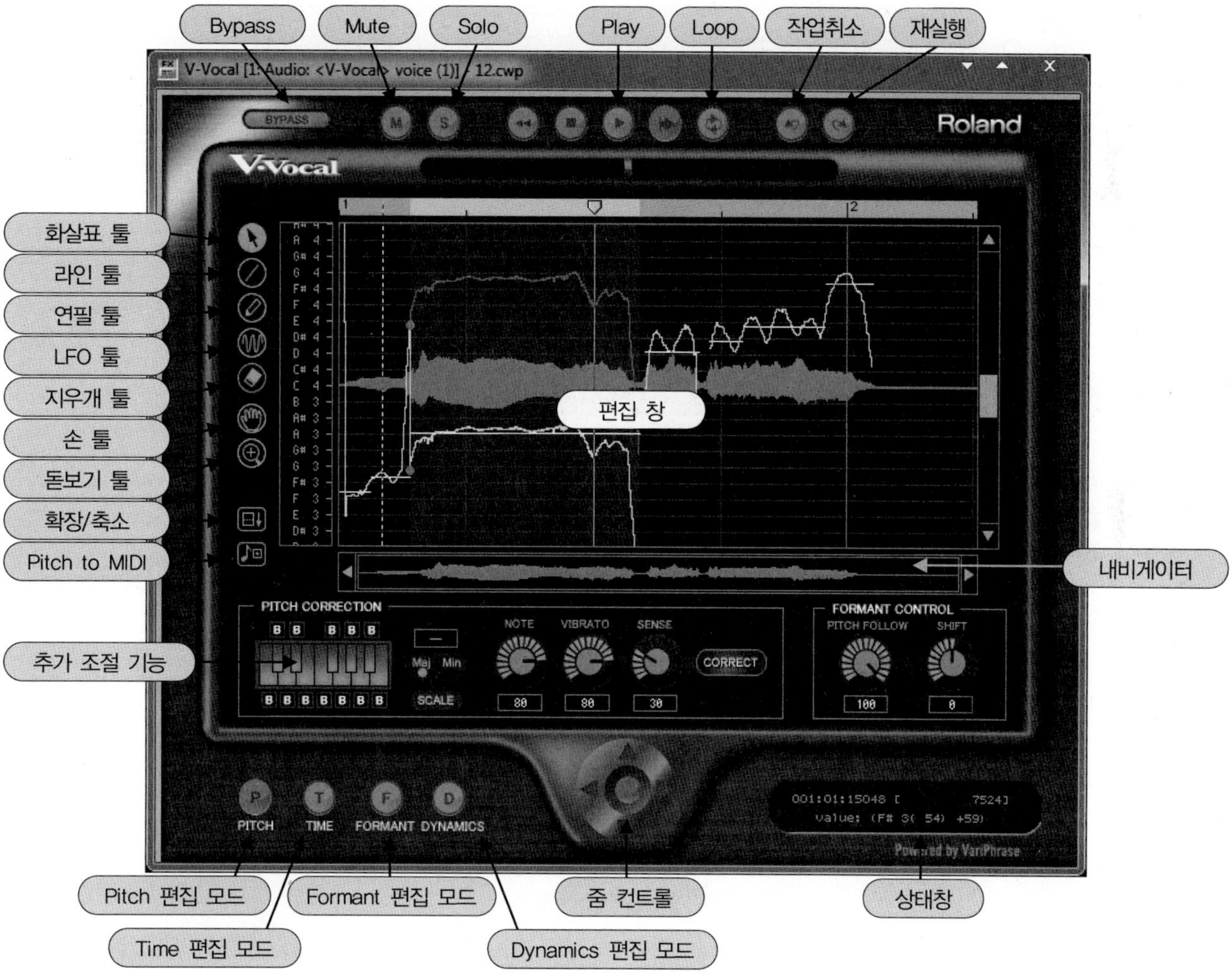

보컬 에디터로 편집한 오디오 트랙은 나중에 더블클릭하면 다시 보컬 에디터가 실행되어 편집 작업을 계속 할 수 있다.

보컬 에디터 – 편집 창

편집 창의 상단에는 위치를 표시하는 룰러, 왼쪽에는 음의 높낮이를 표시하는 음정이 표시된다.

파란색 파형은 원본 오디오의 웨이브 파형, 노란색 파형은 **V-Vocal** 편집용 파형이다. 편집은 노란색 파형을 조절해 진행하는데 예를 들어 상, 하로 드래그하면 음정을 조절하는 효과가 있다. 노란색 파형을 수정하면 수정되기 전 노란색 파형이 빨간색 파형으로 표시된다. 하단의 내비게이터는 편집 창을 확대한 경우 다른 편집 영역으로 이동할 때 사용한다.

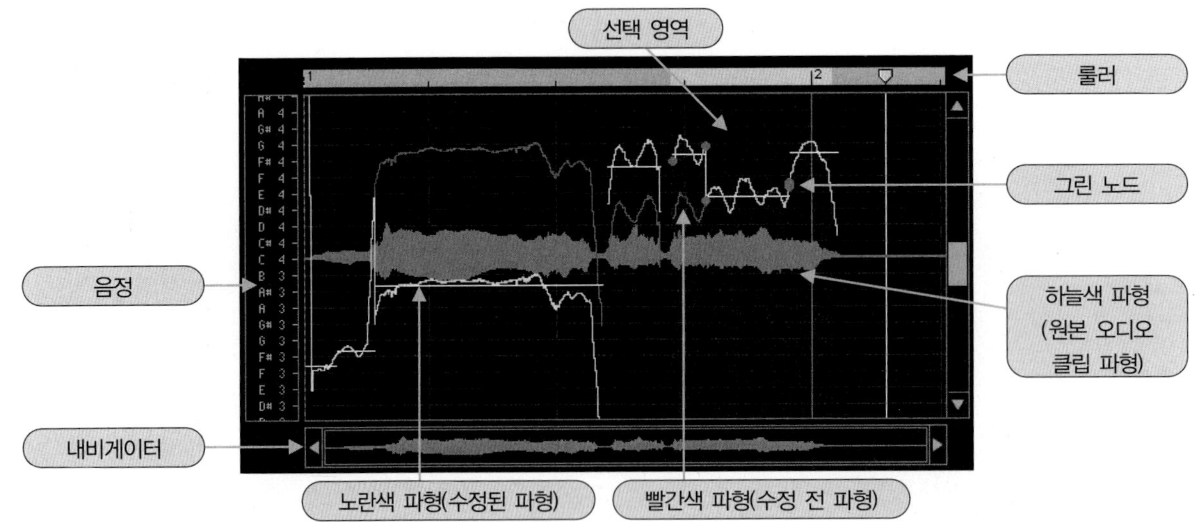

1. 하늘색 파형

원래 오디오의 매뉴얼이 표시된다. Time 편집 모드에서 원본 오디오 파형을 좌우로 드래그하여 박자를 조절할 수 있다.

2. 노란색 파형

편집을 진행한 파형이며, 파형의 높낮이에 따라 음정 등이 조절된다. Pitch 편집 모드에서 음정을 조절한다.

3. 빨간색 파형

편집을 한 파형의 원래 위치를 보여준다.

4. 그린 노드

편집 구간을 표시한다. 마우스로 드래그할 때 노드 사이의 파형이 수정된다.

보컬 에디터 – 툴박스

툴박스에서 제공하는 도구들은 보컬 음정, 속도, 박자 등을 마우스 드래그하는 방식으로 편집할 때 사용한다.

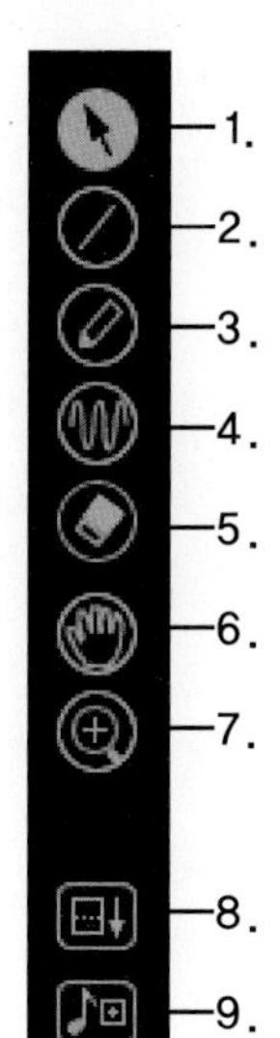

1. 화살표 툴

선택 기능과 이동 기능으로 사용한다. 파형을 상하로 이동시키면 음정을 조절하는 효과가 있다.

2. 라인 툴

파형을 라인 형태로 그릴 수 있다. 겹쳐 있는 기존 파형이 사라지고 새로 그린 파형이 나타난다.

3. 연필 툴

파형을 연필을 사용하듯 그릴 수 있다. 겹쳐 있는 기존 파형은 사라진다.

4. LFO 툴

웨이브 파형의 상, 하 폭을 조절한다. 음정이나 볼륨에서 떨림 효과가 나타난다.

5. 지우개 툴

지우개로 지우듯 편집 요소를 지울 때 사용한다. 지워진 부분은 원래 파형으로 돌아간다.

6. 손 툴

작업 위치를 이동시킬 때 사용한다.

7. 돋보기 툴

편집 창을 마우스로 드래그하여 확대할 수 있다. **Ctrl** 키를 누르면 축소 기능으로 동작한다. 돋보기 툴을 더블클릭하면 원래 크기로 돌아간다.

8. 확장/축소 툴

편집 창을 하단으로 확장한다. 다시 클릭하면 편집 창이 축소된다.

9. Pitch to MIDI 툴

보컬의 음정과 똑같은 리듬을 미디 트랙에 만들어준다. 이 버튼을 클릭 드래그하여 원하는 미디트랙으로 드래그하면 해당 트랙에서 보컬의 음정과 똑같은 미디 클립이 생성된다.

보컬 에디터 – 연주 기능

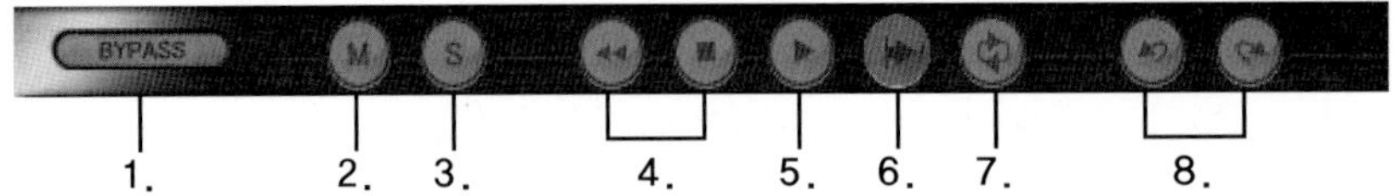

상단의 연주 기능은 편집한 내용을 연주할 때 사용한다.

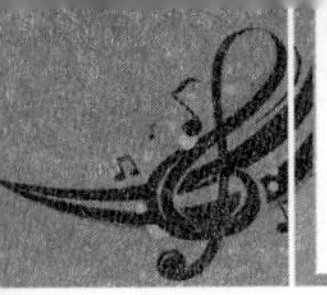

1. Bypass 버튼

진행한 편집 작업을 전부 적용하지 않고(Bypass) 보컬 클립을 원래 상태로 연주한다.

2. Mute 버튼

보컬 클립을 묵음으로 처리한다. 다른 트랙에 있는 사운드를 모니터할 경우 사용한다.

3. Solo 버튼

보컬 클립을 솔로로 연주한다. 다른 트랙에 있는 사운드는 뮤트되어 들리지 않는다.

4. Rewind 버튼 / Stop 버튼

Rewind 버튼은 보컬 클립의 맨 앞으로 이동할 때 사용하고 Stop 버튼은 연주를 중단할 때 사용한다.

5. Play 버튼

보컬 클립의 연주를 시작한다.

6. Auto Scroll 버튼

편집 창이 스크롤될 때 하단 네비게이터 창도 함께 스크롤된다.

7. Loop 버튼

보컬 클립을 루프로 반복 플레이한다.

8. 작업 취소(Undo) 버튼 / 재실행(Redo) 버튼

Undo 버튼은 바로 전 편집 작업을 취소할 때 사용하고 Redo 버튼은 Undo 버튼으로 취소한 작업을 재실행할 때 사용한다.

보컬 에디터 - 편집 모드

보컬 에디터의 편집 모드는 다음과 같이 4가지가 있다.

1. Pitch 편집 모드 (음정 편집)

Pitch 편집 모드는 음정의 높낮이를 조절할 때 사용한다. Pitch 편집 모드를 선택한 뒤 화살표 툴로 편집할 파형을 선택한 뒤, 노란색 파형의 높낮이를 조절하면 해당 부분의 음정이 조절된다. 연필 툴이나 라인 툴로 드로잉하면 그에 맞게 파형의 위치가 변경된다.

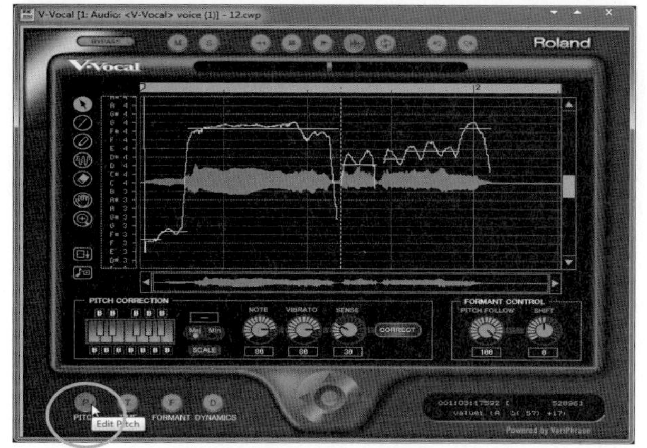

Pitch 편집 모드 버튼 클릭

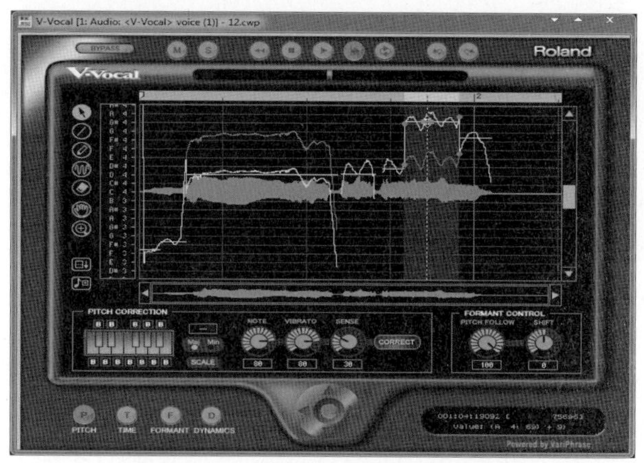

화살표 툴로 음정 높낮이를 조절하는 모습

2. Time 편집 모드 (템포 편집)

Time 편집 모드는 박자를 조절할 때 사용한다. 화살표 툴로 원하는 부분을 더블클릭하면 녹색 라인이 생성된다. 녹색 라인을 좌우로 드래그하면 해당 부분의 템포를 늘려주거나 줄일 수 있다. 보통 보컬의 박자를 조절할 때 사용한다.

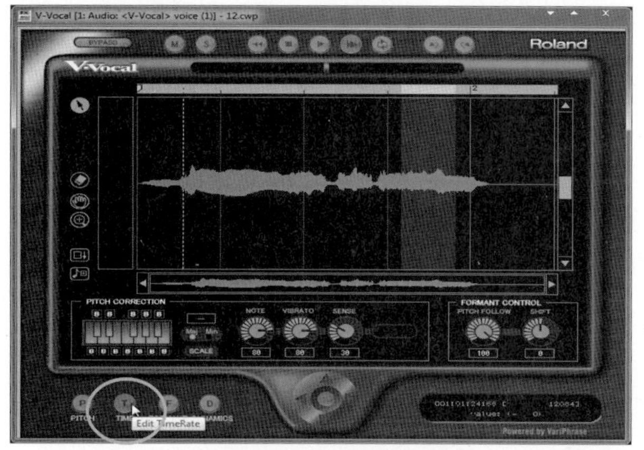

Time 편집 모드 버튼 클릭

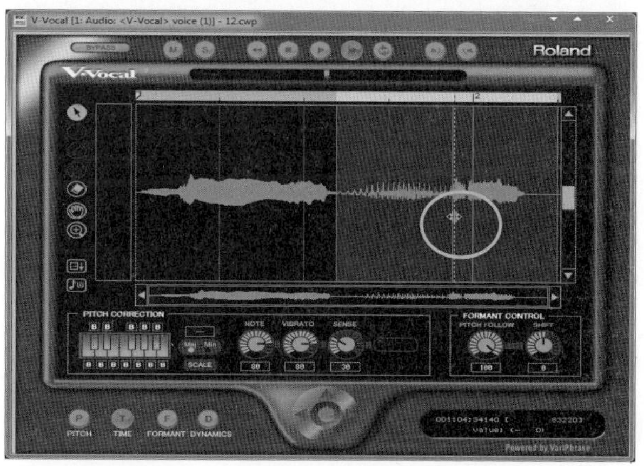

화살표 툴로 더블클릭한 뒤 좌우로 조절하는 모습

3. Formant 편집 모드

음성 부분의 발색 상태를 조절한다. 먼저 편집할 영역을 드래그하여 선택한 뒤 빨간색 선을 툴박스의 도구들을 사용해 조절한다. 툴박스의 화살표 툴, 라인 툴, 연필 툴, LFO 툴을 모두 사용할 수 있다. 빨간색 라인을 더블클릭하면 노드가 생성되어 조절할 수 있다.

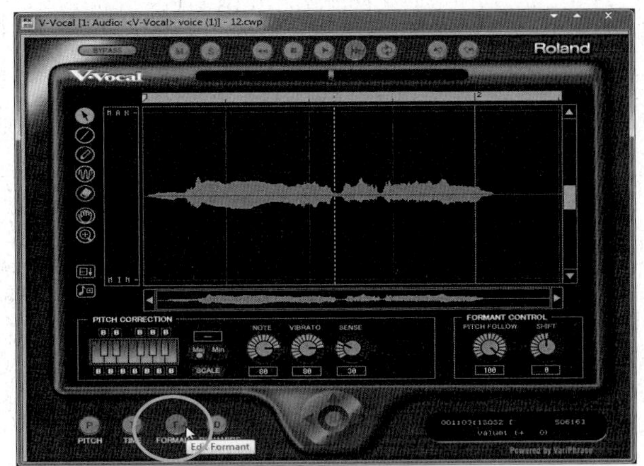

Formant 편집 모드 버튼 클릭

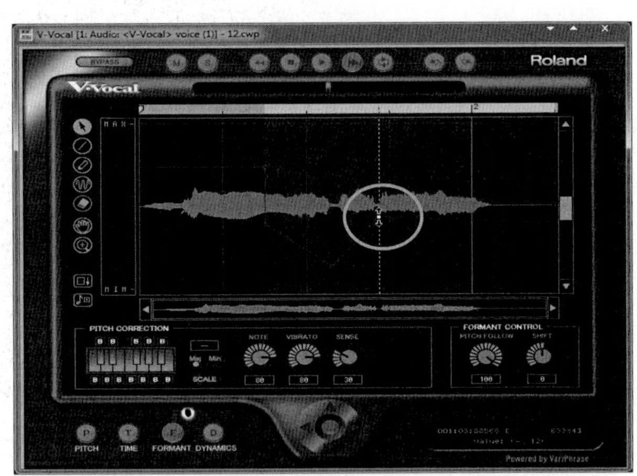

일부 영역 선택 후 화살표 툴로 조절하는 모습

4. Dynamics 편집 모드

일종의 볼륨 조절 기능이며 노란색 라인을 사용해 조절한다. 먼저 드래그하여 편집할 영역을 설정한 뒤 노란색 선을 툴박스의 도구들을 사용해 조절한다. 화살표 툴, 라인 툴, 연필 툴, LFO 툴을 모두 사용할 수 있다.

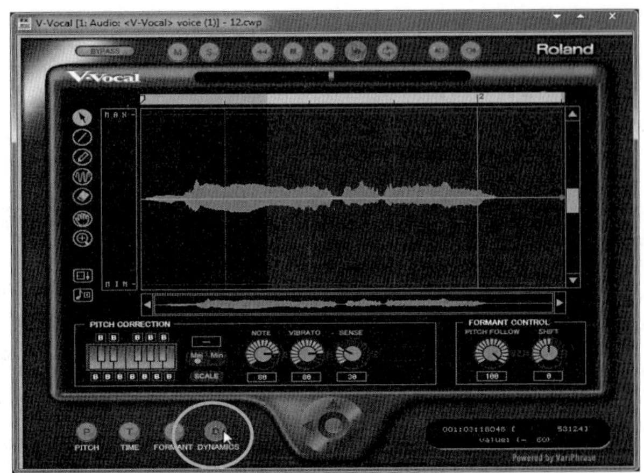

Dynamics 편집 모드 버튼 클릭

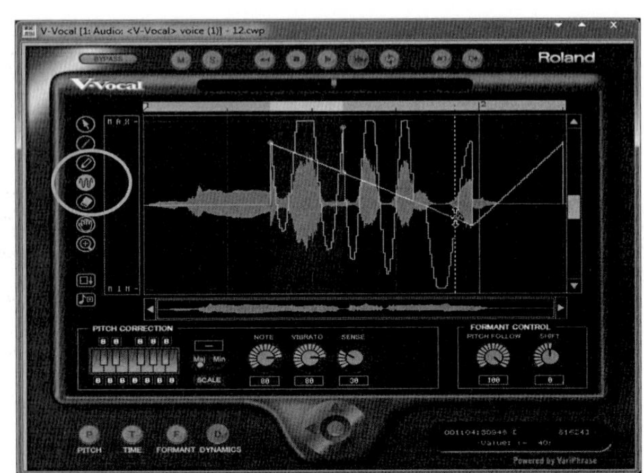

일부 영역을 LFO 툴로 조절하는 모습

Tip 편집 작업을 취소하려면 Ctrl + Z 단축키를 사용한다.

보컬 에디터 – Pitch Correction & Formant Control

보컬의 스케일, Formant를 설정할 수 있다.

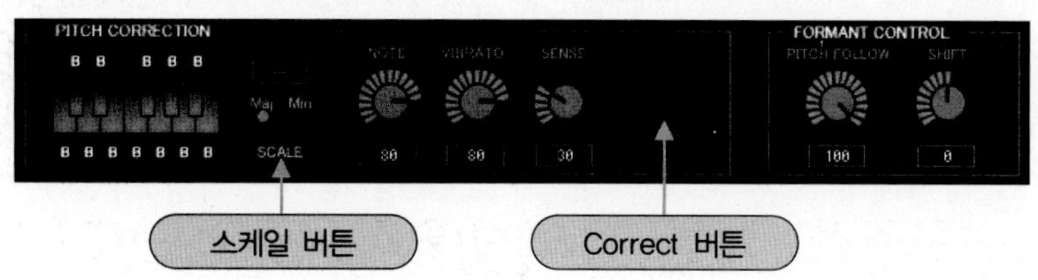

1. Scale 설정

음정을 원하는 스케일에 맞게 변경할 수 있다. 일단 **Scale** 버튼을 클릭해 활성화한 뒤 **Major** 또는 **Minor** 스케일을 선택하고 건반 아이콘을 클릭해 루트 음정을 지정한다.

그런 뒤 **Correct** 버튼을 클릭하면 건반에 해당 스케일이 켜지고, 편집 창 왼쪽의 음정 바에도 해당 스케일이 표시된다. 켜있는 스케일 위치에 맞게 음정의 높낮이를 조절하면 여러분이 원하는 스케일에 맞게 음정의 높낮이를 조절할 수 있다.

2. Note 노브

음정의 조절비를 설정한다.

3. Vibrato 노브

비브라토의 너비를 설정한다. 100으로 설정하면 비브라토가 적용되지 않는다.

4. Sence 노브

피치 폭을 넓히거나 줄이는 감응도를 설정한다.

5. Pitch Follow 노브

100에 가까울수록 Pitch Correction 기능이 미묘하게 적용되고 0에 가까우면 과감하게 조절된다.

6. Shift 노브

Formant 키를 높이거나 낮춘다. 기본값은 0이다.

03 콘솔 뷰(Console View) – 콘솔 뷰에서 믹싱 작업하기

콘솔 뷰는 볼륨, 팬, FX(이펙트) 등 프로젝트에 삽입된 모든 요소를 한 눈에 보면서 컨트롤할 때 사용한다. 미디, 오디오, 버스 트랙은 물론 볼륨, 팬을 포함한 각종 파라미터, 이펙트 효과, Output 등이 표시되어 콘솔 방식으로 프로젝트의 모든 사운드를 종합 제어할 수 있다.

일반적으로 곡의 마무리 작업에서 모든 트랙을 대상으로 믹싱 및 마스터링 작업을 할 때 콘솔 뷰를 사용한다.

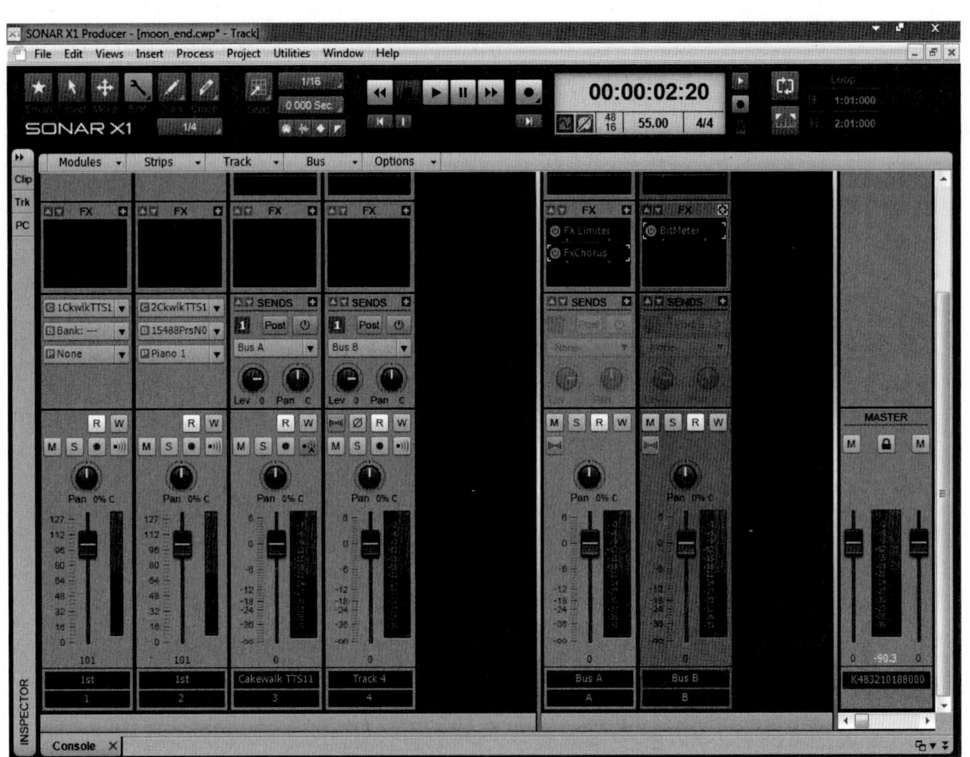

콘솔 뷰의 동작 방식

콘솔 뷰는 하단 Console 탭을 더블클릭하거나 Views → Console 메뉴로 실행한다. 콘솔 뷰 단축키는 Alt + 2이다.
각각의 트랙 별로 모든 옵션을 제어할 수 있으므로 사운드의 조종석이라고 할 수 있다.

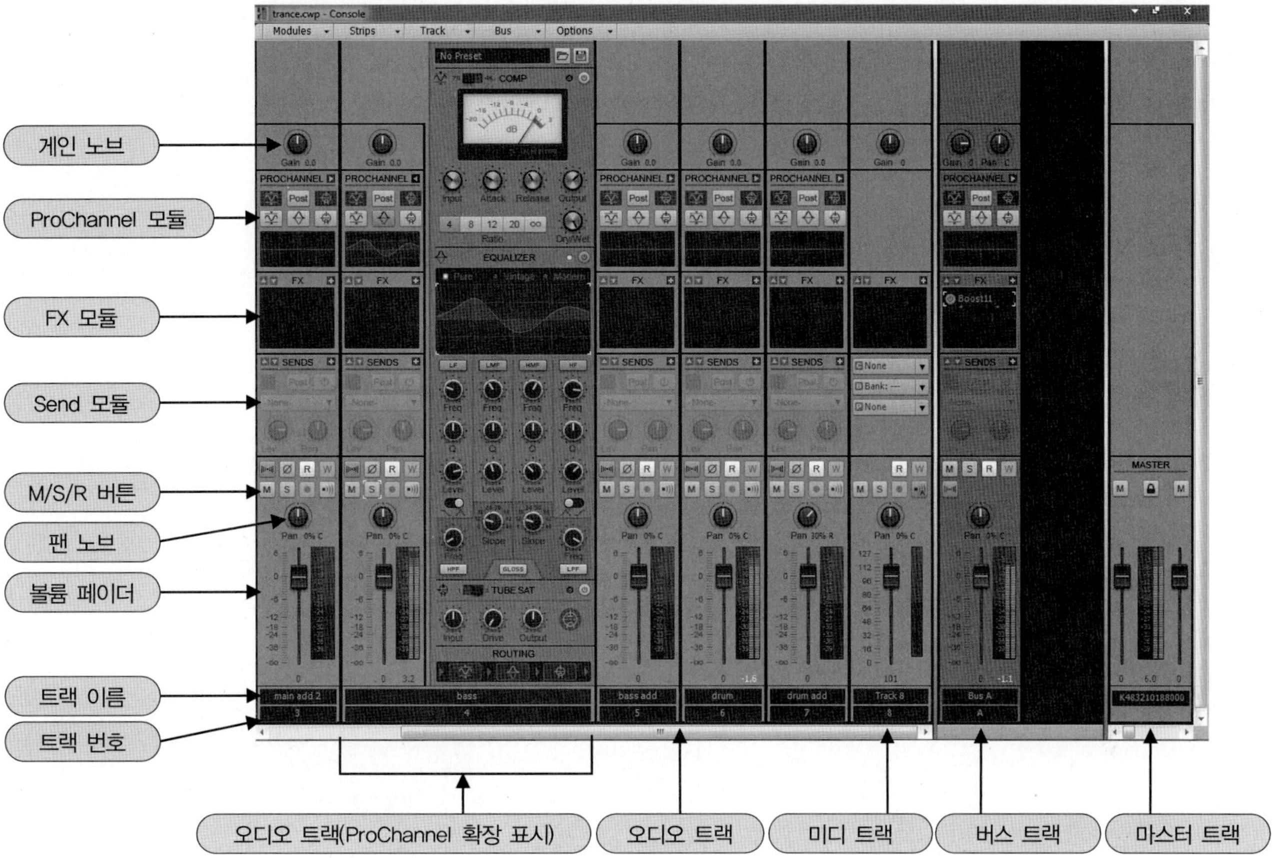

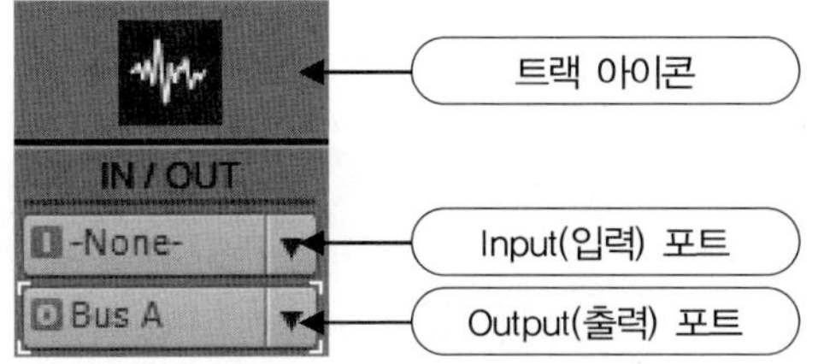

Tip 트랙 아이콘과 입출력(In/Output) 파라미터

콘솔 창의 트랙스트립에 추가 표시할 수 있는 요소는 트랙 아이콘과 입출력포트가 있다. 콘솔 창의 Modules → In/Out
메뉴에 체크하면 입출력포트가, Icon 메뉴에 체크하면 트랙 아이콘이 표시된다.

355

콘솔 뷰 – 스트립의 종류

콘솔 뷰의 스트립은 크게 미디 스트립, 오디오 스트립, 버스 스트립, 마스터 스트립이 있다. 이들은 각각 미디 트랙, 오디오 트랙, 버스 트랙, 마스터 버스 트랙이 스트립 형태로 전환된 것이다. 따라서 콘솔 뷰의 스트립에는 트랙 패널에서 만났던 같은 파라미터가 표시된다. 조절 방식도 완전히 동일하지만 콘솔 형태로 제어할 수 있다는 점에서 조작 및 제어가 한층 편리하다.

자세한 사용법은 트랙 뷰의 인스펙터 패널을 참고하고 여기서는 개념만 정리해 본다.

1. 미디 트랙 스트립

미디 트랙을 조작하기 쉽도록 전환한 것이다. 해당 미디 클립의 볼륨, 이펙트(FX), 팬, M/S/R, Input, Output 등을 제어할 수 있다.

각각의 파라미터 사용법은 미디 트랙이나 미디 인스펙터에서 이미 배운 바 있다.

참고로 하단 아이콘은 해당 트랙을 다른 트랙과 구별하기 쉽도록 아이콘으로 표시한 것을 말한다. 더블클릭해 다른 이미지로 교체하여 구별하기 쉽도록 할 수 있다.

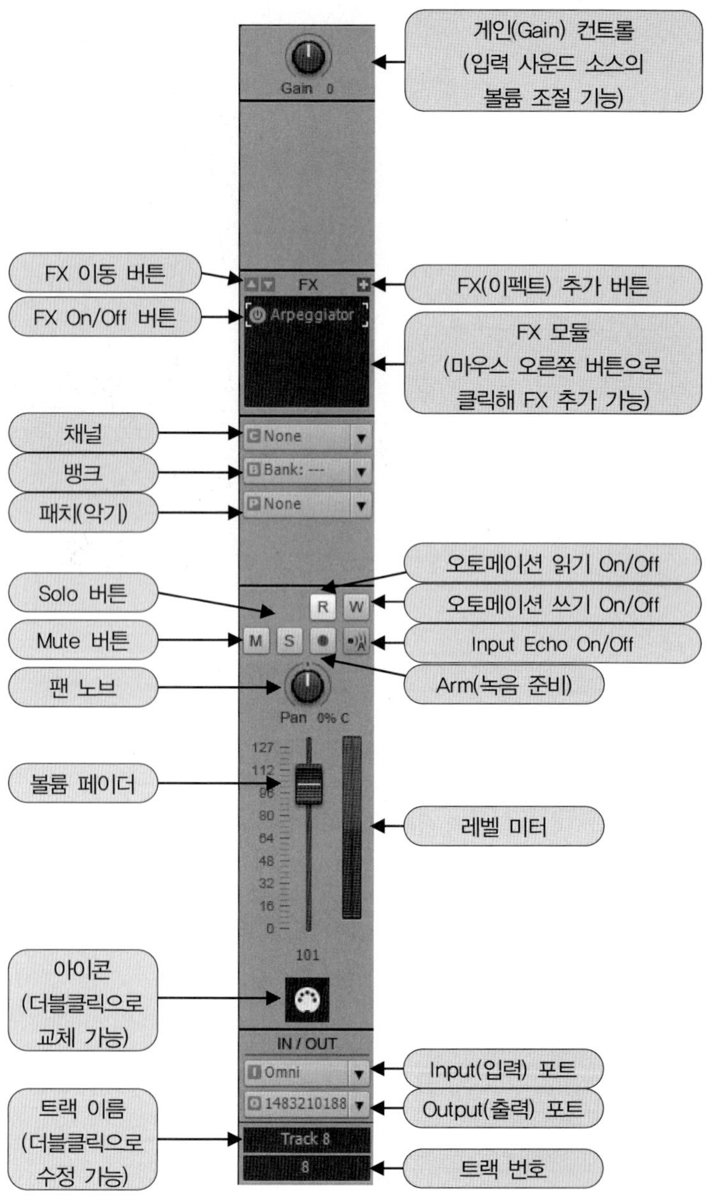

2. 오디오 트랙 스트립

오디오 트랙을 조적하기 쉽도록 전환한 것이다. 해당 오디오 클립의 트림, 볼륨, 이펙트(FX), EQ, 팬, MSR, Input, Output, Send 등을 제어할 수 있다.

ProChannel 모듈을 확장하면 볼 수 있는 Comp(컴프레서), EQ(이퀼라이저), 튜브 세츄레이션의 사용법은 3부, 인스펙터와 7부, 이펙트를 참고한다.

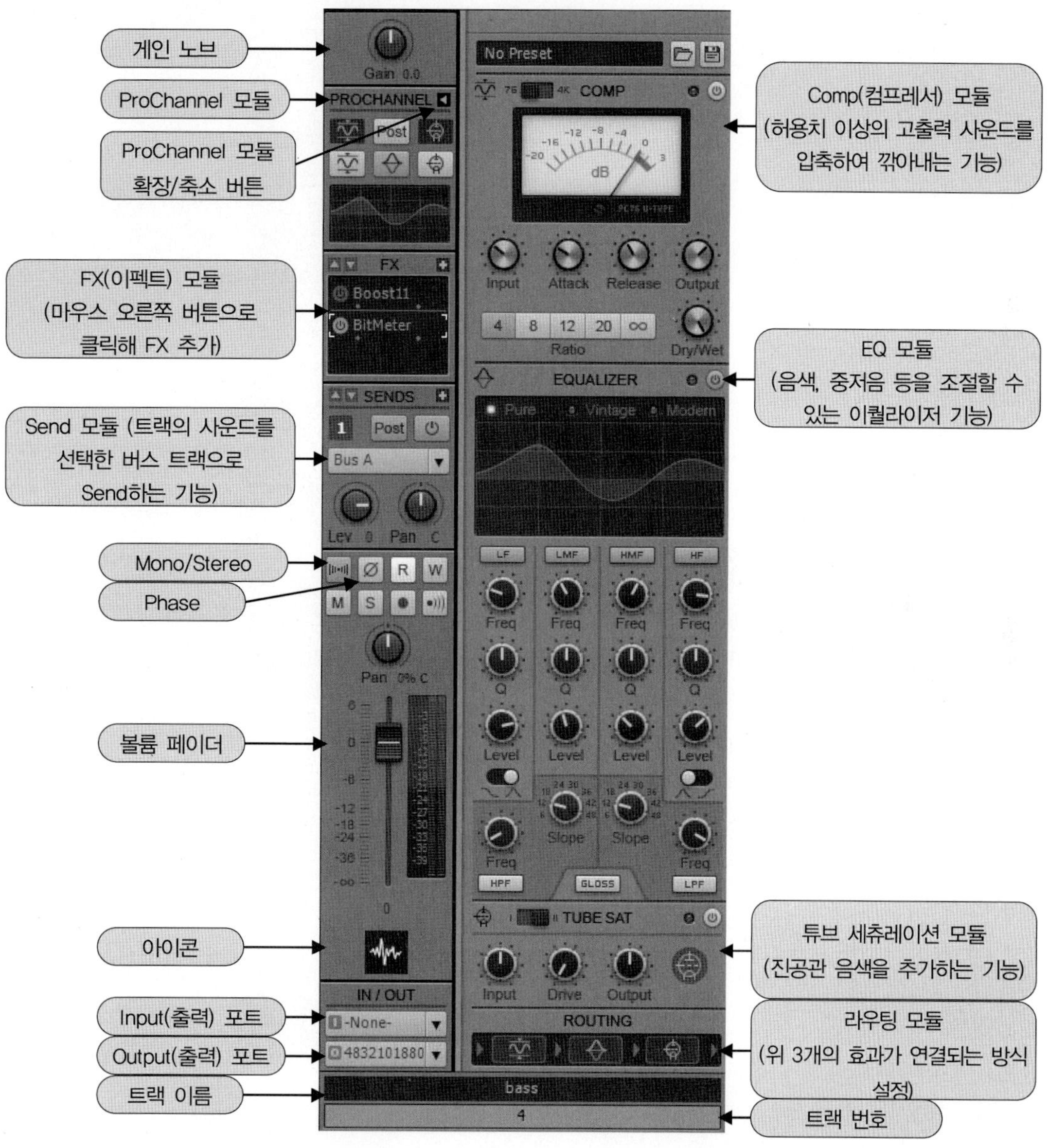

3. 버스 트랙 스트립

버스 트랙이 있을 경우 나타난다. 오디오 트랙에서 Send 기능으로 보내온 사운드의 볼륨, 팬을 조절하고 이펙트를 적용할 때 사용한다. 또한 서라운드 버스의 볼륨, EQ, MSR, Input, Output 등을 제어할 수 있다.

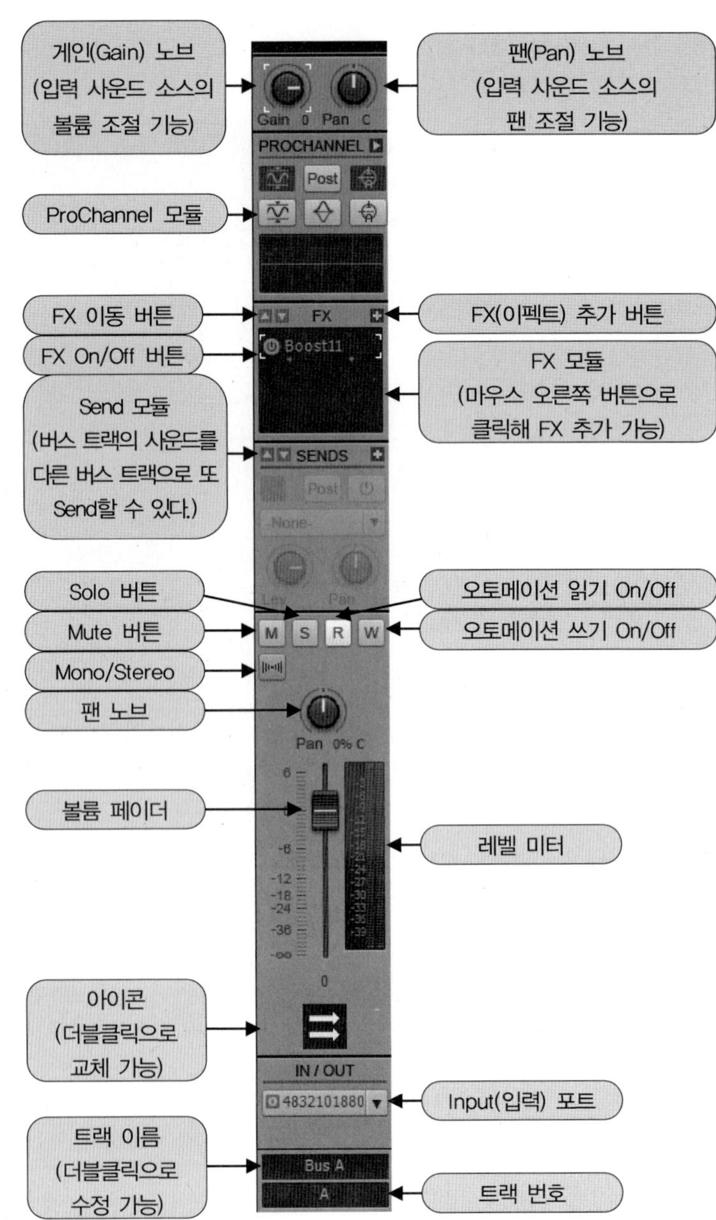

4. 마스터 트랙 스트립

전체 프로젝트의 볼륨, 스테레오 상태를 제어하고 **Mute** 기능을 사용할 수 있다. 또한 출력 상태를 확인할 수 있도록
출력 레벨이 표시된다.

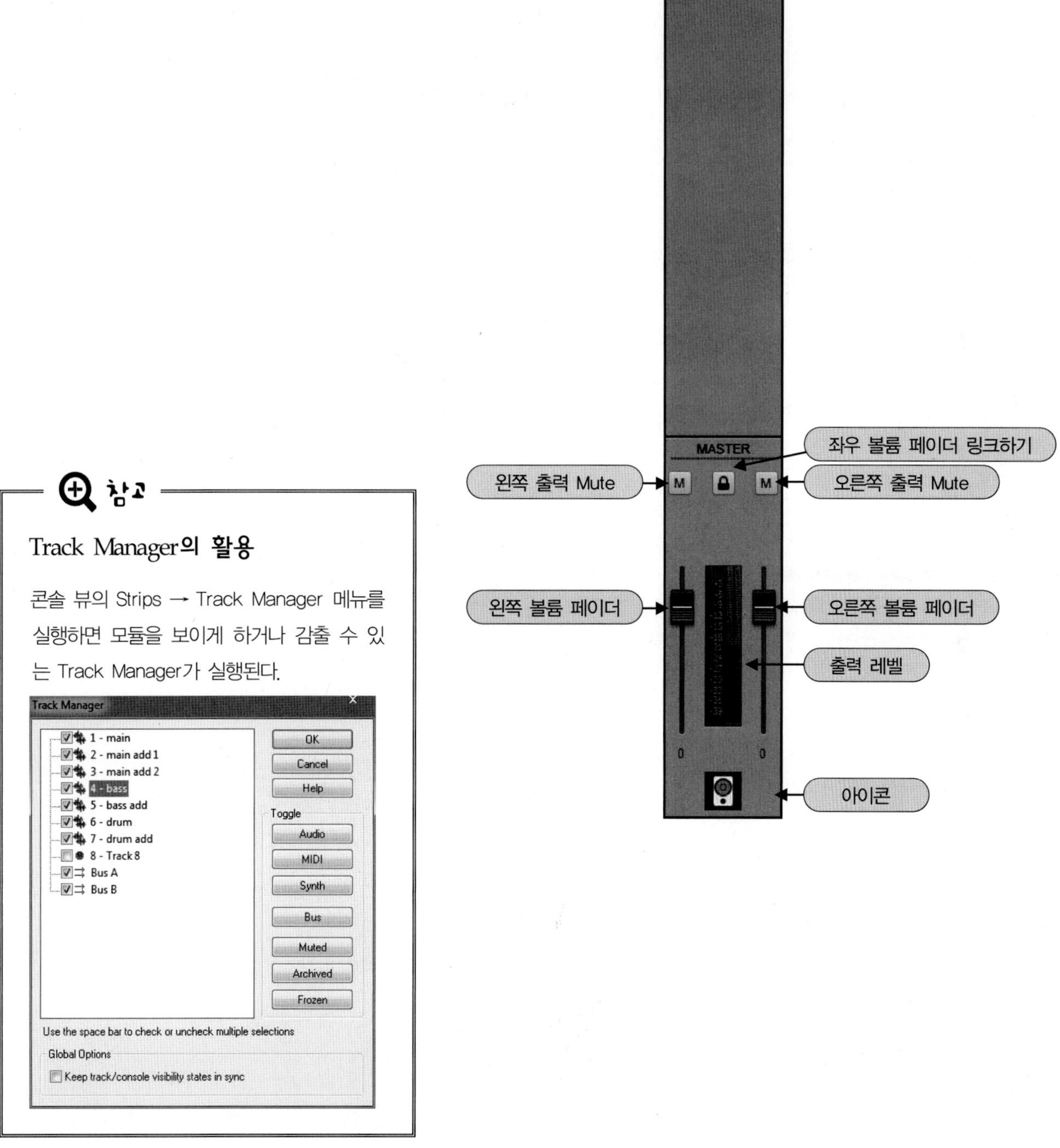

참고

Track Manager의 활용

콘솔 뷰의 Strips → Track Manager 메뉴를
실행하면 모듈을 보이게 하거나 감출 수 있
는 Track Manager가 실행된다.

콘솔 뷰 Send 모듈 – 오디오 트랙을 버스 트랙으로 센드하기

콘솔 뷰의 기능은 여러 기능들이 3부, 인스펙터에서 배운 기능들과 같다. 여기서는 콘솔 뷰에서 흔히 사용하는 특별한 기능인 Send 기능에 대해 공부해 본다.

센드(Send) 모듈은 여러 개의 오디오 트랙 사운드를 다른 버스 트랙으로 보내거나 여러 개의 버스 트랙을 또 다른 버스 트랙으로 보낼 때 사용한다. 오디오 트랙에 있는 사운드 신호가 버스 트랙을 경유하여 들리게 되므로, 각각의 오디오 트랙마다 동일한 이펙트나 EQ를 적용한 경우, 하나의 단일 버스 트랙으로 내보낸 뒤 그곳에서 조절하는 것이 작업 효율성을 높이고 메모리에 부담을 덜 수 있다. 또한 서라운드 사운드를 만들기 위해 서라운드 버스를 생성시킬 수도 있다.

Send 모듈을 + 버튼을 클릭한 모습

Send 모듈은 처음에는 비활성 상태로 표시되는데 그 이유는 다른 버스로 Send 한 상태가 아니기 때문이다. Send 모듈의 + 버튼을 클릭한 뒤 Send할 버스를 선택하면 Send 모듈이 활성화된다. 만일 버스 트랙을 만들지 않은 경우에는 New Stereo Bus 메뉴를 적용해 새 버스 트랙을 만든 뒤 그곳으로 사운드 신호를 Send할 수 있다.

Send 모듈이 활성화되면 사운드를 경유시킬 버스 트랙을 교체할 수 있는 '센드 버튼'이 활성화된다. 또한 볼륨을 조절하는 Send Level을 사용할 수 있다. Send 모듈은 최대 2개까지 사용할 수 있으므로 하나의 오디오 트랙을 2개의 서로 다른 버스 트랙으로 내보낼 수 있다.

1. Post 버튼

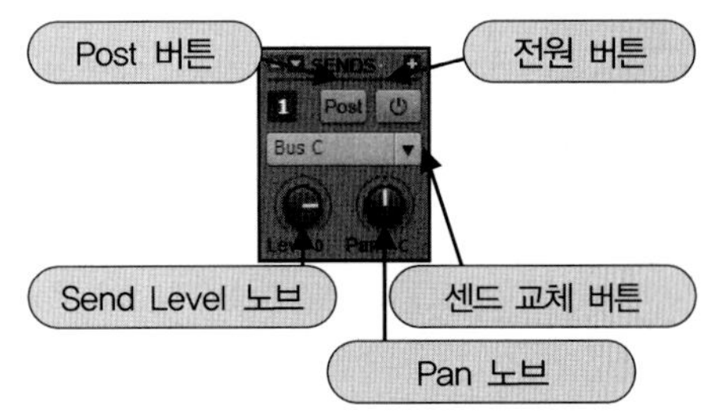

사운드 신호를 보내는 방식을 Pre/Post에서 선택한다. 볼륨 조절 전 신호를 보내려면 Pre(Off)으로 설정하고 볼륨 조절 후 신호를 센드하려면 Post(On)으로 설정한다.

2. Send Level 노브 / Pan 노브 / 전원 버튼

Send Level 노브는 버스 트랙으로 내보내는 사운드 신호의 볼륨을 조절한다. Pan 노브는 팬 값을 조절한다. Send 기능을 사용하지 않으려면 전원 버튼을 Off으로 설정한다.

오디오, 버스 트랙에 FX(이펙트) 적용하기

이펙트를 적용할 때 사용하는 기능이 FX(이펙트) 모듈이다. FX 모듈을 마우스 오른쪽으로 클릭한 뒤 원하는
FX 메뉴를 적용하면 이펙트가 적용된다. 또한 해당 트랙에 적용한 이펙트가 FX 모듈에 목록으로 표시된다.
삽입된 이펙트는 마우스 오른쪽 버튼으로 클릭한 뒤 Bypass Bin 메뉴를 적용하면 적용이 잠시 중단된다.

FX 모듈을 마우스 오른쪽으로 클릭한 뒤 이펙트(FX) 메뉴를 적용하는 모습

삽입된 이펙트를 더블클릭하면 해당 이펙트의 옵션을 수정할 수 있도록 해당 이펙트의 대화상자가 실행된다. 아래
그림은 Boost1 이펙트의 옵션을 수정하는 모습이다.

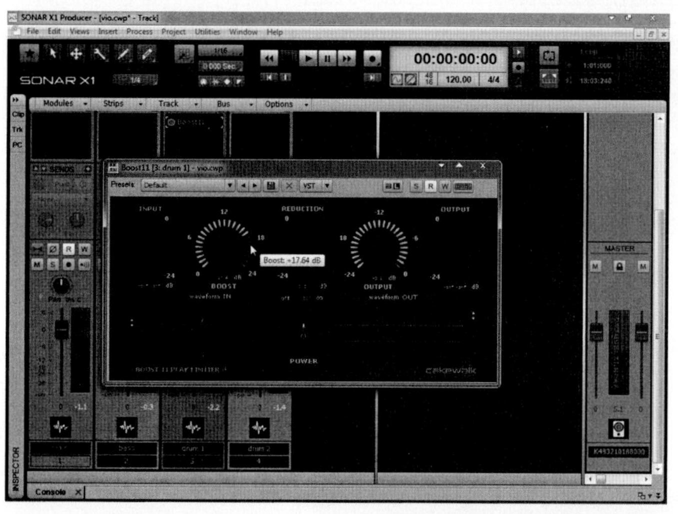

삽입된 이펙트를 삭제하려면 해당 문자열을 마우스로 선택한 뒤 Delete 키를 누른다. 만일, 여러 개의 이펙트가 설정
된 경우 상하로 드래그하여 이펙트의 적용 순서를 변경할 수 있다. 참고로, 이펙트의 종류와 조작 방식에 대해서는
이 책의 7부를 참고하도록 한다.

만일 FX(이펙트)를 미리 적용한 버스 트랙을 만들고 싶다면 Insert Send Assistant 메뉴를 실행한다. 미리 이펙트가 적용된 버스 트랙을 만든 경우 사운드가 버스 트랙으로 센드된 뒤 이펙트가 적용된 사운드로 출력된다.

01 샘플 'vio.cwp'를 불러온 뒤 하단 Console 탭을 클릭해 콘솔 뷰를 확장한다.

1번 오디오 트랙 Send 패널의 + 버튼을 클릭해 Insert Send Assistant 단축 메뉴를 실행한다.

02 Insert Send Assistant 대화상자에서 New Bus를 선택한 뒤 Stereo 옵션에 체크하고 Choose Effect 버튼을 클릭해 사용할 이펙트를 선택한다.

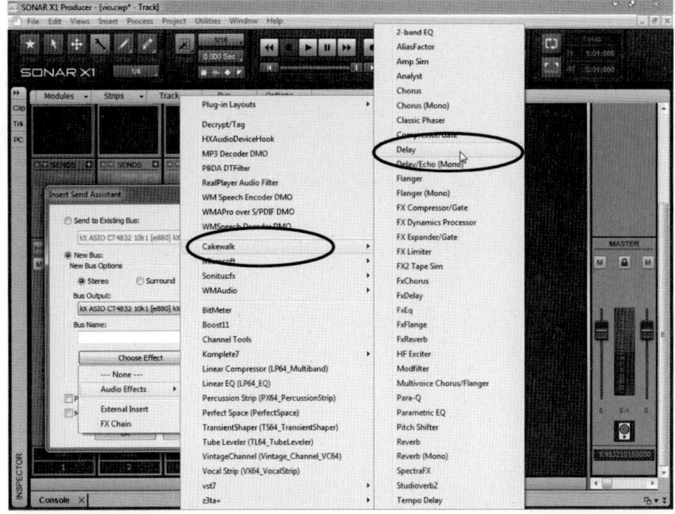

03 사용할 이펙트로 Audio Effects → Cakewalk → Delay 이펙트를 선택한다.

04 생성된 버스(Bus A) 트랙에는 FX 모듈에 Delay 이펙트가 삽입된 상태임을 알 수 있다.

Delay 이펙트 글자 열을 더블클릭하면 딜레이 이펙트 옵션을 조절할 수 있도록 대화상자가 실행된다. 그림과 같이 딜레이 효과를 조절하고 대화상자를 닫는다.

사운드를 들어보면 1번 트랙에 딜레이 효과가 적용된 것을 알 수 있다.

05 만일 2번 트랙에도 딜레이 효과를 적용하고 싶다면 Delay 이펙트를 다시 실행하는 것이 아니라 2번 트랙의 FX 모듈에서 + 버튼을 클릭해 앞에서 만든 버스(Bus A) 트랙으로 사운드를 Send하면 된다.

이렇게 하면 1, 2번 트랙 둘 다 Bus 1을 경유해 사운드가 출력되므로 같은 딜레이 효과가 적용된다.

Memo

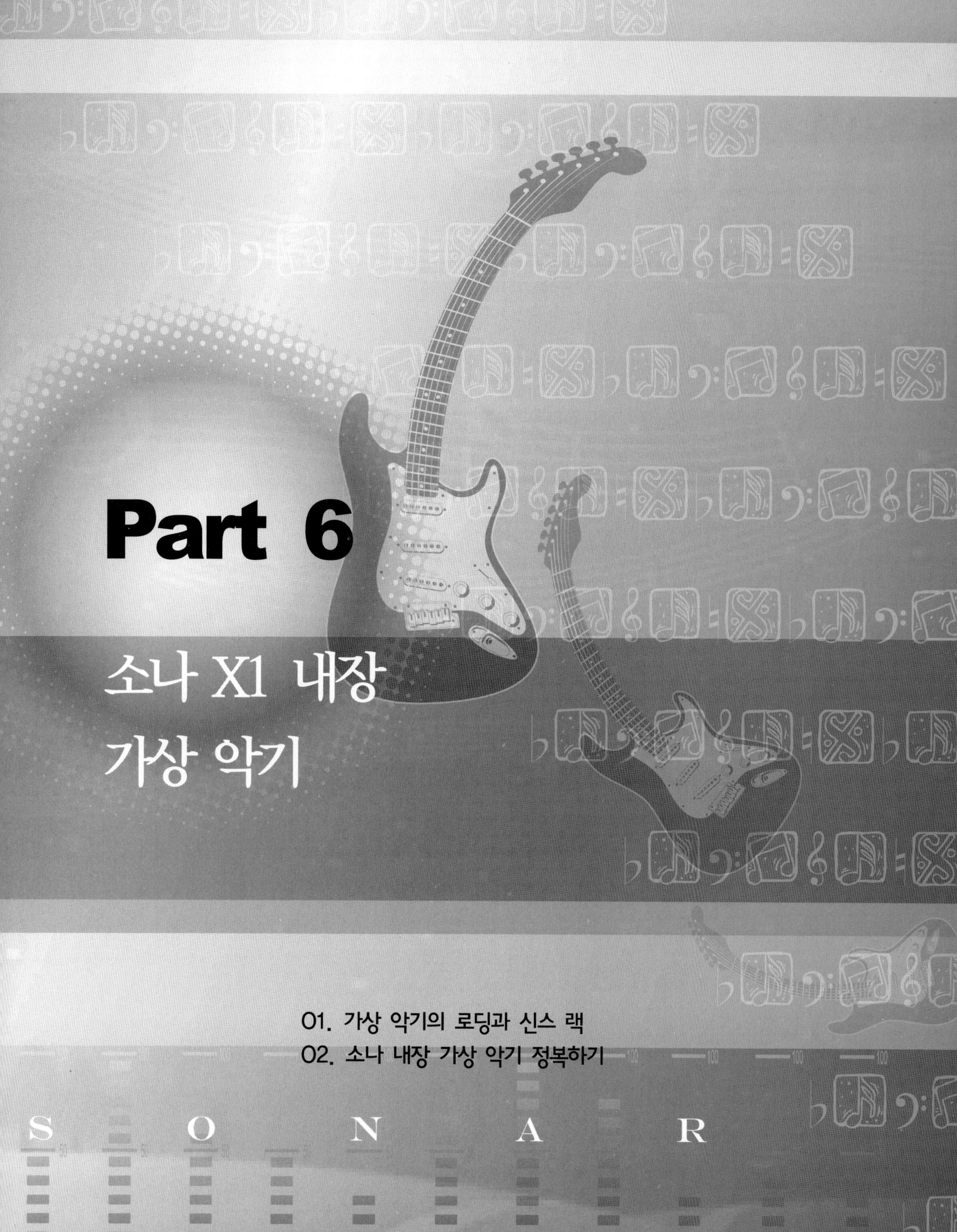

Part 6

소나 X1 내장 가상 악기

SONAR

01 가상 악기의 로딩과 신스 랙

소나 X1은 이번 버전의 '신스 랙 작업 창'이 사라지고 탭 방식의 '신스 랙'을 제공한다. 작업 창 모양만 변경되었을 뿐 하는 역할을 이번 버전의 신디 랙 작업 창과 똑같다.

'신스 랙'은 가상 악기를 오디오 장식장처럼 랙에 집어넣고 관리하는 기능이다. 프로젝트에서 사용하고 있는 모든 가상 악기가 신스 랙에서 관리되므로 가상 악기의 추가, 삭제, 설정 변경 등의 작업을 일목요연하게 처리할 수 있다. 신스 랙은 작업 창 오른쪽의 브라우저 창의 Synth 탭을 클릭하면 실행된다.

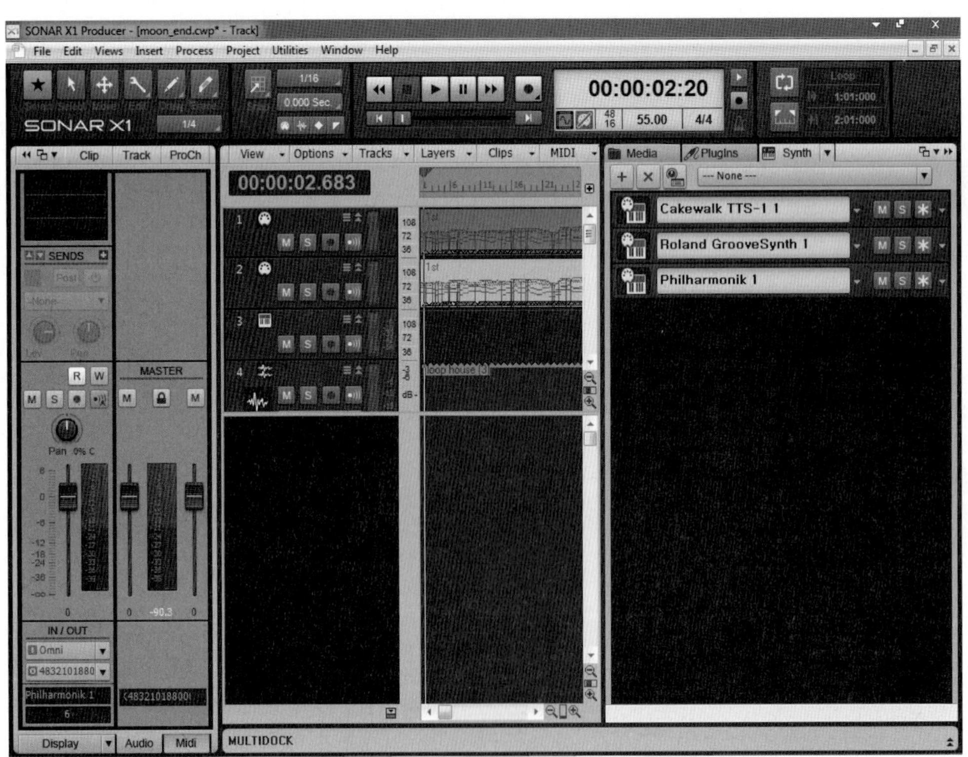

가상 악기의 로딩과 미디 트랙에 연결하기

미디 트랙의 사운드 출력 부분인 **Output** 포트에 가상 악기를 연결하려면 먼저 사용하고 싶은 가상 악기를 로딩해야 한다. 그런 뒤 미디 트랙의 **Output** 포트를 클릭하면 로딩한 가상 악기가 목록으로 표시되는데 여기서 원하는 가상 악기를 선택하면 해당 미디 트랙이 가상 악기를 통해 사운드를 출력한다.

가상 악기를 로딩하는 방법은 앞에서 무수히 많은 예제로 다루었지만 복습하는 의미에서 가상 악기를 로딩하는 방법 2가지를 알아본다.

1. 메인 메뉴에서 가상 악기 로딩하기

메인 메뉴의 **Insert → Soft Synth** 메뉴를 실행하면 설치된 가상 악기가 메뉴로 표시된다.

원하는 가상 악기 메뉴를 선택하면 해당 가상 악기로 프로젝트에 로딩되어 사용할 수 있는 상태가 된다.

프로젝트에 로딩한 가상 악기는 신스 랙에 순서대로 표시된다.

2. 신스 랙에서 가상 악기 로딩하기

신스 랙은 프로젝트에서 로딩한 가상 악기가 목록으로 표시되는 창이지만 가상 악기를 로딩할 때도 사용한다.

신스 랙의 **+** 버튼을 클릭하면 메인 메뉴에서 실행하는 것과 똑같은 방식으로 사용하고 싶은 가상 악기를 선택할 수 있다.

신스 랙의 구성

신스 랙은 작업 중인 프로젝트에 삽입한 가상 악기가 모두 표시된다. + 버튼은 새 가상 악기를 로딩하고, X 버튼은 선택한 가상 악기를 삭제한다. 트랙이 많을 경우에는 신스 랙에서 가상 악기를 관리하고 배치하는 것이 좋다.

신스 랙은 다음과 같은 기능을 제공한다.

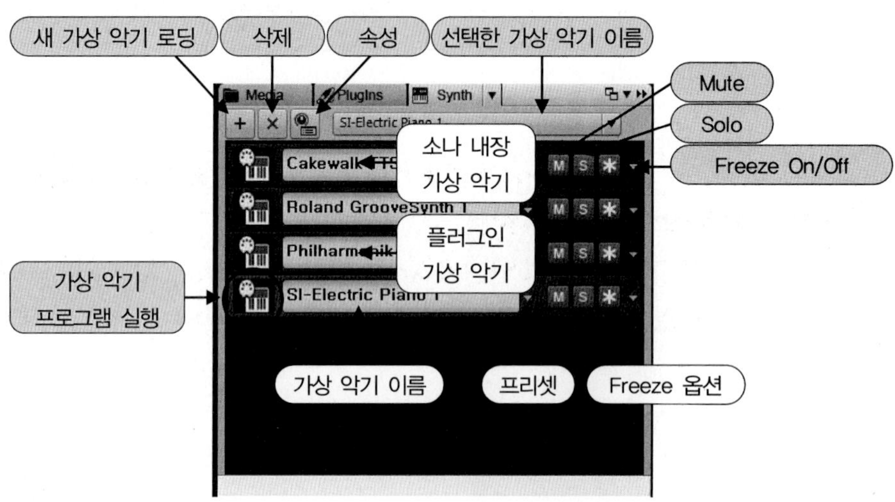

참고

신스 랙의 실행

신스 랙은 브라우저 창에서 탭 방식으로 제공된다. 만일 화면 오른쪽에 브라우저 창이 보이지 않는다면 단축키 B를 눌러 브라우저 창을 먼저 불러온 뒤 Synth 탭을 클릭한다.

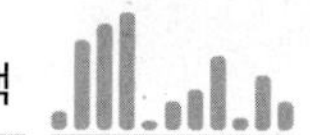

신스 랙 – 가상 악기의 로딩과 삭제

가상 악기를 미디 트랙의 출력포트에 연결하려면 먼저 원하는 가상 악기를 로딩해야 한다. 소나의 가상 악기는 TTS-1같은 소나 내장 가상 악기가 있지만 VST 모드를 지원하는 외부 설치(플러그인) 가상 악기도 모두 사용할 수 있다. 설치한 가상 악기는 Insert → Soft Synths 메뉴 또는 신스 랙의 + 버튼으로 로딩한다.

어떤 가상 악기이건 프로젝트에서 사용하려면 일단 프로젝트에 로딩해야 한다. 신스 랙에서 가상 악기를 로딩하려면 아래 기능들을 사용한다.

1. Insert(+) 버튼 – 새 가상 악기 로딩하기

+ 버튼을 클릭하면 컴퓨터에 설치된 가상 악기와 소나 내장 가상 악기가 모두 표시된다. 원하는 가상 악기를 선택하면 프로젝트에 로딩할 수 있다. 가상 악기는 대부분 Insert Synths 메뉴에서 선택하지만 ReWire Devices 방식으로 동작하는 경우도 있다.

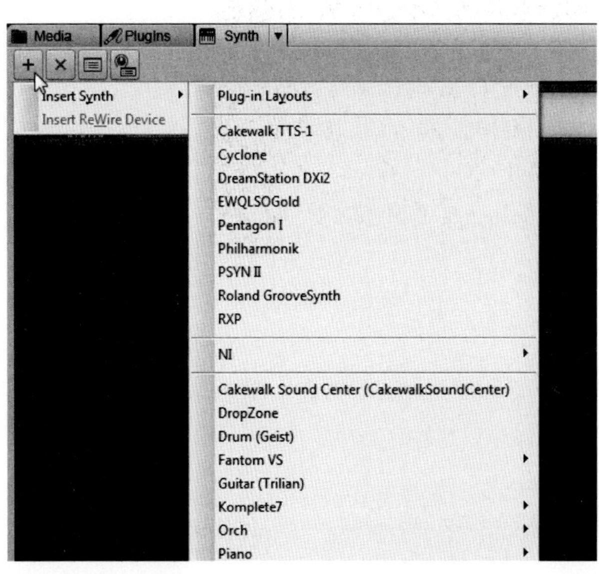

그림에서 Cakewalk TTS-1, Roland GrooveSynth, DreamStation 등은 소나 내장 가상 악기이다.

NI, Philharmonik, Komplete 7 등은 필자가 별도로 설치한 플러그인 가상 악기이다.

일단 Cakewalk TTS-1이나 GrooveSynth 메뉴를 선택하면 해당 가상 악기가 신스 랙은 물론 트랙 뷰의 제일 밑의 트랙에 로딩된다. 이후 원하는 미디 트랙의 출력포트에 해당 가상 악기를 연결하면 사운드가 가상 악기를 통해 출력된다.

2. Delete(x) 버튼 – 가상 악기 삭제하기

x 버튼은 신스 랙에 탑재한 가상 악기에서 필요 없는 가상 악기를 삭제할 때 사용한다. 클릭하면 선택된 가상 악기가 신스 랙에서 제거되고, 해당 가상 악기를 연결한 미디 트랙에서도 사운드가 들리지 않는다. 가상 악기를 많이 로딩하면 메모리를 많이 차지하기 때문에 때때로 시스템의 속도가 늦어질 수 있는데 이런 경우 사용하지 않는 가상 악기를 삭제하는 것이 좋다.

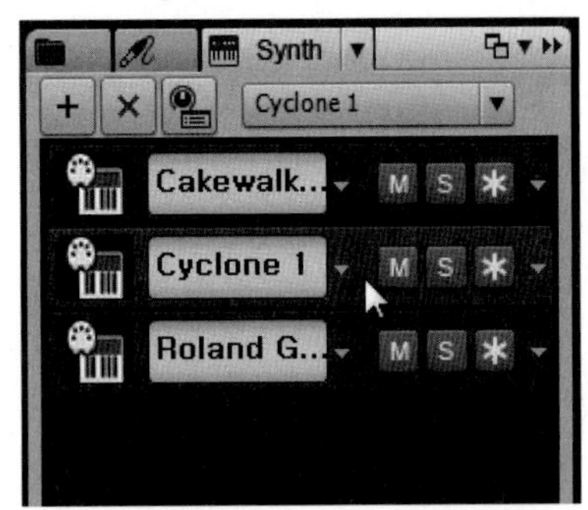

삭제할 가상 악기 선택

x 버튼을 눌러 삭제한 모습

3. Properties 버튼 – 가상 악기 속성 불러오기

선택한 가상 악기의 각종 옵션을 설정할 수 있도록 Insert Soft Synths Options 대화상자를 불러온다. 이 대화상자는 가상 악기를 로딩할 때 마다 항상 실행되지만 'Ask, This Every Time' 옵션에 체크하지 않으면 실행되지 않는다.

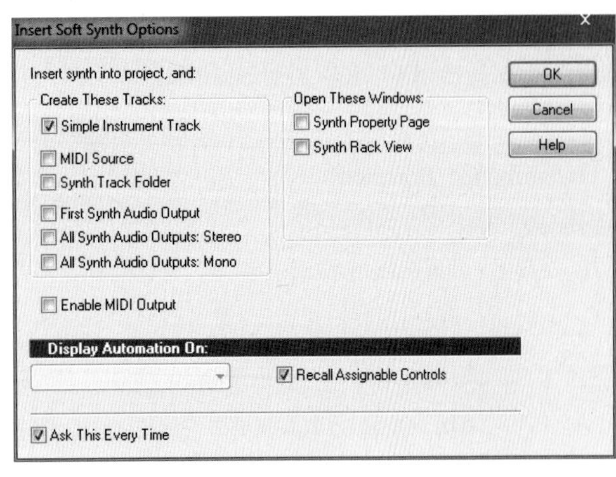

① **Single Instruments Track** : 가상 악기를 로딩하면 해당 가상 악기(Instrument) 트랙도 트랙 뷰에 기본적으로 생성된다. 기본값이다.

② **MIDI Source** : 트랙 뷰에서 가상 악기 트랙이 미디 트랙 방식으로 생성된다. Output(출력) 포트에 생성되는 가상 악기가 이미 연결된 상태이다.

③ **Synth Track Folder** : 트랙 뷰에서 가상 악기 트랙이 폴더 형태로 생성된다.

④ **First Synth Audio Output** : 첫 번째 가상 악기가 Input에 연결된 상태로 생성된다.

⑤ **All Synth Audio Outputs Stereo** : 선택한 가상 악기의 Output 개수만큼 스테레오 방식의 가상 악기 트랙을 생성시킨다.

⑥ **All Synth Audio Outputs Mono** : 선택한 가상 악기의 Output 개수만큼 모노 방식의 가상 악기 트랙을 생성시킨다. 이때 하나는 Left, 다른 하나는 Right 역할을 하게 된다.

⑦ **Synth Properties Page** : 가상 악기를 트랙에 탑재하는 동시에 해당 가상 악기의 전용 프로그램이 실행된다.

⑧ **Synth Rack View** : 가상 악기를 트랙에 탑재하는 동시에 신스 랙이 열린다.

⑨ **Enable Midi Output** : 외장 아르페지에이터로 입력 및 데이터를 생성시킬 수 있는 가상 악기를 사용할 경우, 이 옵션에 체크해야 아르페지에이터 사용이 가능하다.

⑩ **Display Automation On** : 오토메이션 데이터가 다른 트랙에도 표시하도록 할 수 있다..

⑪ **Recall Assigable Controls** : 신스 랙에서 특정 악기의 노브 등을 조작했을 경우, 해당 악기를 불러올 때 마다 노브가 동일하게 나타나도록 한다.

⑫ **Ask This Every Time** : 가상 악기를 삽입할 때 마다 이 Properties 대화상자를 표시하게 한다.

가상 악기 이름으로 보는 악기의 종류

Synth	전기음이나 전자음으로 만들어낸 악기류, 신디사이저
Reed	실제 어쿠스틱 악기인 목관악기류. 오보에, 플루트, 팬플룻 등
Lead	전자음으로 만들어낸 피리 류의 악기류
Bass	저음부에 깔아주는 베이스 악기류
Pad	배경부에 깔아주는 우~~ 등등의 악기류
Vox	신디사이저로 만들어낸 사람 음성
String	현악기류
Brass	금관악기류
Woodwind	목관악기류
Percussion	타악기류
Keyboard	건반악기류
Ethnic	민족, 민속악기류

가상 악기를 오디오 클립으로 Freeze하기

Freeze란 가상 악기를 미디 클립의 사운드에 맞게 오디오 클립으로 믹스다운하는 것을 말한다. 말 그대로 미디 클립을 바로 믹스다운하여 오디오 클립으로 만드는 것이다. 이후 가상 악기 트랙은 악기로서의 기능을 잃어버리고 오디오 클립만 소유하게 된다.

Freeze 버튼을 클릭하면 바로 오디오 클립으로 믹스다운되고, 다시 이 버튼을 클릭하면 믹스다운을 취소하고 원래 상태로 Unfreeze할 수 있다.

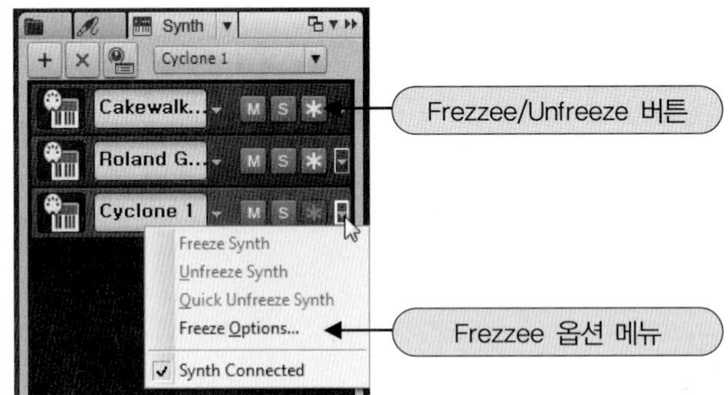

① **Freeze Synth** : 가상 악기를 사용하고 있는 미디 클립의 음악에 맞게 가상 악기 트랙에 오디오 클립을 생성시킨다. 할당된 가상 악기 음을 사용하는 오디오 클립이 생성되면서 가상 악기는 사용할 수 없는 상태가 된다. 미디 클립을 오디오 클립으로 믹스다운하는 것과 동일 효과이다.

1번 미디 트랙에 연결된 가상 악기 Freeze

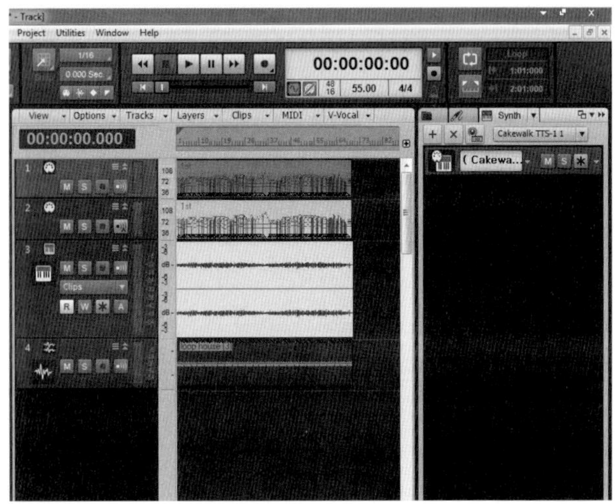

1번 미디 트랙과 같은 사운드를 가진
오디오 클립이 생성된 모습

② **Unfreeze Synth** : Freeze 상태를 해제하고 원래 가상 악기 트랙으로 돌아간다.

③ **Quick Unfreeze Synth :** 프리즈된 오디오 트랙을 감추고, 소리는 Mute시키고 원래 가상 악기 트랙으로 돌아간다. Quick Unfreeze Synth 메뉴를 사용하면 Freeze Synth 메뉴가 Quick Freeze Synth 메뉴로 변경되면서 다시 프리즈 상태로 돌아갈 수 있다.

④ **Freeze Options :** 프리즈 기능에 대한 옵션을 설정한다.

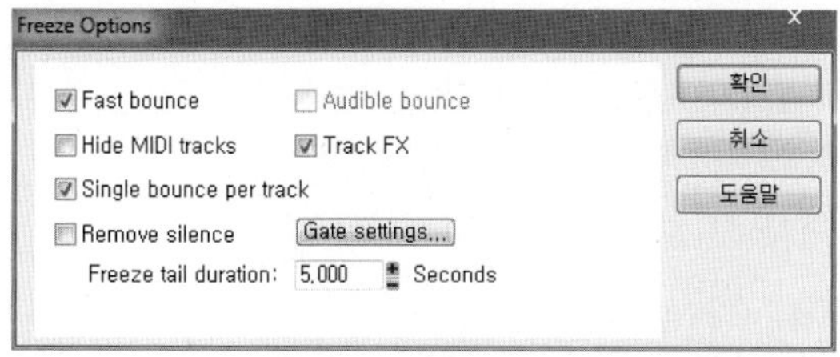

- **Fast Bounce :** 프리즈 기능으로 오디오 클립으로 전환할 때 빠른 속도로 전환한다. 트랙이 길거나 시스템이 느린 경우 컴퓨터가 다운될 수도 있다.

- **Audible Bounce :** 프리즈 기능으로 오디오 클립으로 전환할 때 오디오 품질 위주로 전환한다.

- **Hide MIDI tracks :** 프리즈 기능으로 오디오 클립을 생성시키면 원본 미디 트랙을 감추어준다.

- **Track FX :** 트랙 FX도 함께 프리즈한다.

- **Single Bounce per track :** 선택한 트랙에만 프리즈를 적용한다. 여러 트랙에 적용하려면 이 옵션을 꺼야 하는데 그럴 경우 시스템이 다운될 수도 있다.

- **Remove Silence :** 미디 클립에서 이벤트가 없는 영역을 묵음으로 처리한다.

- **Gate Settings :** 묵음으로 처리할 부분의 레벨 값 등을 조절한다. Process → Apply Effect → Remove Silence 메뉴를 참고한다.

- **Freeze tall duration :** 잔상이나 여음 이펙트를 사용한 미디 클립을 프리즈할 때, 이들 잔상과 여음의 지속 가능 시간을 설정한다.

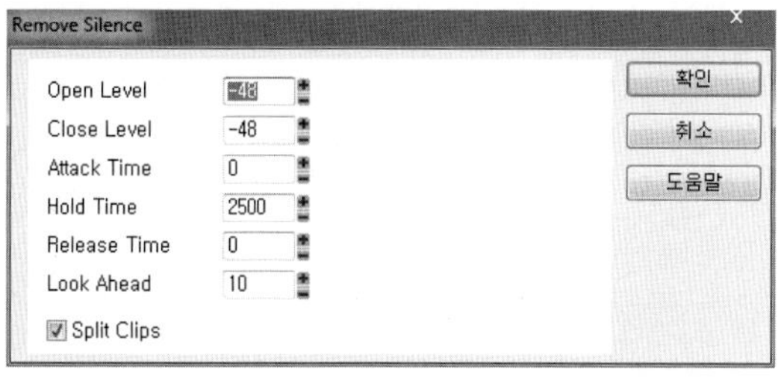

⑤ **Synth Connected :** 가상 악기가 연결된 미디 트랙과 가상 악기의 연결을 해제한다. 다시 이 메뉴를 실행하면 해당 미디 트랙과 가상 악기가 다시 연결된다.

02 소나 내장 가상 악기 정복하기 – Virtual Instrument

소나 X1은 새롭게 SI 시리즈의 4개의 가상 악기를 무료로 제공한다. 이번 장에서는 새롭게 추가된 SI 가상 악기와 이전부터 무료 제공되었던 소나의 내장 가상 악기에 대해 공부해 본다.

소나 기본 제공 가상 악기 – Cakewalk TTS 1

케이크워크 TTS 1은 Insert → Soft Synths → Cakewalk TTS 1 메뉴로 실행하거나 '신스 랙'의 + 버튼을 클릭해 불러
온다.

소나를 설치할 때 기본으로 설치되는 TTS-1은 GM2 모드의 가상 악기로 멀티-Timbral, 멀티 아웃풋을 지원한다. 256
개의 음색과 9세트의 드럼이 내장되어 있으며 믹서 윈도우가 제공된다. 악기 자체에 고품질의 Reverb와 Chorus가
내장되어 있으며 악기의 각종 설정값을 조절해 512 사용자 악기와 128 드럼 셋을 생성시킬 수 있다.

TTS 1은 소나를 설치할 때 함께 설치되므로 별도의 가상 악기를 설치하지 않는 경우 사용하면 좋다. GM2 모드의 다
양한 음색이 제공되므로 별도의 가상 악기 없이도 Jazz, Rock, Classic 스타일의 음악에 사용할 수 있다.

1. Edit 버튼

악기를 선택하고 해당 악기의 Filter, Tone, Vibrato 등을 조절한다.

① **Part** : 악기를 설정할 파트(채널)를 지정한다. 1~16개 파트 별로 악기 설정이 가능하다.

② **악기이름** : 마우스로 클릭해 악기를 선택할 수 있다. 더블클릭하면 악기 이름(패치명)을 변경할 수 있다.

③ **Write** : Edit 창에서 설정한 각종 값을 사용자 지정 음색(악기)으로 저장한다.

④ **Filter** : Cutoff 노브는 음색의 밝기를 연주곡에 맞춰 조절할 때 사용한다. 수치를 낮추면 어둡게, 수치를 높이면 밝아진다. Resonance 노브는 배음(어떤 한 음이 울릴 때 다른 음이 섞이는 공명음)을 조절할 때 사용한다. 수치를 낮추면 색다른 톤이 되고 수치를 높이면 배음이 많이 섞인다.

⑤ **Character** : 음색의 특성을 조절한다. 수치는 낮추면 보자기로 감싸 안은 듯한 음색이 되고 수치를 높이면 날카롭고 울리는 음색이 된다. 특정 피치에서는 이 기능이 동작하지 않을 수도 있다.

⑥ **Tone** : On/Off 버튼을 누른 뒤 톤 작업을 시작한다. 오디오의 Bass, Mid, Treble 값을 조절하는 것과 비슷한 방식이다. Bass 노브는 400Hz 이하 프리퀀시를 조절하고 Mid 노브는 1kHz 구간을 조절하고 Treble 노브는 4kHz 이상의 프리퀀시를 조절한다.

⑦ **Envelope** : 엔벨로프를 조절한다. Attack(시작) 타임, Decay(감쇄) 타임, Release(해제) 타임 별로 조절한다.

⑧ **Vibrato** : 음의 떨림 효과인 비브라토를 조절한다. Rate 노브에서 모듈레이션 효과의 속도, Depth 노브에서 비브라토의 깊이, Delay 노브에서 비브라토의 지연 간격을 조절한다.

⑨ **Tuning** : 음정을 높이거나 낮춘다. Coarse 노브는 반음 단계로 조절할 수 있고 Fine 노브는 1/100 음 단계로 조절한다.

⑩ **Mono** : 모노/폴리 모드를 선택한다. 화음일 경우에는 폴리 모드를 선택한다.

⑪ **Portamento** : 다음 음으로 넘어갈 때 부드럽게 이어지는 효과인 포트타멘토 효과를 조절한다.

⑫ **Mod Depth** : 모듈레이션 메시지를 받을 때 모듈레이션의 깊이를 조절한다.

⑬ **Bend Range** : 피치 벤드를 조절할 때의 변화폭을 지정한다.

악기를 선택하는 모습

2. Chorus 노브

코러스 효과를 조절한다. 더블클릭하면 기본값으로 돌아간다.

3. Reverb 노브

리버브 효과를 조절한다. 더블클릭하면 기본값으로 돌아간다.

4. Pan 노브

좌우 스테레어 출력 상태를 조절한다. L63은 맨 왼쪽, 0은 센터, R63은 맨 오른쪽 스피커로 들리게 한다.

5. Level 슬라이더

해당 파트의 볼륨을 조절한다.

6. Preview 버튼

선택한 악기의 소리를 미리 들려준다.

7. Panic 버튼

현재 노트의 모든 소리를 멈춘다.

8. GM2

악기의 각종 조절 상태를 GM2 초기 상태로 만들어준다.

9. Effect 버튼

이펙트 창을 불러온 뒤 Chorus 효과와 Reverb 효과를 다음과 같이 세밀하게 조절한다.

① **Chorus** : 코러스 효과를 ON/OFF 버튼을 눌러 적용 여부를 결정한다. Chorus Type 항목에서 코러스 유형을 선택한다. Rate 항목에서 코러스 효과의 모듈레이션 값을 조절하고 Depth 항목에서 코러스 효과의 깊이, Feedback 항목에서 코러스 효과가 피드백되는 값을 조절하고 Rev Send 항목에서 리버브로 아웃풋되는 레벨 값을 조절한다.

② **Reverb** : On/Off 버튼을 눌러 리버브 효과의 적용 여부를 결정하고 Reverb Type 항목에서 리버브 유형을 선택한다. Time 항목에서 리버브 효과의 길이를 조절한다.

10. System

시스템 세팅 창을 불러온다.

① **Master Tune** : 마스터 튜닝을 0.1Hz 스텝 간격으로 조절한다.
② **Master Key Shift** : 마스터 키를 반음정 단계로 조절한다.
③ **Polyphony Limit** : 사용할 최대 음색수를 설정한다.
④ **옵션 버튼** : 아래 대화상자를 통해 각각의 파트를 다른 아웃 풋에 할당할 수 있다.

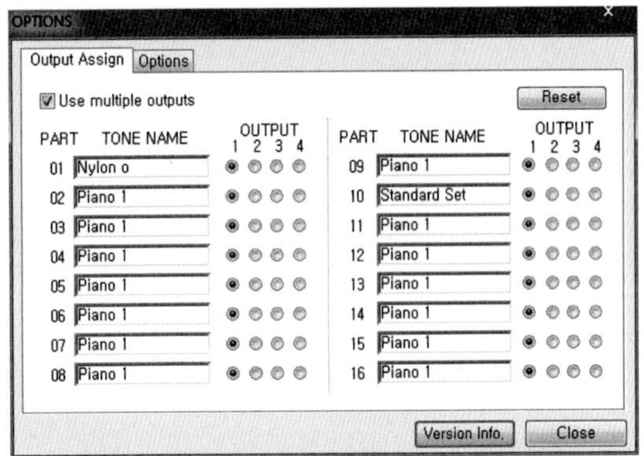

a. Output Assign 탭
Part(채널)를 어느 Output에 할당할지 선택할 수 있다. Reset 버튼을 클릭하면 할당값이 기본값으로 돌아간다.

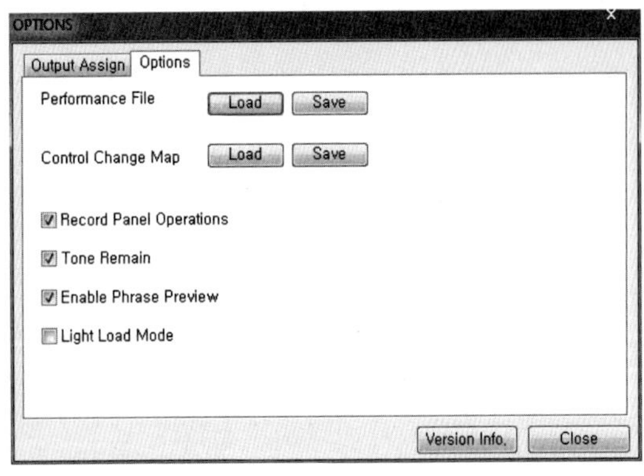

b. Options 탭
현재의 세팅값을 다른 시퀀서에서 사용하기 위해 Performance File로 저장하거나 불러올 수 있다. 또한 TTS-1을 위해 설정한 오토메이션을 Control Change Map 파일로 저장하거나 불러올 수 있다. Record Panel Operations 항목에 체크하면 오토메이션 기능으로 TTS-1을 제어할 수 있다.

11. 상태 창

Polyphony 항목은 현재 연주 위치의 음색 수를, Current Peak 항목은 동시에 소리를 낸 음색의 최대 숫자를 표시한다.

12. 마스터 볼륨

전체 볼륨을 조절한다.

그루브 음색이 좋은 가상 악기 – Roland GrooveSynth

Insert → Soft Synths → Roland GrooveSynth 메뉴로 실행하거나 '신스 랙'의 + 버튼을 클릭해 불러온다.

롤랜드사의 그루브박스와 신디사이저를 모태로 한 GrooveSynth는 댄스곡 제작에 유용한 가상 악기이다. 자체적으로 엔벨로프, 비브라토, 포르타멘토, 모듈레이터를 제공하고 그루브박스 최신형인 808, 909의 유명한 드럼 키트를 포함 피아노, 오르간, 브라스, 목관악기, 스트링, 베이스 등의 다양한 음색을 제공한다. 보통 댄스곡 스타일의 곡 제작에 유용하며 조작 방법은 TTS-1에 비해 간편하다.

1. 악기 이름, 악기 선택

사용 중인 악기 이름이 표시된다. 마우스로 클릭하면 사용할 악기를 선택할 수 있다.

2. Mono 버튼

Mono 또는 Poly 모드로 전환한다.

3. Envelope 노브

엔벨로프를 Attack(시작 시간), Decay(감쇄 시간), Release(종료 시간) 별로 조절할 수 있다.

HARD LEAD ✓
SOFT LEAD
SYNTH BASS
BASS
OTHER SYNTH
BRIGHT PAD
SOFT PAD
STRINGS
VOX
SYNTH FX
AC.PIANO
EL.PIANO
KEYBOARDS
ORGAN
MALLET
BELL
AC.GUITAR
EL.GUITAR
DIST.GUITAR
AC.BRASS
SYNTH BRASS
SAX
FLUTE
WIND
ETHNIC
HIT&STAB
SOUND FX
DRUMS
PERCUSSION
RHYTHM SET

4. Vibrato 노브

음의 비브라토를 조절한다. Rate, Depth, Delay로 조절한다. Rate 노브에서 비브라토의 속도, Depth 노브에서 비브라토의 깊이, Delay 노브에서 비브라토의 지연 간격을 조절한다.

5. Portamento 노브

다음 음으로 넘어갈 때 부드럽게 이어지는 효과인 포트타멘토 효과를 조절한다.

6. Mod Depth 노브

모듈레이션 메시지를 받을 때 모듈레이션의 깊이를 조절한다.

7. Filter 노브

Cutoff 노브는 음색의 밝기를 연주곡에 맞춰 조절할 때 사용한다. 수치를 낮추면 어둡게, 수치를 높이면 밝아진다. Resonance 노브는 배음(어떤 한 음이 울릴 때 다른 음이 섞이는 공명음)을 조절할 때 사용한다. 수치를 낮추면 색다른 톤이 되고 수치를 높이면 배음이 많이 섞인다.

8. Character 노브

음색의 특성을 조절한다. 수치는 낮추면 보자기로 감싸 안은 듯한 음색이 되고 수치를 높이면 날카롭고 울리는 음색이 된다. 특정 피치에서는 이 기능이 동작하지 않을 수도 있다.

9. Tone 노브

오디오 기기의 Bass 다이얼, Mid 다이얼, Treble 다이얼을 돌리는 것과 비슷한 효과이다.

10. Bend Range 노브

피치 벤드를 조절할 때의 변화폭을 지정한다.

11. Tuning 노브

음정을 높이거나 낮춘다. Coarse 노브는 반음 단계로 조절할 수 있고 Fine 노브는 1/100 음정 단계로 조절한다.

12. Level 노브

악기의 볼륨을 조절한다. 더블클릭하면 기본값으로 돌아간다.

13. Pan 노브

스피커 좌우에서 어느 쪽으로 들리게 할지 Pan을 조절한다. L63~R63 사이에서 조절한다.

드럼 전용 가상 악기 – Session Drummer 3

소나 X1은 버전 3으로 업그레이드된 Session Drummer를 제공한다. 드럼 맵이나 스텝 시퀀서에서 노트를 찍은 뒤 Session Drummer 3을 출력포트에 연결하면 곡의 드럼 파트가 완성된다. 자체적으로 다양한 패턴을 제공하므로 마음에 드는 패턴을 수정해 사용하기도 한다. 이 가상 악기는 Insert → Soft Synths → Session Drummer3 메뉴로 로딩하거나 신스 랙의 + 버튼을 클릭해 로딩한다.

드럼키트 창은 프로그램(드럼키트), MIDI(패턴)를 선택하는 기능과 미리듣기 기능을 제공한다.

Mix창은 드럼키트에서 제공하는 드럼 악기들을 개별적으로 조절할 때 사용한다.

1. 악기 창

드럼 악기가 표시된다. 클릭하면 해당 악기의 소리를 미리 들을 수 있다. 하단 왼쪽의 **Pad** 버튼을 클릭해 드럼 악기를 다른 드럼 악기로 교체할 수 있다.

2. Program 버튼

사용할 드럼 프로그램을 선택할 수 있다. 일종의 드럼키트를 선택하는 기능이다. 드럼키트에 따라 음색이 달라지므로 곡의 분위기에 맞는 키트를 선택한다. 삼각형 버튼을 클릭하면 프로그램 메뉴가 실행되고, 이름 부분을 클릭하면 드럼키트를 선택할 수 있다.

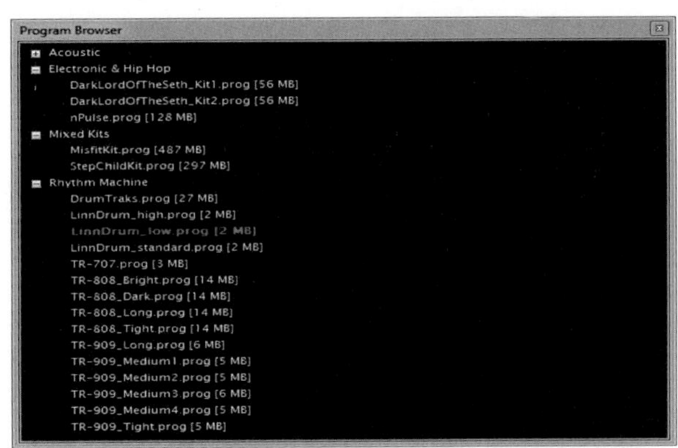

드럼키트(프로그램)을 선택하는 모습

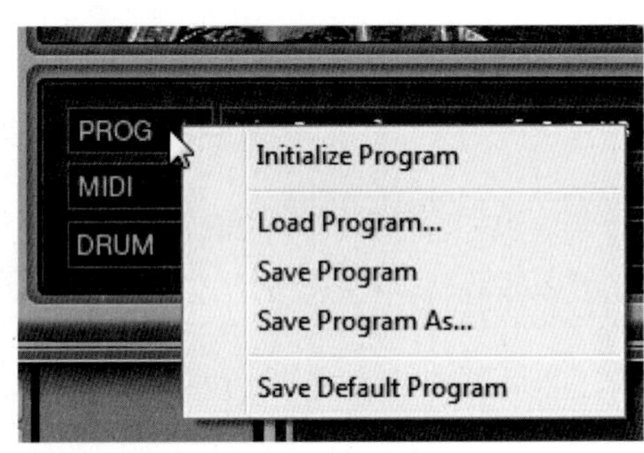

프로그램 메뉴를 실행하는 모습

3. Midi 버튼

드럼 노트를 입력할 시간이 없을 경우 미리 설정된 패턴을 여기서 불러올 수 있다. 여기서 원하는 드럼 패턴을 선택하면 된다. 음표 아이콘(   )을 미디 트랙으로 드래그하면 해당 패턴이 미디 클립으로 자동 전환된다.

4. Pad 버튼

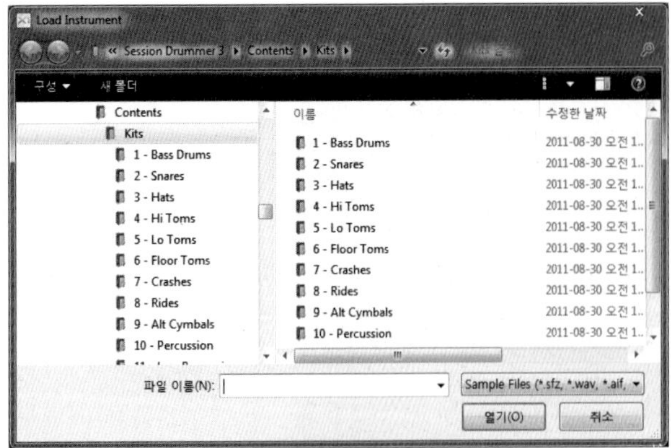

악기를 교체하는 모습

악기 창에서 방금 클릭한 드럼 악기를 다른 드럼 악기로 교체할 수 있다.

5. 패턴 버튼

A, B, C... 등의 8개의 버튼에 각각 다른 패턴을 등록할 수 있다. 원하는 버튼을 클릭한 뒤 하단 Play 버튼을 누르면 해당 패턴으로 연주되는 드럼 사운드를 미리 들을 수 있다.

6. Reset 버튼

선택한 패턴 연주를 초기화하고 맨 처음으로 돌아간다.

7. Stop 버튼

선택한 패턴의 연주를 중단한다.

8. Play 버튼

선택한 패턴을 연주한다.

9. Loop 버튼

선택한 패턴을 루프 연주한다.

10. Output

해당 악기의 Output 채널을 표시한다. Output을 교체할 수 있다.

11. Mute

해당 악기의 소리를 뮤트(Mute)한다.

12. Solo

해당 악기를 솔로(Solo) 연주한다.

13. Vol 노브

해당 악기의 볼륨을 조절한다. 노브를 더블클릭하면 기본값으로 돌아간다.

14. Width 노브

해당 악기의 배치 위치를 조절한다. 노브를 더블클릭하면 기본값으로 돌아간다.

15. Pan 노브

해당 악기의 Pan 값을 조절한다. -100은 왼쪽 스피커, 100은 오른쪽 스피커에서 들리게 한다. 노브를 더블클릭하면 기본값으로 돌아간다.

16. Tune 노브

해당 악기의 음정을 조절한다. Tune 노브를 더블클릭하면 기본값으로 돌아간다.

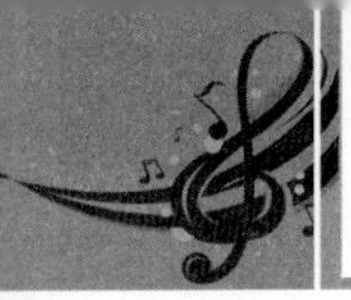

새로 추가된 드럼용 가상 악기 – SI Drum Kit

소나 X1에서 새로 내장된 Studio Instrument 시리즈의 드럼용 가상 악기이다. 록, 팝, 힙합, 재즈, 블루스, 펑크 스타일 등의 드럼 음색이 탁월한 어쿠스틱 기반의 드럼 가상 악기이다. 사용법은 앞의 Session Drummer 3과 거의 비슷하지만 드럼 음색이 아예 다르므로 곡의 분위기에 이 악기가 맞을 경우 선택할 수 있다. Insert → Soft Synths → SI Drum Kit 메뉴로 로딩하거나 신스 랙의 + 버튼을 클릭해 로딩한다.

1. 악기 창

마우스로 클릭하면 드럼 소리를 미리 들을 수 있다.

2. Program 버튼

사용할 드럼 프로그램을 선택할 수 있다. 일종의 드럼키트를 선택하는 기능이다. 드럼키트에 따라 음색이 달라지므로 곡의 분위기에 맞는 키트를 선택한다.

3. 패턴 선택 창

드럼 노트를 입력할 시간이 없을 경우 미리 설정된 패턴을 여기서 불러올 수 있다. 여기서 원하는 드럼 패턴을 선택한 뒤 Play 버튼을 누르면 사운드를 들을 수 있다. 원하는 드럼 패턴을 미디 트랙으로 드래그하면 해당 패턴이 미디 클립으로 자동 전환된다.

4. Pattern 그리드

여러 가지 패턴을 모니터하고 싶은 경우 이곳으로 드래그하여 임시 등록할 수 있다. 클릭하면 해당 패턴을 들을 수 있고 마우스 오른쪽 버튼으로 클릭하면 등록을 취소할 수 있다.

5. Tune 노브

해당 악기의 음정을 조절한다. 조절값에 따라 드럼 소리가 상당히 많이 달라진다. 노브를 더블클릭하면 기본값으로 돌아간다.

6. Pan 노브

해당 악기의 Pan 값을 조절한다. -100은 왼쪽 스피커, 100은 오른쪽 스피커에서 들리게 한다. 노브를 더블클릭하면 기본값으로 돌아간다.

7. Vol 노브

해당 악기의 볼륨을 조절한다. 노브를 더블클릭하면 기본값으로 돌아간다.

8. 리버브 노브

전체 악기에 리버브(잔향) 효과를 추가할 수 있다. 노브를 더블클릭하면 리버브를 적용하기 전의 원래 상태로 돌아간다.

9. 컴프레스 노브

드럼 연주를 하다보면 허용치보다 고출력되는 고음부가 있는 경우도 있다. 컴프레스 노브는 고출력 부분을 압축하여 고음부를 깎아내릴 때 사용한다. 노브를 더블클릭하면 조절 전의 원래 상태로 돌아간다.

10. 마스터 볼륨

전체 드럼 악기의 볼륨을 조절할 수 있다.

11. Stop/Play/Loop 버튼

Sopt 버튼은 패턴 연주를 정지시킨다. Play 버튼은 선택한 패턴을 연주한다. Loop 버튼을 켜면 루프 연주한다.

드럼용 가상 악기들은 대부분 드럼 맵 작업을 힘들어하는 사람들을 위해 미리 만들어놓은 패턴을 제공한다. 패턴을 미디 트랙으로 드래그하면 드럼 노트를 입력할 필요 없이 바로 해당 패턴으로 곡의 드럼 파트를 만들 수 있다. 여기서는 SI Drum Kit에서 제공하는 드럼 패턴을 어떤 방식으로 미디 트랙으로 가져가는지 알아보자.

01 File → Open 메뉴로 'avemaria.cwp' 파일을 불러온다.

02 오른쪽 브라우저 창에서 Synth 탭을 선택한 뒤 + 버튼을 클릭해 Insert Synths → SI Drum Kit 메뉴를 실행한다.

03 신스 랙에 SI Drum Kit 가상 악기가 로딩되고, 트랙 뷰에도 SI Drum Kit 트랙이 생성되었다.

신스 랙의 SI Drum Kit 가상 악기의 아이콘을 더블클릭해 가상 악기 창을 불러온다.

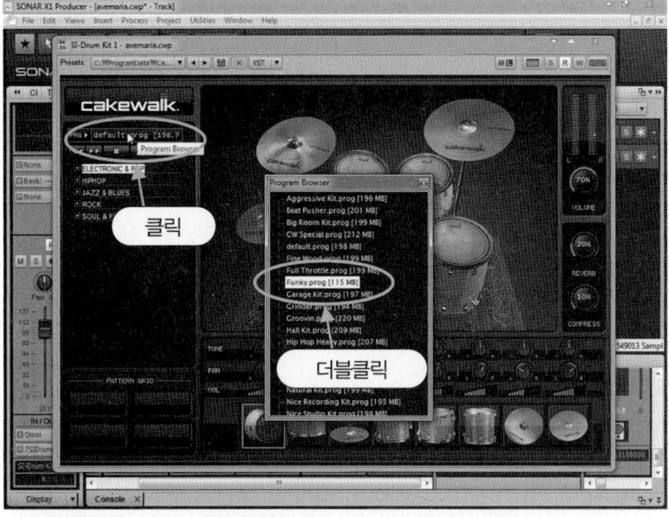

04 가상 악기 창의 Program 이름을 클릭한 뒤 사용할 드럼키트를 선택한다. 여기서는 'Funky Prog'를 더블클릭해 로딩했다.

05 해당 프로그램이 정상적으로 로딩되었는지 모니터해 보자. 악기 창에서 드럼을 마우스로 클릭하면 사운드를 모니터할 수 있다.

06 패턴 목록 창의 Electronic & Pop 디렉토리를 펼친다. 여러 가지 패턴이 있다. 패턴 목록 창 상단의 Loop 버튼을 켠다.

디렉토리에 있는 아무 패턴이나 마우스로 더블클릭하면 해당 패턴을 모니터할 수 있다. 마음에 드는 패턴이 있나 계속 모니터해 본다.

여기서는 'Proof-Intro' 패턴이 마음에 들었으므로 이 패턴을 미디 트랙으로 가져가보겠다. 현재는 미디 트랙을 만들지 않았으므로 가상 악기 트랙의 시작 부분으로 드래그하여 가져갔다.

07 이번에는 'Proof' 패턴을 가상 악기 트랙으로 드래그한 뒤 'Proof-Intro' 패턴 바로 뒤에 붙여주었다.

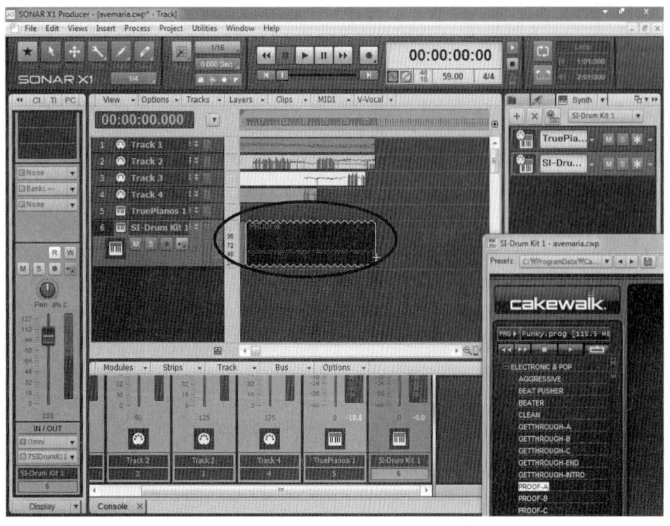

08 방금 붙여준 'Proof' 패턴을 곡의 전체 길이에 맞게 늘려준다.

Spacebar를 눌러 곡을 연주하면 드럼 파트가 만들어진 것을 알 수 있다.

가상 악기마다 다양한 패턴을 제공하므로 곡을 만들기 어려울 경우에는 패턴을 드래그하여 사용할 수도 있다.

전자 피아노 가상 악기 – SI Electric Piano

일렉트릭 건반 음색을 표현하는 가상 악기로 소나 X1을 설치할 때 자동으로 설치된다. 록, 팝, 힙합, 재즈, 블루스, 펑크 등 다양한 피아노 패턴을 선택할 수 있다.

Insert → Soft Synths → SI Electric Piano 메뉴로 로딩하거나 신스 랙의 + 버튼을 클릭해 로딩한다.

음색 선택 기능인 프로그램 기능, 패턴 선택 기능인 패턴 목록 창 등 앞에서 배운 SI Drum Kit와 사용법이 완전히 똑같다. 단지 Dive, Chorus, Tremolo 기능이 추가되어 있을 뿐이다.

① **Drive 노브 :** 일렉기타의 오버드라이브 효과의 비슷한 찌그러진 음 현과를 만들 수 있다.

② **Chorus 노브 :** 합창곡처럼 음이 겹쳐 울리는 효과를 만들 수 있다.

③ **Tremolo 노브 :** 트레몰로 효과를 만들 수 있다.

④ **중앙의 노브 4개 :** Tune 노브는 음정을 조절한다. Tone 노브는 음색을 조절한다. Pan 노브는 스테레오 팬을 조절하고, Volume 노브는 볼륨을 조절한다.

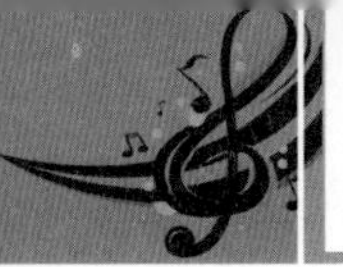

어쿠스틱 피아노 가상 악기 – 트루 피아노(TruePianos)

4Front 사의 어쿠스틱 스타일의 피아노 악기이다. 정품은 5개의 피아노 모듈을 제공하지만 소나 번들은 1개의 피아노 모듈만 제공한다. 비록 Amber라는 피아노 모듈만 제공하지만 사용상의 제약 없이 무제한 사용할 수 있고 피아노 음색이 매우 아름답기 때문에 피아노 파트를 만들 때 흔히 사용한다. Insert → Soft Synths → TruePianos 메뉴로 로딩하거나 신스 랙의 + 버튼을 클릭해 로딩한다.

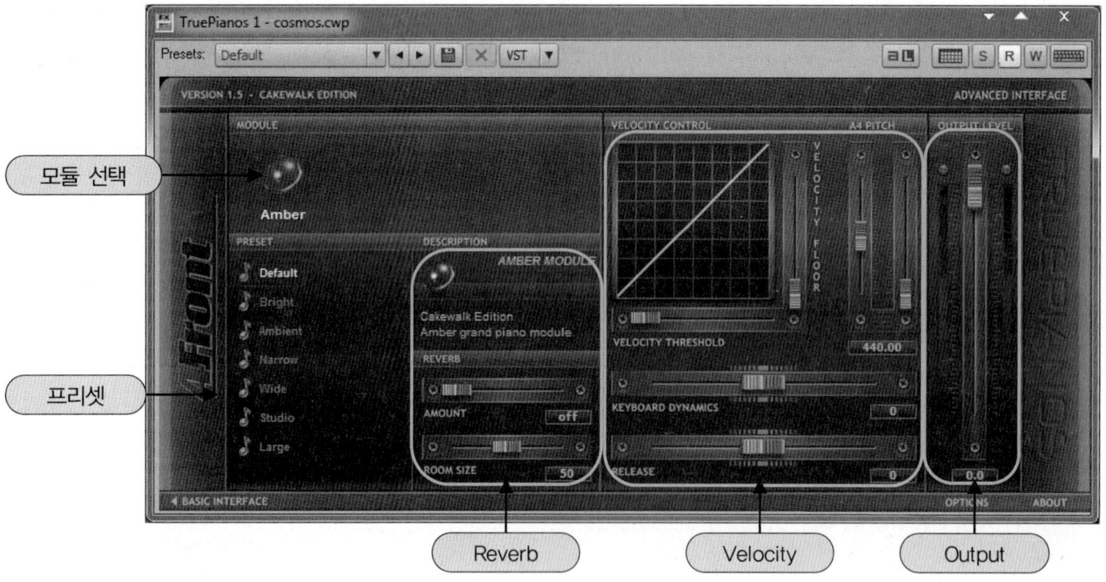

① **모듈 선택 :** 소나 번들용 트루 피아노는 Amber 모듈만 제공한다. 트루 피아노 정품을 설치한 경우 5개의 모듈 중에서 선택할 수 있다.

② **프리셋 :** 해당 모듈이 제공하는 프리셋을 선택할 수 있다. 피아노 음의 밝기를 강조한 Bright 프리셋, 중후한 사운드를 들려주는 Wide 프리셋 등이 있다.

③ **Reverb :** 피아노 음색에 리버브 효과를 적용할 수 있다. Amount에서 리버브 강약을, Room Size에서 룸 크기를 설정한다.

④ **Velocity Control :** 벨로서티와 Pitch 값을 설정할 수 있다. 기본값으로 작업해도 피아노 소리가 아름답기 때문에 이 옵션을 변경할 필요가 없지만 필요에 따라 옵션을 변경할 수도 있다.

⑤ **Output Level :** 피아노 음색의 최종 출력 레벨을 조절한다.

베이스 기타 가상 악기 – SI Bass Guitar(베이스 기타)

Insert → Soft Synths → SI Bass Guitar 메뉴로 로딩하거나 신스 랙의 + 버튼을 클릭해 로딩한다. 베이스 기타 파트를 만들 때 사용하는 가상 악기이다. 원래 SI 시리즈는 별도 판매하는 제품이지만 소나 X1에서 내장 가상 악기로 기본 설치된다. 고전에서 현대까지의 전자식 베이스 기타 음색을 표현한다. 사용법은 앞에서 설명한 SI Drum Kit와 거의 비슷하지만 일부 기능은 이 악기에서만 볼 수 있는 옵션들이다.

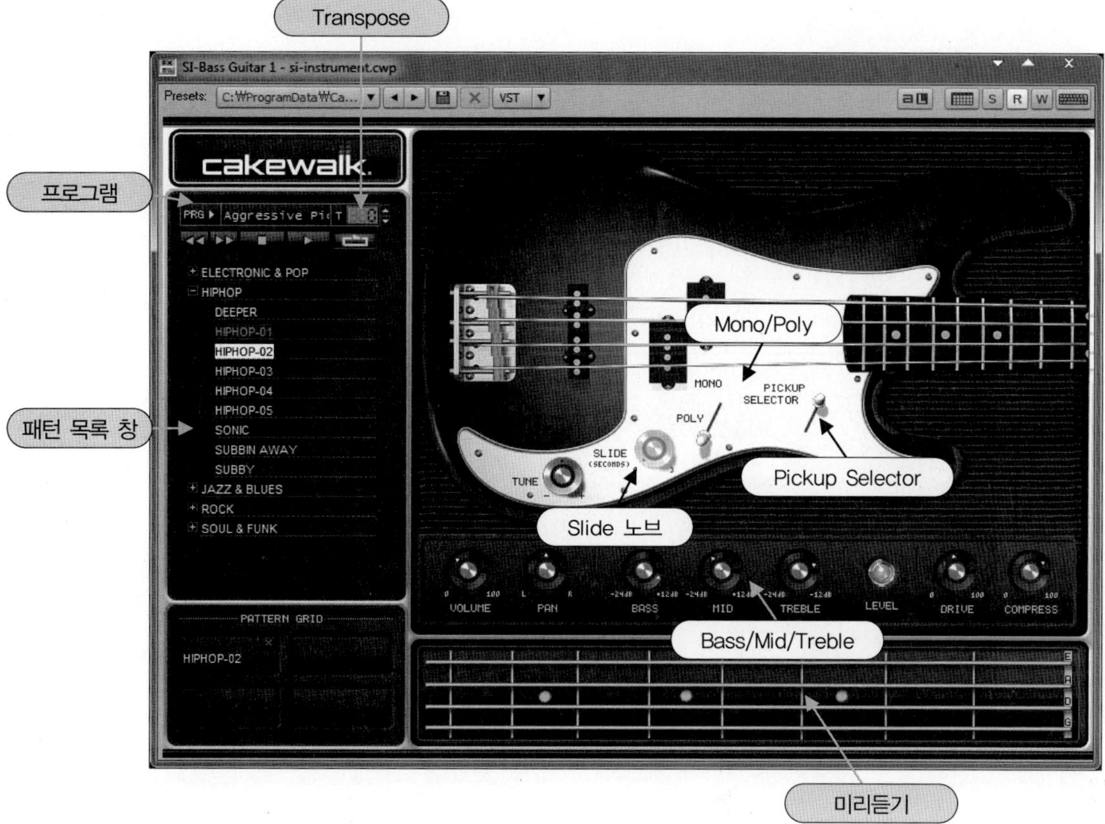

① **Transpose 버튼 :** 조옮김 기능으로 음정을 높이거나 낮출 때 사용한다.

② **Slide 노브 :** 기타 연주 기법의 하나인 슬라이드 주법을 표현할 수 있다.

③ **Mono/Poly :** 보이스 모드를 선택하는 것으로 Mono는 단선율 연주만 가능하고 Poly는 다선율 연주를 할 수 있다.

④ **Pickup Selector :** 전기 기타에서 볼 수 있는 픽업 위치를 선택하는 기능이다. 픽업 위치에 따라 베이스음이 조금 달라진다.

⑤ **Bass/Med/Treble 노브 :** 오디오나 전축에서 볼 수 있는 Bass/Med/Treble 기능과 같은 기능이다. 베이스음, 미드 톤, 고음부 음을 조절한다.

다른 옵션들은 SI Drum Kit 가상 악기에서 봤던 기능과 똑같은 기능이다.

현악기 가상 악기 – SI String Section(스트링 섹션)

SI 시리즈의 하나로 현악기 음색을 표현하는 가상 악기이다. 바이올린, 첼로, 더블베이스 음색이 현악 합주 형태로 사용된다. 영화 음악에서 흔히 들었던 오케스트라 연주 같은 음악을 표현할 때 사용할 수 있다. Insert → Soft Synths → SI String Section 메뉴로 실행하거나 신스 랙의 + 버튼을 클릭해 실행한다. 전체적인 사용법은 앞의 SI Drum Kit 와 비슷하므로 SI String Section에만 있는 기능을 알아본다.

① **Attack 노브 :** 사운드가 시작되는 시점을 조절한다. 수치를 높이면 사운드가 늦게 시작된다.

② **Release 노브 :** 사운드가 종료되는 시점을 조절한다. 수치를 낮추면 피치카토 효과가 나타난다.

③ **Chorus 노브 :** 코러스효과처럼 음이 겹치는 효과를 만든다.

④ **Reverb 노브 :** 음이 울리는 효과를 만든다.

⑤ **Tune/Tone 노브 :** Tune 노브는 음정을 높이거나 낮춘다. Tone 노브는 음색을 조절한다.

⑥ **Vol/Pan 노브 :** 각 악기마다 있는 Volume 노브는 볼륨을 조절하고 Pan 노브는 스테레오 팬을 조절한다. 현악기는 기본적으로 배치 위치가 정해져있으므로 Pan을 변경하지 않는 것이 좋다.

트랜스 곡에 좋은 가상 악기 – PSYN 2

아날로그 스타일의 신디사이저로 베이스, 리드, 패드 등의 음색을 제공한다. 8개의 뱅크에서 제공되는 550개의 음색을 그대로 사용하거나 4개의 오실레이터, 3개의 LFO, 4개의 Envelope, Filter, Drive, Delay 등의 다양한 이펙트로 조절한 뒤 사용할 수 있다.

1. 뱅크 & 패치

악기를 선택할 수 있다. 뱅크는 A, B, C.등의 8개의 버튼으로 구성되어 있고 각 뱅크마다 패치(악기 음색)가 있다. 먼저 A, B, C...뱅크를 마우스 오른쪽으로 클릭하면 악기를 선택할 수 있다. 악기 이름 옆의 노브를 드래그해도 다른 악기를 선택할 수 있다.

A, B, C..라고 쓰여 있는 뱅크를 마우스 오른쪽 버튼으로 클릭하면 사용할 수 있는 악기가 메뉴로 표시되고, 이 메뉴에서 악기를 선택할 수도 있다.

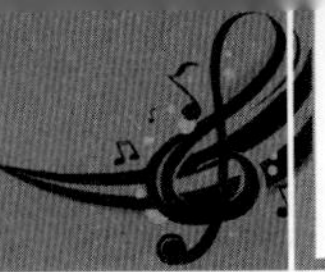

2. 오실레이터(OSC)

오실레이터 자체가 소리를 만드는 기능이므로 여기서는 악기 음색을 만드는 기능이라 할 수 있다. 오실레이터 패널에는 동일한 파라미터가 2개씩 있으므로 2개의 오실레이터가 보이지만 실제로는 4개의 오실레이터가 있다. 1/2 버튼을 클릭하면 1, 2번 오실레이터 패널을 보여주고, 3/4 버튼을 클릭하면 3, 4번 오실레이터 패널로 전환된다. 오실레이터를 사용하면 뱅크& 패치에서 선택한 기본음을 사용자 임의대로 조절해 사용할 수 있다. 하나의 오실레이터만 사용하고 싶다면 사용하지 않는 오실레이터의 주황색 버튼을 Off 시킨다.

① **Wave** : 6개의 웨이브 파형이 제공된다. 원하는 웨이브 파형을 선택하거나 복수의 파형을 선택할 수도 있다.
  - Width **노브** : 파형의 너비를 조절한다.
  - Phase **노브** : 파형의 위상각을 조절한다.
② **Tune** : 음정을 조절한다.
  - Oct **노브** : 옥타브를 ±5 조절할 때 사용한다.
  - Transpose **노브** : 반음정 단위로 조절할 때 사용하며 ±12 사이에서 조절한다.
  - Fine **노브** : 음정을 정교하게 조절할 때 사용하며 ± 100센트 단위로 조절한다.
  - Keyb **버튼** : 키보드로 MIDI 노트를 연주하도록 해준다. 이 버튼을 끄면 건반을 눌러도 음정 변화가 발생하지 않는다.

③ **Subosc** : 메인 오실레이터마다 서브 오실레이터가 있다. 한 옥타브 낮은 저음부 보강용으로 사용하며 베이스나 패드 음을 만들 때 좋다. 전체적으로 사운드가 두툼해지고 딱딱해진다.

④ **Mod Sens** : EG 또는 LFO 와 다른 오실레이터 간의 서로 영향을 주는 감도를 조절한다.

⑤ **Mode** : 2쌍으로 된 오실레이터 4개의 결합 방식을 설정한다. NORMAL 방식은 2쌍으로 된 오실레이터가 최종 출력 시 중첩되는 방식으로 사용되고 소리차를 만드는 Ring 방식, 오실레이터 2(4)번이 오실레이터 1(3)번의 슬레이브가 되는 SYNC 방식, 오실레이터 1(3)번이 오실레이터 2(4)번의 모듈레이터가 되는 Linear FM 방식 등에서 선택한다.

3. Filter

작업 중인 음색에 필터를 적용해 특정 주파수 대역을 패스하거나 차단할 수 있다. 2개의 필터를 사용할 수 있다.

① **Set:** 녹색 버튼을 클릭해 사용할 필터를 선택한다. Low Pass, High Pass, Band Pass, Band Reject 등의 필터가 있다. Cutoff 노브를 조절해 기준 주파수를 설정한다. Resonance 노브를 조절해 필터의 강약을 조절한다. Kyeb 노브 수치를 높이면 고음정에서 밝은 소리가, 저음정에서 무던 소리가 난다. Vel 노브는 노트 벨로서티에 필터가 얼마만큼 민감하게 적용될지 감도를 설정한다.

② **Config** : 오실레이터와 필터를 직렬(Serial) 또는 병렬(Parallel) 방식으로 연결할 수 있다. Parallel을 선택하면 모든 오실레이터가 두 필터에 병렬로 연결되고, Serial을 선택하면 모든 오실레이터가 1번 필터에 연결된 뒤 1번 필터는 2번 필터로 연결되어 사운드가 출력된다. Link 버튼을 클릭하면 두 필터의 파라미터가 동일하게 설정된다. FeedB 노브를 조절하면 콤 필터 효과를 만들 수 있다.

4. EG(엔벨로프)

EG는 엔벨로프 제너레이터라고 말한다. 자세한 사용법은 가상 악기 Z3ta+를 참고한다.

5. LFO

LFO란 저주파 발생 오실레이터를 말하며 보통 20Hz 아래 주파수 대역대인 저음부를 발생시키는 용도로 사용한다. 사용법은 앞에서 설명한 오실레이터와 비슷하다.

6. Drive

드라이브 효과를 추가할 수 있다. 녹색 버튼을 클릭해 드라이브 효과의 유형을 선택한 뒤 2개의 노브를 조절해 강약을 조절한다.

7. Delay

필요할 경우 딜레이 효과를 추가할 수 있다. 5개의 노브를 조절해 음이 미세하게 딜레이되어 들리는 효과를 만들면 된다.

8. Mod FX

필요한 경우 코러스 효과나 페이즈 효과를 추가할 수 있다.

9. Polyphony

PSYN은 최대 64개 노트를 동시에 발음할 수 있다. 여기서 동시에 발음(연주)할 수 있는 음정 수를 설정한다. Mono를 선택할 경우 다음 노트를 연주할 때 이전 노트는 바로 연주가 중단된다.

10. Portamento

포르타멘토 연주 효과에 옵션을 설정한다.

11. Bend

피치 휠 범위를 설정한다. 피치 벤드 모드에 따라 범위를 다르게 설정할 수 있다.

12. Output

최종 출력 레벨과 팬 값을 설정할 수 있다.

아날로그 신디사이저 방식의 가상 악기 – Z3ta+

Z3ta+(제타)는 독창적인 대역제한 웨이브 쉐이핑(Band-Limited Wave Shaping) 테크놀로지를 탑재한 아날로그 스타일의 신디사이저이다. 신디사이저 패널은 듀얼 필터 모드, 6개의 오실레이터, 4개의 필터, LFO, EG, 모듈레이션 매트릭스, 아르페지에이터로 구성되어 있고 이펙트 패널은 디스토션, 딜레이, 리버드 등으로 구성되어 있어 특별한 음색을 만들어내고 이펙트 효과까지 해결할 수 있다. 보통 클럽, 트랜스, 테크노, 댄스곡, 뉴에이지, 퓨전 음악과 어울리는 사운드 작업에 좋다.

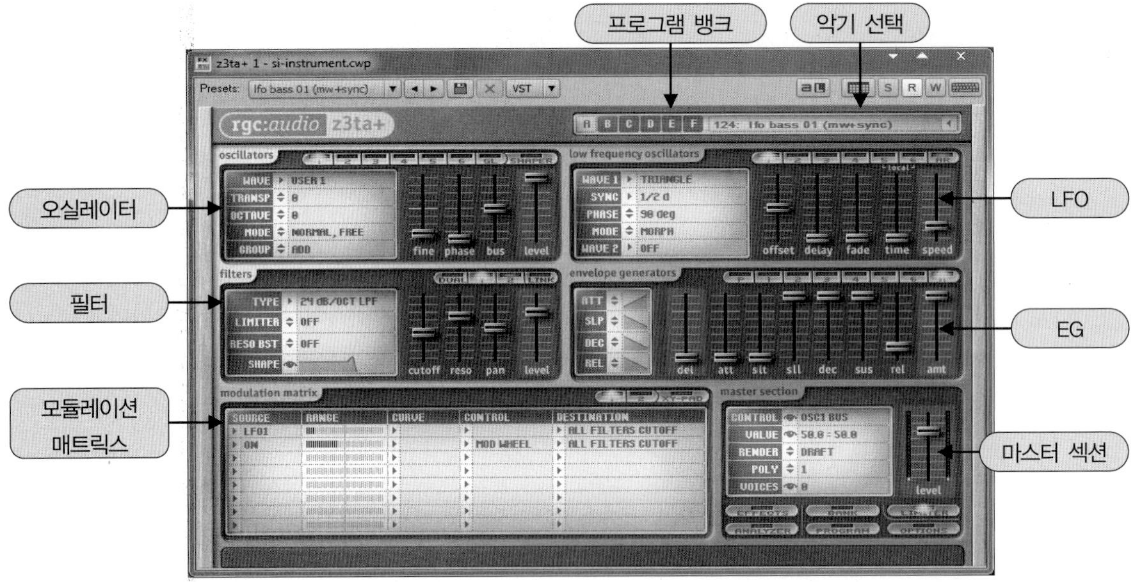

오른쪽 하단의 Effects 버튼을 클릭하면 다음과 같이 이펙트 창으로 전환된다.

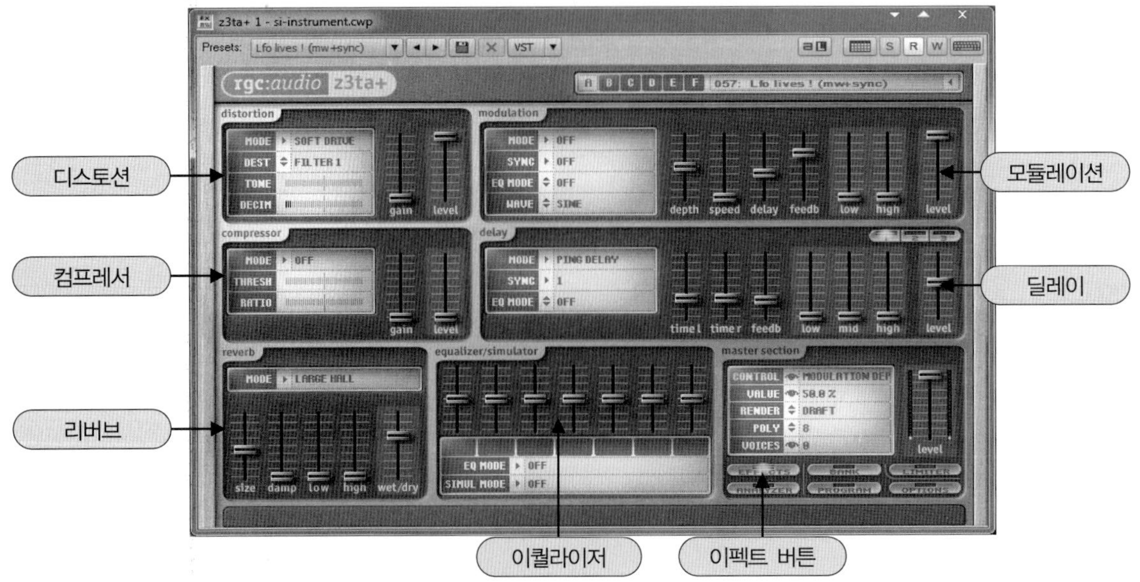

1. 프로그램 뱅크

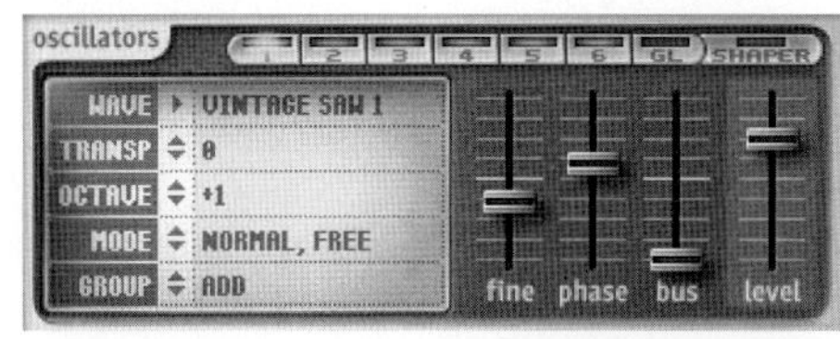

미리 만들어놓은 프로그램을 선택할 수 있다. Z3ta는 768개의 프로그램 슬롯을 제공하며 A, B, C, D, E, F 뱅크마다 각각 128개의 프로그램을 가지고 있다. A, B, C... 알파벳 부분을 마우스 오른쪽 버튼으로 클릭해 미리 프로그램된 사운드를 선택한 뒤 음색으로 사용할 수 있다.

2. 오실레이터

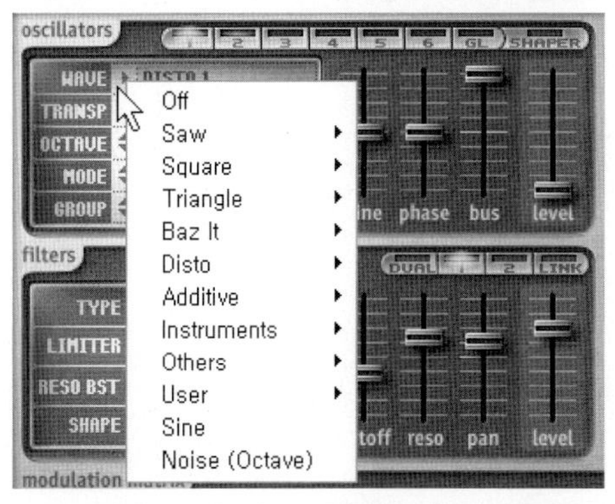

File 버튼의 삼각형을 클릭해 사운드 샘플을
불러오는 모습

1, 2, 3, 4, 5, 6 등 모두 6개의 오실레이터를 제공한다. 먼저 원하는 오실레이터 번호를 선택한다. 그런 뒤 Wave 버튼의 삼각형 부분을 클릭해 사용하고 싶은 사운드 샘플을 불러온다. 각각의 오실레이터 번호마다 다른 사운드 샘플을 불러오면 여러 사운드 샘플을 혼합해 사용하는 효과가 있다.

① **Wave 버튼** : 오실레이터에서 사용할 사운드 샘플을 불러온다. Off을 선택하면 해당 오실레이터는 사운드 샘플을 사용하지 않는 상태가 된다.

② **Tramsp 버튼** : 음정을 반음 단계로 조절한다. −12 ~ +12 사이에서 조절한다.

③ **Octave 버튼** : 음정을 한 옥타브 간계로 조절한다. −5 ~ +5 사이에서 조절한다.

④ **Mode 버튼** : 오실레이터 모드를 선택한다. 사운드 샘플의 파형 발진이 변경된다.

⑤ **Group 버튼** : 복수의 오실레이터를 그룹화시켜 모듈레이션 효과를 만들어준다. 모듈레이션 모드의 종류를 선택한다.

⑥ **Fine 슬라이더** : −100 ~ +100 센트 단위로 정교한 튜닝을 할 수 있다.

⑦ **Phase 슬라이더** : 샘플 사운드의 위상각을 0~360 각도로 조절한다.

⑧ **Bus 슬라이더** : 버스1과 버스2의 믹싱을 조절한다.

⑨ **Level 슬라이더** : 오실레이터의 최종 출력을 설정한다.

⑩ **GL 버튼** : 6개 오실레이터에 일괄적으로 적용되는 옵션값을 설정할 수 있다. Main Transpose은 반음정을 −12~12 단위로 반음정을 조절한다. Bend Mode는 피치 밴드의 범위를 조절할 때 사용하며 Bend Up은 반음정 단계로 윗 단계로 조절하고, Bend Down은 반음정 단계로 아래 단계로 조절할 때 사용한다. Porta Mode는 포르타멘토 모드를 조절할 때 사용한다.

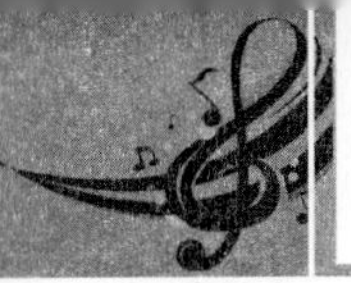

⑪ **Shaper 버튼** : 사운드 샘플의 파형을 사용자가 마우스로 드래그하여 조절할 수 있다. 파형에 따라 사운드가 미세하게 달라진다. 기본값으로 돌아가려면 파형 부분을 마우스 오른쪽 버튼으로 클릭한 뒤 Reset All Shapers 메뉴를 적용한다.

3. 필터

2개의 스테레오 필터가 제공되는데 굳이 분리하자면 총 4개의 싱글 필터라고 할 수 있다. 샘플 사운드에서 원하는 부분만 들리도록 필터링하는 효과가 있다.

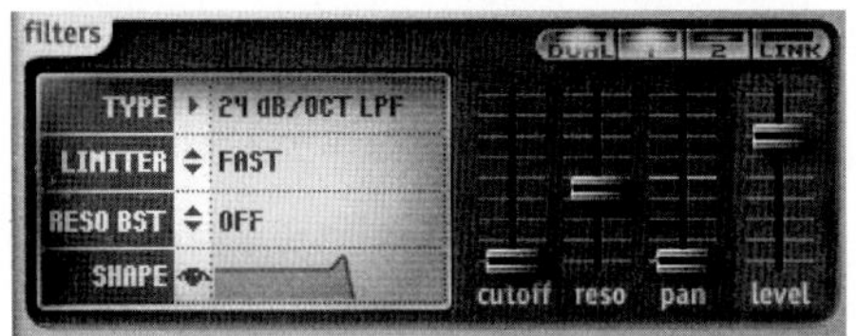

① **Type** : 필터 유형을 선택한다. 12dB/24dB/36dB 옥타브 로우패스, 밴드패스, 하이패스 필터를 사용할 수 있다.

② **Limiter** : 응답 시간을 설정한다. Off, Slow, Fast에서 선택한다.

③ **Reso Bst** : 공명음 부스터 기능을 On/Off 할 수 있다.

④ **Shape** : 선택한 필터 유형의 모양을 보여준다.

⑤ **Cut Off 슬라이더** : 특정 주파수를 차단할 수 있는 Cut Off 기능을 조절한다.

⑥ **Reso 슬라이더** : 차단 값의 강약을 설정한다.

⑦ **Pan 슬라이더** : 팬 값을 설정한다.

⑧ **Level 슬라이더** : 출력 레벨을 설정한다.

4. LFO (Low Frequency 오실레이터) / 아르페지에이터

LFO란 저주파 발생 오실레이터를 말하며 보통 20Hz 아래 주파수 대역대에서 음파를 발진하는 용도로 사용한다. 사용법은 앞에서 설명한 오실레이터와 비슷하며 저주파 사운드를 추가할 경우 사용한다. AR 버튼을 클릭하면 아르페지에이터를 사용할 수 있다.

5. EG (Envelope Generators)

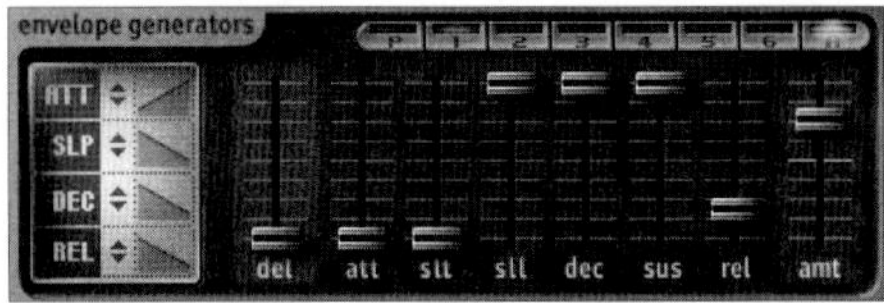

엔벨로프 제너레이터는 신디사이저에서 볼 수 있는 기능으로 각종 오실레이터나 필터 모듈을 제어해 새로운 합성음을 만들 때 사용한다. 보통 Attack Time, Decay Time, Sustain Level, Release Time 등을 조절하고 Delay는 시작 타임, Sustain은 노트 길이를 말한다.

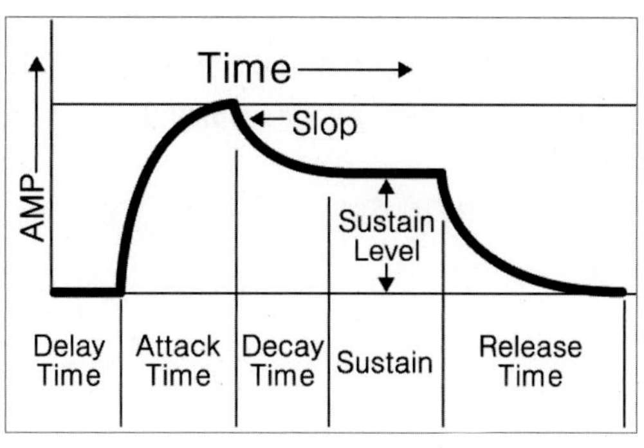

엔벨로프의 구조

① **ATT 버튼** : 어택 타임 라인 유형을 선택한다.

② **SLP 버튼** : 슬로프 라인 유형을 선택한다.

③ **DEC 버튼** : 디케이 타임 라인 유형을 선택한다.

④ **REL 버튼** : 릴리즈 타임 라인 유형을 선택한다.

⑤ **Del 슬라이더** : 시작 부분에서 딜레이되는 시간을 설정한다.

⑥ **Att 슬라이더** : 어택 타임을 설정한다.

⑦ **Slt 슬라이더** : 슬로프 타임을 설정한다.

⑧ **SII 슬라이더** : 슬로프 레벨을 설정한다.

⑨ **Dec 슬라이더** : 디케이 타임을 설정한다.

⑩ **Sus 슬라이더** : 서스테인 타임을 설정한다.

⑪ **Rel 슬라이더** : 릴리즈 타임을 설정한다.

⑫ **Amt 슬라이더** : EG의 최종 출력 레벨을 설정한다. 중앙 0을 기준으로 −1∼1 사이에서 조절한다.

6. 모듈레이션 매트릭스(Modulation Matrix)

지금까지 변조시킨 사운드 소스를 어떻게 연결해 사용할 것인지 설정한다. 각종 파라미터를 링크하고 모듈레이션 범위, 커브, 컨트롤 방식을 할당할 수 있다.

① **Source** : 조절할 파라미터를 선택한다.

② **Range** : 선택한 파라미터의 조절 범위를 설정한다.

③ **Curve** : 적용할 커브 모양을 선택한다.

④ **Control** : 컨트롤되는 미디 이벤트를 선택한다.

⑤ **Destination** : 전송될 목적지를 선택한다.

7. 마스터 섹션(Master Section)

최종 출력 레벨과 렌더링 품질, 동시 발음수를 설정한다. **Effects** 버튼을 클릭하면 이펙트 창으로 전환된다.

① **Control** : 무엇을 조절하고 있는지 표시해준다.

② **Value** : 조절값을 표시한다.

③ **Render** : 품질을 선택한다.

④ **Poly** : 동시 발음수를 선택한다.

⑤ **Effect** : 이펙트 창으로 전환한다.

⑥ **Level** : 최종 출력 레벨을 설정한다.

8. Distortion

디스토션과 오버드라이브 효과를 추가할 수 있다.

9. Modulation

코러스(Chorus), 플랜저(Flanger), 페이저(Phaser) 효과를 추가할 수 있다.

10. Compressor

컴프레서 효과를 추가할 수 있다.

11. Delay

딜레이 효과를 추가할 수 있다.

12. Reverb

리버브 효과를 추가할 수 있다.

13. Equalizer/Simulator

이퀄라이저와 시뮬레이터를 추가할 수 있다.

빈티지 신디사이저 스타일의 가상 악기 – Pentagon 1

펜타곤은 빈티지 풍의 아날로그 신디사이저로 4개의 오실레이터, 6개 모드를 지원하는 모듈레이션이 내장되어 일반적인 가상 악기와는 다른 이색적이고 공상과학적인 음색을 만들 수 있다. 특히 오실레이터와 모듈레이션, Chorus, Flanger, Phaser, Delay, EQ, 기능을 병행 조작하면 테크노, 트랜스, 댄스곡에 사용할 수 있는 음색 표현이 가능하다.

일반 Bank에서 원하는 악기가 있는 Back를 선택한다. 기본적으로 A 뱅크가 선택되어 있는데 B 뱅크나 C 뱅크를 선택하면 악기 목록이 달라진다.

사용할 악기는 펜타곤 작업 창을 마우스 오른쪽 버튼으로 클릭하거나, 악기 선택 버튼을 클릭해 선택한다. 그런 뒤 오실레이터 1, 2, 3, 4를 통해 소리의 떨림 효과를 만들어낸다.

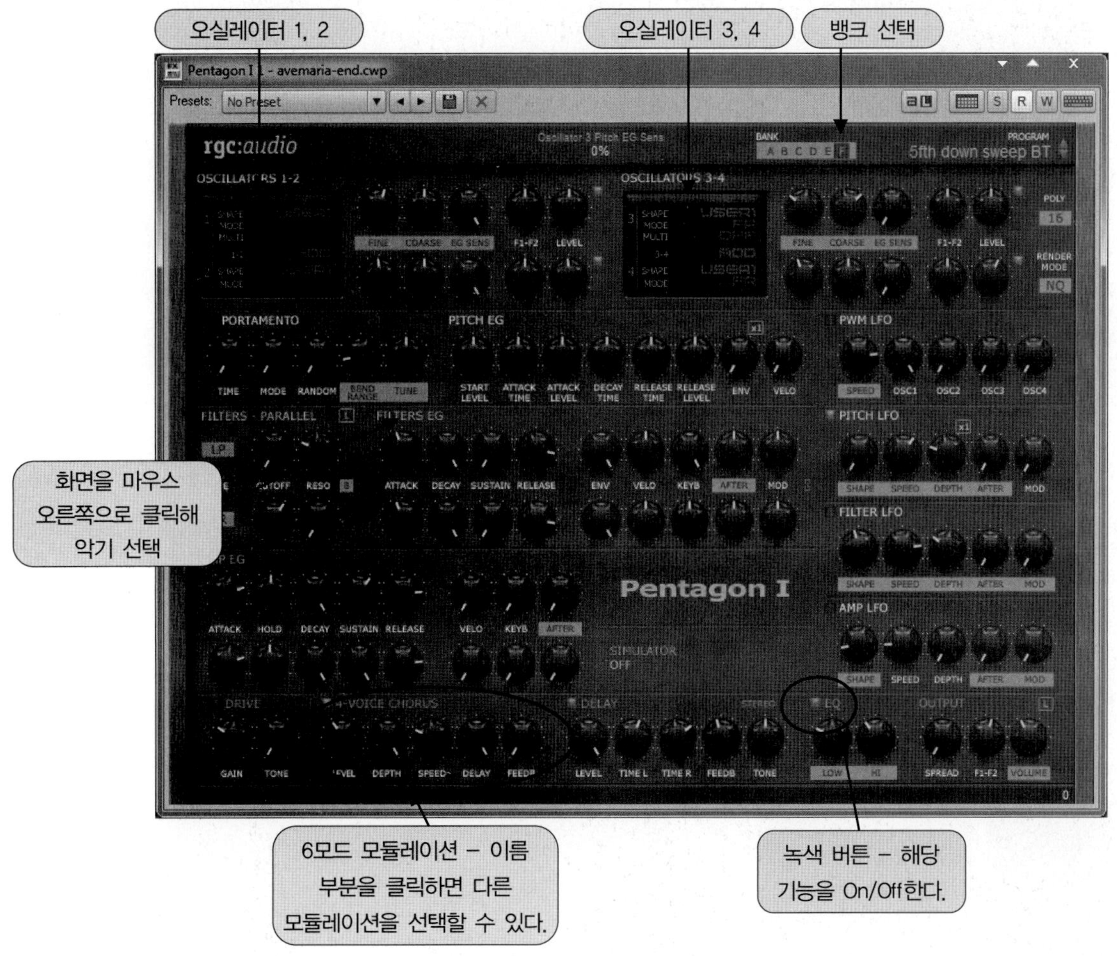

시퀀서와 신디사이저가 결합된 가상 악기 – Rapture

파워 있는 사운드, 직관적인 컨트롤 기능이 결합된 **Rapture 32**는 시퀀서 기능과 신디사이저 기능이 결합되어 있다. 팝, 클럽, 댄스곡의 베이스, 리드, 패드 사운드 제작에 사용하며 현대적인 곡 제작에 유용하다. 소나 7 등에서 제공된 **Dimension Pro**는 Rapture와 동작 방식이 비슷하지만 Rapture에 비해 하위급에 해당한다. 따라서 **Rapture**의 사용법을 익히면 Dimension Pro 또한 손쉽게 사용할 수 있다.

1. 프로그램 버튼 – 악기 선택

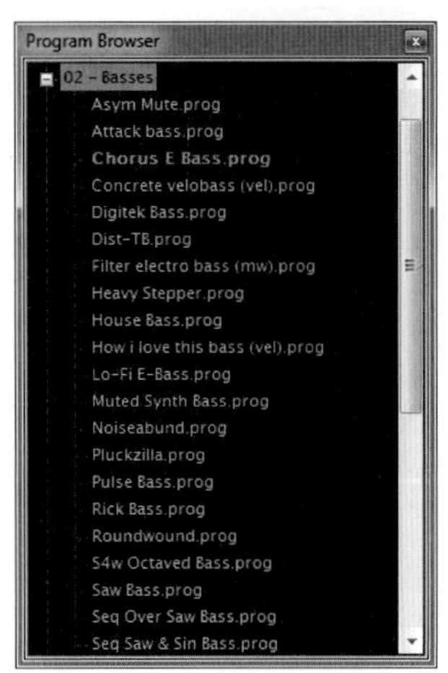

미리 프로그램된 음색을 불러올 수 있다. Rapture는 기본적으로 E1부터 E6까지 각각 다른 음색을 등록해 사용하거나 E1~E6의 음색을 믹싱해 사용할 수 있는데 Program 버튼을 클릭하면 미리 설정된 음색을 사용할 수 있다.

예를 들어 **Basses** 항목에 등록된 프로그램을 선택하면 베이스 연주에 어울리는 사운드를 사용할 수 있다.

2. 샘플 윈도우

상단 E1~E6 버튼에서 작업할 버튼을 클릭해 활성화시킨다. 그런 뒤 샘플 이름 부분을 클릭해 사용할 샘플을 불러온다. 샘플은 Wav 포맷, Ogg 포맷, Sfz 포맷, Aif 포맷의 사운드 파일을 불러올 수 있으며 기본적으로 500여 개의 샘플 파일을 제공한다. 각각 다른 사운드가 녹음되어 있으므로 악기 선택하듯 선택하면 된다. E1, E2, E3... 버튼마다 다른 샘플 파일을 불러올 수 있고, 하단 Mixer 윈도우에서 E1~E6 노브의 On 버튼을 활성화시키면 E1~E6에 등록된 샘플들을 믹싱한 뒤 사용할 수 있다.

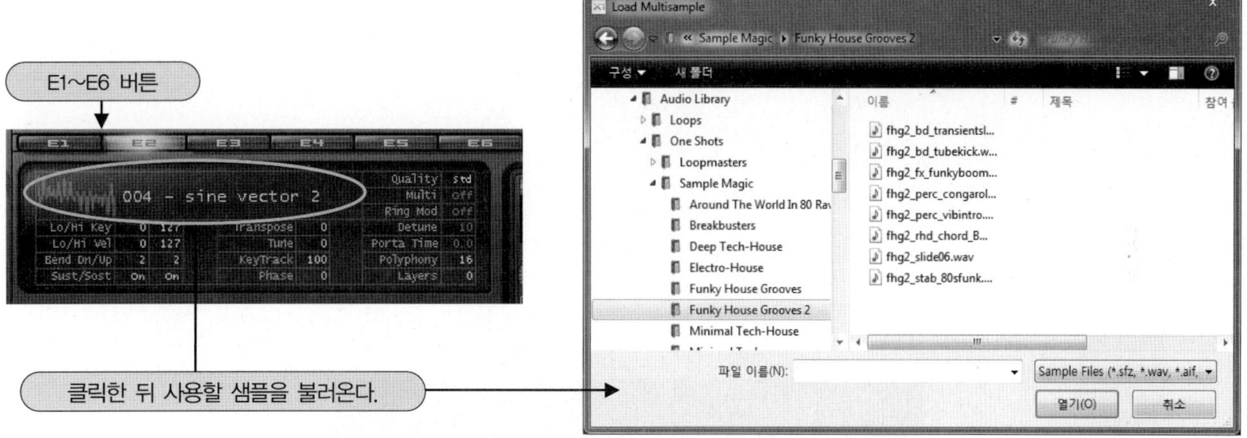

샘플 윈도우의 오실레이터 컨트롤은 Rapture LE 버전의 경우 사용할 수 없으며, Rapture 정품을 설치한 경우 다음과 같이 사용할 수 있다.

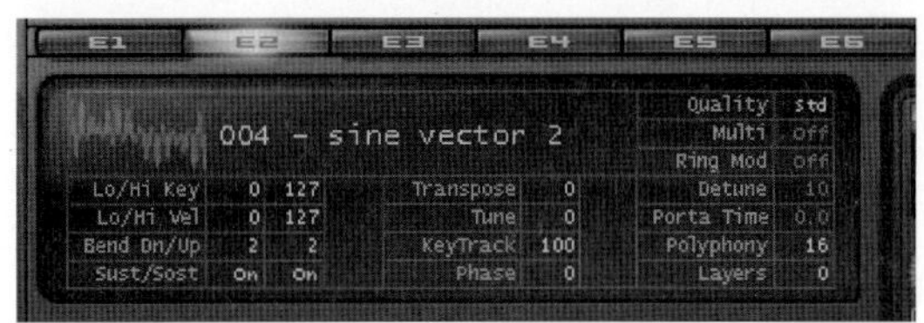

① **Lo/Hi Key :** 건반 키 값의 범위를 설정한다. 0~127로 설정하면 전체 건반 영역이 사용된다. 소나는 60번 즉 C5가 기본 도음이다. 따라서 67~127로 설정하면 기본 음정보다 한 옥타브 높은 음정부터 건반 범위가 설정된다.

② **Lo/Hi Vel :** 건반을 누르는 강약인 벨로서티 범위를 설정한다.

③ **Bend DM/Up :** 피치 휠 범위를 설정한다.

④ **Sust/Sort :** 서스테인(cc # 64) 정보와 소스테누토(cc # 66) 정보의 사용을 결정할 수 있다.

⑤ **Transpose :** 음정의 높낮이를 변경할 수 있다. 반음정 단위로 변경할 수 있으며 2는 한음정 단위로 변경된다.

⑥ **Tune :** 반음정을 100분의 1단위로 높이거나 낮추는 방식으로 정교하게 튜닝할 수 있다.

⑦ **KeyTrack :** 반음 간격을 설정하며 기본값은 100이다.

⑧ **Phase :** 샘플 사운드의 웨이브 파형 위상각을 변경할 수 있다. 위상각에 따라 사운드가 조금씩 다르게 들리게 된다.

⑨ **Quality** : 샘플 사운드의 렌더링 품질을 설정한다. 기본값은 Std(스탠다드)이지만 고품질을 원할 경우 Hi를 선택한다.

⑩ **Multi** : 샘플 사운드를 멀티 오실레이터로 사용하게 한다. Off, 3v, 5v, 7v, 9v에서 선택하며 Detune 옵션과 함께 사용한다.

⑪ **Ring Mod** : 오실레이터를 2개가 겹친 상태의 링 모드로 동작하게 한다. Detune 옵션과 함께 사용한다.

⑫ **Detune** : Multi 옵션과 Ring Mod 옵션의 세부값을 설정하는 것으로 반음정을 100센트 단위로 조절한다.

⑬ **Porta Time** : Polyphony을 0으로 설정하면 Monophonic/Legato mode로 전환되며 0~10초 단위로 설정한다.

⑭ **Polyphony** : 동시에 들리는 화음수를 설정한다. 기본값은 16이며 0이나 1로 설정하면 Monophonic/Legato mode 로 전환된다.

⑮ **Layers** : 연주할 때 샘플 레이어의 개수를 설정한다.

3. DSP 윈도우

DSP 윈도우는 2개의 Filter, Drive 모듈, LoFi 모듈로 구성되어 있다. 불러온 샘플 사운드의 음색을 다양하게 만들 수 있는 기능이다.

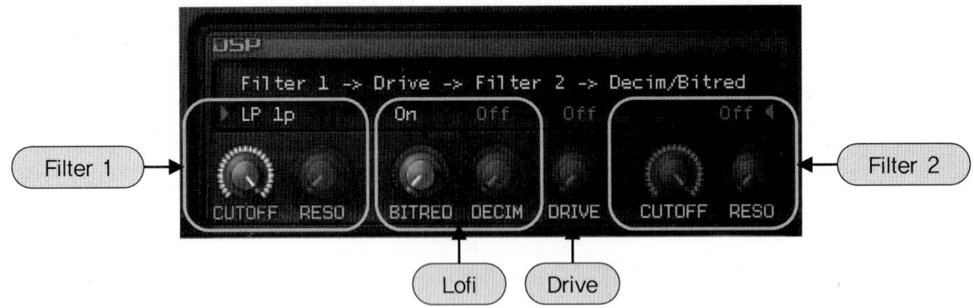

① **Filter 1, 2 노브** : 로우 패스, 하이 패스 등 특정 주파수 대역을 차단하는 필터를 사용할 수 있다. LP1P, HP1P, BP1P, BR1P, AP1P, LP2P, HP2P, BP2P, BR2P, PK2P, LP4P, HP4P, LP6P, HP6P, PINK, COMB 등에서 선택한다.

② **LoFi 노브** : Bitred 노브는 Sample Bit를 리덕션하는 기능으로 사용하며 Decimation 노브는 Sample Rate를 조절할 때 사용한다. 둘 다 사운드를 오래된 느낌으로 만드는 효과가 있다.

③ **Drive 노브** : 사운드에 오버드라이브(디스토션) 효과를 만들 때 사용한다. Tube(소프트), Soft(조용한), Mid(미드톤), Hard(강한), Bright(밝은) 등에서 선택한 뒤 노브를 조절해 강약을 설정한다.

4. 모듈레이터

샘플 사운드에 모듈레이션 효과를 만들 수 있다. Pitch, Cutoff, Resonance, Pan, Amplitude/Volume 버튼을 클릭한 뒤 조절한다. 정품의 경우 Envelope Generator가 별도로 제공되며 LE 버전의 경우 Step 모듈레이터만 사용할 수 있다. Step 모듈레이터는 LFO와 비슷한 방식으로 동작하며 Pitch, Cutoff, Resonance, Pan, Amplitude를 스텝 단위로 조절할 때 사용한다.

① **Status** : 스텝 모듈레이터를 켜거나 끌 수 있다.

② **Steps** : 2~128 사이에서 스텝을 조절한다.

③ **Freq** : 1초당 패턴이 반복되는 주기를 0~40Hz 사이에서 조절한다.

④ **Sync** : 스텝을 메인 템포에 동기화시킨다.

⑤ **Smooth** : 스텝의 변화 단계를 1000분의 1초 단위로 조절한다.

⑥ **Depth** : 스텝의 진폭 단계를 조절한다.

5. 믹서 윈도우

E1~E6 엘레멘트마다 서로 다른 샘플 사운드를 등록했을 경우, 이들을 믹싱하는 기능으로 사용한다. 여러 샘플이 믹싱되어 들리는 효과가 있다. 각각 Pan 값과 볼륨을 조절할 수 있다.

6. 마스터 윈도우

마스터 볼륨과 Pan 값을 조절할 수 있다.

루프 샘플을 악기로 사용하기 – Cyclone 1

16파트 형식의 샘플러인 사이클론은 루프 사운드를 편집, 악기처럼 사용한다. Akai MPC 4000이나 Dr. Rex같은 그루브 스테이션 장비처럼 각각의 루프 조각을 수정하고 변경할 수 있다. 또한 사이클론은 ACID처럼 다른 템포, 다른 루프 패턴도 동일한 템포로 연주하도록 만들어 준다. 예를 들어 템포 80의 드럼과 템포 120의 베이스 루프를 섞으면 어느 한쪽 템포가 늘어져야 하는데 사이클론은 자동으로 비슷한 템포가 되도록 조절한다.

16개의 패드에 루프 곡으로 사용할 수 있는 Wav 파일을 불러온 뒤 섞어준다. 일반적으로 흔히 보는 Wav 파일이 아닌 루프 정보가 있는 ACIDized Wav로 작업할 것을 권장한다.

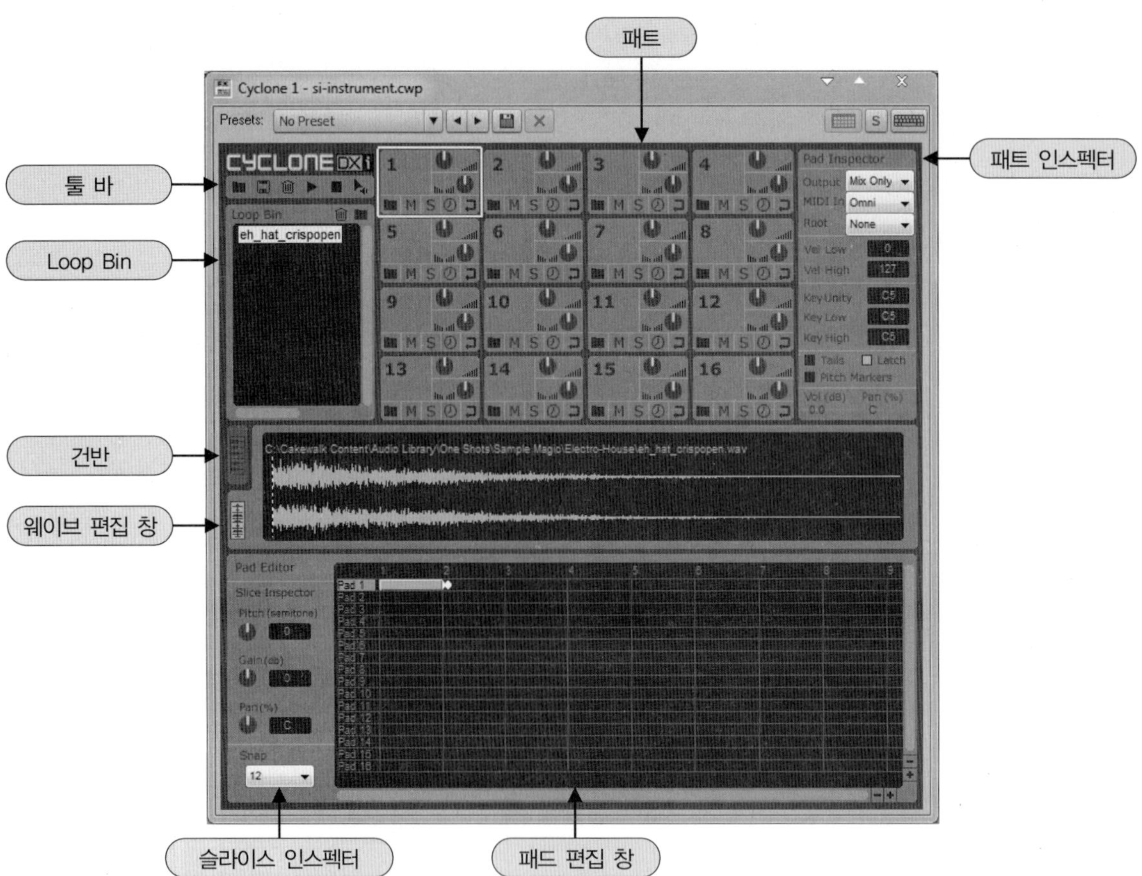

1. 툴 바

상단 툴 바에서 Open, Save, 연주 버튼 등이 제공된다.

① **Open** : *.cy 파일을 불러온다.

② **Save** : 현재 설정 상태를 *.cy 파일로 저장한다.

③ **Delete** : 현재 설정 상태를 모두 삭제하고 초기값으로 돌아간다.

④ **Play** : Loop Bin에서 선택한 Wav 파일을 자동 재생한다.

⑤ **Stop** : 자동 재생을 정지시킨다.

⑥ **Scrub** : 패드 편집 창에서 선택한 Wav 조각을 자동 재생한다.

2. Loop Bin

Loop Bin은 Wav 파일을 관리할 때 사용한다. 새로운 Wav 파일을 불러오고 불필요한 Wav 파일을 삭제할 수 있다.

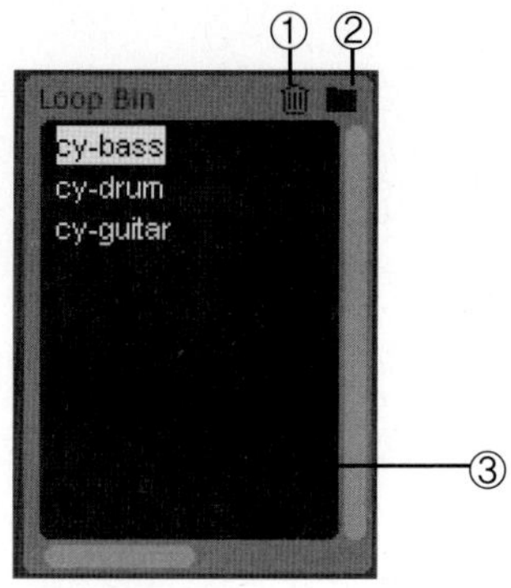

① **Delete** : 선택한 Wav 파일을 삭제한다.

② **Open** : 새 Wav 파일을 불러온다. 불러온 Wav 파일은 패드에 삽입되지 않은 상태이므로 마우스로 드래그하여 원하는 패드에 삽입한다.

③ **목록 창** : 사용 중인 Wav 파일이 목록으로 표시된다.

3. 패드

16개의 패드가 있으며 각각의 패드는 마우스 오른쪽 버튼으로 클릭한 뒤 **Open Audio Files** 메뉴로 Wav 파일을 삽입할 수 있다. 번호 부분을 클릭하면 해당 웨이브 파일이 연주된다.

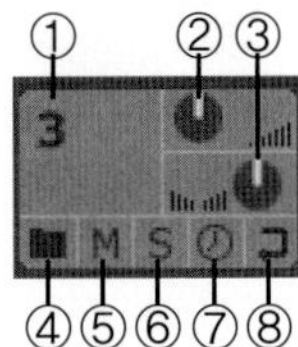

① **패드 번호** : 패드 번호가 표시된다. 클릭하면 반전되어 패드에 삽입한 Wav 파일이 자동 연주된다. 다시 클릭하면 연주를 중단한다.

② **Volume** : 해당 웨이브 파일의 볼륨을 조절한다.

③ **Pan** : 해당 웨이브 파일의 팬 값을 조절한다.

④ **Open** : 패드에 Wav 파일을 삽입할 수 있도록 Open 메뉴를 실행한다.

⑤ **Mute** : 해당 Wav 파일을 소리가 나지 않도록 뮤트시킨다.

⑥ **Solo** : 해당 Wav 파일을 솔로 연주한다.

⑦ **Cynced Playback** : Wav 파일의 템포를 소나 템포에 싱크시킨다.

⑧ **Looping** : 해당 Wav 파일을 루프(반복 재생) 연주한다.

4. 패드 인스펙터(Pad Inspector)

선택한 패드에 대한 추가 파라미터를 사용할 수 있다.

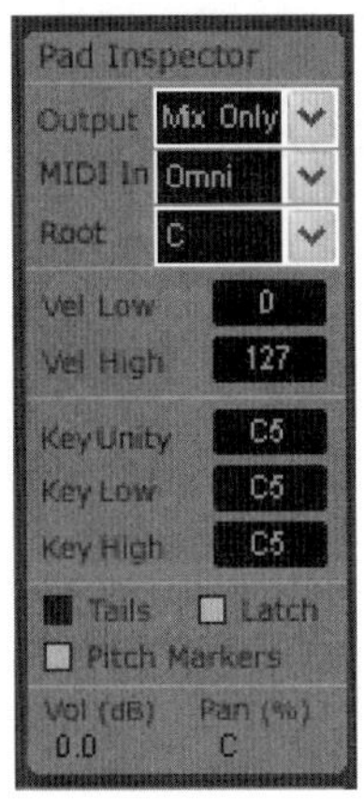

① **Output** : 출력 채널을 설정한다. 16개 채널이나 Mix Only(마스터채널)중 선택한다.

② **MIDI In** : 입력 채널을 설정한다.

③ **Root** : 웨이브 파일을 읽을 때의 기본음을 설정한다.

④ **Vel Low/High** : 벨로서티 최소/최대값을 설정한다.

⑤ **Key Unity** : 해당 패드의 건반키 값을 설정한다. 1번 패드는 기본적으로 C5(도)에 할당되고, 2번 패드는 D5(레)에, 3번 패드는 E5(미)... 순서로 할당된다. 이 키 값을 변경할 수 있다.

⑥ **Key Low/High** : 건반 범위의 최소/최대값을 설정한다.

⑦ **Tail** : 패드 에디터의 Wav 조각에 삼각형 꼬리를 표시한다. 보통 웨이브 조각이 짧을 경우 표시한다.

⑧ **Latch** : 일종의 걸쇠 기능으로 패드를 클릭했을 때 Wav 파일이 끝 부분까지 연주되는 것을 방지한다. 이 옵션을 끄면 패드를 마우스로 클릭하고 있을 때만 Wav 파일이 연주된다.

⑨ **Pitch Markers** : 소나의 피치 마커에 동기화시킨다.

⑩ **Vol/Pan** : 해당 패드의 볼륨과 팬 값을 설정한다.

5. 건반

패드에 삽입한 Wav 파일이 건반의 어느 키에 할당되었는지 보여준다. 패드를 클릭하면 해당 패드에 할당된 건반키가 하이라이트된다. 기본적으로 1번 패드에 삽입된 웨이브 파일은 C5, 2번 패드는 D5, 3번 패드는 E5... 순서로 할당된다.

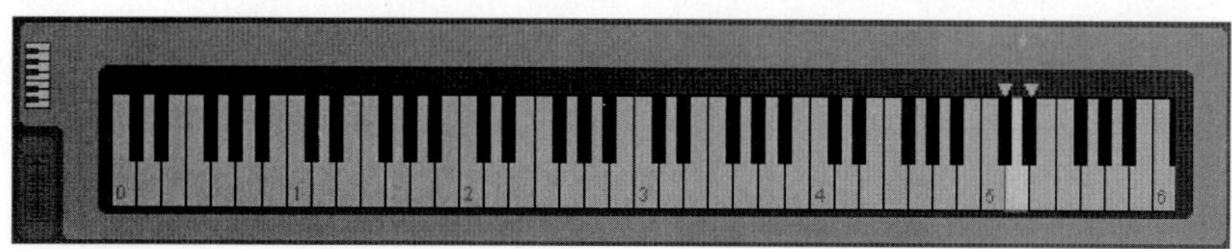

예를 들어 피아노 롤 뷰에서 C5(도)에 노트를 입력하면 1번 패드에 삽입된 웨이브 파일이 연주된다. D5(레)에 노트를 입력하면 2번 패드에 삽입된 웨이브 파일이 연주되어 Wav 파일을 악기처럼 사용할 수 있다.

C5에 노트를 입력하면 1번 패드의
웨이브 파일이 연주된다.

D5에 노트를 입력하면 2번 패드의
웨이브 파일이 연주된다.

6. 웨이브 편집 창

패드에 삽입한 웨이브 파일을 박자 단위로 분리되어 보여준다. 마우스로 드래그하여 패드 에디터의 다른 웨이브 조각으로 이동시킬 수 있다.

참고로, ACIDized Wav 파일은 박자 단위로 분할 표시되지만, 일반 Wav 파일은 박자 단위로 분할되지 않는다.

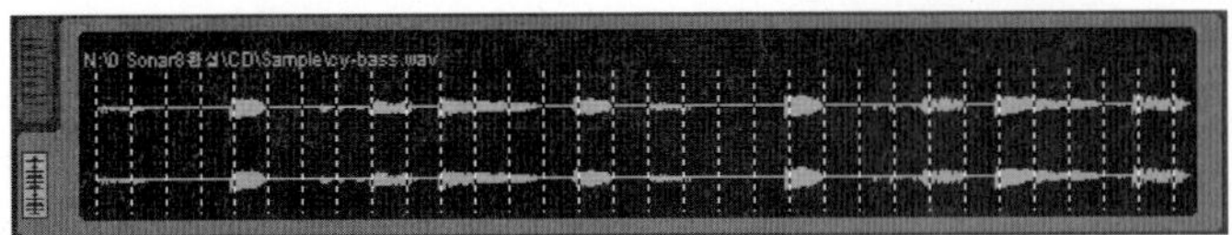

예를 들어 드럼 사운드에서 특정 박자에 해당하는 웨이브 파형이 마음에 들고, 베이스 사운드에서 특정 부분이 마음에 든다고 가정해 보자. 양쪽에서 마음에 드는 부분만 뽑아서 조립한 뒤 새 클립을 만들어 악기처럼 사용할 수 있다.

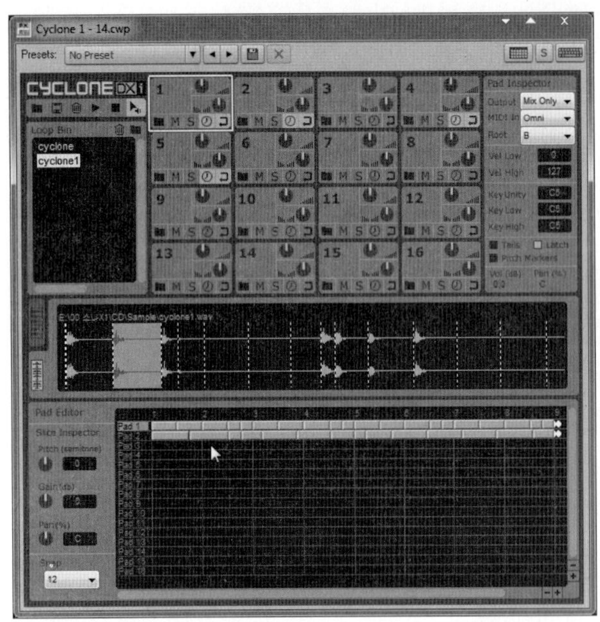

1. 2번 패드에 삽입된 ACIDized Wav 파일

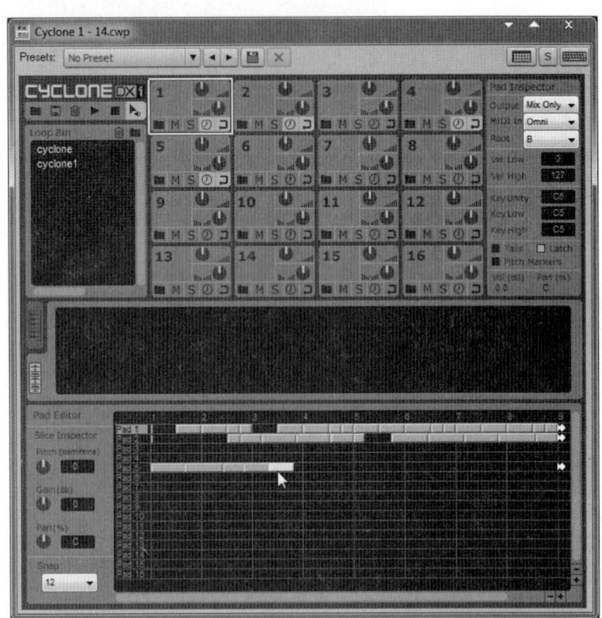

각각의 파일에서 필요한 부분만 뽑아 5번 패드에서 연결한 모습

Tip　**ACIDized Wav 파일**

ACIDized Wav 파일은 루프 정보가 삽입된 웨이브 파일로 보통 ACID Pro로 제작한다. ACID Pro는 서로 다른 템포의 웨이브 파일을 루프 시퀀싱이 잘 되도록 Wav 파일에 박자(마디) 정보와 템포 정보를 함께 수록한다. 이 박자, 마디, 템포 정보는 Cyclone에서 인식되므로 Cyclone의 패드로 로딩하면 웨이프 파형이 박자 단위로 분할되어 표시되는 것을 알 수 있다.

참고로, 일반적으로 볼 수 있는 Wav 파일은 마디(박자) 정보가 없으므로 웨이브 파형이 박자 단위로 분할되지 않고 통으로 표시된다. 따라서 일반 Wav 파일을 박자 단위로 분할 표시하려면 ACID Pro에서 일단 불러온 뒤 바로 저장하면 루프 정보가 생성된다. 소나 X1에서 ACIDized Wav 파일을 만들려면 먼저 일반 Wav 파일을 오디오 트랙으로 Import한다. 트랙에 삽입된 클립을 더블클릭한 뒤 루프 컨스트럭션 창에서 Loop 버튼을 켜고(On), 루프 컨스트럭션 창의 Clip → Save 메뉴로 저장하면 ACIDized Wav 파일이 만들어진다.

7. 패드 에디터

각각의 패드에 삽입된 ACIDized Wav 파일을 조각 형태로 표시해준다. 조각을 이동시켜 다른 Wav 파일과 사운드를 혼합하고 편집할 수 있고 특정 조각을 선택한 뒤 Delete 키를 눌러 삭제할 수 있다. 말 그대로 서로 다른 웨이브 파일을 이동시키고, 붙이면서 새로운 사운드를 조립할 때 사용한다.

① **Pitch :** 선택한 웨이브 조각의 음정을 조절한다.

② **Gain :** 선택한 웨이브 조각의 게인 값을 조절한다. 일종의 볼륨 조절 기능이다.

③ **Pan :** 선택한 웨이브 조각의 팬 값을 조절한다. 스테레오 좌우 스피커에서 어느 한쪽으로 들리게 할 수 있다.

④ **Snap :** 스냅 기능을 몇 박자 단위로 할지 설정한다.

⑤ **에디터 창 :** 마우스로 드래그하여 웨이브 조각을 편집한다. 원하는 위치로 이동시키면 된다. Ctrl + 드래그하면 복사한 뒤 사용할 수 있다.

웨이브 조각을 편집할 때는 Scrub 버튼(▶)을 On한 뒤 작업하는 것이 좋다. Scrub 버튼을 사용하면 클릭한 웨이브 조각을 미리 들으면서 편집할 수 있다.

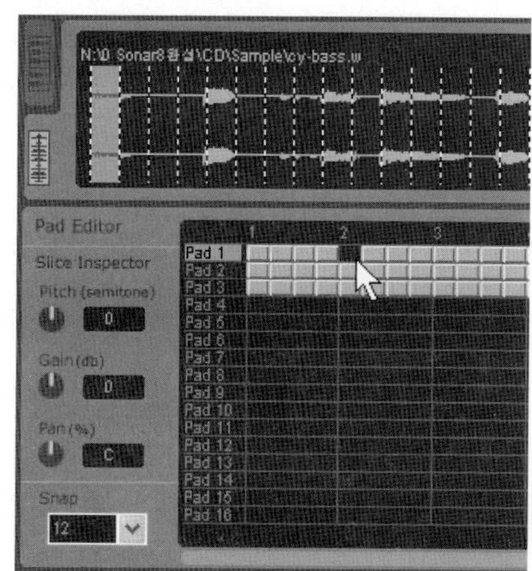

Bass의 5번째 박자를 Del 키를
눌러 삭제한 모습

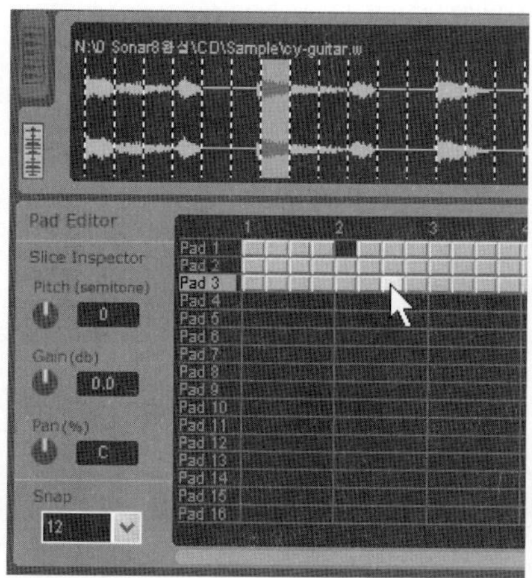

Guitar의 7번째 박자를 Bass 5번째
박자로 드래그하여 이동

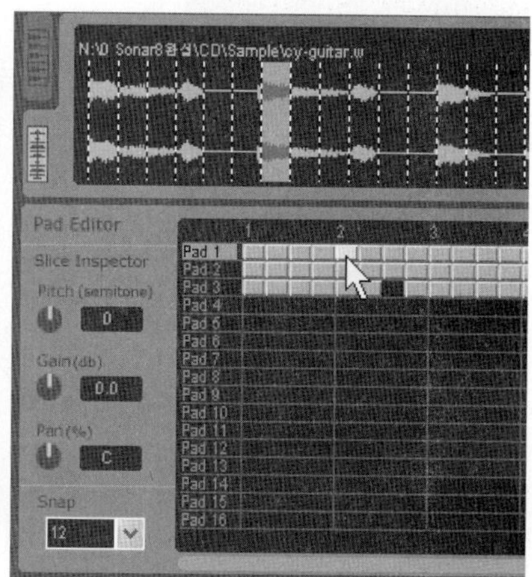

Bass 패드를 연주하면
Bass 음에 Guitar 음이 들린다.

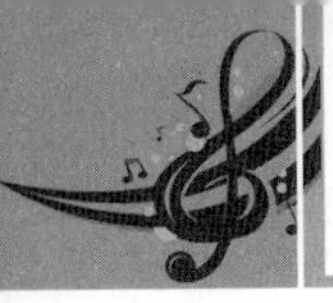

샘플 플레이어 – RXP 1

RXP는 REX 루프/샘플 플레이어로 드럼이나 베이스 같은 루프 패턴을 만들 때 사용한다. 버튼을 건반형으로 배치해 샘플 사운드를 바로 확인할 수 있고 기본적으로 **250Mb**의 **Rex** 파일을 제공해 루프 리듬을 손쉽게 만들도록 한다. 보통 드럼이나 베이스 같은 반복되는 연주나 그루브 사운드를 빠른 시간 안에 만들 때 유용하다. 다양한 샘플 사운드가 제공되기 때문에 작업 중인 곡에 바로 사용할 수 있는 것이 큰 장점이다.

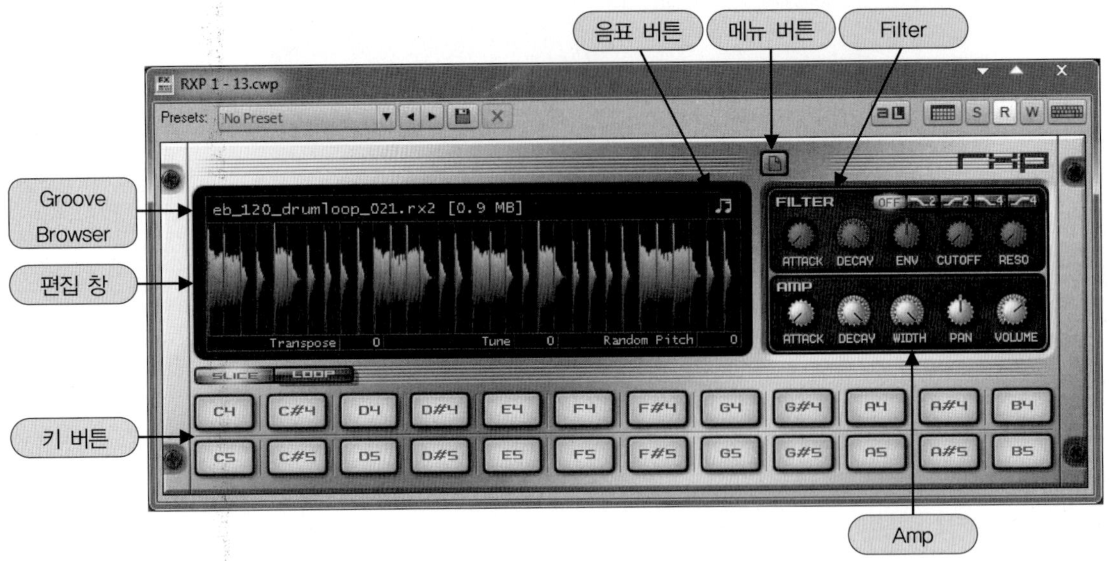

1. Groove Browser

RXP에서 제공하는 루프/그루브 패턴 파일을 불러와 사용할 수 있다. 베이스, 드럼, 기타 등 다양한 샘플이 있으므로 용도에 맞게 불러오면 간편하게 베이스나 드럼 루프를 만들 수 있다.

2. 편집 창

불러온 샘플의 파형이 표시된다. 마우스로 드래그하여 위치를 이동시킬 수 있다.

① **Transpose** : 조를 높이거나 낮출 수 있다.

② **Tune** : 음정을 반음 단계 내에서 높이거나 낮출 수 있다.

③ **Random Pitch** : 피치 값을 랜덤으로 설정할 수 있다. 수치를 높일수록 사운드가 랜덤하게 변화된다.

3. 음표 버튼

음표 모양으로 된 이 아이콘은 현재 설정된 패턴을 곡에 사용하기 위해 트랙으로 옮길 때 사용한다. 음표 아이콘을 클릭 드래그하여 RXP 가상 악기가 있는 악기 트랙으로 옮기면 샘플을 곡에서 사용할 수 있는 상태가 된다.

트랙으로 옮긴 샘플은 루프 속성이 없으므로 샘플을 마우스 오른쪽 버튼으로 클릭해 'Groove-Clip Looping' 메뉴를 적용해 루프 속성을 부여해야 한다.

4. 메뉴 버튼

수첩 모양의 버튼으로 메뉴를 실행할 때 사용한다.

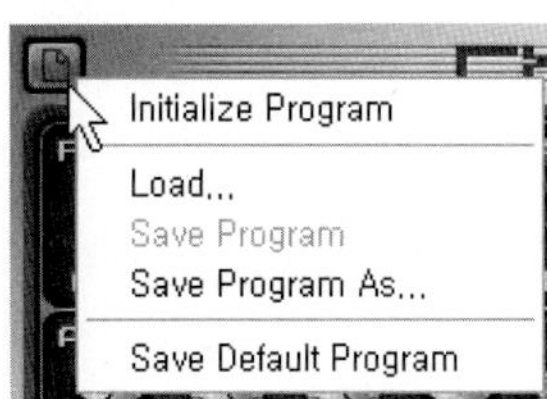

① **Initialize Program** : 샘플 사운드를 불러오지 않은 상태로 초기화한다.

② **Load** : 사용자가 만든 샘플 사운드를 불러올 수 있다. Wav, Aif, Sfz, Ogg, Rex, Prog 포맷을 불러올 수 있다.

③ **Save Program** : 현재 값을 프로그램 파일(Prog)로 저장할 수 있다.

④ **Save Program As** : 다른 이름의 프로그램 파일로 저장할 수 있다.

⑤ **Save Default Program** : 현재 설정된 값을 기본값으로 적용한다.

5. Filter

필터를 사용해 샘플의 특정 주파수 대역대를 패스하거나 차단할 수 있다. Cutoff 노브에서 기준이 될 주파수를 설정한 뒤 작업한다. 자세한 사용법은 3페이지 뒤의 Drop Zone의 Filter 기능을 참고한다.

6. Amp

일종의 볼륨 조절 기능이다.

7. 키 버튼

해당 키에 속하는 음을 들을 수 있다.

RXP에서 제공하는 샘플 오디오를 악기처럼 사용해 보자. 오디오 샘플을 악기처럼 사용한 뒤에는 Sonitus: FX 이퀄라이저와
오토메이션 기능으로 독특한 음향 효과를 만들어 본다.

01 File → Open 메뉴로 'romantic_amber.
cwp' 파일을 불러온다.

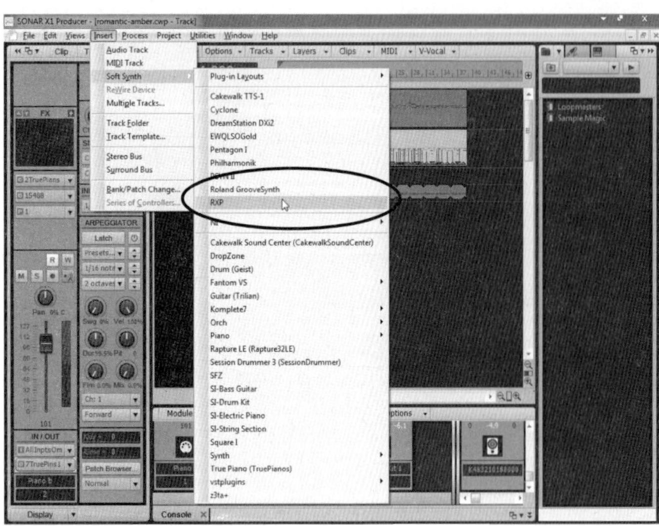

02 Insert → Soft Synths → RXP 메뉴를 실행
해 RXP를 불러온다.

03 RXP 가상 악기 트랙이 생성된 것을 알 수 있다. RXP 트랙의 입출력 아이콘을 더블클릭한다.

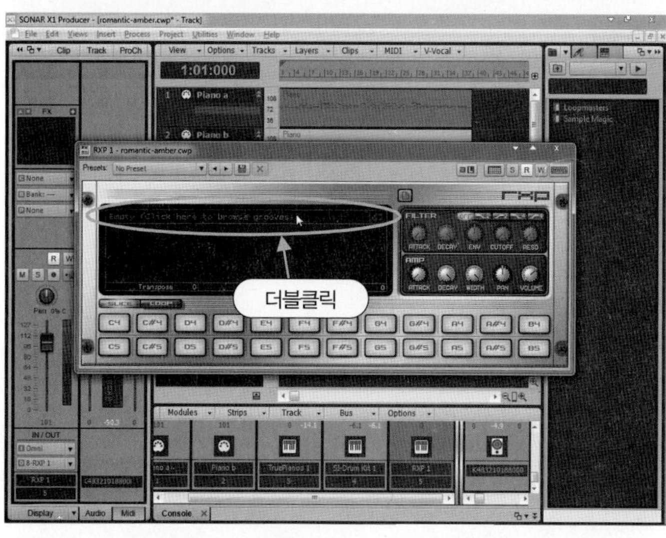

04 Browser 버튼을 클릭해 RXP에서 제공하는 샘플 파일을 불러온다.

만일 자신이 만든 Wav 파일을 샘플로 사용하려면 수첩 모양의 메뉴 버튼을 클릭한 뒤 Load 메뉴를 실행해야 한다.

05 Browser 창에서 [Loopmasters] - [Raw Pawer] - [NewWave_120bpm] - [Synths] - [RP_Sparkey_A_120.rx2] 샘플을 더블클릭한다.

샘플이 가상 악기 창에 로딩되면서 1회 자동 연주되는 것을 알 수 있다.

415

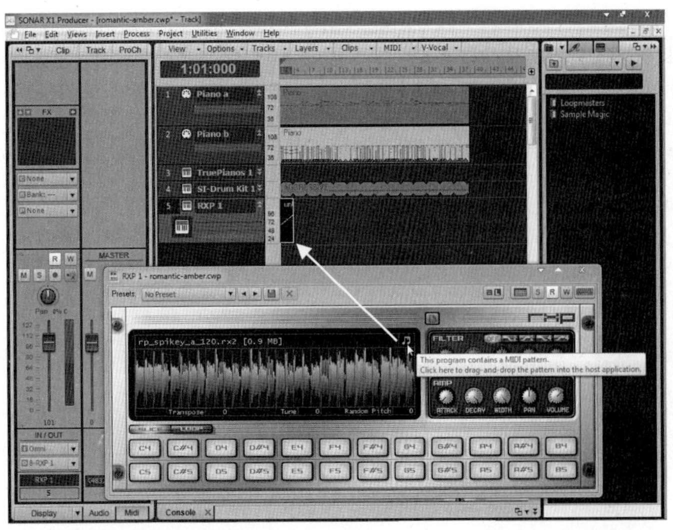

06 수첩 아이콘을 드래그하여 RXP 트랙의 첫 번째 마디로 이동시킨다.

Spacebar를 눌러 곡을 연주하면 샘플이 사용되는 것을 알 수 있다.

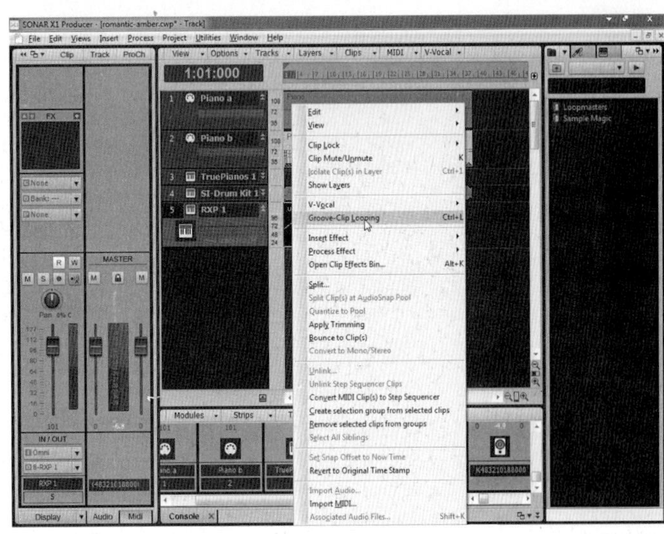

07 삽입한 샘플을 루프로 사용하기 위해 해당 샘플을 마우스 오른쪽 버튼으로 클릭한 뒤 Grrove-Clip Looping 메뉴를 적용한다.

08 루프로 사용할 수 있는 클립은 모서리가 둥글게 표시된다. 스마트 툴로 클립의 오른쪽 끝 부분을 드래그하여 곡 길이만큼 늘려준다.

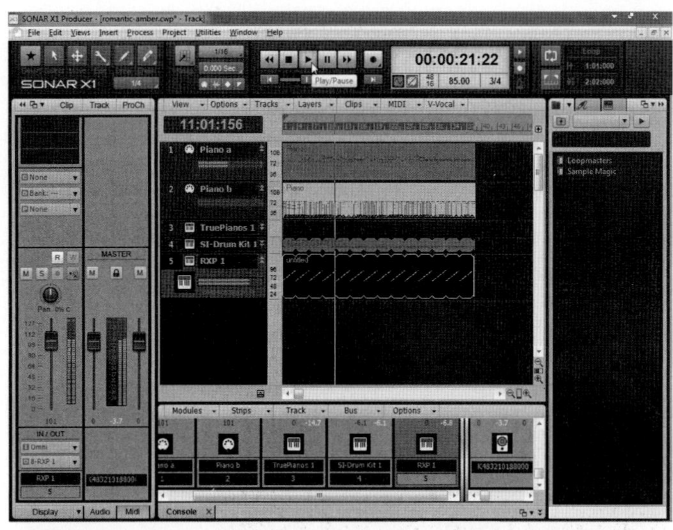

09 Spacebar를 눌러 곡을 처음부터 연주하면 샘플이 곡의 끝 부분까지 사용되는 것을 알 수 있다.

Spacebar를 눌러 곡의 연주를 중단하고 W 키를 눌러 송 포지션 포인터를 곡의 맨 앞으로 이동시킨다.

10 RXP 인스펙트에서 FX 모듈을 마우스 오른쪽 버튼으로 클릭한 뒤 Audio FX → Sonitus: FX → Equalizer 메뉴를 실행한다.

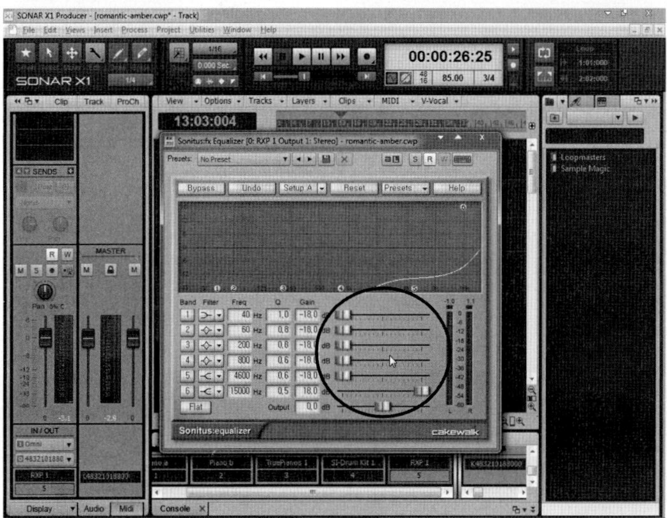

11 소니투스 이퀄라이저창이 실행되면 7개의 슬라이더를 그림처럼 설정한다.

Spacebar를 눌러 곡을 연주하면 고음부만 약하게 들리는 것을 알 수 있다. 곡의 연주를 중단한다.

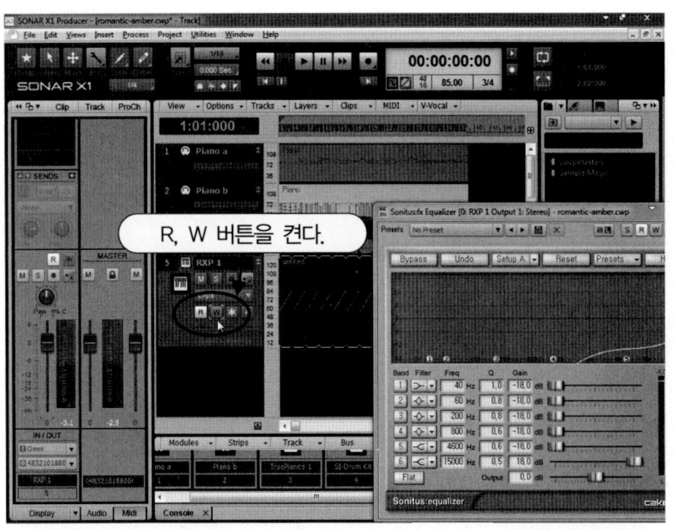

12 오토메이션 기능으로 다른 주파수대역이 들리도록 해보자.

먼저 RXP 패널의 R, W 버튼을 클릭해(On) 오토메이션 읽기와 오토메이션 쓰기 기능을 활성화한다.

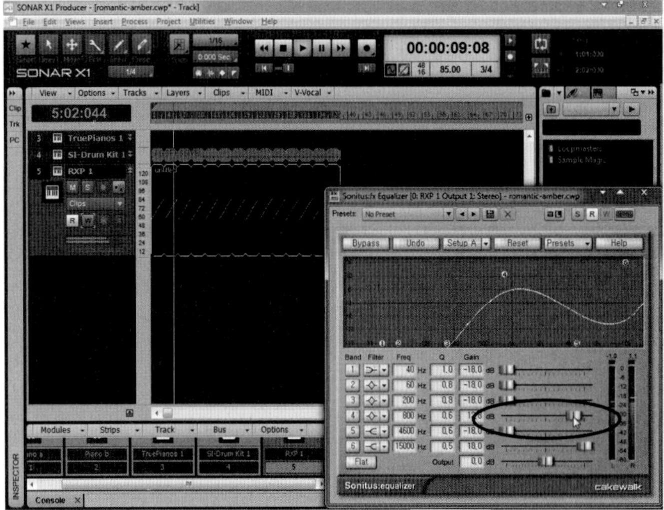

13 W 키를 눌러 곡의 시작부로 송 포지션 포인터를 이동시킨다.

Spacebar를 눌러 곡을 연주시킨다.

이퀄라이저창에서 4번 슬라이더를 그림처럼 천천히 올려준다. (곡의 0~20% 구간이 연주될 때까지 곡의 템포에 맞게 천천히 올려준다.) 중저음부가 조금씩 들리기 시작할 것이다.

14 곡의 20~40% 구간이 연주될 때는 1, 2번 슬라이더를 곡의 템포에 맞게 천천히 올려준다.

15 곡의 40~60% 구간이 연주될 때는 6, 4번 슬라이더를 다시 왼쪽으로 천천히 내려준다. 고음부가 사라지고 저음부만 들리게 된다.

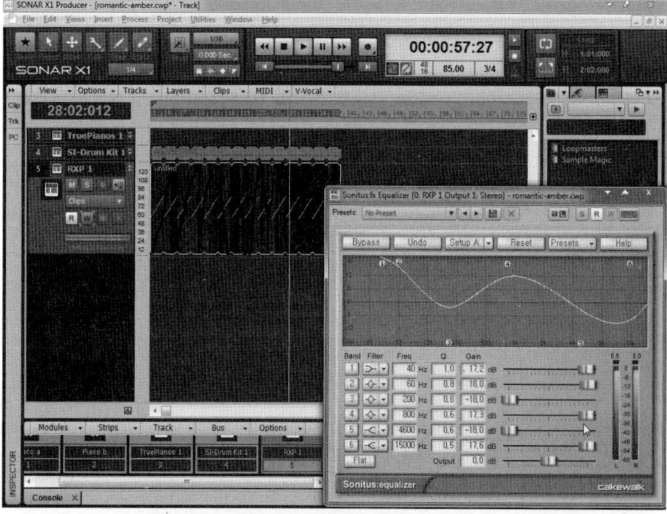

16 곡의 종료 부분까지 연주 중일 때는 원하는 슬라이더를 천천히 올려주거나 낮추어 준다.

RXP 트랙의 오디오 클립을 보면 이퀄라이저의 움직임에 따라 오토메이션 라인이 그려지는 것을 알 수 있다.

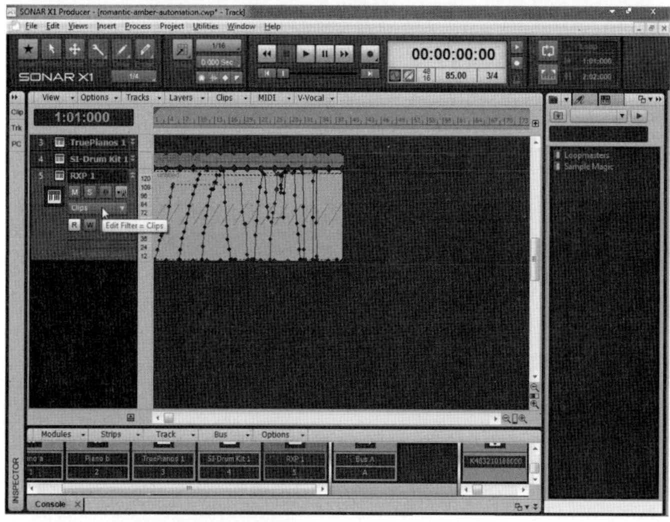

17 오토메이션 기록을 끝낸 뒤에는 곡의 처음부터 연주를 해 본다.

오토메이션 라인처럼 곡의 처음에는 고음부만 들리다가, 중저음부가 들리기 시작하고, 나중에는 저음부가 들리다가, 고음부가 사라지는 등, 멋진 사운드 효과가 만들어진 것을 알 수 있다.

샘플러 스타일의 가상 악기 – Drop Zone

사용자가 만든 샘플을 음원으로 사용하는 샘플러 스타일의 가상 악기이다. 다른 말로 샘플 플레이어라고도 말한다. 드래그 앤 드롭 방식의 샘플러로 REX editor를 겸하고 있다. 기본적으로 다양한 샘플을 제공하지만 Load 기능을 사용하면 사용자가 녹음한 사운드를 악기 음으로 사용할 수 있다. 2개의 엘레멘트를 지원하므로 2개의 서로 다른 샘플을 동시에 사용할 수 있다.

DropZone은 Insert → Soft Sunths → DropZone 메뉴로 실행한다.

1. 프로그램

미리 만들어놓은 프로그램된 사운드를 불러와 사용할 수 있다. 기본값으로 초기화하려면 수첩 아이콘을 클릭한 뒤 Initialize Program 메뉴를 실행한다.

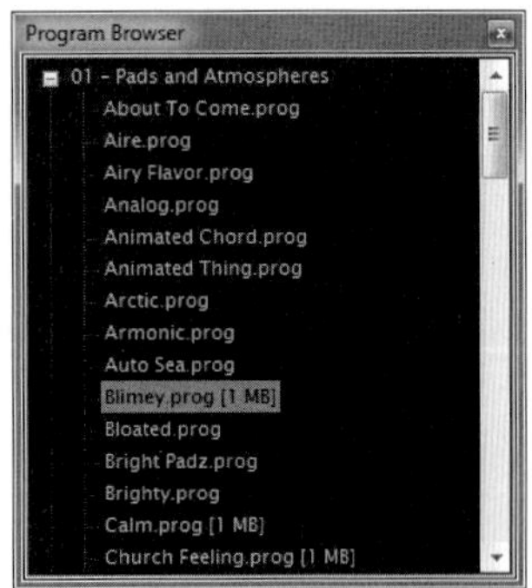

2. 엘레멘트

2개의 엘레멘트를 제공한다. 각각의 엘레멘트마다 동일한 옵션을 제공하므로 서로 다른 사운드 샘플을 불러와 동시에 사용할 수 있다.

3. Load

사용할 사운드 샘플을 불러온다. 사용자가 녹음하거나 제작한 사운드는 Wav 포맷이나 Ogg 포맷으로 제작하면 불러올 수 있다.

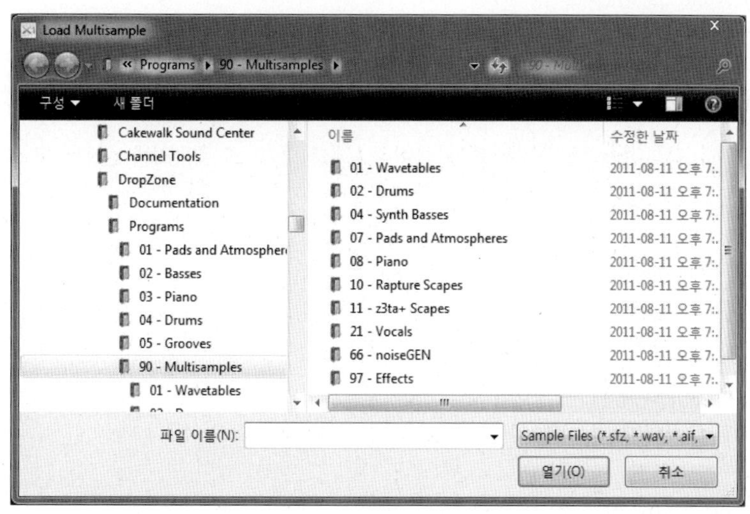

4. 파라미터

불러온 샘플 사운드를 원래 음색으로 사용하지 않고 사용자가 파라미터를 조절해 사용할 수 있다.

① **Lo/Hi Ley** : 샘플 사운드가 사용되는 건반 범위를 설정한다.

② **Lo/Hi Vel** : 샘플 사운드의 벨로서티 범위를 설정한다.

③ **Root** : 루트음(기본음)을 올리거나 내린다. 0이 기본값이다.

④ **Tune** : 음정의 높낮이를 반음정 사이에서 튜닝한다. −100~100센트 사이에서 조절한다.

⑤ **kbd Track** : 음과 음 간격을 설정한다. 기본값은 1000이며 반음 간격을 가지고 있다. −200~200 사이에서 조절한다.

⑥ **Polyphony** : 동시에 발음되는 음(노트) 수를 설정한다.

⑦ **Start** : 샘플 사운드의 시작 위치를 설정한다. 샘플 사운드의 시작 위치를 이동시키면 앞부분 파형은 사운드가 들리지 않는다.

⑧ **End :** 샘플 사운드의 끝 부분 위치를 설정한다.

⑨ **Loop Start :** 샘플 사운드에서 루프 영역의 시작 부분을 설정한다. 루프 영역은 단축키 L키로 활성화시키거나 감출 수 있다. D키를 누르면 루프 구간이 3가지로 변경된다.

⑩ **Loop End :** 샘플 사운드에서 루프 영역의 종료 부분을 설정한다.

⑪ **Crossfade :** 크로스페이드 값을 설정한다.

5. Filter

샘플 사운드에 필터를 설정할 수 있다.

① **Filter 버튼 :** 버튼을 클릭해 사용할 필터를 선택한다. 로우패스, 하이패스 등 16개의 필터를 선택할 수 있다.

② **Cutoff 노브 :** 차단할 때 기준이 되는 주파수를 설정한다. 예를 들어 로우패스를 선택하면 Cutoff에서 설정한 주파수 이하 대역은 패스되고 고주파수 대역대가 차단된다.

③ **Reso 노브 :** 차단 강약을 설정한다.

④ **Velo 노브 :** Cutoff에 대한 벨로서티를 설정한다.

⑤ **Keyt 노브 :** Cutoff에 대한 키보드 값을 설정한다.

⑥ **Wheel 노브 :** 휠 값을 변경한다.

6. Pitch/Cutoff/Amp 버튼

각 버튼 별로 EG와 LFO를 설정할 수 있다.

① **EG :** EG란 엔벨로프 제너레이터를 말하며 신디사이저에서 흔히 볼 수 있는 기능이다. 각종 오실레이터나 필터 모듈을 제어해 기존 샘플에 새 음을 추가할 때 사용한다. 보통 Attack Time, Decay Time, Sustain Level, Release Time 등을 조절하고 Delay는 시작 타임, Sustain은 노트 길이를 말한다. 자세한 사용법은 7페이지 뒤에서 설명하는 Z3ta의 EG 부분을 참고한다.

② **LFO :** LFO란 Low Frequency 오실레이터를 말하며 저주파를 발생시키는 기능으로 사용한다. 보통 20Hz 아래 주파수 대역대의 음파를 기존 샘플 사운드에 추가할 때 사용한다. 자세한 사용법은 7페이지 뒤에서 설명하는 Z3ta의 LFO를 참고한다.

7. Out

최종 출력 레벨과 팬 값을 조절할 수 있다.

Tip 사운드(오디오) 필터 사용하기

가상 악기를 사용하다 보면 필터 기능을 흔히 볼 수 있다. 가상 악기에서 필터란 사용자가 미리 원하는 주파수를 지정한 뒤 그 주파수 대역이나 상하 대역을 차단하거나 패스(통과)시킬 때 사용한다. 예를 들어 샘플의 고주파 대역대를 차단하면 저주파 대역대만 들리게 되므로 뮤지션은 샘플의 특정 주파수 대역대만 뽑아 악기 음색으로 사용할 수 있다.

가상 악기에서 볼 수 있는 필터 기능은 보통 다음과 같이 동작하므로 익혀두는 것이 좋다.

1. Cutoff

기준이 될 주파수를 지정하는 기능이다.

2. 필터 종류

Drop Zone의 경우 LP1P, HP1P, BP1P, BR1P, AP1P, LP2P, HP2P, BP2P, BR2P, PK2P, LP4P, HP4P, LP6P, HP6P, PINK, COMB 필터를 제공한다.

① LP1P : Low Pass 필터로 Cutoff에서 지정한 기준주파수 이하는 패스(통과)하고 상위 주파수는 차단한다.

② HP1P : High Pass 필터로 Cutoff에서 지정한 기준주파수 이상는 패스하고 하위 주파수는 차단한다.

③ BP1P : Band Pass 필터로 Cutoff에서 지정한 기준주파수 대역만 패스하고 그 외 주파수는 차단한다.

④ BR1P : Band Rejection 필터로 Cutoff에서 지정한 기준주파수 대역만 차단하고 그 외 주파수 대역은 통과시킨다.

⑤ AP1P : All Pass의 약자로 모든 주파수를 패스하므로 차단되는 주파수가 없다.

⑥ PINK : 핑크 노이즈를 추가한다. 옥타브가 올라갈 때 마다 데시벨을 일정하게 낮추어 동일한 음량으로 들리게 하는 효과가 있다.

⑦ COMB : 위상이 반대인 유사 주파수들이 한 마이크에서 작용하는 듯한 콤 필터 효과를 추가한다.

⑧ 1P/2P/4P/6P : 필터는 1P, 2P, 4P, 6P 필터가 있다. 1P는 6dB 단위, 2P는 12dB 단위, 4P는 24dB 단위, 6P는 36dB 단위를 사용한다.

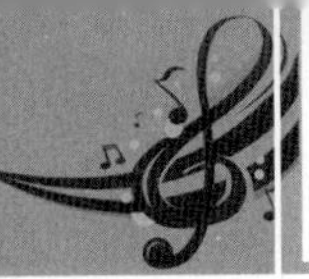

사운드 폰트 플레이어 – Sfz

사운드 폰트(Sfz)를 플레이할 때 사용한다. 사운드 폰트를 지원하는 사운드 카드를 사용할 경우, 해당 사운드 카드에서 제공하는 사운드 폰트를 불러온 뒤 사용하는 기능이다. 현재는 가상 악기 음원이 더 좋기 때문에 사운드 폰트를 사용하는 경우는 거의 없다. 대화상자의 File 버튼을 클릭하면 몇 개의 사운드 폰트가 제공되므로 연습 삼아 테스트할 수 있다.

먼저 Insert → Soft Synths → Sfz 메뉴로 Sfz를 실행한다.

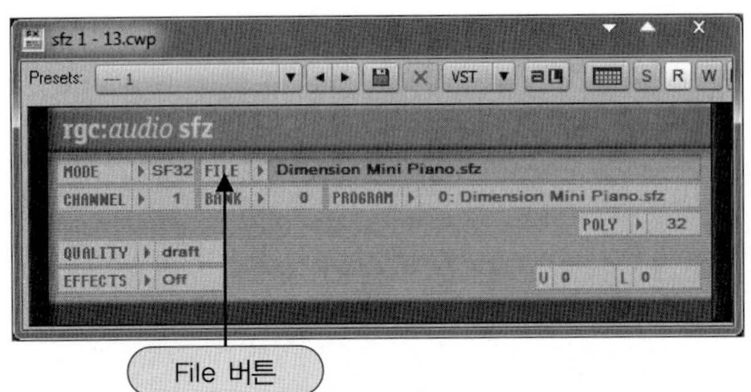

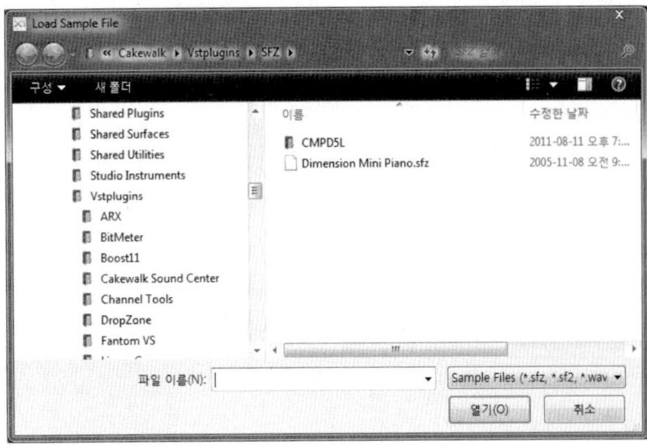

① **Mode :** 사운드 폰트의 동작 모드를 선택한다.

② **File :** 사운드 폰트를 불러온다. Sfz, Sfz2, Wav, Ogg 포맷을 사운드 폰트로 사용할 수 있다.

③ **Channel :** 채널을 설정한다.

④ **Bank :** 뱅크가 있을 경우 뱅크를 설정한다.

⑤ **Program :** 미리 프로그램된 *.fxp 포맷을 불러올 수 있다.

⑥ **Quality :** 사운드 폰트의 품질을 설정한다. 9 단계로 조절할 수 있다.

⑦ **Effects :** 스테레오 Chorus(Reverb) 이펙트를 On/Off 한다.

⑧ **Poly :** 동시 발현 보이스 수를 설정한다. 최대 256 보이스까지 지원한다.

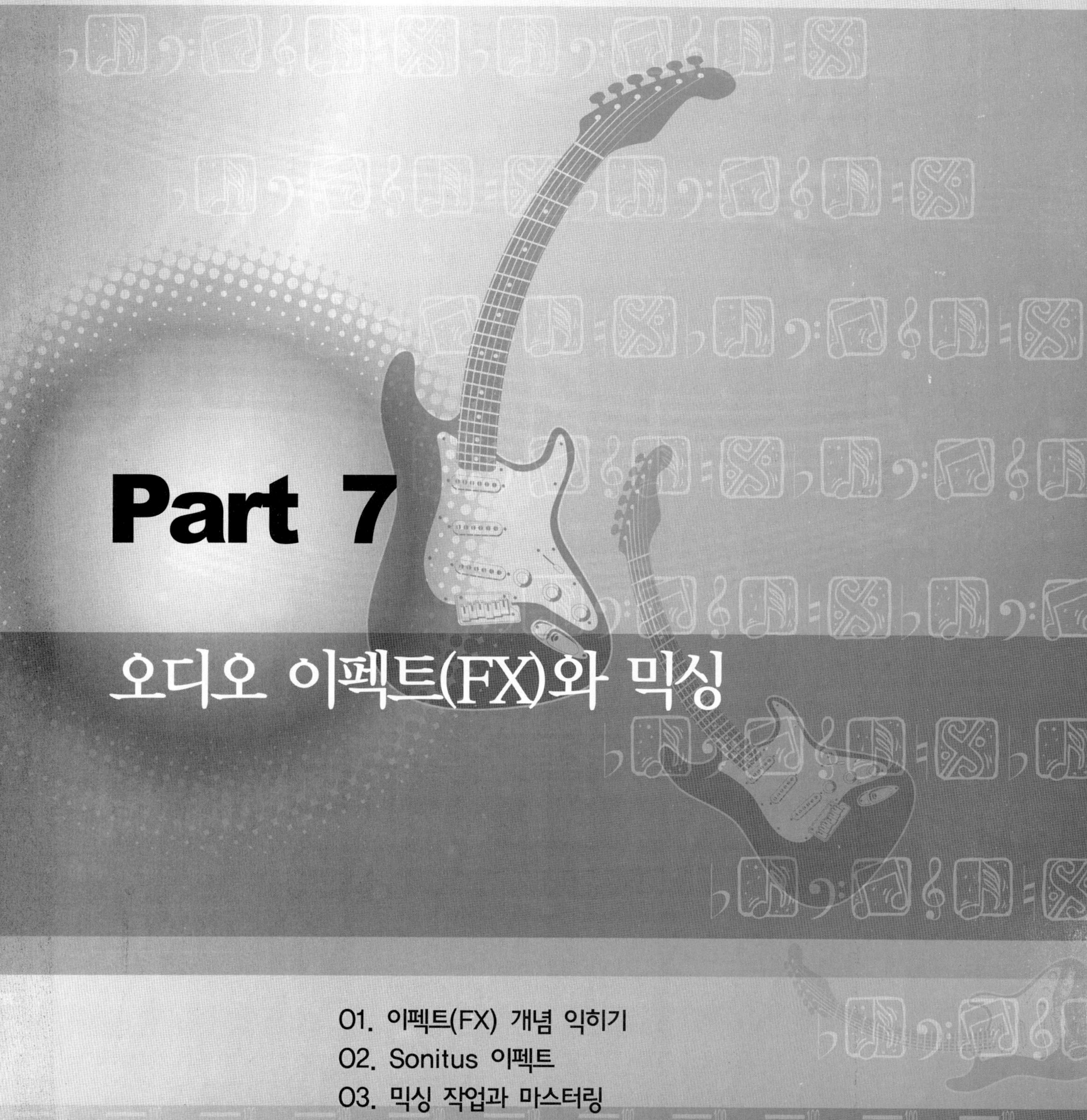

Part 7

오디오 이펙트(FX)와 믹싱

S O N A R

01 이펙트(FX) 개념 익히기

이펙트(FX)의 개념과 동작 방식을 알아본다. 먼저 이펙트의 개념을 익히기 위해 옛 소나 버전에서부터 수록되었던 기본 이펙트의 사용법과 원리를 공부한다. 최근 발표되는 다양한 이펙트들은 대부분 오래전부터 제공된 기본 이펙트에서 파생된 것이기 때문이다.

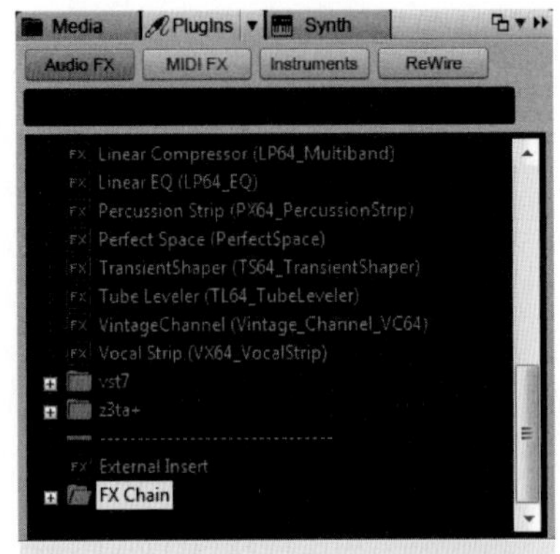

이펙트(FX)의 사용 목적과 믹싱

이펙트는 오디오 트랙에 특별한 음향 효과를 추가할 때 사용한다. 그러나 보통은 오디오 트랙의 믹싱이나 마스터링 작업에서 사운드에 어떠한 특징을 부여하기 위해 사용하거나 기계음을 만들고 코러스 효과를 만드는 등의 다양한 목적으로 사용한다.

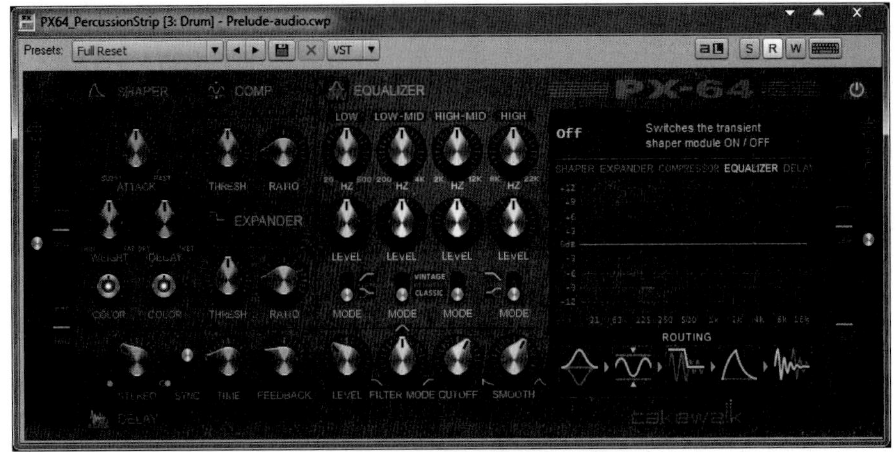

소나 X1에서 새로 등장한 PX64 이펙터

원래 이펙트는 사운드에 특수한 음향 효과를 추가하는 것이 목적이지만 믹싱, 마스터링 작업에서도 사용한다. 예를 들어 작업 중인 미디 데이터를 CD 음반으로 만들려면 각각의 트랙을 오디오 클립으로 전환시키고 하나의 트랙으로 믹스다운해야 한다.

하나의 트랙으로 믹스다운하기 전에 사운드를 모니터하면 여러 악기가 트랙별로 동시에 연주되다보니 서로 볼륨이 맞지 않고 악기별 원근감이 다르고 잡음이 끼어있는 경우도 있다. 이러한 문제점을 잡고 악기(트랙) 전체의 밸런스, 차별성, 원근감, 선명도, 잡음 제거 등의 작업을 하는 것이 믹싱 작업이다.

믹싱 작업을 하려면 소나의 여러 기능을 사용해야 하는데 이 가운데 가장 많이 사용하는 기능이 이펙트(FX) 기능이다. 예를 들어 트럼펫 연주가 들쑥날쑥하여 시작 부분은 볼륨이 낮고 중간 부분은 필요 이상으로 볼륨이 과도하게 녹음되었다면 컴프레서 이펙트로 고음부를 압축한 뒤 눌러주어야 한다. 또한 저음부에서 잡음이 있다면 게이트 이펙트로 저음부를 압축시켜 눌러주거나 이퀄라이저로 저 음역대의 컷옵시켜 잡음을 제거해야 한다. 원래 믹싱 작업은 이러한 작업들을 각종 고급 장비로 진행하지만 소나의 경우 이펙트 기능으로 각종 믹싱 작업을 할 수 있다.

소나는 100여 가지의 이펙트를 제공하므로 동작 방식을 정확하게 익히는 동시에 시행착오를 많이 겪더라도 귀로 이펙트의 적용 결과를 모니터하면서 공부하는 것이 좋다.

오디오 클립, 오디오 트랙에 이펙트 적용하기

이펙트는 미디 트랙에 적용하는 이펙트와 오디오 트랙에 적용하는 이펙트가 있지만 사운드 편집에 직접 관련하는 이펙트는 오디오 이펙트이다. 오디오 이펙트는 오디오 클립이나 오디오 트랙, 버스 트랙에만 적용할 수 있다. 오디오 이펙트는 보통 아래와 같은 2가지 방식으로 적용할 수 있다.

1. 브라우저 창에서 이펙트 적용하기

오른쪽 브라우저 창의 Plugins 탭에 사용할 수 있는 이펙트가 등록되어 있다.

원하는 이펙트를 선택한 뒤 트랙 패널로 드래그하면 해당 오디오 트랙 전체에 이펙트가 적용된다.

만일 오디오 클립으로 드래그하면 해당 오디오 클립에만 이펙트가 적용된다.

브라우저 창의 Plugins 탭의 이펙트들

2. 인스펙터에서 이펙트 적용하기

인스펙터의 FX 모듈을 마우스 오른쪽으로 클릭해 이펙트를
적용하는 모습

오디오 인스펙터나 버스 트랙에는 FX 모듈이 있다. FX 모듈을 마우스 오른쪽 버튼으로 클릭한 뒤 Audio FX 메뉴를 실행하면 하위 메뉴에 적용할 수 있는 오디오 이펙트가 보인다.

이 경우에는 해당 오디오 트랙에 이펙트를 적용한 것이므로 해당 트랙에 삽입한 오디오 클립들은 자동으로 전부 이펙트가 적용된다.

Cakewalk 2-band EQ (2밴드 이퀄라이저)

2-band 이퀄라이저는 2밴드 방식의 이퀄라이저로서 간편하게 원하는 주파수 대역을 증폭시키거나 컷옵 할 때 사용한다. 일반적으로 오디오 기기에서의 이퀄라이저는 자신이 좋아하는 음색을 만들기 위해 사용하지만 소나 같은 시퀀서나 녹음실에서의 이퀄라이저는 트랙 별 조절이 가능하기 때문에 다른 트랙과의 사운드 간섭을 방지하고, 개개별 악기의 선명도를 높이고, 잡음을 제거하고, 음색을 조절하고, 배음을 발생할 목적으로 사용한다.

여기서 말하는 2밴드 방식 이퀄라이저는 주파수대를 2개의 영역으로 나누어 각각의 영역을 조절할 수 있는 것을 말한다. 실행은 인스펙터나 버스트랙의 FX 모듈을 마우스 오른쪽 버튼으로 클릭한 뒤 Audio FX → Cakewalk → 2band EQ 메뉴로 실행한다.

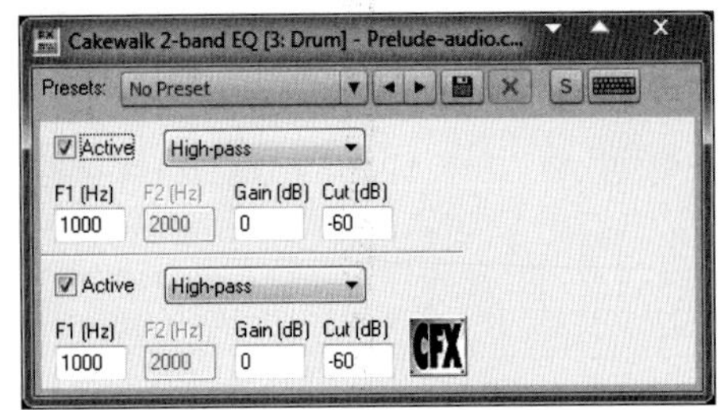

2개의 밴드에는 각각 Active 옵션이 있으며 Active 옵션에 체크하면 해당 밴드의 조절 값이 오디오 트랙에 적용된다. 2개 모두 체크하면 2개의 밴드에서 설정한 값이 적용된다.

① **Presets** : 클릭하면 여러 가지 프리셋을 선택할 수 있다. 원하는 프리셋을 선택해 이퀄라이저를 적용할 수 있다.

② **드롭다운 버튼** : 통과(Pass, 허용)시킬 방식을 선택한다.

– High Pass : F1에서 설정한 주파수대역 이상만 허용한다.

– Low Pass : F1에서 설정한 주파수대역 이하만 허용한다.

– Band Pass : F1~F2에서 설정한 주파수 대역을 허용한다.

– Band Stop : F1~F2에서 설정한 주파수대역의 외각 대역을 허용한다.

③ **Gain :** 허용된 주파수의 게인 값(일종의 볼륨)을 조절한다.

④ **Cut :** 통과되지 않은 주파수 데시벨 값을 설정한다. Cut 옵션이 0일 경우 모든 주파수가 통과되는 효과가 나므로 마이너스(-) 수치를 입력한다.

참고

이퀄라이저 컨트롤 공통 용어

이퀄라이저는 사운드의 주파수대역을 저음부, 중저음, 중고음, 고음부 등으로 나누어 원하는 음역대를 증폭시키거나 컷옵 시킬 때 사용한다. 예를 들어 고음부를 컷옵(차단)시키면 중저음~저음부만 통과되므로 음색이 달라지는 효과가 있다. 또한 저음부에 잡음이 섞여 있다면 저음부를 컷옵시켜 잡음을 제거할 수도 있다. 이퀄라이저는 이처럼 사운드의 주파수영역에서 원하는 음역대를 증폭시키거나 컷옵 시키면서 자기만의 음색을 만들거나, 음색의 특징을 부여하거나, 잡음을 제거할 목적으로 사용한다.

1. 주파수 밴드 Type

전체 주파수 대역을 조절하다보면 아무래도 저음부, 고음부가 함께 영향을 받게 된다. 이를 방지하고 조절하기 쉽도록 음역대를 여러 개로 세분화시킨 것을 밴드라고 말한다. 옵션에 고음역대 밴드와 저음역대 밴드가 있을 수 있고 더 잘게 세분화시킨 경우도 있다. 이렇게 밴드를 나눈 뒤 각각의 밴드 음역대를 컷옵(Cutoff, 차단), 부스트(Boost, 증폭), 패스(Pass, 허용)할 수 있다.

① Peak/Dip : Frequency로 설정된 기준 주파수 위주로 조절한다.

② Lo Shelf : 낮은 주파수(저음역대)를 조절한다.

③ Hi Shelf : 높은 주파수(고음역대)를 조절한다.

④ Lo Pass : 기준 주파수보다 낮은 주파수를 패스(허용)한다.

⑤ Hi Pass : 기준 주파수보다 높은 주파수를 패스(허용)한다.

2. 주파수 조절 장치들

주파수 조절 장치는 아래와 같이 3개로 나눌 수 있지만 세분화하여 조절하는 경우도 있다.

① Frequency 노브 : 기준이 되는 주파수를 어느 것으로 할 지 선택하는 기능이다.

② Q 노브 : 기준 주파수의 대역폭(너비)을 조절한다. 곡선이 완만할수록(넓을수록) 주변 주파수 영역대가 완만하게 조절되고, 곡선이 급격하면(좁게 설정하면) 그 주파수 영역만 조절된다.

③ Gain 노브 : 해당 주파수 대역폭의 게인을 조절한다. 일종의 증폭 조절 기능이다. -18dB~18dB 사이로 조절하며 수치를 높이면 해당 주파수 영역이 부스트 되어 음량이 커지고, 수치를 낮추면 해당 주파수 영역이 점점 컷옵 되어 들리지 않게 된다.

Cakewalk AliasFactor (알리아스 팩터)

고급 보간법을 사용해 오디오의 샘플레이트에 변화를 주어 사운드를 변형시킨다. 오래된 고전 샘플러에서 들었던 음질 나쁜 오디오 사운드를 흉내 낼 때 유용하다.

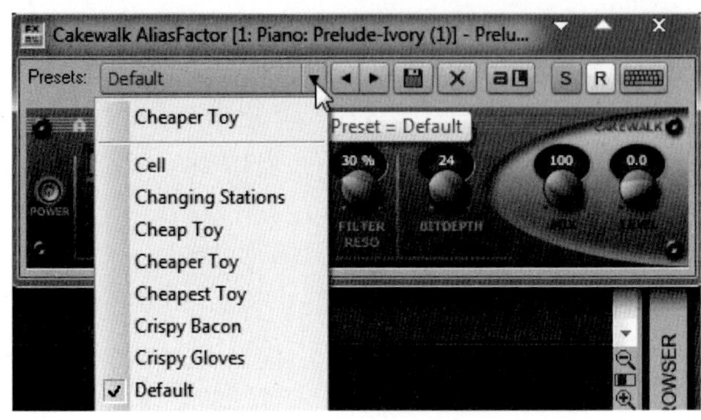

프리셋 버튼을 클릭한 모습

① **Presets :** 미리 설정된 프리셋을 불러와 이 기능을 적용할 수 있다.

② **Power :** 이 기능을 On/Off한다.

③ **Cutoff Mode :** 보간법의 품질을 조절하는 효과가 있다. 수치를 높이면 품질이 거칠어지고, 수치를 낮추면 부드럽게 처리된다.

④ **Sampling Freq :** 에뮬레이션 할 주파수를 선택한다.

⑤ **Filter Cutoff :** Low-Pass 필터 기능을 한다.

⑥ **Filter Reso :** 기준 주파수의 범위를 조절한다.

⑦ **Bitdepth :** 에뮬레이션 할 비트 뎁스를 조절한다. 수치를 낮추면 사운드에 노이즈와 왜곡이 심해진다.

⑧ **Mix :** 원본 사운드와 작업이 적용된 사운드의 믹스 량을 조절한다.

⑨ **Level :** 최종 출력 볼륨을 조절한다.

Cakewalk Amp Sim (앰프 시뮬레이터)

옛날 전축에서 볼 수 있었던 앰프에서 나오는 사운드를 재현하는 이펙터이다. 디지털로 만든 사운드는 차가운 음색이 많기 때문에 옛날 앰프 음색을 표현하기 위해 흔히 사용한다. 앰프는 메이커마다 소리가 다른데 다양한 종류의 앰프 소리를 간편하게 재현할 수 있다. 간이형 기능이지만 EQ 기능과 트레몰로 효과가 제공되어 기타를 앰프에 물리고 튕길 때 들리는 사운드를 만들 수도 있다.

앰프 시뮬레이터는 오디오 인스펙터나 버스 트랙의 FX 모듈을 마우스 오른쪽 버튼으로 클릭한 뒤 Audio FX → Cakewalk → Amp Sim 메뉴로 실행한다.

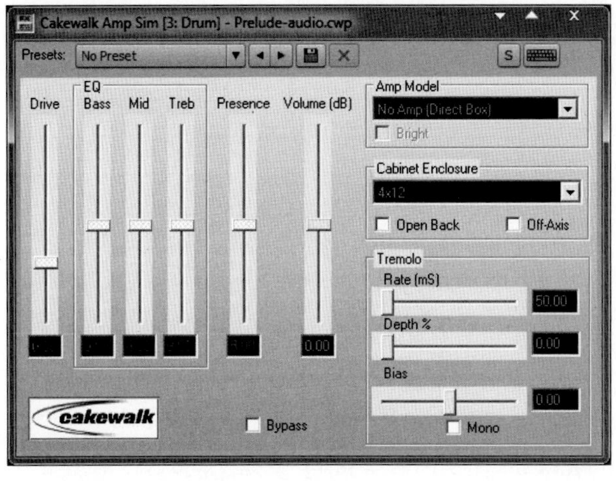

① **Amp Model** : 사용하고 싶은 앰프 모델을 선택한다. 몇몇 앰프 모델은 빈티지 풍의 앰프 사운드를 내기 때문에 마음에 드는 모델을 찾아 일일이 적용해 본다. Bright에 체크하면 소리가 밝아진다.

② **Cabinet Enclosure** : 스피커의 수와 크기를 선택한다.

③ **Drive 슬라이더** : 앰프 재현 강역을 조절한다.

④ **EQ 슬라이더** : Bass, Mid, Treb 슬라이더를 이용해 이퀄라이저를 조절한다.

⑤ **Presence 슬라이더** : 현장감을 조절하는 효과가 있다.

⑥ **Tremolo** : 트레몰로 효과와 같은 음의 떨림 효과를 만든다. Rate 수치가 낮고 Depth 수치가 높을 때 트레몰로 효과가 커진다.

⑦ **Bypass** : 체크하면 이펙트가 적용되지 않고 원래 사운드가 통과된다. 마우스 오른쪽으로 클릭한 뒤 Bypass 메뉴를 적용하는 것과 같은 기능이다.

Cakewalk Analyst (주파수 분석기)

Analyst는 리얼타임 주파수 분포와 레벨 범위를 육안으로 분석할 때 사용한다. 오디오 클립의 주파수를 스펙트럼 막대와 소노그래프 형태로 보여주며, 육안으로 파악된 주파수 분포도는 이퀄라이저 작업을 할 때 많은 도움이 된다.

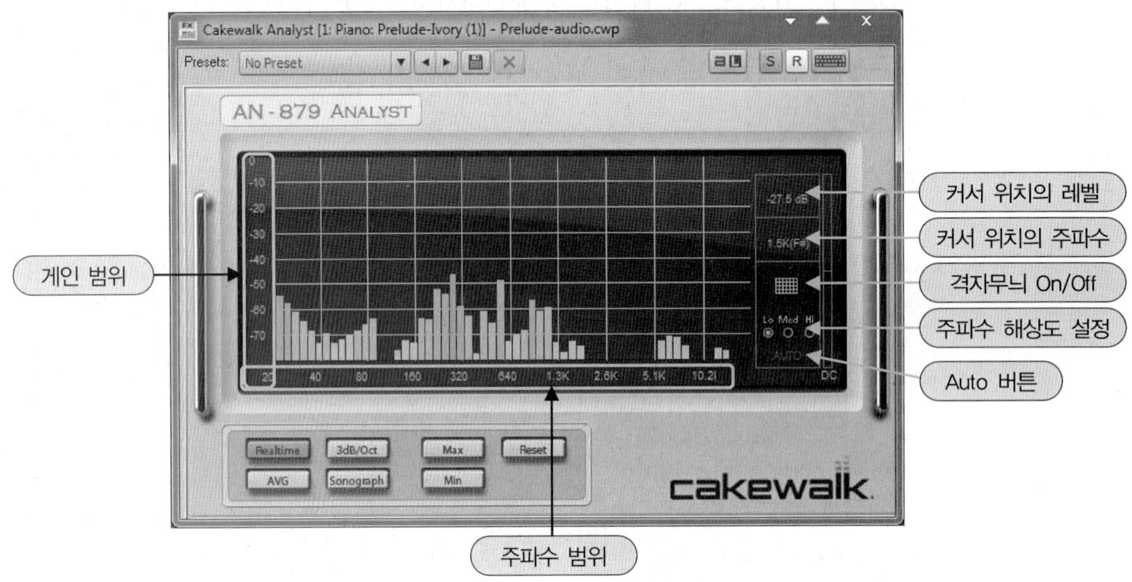

① **Realtime :** 클릭하면 주파수 분석 작업이 시작된다. 그래프의 높이는 레벨을, 폭은 주파수 범위를 표시한다. 따라서 왼쪽 눈금 축은 레벨을, 하단 눈금 축은 주파수 범위를 표시한다. 왼쪽 눈금 축을 드래그하면 볼 수 있는 주파수 범위가 조절되고 하단 눈금 축을 드래그하면 레벨 범위가 조절된다.

② **3dB/Oct :** 옥타브에서 3 데시벨 높이 변화가 있는 라인을 표시해준다.

③ **AVG :** 각각의 그래프에서 레벨의 평균값을 표시해준다.

④ **Sonograph :** 주파수 범위와 레벨 값을 음파 홀로그래피 형태의 소노그래프로 보여준다.

⑤ **Max/Min :** Max 버튼은 레벨의 최댓값을 빨간색 라인으로 표시하고, Min 버튼은 레벨의 최소값을 하늘색 라인으로 표시해준다.

Cakewalk Chorus (코러스 이펙트)

오디오 트랙의 FX 모듈을 마우스 오른쪽 버튼으로 클릭한 뒤 Audio FX → Cakewalk → Chorus 메뉴로 실행한다.
오디오 트랙에 합창곡처럼 울림 효과를 삽입한다. 예를 들어 목소리 하나의 복사본을 만든 뒤 시간차와 음정 차이를
적용해 여러 사람의 목소리처럼 들리게 한다.

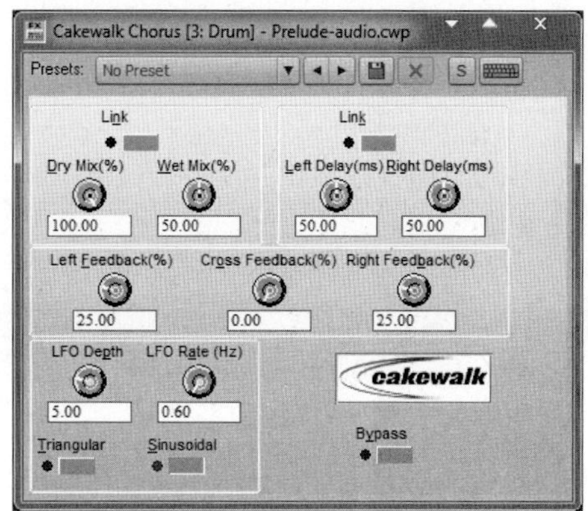

① **Dry Mix :** 원본의 믹싱 상태를 조절한다. 기본적으로 0으로 설정하면 원본 사운드는 들리지 않게 되고, 복사본 사운드만 들리게 된다. 보통은 100으로 설정하는데 그 이유는 원본도 들리는 상태에서 복사본이 들리면 최대한 원음을 유지를 하며 코러스 화음이 만들어지기 때문이다.

② **Wet Mix :** 복사본의 믹싱 상태를 조절한다. Link 버튼을 클릭하면 좌우 다이얼이 함께 조절된다.

③ **Delay 옵션 :** Left Delay 옵션은 왼쪽 채널을, Right Delay 옵션은 오른쪽 채널의 시간차를 조절한다.

④ **Feedback 옵션 :** Left Feedback 옵션은 왼쪽 채널의 딜레이 상태를 다시 피드백 하여 딜레이하고, Right Feedback 옵션은 오른쪽 채널의 딜레이 상태를 다시 피드백 하여 딜레이한다. Cross Feedback 옵션은 좌우 교차 시키는 방식으로 딜레이 되는 양을 조절한다.

⑤ **LFO Depth :** LFO는 저주파 진동기 혹은 저주파 발진기라고 말한다. 임의의 저주파 파형을 만들어 딜레이 되는 소리에 모듈레이터처럼 떨림 효과를 만들 때 사용한다. 저주파 특유의 오싹한 소리와 덜덜덜 떨리는 소리를 추가할 수 있다. LFO Depth 옵션은 저주파의 진폭 크기를 조절하고, LFO Rate 옵션은 저주파의 주기를 조절한다. 이러한 효과가 필요한 경우 사용한다.

⑥ **저주파 모양 :** Triangular 옵션은 저주파 파형이 삼각파 형태이고, Sinusoidal 옵션은 저주파 파형이 사각파 형태이다. 삼각파 혹은 사각파에 따라 소리가 달라진다.

Cakewalk Chorus/Mono (코러스/모노 이펙트)

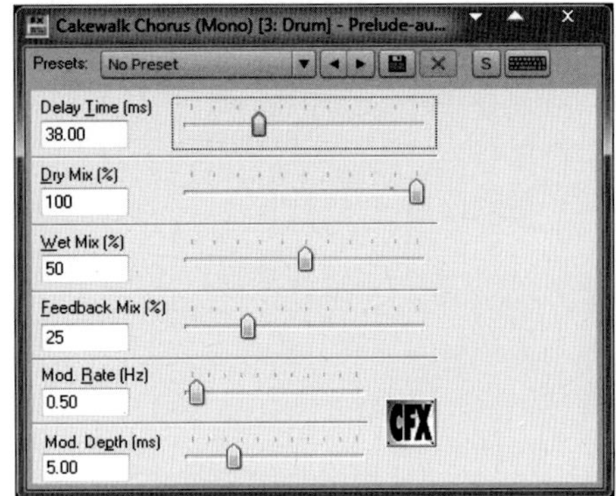

또 다른 코러스 효과인 Chorus(Mono)는 모노 채널에 코러스 효과를 삽입할 때 사용하며 옵션 구성은 앞 장에서 설명한 코러스 이펙트에서 배운 것과 동일하다.

Mod. Rate 옵션과 Mod. Depth 옵션은 모듈레이션 기능을 말하며 음의 떨림 효과를 만들 때 사용한다. 이 기능은 앞의 코러스 이펙트에서 설명한 LFO Rate, LFO Depth 옵션과 동일한 방식으로 동작한다.

Cakewalk Delay (딜레이 이펙트)

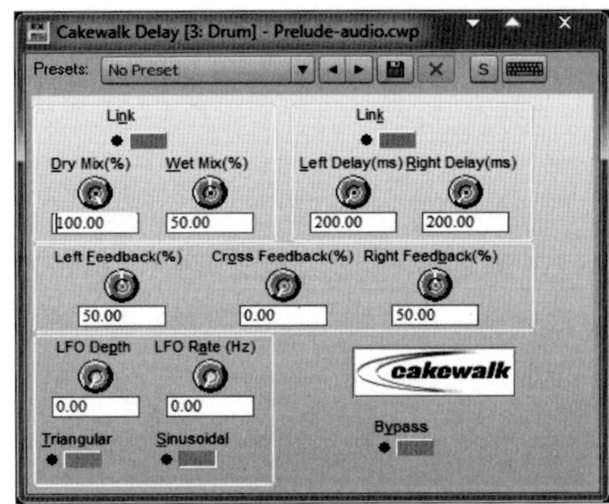

오디오 사운드에 딜레이 효과를 만들어 음이 딜레이되는 효과를 만들어 준다. 대화상자의 사용법은 앞장에서 설명한 코러스 이펙트와 동일하고 사용법 역시 동일하다.

Cakewalk Delay/Echo (딜레이/에코 이펙트)

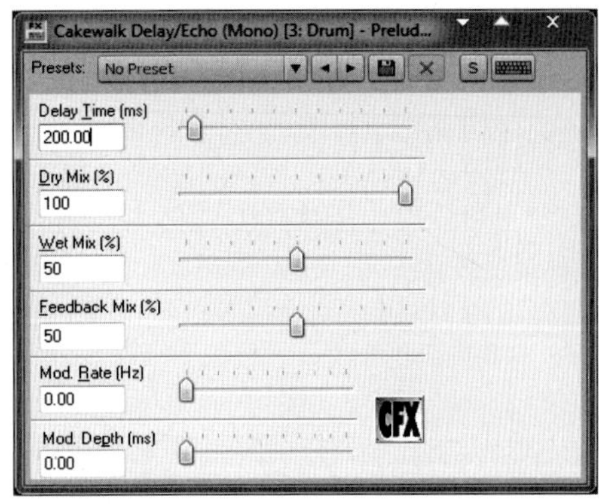

Delay/Echo(Mono)는 모노 채널에 딜레이 효과를 삽입할 때 사용한다. 옵션의 구성은 다르지만 개별적인 옵션 사용법은 앞의 딜레이 이펙트와 동일하다.

Cakewalk Flanger (플랜저 이펙트)

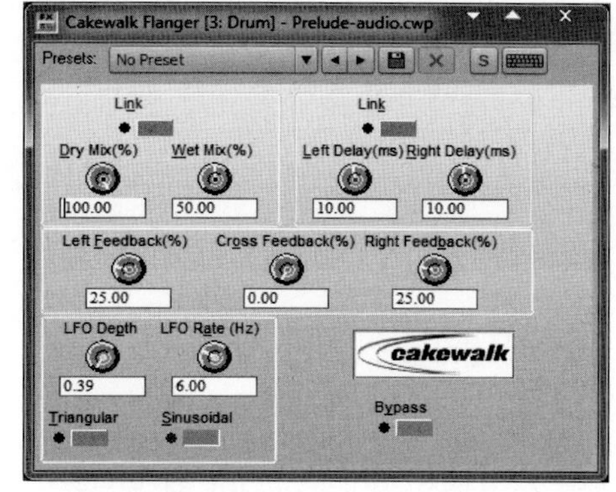

아주 짧은 딜레이를 반복시켜 설정에 따라 휘웅~ 휘웅~ 하는 소리를 만들 수 있다. LFO를 조절하면 우다다닥닥...하는 독특한 소리가 생성된다. 대화상자의 사용법은 앞장에서 설명한 코러스 이펙트와 동일하고 사용법 역시 동일하다. 다이얼을 조절해 자신만의 독특한 플랜저 효과를 만들면 된다.

Cakewalk Reverb (리버브)

앞에서 설명한 FX Reverb와 동일하다. 큰 홀이나 동굴 속에서 들을 수 있는 반사음 효과(잔향 효과)를 만들 수 있다. 옵션의 사용법은 코러스 이펙트와 비슷하다. 참고로 비슷한 이펙트인 Cakewalk Reverb/Mono 이펙트는 모노 트랙에 적용하는 이펙트이다.

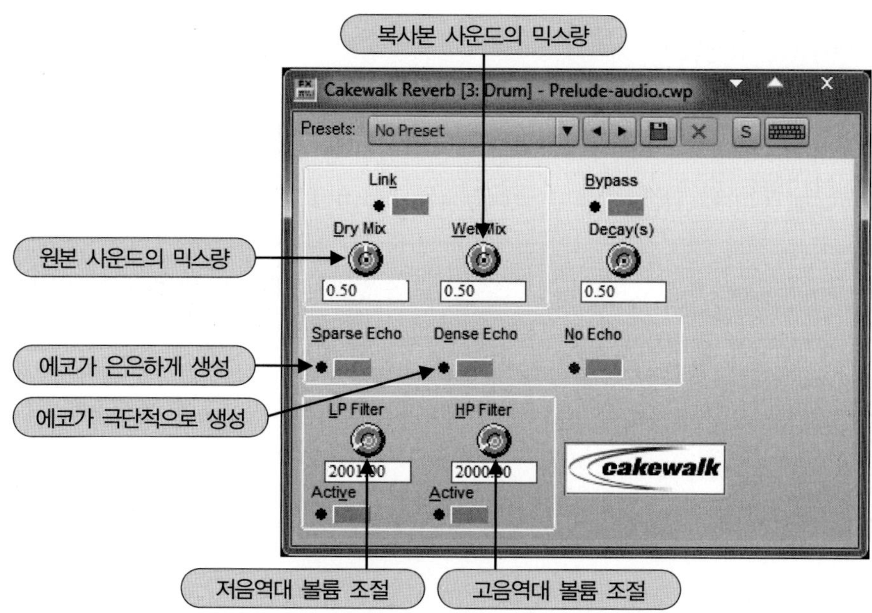

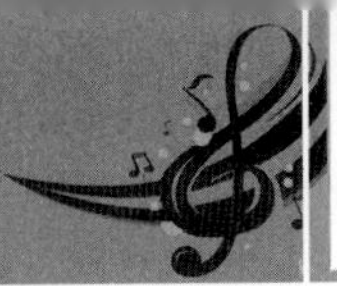

Cakewalk FX Compressor/Gate (컴프레서/게이트 이펙트)

컴프레서/게이트는 컴프레서 이펙트와 게이트 이펙트가 결합된 형태이다. 컴프레서 기능은 오디오의 고출력 부분(높은 데시벨)을 일정 비율로 압축하여 깎아 낼 때 사용하고, 게이트 기능은 저음 데시벨 영역을 깎아 내거나 제거할 때 사용한다. 보통 볼륨 차가 많이 나는 오디오 클립의 볼륨이 큰 부분을 일정 비율로 압축하여 볼륨을 낮추고, 볼륨이 낮은 부분의 잡음을 제거하고 싶을 때 사용한다.

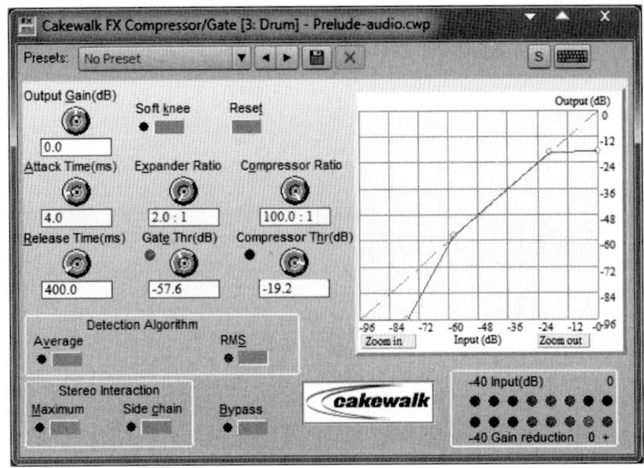

① **Output Gain :** 높은 데시벨을 압축하여 볼륨을 낮출 때 사용한다.

② **Soft Knee :** 오른쪽 포물선 이미지의 각이 진 부분을 부드럽게 처리한다.

③ **Compressor Radio :** 높은 데시벨을 압축할 때의 비율을 설정한다.

Compressor Thr 옵션은 압축 범위를 설정한다.

④ **Gate Thr :** 데시벨이 낮은 부분을 제거할 때 사용하며, Expander Radio에서 게이트 기능의 확장 비율을 설정한다.

⑤ **Attack Time :** Attack Time 옵션은 컴프레서/게이트 기능이 동작을 시작하는 시점을 1/1000초 단위로 설정하고, Release Time 옵션은 컴프레서/게이트 기능이 동작을 종료하는 시점을 설정한다.

⑥ **Detection Algorithm :** 데시벨 검출 알고리즘을 선택한다. Average는 데시벨 평균값을 검출해 동작시키고, RMS는 피크 데시벨 값을 검출해 동작시킨다.

⑦ **Stereo Interaction :** 스테레오의 양 채널 상호작용 방식을 설정할 때 사용한다. Maximun 옵션은 기존 스테레오의 양쪽 채널 데시벨 상태를 유지하며 조절한다. Side chain 옵션은 어느 한쪽 채널의 데시벨을 양쪽 채널에 동일하게 적용하게 한다.

컴프레서/게이트 기능은 오른쪽의 그래프를 마우스로 조절해 적용하기도 한다. 그래프의 상단과 하단부를 조절하면 **Output Gain** 영역과 **Gate Thr** 영역을 조절하는 효과가 있다.

Cakewalk FX Dynamics Processor (다이내믹 이펙트)

다이내믹 이펙트는 높은 데시벨 부분을 일정 비율로 확대할 때 사용한다. 전체 볼륨 중 높은 볼륨을 더 높은 볼륨으로 확장할 때 사용한다. 비트를 강조하는 오디오 클립에서 특정 비트를 더 크게 높일 수 있다. 대화상자의 옵션 사용법은 앞장에서 배운 컴프레서/게이트 이펙트 옵션과 같다.

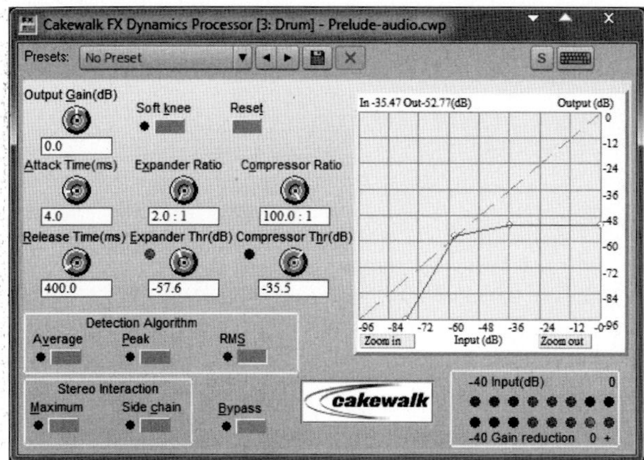

Cakewalk FX Expander/Gate (익스팬더 이펙트)

익스팬더/게이트 이펙트는 전체 볼륨 중에서 낮은 데시벨 부분을 제거하거나 확장할 때 사용한다. 주로 전체 볼륨에서 저음부 영역을 제어할 때 사용한다. 대화상자의 옵션 사용법은 앞장에서 배운 컴프레서/게이트 이펙트 옵션과 같다.

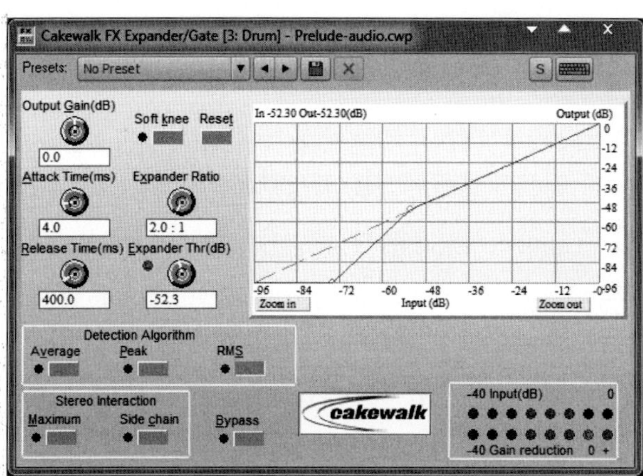

Cakewalk FX Limiter (리미터 이펙트)

리미터 이펙트는 컴프레서/게이트 이펙트의 컴프레서 기능만 별도로 떼어놓은 것이다. 오디오 트랙의 전체 볼륨에서 피크 볼륨을 압축하여 소리를 낮출 때 사용한다. 대화상자의 옵션은 컴프레서/게이트 이펙트에서 볼 수 있는 옵션과 동일하지만 Limiter Thr 기능이 추가되어 피크 볼륨의 압축 비율을 조절할 수 있다. 보통 마스터링 작업에서 피크된 음이나 고음 부에 있는 잡음을 제거할 때 사용한다.

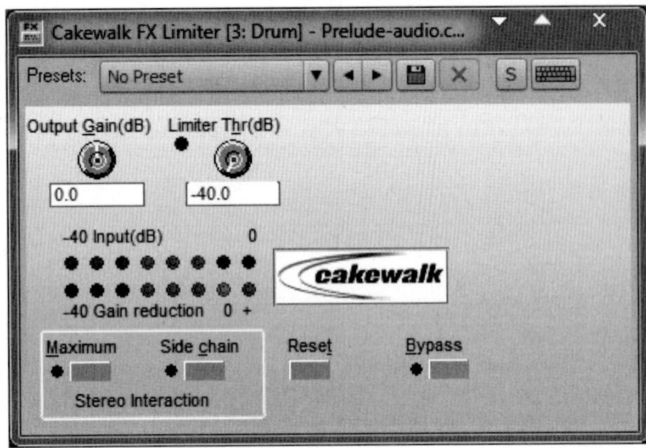

Cakewalk FX2 Tape Sim (테이프 시뮬레이터)

Tape Sim은 아날로그 테이프 음악을 시뮬레이션 할 수 있는 이펙터이다. 릴 테이프나 카세트테이프처럼 테이프 역시 메이커마다 개개별 특성이 있고 녹음된 사운드도 조금씩 다르다. 그 옛날 흔히 들었던 따뜻하고 정감 있는 테이프 음악을 재현할 때 사용한다.

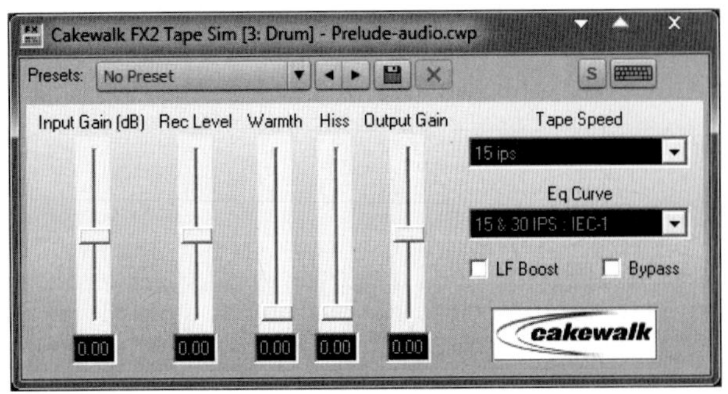

① **Presets :** 다양한 속도의 테이프 프리셋을 선택할 수 있다.

② **Input Gain :** 입력 레벨을 조절한다.

③ **Rec Level :** 녹음 레벨을 조절한다. 카세트데크로 FM 라디오 음악을 큰 볼륨으로 녹음했을 때 흔히 들었던 사운드가 깨지는 효과를 만들 수 있다.

④ **Warmth :** 디지털 음악의 차가운 느낌을 없애고, 카세트테이프에서 들었던 따뜻함 정감을 인위적으로 추가할 수 있다.

438

⑤ **Hiss** : 아날로그 테이프 음악에서 흔히 접했던 히스 잡음을 추가한다. 슬라이더를 올리면 쉬이~ 하는 소리가 점점 추가된다. Tape Speed 옵션에서 느린 속도를 적용하면 히스 잡음을 들을 수 있다.

⑥ **Output Gain** : 출력 레벨을 조절한다.

⑦ **Tape Speed** : 테이프의 속도를 변경한다. 빠른 속도를 선택하면 테이프 음질이 좋아지고 느린 속도를 적용하면 테이프 음질이 악화된다.

⑧ **EQ Curve** : 고 주파수 영역을 보정해 듣기 좋은 사운드를 만든다.

⑨ **LF Boost** : LF 즉 Low Frequency(저음) 영역을 부각시킨다.

Cakewalk FX Chorus (FX 코러스)

오디오 트랙의 FX 모듈을 마우스 오른쪽 버튼으로 클릭한 뒤 Audio FX → Cakewalk - FXChorus 메뉴로 실행한다. 앞에서 배운 코러스 기능이 케이크워크 구 버전부터 제공되었던 기능이라면 FX 코러스는 그 후 추가된 약간 진보된 코러스 기능이다. 앞의 코러스 기능을 익힌 사람이라면 충분히 사용할 수 있다.

4개의 보이스를 제공하며, 각각의 보이스마다 Delay, Mod Depth, Pan, Mod freq를 조절할 수 있다. 원본과 복사본을 대상으로 작업했던 코러스 기능에 비해 FX 코러스는 원본을 4개의 보이스를 나누다보니 보다 한층 입체감 있는 코러스 효과를 만들 수 있다.

Cakewalk FX Delay (FX 딜레이)

FX 딜레이 이펙트는 앞에서 배운 딜레이 이펙트와 동일 기능이지만 나중에 추가된 딜레이 기능이다. 음향이 딜레이 되는 효과를 만들 때 사용한다.

오디오 트랙의 FX 모듈을 마우스 오른쪽 버튼으로 클릭한 뒤 Audio FX → Cakewalk → FXDelay 메뉴로 실행한다.

4개의 보이스를 제공하며, 각각의 보이스마다 Select 버튼을 누르면 개별적으로 Delay, Feedback, Pan을 조절할 수 있다.

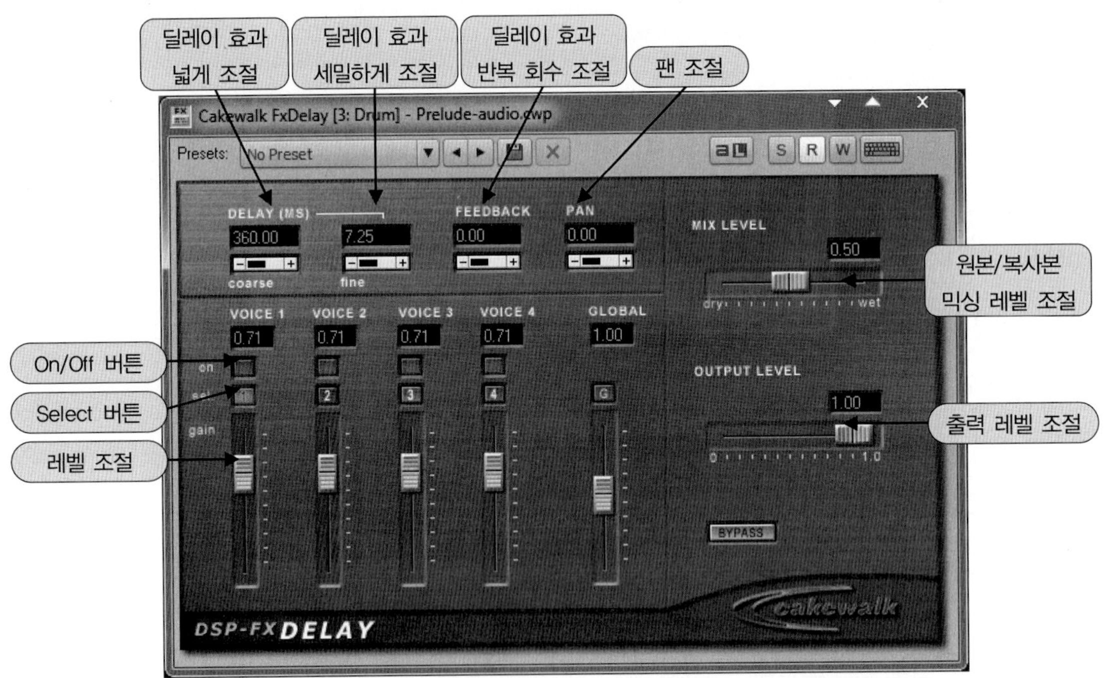

Cakewalk FxEQ (FX 이퀄라이저)

앞에서 배운 2-밴드 이퀄라이저와 달리 8개의 밴드와 2개의 쉘프로 구성되어 있다. 메뉴 구성이 복잡한 만큼 주파수 대역을 조밀하게 세분하여 조절할 수 있다.

먼저 8개의 밴드 슬라이더에서 원하는 밴드 슬라이더를 조절하면 Voice 옵션에 해당 밴드의 이름과 조절값이 나타난다. 8개 의 밴드는 각각 자신만의 기준 주파수를 기준으로 그 부근 주파수를 조절한다. 기준 주파수를 변경하면 조절되는 주파수 범위도 달라진다.

① **Center Frequecy** : 기준 주파수를 말하며, 각 밴드 별로 기준 주파수가 설정되어 있다. 기준 주파수는 임의대로 다른 위치로 이동시킬 수 있지만 기본값을 사용할 것을 권장한다.

② **Bandwidth** : Q 값을 말하며 각 밴드가 조절할 수 있는 주파수 대역폭이다. 주파수 포물선을 완만하게 하거나 뾰족하게 하여 주파수 대역폭의 조절을 커브 모양처럼 급격하게 하거나 완만하게 해준다.

③ **Gain 범위 설정** : 밴드 슬라이더로 조절되는 Gain 범위를 설정한다. 이곳에서 Gain 값을 변경하고 밴드 슬라이더를 조절하면 Gain 범위가 변경된 것을 알 수 있다. 이퀄라이저에서 Gain이란 해당 주파수의 음량을 조절하는 기능이다.

④ **Monitor** : 스테레오, 왼쪽 스피커, 오른쪽 스피커로 모니터할 때 사용한다.

⑤ **Bypass** : 이퀄라이저를 통과시키고 원본 사운드를 모니터할 때 사용한다.

⑥ **Trim** : 주파수 포물선을 위, 아래로 이동시킬 때 사용한다.

Cakewalk Fx Reverb (FX 리버브)

리버브 효과를 만들 수 있는 이펙트이다. 딜레이 효과의 변형이며 일종의 잔향 혹은 에코 효과이다. 리버브 효과는 목욕탕에 앉아 벽면 모퉁이를 향해 소리치면 알 수 있다. 큰 홀에서 들을 수 있는 우웅-하는 에코 효과가 나타나므로 사운드가 예뻐진다.

Presets 버튼을 누르면 큰 방, 더운 방, 차가운 방은 물론 악기별 리버브 프리셋을 선택할 수 있다. 믹싱이나 마스터링에서 오디오의 공간감을 만들 때 사용한다.

① **Room Size** : 룸 크기를 조절한다.

② **Decay Time** : 리버브 효과의 감소 시간을 조절한다.

③ **High/Rolloff** : 1k~20k 고주파수 사이에서 차단될 지점을 설정한다.

④ **High/Decay** : 1k~20k 고주파수 사이에서 감소될 지점을 설정한다.

⑤ **Density** : 리버브 효과의 밀집도를 조절한다.

⑥ **Pre Delay** : 초기 리버브 시간을 1/1000초 단위로 설정한다.

⑦ **Motion Rate** : 리버브 효과로 인한 잔향의 반복 속도를 설정한다.

⑧ **Motion Depth** : 리버브 효과의 깊이를 선택한다.

⑨ **Level** : 전체 볼륨을 조절한다.

⑩ **Mix** : 리버브 효과의 믹스 량을 조절한다.

Cakewalk Parametric Eq (파라메트릭 이퀼라이저)

파라메트릭 이퀼라이저란 이퀼라이저의 기본 조절기능인 주파수(Frequency), 게인(Gain), 큐(Q)를 조절할 수 있는 이퀼라이저를 말한다.

Center Freq 노브를 조절해 기준 주파수의 위치를 지정한다. Gain 노브로 기준 주파수의 게인(볼륨)을 조절한다. Q 노브로 기준 주파수의 폭을 조절한다.

참고로 이퀼라이저로 작업할 때는 스피커에서 들리는 사운드의 주파수가 어디인지 잘 모르므로 주파수 분석기인 Analyst를 열어 놓고 작업하는 것이 좋다.

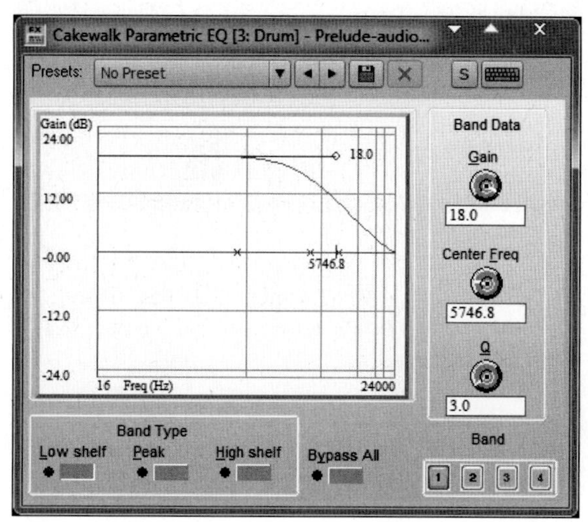

① **Gain** : 기준 주파수의 게인(일종의 볼륨)을 조절한다.

② **Center Freq** : 기준 주파수의 위치를 이동시킨다.

③ **Q** : 기준 주파수의 폭을 조절한다.

④ **Low shelf** : 기준 주파수보다 낮은 저음역대의 Gain을 조절한다.

⑤ **Peak** : 기준 주파수를 피크형으로 보여주는 타입이다. 피크 영역에 해당하는 주파수 영역대만 Gain을 조절할 수 있다.

⑥ **High Shelf** : 기준 주파수보다 높은 고음역대의 Gain을 조절한다.

⑦ **Band** : 4개의 밴드를 사용할 수 있다.

Cakewalk Pitch Shifter (피치 쉬프터)

음정을 높이거나 낮출 때 사용하는 이펙트이다. 원본을 복제하여 생성시킨 복사본의 음정을 조절하는 방식이다. 따라서 원본 사운드와 복사본 사운드의 혼합 상태를 조절할 수 있다.

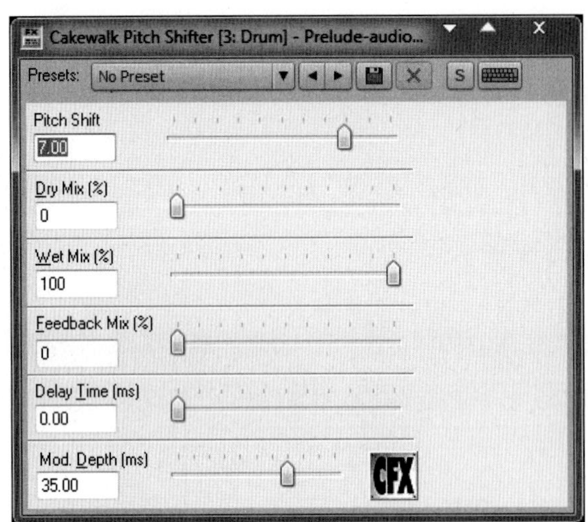

① **Pitch Shift :** 몇 옥타브까지 음정을 높이고 낮출지 조절한다. 복사본의 음정이 조절된다.

② **Dry Mix :** 원본을 얼마만큼 믹스할지 조절한다.

③ **Wet Mix :** 복사본을 얼마만큼 믹스할지 조절한다.

④ **Feedback Mix :** 복사본 사운드가 반복되는 강도를 조절한다.

⑤ **Delay Time :** 복사본 사운드가 딜레이되는 시간차를 조절한다.

⑥ **Mod Depth :** 복사본에 떨림 효과를 적용하고, 떨림 효과를 얼마만큼 반복할지 1/1000초 단위로 설정한다. 1ms라고 설정하면 떨림 효과가 가장 심해진다.

Cakewalk SpectraFX (스펙트라 FX)

인스펙터의 FX 모듈을 마우스 오른쪽 버튼으로 클릭한 뒤 Audio FX → Cakewalk → SpectraFX 메뉴로 실행한다. 스펙트라 FX는 앞에서 배운 여러 가지 이펙트를 멀티 방식으로 사용하는 이펙트이다. 한 장비에서 여러 개의 이펙트를 제공하는 장비를 흔히 멀티 이펙터라고 말하는데 스펙트라 FX는 그러한 장비를 소프트웨어로 구현하였다. 스펙트라 FX에서 사용할 수 있는 이펙트로는 코러스, 플랜저, 와와, 페이즈, 딜레이, 트레몰로, 리버브 이펙트가 있다.

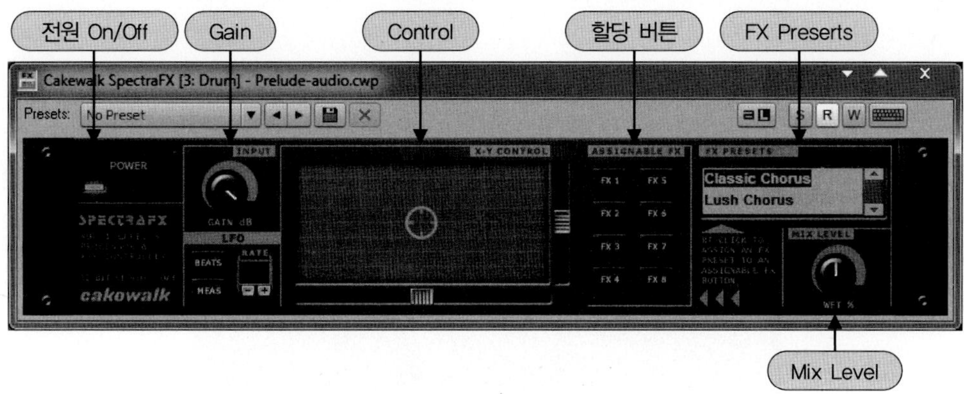

① **Gain** : 입력 포트의 게인을 조절한다. 일종의 볼륨 조절 기능이다.

② **LFO** : 이펙트를 Beats(비트) 혹은 Meas(마디) 단위로 적용할 수 있다. Rate 항목에서 이펙트의 반복 주기를 조절한다. 수치가 낮을수록 주기가 빨라진다.

③ **Control** : 이펙트 패턴의 효과를 조절한다. LFO에서 Beats(비트) 혹은 Meas(마디) 버튼을 클릭하면 이펙트 패턴의 크기, 모양, 속도, 방향, 위치, 앵글을 정교하게 조절할 수 있도록 Orbit가 생성된다. 마우스로 드래그하여 조절한다.

④ **할당 버튼** : 자주 사용하는 이펙트를 버튼을 누르는 형식으로 실행하도록 8개의 버튼에 할당할 수 있다. FX Presets에서 원하는 이펙트를 마우스 오른쪽 버튼으로 클릭한 뒤 원하는 버튼 번호를 선택하면 할당된다.

⑤ **FX Presets** : 약 39개의 이펙트가 제공된다. 코러스, 플랜저, 와, 페이즈, 딜레이, 트레몰로, 리버브 이펙트가 있다.

⑥ **Mix Level** : 이펙트 패턴의 믹스량을 조절한다.

02 Sonitus 이펙트 – 소니투스 이펙트

Sonitus: fx 이펙트는 소나 3에서부터 내장된 외부 이펙트이다. Sonitus란 라틴어의 '소음'이란 뜻을 가지고 있다. 이 시리즈는 fx: Compressor, fx: Delay, fx: Equalizer, fx: Gate, fx: Modulator, fx: Multiband Compressor, fx: Phase, fx: Reverb, fx: Surround, fx: SurroundComp , fx: Wahwah 등의 모두 11개의 이펙트로 구성되어 있다.

Sonitus FX는 앞에서와 마찬가지로 오디오 인스펙터의 FX 모듈을 마우스 오른쪽 버튼으로 클릭한 뒤 Audio FX → Sonitus: FX 메뉴에서 실행한다.

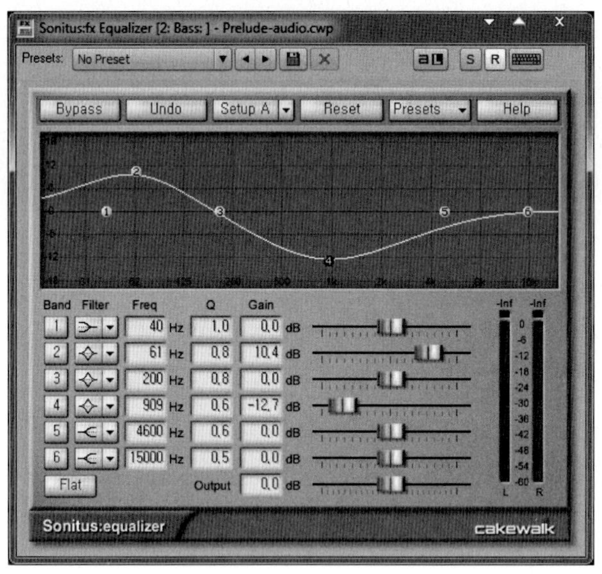

Sonitus: FX Compressor (소니투스 FX 컴프레서)

컴프레서 이펙트처럼 사운드의 고 피크 볼륨을 압축하여 피크 볼륨을 하향시키는 기능을 한다. 고음역대에 잡음이 있을 경우 이 잡음을 제거할 목적으로 사용할 수도 있다. 보컬의 노래에서도 앞부분은 보통 성량으로 노래하지만 뒷부분에서 별안간 성량이 과도해 앞쪽보다 고볼륨일 경우, 볼륨 레벨을 낮추어 앞부분과 볼륨 밸런스를 맞출 수 있다.

보통 믹싱과 마스터링 작업에서 특정 트랙에서 상대적으로 고 피크된 볼륨이 많을 경우 고볼륨을 깎아내는 용도로 사용한다. 예를 들어 드럼은 Threshold -20dB, Attack 0.1ms, Release 100ms and Ratio 10:1로 설정하는 것이 일반적이다.

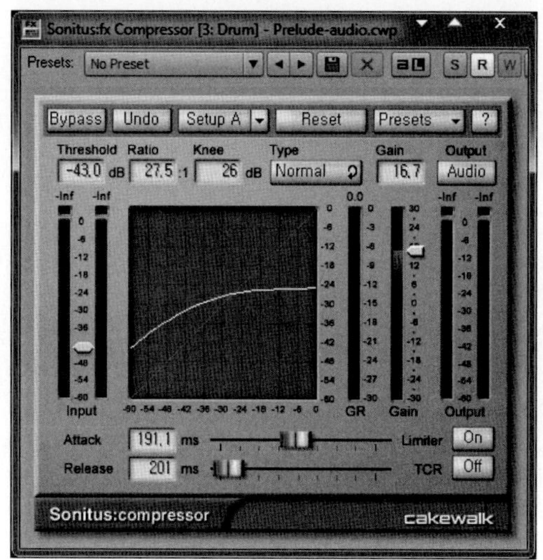

① **Input Level** : 입력 레벨 미터이다. 오디오 트랙을 재생하면 이곳에 볼륨 상태가 레벨 미터로 표시된다. dB 숫자를 보면 고볼륨 영역(혹은 고음역대 잡음 영역)이 어디에 있는지 확인할 수 있다. 줄이고 싶은 dB까지 입력 레벨 미터의 슬라이더를 낮추어준다. Threshold 항목의 수치도 함께 변경된다.

② **그래프창** : 고볼륨 영역대를 압축할 비율을 설정한다. 마우스로 드래그하여 설정한다. Ratio 항목과 Knee 항목에 설정값이 표시된다.

③ **Type** : 컴프레서 타입을 선택한다. Normal 타입은 일반적은 컴프레서를 말하며, Vintage 타입은 아날로그형 구식 컴프레서를 흉내낼 때 사용한다.

④ **Gain 슬라이더** : 고볼륨 압축을 감소시킨다. 다시 말하면 압축된 고볼륨을 세밀하게 가감할 때 사용한다. 조절된 값은 Gain 항목에 표시된다.

⑤ **Output** : 최종 출력 볼륨이 레벨 미터로 표시된다. 상단 작은 사각형은 Overload LED이며, 볼륨이 과도할 경우 빨간색으로 표시된다. 보통 압축된 볼륨을 보정하기 위해 Gain 슬라이더를 과도하게 적용한 경우 Overload LED에 빨간색 불빛이 들어온다. Gain 슬라이더를 조절할 때는 Overload LED에 빨간색 불빛이 들어오지 않도록 보정한다.

⑥ **Attack** : 컴프레서의 시작 타임을 1/1000초 단위로 설정한다.

⑦ **Release** : 컴프레서의 종료 타임을 1/1000초 단위로 설정한다.

⑧ **Limiter** : 리미터 기능으로 Overload되는 볼륨을 자동으로 잡아준다.

⑨ **TCR** : 컴프레서의 종료 타임을 자동으로 설정한다.

예제 'comp.cwp' 파일을 불러오면 4개의 트랙이 있다. 이중 2개의 트랙은 드럼 파트인데 그중 하나에 과도한 고출력 부분이 녹음되어 있다. 과도한 고출력 부분을 압축하여 깎아 내려면 컴프레서 기능을 사용한다.

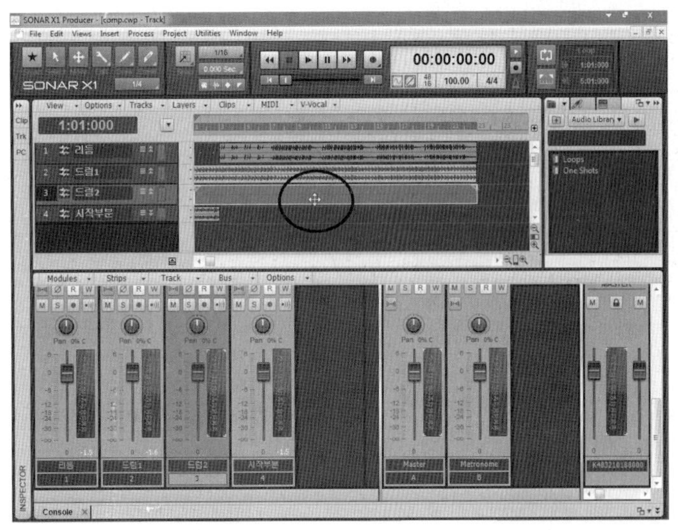

01 3번 트랙의 오디오 클립을 보면 고출력 부분이 많기 때문에 오디오 클립의 웨이브 파형 이미지가 한계치보다 확장되어 아예 안 보인다.

3번 트랙의 클립을 선택한다.

02 '구간 버튼'을 클릭하면 선택한 오디오 클립 길이만큼 루프 구간으로 자동 설정된다. Spacebar를 눌러 곡을 루프 상태로 연주한다.

03 콘솔 뷰에서 작업 중인 3번 스트립을 보면 오버로드 LED에 빨간색 경고등이 들어오는 것을 알 수 있다.

과도한 고출력 부분이 있을 경우 오버로드 LED에 빨간색 불이 들어오는데 이런 부분은 나중에 스피커로 들을 때 음이 쪼개져 들릴 수도 있다.

04 Sonitus: FX Compressor로 과도한 고볼륨 부분을 압축해서 깎아 보자.

오른쪽 브라우저 창에서 Plug-Ins 탭을 클릭하면 설치되어 있는 오디오 이펙트가 표시된다. 여기서 Sonitus: FX Compressor 이펙트를 선택한 뒤 3번 트랙 패널로 드래그한다.

Tip 이펙트를 3번 트랙으로 드래그해야 트랙 자체에 이펙트가 적용된다. 만일 3번 트랙의 오디오 클립으로 드래그하면 오디오 클립에 이펙트가 적용된다.

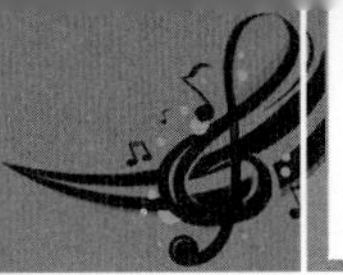

05 3번 트랙에 이펙트가 적용되면서 Sonitus: FX Compressor 이펙트창이 자동으로 실행된다.

Output 레벨미터의 오버로드 LED를 보면 때때로 빨간색 경고등이 들어오는 것을 알 수 있다. 빨간색 경고등이 들어올 때 Input 레벨미터를 확인하면 데시벨 값이 0dB 이상 치솟아 오르는 것을 알 수 있다.

06 Input 레벨미터의 슬라이더를 아래로 내려 Threshold를 -18dB 쯤으로 내려준다. Output 레벨미터의 오버로드 LED를 보면 빨간색 경고등이 안 들어올 것이다. (계속 연주중인 상태이다.)

이후 깎아내린 고볼륨을 보정하기 위해 Gain값을 조금 높여주는 것도 좋은 생각이 된다.

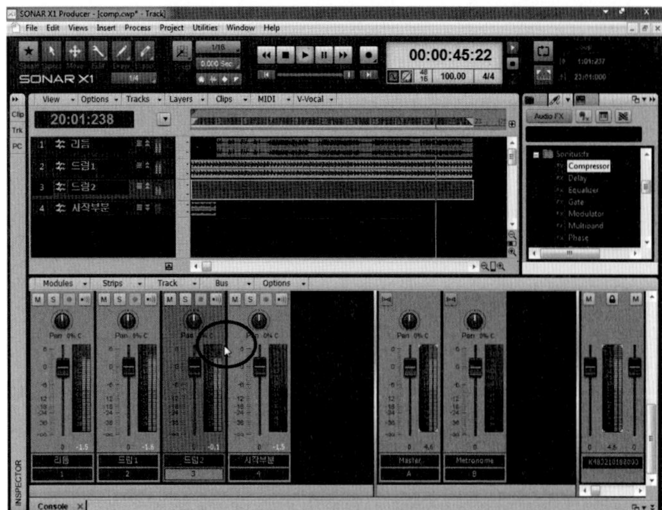

07 Sonitus: FX Compressor 창을 닫고 트랙 뷰로 돌아온다. 콘솔 뷰의 3번 인스펙터에서 오버로드 LED의 경고등을 클릭해 빨간색을 제거한다.

곡을 다시 플레이해보면 3번 스트립의 오버로드 LED에 빨간색 불이 안 들어오는 것을 알 수 있다. 즉, 과도 출력되는 피크 볼륨을 컴프레서로 깎아내릴 수 있음을 알 수 있다.

Sonitus: FX Delay (소니투스 FX 딜레이)

딜레이 이펙트처럼 딜레이 효과를 만들 수 있는 이펙트이다. 사운드가 딜레이되어 순차적으로 울리게 할 때 사용하며, 믹싱 및 마스터링 작업에서 원근감을 표현할 때 사용하기도 한다. 사용법은 케이크워크 딜레이와 비슷하지만 스테레오의 양 채널에 서로 다른 딜레이를 적용할 수 있다.

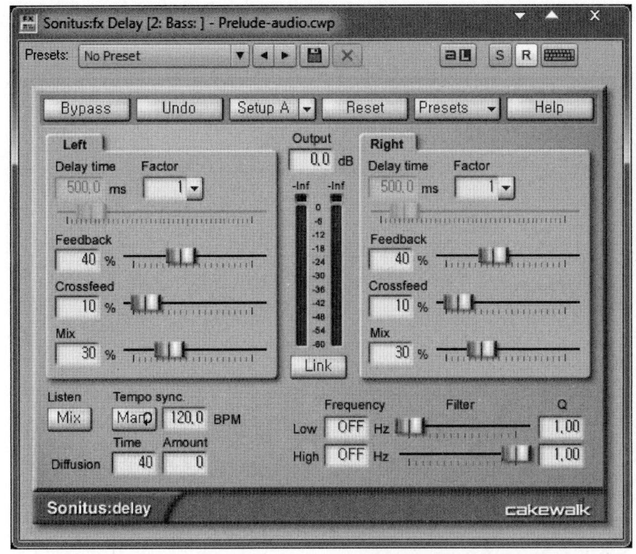

① **Left/Right :** 스트레이의 왼쪽 채널과 오른쪽 채널에 딜레이 효과를 만든다. 중앙 Output 레벨 하단의 Link 버튼을 클릭하면 좌우 채널이 함께 조절된다.

② **Output 레벨 미터 :** 출력 상태를 보여준다.

③ **Delay time 슬라이더 :** 딜레이 효과의 반복 시간을 설정한다. Factor 옵션에서 딜레이 반복 시간에 변화를 줄 수 있는데 1/32, 1/24, 1/16, 1/12, 1/8, 1/6, 1/5, 1/4, 1/3, 1/2, 2/3, 3/4, 1, 3/2, 2, 3, 4, 5, 6, 8에서 선택한다.

④ **Feedback 슬라이더 :** 피드백을 조절해 딜레이 효과를 증폭시킨다.

⑤ **Crossfeed 슬라이더 :** 좌우 교차되는 방식으로 딜레이량을 조절한다.

⑥ **Mix 슬라이더 :** 원본과 이펙트가 적용된 본사본의 믹스량을 조절한다.

⑦ **Mix 버튼 :** 이펙트가 적용된 복사본만 듣거나, 원본과 믹스된 사운드를 들을 수 있다.

⑧ **Tempo Sync :** 딜레이 효과를 설정한 템포에 동기화시킨다.

⑨ **Frequency :** 특정 주파수에서 컷 오프를 할 수 있다. Low Filter는 저음역대에서, High Filter는 고음역대에서 컷 오프할 주파수를 설정한다.

Sonitus: FX Equalizer (소니투스 FX 이퀄라이저)

6밴드 파라메트릭 방식의 이퀄라이저이다. 지금까지 설명한 여러 가지 이퀄라이저처럼 주파수를 증폭시키거나 컷옵시킬 때 사용한다. 오디오의 특정 주파수를 깎거나 증폭하여 특별한 음색을 만들고, 중저음이나 고음에 변화를 주고, 하울링이나 잡음을 제거하는 용도로 사용하기도 한다. 보컬의 경우 남자 보컬은 1K~12K 주파수 대역 사이에서 특정 부분을 높여주면 목소리가 청량감 있게 들린다.

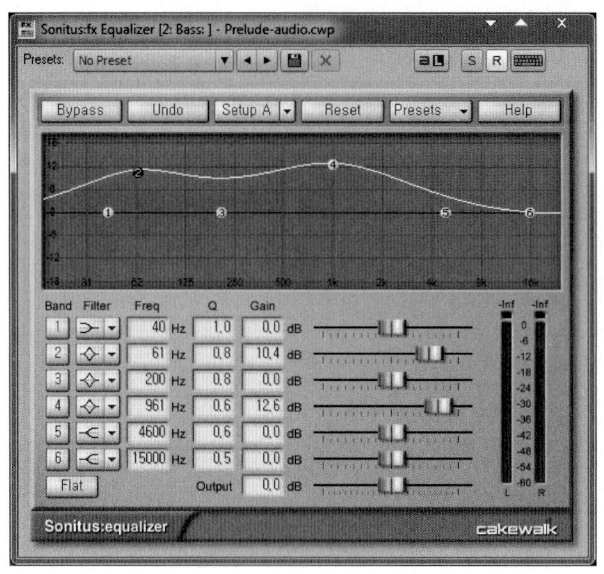

① **Band** : 6개의 밴드마다 기준 주파수를 설정해 증폭하거나 깎을 수 있다. Gain 슬라이더로 조절하는데 증폭하면 볼륨이 높아지고 깎으면 볼륨이 작아진다.

② **Filter** : 필터 모양을 설정한다. HighPass, LowPass, Shelving Low, Shelving High, Peak/Dip 필터를 선택할 수 있다.

③ **Freq** : 각 밴드별 기준 주파수를 설정한다. Gain 슬라이더로 조절할 때 기준 주파수 위주로 조절된다.

④ **Q** : 기준 주파수 대역폭 모양을 설정한다.

⑤ **Gain** : 기준 주파수의 증폭하거나 깎아낸다. 볼륨을 조절하는 효과이다.

⑥ **Flat** : 그래픽 창의 포물선 모양을 기본값인 직선 상태로 되돌린다.

⑦ **레벨 미터** : 출력 레벨이 표시된다.

Sonitus: FX Gate (소니투스 FX 게이트)

게이트는 컴프레서와 달리 슬라이더 조절기가 밑에 있는 것을 보면 알 수 있듯, 일정 이하의 저음 데시벨 영역을 제 거할 때 사용한다. 보통 믹싱 작업에서 컴프레서와 함께 사용하는데, 주목적은 저음역대에 있는 잡음을 제거할 용도 이다.

일단 작업할 트랙을 한 바퀴 연주하면서 제거할 잡음이 Input 레벨 미터에서 어느 데시벨에 있는지 육안으로 파악한 다. 그런 뒤 Input 슬라이더로 잡음이 있는 데시벨 영역을 설정하면 Threshold가 설정된다. 해당 데시벨 이하 음역대 가 제거되면서 잡음이 제거되는 효과가 발생한다.

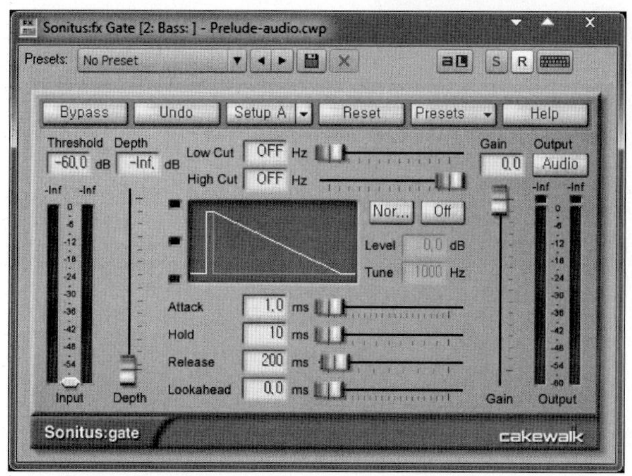

① **Input 레벨 미터** : 원본 사운드의 입력 레벨 상태를 보 여준다.

② **Depth 슬라이더** : 잡음 감소도를 조절한다.

③ **Low Cut** : 저음역대에서 필터로 동작하면서 게이트 적 용을 중지시킨다.

④ **High Cut** : 고음역대에서 필터 역할을 하며 게이트 적 용을 중지시킨다.

⑤ **Nor 버튼** : Normal은 일반 그래프 방식으로 게이트를 보여주고 Duck은 그래프를 반전시키는데 사운드 역시 반사된다.

⑥ **Off 버튼** : 게이트에 펀지 모드를 추가한다. 버튼을 클릭하면 Off, Wide, Tuned로 변경되면서 하단 Level, Tune 항 목을 조절할 수 있다. Wide를 선택하면 Level 항목을 조절해 펀치 레벨을 조절할 수 있다. Tune 항목은 기준 주파 수를 설정한다.

⑦ **Attack** : 게이트 기능의 시작 시간을 설정한다.

⑧ **Hold** : 게이트 기능의 유지 시간을 설정한다.

⑨ **Release** : 게이트 기능의 종료 시간을 설정한다.

⑩ **Lookahead** : 게이트 기능의 지현 시간을 설정한다.

⑪ **Gain 슬라이더** : 게이트 기능으로 제거된 저음역대의 볼륨을 보정할 때 사용한다.

⑫ **Output** : 출력 레벨 상태를 보여준다.

Sonitus: FX Modulator (소니투스 FX 모듈레이터)

오디오 파형을 변조하는 음향 변조기 이펙트이다. **Mode** 버튼을 클릭하면 플랜저, 앙상블, 스트링 페이저, 페이저 6, 페이저 12, 트레몰로 모드를 선택할 수 있다. 우주에서 들려오는 사운드처럼 이색적이고 창조적인 사운드를 연출할 때 사용한다.

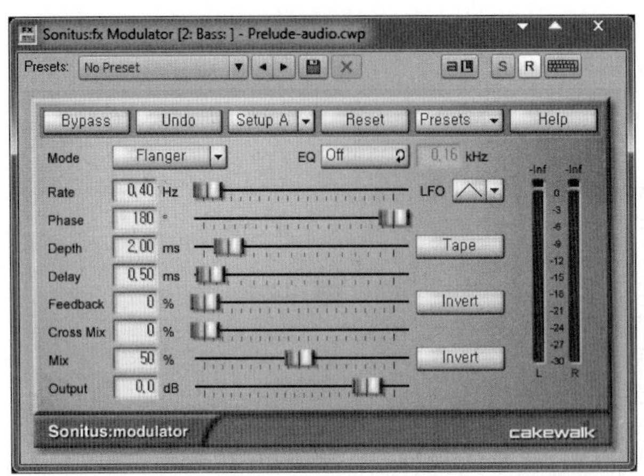

① **Mode** : 플랜저, 앙상블, 스트링 페이저, 페이저 6, 페이저 12, 트레몰로 효과를 선택할 수 있다. 플랜저는 기타 트랙에, 앙상블은 보컬 트랙이나 악기 트랙에, 스트링 페이저는 스트링에 사용하면 좋다.

② **EQ** : Low Cut, High Cut 이퀄라이저 기능을 사용할 수 있다.

③ **Rate** : 모듈레이션이 적용될 주파수를 설정한다.

④ **Phase** : LFO의 좌/우 채널 위상각을 설정한다.

⑤ **Depth** : 모듈레이션 효과의 깊이를 설정한다. Tape 버튼을 클릭하면 카세트테이프에서 들었던 효과가 나타난다.

⑥ **Delay** : 딜레이 시간을 설정한다.

⑦ **Feedback** : 반복 비율을 설정한다.

⑧ **Cross Mix** : 좌우 채널이 겹치는 비율을 설정한다.

⑨ **Mix** : 원본 사운드와 모듈레이션 사운드의 믹스량을 설정한다.

⑩ **Output** : 사운드의 출력 볼륨을 조절한다.

⑪ **LFO** : 오실레이터인 Low Frequency Oscillator의 약자이며 소리를 만들어내는 장치이다. 소리의 모양인 웨이브 파형을 선택할 수 있는데 웨이브 파형에 따라 소리가 달라진다.

Sonitus: FX Multiband (소니투스 FX 멀티밴드)

5 밴드 타입의 컴프레서 이펙트이다. 노말 모드와 빈티지 모드의 컴프레서를 지원한다. 5개 밴드로 세분화되어 저음 역대에서 고음역대까지 주파수 대역별로 나누어 작업할 수 있다. 보통 악기를 불 때 들리는 호흡 소리, 보컬이 노래를 발음할 때 닿소리 발음에 의한 입천장이나 혀가 마찰을 일으키며 들리는 공명음, 비음, 마찰음 등을 제거할 때 사용한다.

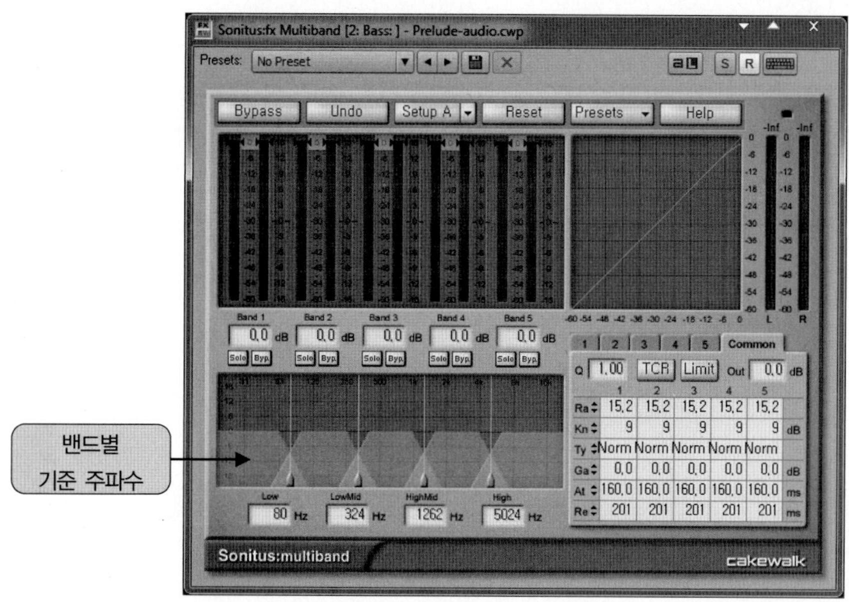

① **Band** : 5개의 밴드 레벨 미터가 제공된다. 각각 제거하고 싶은 데시벨 범위로 슬라이더로 이동해 조절한다.

② **Solo** : 해당 밴드만 솔로를 연주하며 모니터한다.

③ **Bypass** : 해당 밴드의 설정값을 적용하지 않고 통과시키며 모니터한다.

④ **Ratio** : 해당 밴드의 컴프레서의 압축 비율을 설정한다.

⑤ **Knee** : 해당 밴드의 Knee 값을 조절해 적용 강도를 조절한다.

⑥ **Type** : 해당 밴드의 컴프레서를 일반 타입 또는 아날로그 빈티지 타입에서 선택한다.

⑦ **Gain** : 해당 밴드의 레벨값을 조절한다.

⑧ **Attack** : 해당 밴드의 컴프레서 시작 시간을 설정한다.

⑨ **Release** : 해당 밴드의 컴프레서 종료 시간을 설정한다.

⑩ **Common 탭** : 5개 밴드의 Raio, Knee, Type, Gain, Attack, Release를 일괄 조절한다.

⑪ **밴드별 기준 주파수** : 5개 밴드의 기준 주파수 범위가 표시된다. 드래그하여 기준 주파수를 재설정할 수 있다.

Sonitus: FX Phase (소니투스 FX 페이저)

위상(Phase)을 조절하여 사운드를 변형하는 이펙트이다. 위상이란 진동이나 파동, 오디오 파형의 각도를 말하며, 위상에 따라 사운드의 진행 방향이 달라져 소리가 달라지는 현상이 발생한다. 가장 쉬운 예로 거실에서 5.1채널 서라운드 스피커를 배치할 때 배치 각이 달라지면 소리가 달라지는데 이는 위상이 달라졌거나 위상간섭이 발생했기 때문이다. Phase는 믹스 작업에서 음의 방향을 만들고 스테레오 범위를 조절하는 등의 작업을 할 때 사용한다.

① **Filter** : IIR(Infinite Impulse Response) 필터는 저음역대에서, FIR(Finite Impulse Response) 필터는 고음역대에서 위상차를 만들어낸다. 이로 인해 위상간섭 현상이 일어난다.

② **Mode** : LR Phase는 양쪽 스피커에서, MS Phase는 중앙의 모노와 양쪽 스피커에서, CS Encode는 중앙에서 양쪽 스피커로, SC Encode는 양쪽 스피커에서 중앙으로 위상차를 만들어낸다.

③ **Phase** : 위상각을 조절한다.

④ **Width** : 스테레오 너비를 조절한다.

⑤ **Output** : 출력 레벨을 조절한다.

⑥ **Meter** : 버튼을 클릭하면 Pre/Post로 전환된다. Pre 버튼은 페이저 적용 전을, Post 버튼은 페이저 적용 후를 모니터하게 한다.

Sonitus: FX Reverb (소니투스 FX 리버브)

리버브 이펙트와 동일하게 잔향 효과를 만들 때 사용한다. 동굴 속에서 소리가 반사되어 들려오는 효과와 비슷하다. 리버브는 믹싱 작업에서 가장 많이 사용하는 기능 중 하나이며, 악기나 보컬에 공간과 느낌을 만들어주는데, 예를 들어 드럼에 리버브를 부여할 때는 짧게 적용하는 것이 일반적이다. Presets을 클릭하면 다양한 악기에, 다양한 룸 크기에 맞는 리버브 설정값을 선택할 수 있다.

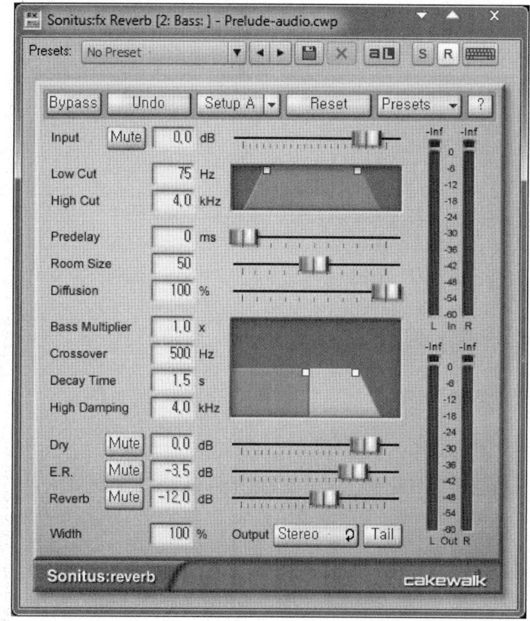

① **Input :** 입력 레벨을 조절한다. 원본의 볼륨이다.

② **Low Cut :** 저음역대에서 컷할 부분을 지정한다.

③ **High Cut :** 고음역대에서 컷할 부분을 지정한다.

④ **Predelay :** 첫 리버브가 발생할 시간을 설정한다.

⑤ **Room Size :** 방 크기를 선택한다.

⑥ **Diuffuse :** 벽에서 음이 튕겨나오는 반사음의 조밀도를 조절한다.

⑦ **Bass Multiplier :** Crossover에서 설정한 주파수 이하의 저음역대에서 리버브가 소멸되는 레벨을 설정한다.

⑧ **Crossover :** 저음역대를 설정한다. 설정된 저음역대에 Bass Multiplier에서 설정한 값이 적용된다.

⑨ **Decay Time :** 리버브의 소멸 시간을 설정한다. 짧은 시간 설정은 작은 방에서 반사되는 음을, 긴 시간은 교회당 같은 공간에서 반사되는 음을 재현한다.

⑩ **High Damping :** 어느 고음역대의 리버브가 소멸되게 할지 설정한다. 방에서 음이 흡수되는 효과를 만들 수 있다.

⑪ **Dry :** 원본 사운드의 레벨을 조절한다.

⑫ **E.R. :** 첫 리버브의 시작 시간을 설정한다.

⑬ **Reverb :** 리버브된 사운드의 레벨을 조절한다.

⑭ **Width :** 리버브가 스테레오에서 어느 정도 넓게 퍼질지 범위를 설정한다.

⑮ **Output :** 버튼을 클릭하면 모노/스테레오로 전환된다. 모노의 경우 스테레오처럼 들리게 하고, 스테레오의 경우 모노처럼 들리게 출력할 수 있다.

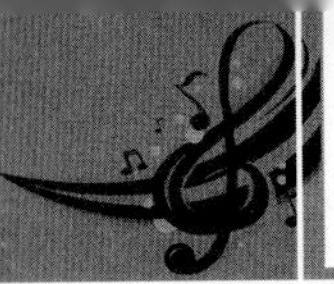

Sonitus: FX Surround (소니투스 FX 서라운드)

서라운드 음향 효과를 만들 수 있는 이펙트이다. 단일 트랙으로도 서라운드 효과를 낼 수 있으므로 재미있는 효과를 많이 만들 수 있다. 오디오 인스펙터의 FX 모듈을 마우스 오른쪽 버튼으로 클릭한 뒤 Audio FX → Sonitus: FX → Surround 메뉴에서 실행한다.

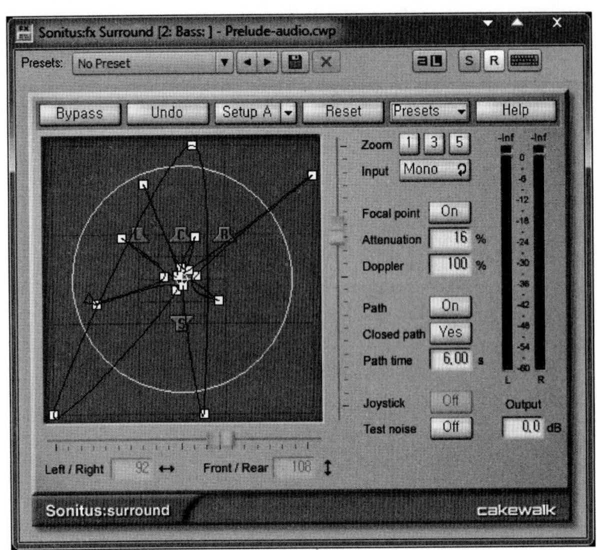

Presets 버튼을 클릭한 모습

Tip 패스 경로를 제작하면 자동으로 관측자는 패스 경로를 따라 움직이게 된다. 이때 Focal point 버튼을 클릭한 뒤 Attenuation 범위를 조절하고, 도플러 효과를 주기 위해 Doppler 값을 조금 높여준다. 오디오 클립을 재생하면 관측자는 경로를 따라 움직이게 되고, 사운드가 달라지거나 도플러 효과가 적용된 것을 듣게 된다.

① **Presets 버튼** : 다양한 프리셋을 선택할 수 있다.

② **Left/Right 슬라이더** : X 포지션 즉 관측자가 스피커 좌우에서 어느 위치에 있는지 조절한다.

③ **Front/Near 슬라이더** : Y 포지션 즉 관측자가 스피커 전후에서 어느 위치에 있는지 조절한다.

④ **Zoom** : 왼쪽의 패닝 화면을 1, 3, 5배 축소하거나 확대한다. 패스의 경로가 넓을 경우에는 3배 혹은 5배 버튼을 클릭해 패닝 화면을 축소하고 작업한다.

⑤ **Input** : 입력 채널을 Mono, Stereo, Left(왼쪽 스피커), Right(오른쪽 스피커)에서 선택한다.

⑥ **Focal point** : 사운드 범위를 표시한다.

⑦ **Attenuation** : 사운드 증폭이 약화되는 범위를 조절한다.

⑧ **Doppler** : 도플러 효과의 강약을 조절한다. 도플러 효과란 음원 혹은 관측자가 상대적으로 움직이고 있을 때 사운드의 고저가 변하는 현상을 말한다. 자동차가 경적을 울리며 지나갈 때 경적소리가 달라지는 것이 도플러 효과이다.

⑨ **Path** : 패스 경로를 제작할 수 있다. 버튼을 클릭하면 센터 스피커에 사각형 아이콘이 나타나는데 이 아이콘을 드래그하면 패스 경로를 그릴 수 있다. 관측자는 패스를 따라 움직이게 된다. 패스를 삭제하려면 Delete 키를 누른다.

⑩ **Closed path** : 패스를 닫아준다.

⑪ **Path time** : 패스 경로를 따라 관측자가 얼마만큼의 속도로 이동할지 설정한다.

⑫ **Joystic** : 조이스틱으로 패스를 그릴 수 있다.

⑬ **Test noise** : 패스 이동 경로를 테스트할 목적으로 −20 데시벨의 노이즈를 생성시킨다. 서라운드 시스템을 정상적으로 연결하고 각 스피커의 볼륨을 동일 레벨로 맞추고 테스트해야 한다.

⑭ **Output** : 출력 레벨을 조절한다.

Sonitus: FX WahWah (소니투스 FX 와와)

오디오 파형을 조절해 와~와~ 하는 음이나 와우~와우~하는 음을 만들 수 있는 이펙트이다. 파라미터를 잘 조절하면 요사스러운 음이나 우주의 화음이 만들어진다. Presets 옵션에서 다양한 WahWah 프리셋을 선택할 수 있다.

여기서 설명하는 와와는 실제 아날로그 페달 모델인 Morley Pro Series Distortion Wah, Jim Dunlop Crybaby Model인 GCB-95과 JH-1(Jimi Hendrix) 모델을 디지털 방식으로 만든 것으로 일렉기타 연주에 흔히 사용한다.

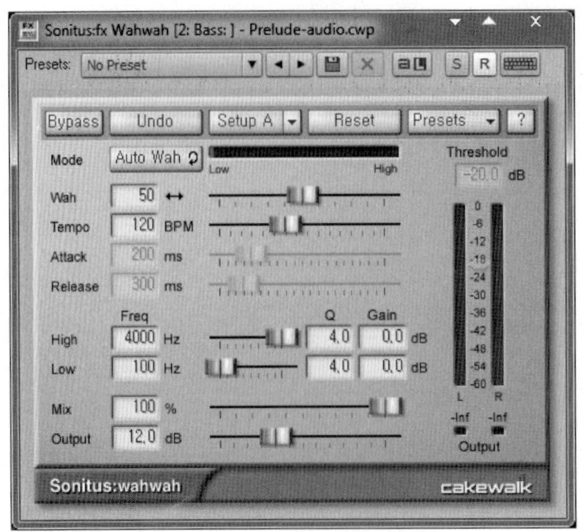

① **Presets :** 미리 등록된 다양한 와와 효과를 사용할 수 있다.

② **Mode :** 동작 모드를 Manual, Auto, Triggered 모드에서 선택한다. Manual 모드는 Wah 슬라이더만 조절할 수 있고, Auto 모드는 Tempo에 따라 와가 조절되는 모드이고, Triggered 모드는 Attack과 Release를 조절할 수 있다.

③ **Wah :** 와와 소리의 엔벨로프를 조절한다. 와와 페달을 밟아 제어할 수 있다.

④ **Tempo :** 설정된 템포에 따라 와와가 조절된다.

⑤ **Attack :** 와와가 시작되는 시간을 조절한다.

⑥ **Release :** 와와가 종료되는 시간을 조절한다.

⑦ **High :** 와와가 생성되는 고주파수 대역대를 설정한다. Q는 주파수 대역폭, Gain은 레벨을 조절한다. 와와 소리를 날카로운 소리로 변경할 수 있다.

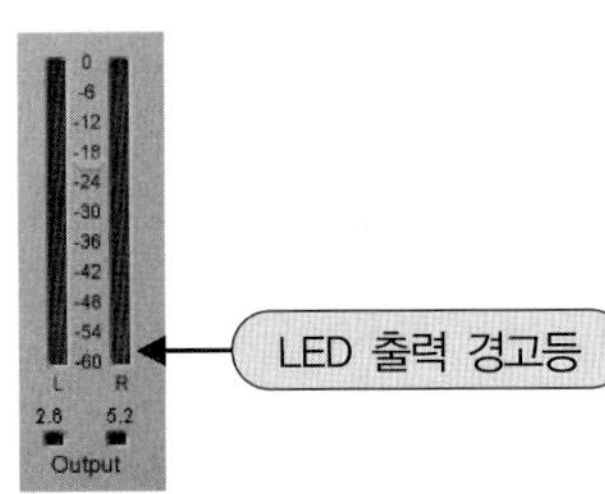

⑧ **Low :** 와와가 생성되는 저주파수 대역대를 설정한다. Q는 주파수 대역폭, Gain은 레벨을 조절한다. 와와 소리를 웅웅거리는 듯한 소리로 변경할 수 있다.

⑨ **Mix :** 와와 사운드의 믹스량을 조절한다.

⑩ **Output :** 출력 레벨을 조절한다. 오른쪽 Output 레벨의 LED 경고등이 들어오지 않도록 조절하는 것이 좋다.

03 고급 오디오 이펙트 – VST 방식의 오디오 이펙트

소나 X1 내장 이펙트 중에서 비교적 고급에 해당하는 이펙트에 대해 공부한다. 여기서 설명하는 이펙트는 소나 설치 시 함께 설치되며 앞에서 설명한 이펙트에 비해 비교적 고급에 속하는 이펙트들이다.

PX64 Percussion Strip – PX64 타악기 이펙트

소나 X1에서 새로 추가된 기능이며 타악기와 드럼 악기에 사용하는 이펙트이다. 트랜션트 쉐이퍼(Shaper), 컴프레서 (Comp), 이퀄라이저(Equalizer), 익스팬더(Expander), 딜레이(Delay), 튜브 새추레이션(Tube Satuation) 등의 전문적인 이펙트가 결합되어 동시에 사용할 수다.

1. Shaper(트랜션트 쉐이퍼) 패널

타악기의 사운드가 급격하게 변하는 트랜션트의 시작 지점, 릴리즈 시간을 조절하고 음의 두께를 조절한다. 일종의 타악기 피크 파형의 상태를 조절하는 기능이라 할 수 있다.

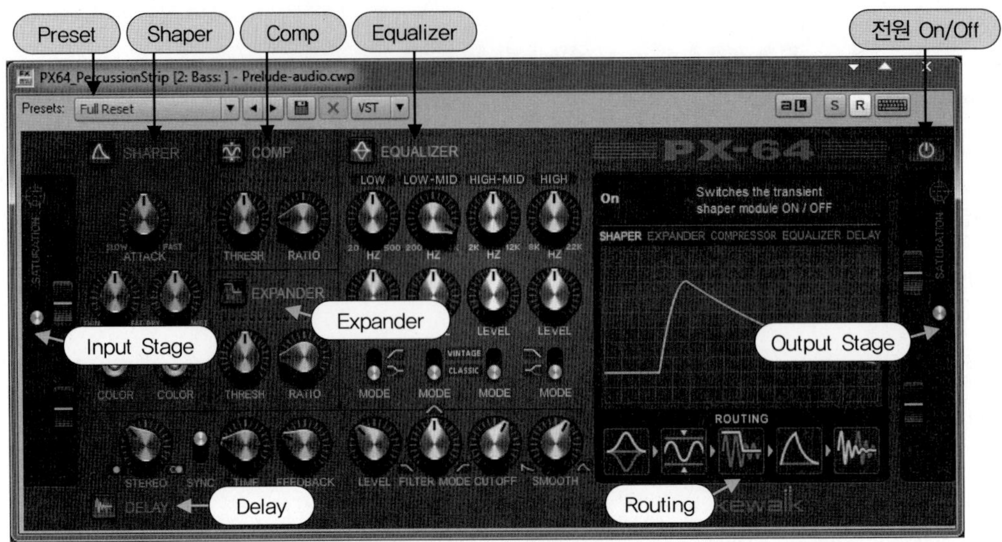

① **Attack 노브** : 피크 파형의 시작 타임을 조절한다. 트랜션트(Transient)의 날카로움을 조절하는 기능이라고 할 수 있다.

② **Weight 노브** : 트랜션트(Transient)의 두께를 조절한다. 수치를 높이면 사운드다 더 둔탁하고 강해진다.

③ **Decay 노브** : 피크 파형의 유지시간을 조절한다. 수치를 낮추면 짤막하게 끊어 치는 드럼 소리가 나온다.

④ **Color 1, 2 노브** : 왼쪽은 트랜션트의 밝기와 어둡기를 조절한다. 오른쪽은 트랜션트 테일(꼬리음)의 밝기와 어둡기를 조절한다.

2. Comp(컴프레서) 패널

과도한 고출력 데시벨을 압축하여 깎아낸다. 과도한 고음 출력 부분을 깎아내어 고음부를 낮추는 효과가 있다.

① **Thresh 노브** : 컴프레서 기능이 적용될 데시벨 위치를 선택한다.

② **Ratio 노브** : 압축 비율을 선택한다.

3. Expander(익스팬더) 패널

사운드의 다이내믹 레인지를 좁히거나 넓히는 기능이다. 다이내믹 레인지란 제일 큰 소리와 제일 작은 소리의 너비를 데시벨로 표시한다.

① **Thresh 노브** : 익스팬더 기능이 적용될 데시벨 위치를 선택한다.

② **Ratio 노브** : 압축 비율을 선택한다.

4. Equalizer(이퀄라이저) 패널

4밴드 방식의 이퀄라이저이다. 4개 밴드 별로 주파수를 증폭시키거나 컷옵시킬 수 있다.

① **Low/Low mid/High Mid/High** : 각 밴드 별로 기준 주파수를 설정한다. 노브를 조절하면 기준주파수가 이동된다.

② **Level** : 각 밴들 별로 사운드를 증폭시키거나 컷옵시킨다.

③ **Mode** : 각 밴들 별로 모드를 선택한다. 아래로 꺾여 있으면(로우쉘프) 해당 주파수를 컷옵시킨다. 위로 꺾여있으면(하이패스) 해당 주파수를 패스하면서 주파수를 증폭시키거나 컷옵시킬 수 있다.

5. Delay(딜레이) 패널

앞에서 배웠던 여러 가지 딜레이 이펙트에서 볼 수 있듯, 딜레이 효과를 만들 때 사용한다.

① **Stereo 노브** : 딜레이되어 들리는 잔상 음에 핑퐁 효과를 추가한다.

② **Sync 버튼** : 딜레이 타임을 작업 중인 곡의 템포에 맞추어 생성시킨다.

③ **Time 노브** : 딜레이 음이 들리는 시간을 설정한다.

④ **Feedback 노브** : 피드백되어 들리는 딜레이 음의 수량을 설정한다.

⑤ **Level 노브** : 딜레이 음의 볼륨을 조절한다.

⑥ **Filter Mode 노브** : 딜레이 음을 Low Pass , Band Pass, High Pass 필터로 통과 시킬 수 있다.

⑦ **Cutoff 노브** : 딜레이 음이 컷옵될 주파수를 지정한다.

⑧ **Smooth 노브** : 딜레이 음의 트랜션트 모양을 부드럽게 처리하거나 딱딱하게 처리할 수 있다.

6. Saturation 패널

Saturation 패널은 왼쪽과 오른쪽 2개가 있다. 왼쪽은 입력되는 사운드에 대한 새추레이션, 오른쪽은 출력을 담당한 새추레이션이다. 보통 진공관 음색을 표현할 때 사용한다. On/Off 버튼을 켜면 새추레이션 기능이 동작한다.

2개의 페이더 중 상단 페이더는 새추레이션 조절 기능이고, 하단 페이더는 볼륨 조절 기능이다.

7. Routing 패널

앞의 5개 이펙트를 라우팅(연결)하는 순서를 변경할 수 있다. 마우스로 드래그하여 연결 순서를 변경한다. 연결 순서를 변경하면 음색이 조금 달라질 수도 있다.

VX64 VocalStrip – VX64 보컬스트립 이펙트

소나 X1에서 새로 추가된 보컬스트립 이펙트는 보컬 트랙에 사용하는 이펙트이다. 디에세(Deesser), 컴프레서(Comp), 튜브 이퀄라이저(Tube Equalizer), 더블러(Doubler), 딜레이(Delay) 등의 이펙트가 결합되어 있다. Delay 패널과 Saturation 패널은 앞의 PX64 Percussion Strip 이펙트와 같은 기능이므로 여기서는 보컬스트립 이펙트에 있는 기능만 알아본다.

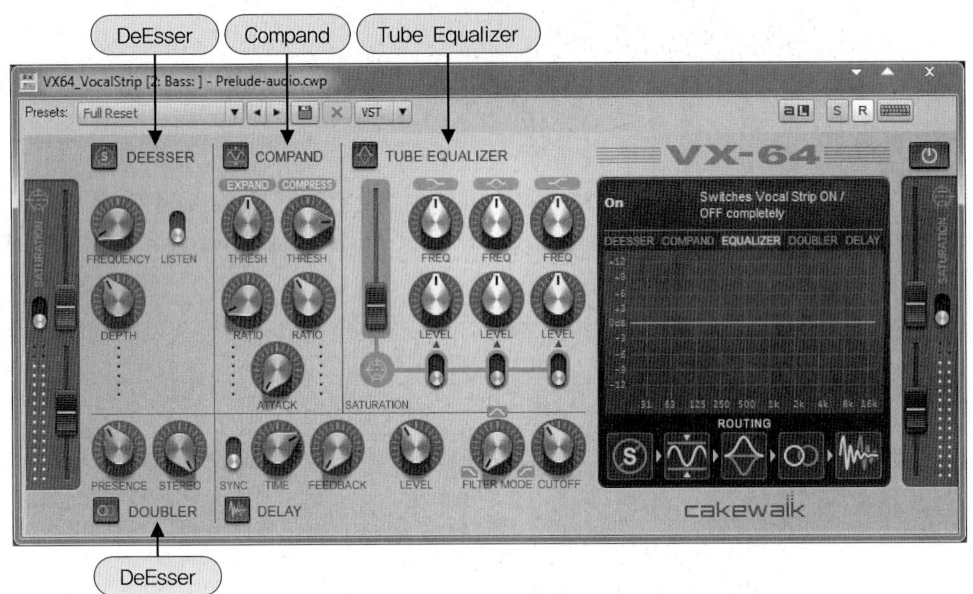

1. DeEsser(디에세) 패널

보컬이 노래를 발음할 때 닿소리 발음에 의한 입천장이나 혀가 마찰을 일으키며 들리는 치찰음(齒擦音), 공명음, 비음, 마찰음 등을 제거할 때 사용하는 기능이다. ㅅ(ess), ㅊ(chh) 등의 발음을 할 때 치찰음이 발생한다.

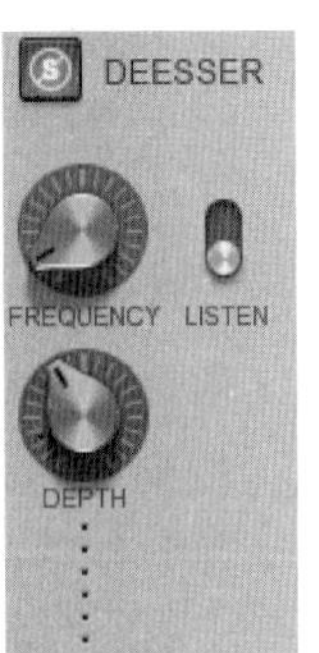

① **Frequency 노브** : 지정한 주파수 이상을 닿소리로 감지한다. 기본값은 7000Hz이다.

② **Listen 버튼** : 스위치를 위로 올리면 제거된 음을 들을 수 있다. 스위치를 아래로 내리면 닿소리가 제거된 상태의 전체 보컬 음을 들을 수 있다.

③ **Depth** : 얼마만큼 많이 제거할 것인지 설정한다.

2. Compand 패널

앞의 PX64 Percussion Strip 이펙트에서 배운 Expand(익스팬더) 기능과 Compress(컴프레서) 기능이 결합되어서 제공된다.

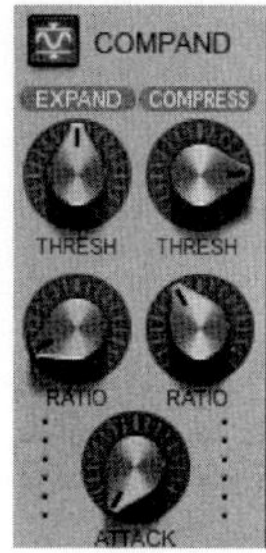

① **Thresh 노브 :** 2개의 Thresh 노브는 각각 Expand와 Comress가 적용될 데시벨 위치를 선택하는 기능이다.

② **Ratio 노브 :** 각각의 압축 비율을 선택한다.

③ **Attack 노브 :** 이 기능이 동작을 시작할 타임을 설정한다.

3. Tube Equalizer 패널

앞의 PX64 Percussion Strip 이펙트에서 배운 이퀄라이저 기능과 새추레이션 기능이 결합되어 있다. 이퀄라이저는 Low Pass, Band Pass, High Pass의 3밴드 방식이다.

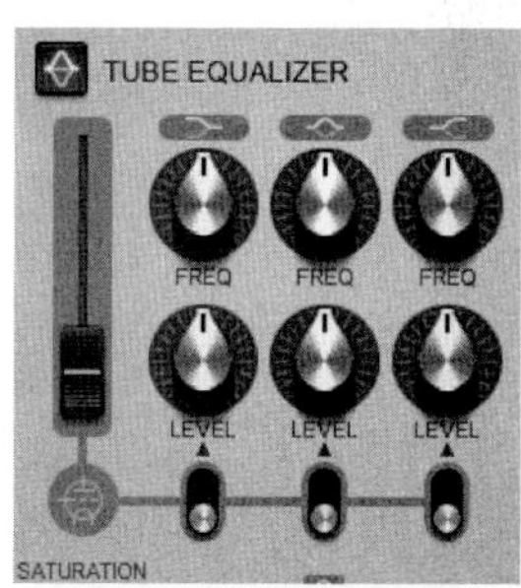

① **Low/Low mid/High Mid/High :** 각 밴드 별로 기준 주파수를 설정한다. 노브를 조절하면 기준주파수가 이동된다.

② **Level :** 각 밴드 별로 사운드를 증폭시키거나 컷옵시킨다.

③ **Saturation :** 각 밴드 별로 튜브 새추레이션을 적용해 진공관 음색을 만들 수 있다. 스위치를 켠 뒤, 왼쪽 페이더를 조절해 진공관 음색을 만들어본다.

4. Doubler(더블러) 패널

보컬의 음성을 복제해서 더블 보이스로 만들 때 사용한다. 보이스가 겹쳐서 들리는 효과가 있다.

① **Presence 노브 :** 더블 보이스의 볼륨을 높이거나 낮춘다.

② **Stereo 노브 :** 더블 보이스를 스테레오 또는 모노로 들리게 한다.

BitMeter (비트미터) – 비트 뎁스 조절기

트랙에 삽입된 오디오 클립의 비트 뎁스(Bit Depth)를 조절하는 효과가 있다. 32비트 오디오 클립을 사용한다고 해도 16을 선택하면 16비트로 들려준다.

16을 선택하면 16비트로, 24를 선택하면 24비트로, Float를 선택하면 오디오 클립의 원래 비트 뎁스로 사운드를 들려준다. 16비트는 CD 음질 수준이고, 24비트 이상은 녹음실 작업용의 고급 음질이다.

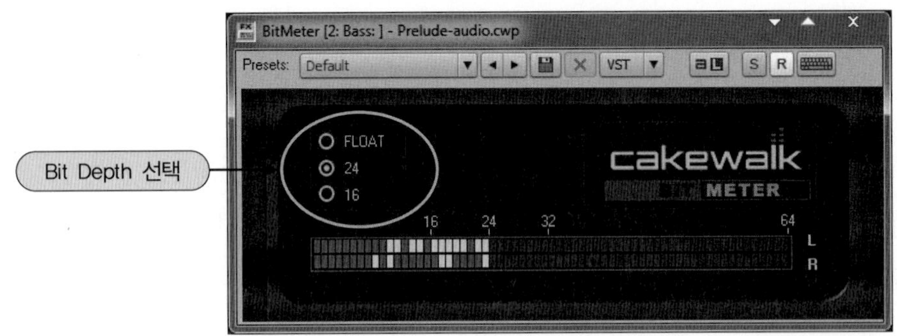

Boost 11 (부스트 11) – 증폭 기능이 있는 리미터

일반적인 리미터와 마찬가지로 고 음역대의 피크 볼륨을 제거하거나, 고 음역대의 잡음을 제거할 때 사용한다. 고 음역대의 잡음을 제거하는 동시에 증폭 기능을 가지고 있어 고 음역대의 볼륨을 보정할 수 있다. 먼저 **Boost** 노브로 입력 사운드의 레벨을 원하는 만큼 부스트한 뒤 **Output** 레벨로 출력 사운드의 레벨을 리덕션(감소)시켜준다.

TransientShaper (트랜션트 쉐이퍼) – 스페셜 이펙트

오디오 트랙 또는 믹싱 작업에서 사용한다. 보통 타악기나 드럼 사운드의 상태를 조절할 때 사용하며 기타나 피아노 사운드의 상태를 조절할 때도 사용한다.

드럼 사운드를 강화하거나 약화시킬 수 있고, 볼륨을 조절하며, 드럼 소리를 약간 다르게 변경할 수 있다. 또한 드럼 사운드를 불량하게 하거나 딱딱하게 하고, 부드럽게 할 수 있다. 보통 일정 패턴으로 루프되는 드럼 사운드에 특히 안성맞춤이다.

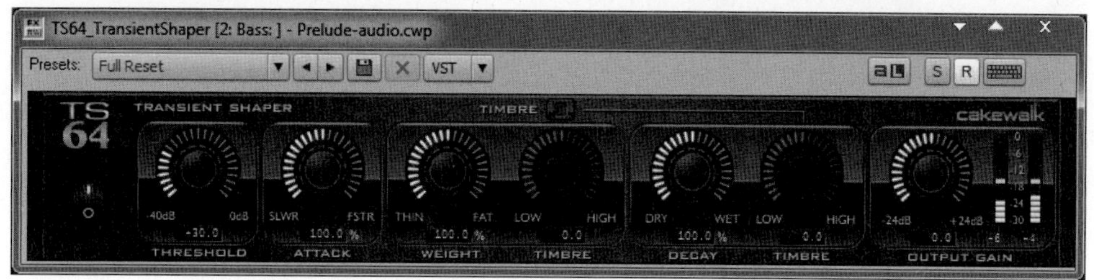

① **Threshold :** 트랜션트 효과의 적용 범위를 설정한다. 기본값은 –20 데시벨이다. –6이라고 입력하면 –6 데시벨 범위까지 동작한다. 해당 범위에서 동작을 하면 Transient Detect Indicator LED에 불빛이 깜빡인다.

② **Attack :** 트랜션트 효과가 시작할 시점을 설정한다.

③ **Weight :** 트랜션트 효과의 변이 폭을 조절한다. 사운드의 울림 폭이 달라진다.

④ **Weight-Timbre :** Weight 효과의 음색을 조절한다. 상단 Timber LED 버튼을 켜야 사용할 수 있다.

⑤ **Decay :** 트랜션트 효과의 소멸 상태를 조절한다.

⑥ **Decay-Timbre :** Decay 효과의 음색을 조절한다. 상단 Timber LED 버튼을 켜야 사용할 수 있다.

⑦ **Output Gain :** 최종 출력 레벨을 조절한다.

TubeLeveler (튜브 레벨러) – 진공관형 앰프 미터

진공관형 앰프를 시뮬레이션한다. 진공관형 앰프를 사용해 볼륨을 조절하는 효과가 있으며, 디지털 사운드에 따뜻함을 추가할 때 사용한다.

① **Drive** : 입력되는 사운드의 레벨을 조절한다.

② **Dynamic Response** : 다이내믹 진공관 알고리즘을 사용한다. 이 기능을 사용하려면 먼저 DYN 버튼을 On시킨다. 그런 뒤 하단의 Hz 항목과 dB 항목을 마우스를 이용해 상하로 움직이면서 주파수와 데시벨을 조절한다. CMPS 버튼은 Bass Compensation 필터 역할을 하면서 중저음 상태를 보상한다.

③ **Clipping** : 클리핑 기능으로 음을 부드럽게 하거나 딱딱하게 조절할 수 있다.

④ **Advanced** : 상단 클리핑 기능과 함께 사용하며 음을 따뜻하게 만들 수 있다.

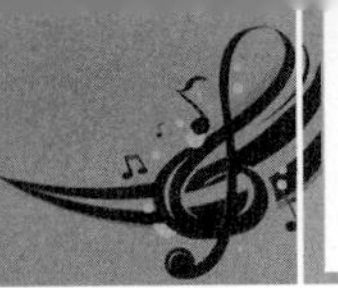

    a. Offset : Clipping 기능으로 설정된 그래프의 상태를 보정해 음질을 변경시킨다.

    b. Symtry : 입력되는 사운드의 느낌을 반대로 조절할 수 있다.

⑤ **Output Gain** : 사운드의 최종 출력 레벨을 설정한다.

Channel Tools (채널 툴스) - 스테레오 입출력 설정하기

믹싱 작업에서 사용할 수 있다. 스테레오 세팅과 관련된 작업을 할 수 있다. 좌우 스테레오 채널의 레이턴시를 0값이 되도록 조절하거나 좌우 스테레오 신호를 이용해 Mid Side 사운드를 만들어내고 게인, 팬, 페이즈를 조절할 수 있다. Channel Tools는 녹음 작업에서도 사용할 수 있다. 예를 들어 보컬을 트랙에 레코딩할 때, 해당 트랙에 Channel Tools 이펙터를 걸어놓고 녹음 환경을 미리 설정하면 설정한 대로 마이크 녹음이 진행된다.

1. Channel Tools

채널의 위상각을 뒤집을 수 있다. 또한 좌우 채널을 이동시킬 수 있다.

① L : 왼쪽 채널의 오디오 파형 위상각을 뒤집는다. 녹음 작업 시 +/- 전극이 바뀌어 녹음이 잘못된 경우 사용한다.

② R : 오른쪽 채널의 오디오 파형 위상각을 뒤집는다. 녹음 작업 시 +/- 전극이 바뀌어 녹음이 잘못된 경우 사용한다.

③ Swap : 좌우 채널을 서로 바꾼다.

2. Delay

좌우 채널에서 들리는 사운드의 딜레이 상태를 조절한다. 좌우 채널의 레이턴시 상태를 조절하는 기능인 셈이다. 예를 들어 스테레오 녹음 시 좌우 마이크 선의 길이가 다르면 녹음된 데이터 역시 좌우에서 들리는 사운드의 시작 시간이 미세하게 달라진다. 좌우 스테레오 사운드 시간이 불일치할 때 좌우 채널 별로 딜레이 시간을 조절해 일치시킬 수 있다.

① **Pre** : 사운드가 들리기 전 딜레이 시간을 양쪽 채널 별로 조절할 수 있다.

② **Post** : 사운드의 출발점을 양쪽 채널 별로 조절할 수 있다.

③ **Off** : 딜레이 조절 기능을 사용하지 않는다.

하단의 L 노브는 왼쪽 채널, R 노브는 오른쪽 채널의 딜레이 상태를 조절한다. Link 버튼을 켜면 좌우 채널이 동시에 조절된다.

3. Input Mode

입력되는 오디오 데이터의 스테레오 상태를 설정한다.

① **Stereo** : 스테레오로 입력되는 신호를 스테레오로 받는다.

② **Mid-Side** : 스테레오의 왼쪽 사이드(마이크)나 오른쪽 사이드(마이크)로 전달받은 신호를 미드 사이드 사운드로 디코딩한다.

③ **Off** : Input Mode를 사용하지 않거나 뮤트시킨다.

④ **Mid Gain** : 미드 사운드의 게인을 조절한다. 게인이란 일종의 볼륨을 말한다.

⑤ **Side Gain** : 좌우 스테레오 사운드의 게인을 조절한다.

⑥ **Left Gain** : 스테레오 신호 중 왼쪽 채널의 게인값을 조절한다.

⑦ **Right Gain** : 스테레오 신호 중 오른쪽 채널의 게인값을 조절한다.

4. Panner control 슬라이더

스테레오의 왼쪽/오른쪽 사운드의 위치와 폭을 조절한다. 두 슬라이더를 중앙에 위치하면 모노로 녹음된다.

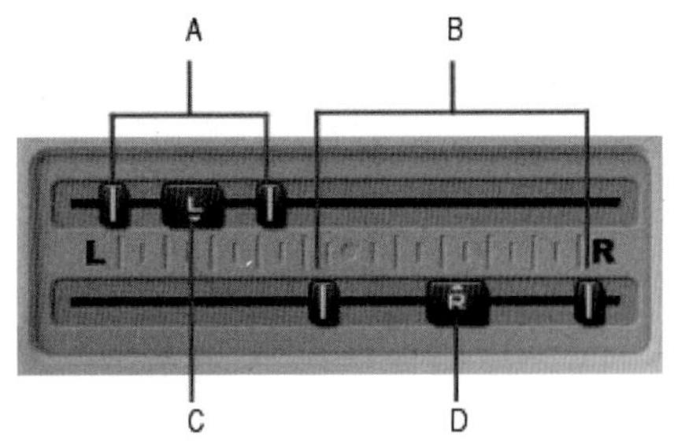

a. 왼쪽 채널의 사운드 너비를 조절한다.

b. 왼쪽 채널의 사운드 위치를 조절한다.

c. 오른쪽 채널의 사운드 위치를 조절한다.

d. 오른쪽 채널의 사운드 너비를 조절한다.

Lenear Compressor – LP64 멀티밴드 컴프레서

LP64 Multiband 컴프레서는 주파수대역을 여러 개의 밴드로 나누어 조절하는 이펙트이다. 과 피크된 고음부를 5개의 주파수 대역별로 나누어 컴프레서를 적용하므로 저 음역대에서 고 음역대까지 개별적으로 고출력 부분을 깎아내고 잡음을 제거할 수 있다. 주로 믹싱 작업이나 마스터링 작업에서 주파수 대역별로 잡음을 제거할 때 유용하다.

LP64 Multiband 컴프레서의 가장 큰 특징은 5개 주파수 대역별로 Solo 연주 기능이 있다는 점에 있다. Solo 기능을 사용하면 다른 주파수 대역대는 듣지 않고 원하는 주파수 대역대의 사운드만 들으면서 컴프레서 작업을 할 수 있다.

그림을 보면 알 수 있듯 주파수는 5밴드로 지원한다. 순서대로 Low, Low Mid, Mid, High Mid, High 밴드라고 말하며, 저음역대에서 고음역대까지 5단계 밴드로 나누어져 있다.

일단 작업할 밴드를 '밴드 선택' 버튼으로 선택하거나, 밴드 노드를 클릭해 선택한다. 그런 뒤 하단 파라미터를 조절해 컴프레서 작업을 진행한다. 저음역대~고음역대에서 특정 음역대에 있는 잡음이나 이상 볼륨을 제거하고 조절할 수 있다.

① **밴드 선택 버튼** : 작업할 밴드를 선택한다. EQ/편집 창의 포물선에 있는 노드를 클릭하는 것과 같은 기능이다.

② **S 버튼** : 해당 주파수 대역의 사운드만 솔로로 연주한다.

③ **On/Off 버튼** : 해당 주파수의 작업 내용을 통과하고 원래 사운드로 들려준다.

④ **밴드 노드** : 작업할 밴드를 선택할 때 사용한다. 노드 상단에 기준 주파수와 데시벨이 표시된다.

     – 노드를 상하로 드래그하면 해당 주파수의 게인(데시벨, 볼륨)이 조절된다.

     – 노드를 좌우로 드래그하면 해당 주파수의 기준 주파수 위치가 변경된다.

⑤ **Attack 노브** : 컴프레서 기능이 시작되는 시점을 설정한다.

⑥ Release 노브 동그라미 번호 확인요망 컴프레서 기능이 종료되는 시점을 설정한다.

⑥ PDR 버튼 동그라미 번호 확인요망 컴프레서 기능이 종료되는 시점을 자동으로 진행한다. PDR(Program–Dependent Release) 버튼을 끄면 사용자가 설정한 값이 컴프레서 종료 시점으로 적용된다.

⑦ Threshold 노브 동그라미 번호 확인요망 컴프레서 기능이 적용되는 부분을 데시벨로 설정한다.

⑧ **Ratio 노브** : 컴프레서 기능의 압축 비율을 설정한다.

⑨ **Gain 노브** : 해당 밴드의 게인 값을 조절한다. 일종의 볼륨 조절 기능이다.

⑩ **Edit All 버튼** : 노브 기능이 함께 동작한다.

⑪ **Gain Reduction Meter** : 사운드를 컴프레서하면서 레벨을 상승시킨 다음, 보정하기 위해 사운드를 감소시키면, 게인 리덕션 미터에 리덕션 수치가 표시된다. Threshold 노브, Gain 노브, Input Level, Output Level을 사용하면 리덕션을 조절할 수 있다.

⑫ **Input Level** : 컴프레서 기능이 적용되지 않은 원본 사운드의 입력 레벨을 조절한다.

⑬ **Output Level** : 컴프레서를 적용한 뒤의 변경된 사운드인 출력 레벨을 조절한다.

Linear EQ (LP64-EQ) – LP64 이퀄라이저

LP64-EQ는 앞에서 배운 여러 이퀄라이저와 달리 인공지능으로 동작하는 고급 이퀄라이저이다. 사용법도 간편하고 조작방식도 쉽다. 원하는 주파수 대역에서 마우스로 더블클릭하면 노드가 추가되어 기준 주파수와 게인 값을 설정할 수 있다. 각 주파수 대역 별로 게인을 조절하거나 잡음을 제거할 때 사용한다.

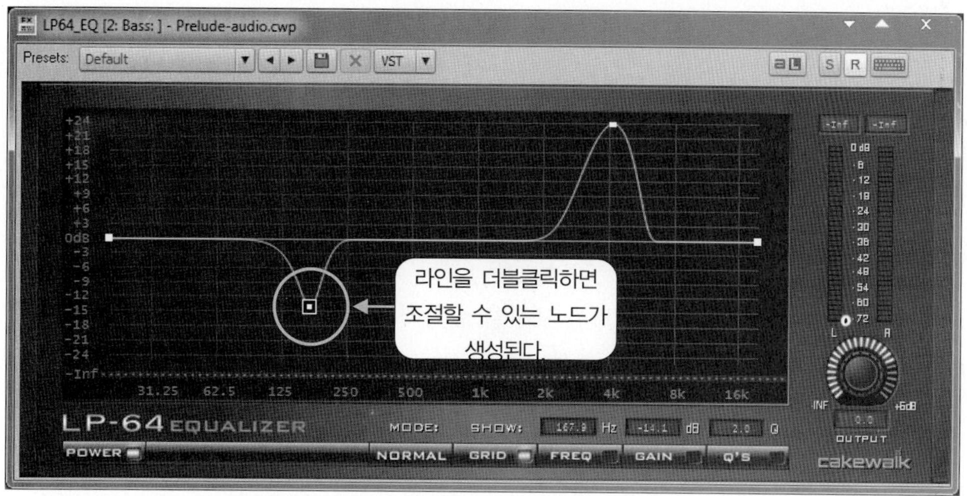

① **Curve :** Curve 모드와 Normal 모드로 전환할 수 있다.

② **Grid :** 그래프 창에 격자를 표시하거나 감춘다.

③ **Freq :** 각 노드마다 주파수 위치를 표시한다.

④ **Gain :** 각 노드마다 게인값을 숫자로 표시한다.

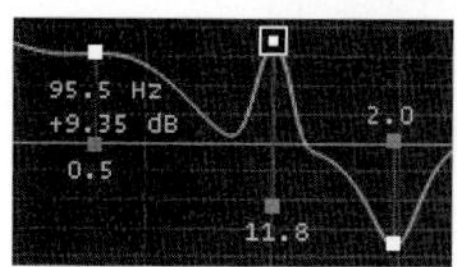

⑤ **Q's :** Curve 모드에서 Q 값을 조절할 수 있는 조절기를 표시한다. Normal 모드에서는 큐 조절기가 표시되지 않는다.

⑥ **Output 미터 :** 출력 레벨을 조절한다.

주파수의 Q 값은 Q 버튼 상단의 입력 창에 입력하거나 입력 창 부분에서 마우스로 드래그하여 조절할 수 있다.

Perfect Space – 퍼펙트 스페이스(컨볼류션 리버브)

퍼펙트 스페이스는 컨볼류션 리버브(Convolution Reverb)에 속하는 고급 이펙터이다.

리버브 이펙터 중에는 일반적인 방식으로 잔향 효과를 만들지 않고 특정 장소에서 녹음한 Impulse Responses(IR) 파일을 사용해 사운드의 울림 효과나 잔향 효과를 만들 수 있는 이펙터가 있는데 이를 컨볼루션 리버브라고 말한다.

예를 들어 교회당, 동굴, 스튜디오에서 IR 파일을 Wav 파일 등으로 녹음시킨 뒤 이 IR 파일을 이용해 리버브 효과를 만드는 것인데, 그럴 경우 IR 파일을 녹음한 실제 그 공간에 있는 듯한 잔향 효과가 만들어진다고 한다.

퍼펙트 스페이스는 여러 가지 오디오 트랙에 적용할 수 있지만 보통 보컬의 노래가 녹음된 오디오 트랙에 적용할 때 효과가 많다.

먼저 원하는 오디오 인스펙터의 FX 모듈을 마우스 오른쪽 버튼으로 클릭한 뒤 Audio Fx → Perfect Space를 실행한다. 퍼펙트 스페이스가 실행되면 수첩 모양의 메뉴 버튼을 클릭해 퍼펙트 스페이스에서 제공하는 IR 파일을 불러온다. 작업 중인 오디오 트랙에 IR 파일과 비슷한 잔향 효과가 만들어질 것이다. IR 파일은 일반적으로 Wav 파일 형식이며, 여러분이 녹음한 Wav 파일을 사용할 수도 있다.

1. 메뉴 버튼

잔향 효과를 만들 때 사용할 **IR** 파일을 불러온다. 클릭하면 퍼펙트 스페이스가 제공하는 **IR** 파일 목록이 나온다. 원하는 잔향 효과가 있는 파일을 선택한다.

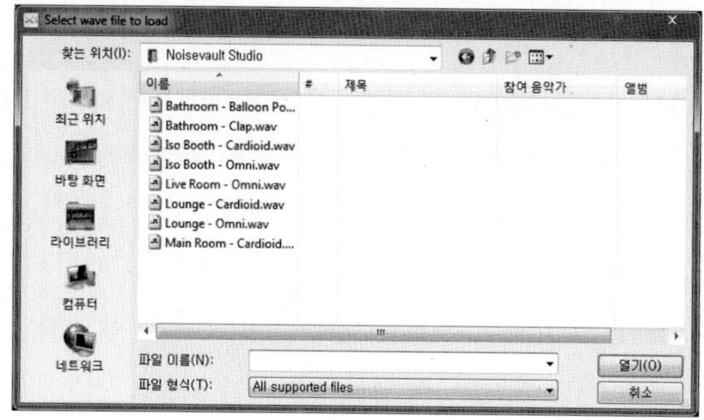

2. Volume/Width/Pan/Lo Pass/Hi Pass/EQ/Reset 버튼

그래프 편집 창에서 **Volume** 엔벨로프, **Width** 엔벨로프, **Pan** 엔벨로프, **Lo Pass** 엔벨로프, **Hi Pass** 엔벨로프, **EQ** 엔벨로프를 생성시킨다. **Reset** 버튼은 엔벨로프 수정 전 상태로 돌아갈 때 사용한다.

예를 들어 볼륨 버튼을 클릭하면 볼륨 조절용 엔벨로프가 생성된다. 이때 마우스로 더블클릭하면 엔벨로프 상에 노드가 생성되어 볼륨을 조절할 수 있다. 이들 기능들은 원본 사운드를 조절하지 않고 잔향 효과의 볼륨이나 팬, 이퀄라이저 등을 조절할 때 사용한다. 버튼 이름 위에 있는 사각형 버튼을 클릭하면 해당 조절 효과가 잔향음에 적용된다.

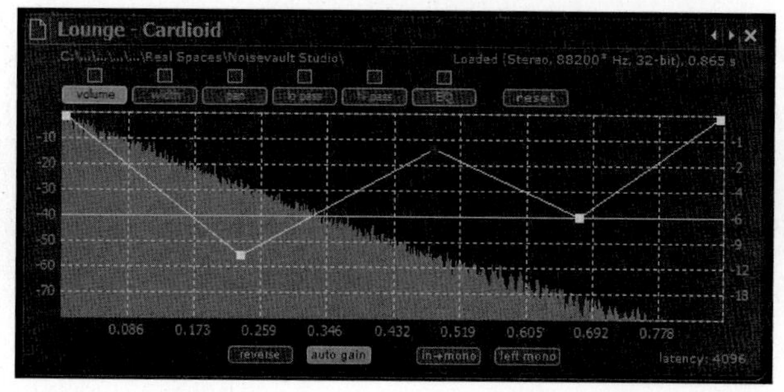

3. IR 신호 조절하기

모두 3개의 노브 다이얼로 구성되어 있다. **Offset**은 초기 시작 시간, **Length**는 잔향 효과의 길이, **Delay**는 잔향 효과의 딜레이 상태를 조절한다.

4. Output

잔향 효과가 적용된 오디오 트랙의 출력 레벨을 설정할 수 있다. **Dry**는 원본 사운드의 볼륨을 조절하고, **Wet**은 잔향 효과가 적용된 사운드의 볼륨을 조절한다. **Wet Pan**은 팬을 조절할 때 사용한다.

VintageChannel 64 (빈티지 채널 64) – 마스터링 이펙트

믹싱 작업과 마스터링 작업에서 사용하는 빈티지 채널 64는 컴프레서, 게이트, 이퀄라이저, 디에세(De-Esser), 페이즈를 지원하는 전문가 수준의 멀티 이펙터이다. 주로 마스터링 작업에서 사용하는데 곡의 완성단계에서 최종적으로 음질을 조절할 때 사용한다.

예를 들어 16개의 오디오 트랙이 있는 곡을 완성했다고 가정해 보자. 16트랙을 하나의 버스 트랙으로 내 보낸 뒤 (Send) 버트 트랙의 FX 모듈을 마우스 오른쪽 버튼으로 클릭한 뒤 [Audio FX] - [VintageCahnnel] 메뉴로 실행하면 빈티지 채널의 컴프레서, 게이트, 이퀄라이저, 디에세(De-Esser)로 믹싱 작업이나 마스터링 작업을 할 수 있다.

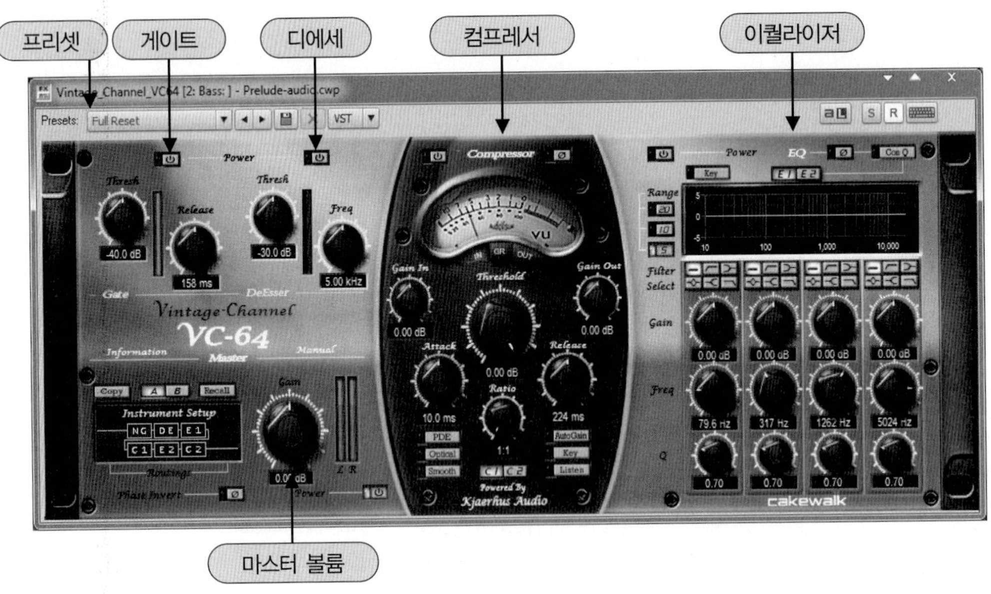

Tip 마스터링 작업을 하려면 먼저 16개 트랙에 대한 믹싱 작업이 어느 정도 끝난 뒤여야 한다. 마스터링 작업은 음반을 만들기 전의 최종 작업이므로 보통 믹싱 작업 다음에 진행해야 한다.

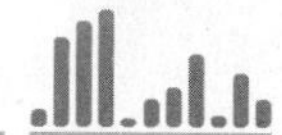

1. 프리셋 버튼

빈티지 채널에서 제공하는 각종 설정 값이 프리셋으로 제공된다. 원하는 프리셋을 선택하면 사운드가 그에 맞게 믹싱되거나 마스터링된다. **Full Reset** 메뉴는 옵션 적용 전의 원래 사운드로 돌아갈 때 선택한다. **Master Mix** 프리셋만 선택해도 사운드가 확연히 달라진다.

2. 게이트 패널

저음역대에서 발생한 잡음 등을 제거한다. 상단 **On/Off** 스위치를 켜야 동작한다.

① **Thresh** : 지정한 데시벨 이하 저음역대가 제거된다.

② **Release** : 게이트 기능이 종료되는 시점을 1/1000초 단위로 설정한다.

3. 디에세 패널

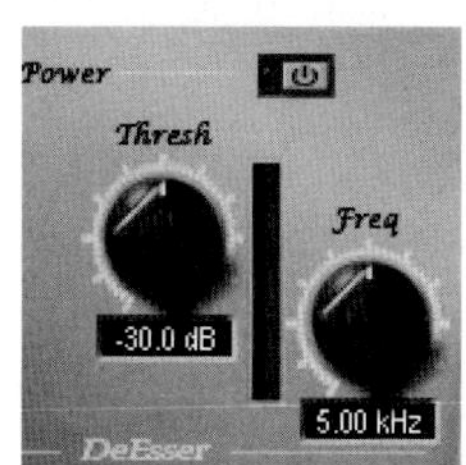

컴프레서와 유사한 기능인 디에세는 보컬이 노래를 발음할 때 닿소리 발음에 의한 입천장이나 혀가 마찰을 일으키며 들리는 공명음이나 비음, 마찰음 등을 제거할 때 사용한다.

① **Thresh** : 지정한 데시벨 이하 저음역대가 제거된다.

② **Release** : 제거할 주파수 대역을 설정한다.

4. 컴프레서 패널

2개의 컴프레서가 제공된다. 상단 왼쪽은 **On/Off** 스위치로 컴프레서의 사용 여부를 결정한다. 상단 오른쪽 버튼은
페이저 버튼으로 컴프레서의 위상각을 뒤집을 때 사용한다.

① **In/Gr/Out** : 메터기의 모양을 Gain In/Radio/Gain Out에서 선택할 수 있다.

② **Gain In** : 입력 레벨을 설정한다.

③ **Gain Out** : 출력 레벨을 설정한다.

④ **Threshold** : 컴프레서의 적용 범위를 설정한다.

⑤ **Attack** : 컴프레서의 시작 시점을 설정한다.

⑥ **Release** : 컴프레서의 종료 지점을 설정한다.

⑦ **Ratio** : 컴프레서의 압축 비율을 설정한다.

⑧ **PDE** : 자동으로 Attack/Release 기능이 동작한다.

⑨ **Optical** : 컴프레서의 압축이 정교하게 처리한다.

⑩ **Smooth** : 컴프레서 사운드가 부드럽게 처리된다.

⑪ **Auto Gain** : 자동으로 출력 게인이 설정된다.

⑫ **Key** : 사이드 체인 방식으로 동작한다.

⑬ **Listen** : 사이드 체인 방식으로 들리는 사운드를 듣는다.

⑭ **C1/C2** : 1번 컴프레서 또는 2번 컴프레서를 다르게 설정할 수 있다. 상단 OIn/Off 스위치를 켜면 둘 다 적용할 수
있다.

5. 이퀄라이저 패널

4밴드 이퀄라이저 기능이다. 컴프레서와 마찬가지로 2개의 이퀄라이저가 제공된다.
상단 왼쪽의 **On/Off** 버튼으로 이퀄라이즈 기능을 켜거나 끌 수 있다. 중앙 **E1/E2**
버튼으로 사용할 이퀄라이저를 선택한다. 오른쪽 상단의 버튼 2개중 왼쪽은 페이
즈 버튼으로 위상각을 뒤집을 때 사용하고, 오른쪽 **ConQ** 버튼은 주파수 조절폭을
일정하게 유지시킬 때 사용한다.

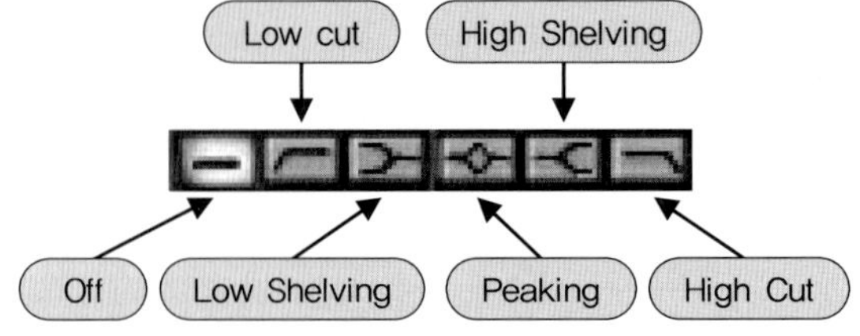

478

① **Range :** 그래프 창의 레벨 범위를 얼마만큼 보여줄지 설정한다.

② **Filter Select :** 각 밴드별로 6개의 필터가 있다.

④ **Gain :** 게인 노브는 해당 밴드의 게인 값을 조절한다. 그래프 창에서 노드를 상하로 드래그하여 조절할 수도 있다.

⑤ **Freq :** 해당 밴드의 기준 주파수 위치를 조절한다. 그래프 창에서 노드를 좌우로 드래그하여 조절할 수도 있다.

⑥ **Q :** 해당 밴드의 주파수 대역폭을 조절한다.

6. Master 패널

마스터 볼륨을 조절할 수 있고 라우팅 옵션을 사용할 수 있다.

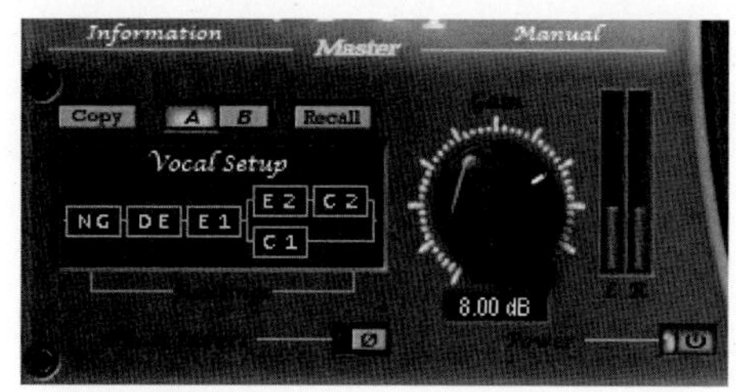

① **Routings :** 라우팅 창을 계속 클릭하면 10개의 옵션이 순차적으로 변경되면서 선택된다. 라우팅 창을 오른쪽 버튼으로 클릭한 뒤 단축 메뉴에서 선택할 수도 있다. 라우팅 기능은 빈티지채널에서 설정한 컴프레서, 게이트, 이퀄라이저, 디에세 이펙트가 어떤 순서로 연결될 것인지 일종의 통로를 지정하는 기능이다. 계속 클릭하면 연결 순서가 변경될 때마다 사운드가 변경되는 것을 알 수 있다.

② **Gain :** 사운드의 최종 출력 레벨을 설정한다. 게인 값이나 각종 레벨 미터를 조절할 경우에는 출력 레벨의 빨간색 LED가 보이지 않도록 조절해야 한다.

**라우팅 창을 오른쪽 버튼으로 클릭한 뒤
이펙트의 연결 방식을 변경하는 모습**

4트랙 믹싱 작업 진행하기

지금까지 배운 이펙트의 사용법을 복습하는 의미에서 4개의 악기 파트가 녹음되어 있는 4트랙 오디오의 믹싱 작업을 진행해 본다. 믹싱 작업의 목적은 귀에 편한 사운드를 만드는 것이 목적이지만 악기의 음색을 살리거나 곡의 특징을 표현하기 위해 진행하기도 한다. 개인의 주관에 속하는 작업이므로 여러분이 원하는 방식으로 작업해도 무방하다.

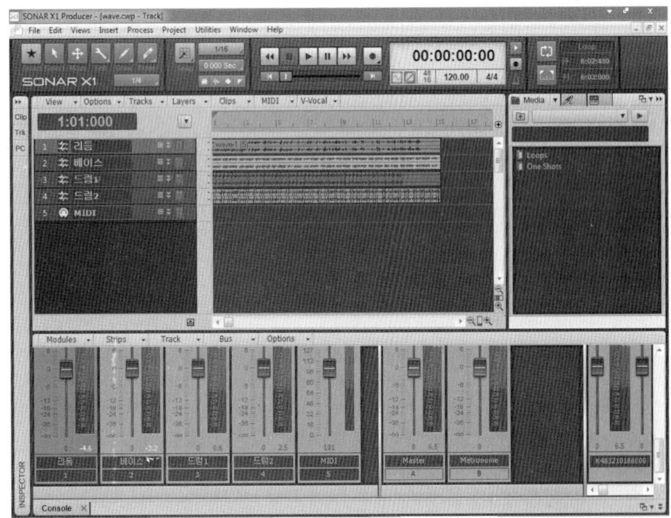

01 File → Open 메뉴로 'wave.cwp' 파일을 불러온다. 4개의 오디오 트랙이 있다.

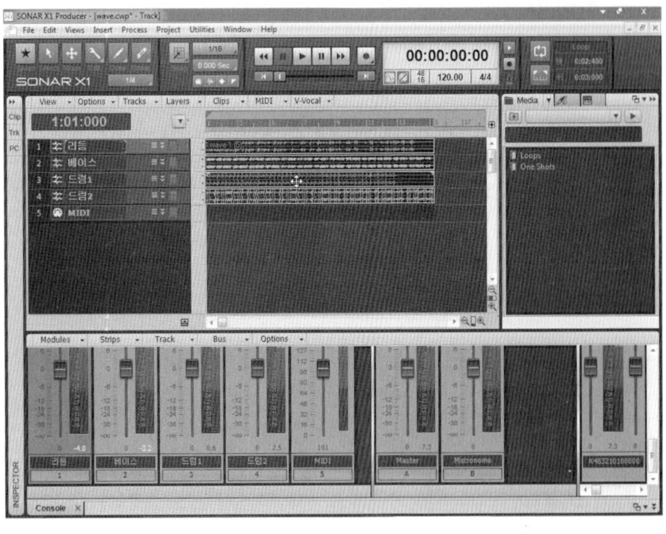

02 믹싱 작업은 곡을 연주하면서 해야 하므로 일단 루프 연주 상태로 전환해야 한다.

Ctrl + A를 눌러 모든 오디오 클립을 선택한다.

03 '구간 버튼'을 클릭해 선택한 전체 구간을
루프 연주 상태로 전환한다.

04 하단 Console 탭을 더블클릭해 콘솔 창을
확대한다.
(다시 클릭하면 콘솔창이 원래 크기로 돌아간
다.)

05 Spacebar를 눌러 곡을 연주한다.

콘솔 중에서 맨 왼쪽에 4개의 오디오 트랙이 있고,
1개의 비어 있는 미디 트랙이 있다.
오른쪽 2개는 버트 트랙이고 오른쪽 끝에는 마스터
트랙이 있다.

필요하다면 오디오 트랙의 S 버튼을 클릭해 어디에
어떤 악기가 연주 중인지 확인해 본다. 악기를 파
악한 뒤에는 S 버튼을 끈다.

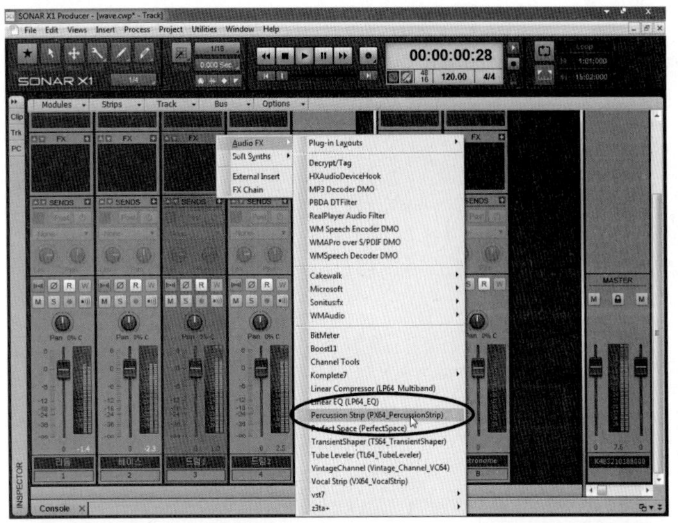

06 3번 드럼1 트랙의 드럼 음색을 조금 강하게 변경해 보자. 3번 트랙의 FX 모듈의 + 버튼을 클릭한 뒤 Audio FX → Percussion Strip 메뉴를 실행한다. 드럼용 이펙트이다.

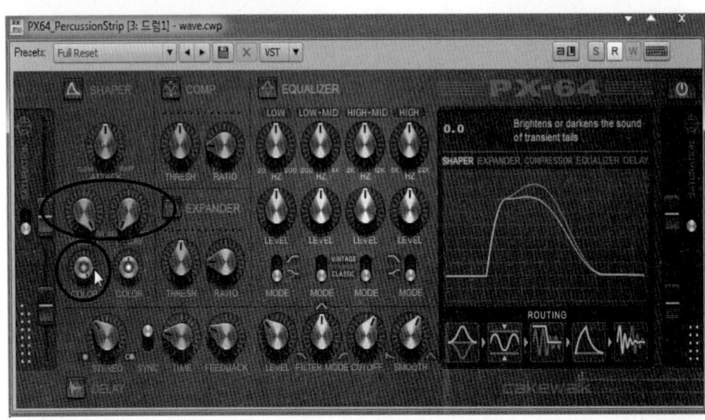

07 Shaper 버튼을 On으로 전환한다. Weight 노브는 Fat 방향으로 최대치로 높인다. Decay 노브는 Dry 방향으로 최소치로 내린다. Color 1 노브는 오른쪽으로 최대치로 높인다.

08 Equalizer 버튼을 On으로 전환한다. Low → Level 노브를 오른쪽 3시 방향으로 돌린다. X 버튼을 클릭해 이펙트 대화상자를 닫아준다. 드럼 음색이 강해진 것을 알 수 있다.

09 4번째 드럼2는 사운드가 조금 약하다. 4번째 트랙의 FX 모듈에서 + 버튼을 클릭해 Audio FX → Boost11 메뉴를 실행한다.

10 Boost11 이펙트 창에서 왼쪽 Boost 노브는 12시 방향까지 높여준다.
X 버튼을 클릭해 Boost11 대화상자를 닫아준다. 드럼2의 사운드가 달라진 것을 알 수 있다.

11 만일 적용한 이펙트가 마음에 들지 않으면 FX 모듈에서 해당 이펙트의 전원 버튼을 Off로 전환하면 된다.

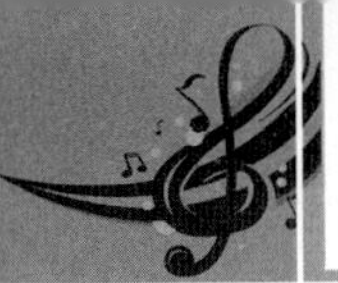

12 2번 오디오트랙의 베이스 음색을 변경해 보자.

2번 오디오트랙의 FX 모듈의 + 버튼을 클릭한 뒤 Audio FX → Sonitus: FX → Equalizer 메뉴를 실행한다.

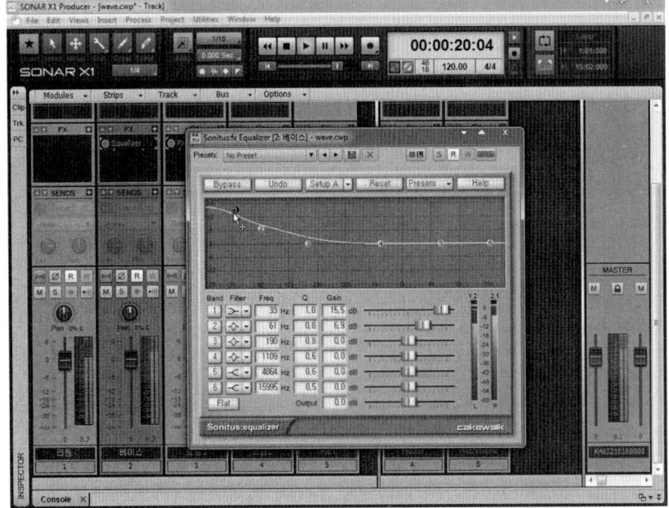

13 Equalizer 이펙트 창에서 1, 2번 번호를 드래그하여 옆 그림처럼 만들어준다. X 버튼을 눌러 대화상자를 닫아준다.

베이스의 저음부가 보강된 것을 알 수 있다.

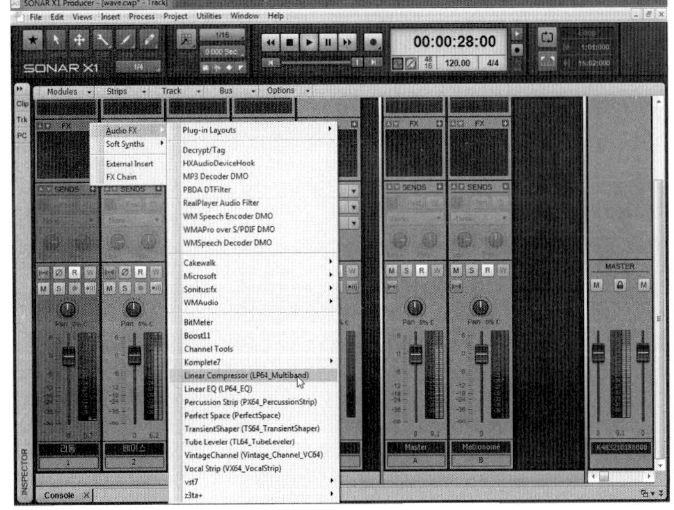

14 첫 번째 트랙인 메인 리듬의 볼륨이 조금 약한 것을 알 수 있다.

첫 번째 트랙의 FX 모듈의 + 버튼을 클릭한 뒤 Audio FX → Linear Compressor 이펙트를 실행한다.

15 Linear Compressor 이펙트에서 High-Mid 포물선을 클릭해 위로 조금 올려준다. High-Mid 음색이 조금 보강된 것을 알 수 있다. X 버튼을 눌러 대화상자를 닫아준다.

16 곡이 계속 연주 중인 상태이므로 이펙트가 적용된 결과를 실시간 확인할 수 있다. 3번째 트랙의 오버로드 LED를 보면 빨간색 경고등이 들어와 있다. 다른 트랙에도 오버로드 LED가 들러와 있지만 3번째 트랙이 가장 심하므로 컴프레서 이펙트로 고출력 부분을 깎아 보자.

17 3번째 오디오 트랙의 + 버튼을 클릭한 뒤 Audio FX → Sonitus: FX → Compressor 이펙트를 실행한다.

18 컴프레서 이펙트가 실행되면 기본값을 그 대로 적용하고 대화상자를 닫아준다.

이번 예제의 경우 기본 옵션으로 적용해도 고출력 부분을 깎아 내는 효과가 있다.

19 레벨미터를 확인하면 고출력 볼륨이 조금 줄어든 것을 알 수 있다.

20 작업한 결과물을 오디오 클립으로 저장하 려면 File → Export → Audio 메뉴로 믹 스다운한다.

DVD 부록에서 믹싱하기 전 파일 (wave-All-4track.wav)과 믹싱 작업을 진행한 파일 (wave-All-4track-mix-end.wav)의 사운드를 비교하 면 믹싱된 파일이 더 강력하고 파워풀한 것을 알 수 있다.

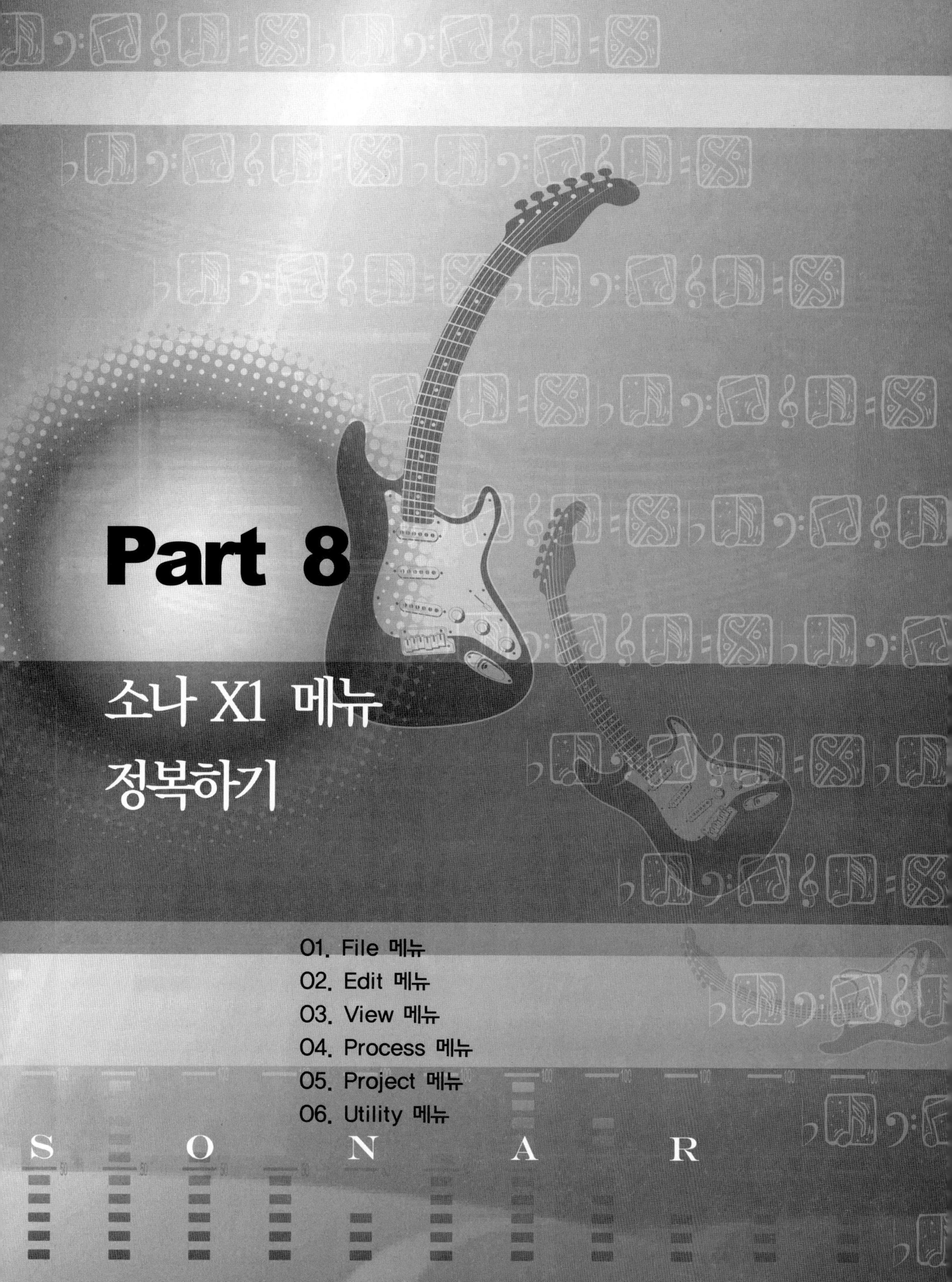
Part 8
소나 X1 메뉴
정복하기
01. File 메뉴
02. Edit 메뉴
03. View 메뉴
04. Process 메뉴
05. Project 메뉴
06. Utility 메뉴
S O N A R

01 File 메뉴 – 파일 관리와 오디오 임포트 하기

지금부터 소나 X1의 파일 관리 메뉴에 대해 공부해 본다.

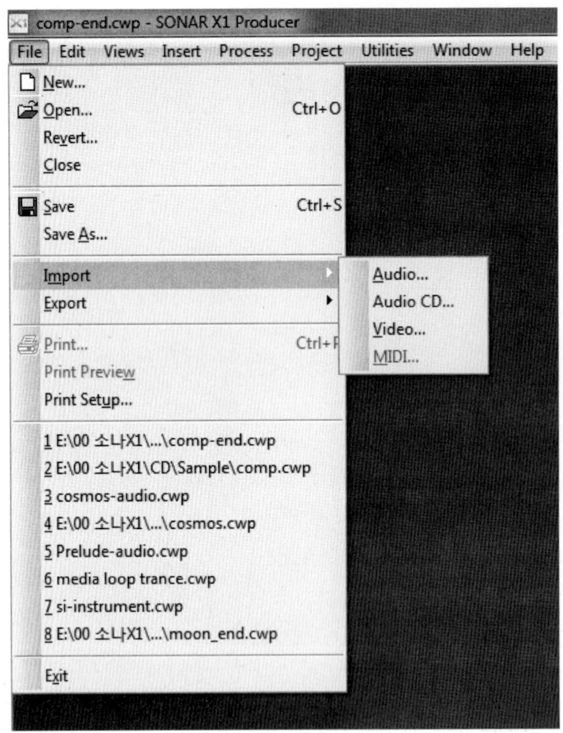

New 메뉴

비어 있는 새 프로젝트를 불러올 때 사용한다. Template에 따라 오디오 트랙만 있는 프로젝트, 미디 트랙만 있는 프로젝트, 트랙이 없는 빈 프로젝트를 불러올 수 있다. Normal을 선택하면 오디오 트랙 1, 미디 트랙 1, 버스 트랙 2개가 있는 새 프로젝트가 생성된다.

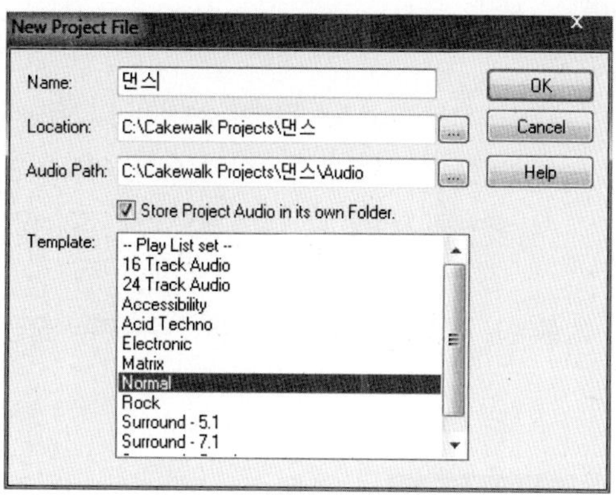

1. Name

새 프로젝트의 파일명을 입력한다. 곡 이름을 입력하면 된다.

2. Location

새 프로젝트가 저장될 폴더를 설정한다.

3. Audio Path

프로젝트를 만든 후 오디오를 생성시킬 경우, 오디오가 저장될 폴더를 설정한다.

4. Template

템플릿(Template)이란 작업하고 싶은 곡과 유사한 환경을 미리 만들어놓은 것을 말한다. 아래와 같이 필요한 트랙 개수를 미리 생성시킨 프로젝트를 불러올 수 있다.

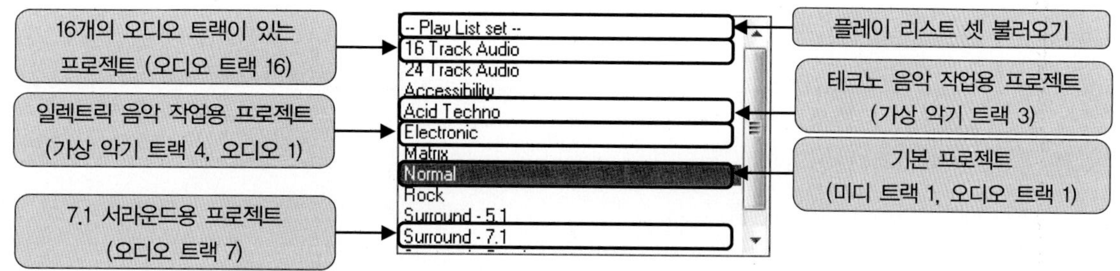

⊕ 참고

플레이 리스트 세트 만들기

대화상자의 Template 항목에서 선택할 수 있는 Play List Set 옵션은 케이크워크 프로젝트인 cwp 파일이나 Midi 파일을 플레이 리스트 세트로 만든 뒤 소나에서 연주할 때 사용한다. 보통 소나에서 생성시킨 프로젝트 파일을 미리 감상할 때 좋으며, 최대 128곡을 플레이 리스트 세트로 관리할 수 있다.

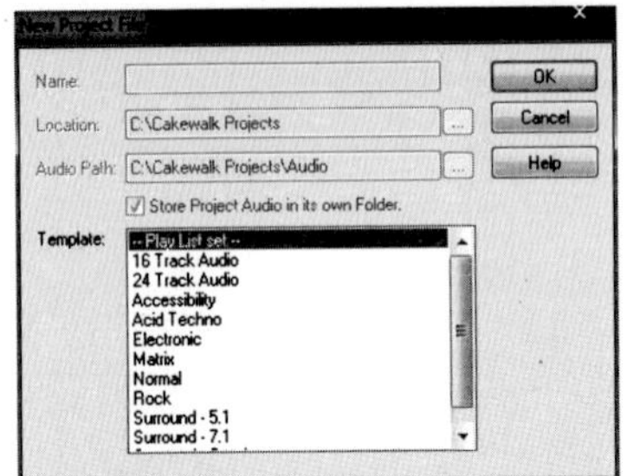

앞에서 Play List Set 옵션을 선택하면 다음과 같이 플레이 리스트 뷰가 실행되어 플레이할 프로젝트를 설정할 수 있다. 여기서 만든 플레이 리스트는 [File] – [Save As] 메뉴로 저장할 때 *.set 포맷으로 저장하면 다음에 다시 불러올 수 있다.

플레이 리스트를 만든 뒤 곡을 연주하거나 중단할 때는 Spacebar를 누른다.

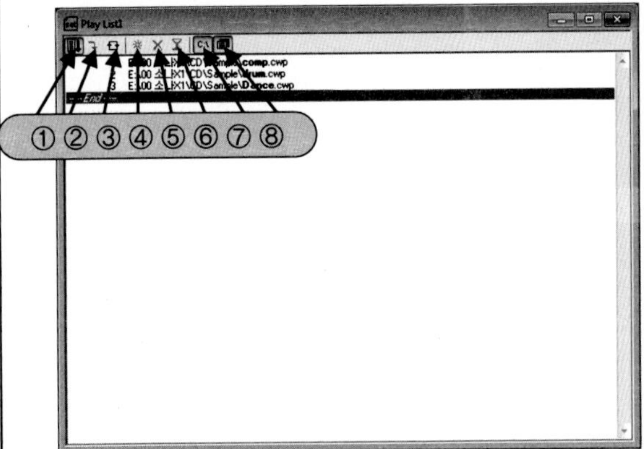

① Enable 버튼 : 플레이 리스트 기능을 활성화한다.

② Next 버튼 : 클릭하면 다음 곡을 연주한다.

③ Repeat 버튼 : 전체 리스트를 반복 재생한다.

④ Add 버튼 : 플레이 리스트에 추가할 프로젝트를 선택한다.

⑤ Remove 버튼 : 선택한 목록을 플레이 리스트에서 제거한다.

⑥ Delay 버튼 : 선택한 곡의 딜레이 시간을 설정한다.

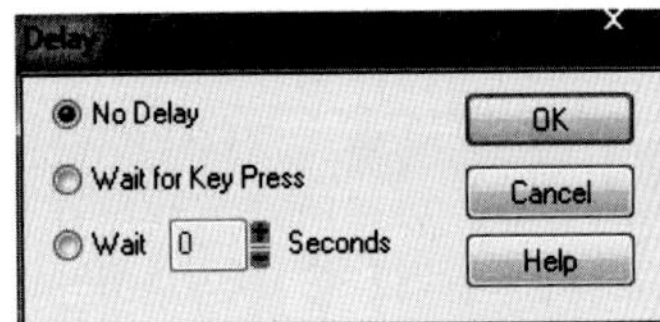

– No Delay : 딜레이 시간 없이 바로 연주한다.

– Wait for Key Press : 대화상자가 실행되어 곡의 연주 여부를 묻는다.

– Wait... Seconds : 설정한 시간이 지난 뒤 연주된다.

⑦ Display full path names 버튼 : 플레이 리스트 뷰에서 폴더 위치를 함께 표시한다.

⑧ Keep 버튼 : 플레이 리스트 뷰를 다른 작업 창보다 항상 위에 배치한다.

Open 메뉴

하드디스크나 외부에 저장된 소나 프로젝트 파일(cwp, cwb, wrk), 소나 템플릿 파일(cwt), 소나 플레이 리스트 파일(set), 미디 파일(mid), 스튜디오웨어(StudioWare) 파일을 불러올 때 사용한다. 만일 웨이브 파일(wav)이나 동영상 파일을 불러오려면 File → Import 메뉴를 사용한다.

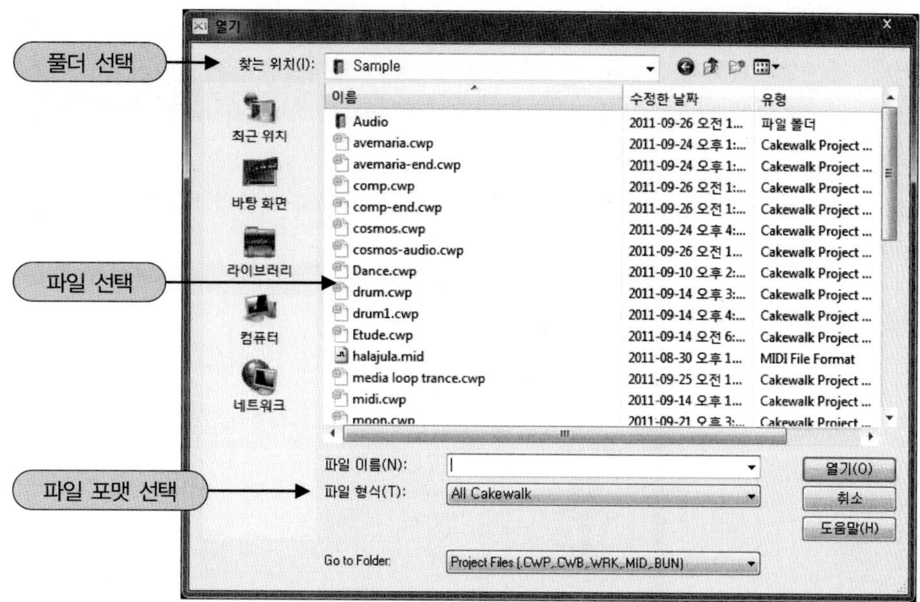

Revert 메뉴

지금까지 실행한 작업을 모두 취소하고 프로젝트를 맨 처음 불러왔던 당시로 복구한다. 작업을 잘못했을 경우 원래 상태로 복구할 때 사용하다.

Close 메뉴

여러 개의 프로젝트가 열려있을 때, 다른 프로젝트는 닫지 않고, 현재 작업하고 있는 프로젝트를 닫을 때 사용한다.

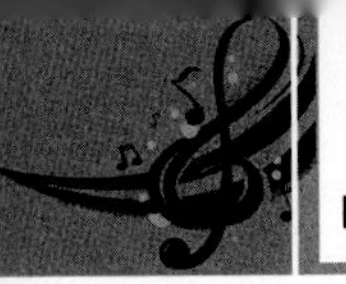

Save 메뉴

작업하고 있는 프로젝트를 하드디스크에 소나 프로젝트 포맷인 cwp 포맷으로 저장한다.

변경된 요소가 있어도 Save 대화상자가 나타나지 않고 바로 저장되므로 저장하기 전 반드시 확인한 뒤 저장하는 습관을 기르는 것이 좋다.

Save As 메뉴

작업하고 있는 프로젝트를 다른 이름으로 저장하는 기능이다. 파일 이름을 바꾸며 저장할 때 사용하며, 오디오 파일 복사본의 생성 여부를 설정할 수 있다.

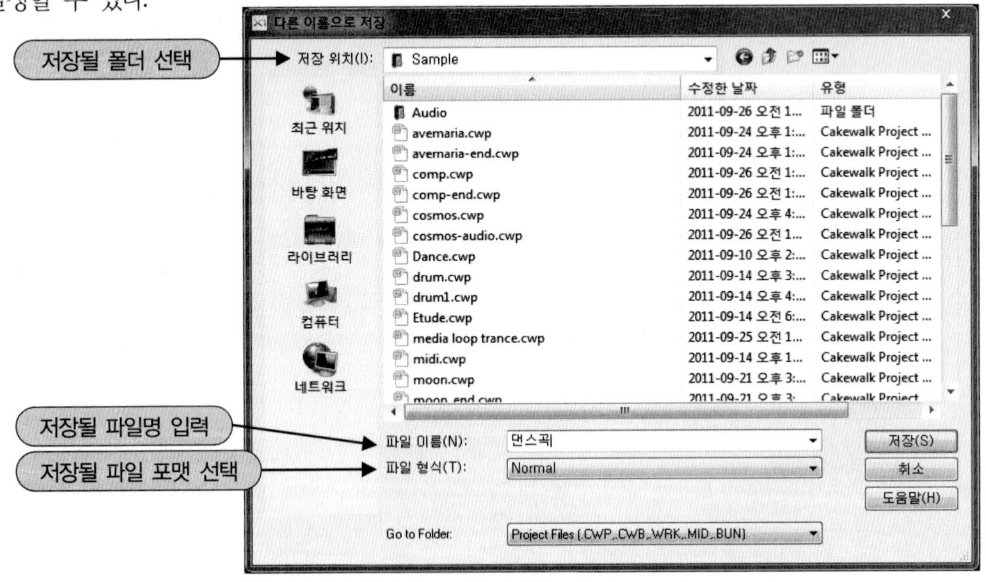

1. 파일 이름

저장될 파일명을 입력한다.

2. 파일 형식

저장될 파일 포맷을 선택한다.

3. Go to Folder

저장하는 파일 포맷의 성격에 따라 소나에서 지정한 디폴트 저장 폴더에 저장이 된다.

Import 메뉴 – 외부 파일 임포트 하기

소나 기본 파일 포맷이 아닌 다른 포맷의 미디어 파일을 소나의 트랙으로 불러올 때 사용한다. 오디오 파일, CD 트랙, 비디오 파일, 미디 파일을 불러올 수 있다. 미디 트랙을 선택된 상태에서는 MIDI 메뉴가, 오디오 트랙을 선택한 상태에서는 Audio 메뉴가 활성화된다. 비디오 파일의 경우에는 트랙을 선택하지 않아도 임포트 순간 자동으로 비디오 트랙이 생성된다.

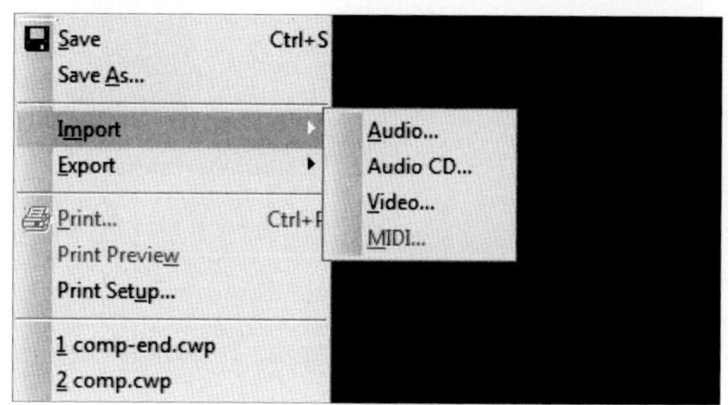

1. Import → Audio 메뉴

불러올 수 있는 오디오 포맷은 웨이프 포맷(*.wav), MP3 포맷(*.mpeg, *.mpg, *.mp2, *.mp3), 애플 오디오 포맷(*.aif, *.aiff), 스트리밍 포맷(*.asf), AU 포맷(*.au, *.snd) 등이 있다. 윈도우 탐색기에서 이들 파일을 작업 창의 오디오 트랙으로 드래그해도 된다.

2. Import → Audio CD 메뉴

오디오 CD의 노래를 소나의 오디오 트랙으로 임포트 할 수 있다. 오디오 CD의 트랙은 보통 '*.cda' 포맷으로 인식된다.

3. Import → Video 메뉴

소나에서 작곡한 곡을 비디오와 싱크시키기 위해 동영상 포맷을 불러올 수 있다. 불러올 수 있는 포맷은 윈도우 비디오 포맷(*.avi), MPEG 비디오 포맷(*.mpg), 윈도우 미디어 비디오 포맷(*.wmv, *.asf), 퀵 타임 포맷(*.mov)이 있다. 비디오를 불러오지 못할 경우에는 해당 동영상 코덱을 설치한 뒤 불러온다. 참고로, 동영상의 경우 윈도우 탐색기에서 드래그하여 불러오면 사운드 부분만 사용될 수도 있으므로 반드시 Import 메뉴로 불러와야 한다.

4. Import → MIDI 메뉴

미디 파일(*.mid, P5 Pattern)을 불러올 때 사용한다. 윈도우 탐색기에서 MIDI 파일을 작업 창의 빈 곳이나 미디 트랙으로 드래그해도 된다.

Export 메뉴 – 오디오 믹스다운하기

작업하고 있는 프로젝트를 다른 포맷으로 저장할 때 사용한다. 오디오, 비디오, OMF 포맷, MIDI Groove Clip, Track Template 등으로 저장할 수 있다.

1. Export → Audio 메뉴

완성한 프로젝트를 오디오 포맷으로 저장(믹스다운)한다. 파일 형식 옵션을 클릭해 wav, wma, mp3, caf, aiff, au, flac, raw, sd2, w64 포맷 등으로 믹스다운할 수 있다.

참고로, 완성한 곡을 CD에 수록하고 싶다면 반드시 Sample Rate 44100, Bit Depth 16으로 설정해야 한다. MP3나 Fla 포맷으로 사용하고 싶은 경우에는 Sample Rate, Bit Depth를 임의로 설정해도 상관없다.

494

2. Export → Video

프로젝트에 비디오가 삽입되어 있을 경우 동영상 포맷으로 저장할 수 있다. 트랙에 삽입된 모든 요소가 동영상과 합쳐진 뒤 저당된다. 동영상으로 저장할 수 있는 포맷은 AVI, WMV, MOV 포맷이 있다.

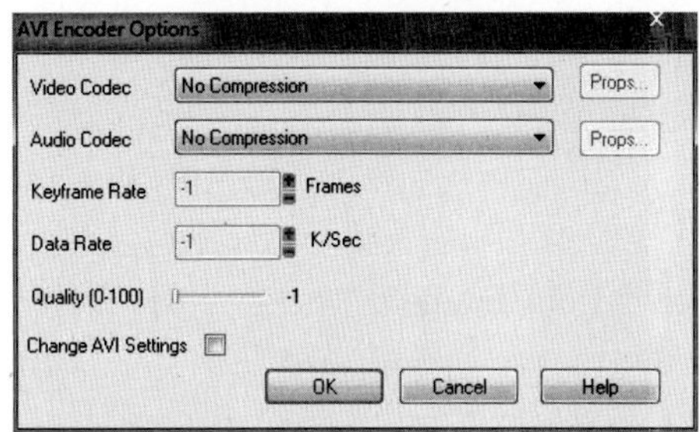

① **Encording Options 버튼 :** 동영상 저장 옵션을 설정할 수 있다. 저장하는 동영상 포맷에 따라 저장 옵션이 조금 다르다. 기본값으로 저장해도 무방하다.

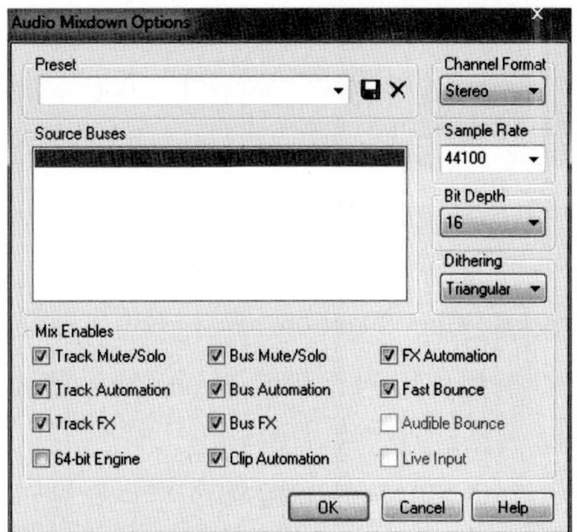

② **Audio Mixdown Options 버튼 :** 동영상의 오디오 저장 옵션을 설정할 수 있다.

🔍➕ 참고

외장 악기 음원의 저장(믹스다운)

미디 트랙의 경우 가상 악기를 사용하는 경우에만 오디오 파일로 저장할 수 있고 드럼 맵의 경우에도 가상 악기(드럼 악기)를 사용한 경우에만 저장할 수 있다. 즉, 가상 악기를 사용한 미디 트랙은 음원이 가상 악기 형태로 컴퓨터 안에 존재하기 때문에 Export → Audio 메뉴를 실행하면 바로 믹스다운되어 오디오 포맷으로 저장할 수 있다.

외장 음원을 사용하고 있는 미디 트랙이라면 음원이 컴퓨터 밖의 외장음원 내부에 있기 때문에 바로 믹스다운되지 않는다. 외장음원 사용자의 경우 먼저 외장 음원 사운드를 오디오 트랙에 녹음한 뒤 믹스다운해야 한다.

---

3. Export → MIDI Groove Clip 메뉴

선택한 미디 클립을 '미디 그루브 클립'으로 저장한다. '미디 그루브 클립'은 루프 속성이 있으므로 다른 프로젝트에서 루프 음악을 만들 목적으로 사용할 수 있다.

4. Expert → OMF 메뉴

OMF 포맷은 Open Media Frame의 약자로 음악 데이터의 호환을 위해 중간 단계로 만드는 파일 포맷이다. 케이크워크 프로젝트를 읽지 못하는 다른 프로그램에서 읽기 위해 사용하는데 보통 믹싱 스튜디오나 어도비 프리미어에서 영상 소스와 믹싱하기 위해 생성시킨다. OMF 포맷을 생성시킬 때는 반드시 영문 64자 이내의 파일명을 지정하는 것이 좋으며 파일명을 한글로 지정하면 컨버전시 에러가 날 수도 있다.

OMF 포맷은 Tracks, Clip Position, Slip Edit, Fade, Crossfade 정보가 함께 저장되며 Volume, Pan, Automation, Effect 정보는 저장되지 않는다.

참고로 미디 트랙은 OMF 파일로 저장되지 않으므로 오디오 트랙으로 전환한 뒤 저장해야 한다.

5. Expert → Track Template 메뉴

현재 설정된 트랙 상태를 트랙 템플릿 파일(cwx)로 저장하는 기능이다. 예를 들어 미디 트랙 2개, 오디오 트랙 3개, 가상 악기 트랙 1개를 만든 상태라면 이 트랙 상태가 저장된다. 저장된 트랙 템플릿 파일은 File → Open 대화상자에서 불러올 수 있다.

Print 메뉴

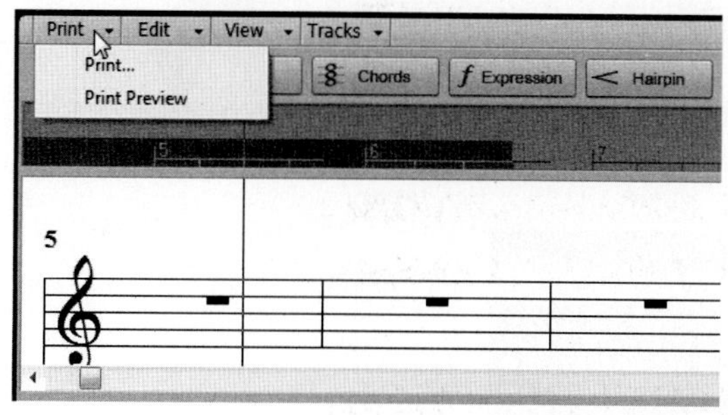

악보 창에서 메뉴를 실행하는 모습

보통 스태프 뷰(악보 창)나 리릭 뷰(가사 창)에서 이 메뉴를 사용
한다. 악보 또는 가사를 인쇄할 때 사용한다. 먼저 악보 창이나
가사 창이 열린 상태여야 한다.

Print Preview 메뉴

보통 스태프 뷰(악보 창)나 리릭 뷰(가사 창)에서 이 메뉴를 사용한다. 악보를 인쇄하기 전 악보 형식 등을 선택할 수
있다. 자세한 사용법은 3부, '악보 창' 메뉴를 참고한다.

Print Setup 메뉴

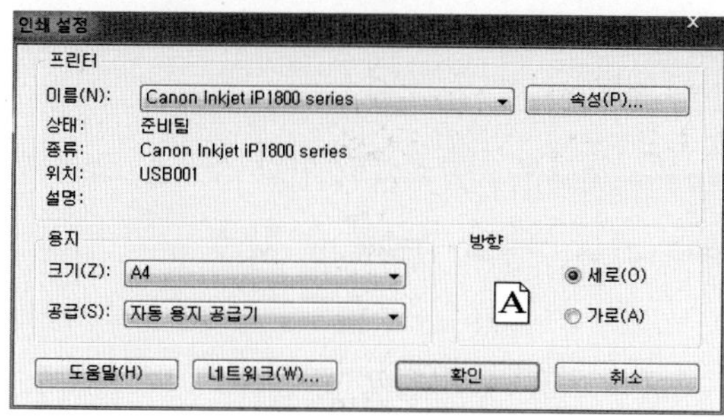

프린터 기종, 종이 크기, 인쇄 방향 등의 프린트 옵션을 설정할
수 있다.

> **Tip** 악보 창에서 Print Preview 메뉴가 보이지 않을 경우 소나 X1을 최신 버전으로 업데이트한다. 초기 버전은 버그가 있기 때
> 문에 Print Preview 메뉴가 없을 수도 있다. 업데이트는 무료이다.

02 Edit 메뉴 - 편집 메뉴

Edit 메뉴에는 복사, 붙이기 등의 편집 기능이 모여 있고, 소나의 작업 환경을 설정할 수 있는 Preferences 메뉴가 있다.

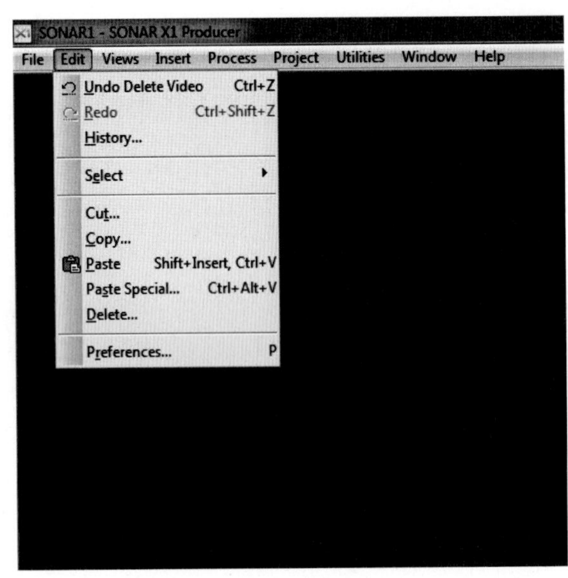

Undo/Redo 메뉴

Undo 메뉴는 바로 전 작업을 취소할 때 사용한다. 단축키는 Ctrl + Z이다. 소나는 기본적으로 편집 작업을 128개까지 기록하고 있으므로 Undo 메뉴를 계속 실행하면 128단계 이전 상태로 편집 내용을 복구할 수 있다.

Redo 메뉴는 바로 전 취소한 작업을 재실행할 때 사용하고, 단축키는 Ctrl + Shift + Z이다.

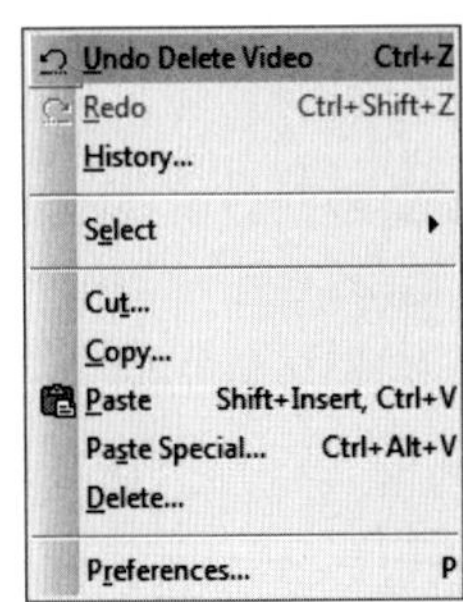

History 메뉴

History 메뉴는 이동하기, 붙이기 등의 각종 작업이 순서대로 기록되어 있다. 클릭하면 그 이전 작업은 모두 취소되고 해당 상태로 돌아갈 수 있다.

Maximum Undo Level 옵션에서 기록할 단계를 몇 단계까지 설정할지 지정할 수 있다. 128이라고 입력하면 이전에 작업한 내용을 최대 128개까지 기록할 수 있다.

Clear 버튼을 클릭하면 기록된 내용이 대화상자에서 모두 삭제된다.

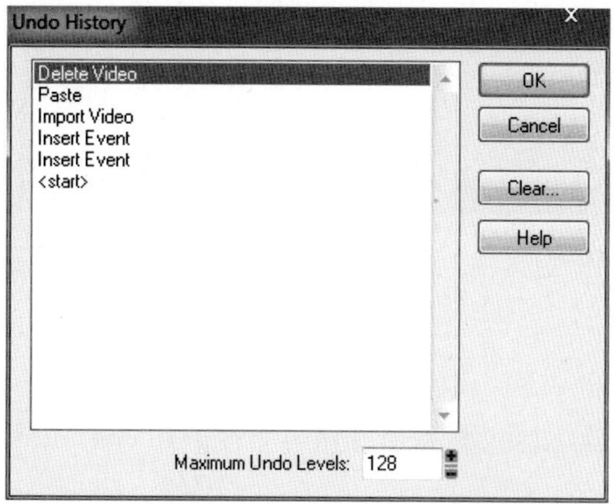

Select 메뉴

Select 메뉴는 원하는 요소를 바로 선택할 수 있도록 다양한 하위 메뉴를 제공한다.

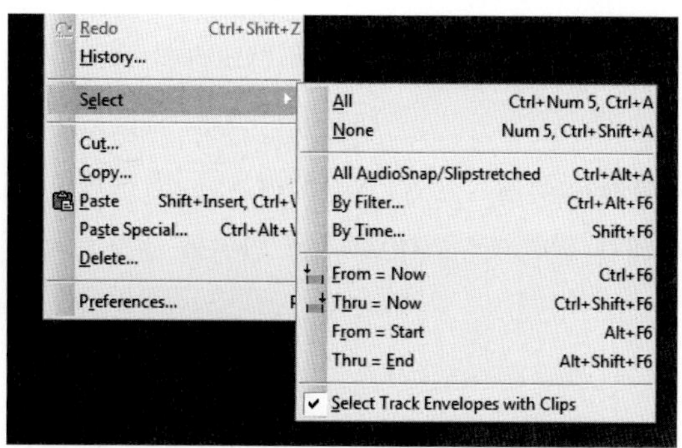

1. Select → All 메뉴

'트랙 뷰'에서 작업할 경우 모든 트랙을 한 번에 선택하게 한다. 만일 '피아노 롤 뷰'나 '스태프 뷰'에서 작업하고 있다면 모든 이벤트 요소를 한 번에 선택하게 한다. 단축키는 **Ctrl + A**이다.

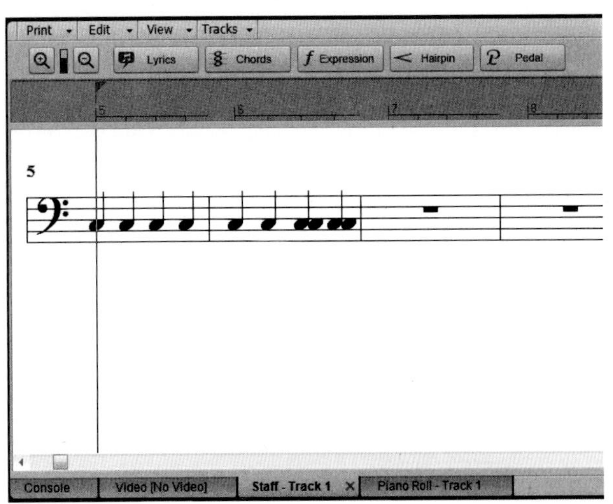

스태프 뷰의 모습	All 메뉴로 모두 선택한 모습

2. Select → None 메뉴

모든 선택 상태를 해제하고 아무것도 선택하지 않은 상태로 돌아간다. 단축키는 **Ctrl + Shift + A.**

3. Select → All AudioSnap/Slip Strentched 메뉴

오디오 트랙에서 AudioSnap 효과와 Slip Strentched를 적용한 경우 해당 요소만 선택하게 해준다.

4. Select → By Filter 메뉴

특정 범위를 미리 검색한 뒤 선택하는 기능이다. 미디 노트의 음정, 길이, 채널, 벨로서티, 컨트롤러 번호와 밸류 값의 범위를 입력해 검색할 수 있는데 이렇게 검색된 이벤트는 Copy, Cut 메뉴 등으로 복사하거나 컨타이즈로 정렬할 수 있다. 체크하면 해당 범위를 검색할 수 있으며, Exc 옵션에 체크하면 설정한 범위 외각 범위를 검색할 수 있다.

먼저 미디 클립에서 작업할 범위를 블록으로 설정한 뒤 **By Filter** 메뉴를 실행한 뒤 검색할 범위를 지정하고 확인 버튼을 누르면 검색된 범위가 선택 상태가 된다. 말 그대로 특정 범위를 검색하여 선택한 뒤, 복사 등의 작업을 할 때 사용한다.

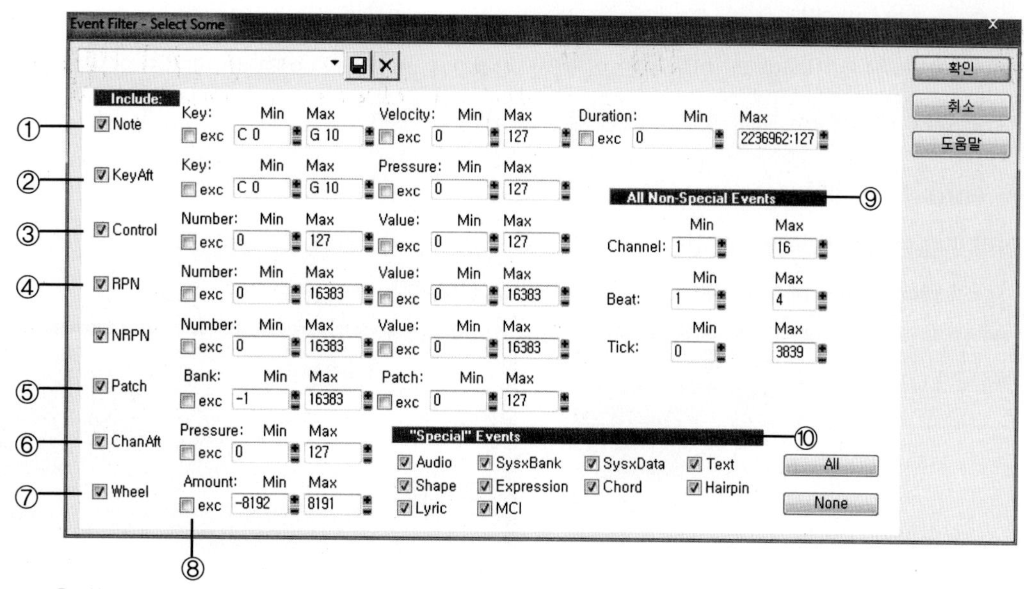

① **Note** : 음정(Pitch) 범위, 벨로서티 범위, 음 길이(Duration) 범위를 지정해 검색한다. 예를 들어 Key 항목에서 Min C 5, Max C 5라고 입력하면 C 5 음정만 검색되어 선택된 상태가 된다.

② **Key Aftertouch** : 키 애프터터치의 음정(Pitch), Pressure Value 값의 범위를 입력해 검색한다.

③ **Controller** : 컨트롤러 넘버 범위, Value 값 범위를 입력해 검색한다.

④ **RPN/NRPN** : RPN/NRPN 넘버 범위, Value 값 범위를 입력해 검색한다.

⑤ **Patch Change** : 뱅크와 패치 범위를 입력해 검색한다.

⑥ **Channel Aftertouch** : 채널 애프터터치의 Value 값 범위를 입력해 검색한다.

⑦ **Pitch Wheel** : 피치 휠의 Value 값 범위를 입력해 검색한다.

⑧ **Exc** : 지정한 범위 외각을 검색할 때 체크한다.

⑨ **All Non-Special Events** : 채널, 비트, 틱 범위를 입력해 검색한다.

⑩ **Special Events** : 소나의 스페셜 이벤트를 검색 범위에 두려면 해당 이벤트에 체크해준다.

By Filter 메뉴는 '검색 기능' 외에 '검색 및 교체 기능'으로도 사용할 수 있다.

5. Select → By Time 메뉴

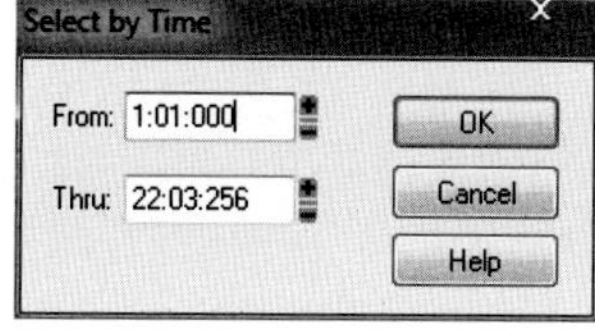

사용자가 지정한 마디/박자/틱 안에 있는 요소를 모두 선택한다. From 항목에서 선택을 시작할 마디, Thru 항목에서 선택을 종료할 마디를 지정한다. 시작, 종료 마디 사이에 있는 요소들을 선택 상태로 만든다.

6. Select → From=Now 메뉴

송 포지션 포인터가 있는 곳을 선택할 수 있는 영역의 시작 지점으로 지정한다. 이후 송 포지션 포인터를 곡의 뒤로 이동시킨 뒤, 바로 밑의 Thru=Now 메뉴를 적용하면 해당 구간이 선택된다.

7. Select → Thru=Now 메뉴

송 포지션 포인터가 있는 곳을 선택할 수 있는 영역의 종료 지점으로 지정한다. 이후 송 포지션 포인터를 앞쪽으로 이동시킨 뒤 상단의 From=Now 메뉴를 적용하면 해당 구간이 선택된다.

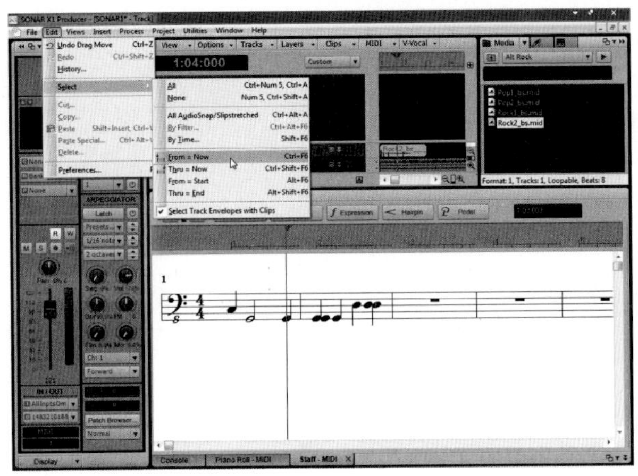

현재의 송 포지션 포인터에서 From=Now 메뉴 적용

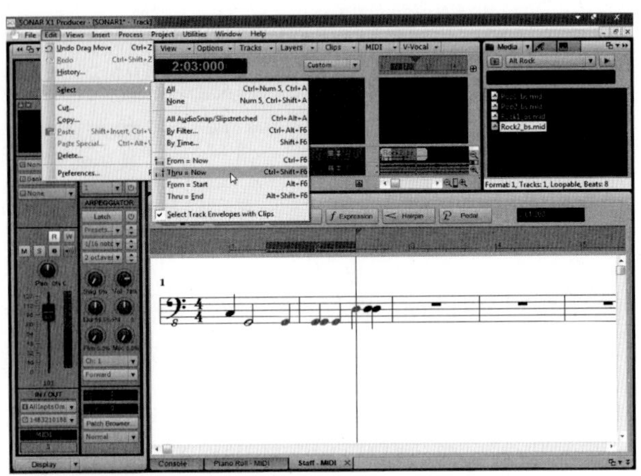

송 포지션 포인터를 이동시킨 뒤 Thru=Now 메뉴 적용

8. Select → From=Start 메뉴

곡의 시작 부분에서 송 포지션 포인트가 있는 위치까지 선택한다.

9. Select → Thru=End 메뉴

곡의 끝 부분에서 송 포지션 포인터가 있는 위치까지 선택한다.

10. Select → Select Track Envelopes With Selected Clips 메뉴

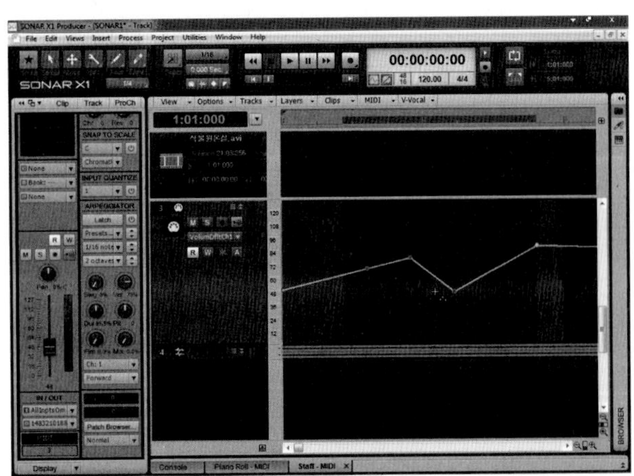

트랙 뷰에서 볼륨 엔벨로프도 함께 선택한 모습

선택된 클립에 엔벨로프가 작성된 경우 엔벨로프도 함께 선택할 수 있도록 해준다. 기본적으로 이 메뉴는 항상 선택된 상태이므로 클립의 일부 영역을 선택해 이동하거나 복사할 때 설정된 엔벨로프도 함께 복사된다.

Cut 메뉴

Cut 메뉴는 선택한 트랙/노트를 오려낼 때 사용한다. 대화상자가 실행되어 오려낼 요소를 지정할 수 있다. 단축키는
Ctrl + X이다.

① **Event In Tracks** : 이벤트를 모두 오려낸다.
② **Clip Automation** : 체크할 경우 오토메이션을 함께 오려낸다.
③ **Track/Bus Automation** : Track/Bus에 삽입된 오토메이션도 함께 오려낸다.
④ **Tempo Changes** : 템포 값도 오려낸다.
⑤ **Meter/Key Changes** : 박자/키 값도 오려낸다.
⑥ **Markers** : 마커가 있을 경우 마커도 오려낸다.
⑦ **Delete Hole** : 오려진 뒤 생긴 빈 마디를 오른쪽 이벤트로 채워준다.
⑧ **Shift by Home Measure** : 체크하면 오른쪽 이벤트로 빈 마디를 채울 때 마디 단위
로 채운다.

Copy 메뉴

Copy 메뉴는 선택한 트랙/악보의 노트를 복사할 때 사용하므로 기존의 이벤트는 그대로 남아있게 된다. 단축키는
Ctrl + C이다. 대화상자의 사용법은 위의 Cut 대화상자가 동일하다.

Paste 메뉴 / Paste Special 메뉴

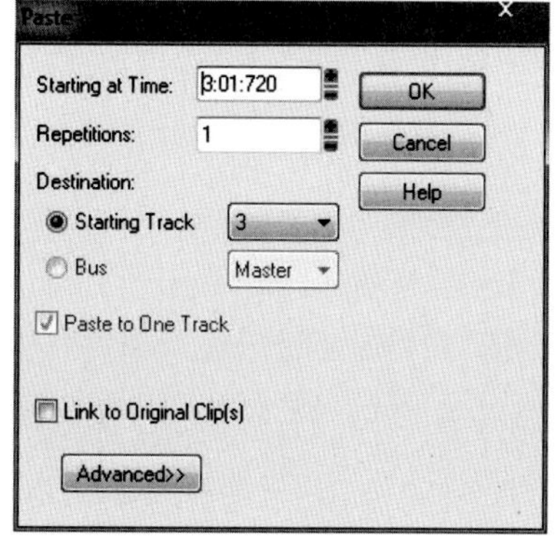

Paste 메뉴는 앞에서 Cut 메뉴나 Copy 메뉴로 복사한 이벤트를 다른 위치에
붙여 넣을 때 사용한다. 단축키는 Ctrl + V이다.

Paste Special 메뉴는 대화상자에서 붙여 넣고 싶은 위치, 반복 회수를 설정할
수 있다. Link to Original Clip에 체크하면 원래 클립에 링크되어 붙여진다.

Delete 메뉴

Delete 메뉴는 선택한 부분을 삭제할 때 사용한다.

Preferences 메뉴 – 소나 사용 환경의 설정

소나 X1의 사용 환경은 물론 오디오/사운드 카드의 사용 환경을 설정한다. 인터페이스 색상 등 모든 사용 환경을 설정할 수 있다. 소나 실행 후 소리가 나지 않거나 소리가 나쁘다면 Audio → Playback and Recording 탭에서 Driver 모드를 ASIO나 WDM/KS로 변경하는 등의 오디오 설정을 다시 해야 한다.

1. Audio → Devices 탭

Audio → Devices 탭은 오디오 드라이버의 사용 여부를 설정할 때 사용한다. 사용 중인 오디오 카드/사운드 카드 드라이버가 표시되므로 해당 드라이버를 선택해야 사운드를 들을 수 있다.

아래 그림은 설정된 오디오 입출력 드라이버를 보여주는 것으로, 사운드블라스터 사운드 카드를 KX Asio 모드로 사용하는 모습이다.

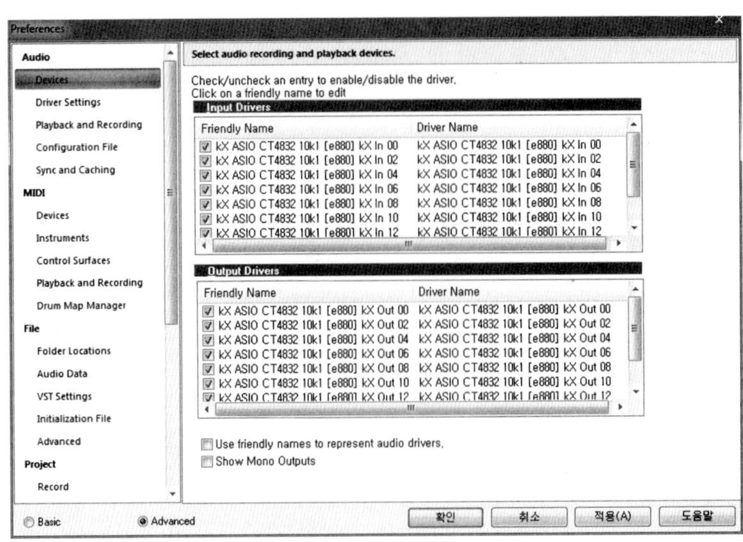

Input Drivers 항목은 사운드 입력에 사용되는 드라이버, Ouput Drivers 항목은 사운드 출력에 사용하는 드라이버가 표시된다. 이들 드라이버는 사용하는 사운드 카드/오디오 카드에 따라 목록이 다를 수도 있다. 각 드라이버 항목에 체크해야 사운드의 입력(녹음 등의 작업)과 출력이 가능하다.

목록 창에서 드라이버 이름 부분을 클릭하면 이름을 사용자가 원하는 이름으로 변경할 수 있다. Use Friedly names to represent audio devices 옵션에 체크하면 트랙의 입출력 포트에 원래 이름 대신 사용자가 설정한 이름으로 표시된다.

2. Audio → Driver Settings 탭

오디오 입출력에 사용하는 드라이버에 대해 레이턴시, 버퍼 옵션을 설정할 수 있다.

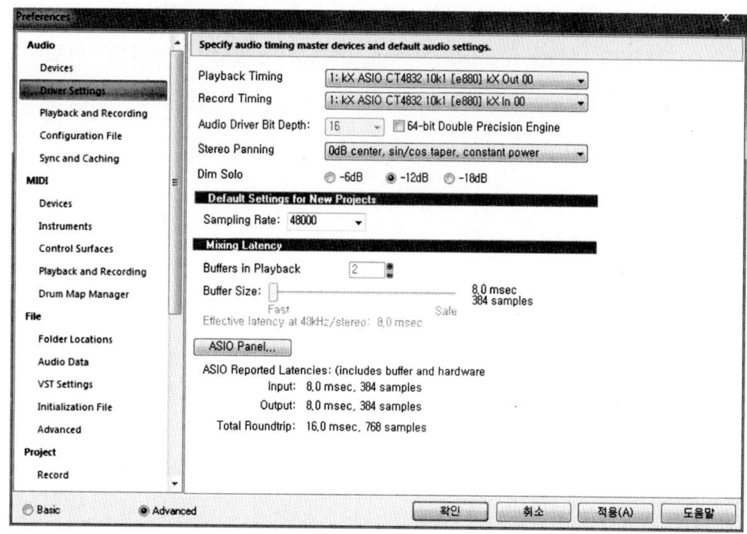

① **Playback Timing** : 연주를 할 때 시간 기준이 되는 마스터 사운드 카드를 선택한다. 여러 개의 입출력 포트가 있거나, 여러 개의 사운드 카드가 연결된 경우, 시간 기준은 마스터 사운드 카드의 시간을 따르게 된다.

② **Record Timing** : 녹음 작업에 사용할 시간 기준이 되는 마스터 사운드 카드를 선택한다.

③ **Audio Driver Bit Depth** : 연주 시 사용할 Bit Depth를 설정한다. 16, 18, 20, 22, 24에서 선택할 수 있다. 옆의 64-bit 옵션에 체크하면 소나는 64비트로 믹싱 작업을 할 수 있도록 Double-precision Engine 기능이 활성화된다.

④ **Stereo Panning** : 작업 중인 프로젝트나 새 프로젝트의 스테레오 팬(Pan) 값의 중심을 설정한다. 기본값인 OdB center, sin/cos taper, constant power를 선택한다.

⑤ **Dim Solo Gain** : 툴 바의 Dim Solo 버튼을 사용할 경우, 사운드가 어느 단계로 감소될지 설정한다. 기본값은 −6dB이다.

⑥ **Default Settings for New Projects** : 새 프로젝트를 열 때 Sample Rate를 몇으로 할지 설정한다. 고품질 사운드를 만들려면 사운드/오디오 카드가 지원하는 한도 내에서 Sample Rate 값을 최대한 높일 수 도 있지만 보통은 CD 음반의 기본 음질인 44100Hz를 기본 값으로 사용한다.

⑦ **Mixing Latency 항목**

WDM/KS 모드 또는 MMC 모드에서는 Mixing Latency 옵션을 설정할 수 있다.

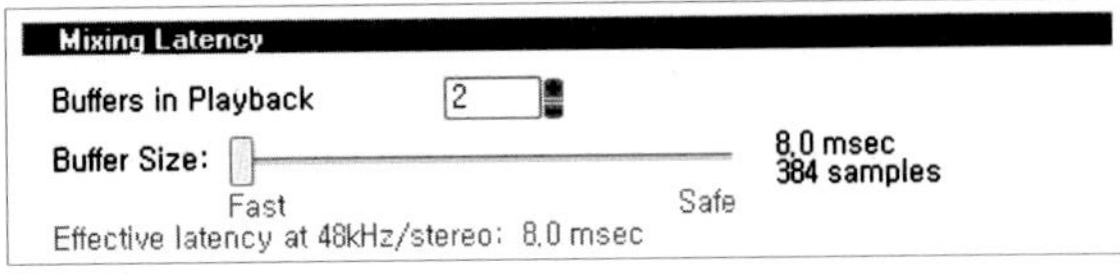

- **Buffers in Playback** : 값이 낮을수록 레이턴시가 낮아지지만 값을 너무 낮추면 드롭 현상이 발생할 수도 있다.
- **Buffer Size** : 값이 낮을수록 레이턴시가 낮아지지만 소리에 문제가 발생할 수도 있다.

⑧ **ASIO Panel 버튼** : ASIO 드라이버를 사용하고 있을 경우 ASIO Panel 버튼이 나타난다. 상단에서 설명하는 레이턴시(Latency) 옵션과 동일 기능이다. ASIO 모드에서의 레이턴시를 조절할 수 있지만 보통은 기본값을 사용한다. 만일 사운드에 드롭 현상 등이 발생하면 레이턴시를 조절해준다. 레이턴시를 줄이는 방법에 대해서는 하단 참고 박스를 참조한다.

3. Audio → Playback and Recording 탭

이 탭은 드라이버 모드를 선택하는 매우 중요한 기능을 제공하고 있다. 처음 소나를 설치한 뒤 소리가 나지 않을 경우 이곳에서 Driver Mode를 잘못 설정했기 때문에 발생하는 일이다. 일반적으로 ASIO 모드를 선택하는 것을 권장하지만 WDM/KS 모드를 선택해도 거의 비슷한 좋은 성능을 발휘한다. MME 모드는 구형 방식이므로 레이턴시가 많고 소리가 좋지 않다.

🔍 참고

레이턴시 줄이기

마스터 건반을 눌렀을 때 소리가 뒤늦게 딜레이되어 들리는 현상을 레이턴시(Latency)라고 말한다. 레이턴시는 일종의 지연 현상을 말하며, 아날로그인 마스터 건반에서 입력을 받고 가상 악기 등의 음원을 통해 사운드가 출력되기까지의 시간을 말한다. 레이턴시가 늦을 경우 1초 뒤에 건반 소리가 울리기도 한다.

소나는 레이턴시를 줄이기 위해 ASIO 모드와 WDM/KS 모드를 지원한다. ASIO 모드와 WDM/KS 모드의 경우 사운드 카드/오디오 카드에 따라 보통 15ms 이하로 레이턴시가 자동 설정된다. 버퍼 사이즈를 조절할 경우 512 이하로 설정해야 하며, 버퍼 수치를 내리면 레이턴시가 줄어들지만 데이터를 많이 읽지 못할 수도 있다.

레이턴시는 시스템의 성능, 연결된 사운드 장비 등에 의해 자동으로 결정된다. 따라서 시스템의 성능이 더 좋거나, 더 고급 오디오 카드를 사용할 경우에는 레이턴시를 5ms 이하로 줄일 수도 있다.

보드 내장형 사운드 카드에 ASIO4ALL 프로그램을 설치하여 가상 ASIO 모드를 사용할 경우에는 레이턴시가 보통 12ms 안팎으로 설정된다. 12ms 정도이면 소나를 무리 없이 사용할 수 있는 환경이라고 할 수 있다.

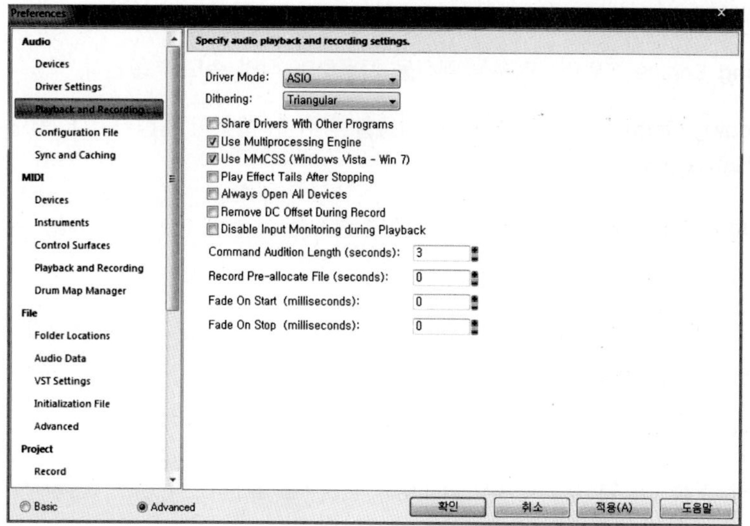

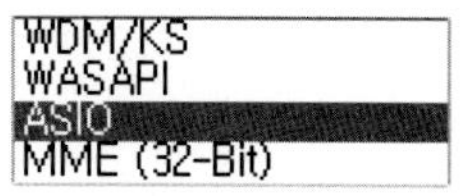

① **Driver Mode :** 드라이버 모드는 WDM/KS, ASIO, WASAPI, MME 모드에서 선택한다. 레이턴시를 줄이려면 WDM/KS 모드 또는 ASIO 모드를 선택하는데 일반적으로 ASIO 모드를 권장한다.

참고

미디 음악용 오디오 드라이버의 종류

1. ASIO 드라이버

독일 스테인버그사가 만든 공개용 오디오 드라이버로 최고 0.4ms 안팎까지 레이턴시를 줄일 수 있는 최고의 미디 음악용 드라이버이다. 미디 음악의 표준으로 자리잡고 있으며 큐베이스 등의 스테인버그사의 시퀀서에서 채택하는 드라이버이다. ASIO 드라이버는 오디오 카드의 경우 기본 지원하지만, 사운드 카드는 ASIO 모드를 지원하지 않는다. 사운드 카드 사용자는 ASIO4ALL 프로그램을 설치해 가상 ASIO 모드를 사용할 수 있다.

2. MME 드라이버

윈도우 3.1때부터 지원되었던 표준 오디오 드라이버인 만큼 거의 모든 사운드 카드가 MME 드라이버를 지원한다. 레이턴시는 평균 500ms 정도이다. 건반을 치면 0.5초(500ms) 뒤에 소리가 들리므로 사용이 아예 불가능하다.

3. WDM/KS 드라이버

MME 드라이버를 보강하는 차원에서 가장 최근에 발표된 윈도우 전용 드라이버이다. ASIO와 비슷한 성능을 자랑하며 최고 0.3ms까지 레이턴시를 줄일 수 있다. 소나는 WDM/KS의 사용을 권장하지만 사운드 카드의 경우 WDM/KS 모드에서 소리가 아예 안 들리는 경우가 많다. 따라서 일반적으로 ASIO4ALL 프로그램을 설치한 뒤 가상 ASIO 모드를 사용하는 것이 좋다.

② **Share Drivers With Other Programs** : 다른 프로그램과 드라이버를 함께 사용한다.

③ **Use Multiprocessing Engine** : 멀티프로레싱 엔진을 사용하여 작업 속도를 높인다.

④ **Use MMCSS (Windows Vista)** : 윈도우 비스타를 사용할 경우 이 옵션이 활성화된다. 윈도우 비스타의 자원 예약 사용권에서 소나를 우선적으로 취급한다.

⑤ **Play Effect Tails After Stopping** : 이 옵션에 체크하면 연주를 멈출 때 Reverb, Delay 등의 이펙트에서 잔상 효과가 지속된다.

⑥ **Always Open All Devices** : 이 옵션에 체크하면 모든 디바이스를 열어준다. 곡을 연주할 때 트랙의 아웃 포트를 재할당해도 갭이 발생하지 않는다.

⑦ **Command Audition Length** : 오디션 연주 시간을 설정한다.

⑧ **Record Pre-allocate File (초 단위)** : 녹음시 하드디스크 동작을 줄이고 더 많은 트랙에서 작업하게 한다. 기본값은 0이지만 보통 30분(1800초)~10분(600초) 사이에서 설정한다.

⑨ **Fade On Start (1/1000초 단위)** : 재생시 곡의 시작 부분에 지정한 시간만큼 페이드한 뒤 시작한다.

⑩ **Fade On Stop (1/1000초 단위)** : 곡의 연주를 정지할 때 지정한 시간만큼 곡의 끝 부분에서 페이드한다.

4. Audio → Configuration File 탭

오디오 Configuration 파일을 사용자가 직접 작성할 수 있다. 특별한 목적이 없는 한 기본값 그대로 사용할 것을 권장한다.

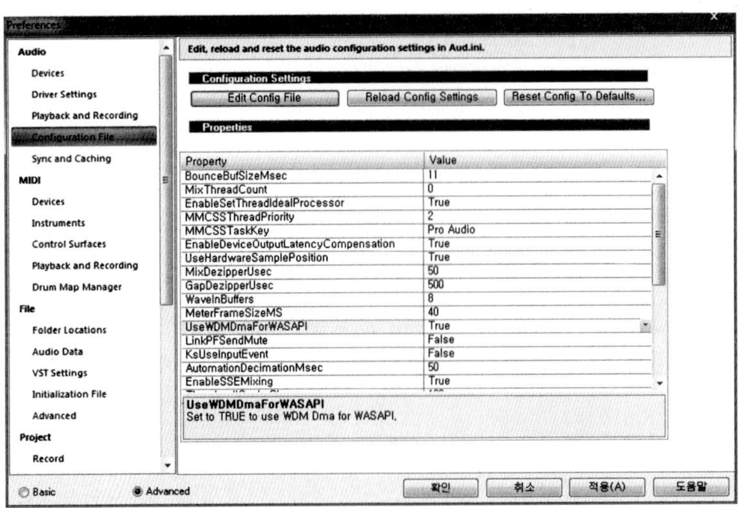

① **Configure File 버튼** : TEXT 문서창을 열고 Configure 파일을 직접 편집할 수 있다.

② **Reload Configure Settings 버튼** : 바로 전 설정 값을 불러온다.

③ **Reset Configure Defaults 버튼** : 설정 값을 기본 값으로 전환한다.

그림은 TEXT 문서창에서 직접 편집하는 모습이다.

5. Audio → Sync and Caching 탭

싱크 방식과 캐시 메모리에 대한 옵션을 설정한다.

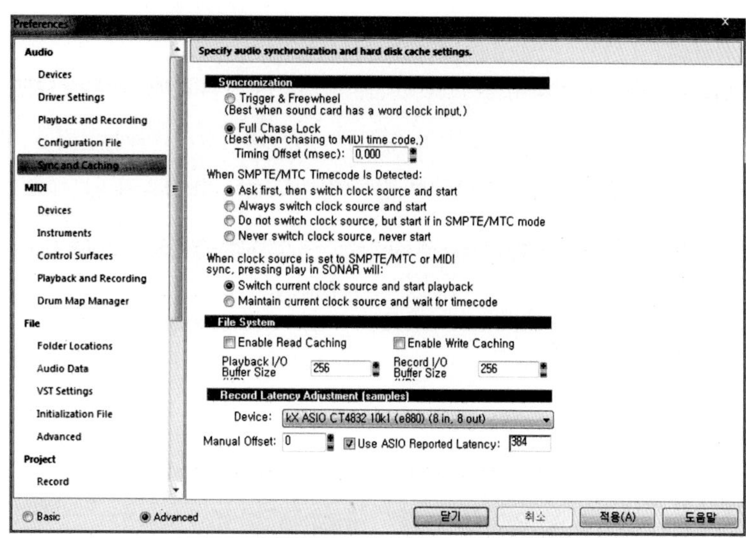

① **Trigger and Freewheel** : 오디오 트랙의 연주 시작 시간을 SMPTE/MIDI 시간에 맞춘다. 그러나 그 후에는 사운드
카드 내부 클록에 시간에 맞춘다. 따라서 SMPTE 시간이 일정하지 않으면 점차 싱크가 어긋나는 현상이 발생하기
도 한다.

② **Full Chase Lock** : 오디오 트랙의 템포를 지속적으로 SMPTE/MIDI 시간에 맞추면서 전개한다.

③ **Timing Offset** : 싱크 시작 시간을 1/1000초 단위로 조절한다. 플러스(+) 조절은 오디오에, 마이너스(−) 조절은 미디 데이터에 영향을 준다.

④ **When SMPTE/MTC Timecode Detected** : 비디오 장비를 연결할 경우 SMPTE/MTC Timecode가 수신되는데 수신 방식을 설정한다.

  − Ask first, then switch to clock source and start : SMPTE/MTC 신호가 수신되면 대화상자가 실행되어 동기화 작업에 사용할 시간을 선택할 수 있게 한다.

  − Always switch the clock source and start : SMPTE/MTC 신호가 수신되면 자동으로 동기화를 설정한다.

  − Do not switch clock source, but start if in SMPTE/MTC mode : 소나가 SMPTE/MTC 모드일 때 자동으로 동기화한다.

  − Never switch clock source, never start : SMPTE/MTC 신호를 수신하지 않는다.

⑤ **When clock source ins set to SMPTE/MTC or MIDI sync. processing play in SONAR will** : 소나에서 SMPTE/MTC 또는 MIDI Sync 모드 일 때 처리 방법을 설정한다.

  − Switch current clock source and start playback : 오디오에 클록을 변경하고 연주한다.

  − Maintain current clock source and wait for timecode : 클록을 변경하지 않고 SMPTE 수신을 유지한다.

⑥ **File System** : 읽기, 쓰기 캐시 메모리를 사용하고 싶은 경우 여기서 설정한다.

⑦ **Record Latency Adjustments** : 오디오를 출력에서 입력으로 루프하고, 재 레코딩을 하다 보면 레이턴시가 발생하는데 여기서 레이턴시가 발생하지 않도록 조절한다.

6. MIDI → Devices 탭

소나에서 사용하는 미디 입출력 장비의 디바이스 드라이버를 설정한다. 컴퓨터에 사운드 카드가 장착된 경우 출력장비로 사운드 카드 드라이버가 표시되며, 마스터 건반이 연결된 경우 입력장치 쪽에 입력 디바이스가 설정된다. 만일 마스터 건반 같은 입력 장비가 없을 경우에는 입력장치 항목에 아무것도 표시되지 않는다.

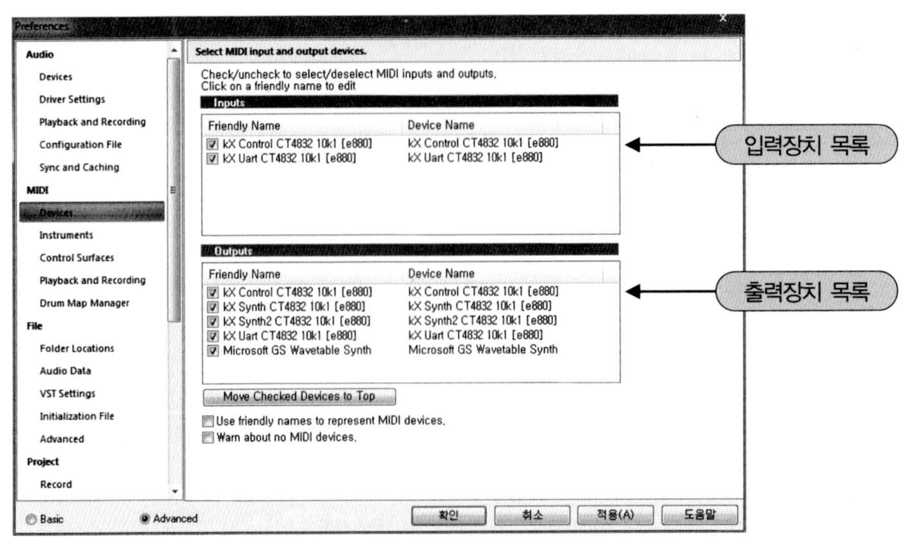

보통 마스터 건반, 신디사이저, 미디기타 등의 입력 장비는 입력장치(Inputs) 항목에, 사운드 카드, 사운드 모듈 같은 출력장치는 출력장치(Outputs) 항목에 표시된다. 참고로, 장치가 여러 개 일 경우 체크한 장치가 사용된다. 체크한 장치가 여러 개일 경우 순서대로 1포트, 2포트에 할당된다.

① **Move 버튼 :** 클릭하면 원하는 장치를 맨 위로 올릴 수 있다.

② **Use Friedly names to represent MIDI devices 옵션 :** 목록 창에서 드라이버 이름 부분을 클릭하면 이름을 변경할 수 있다. 이 옵션에 체크하면 트랙의 미디 입출력 항목에 원래 이름 대신 사용자가 설정한 이름으로 표시된다.

③ **Warn about no MIDI devices :** 미디 장치 없이 사용할 경우 경고 메시지가 나온다.

7. MIDI → Instruments 탭

미디 트랙에서 악기 음색(패치)을 선택하다 보면 악기 이름 대신 번호가 표시된다. 이를 방지하고 정확하게 해당 악기 이름이 표시되도록 음색 리스트를 할당할 때 사용한다. 사운드 카드의 경우 GM 모드 지원일 경우 Genaral MIDI를, GS 모드 지원일 경우 Roland GS 등을 선택한다. 대부분의 신디사이저 역시 GM 모드나 GS 모드를 지원하기 때문에 음색 리스트는 전 세계적으로 호환된다.

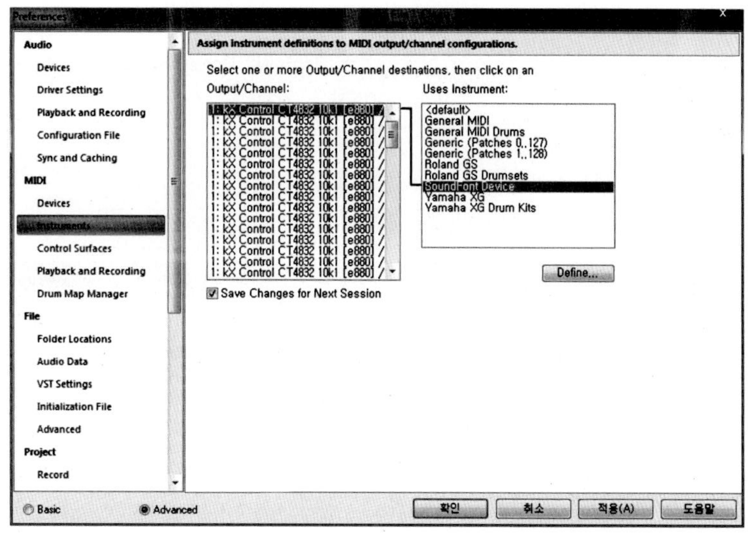

| Tip | 악기 목록 패치가 정상적으로 이루어지면 트랙 패널에서 악기를 연결할 때 번호 대신 악기 이름이 표시되므로 원하는 악기를 손쉽게 찾을 수 있다. 참고로, GM 모드 지원 장비를 연결하고 다른 악기 목록으로 패치하면 악기 배열이 다르기 때문에 원하는 악기 대신 다른 악기가 사용될 수도 있다.

대화상자가 실행되면 왼쪽에서 출력 포트를 선택한 뒤 오른쪽에서 해당 출력 포트에 연결할 악기 목록을 지정한다. 외장 악기를 사용할 경우 악기 패치 목록에 원하는 악기 목록이 없을 경우도 있는데 이런 경우에는 **Define** 버튼을 클릭한 뒤 **Import** 버튼을 다시 클릭한 뒤 사용하는 악기를 검색한다. 악기 패치 파일은 인터넷의 **MIDI** 사이트에서 구할 수도 있다.

다음은 **Define** 버튼을 클릭한 뒤 **Import** 버튼을 다시 클릭하고 **Krog**사의 악기 중 **Korg Trinity**를 임포트 한 뒤 출력 포트에 연결한 모습이다. 트랙 뷰에서 **Patch** 버튼을 클릭하면 **Korg Trinity** 악기 목록이 나타나므로 사용하고 싶은 악기를 손쉽게 찾을 수 있다.

Import 버튼 클릭 후 Korg 악기 선택

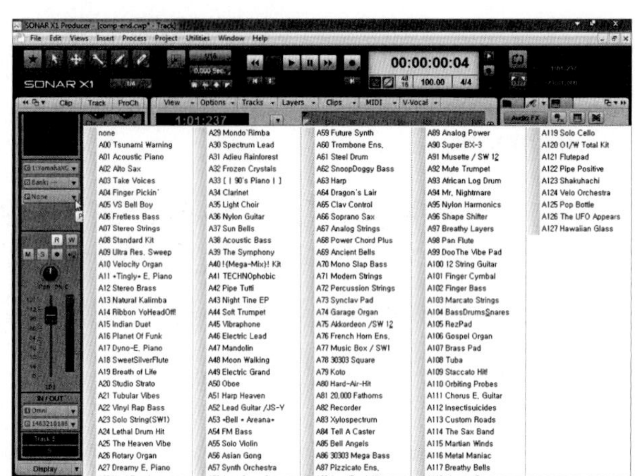

트랙 뷰에서 Patch 버튼을 누른 모습

8. MIDI → Control Surfaces 탭

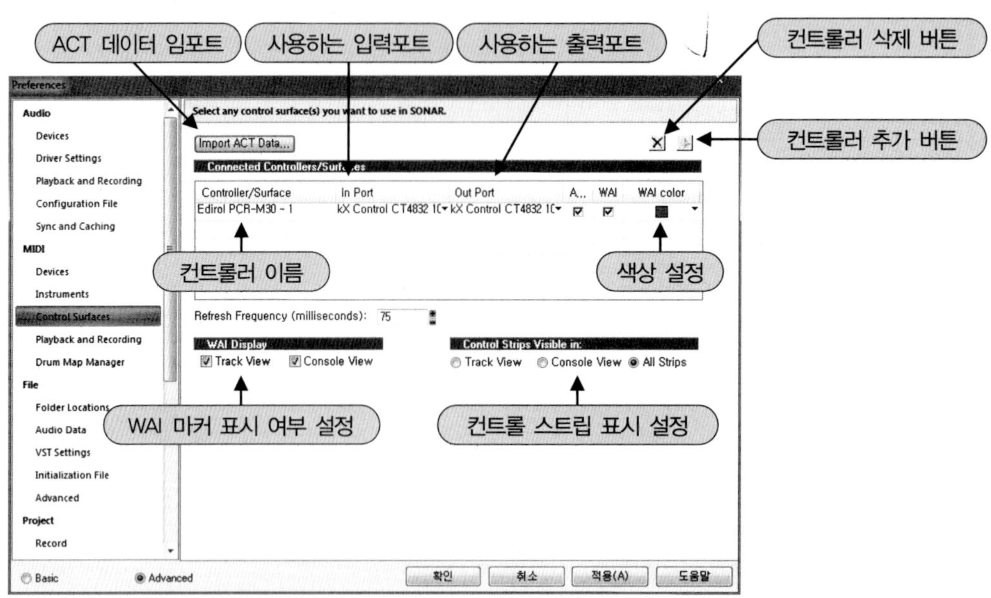

시스템과 연결된 ACT 방식의 미디 컨트롤러를 관리하고 트랙/콘솔 뷰에서 어떻게 보일지 색상을 설정할 수 있다. 컨트롤러 추가(+) 버튼을 클릭해 연결된 컨트롤러 장비를 선택하면 된다.

9. MIDI → MIDI 탭

마스터 건반으로 미디 레코딩 시 어떤 이벤트를 녹음할 지 설정하고, 연주 준비 시간을 설정한다.

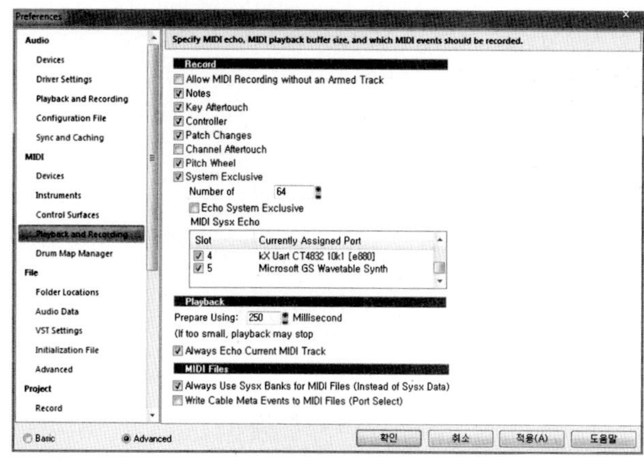

① **Record** : 리얼 입력 등으로 녹음할 때, 녹음할 수 있는 미디 이벤트를 지정한다. 리얼 입력 시 체크한 이벤트는 녹음되고 체크하지 않은 이벤트는 녹음되지 않는다.

② **Playback** : 연주 준비 시간을 1/1000초 단위로 설정한다. 미디 이펙트를 사용하고 있는 경우에는 보통 100ms로 입력한다. 만일 연주 중 스톱 현상이 많이 발생한다면 수치를 높여준다.

10. MIDI → Drum Map Manager 탭

사용자는 자신이 가지고 있는 외장 드럼 샘플러에 맞게 새로운 드럼 맵을 생성시킬 수 있다. 드럼 맵은 자신이 가지고 있는 외장 드럼 악기에 맞게 제작해야 하며, 그럴 경우 외장 악기에서 제공하는 드럼 악기를 정확하게 소나에서 인식한 뒤 사용할 수 있다. 참가로, 드럼 맵의 작성법을 잘 모를 경우에는 외장 드럼 악기의 매뉴얼을 참고하면서 작성한다.

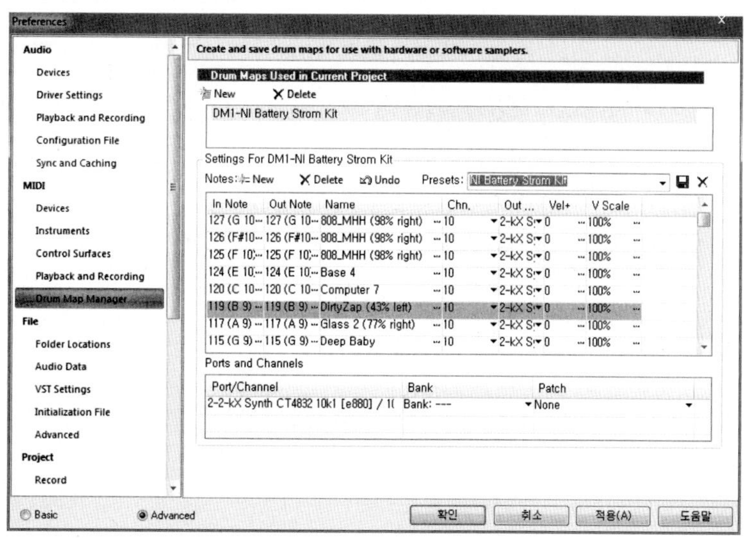

대화상자 상단의 New 버튼을 클릭해 새로운 드럼 맵 제작을 시작한다.

Note 항목의 New 버튼을 클릭해 노트를 입력한다. 노트의 음정, 벨로서티 등을 조절하면서 계속 새 노트를 생성시키면서 원하는 드럼 맵을 만든다.

원하는 드럼 맵을 만든 뒤에는 Preset 항목에 드럼 맵의 이름을 설정한 뒤 Save 아이콘을 클릭해 저장한다.

비어 있는 미디 트랙을 새로 생성시킨 뒤 Output을 클릭해 등록한 드럼 맵을 선택하고 피아노 롤 뷰를 열면 드럼 맵을 확인할 수 있다.

11. File → Folder Location 탭

소나에서 생성시킨 각종 파일이 포맷에 따라 어떤 폴더에 저장될지 설정한다. 예를 들어 프로젝트 파일이 저장되는 폴더와 웨이브 파일, 비디오 파일이 저장되는 위치를 설정할 수 있다.

대화상자의 폴더 위치는 소나 기본 저장 위치이며 오른쪽 끝의 사각형 버튼을 클릭하면 저장 위치를 변경할 수 있다.

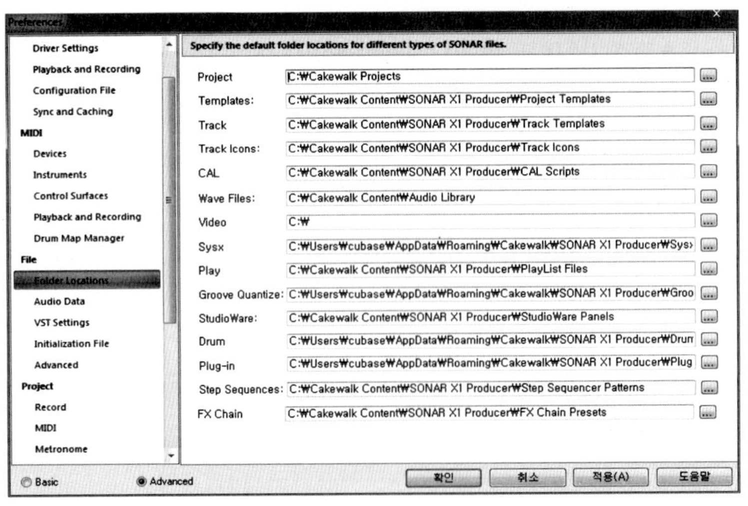

① **Project** : 프로젝트 파일의 저장 위치를 설정한다.

② **Templates** : 템플릿 파일의 저장 위치를 설정한다.

③ **Track** : 트랙 템플릿 파일의 저장 위치를 설정한다.

④ **Track Icon** : 트랙 아이콘 파일의 저장 위치를 설정한다.

⑤ **CAL** : 소나 프로그램 언어인 CAL 파일의 저장 위치를 설정한다.

⑥ **Wave** : 웨이브 파일(오디오 파일)의 저장 위치를 설정한다.

⑦ **Video** : 비디오 파일의 저장 위치를 설정한다.

⑧ **Sysx** : 시스템 익스클루시브 파일의 저장 위치를 설정한다.

⑨ **Play** : 플레이 리스트 파일의 저장 위치를 설정한다.

⑩ **Groove Quantize** : 그루브 퀀타이즈 파일의 저장 위치를 설정한다.

⑪ **StudioWare** : 스튜디오웨어 파일의 저장 위치를 설정한다.

⑫ **Drum** : 드럼 맵 파일의 저장 위치를 설정한다.

⑬ **Plug-ins** : 플러그 인 파일의 저장 위치를 설정한다.

⑭ **Step Sequences** : 스텝 시퀀서 파일의 저장 위치를 설정한다.

⑮ **FX Chain** : FX Chain 파일의 저장 위치를 설정한다.

12. Folder → Audio Data 탭

오디오 데이터의 글로벌 저장 위치를 포함해 오디에 데이터에 대한 환경을 설정할 수 있다.

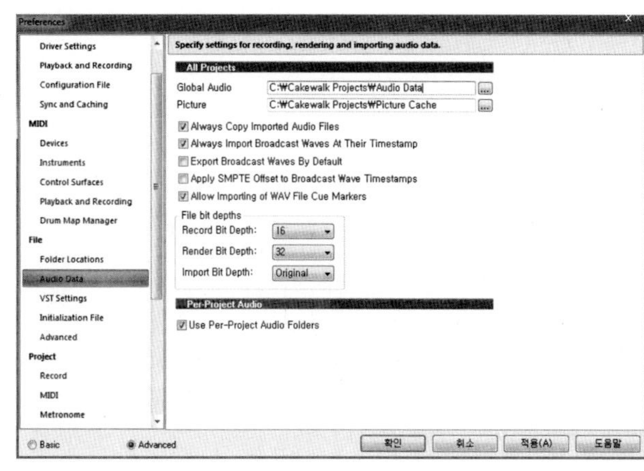

① **Global Audio Folder** : 프로젝트에서 사용되는 오디오 데이터가 저장될 글로벌 폴더를 지정한다.

② **Picture Folder** : 오디오 파일의 웨이프 파형을 이미지로 저장할 폴더를 지정한다.

③ **Always copy imported audio files** : 임포트된 오디오 파일의 복사본을 만든다.

④ **Always Import Broadcast Waves at Their Timestamp** : 임포트 한 Broadcast Waves 파일의 SMPTE 시간을 프로젝트에서 사용한다.

⑤ **Export Broadcast Waves By Default** : 오디오 데이터를 Export할 때 Broadcast Waves 포맷을 기본값으로 한다.

⑥ **Apply SMPTE Offset to Broadcast Wave Timestamps** : Broadcast Waves 포맷으로 Export할 때 SMPTE Offset 값을 추가한다.

⑦ **Allow importing of WAV File Cue Markers** : 임포트 한 웨이브 파일에 Cue 마커가 있을 경우 소나의 룰러에서 사용한다.

⑧ **File Bit Depths** : Record 옵션은 오디오 녹음 시 Bit Depth, Render 옵션은 렌더링 시 오디오의 Bit Depth, Import 옵션은 임포트 할 때의 오디오 Bit Depth를 설정한다.

⑨ **Use Per-Project Audio Folders** : 프로젝트 폴더에 개별적으로 오디오 데이터 폴더를 생성시킨다.

13. File → VST Settings 탭

가상 악기 폴더인 VST 폴더를 새로 추가하거나, 가상 악기 검색 옵션을 사용할 수 있다.

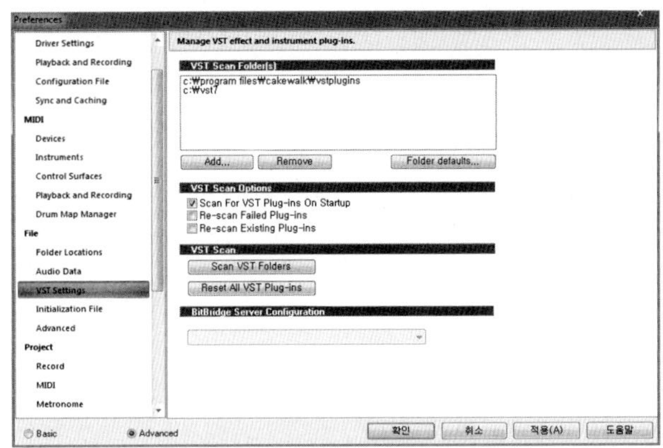

① **VST Scan Folders :** 가상 악기를 검색할 때 검색할 폴더를 지정한다. 목록 창에 있는 폴더는 가상 악기 검색 시 검색하는 폴더를 말한다. 기본 폴더는 vstplugins 폴더이고 그 외 폴더는 사용자가 추가한 폴더이다.

② **Add 버튼 :** 가상 악기를 vstplugins 폴더가 아닌 다른 폴더에 설치한 경우 이 폴더를 검색되어야 가상 악기를 사용할 수 있다. Add 버튼을 클릭해 검색할 폴더를 추가한다.

③ **Remove 버튼 :** 가상 악기 검색에서 특정 폴더를 제외시킬 때 사용한다.

④ **Folder Defaults 버튼 :** 가상 악기 Properties 대화상자를 불러온다.

⑤ **Scan for VST Plug-ins On Startup :** 소나를 실행할 때 마다 가상 악기 검색을 자동으로 실행한다. 소나의 경우 프로그램을 실행한 뒤에도 가상 악기를 검색하고 변경된 사항을 추가할 수 있으므로 이 기능을 사용하지 않아도 무방하다.

⑥ **Re-scan Failed Plug-ins :** 검색 오류가 발생하였을 경우 다시 스캔할 때 재스캔 목록에 넣는다. 보통 윈도우 익스플로러에서 가상 악기를 임의대로 삭제하면 검색 오류가 발생한다.

⑦ **Re-scan existing plug-ins :** 다시 스캔할 때 기존 존재하는 가상 악기도 재스캔한다.

⑧ **Scan VST Folders :** 설치된 가상 악기 검색 작업을 시작한다. 소나의 경우 프로그램을 실행할 때 자동적으로 가상 악기 검색을 시작하지만 위의 Scan for VST Plug-ins On Startup 옵션을 Off으로 설정한 경우 이 버튼을 눌러 가상 악기를 검색, 새로 추가할 수 있다.

⑨ **Reset All VST Plug-ins 버튼 :** 모든 스캔 기록을 제거하고 기본 값으로 리셋한다.

14. File → Initialization File 메뉴

소나의 *.Ini 파일(시스템 파일)중 하나인 cakewalk.ini 파일을 소나에서 바로 편집할 때 사용한다. 소나의 *.Ini 파일은 cakewalk.ini, ttsseq.ini, aud.ini 등 3가지가 있다.

Initialization File 메뉴를 실행하면 다음과 같이 대화상자가 나타난다. 옵션 항목에서 원하는 변수를 입력한 뒤 밸류 값을 설정한다. Set 버튼을 클릭하면 입력한 변수가 소나에 적용된다.

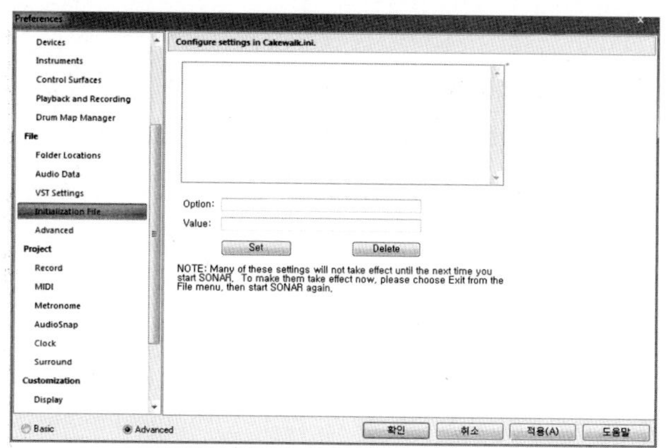

① **Option :** 변수를 입력한다. 예를 들어 DrawPlayingAudio 라고 입력하는데 대소문자는 상관없이 입력할 수 있다.

② **Value :** 해당 변수의 설정 값을 입력한다.

③ **Set 버튼 :** 설정한 변수를 cakewalk.ini 파일에 적용한다. 소나를 재실행하면 설정한 변수로 소나가 실행된다.

④ **Delete 버튼 :** 목록 창에서 선택한 변수를 삭제한다.

⊕ 참고

변수의 입력과 밸류 값

변수의 사용법은 소나 헬프 파일을 읽으면 알 수 있다. 변수는 보통 다음과 같은 방식으로 사용한다. 변수를 설정하면 소나는 해당 값으로 실행된다.

변수	밸류 값	변수의 뜻
DrawPlayingAudio	0, 1	편집 또는 연주 중 오디오 클립의 파형을 보이게 한다. 0 (Disable), 1 (Enable)
LargeIconHeight	48	트랙 아이콘의 크기를 48x48 픽셀로 보이게 한다.
ShowClipShadow	0, 1	트랙 뷰에서 클립에 그림자를 보이게 한다. 0 (Disable), 1 (Enable)

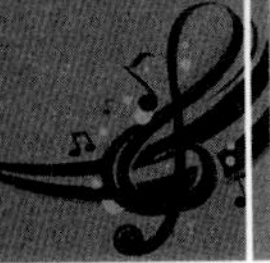

15. File → Advanced 탭

프로젝트의 자동 저장 여부를 설정하고, 버전 별 저장 방법을 설정한다.

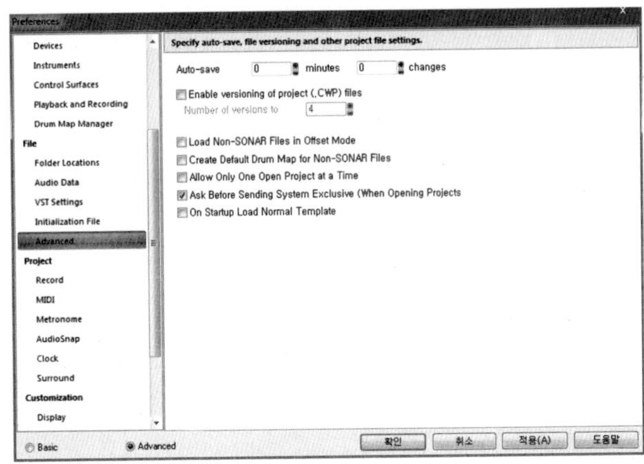

① **Auto-save** : 첫 번째 항목에서 시간별(분 기준) 자동 저장을 설정하고 두 번째 항목에서 편집으로 변경된 횟수 별 자동 저장을 설정한다.

② **Enable versioning of project file** : 체크하면 동일 파일을 날짜 버전으로 함께 저장할 수 있다. 버전 파일에는 cwp 확장자 뒤에 날짜 확장자가 추가된다.

16. Project → Record 탭

오디오 레코딩/미디 리얼 입력을 할 때 녹음 방식을 설정할 수 있다.

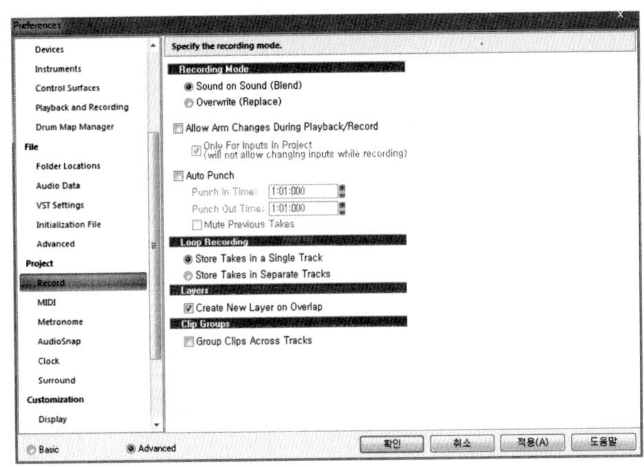

① **Sound on Sound** : 기존 음에 새 음을 섞어준다.

② **Overwrite** : 기존 음을 제거하고 새 음을 녹음한다.

③ **Allow Arm...** : 연주 및 녹음 시 다른 트랙을 녹음 가능 트랙으로 설정할 수 있다.

④ **Auto Punch** : 펀치 녹음 시 펀치 구간을 설정한다.

⑤ **Store Takes in a Single Track** : 반복 녹음할 경우 한 트랙에서 지우고 다시 녹음한다.

⑥ **Store Takes in Separate Tracks** : 반복 녹음할 경우 빈 트랙을 생성시킨 뒤 녹음한다.

⑦ **Create New Layer On Overlap** : Sound on Sound로 녹음할 경우, 새 클립이 기존 클릭을 덮을 경우 새 트랙이 생성되어 녹음된다.

⑧ **Group Clips Across Tracks** : 멀티 클립 그룹으로 녹음할 수 있다.

17. Project → MIDI 탭

멀티트랙 레코더나 ADAT 같은 MMC(MIDI Machine Control) 지원 장비가 연결된 경우 소나에서 제어할 수 있도록 해준다. 소나는 레코딩 장비의 Play, Rewind, Stop, Pause, Record 등의 기능을 시스템 익스클루시브 메시지로 제어할 수 있다. 요즘은 하드 레코딩이 대세이므로 MMC 지원 레코딩 장비는 필요할 경우에만 사용한다.

하단의 MIDI Sync와 SMPTE/MTC(미디 타임 코드) 옵션은 동기화에 대한 옵션을 종합적으로 설정하는 기능이다.

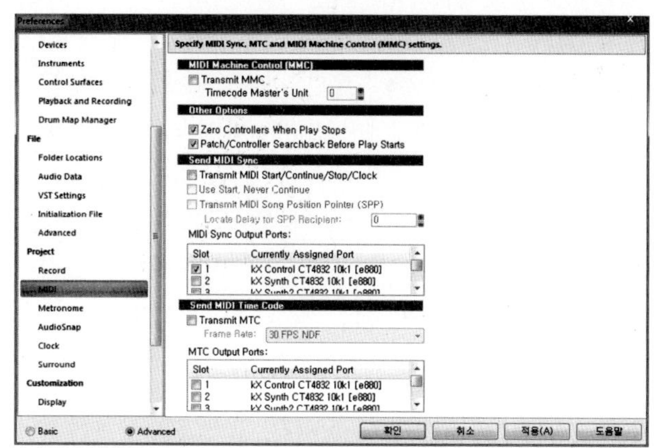

① **MIDI Machine Control (MMC)** : 소나에서 MMC 장비를 제어하게 해준다.

- Transmit MMC : 소나에서 MMC 장비로 각종 제어 정보를 보낼 수 있게 한다.
- Timecode Master's Unit ID : 여러 대의 레코딩 장비가 연결된 경우, 마스터 장비의 ID를 설정한다. 소나는 마스터 장비에 제어 정보를 전송하게 된다.

② **Other Options** : MMC 장비를 제어할 때 리셋 및 업데이트 옵션을 설정한다.
- Zero Controllers When Play Stops : 연주를 Stop할 경우 각종 컨트롤러 값을 리셋한다.
- Patch/Controller Searchback Before Play Starts : 연주하기 전 Patch changes, Wheel events, Pedal events 등의 변경된 내용을 갱신해 연주하도록 해준다.

③ **Send MIDI Sync** : 소나와 외부 미디 장비를 동기화할 때 마스터/슬레이브 설정을 할 수 있다.
- Transmit MIDI Start/Continue/Stop/Clock : 체크하면 소나가 마스터가 되어 외부 장비에게 Start, Continue, Stop, Clock 정보 등을 보낼 수 있는 상태가 된다.
- Use Start, Never Continue : 소나는 무조건 곡의 맨 처음부터 스타트되도록 신호를 보낸다. 곡의 연주 위치와 상관없이 곡의 맨 처음부터 연주되게 한다.
- Transmit MIDI Song Position Pointer (SPP) : 송 포지션 포인터가 있는 위치에서 곡이 스타트되도록 신호를 보낸다.
- Locate Delay for SPP Recipient : 구형 MIDI 장비를 사용할 경우 SPP 신호 전송 시 시간차가 발생하므로 딜레이 시간을 이곳에 입력한다. 1/18초 단위로 입력한다.
- MIDI Sync Output Ports : 미디 신호를 전송할 출력포트를 선택한다.

④ **Send MIDI Time Code** : 외부 영상장비에 미디 시간(MTC)을 전송하는 방법과 옵션을 설정한다.
- Transmit MTC : 소나가 외부 장비에 MTC 신호를 보내게 된다. 툴 바의 싱크 모듈에서 On/Off을 조절할 수도 있다.
- Frame Rate : 필요한 경우 프레임 레이트를 설정할 수도 있다.
- MTC Output Ports : 신호 전송에 사용할 출력포트를 설정한다.

18. Project → Metronome 탭

메트로놈 사용 환경을 설정한다. 메트로놈은 보통 리얼 입력을 할 때 박자를 유지하기 위해 사용하므로 **Recording** 작업에서만 메트로놈이 동작하게 된다. 여기서는 메트로놈의 동작 환경을 비롯하여 소리의 종류 등을 조절할 수 있다.

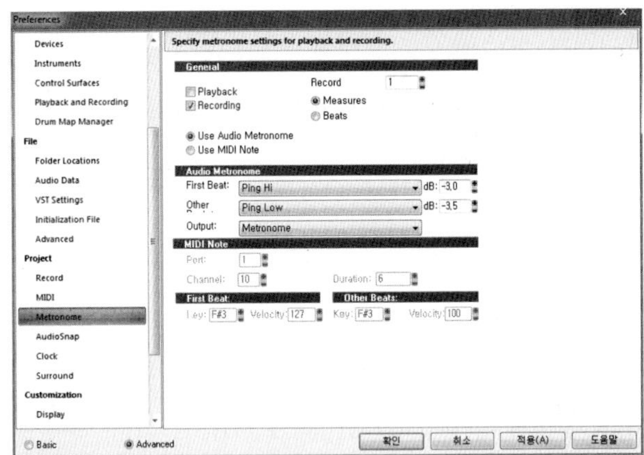

① **General** : 기본 동작 환경을 설정한다.

– Playback : 연주 시 메트로놈이 동작한다.

– Recording : 녹음 시 메트로놈이 동작한다.

– Use Audio Metronome : 오디오 메트로놈을 사용한다.

– Use MIDI Note : 하단에서 설정한 미디 노트를 메트로놈으로 사용한다.

– Record : 메트로놈 시작 부분에 예비박을 지정한 수치만큼 적용한다. 하단에서 Measures 옵션을 선택하면 지정한 마디 수만큼 예비박을, Beats 옵션을 선택하면 지정한 박자 수만큼 예비박을 둔다.

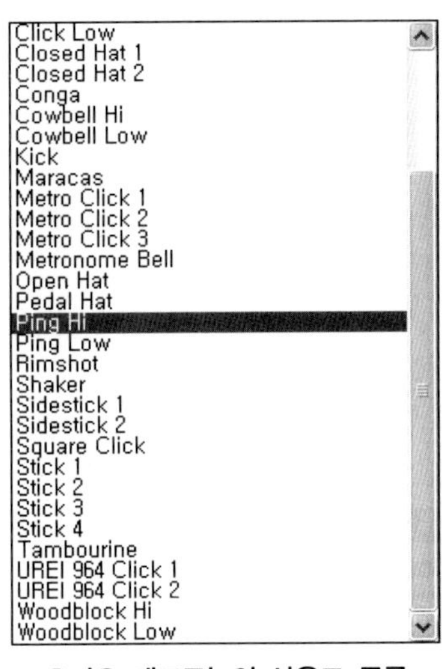

오디오 메트로놈의 사운드 목록

② **Audio Metronome** : 오디오 메트로놈에 대한 옵션과 사운드를 선택한다.

– First beat : 오디오 메트로놈의 첫 번째 박자 소리와 크기를 설정한다.

– Other beats : 오디오 메트로놈의 다른 박자 소리와 크기를 설정한다.

– Output : 오디오 메트로놈이 들릴 아웃풋을 설정한다.

③ **MIDI Note** : 위에서 Use MIDI Note 옵션을 선택한 경우 미디 메트로놈을 사용할 수 있다.

– Port : 미디 메트로놈이 사용한 포트를 선택한다.

– Channel : 미디 메트로놈이 사용할 채널을 선택한다.

– Duration : 미디 메트로놈의 길이를 설정한다.

④ **First Beat** : 미디 메트로놈의 첫 번째 박자 음정, 벨로서티를 설정한다.

⑤ **Other Beats** : 미디 메트로놈의 다른 박자 음정, 벨로서티를 설정한다.

19. Project → AudioSnap 탭

오디오스냅 기능에 대한 옵션을 설정할 수 있다. 오디오스냅에 대해서는 8부, Views → AudioSnap 메뉴를 참고한다.

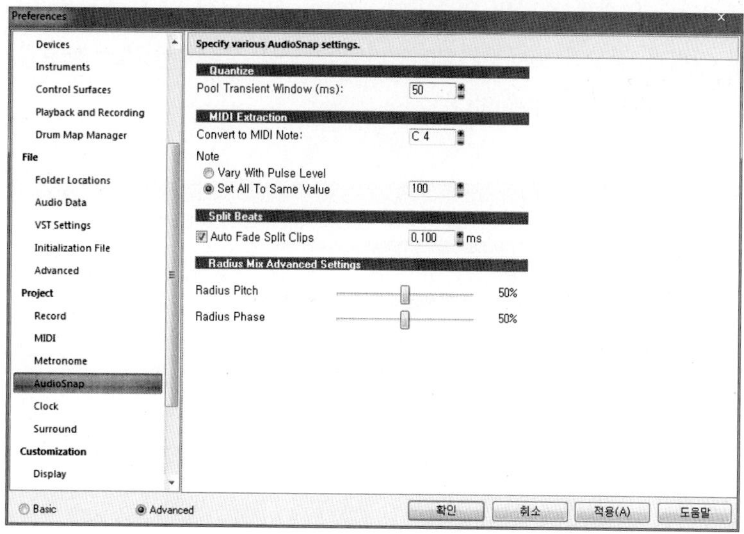

① **Quantize :** 풀 라인의 간격을 설정한다. 마커를 더블클릭할 때 선택될 수 있는 마커 범위를 지정하는 기능이다.

② **MIDI Extraction :** 트랜션트(Transient)를 미디 노트로 전환할 때 필요한 옵션을 설정한다.

- **Convert to MIDI Note 옵션 :** 트랜션트가 미디 노트로 전환될 때 어떤 미디 음정으로 전환될지 지정한다.

- Note Velocities 옵션은 미디 노트로 전환될 때의 벨로서티 값을 설정한다. Vary with Pulse Level을 선택하면 오디오 트랜션트(Transient)의 레벨(볼륨) 값이 미디 노트의 벨로서티로 설정된다. Set All to Same Value 항목은 사용자가 입력한 벨로서티 값을 미디 노트에 똑같이 사용하게 한다.

③ **Split Beats :** 클립을 분할할 경우 자동으로 각각의 클립에 설정한 수치만큼 크로스페이드를 만들어준다.

④ **Radius Mix Advanced Settings :** 추가 옵션을 설정한다.

- Radius Pitch coherence : 음정을 변경할 때 보컬 음색, 색소폰 등의 음색을 가급적 원래 톤으로 유지한다. 기본값은 50%이며 수치를 높이면 때때로 기계적인 음이 표현될 수도 있다.

- Radius Phase coherence : 스테레오나 서라운드 사운드를 만들 때 위상각의 일관성을 유지하며 기본값은 50%이다. 수치를 높이면 위상각의 일관성은 더 유지되며 때때로 사운드의 왜곡 현상이 발생할 수도 있다.

20. Project → Clock 탭

영상물 같은 비디오 장비 또는 외장 미디 장비와 소나를 동기화할 때 기준이 되는 시간을 설정한다. 동기화 시간을 제대로 설정하지 않으면 비디오 영상과 소나의 연주곡이 제대로 싱크되지 않고 조금씩 어긋나는 현상이 발생한다. 예를 들어 소나와 영상물 장비가 정상적으로 동기화되었다면 영상물 장비에서 **Play** 버튼을 클릭할 때 소나의 곡도 동시에 정확하게 재생되는 방식으로 동작하게 된다.

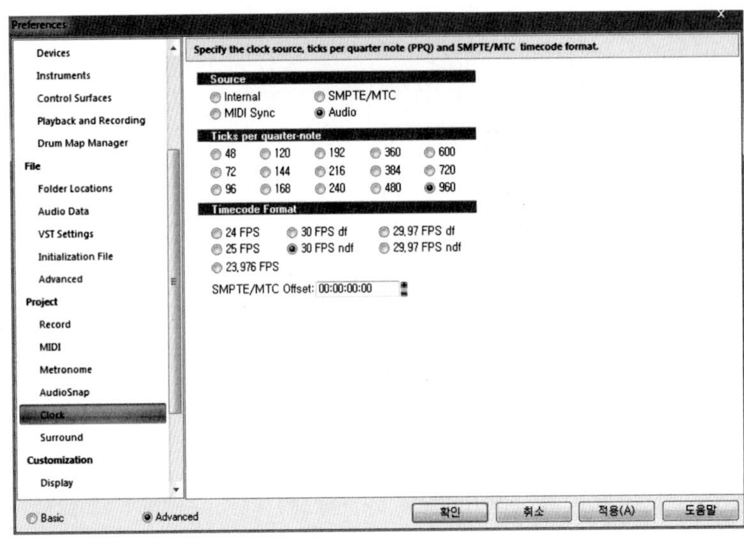

① **Source :** 동기화 작업의 기준이 되는 시간을 선택한다.

  - **Internal :** 컴퓨터의 메인보드에 있는 클록 시간이 동기화의 기준이 된다. 소나가 마스터가 되어 외부 장비를 제어할 수 있다.

  - **MIDI Sync :** 외장 미디 장비에 동기화시킨다. 소나는 슬레이브가 되며 외부 미디 장비가 소나를 제어할 수 있다.

  - **SMPTE/MTC :** 외부 영상 장비에 동기화시킨다. 소나는 슬레이브가 되며 외부 영상 장비가 소나를 제어한다.

  - **Audio :** 컴퓨터의 사운드 카드 클록에 동기화시킨다. 소나가 마스터가 되어 외부 장비를 제어할 수 있다. 외부 장비와 연결되지 않은 경우에는 기본적으로 Audio 시간(클록)을 사용한다.

② **Ticks per quarter-note :** 소나에서 사용하는 틱 단위를 선택한다. 기본 값은 가장 적은 단위인 960을 사용한다.

③ **Timecode format :** 영상물이 사용하는 프레임 단위를 선택한다. 일반적으로 영화 같은 영상물은 1초에 24프레임, 아날로그 TV같은 영상물은 1초에 30프레임을 사용한다.

④ **SMPTE/MTC Offset :** 외부 장비에서 SMPTE/MTC 신호 등을 받을 때 소나에서의 반응 대기 시간을 설정한다. 시간/분/초/프레임 단위로 설정하는데 보통 4~5초를 반응 대기 시간으로 설정한다.

21. Project → Surround 탭

서라운드 채널용 음악을 만들 경우, 서라운드 동작 환경에 대한 옵션을 설정할 수 있다. 이 기능은 오디오 카드/사운드 카드가 서라운드 채널을 지원할 경우 사용할 수 있다.

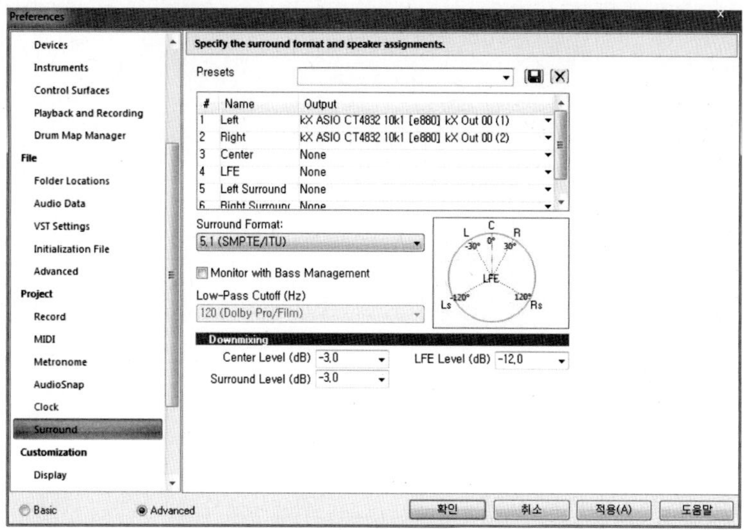

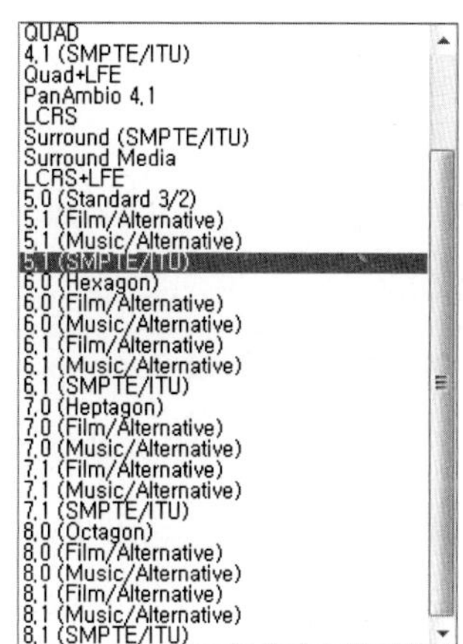

① **목록 창** : 서라운드 채널의 하드웨어 출력포트 할당 상태를 보여준다.

② **Surround Format** : 드롭다운 버튼을 클릭해 서라운드 포맷을 선택한다.

③ **Low-pass Cutoff** : Monitor with Bass Management 옵션에 체크한 경우 저음부 방식을 선택할 수 있다.

④ **Downmixing** : 다운믹스할 때 각각의 서라운드 채널 별로 볼륨 레벨을 하향 조절할 수 있다.

22. Customization → Display 탭

소나의 디스플레이 사용 환경을 설정한다. 상태 표시줄의 표시 여부, 미디 활성화 상태의 표시 여부, 송 포지션 포인터의 위치 등을 설정할 수 있다.

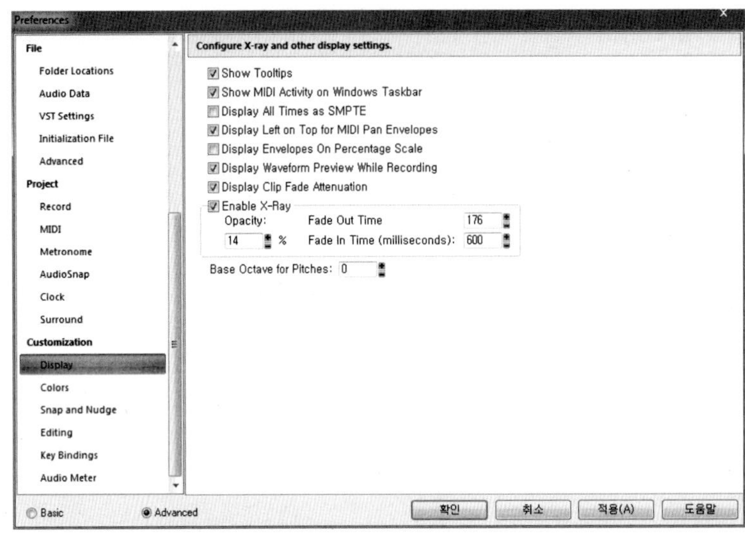

① **Show Tooltips** : 툴 바의 버튼이나 트랙 뷰의 각종 버튼에서 마우스가 오버할 때 툴 팁이 나타나도록 해준다.

② **Show MIDI Activity on Windows Taskbar** : 윈도우 XP 하단 트레이에 소나의 MIDI 인풋/아웃풋 아이콘을 표시한다.

③ **Display All Times as SMPTE** : 소나에서의 시간 표시를 SMPTE 시간으로 표시한다. 일반적으로 미디 작업 시에는 미디 시간으로 작업하는 것이 좋으므로 이 옵션을 사용하지 않는다.

④ **Display Left on Top for MIDI Pan Envelopes** : 팬 엔벨로프의 좌우에서 왼쪽을 상단에 표시한다.

⑤ **Display Envelopes on a Percentage Scale** : 새 엔벨로프를 그릴 때 % 범위를 사용한다.

⑥ **Display Waveform Preview While Recording** : 체크하면 녹음할 때 파형 이미지로 표시해준다. 이 옵션을 선택하지 않으면 녹음할 때 파형 이미지가 나타나지 않고 사각형 박스가 나타난다.

⑦ **Enable X-Ray** : X레이 윈도우를 활성화하고 투명도 등을 조절할 수 있다. X레이 윈도우란 대화상자나 박스를 반투명 상태로 보이게 하는 기능을 말한다. 단축키 Shift + X를 누르면 X레이 윈도우가 활성화된다. AudioSnap 팔레트, 피아노 롤 뷰(플로팅 상태) 등이 X레이 윈도우로 동작한다.

 - Opacity : X 레이 윈도우의 투명도를 조절한다.

 - Fade Out Time (1/1000초) : X 레이 윈도우의 페이드아웃 시간을 설정한다.

 - Fade In Time (1/1000초) : X 레이 윈도우의 페이드인 시간을 설정한다.

23. Customization → Colors 메뉴

소나의 인터페이스 색상을 설정한다. 오디오 트랙, 오토메이션, 콘솔 뷰, 툴 바, 버튼, 버튼 이름 색상 등 소나의 모든 인터페이스 색상을 사용자 임의대로 교체할 수 있다.

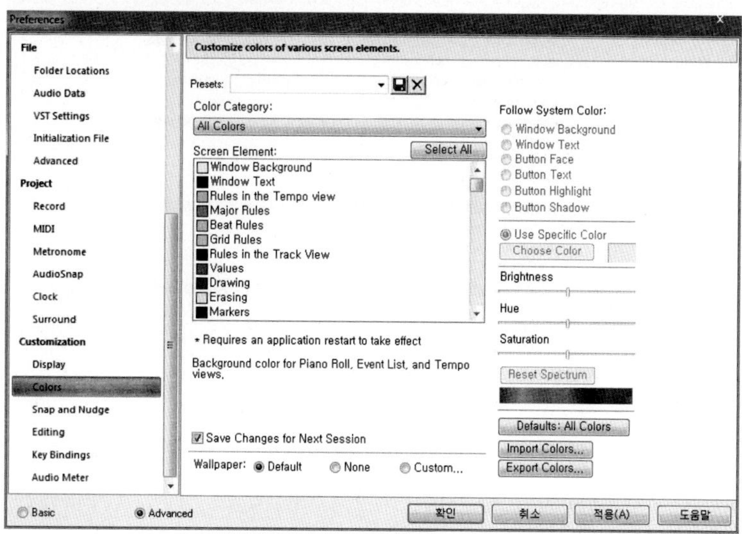

① **Color Category** : 교체할 카테고리를 선택한다.

② **Screen Element** : 해당 카테고리에 적용된 색상 목록이 표시된다. 더블클릭으로 색상을 변경할 수 있다.

③ **Follow System Color** : 윈도우의 시스템 컬러/글자색을 사용한다.

④ **3개의 슬라이더** : 밝기, 색상, 채도를 슬라이더로 조절할 수 있다.

⑤ **Defaults 버튼** : 색상 설정을 취소하고 원래 소나 색상으로 돌아간다.

⑥ **Wallpaper** : 소나 바탕색을 지정한다. 소나 바탕에 비트맵 이미지를 삽입할 수도 있다.

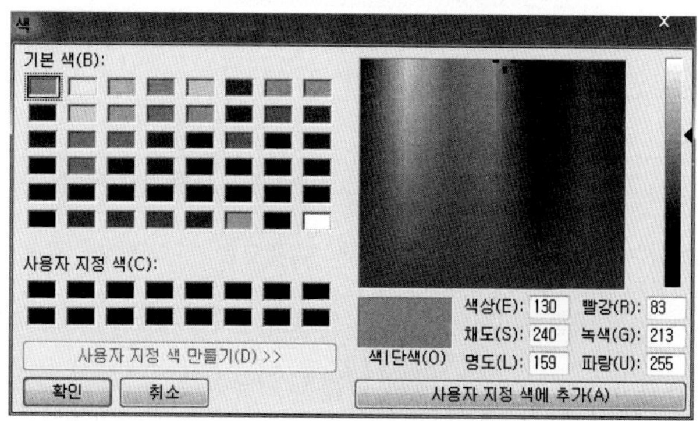

24. Customization → Snap and Nudge 탭

Snap에 대한 옵션과 Nudge 메뉴에 대한 사용 환경을 설정한다.

자세한 사용법은 8부, Process → Nudge 메뉴를 참고한다.

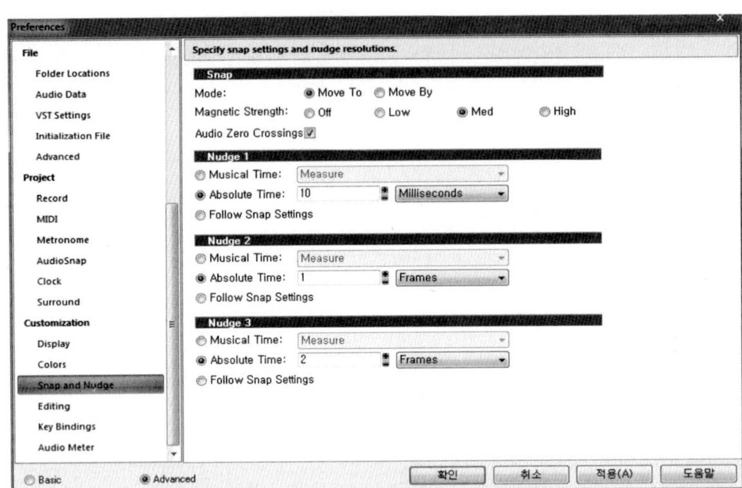

25. Customization → Editing 탭

마우스를 이용한 드롭 앤 드롭 편집 환경을 설정한다. 또한 클립을 편집하는 방식을 설정할 수 있다.

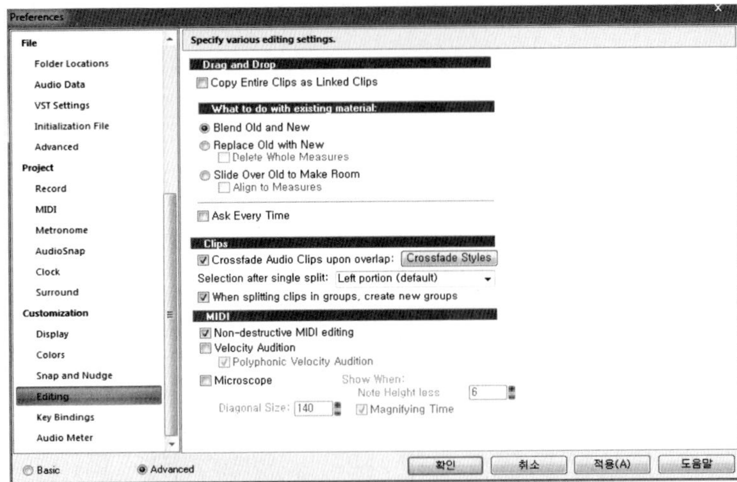

① **Copy Entire Clips as Linked Clips** : 클립을 드래그 앤 드롭으로 복사할 때 링크 상태가 유지된다.

② **Blend Old and New** : 드래그 앤 드롭할 때 기존 클립이 있을 경우 기존 클립과 섞어준다.

③ **Replace Old with New** : 기존 클립을 제거한 뒤 새 클립을 사용한다.

④ **Delete Whole Measures** : 마디 단위로 제거된다.

⑤ **Slide Over Old to Make Room** : 기존 클립이 새로 이동되어 오는 클립만큼 밀려난다.

⑥ **Ask Every Time** : 드래그 앤 드롭할 때 이 대화상자를 표시하게 한다.

⑦ **Crossfade Audio clips upon overlap** : 오디오 클립이 겹치는 부분을 크로스페이드로 처리한다.

⑧ **Selection after single split** : 클립을 2개로 나누었을 때 어느 쪽을 선택 상태로 할지 결정한다.

⑨ **When splitting clips in groups, create new groups** : 그룹에서 특정 클립을 분할한 뒤 새 그룹으로 만들 때 대화상자가 나타난다.

26. Customization → Key Bindings 메뉴

단축키 설정 작업을 시작한다. 참고로 소나의 단축키는 컴퓨터 키보드의 키를 단축키로 설정할 수도 있지만, 마스터 건반의 키를 단축키로 설정할 수도 있다.

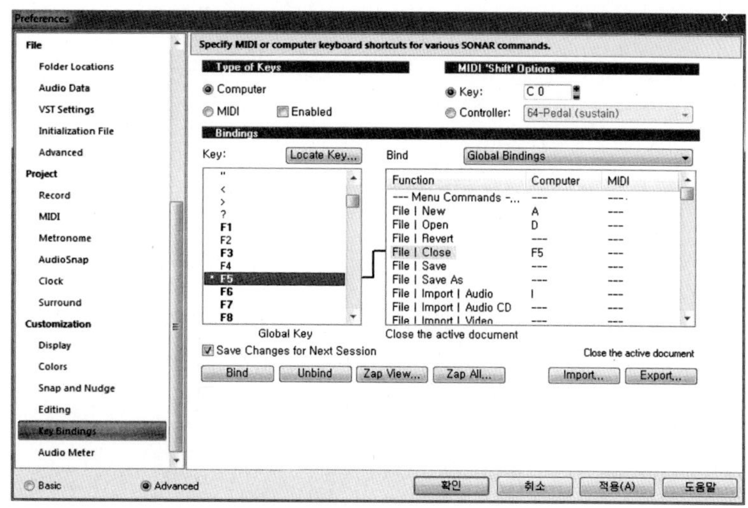

① **Computer** : 컴퓨터 키보드에 단축키를 설정한다.

② **MIDI** : 마스터 건반 키에 단축키를 설정한다.

③ **MIDI Shift Options** : 마스터 건반에 단축키를 연결할 때 추가 옵션을 설정한다.

④ **Key 목록 창** : 단축키를 설정할 키를 선택한다.

⑤ **Bind 목록 창** : 단축키에 연결할 메뉴를 선택한다.

⑥ **Bind 버튼** : 설정한 단축키를 연결한다.

⑦ **Unbind 버튼** : 설정한 단축키 연결을 해제한다.

⑧ **Import 버튼** : 로직 오디오, 베가스, 큐베이스 사용자들에게 익숙한 해당 단축키를 불러온 뒤 소나 단축키로 사용할 수 있다.

27. Customization → Audio Meter 탭

콘솔 뷰나 트랙 뷰에서 볼 수 있는 레벨미터의 모양과 사용 환경을 설정할 수 있다.

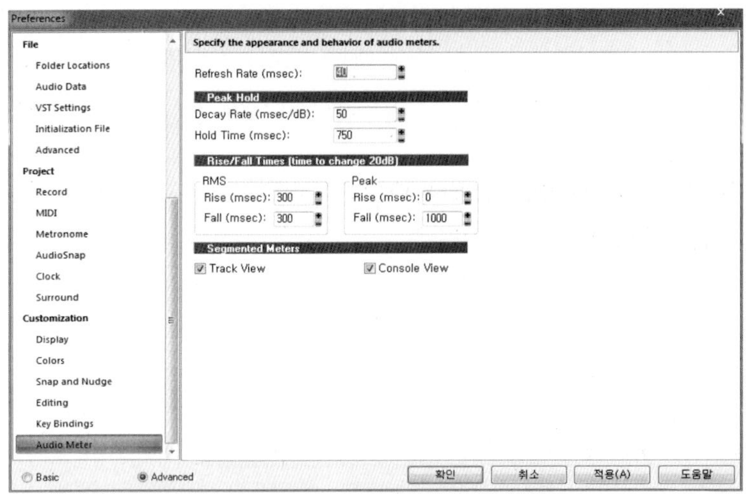

① **Refresh Rate** : 레벨 미터의 그래프가 갱신되어 나타날 시간을 1/1000초(ms) 단위로 설정한다. 기본값은 1/40초이다.

② **Peak Hold** : 그래프의 최고 피크 지점 Decay Rate와 Hold Time을 설정한다.

 - Decay Rate : 피크 지점이 유지시간 이후 얼마만큼 빨리 떨어질지 결정한다.
 - Hold Time : 피크 지점이 얼마만큼 오래 있을지 유지시간을 설정한다.

③ **Rise/Fall Times** : 그래프의 지속 시간을 설정한다.

 - RMS : 신호에서 RMS 레벨이 20dB 증가/하락하는데 걸리는 시간을 설정한다.

 - Peak : 신호에서 피크 레빌이 20dB 증가/하락하는데 걸리는 시간을 설정한다.

④ **Segmented Meters** : 분할된 레벨미터를 어디에서 사용할 것인지 선택한다. 트랙 뷰 또는 콘솔 뷰에서 사용할 수
  있다.

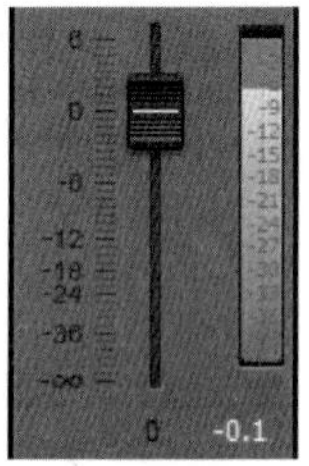

분할되지 않는 모양의 레벨미터

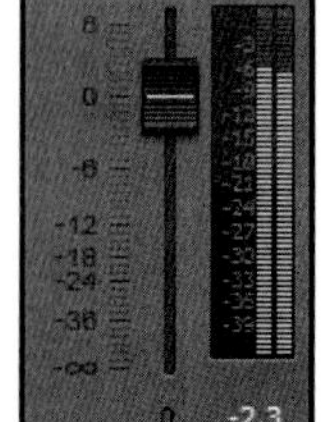

분할된 모양의 레벨미터

Tip 만일 원래 단축키로 돌아가고 싶다면 Import 버튼을 클릭해 'SONAR Default Key Assignments.kbn'을 불러온다.

03 View 메뉴 – 보기 메뉴

View 메뉴는 툴 바(콘트롤 바), 트랙 뷰, 브라우저 창, 인스펙터, 콘솔 뷰 등을 보거나 감출 때 사용한다. 이미 앞에서 충분히 다룬 내용이므로 여기서는 앞에서 다루지 않은 Matrix 메뉴, AudioSnap Palette 메뉴, Tempo 메뉴, Meter/Key 메뉴에 대해 알아본다.

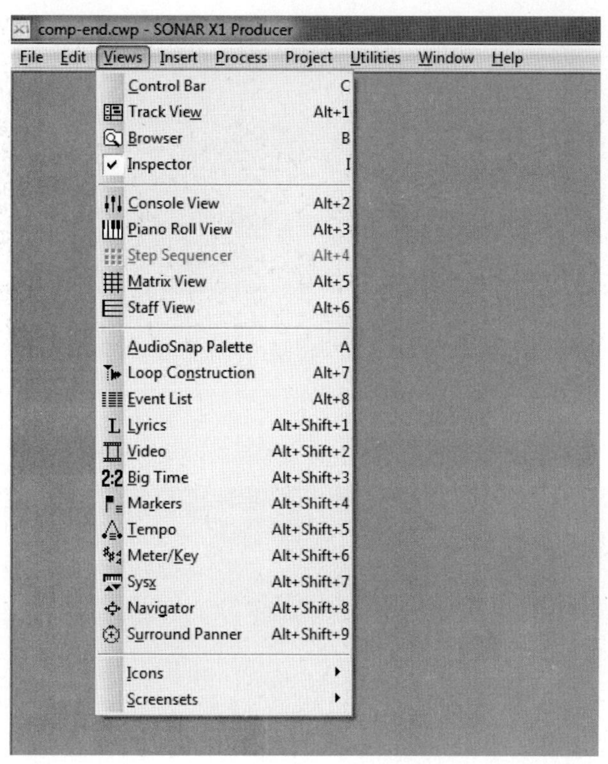

Matrix View 메뉴 – 루프 클립으로 음악 만들기

소나 X1에서 새로 등장한 매트릭스 뷰(Matrix View)는 컴퓨터 키보드, 마우스 또는 MIDI 컨트롤러로 루프 오디오나 MIDI 패턴을 배열한 뒤 자유자재로 연주하여 곡을 만들 때 사용한다. 무제한의 행과 열을 가진 셀로 구성되어 있으므로 원하는 클립을 무제한 삽입한 뒤 셀의 연주를 시시각각 변경하는 방식으로 곡을 만든다. 뮤지션은 원하는 셀을 교대로 클릭하면서 연주를 할 수 있고, 연주하는 곡을 바로 오디오 트랙에 레코딩하여 곡을 만든다.

매트릭스 뷰는 Views → Matrix View 메뉴로 실행하거나 Alt + 4로 실행한다.

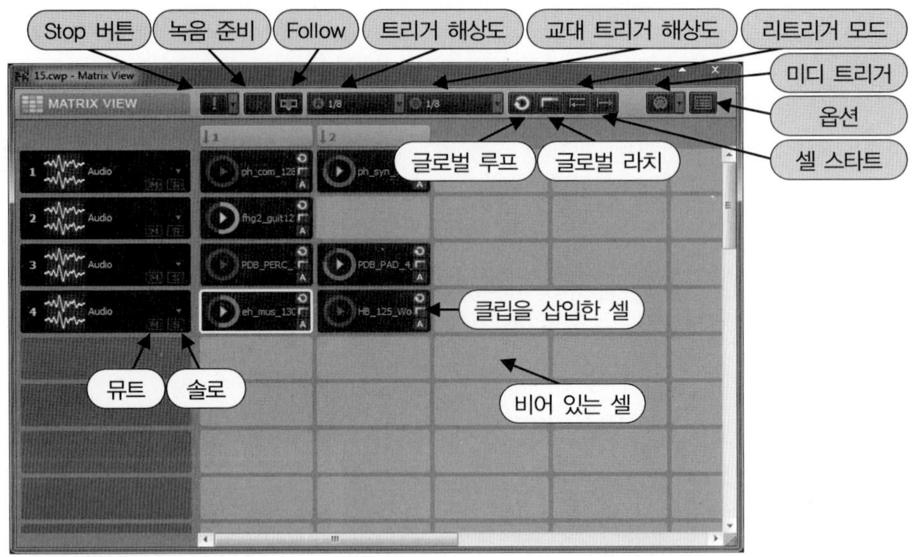

소나의 브라우저 창에서 원하는 오디오 클립이나 미디 패턴을 드래그하여 셀에 삽입한다. 연주는 다음과 같은 방식으로 할 수 있다.

1. Stop 버튼

모든 셀의 연주를 중단한다.

2. 녹음준비 버튼

매트릭스 뷰에서 연주하는 내용을 오디오 트랙에 녹음하고 싶을 때 사용하는 것으로, 매트릭스 뷰를 녹음 준비 상태로 만든다.

3. Follow 버튼

프로젝트의 송 포지션 포인트가 스타트하면 매트릭스 뷰도 연주를 시작하고 송 포지션 포인트가 스톱하면 매트릭스 뷰의 연주도 스톱한다. Follow 버튼을 끄면(Off) 프로젝트의 스타트/스톱과 관계없이 매트릭스 뷰에서 연주를 할 수 있다.

4. 트리거 해상도(Trigger Resolution/A)

셀에 삽입한 클립을 마우스로 클릭하면 연주를 할 수 있다. 마우스로 클릭했을 때 바로 연주가 시작되지 않고 아래와 같이 해상도를 설정해 연주가 트리거(시작)되는 방식을 선택한다.

① **Immediate** : 셀을 클릭하는 순간 바로 트리거된다.

② **Next Measure** : 다음 마디가 시작될 때 트리거된다. 기본값이다.

③ **Next Beat** : 다음 박자가 시작될 때 트리거된다.

④ **Next 1/8 Note** : 다음 8비트 노트가 시작될 때 트리거된다.

⑤ **Next 1/16 Note** : 다음 16비트 노트가 시작될 때 트리거된다.

⑥ **Next 1/32 Note** : 다음 32비트 노트가 시작될 때 트리거된다.

⑦ **Next 1/64 Note** : 다음 64비트 노트가 시작될 때 트리거된다.

5. 교대 트리거 해상도 (Alternate Trigger Resolution/B)

셀에 삽입한 클립을 자세히 보면 A, B 옵션이 있다. A를 선택하면 위에 설명한 트리거 해상도(Trigger Resolution/A)에서 설정한 값으로 연주가 트리거되고 B를 선택하면 교대 트리거 해상도 (Alternate Trigger Resolution/B)에서 설정한 값으로 연주가 트리거된다. 트리거 되는 방식을 A, B로 나누어 적용할 수 있는 셈이다.

6. 글로벌 루프

셀에 삽입한 모든 클립을 루프 연주 상태로 만든다.

7. 글로벌 라치

셀에 삽입한 모든 클립의 스톱 방식을 설정한다. 이 버튼을 켜면(On) 마우스 버튼을 릴리즈해도 계속 연주한다. 이 버튼을 끄면(On) 마우스 버튼을 릴리즈할 때 연주도 중단한다.

8. 리트리거 모드

연주를 중단했다가 바로 다시 시작할 경우가 있다. 중단한 클립을 다시 연주를 시작할 때 리트리거 지점을 선택한다. 이 버튼을 켜면(On) 다시 연주를 할 때 클립의 시작 부분에서 시작한다. 이 버튼을 끄면(On) 다시 연주를 시작할 때 Stop된 부분에서 시작한다.

9. 셀 스타트

이 버튼을 켜면(On) 연주를 시작할 때 클립의 시작 부분에서 시작한다. 이 버튼을 끄면(On) 연주를 시작할 때 송 포지션 포인터를 따라 시작한다.

10. 미디 트리거(MIDI Learn)

미디 컨트롤러 장비로 매트릭스 뷰를 조작할 때 선택한다. On 상태로 전환하면 미디 컨트롤러 장비의 신호를 받을 수 있는 상태가 된다.

11. 옵션

셀에 삽입된 클립을 연주할 때 비어 있는 셀로 연주 상태이므로 이에 대한 옵션을 설정한다.

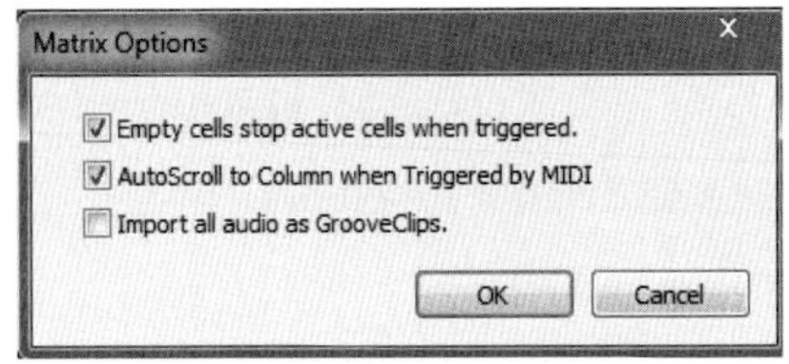

① Empty cells stop active cells when triggered : 셀에 있는 클립을 연주할 때 비어 있는 가로 방향 셀은 연주를 스톱한다.

② AutoScroll to Column when Triggered by MIDI : 셀에 있는 클립을 연주할 때 해당 세로 줄이 자동으로 스크롤되어 보인다.

③ Import all audio as GrooveClips : 오디오 클립을 임포트 할 때 모두 그루브 루프 클립으로 임포트 한다.

소나 X1에서 제공하는 루프 오디오 샘플을 조합해 곡을 만들어본다. Matrix View를 사용하면 쉽게 곡을 만들 수 있음을 알 수 있다. 아울러 이펙트를 사용해 과도한 고출력 부분을 보정하는 방법을 알아본다.

01 File → New 메뉴로 새 프로젝트를 생성시 킨다.

오른쪽 브라우저 창에서 Media 탭을 선택한 뒤 풀 다운메뉴 버튼을 클릭해 Audio Library 메뉴를 실 행한다.

02 소나에서 제공하는 오디오 샘플이 저장된 폴더가 나타난다. 루프 오디오 샘플이 저 장되어있는 Loop 폴더를 클릭한다.

03 하위 폴더인 Loopmasters 폴더를 다시 클릭한다.

04 다시 여러 개의 폴더가 보이면 마음에 드는 폴더를 클릭해 들어간다. 옆 그림처럼 rx2 파일이나 wav 파일이 보일 것이다. Loop 폴더에 있는 파일들이므로 모두 루프 속성을 가지고 있는 오디오 파일들이다. 클릭하면 해당 샘플을 미리 모니터할 수 있으므로 마음에 드는 샘플이 발견될 때까지 계속 한번 씩 모니터해 본다.

05 Views → Matrix View 메뉴를 실행하거나 단축키 Alt + 4를 눌러 매트릭스 뷰를 불러온다.

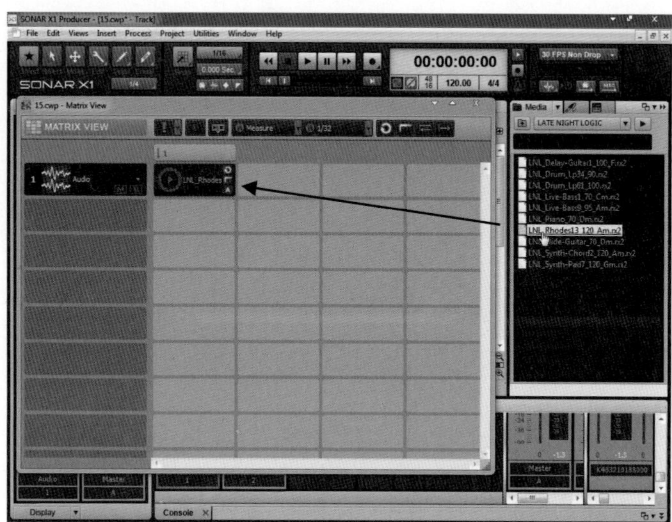

06 메인 리듬으로 사용할만한 샘플을 발견했다고 가정해 보자. 이 샘플을 마우스로 드래그하여 1번 줄의 1번 셀에 등록한다.

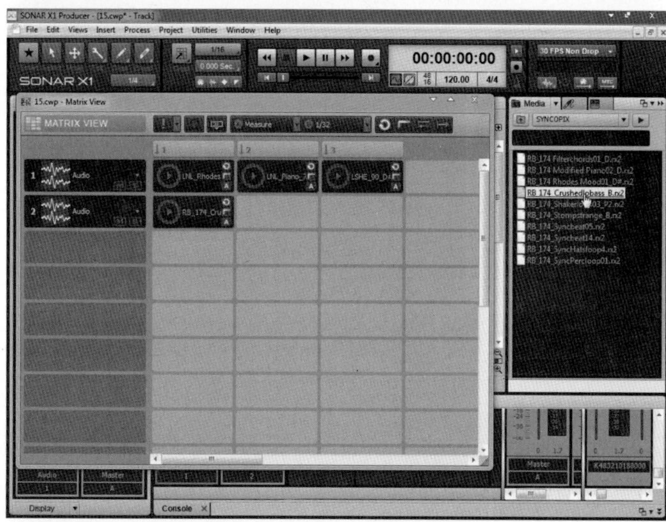

07 브라우저 창에서 계속 다른 샘플을 모니터한 뒤 메인 리듬으로 사용할 만한 샘플을 찾아보자. 메인 리듬으로 쓸 만한 샘플이 있다면 2번 줄 1번 셀, 3번 줄 1번 셀에도 등록한다.

08 1번 줄 2번 셀, 2번 줄 2번 셀, 3번 줄 2번 셀에는 베이스로 사용할 만한 샘플들을 찾아낸 뒤 등록해준다.

1번 줄 3번 셀, 2번 줄 3번 셀, 3번 줄 3번 셀에는 드럼으로 사용할 만한 샘플들을 찾아낸 뒤 등록해준다.

각각의 셀을 클릭해 음악으로 조합이 가능한지 확인해 본다. 연주를 멈추려면 해당 셀을 다시 클릭하거나, Stop 버튼을 클릭한다.

09 앞의 작업을 정확하게 하기 위해 지금부터 필자가 준비한 예제를 불러온 뒤 따라해 보자. 현재 프로젝트 창을 저장하지 않고 닫아준다. File → Open 메뉴로 'matrix.cwp' 파일을 불러온다.

옆 그림과 같은 창이 뜨면 매트릭스 창의 '녹음 준비' 버튼을 클릭해 녹음 준비 상태로 전환한다.

10 트랙 뷰에서 비어 있는 오디오 트랙을 선택한 뒤 '녹음 준비' 버튼을 클릭해 해당 트랙도 녹음 준비 상태로 만들어준다.
W 키를 눌러 송 포지션 포인트를 트랙의 시작 부분으로 이동시킨다.

11 매트릭스 뷰의 툴 바에서 'Follow' 버튼을 클릭한다. 이렇게 하면 트랙 뷰에서 송 포지션 포인터가 스타트를 시작해야만 매트릭스 뷰에서도 연주가 시작된다.

12 매트릭스 뷰의 1번 탭을 클릭한다. 탭을 클릭하면 해당 세로 줄에 등록되어 있는 오디오 클립을 모두 동시에 연주할 수 있다.

하지만 송 포지션 포인트가 스타트를 하지 않았기 때문에 연주를 시작하지 못하고 그 대신 세로 방향으로 1, 2, 3번 셀이 깜빡이기 시작한다.

13 메인 툴 바의 Record 버튼을 클릭해 녹음을 시작한다. 바로 1번 줄에 있는 3개의 샘플이 연주를 시작할 것이다.

이때 들리는 사운드는 트랙 뷰에서 녹음이 되기 시작한다.

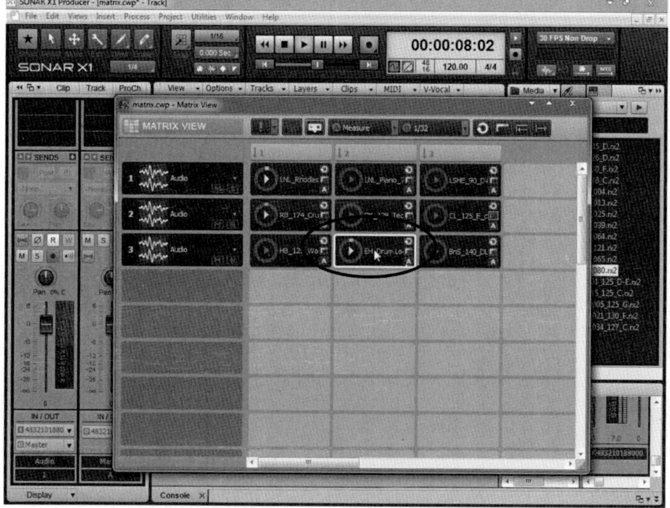

14 1번 줄의 1번 셀에서 루프 원이 2바퀴째 회전하면 2번 줄의 3번 셀을 마우스로 클릭한다.

15 2번 줄 3번 셀의 루프 원이 2바퀴를 돌면, 2번 줄 2번 셀을 마우스로 클릭해 연주를 시작한다.

16 2번 줄 2번 셀의 루프 원이 2바퀴를 돌면, 3번 줄 1번 셀을 마우스로 클릭해 연주를 시작한다.

17 이런 식으로 계속 원하는 셀을 번갈아가면서 연주를 계속 해준다.

연주를 어느 정도 진행한 뒤에 연주를 마무리하려면 메인 툴 바의 **Stop** 버튼을 클릭한다. 송 포지션 포인트가 움직임을 스톱하면 매트릭스 뷰에서도 연주가 스톱된다.

18 매트릭스 뷰를 닫고 트랙 뷰를 확인해 보자. 오디오 트랙에서 사운드가 3줄로 녹음된 것을 알 수 있다.

1번 줄은 매트릭스 뷰의 메인 리듬이 녹음된 상태, 2번 줄은 매트릭스 뷰의 베이스 파트가 녹음된 상태, 3번 줄은 매트릭스 뷰의 드럼 파트가 녹음된 상태이다.

19 W 키를 눌러 송 포지션 포인터를 곡의 시작 지점으로 이동시킨다. Spacebar를 눌러 곡을 연주하면 매트릭스 뷰에서 연주한 그대로 녹음된 것을 알 수 있다.

인스펙터를 확인하면 레벨미터의 오버로드 LED에 경고등이 들어온 것을 알 수 있다. 오버로드 LED는 사운드에서 과출력 볼륨이 있을 경우 들어온다.

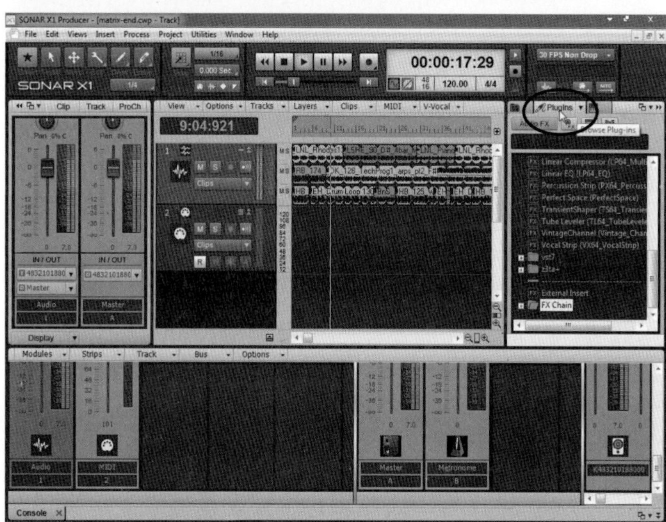

20 사운드에서 과출력되는 부분만 조금 깎기 위해 이펙트를 적용해 보자.

오른쪽 브라우저 창에서 Plugins 탭을 클릭한다. 사용할 수 있는 오디오 이펙트가 목록으로 표시된다.

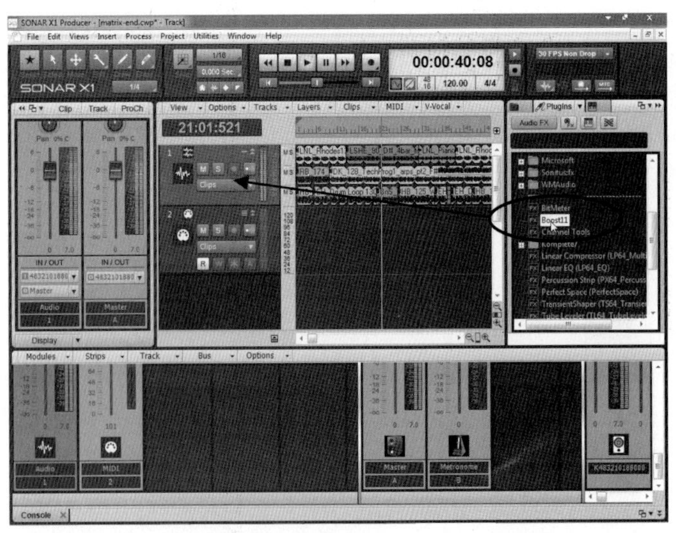

21 Boost11 이펙트를 마우스로 드래그하여 오디오 트랙 패널에 적용한다. 이렇게 하면 해당 오디오 트랙에 삽입되어 있는 모든 클립에 Boost11 이펙트가 적용된다.

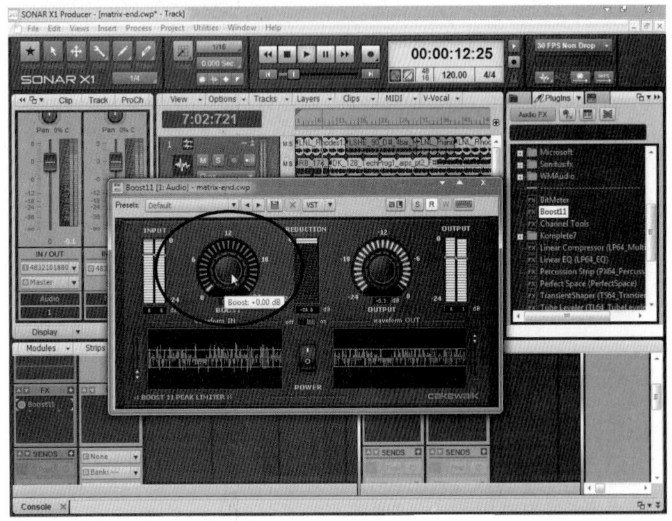

22 Boost11 이펙트창이 자동으로 실행되면 Boost 노브를 마우스로 드래그하여 0dB로 설정한다.

원래 Boost11 이펙트는 볼륨을 높일 때 사용하지만 Reduction 기능이 내장되어 있기 때문에 과출력 볼륨을 억누르는 기능도 가지고 있다.

23 Boost11 이펙트 창을 닫고 트랙 뷰로 돌아온 뒤 곡을 처음부터 다시 연주해 보자. 과출력 볼륨이 조금 억제된 것을 알 수 있다.

매트릭스 뷰는 이번 예제를 보면 알 수 있듯 루프 오디오 샘플을 무작위로 연주하여 새로운 곡을 만들 때 사용한다.

AudioSnap Palette 메뉴 – 오디오 파형 직접 편집하기

오디오스냅 팔레트는 소나의 비파괴 방식의 오디오스냅 엔진과 템포분석기를 사용해 선택한 오디오 클립의 파형을 스트레칭하거나 퀀타이즈할 때 사용한다. 스트레칭이란 오디오 파형을 늘리거나 줄이는 것이고, 퀀타이즈란 오디오 클립이나 미디 클립의 약간 시간차가 있는 부분을 보정하는 기능이다. 즉 오디오 파형의 위치를 좌우로 이동시킬 수 있고, 파형을 늘리거나 줄이면서 시간차가 발생한 부분을 수정할 수 있고, 그 결과 새로운 리듬과 템포를 창조할 수 있을 뿐 아니라, 프로젝트의 템포에 클립의 템포를 맞출 수 있다.

일단 편집하고 싶은 오디오 클립을 선택한 상태에서 파형을 정확하게 보면서 작업할 수 있도록 해당 오디오 트랙을 크게 확대한다. 그런 뒤 단축키 A를 누르거나 Views → AudioSnap Palette 메뉴로 오디오스냅 팔레트를 실행한다.

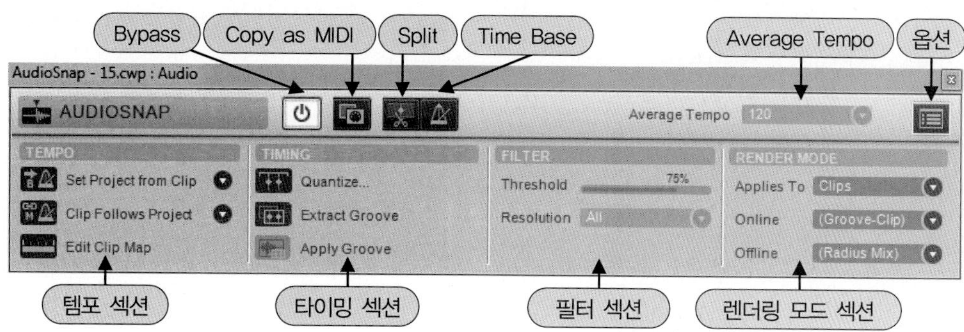

1. Bypass 버튼

오디오스냅 기능을 활성화하거나 비활성화한다. 버튼이 흰색일 때 On 상태이다.

2. Copy as MIDI 버튼

해당 오디오 클립의 파형을 미디 클립으로 복사한다. 미디 트랙에서 Paste 메뉴로 붙여 넣을 수 있다.

3. Split 버튼

편집하지 않은 상태이면 오디오 클립에서 트랜션트(Transient) 파형을 마커로 삼고 각각의 클립으로 분할한다. 편집된 상태이면 삽입된 마커 위치를 기준으로 클립을 분할한다.

4. Time Base 모드

오디오 클립의 스타트 타임을 미디 시간(Musical), 실제 시간(SMPTE) 중 어디에 맞출 것인지 선택한다. 토글 모드로 동작한다.

5. Average Tempo

평균 템포를 표시하며 처음에는 기본적으로 클립의 오리지널 템포가 표시된다. 클릭하면 다른 템포로 변경할 수 있다.

6. Options

· 오디오스냅 옵션 대화상자를 실행한다.

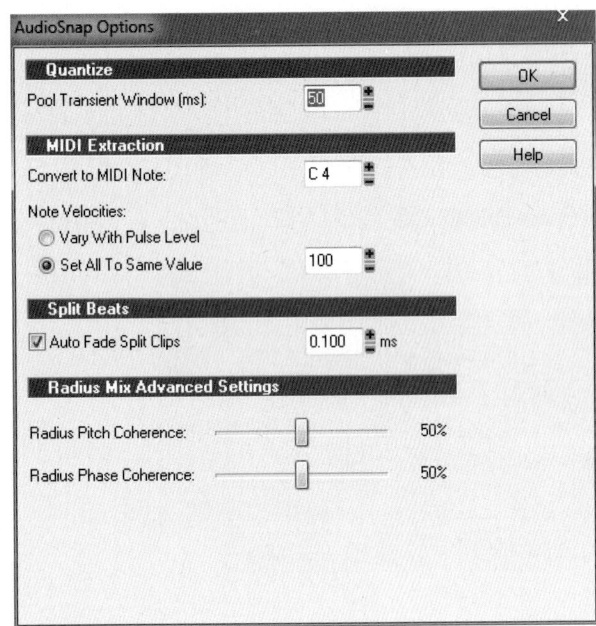

① **Quantize** : 풀 라인의 간격을 설정한다. 마커를 더블클릭 할 때 선택될 수 있는 마커 범위를 지정하는 기능이다.

② **MIDI Extraction** : 트랜션트(Transient)를 미디 노트로 전환할 때 필요한 옵션을 설정한다.

- **Convert to MIDI Note 옵션** : 트랜션트가 미디 노트로 전환될 때 어떤 미디 음정으로 전환될지 지정한다.

- Note Velocities 옵션은 미디 노트로 전환될 때의 벨로서티 값을 설정한다. Vary with Pulse Level을 선택하면 오디오 트랜션트(Transient)의 레벨(볼륨) 값이 미디 노트의 벨로서티로 설정된다. Set All to Same Value 항목은 사용자가 입력한 벨로서티 값을 미디 노트에 똑같이 사용하게 한다.

③ **Split Beats** : 클립을 분할할 경우 자동으로 각각의 클립에 설정한 수치만큼 크로스페이드를 만들어준다.

④ **Radius Mix Advanced Settings** : 추가 옵션을 설정한다.

- Radius Pitch coherence : 음정을 변경할 때 보컬 음색, 섹소폰 등의 음색을 가급적 원래 톤으로 유지한다. 기본값은 50%이며 수치를 높이면 때때로 기계적인 음이 표현될 수도 있다.

- Radius Phase coherence : 스테레오나 서라운드 사운드를 만들 때 위상각의 일관성을 유지하며 기본 값은 50%이다. 수치를 높이면 위상각의 일관성은 더 유지되지만 때때로 사운드의 왜곡 현상이 발생할 수도 있다.

7. Tempo(템포) 섹션

① **Set Project Tempo From Clip** : 클립의 템프를 프로젝트 템포로 사용한다. 팝업메뉴를 클릭해 템포 해상도를 선택한다.

② **Clip Follows Project Tempo** : 프로젝트 템포를 클립의 템포로 사용한다. 팝업메뉴를 클릭해 템포 해상도를 선택한다.

③ **Edit Clip Map** : 클립 맵 상태에서 편집할 수 있다. 마커가 클립 상에 표시되므로 마커를 드래그하여 해당 구간의 파형을 이동시키고, 늘리고, 줄일 수 있고, 해당 파형의 템포 등을 조절할 수 있다.

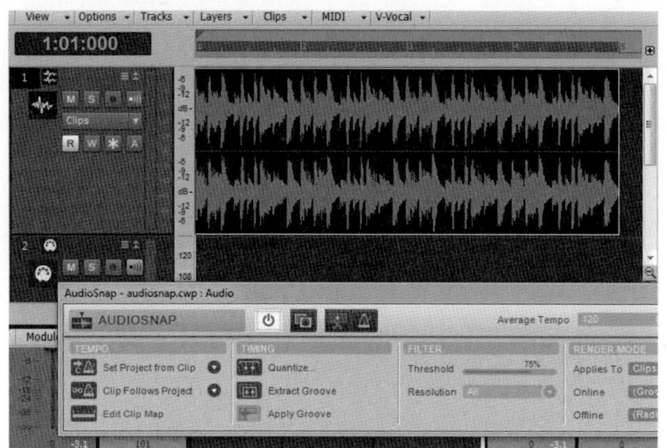

예제 audiosnap.cwp를 불러온 모습

Edit Clip Map 버튼을 클릭한 모습

8. Timing(타이밍) 섹션

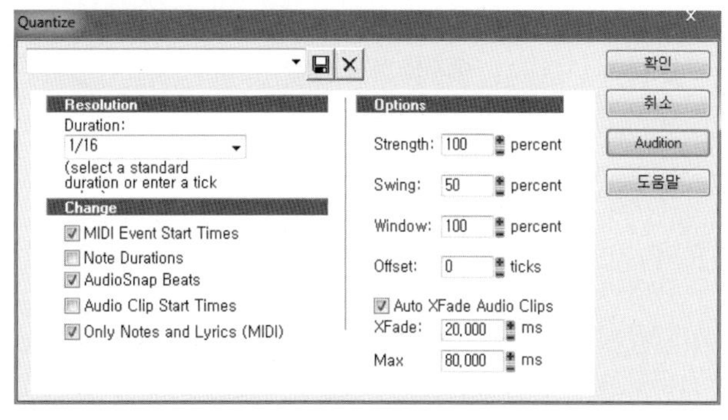

① **Quantize** : 정렬 기능인 퀀타이즈 옵션을 설정할 수 있도록 대화상자가 실행된다.

- **Resolution** : 퀀타이즈 해상도를 설정한다. 수치가 낮을 수록 조밀한 간격으로 가상 정렬선이 생성된다.

- **Change** : MIDI Event Start Times 옵션에 체크하면 선택한 미디 이벤트의 스타트 타임을 이동시킬 수 있다. Note Durations 옵션에 체크하면 노트 해상도에 맞게 노트 길이가 조절된다. AudioSnap beats 옵션에 체크하

면 AudioSnap 비트를 퀀타이즈한다. Audio Clip Start Times 옵션에 체크하면 오디오 클립 시작 위치를 퀀타이즈한다. Only Notes, Lyrics, and Audio 옵션에 체크하면 컨트롤러 이벤트는 퀀타이즈 하지 않고 노트와 가사만 퀀타이즈한다.

- **Options** : 상단 기능은 미디 퀀타이즈에 사용하는 기능이다. Strength 옵션은 퀀타이즈 강약을 조절하는 것으로, 100%일 경우에는 가상 정렬선에 100% 붙이면서 퀀타이즈된다. 100% 붙이면 너무 딱딱하므로 90% 안쪽을 선택해도 무방하다. Swing 옵션은 퀀타이즈로 가상 정렬선을 생성시킬 때 Swing 풍의 리듬감으로 정렬선을 생성시킨다. 50% 일 경우 정확히 동일한 간격으로 퀀타이즈용 정렬선이 생성된다. 스윙풍으로 정렬선을 생성시키려면 67% 또는 33%를 선택한다. Window 옵션은 정렬선에서 멀리 떨어져 있는 노트는 퀀타이즈가 되지 않기도 하는데 여기서 % 비율을 입력해 멀리 떨어져 있는 노트까지 정렬할 수 있다. 100% 설정시 가장 멀리 떨어진 노트까지 퀀타이즈되고 10% 설정 시 정렬선에서 10% 떨어진 노트까지만 퀀타이즈된다.
하단 Auto XFade Audio Clips 옵션은 오디오 클립이 겹쳐 있을 경우 크로스페이즈를 추가해 조절할 수 있다.

- **Audition 버튼** : 현재 설정된 트랜션트/박자에 맞게 모니터 연주한다.

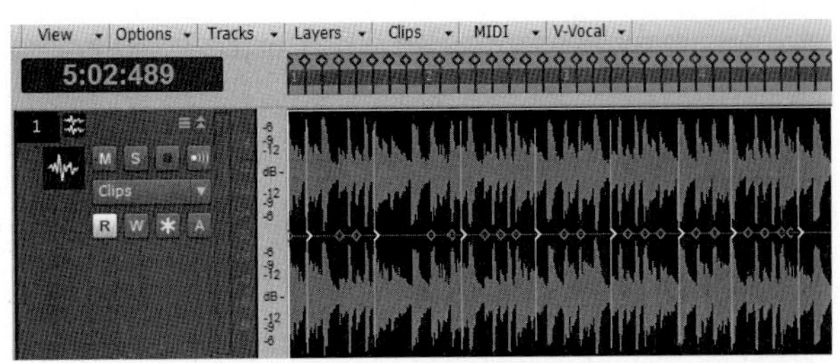

룰러에 풀 라인이 표시된 모습

② **Extract Groove 버튼 :** 클립의 트랜션트를 룰러에서 풀 라인으로 표시한다. 이 버튼을 클릭한 뒤 클립을 마우스 오른쪽으로 클릭해 Pool 메뉴를 적용하면 룰러에 풀 라인이 표시된다.

③ **Apply Groove 버튼 :** 현재 선택한 풀 라인을 다른 오디오 클립에 적용한다.

9. Filter(필터) 섹션

① **Threshold :** 마커가 생성될 빈도를 설정한다. 수치를 높일수록 마커가 적게 생성된다.

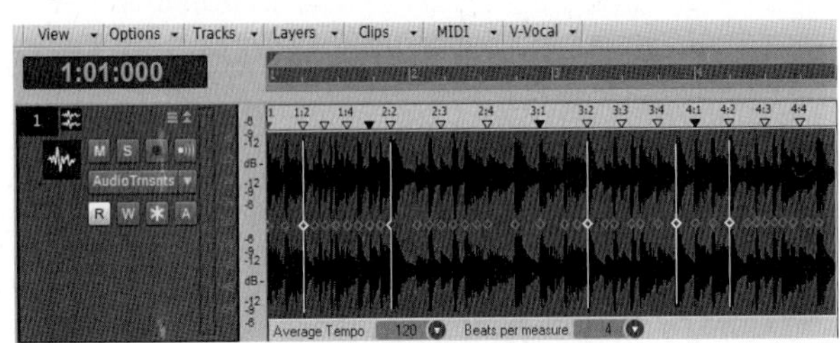

수치를 높인 모습

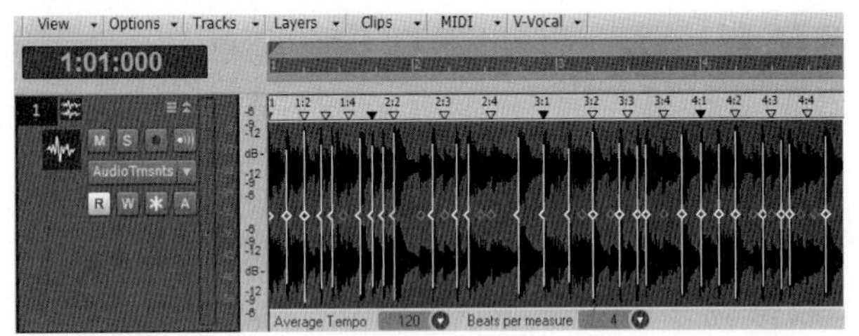

수치를 낮춘 모습

② **Resolution :** 마커 해상도를 설정한다.

10. Render Mode(렌더링 모드)

① **Apply To :** 아래 Online, Offline 렌더링 모드를 적용할 때 어느 요소에 적용할 것인지 지정한다. 예를 들어 Track을 선택하면 Online, Offline 렌더링 모드가 Track에 적용된다.

② **Online :** 클립을 연주할 때 리얼타임으로 적용될 렌더링 방식을 선택한다. 예를 들어 Percussion 옵션은 분당 비트 수가 많을 경우 선택한다.

③ **Offline :** Export 메뉴로 작업한 오디오 클립을 저장할 때 사용할 렌더링 방식을 선택한다.

> **Tip** 미디 퀀타이즈는 잘못 입력한 노트를 일정 규칙으로 정렬하는 기능이다. 예를 들어 마스터 건반으로 리얼 입력하다 보면 박자에 맞지 않게 애매한 위치에 노트가 입력되거나 음 길이가 애매하게 입력된 노트가 발생한다. 이를 사용자가 설정한 가상 정렬선에 맞춰 소나가 자동 정렬하는 것을 퀀타이즈라고 말한다. 퀀타이즈 해상도는 가상 정렬선을 생성시킬 때 사용하며, 현재 입력된 음표에서 가장 작은 음표를 기준으로 선택한다. 예를 들어 4분 음표, 8분 음표가 동시에 입력된 경우 가장 작은 음표인 8분 음표를 기준으로 퀀타이즈하면 각 마디마다 가상정렬선이 8분 음표에 맞게 삽입되어 노트의 위치나 길이를 각각의 정렬선에 맞출 수 있다.

Tempo 메뉴 – 템포 편집 창

템포 편집 창을 실행한 뒤 라인을 그리는 방식으로 미디 트랙의 템포를 조절할 수 있다. 템포 편집 창은 Views → Tempo 메뉴로 실해하거나 단축키 Alt + Shift + 5를 누른다.

샘플 'moon.cpw'를 불러온 뒤 Views → Tempo 메뉴로 템포 편집 창을 불러온다.

템포 편집 창의 Tempo List 버튼을 클릭해 화면 오른쪽에 템포 목록 창을 표시한다. 템포 목록 창을 보면 현재 곡의 템포를 확인할 수 있다.

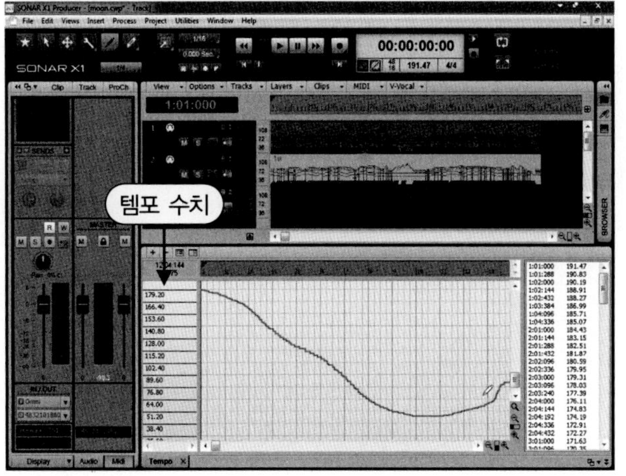

왼쪽 '템포수치'를 확인하고 '연필 툴' 또는 '라인 툴'로 원하는 방식으로 템포라인을 그려준다.

템포수치가 높으면 곡의 연주 템포가 빠르고, 템포수치가 낮으면 곡의 연주 템포가 늦어진다.

옆 그림처럼 그린 뒤 곡을 연주하면 처음에는 템포가 빨랐다가 점점 느려지고, 그러다가 다시 빨라지는 것을 알 수 있다.

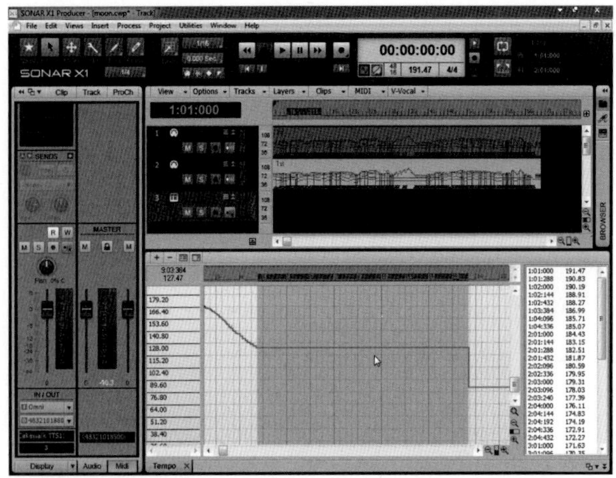

만일 템포라인을 삭제하고 싶다면 '선택 툴'로 삭제할 구간을 선택한 뒤 **Del** 키를 누른다.

템포라인을 삭제하면 삭제하는 영역 바로 앞에 있는 템포로 수정된 템포라인이 생성된다.

+ 버튼을 클릭하면 현재 송 포지션 포인터가 있는 위치부터 템포를 변경할 수 있다.

Tip 템포 대화상자의 기능

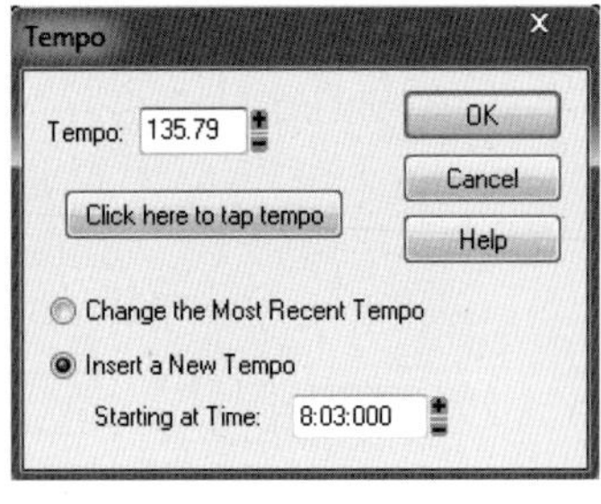

① Tempo 입력 창 : 새로 삽입할 템포를 입력한다. 송 포지션 포인터가 있는 위치에 새 템포가 삽입된다.

② Click here to tap tempo 버튼 : 무작위로 설정된 새 템포를 Tempo 입력 창에 자동으로 입력한다.

③ Change the Most Recent Tempo 옵션 : 가장 최근 템포를 자동으로 적용한다.

④ Insert a New Tempo : 현재 송 포지션 포인터 위치부터 새 템포가 적용된다.

⑤ Starting at Time : 사용자가 지정한 마디/박자에 설정한 템포를 삽입한다.

Meter/Key 메뉴 – 박자/조표 변경하기

미디 트랙의 원하는 위치에서 박자나 조표를 변경할 수 있다. 원하는 마디로 송 포지션 포인터를 이동시킨 뒤 변경하면 된다. Meter/Key 작업 창은 Views → Meter/Key 메뉴로 실행하거나 단축키 Alt + Shift + 6을 누른다.

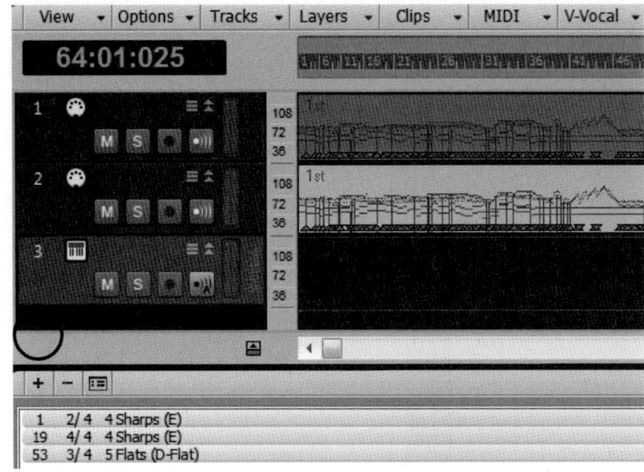

Meter/Key 작업 창의 + 버튼을 클릭하면 현재 송 포지션 포인터가 있는 위치부터 박자/조표를 변경할 수 있다.

+ 버튼을 클릭하면 실행되는 대화상자의 사용법은 아래와 같다.

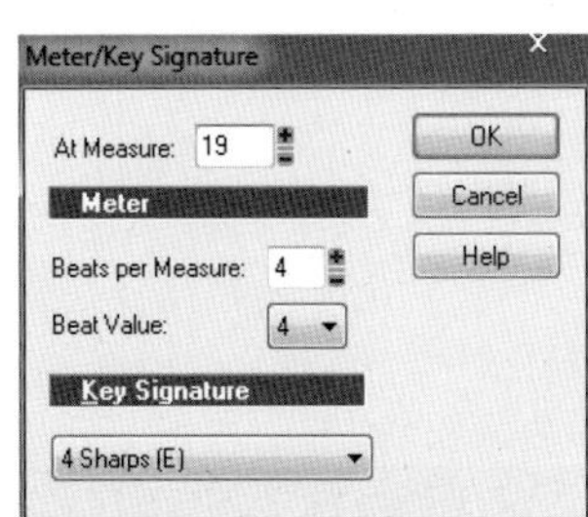

① **At Measure :** 박자나 조가 변경될 마디를 선택한다.

② **Meter :** 박자를 변경한다. 해당 마디부터 변경된 박자가 적용된다.

③ **Key Signature :** 키 즉 조표를 변경한다. 해당 마디부터 변경된 조표가 적용된다.

다음은 세 번째 마디로 송 포지션 포인터를 이동시킨 뒤 박자와 조를 변경하는 모습이다.

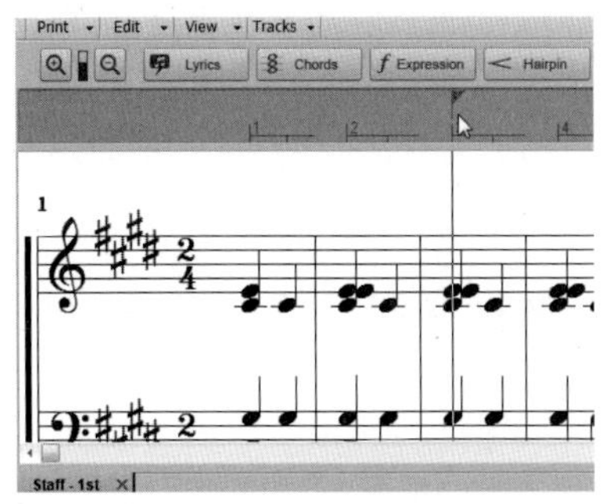

세 번째 마디로 포인터를 이동

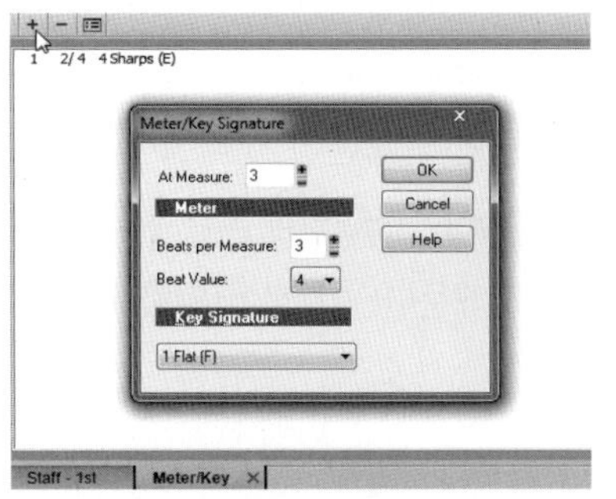

박자와 조 변경

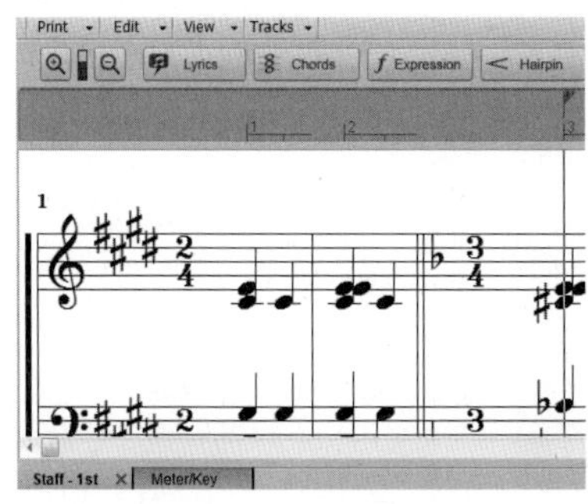

박자와 조가 변경된 모습

04 Process 메뉴 - 프로세스 메뉴

Process 메뉴는 각종 오디오 이펙트와 미디 이펙트를 메뉴 방식으로 제공한다. 이 가운데 오디오 이펙트는 오디오 클립을 완전히 프로세싱하여 새 클립으로 만들어주는 방식으로 이펙트를 적용해준다.

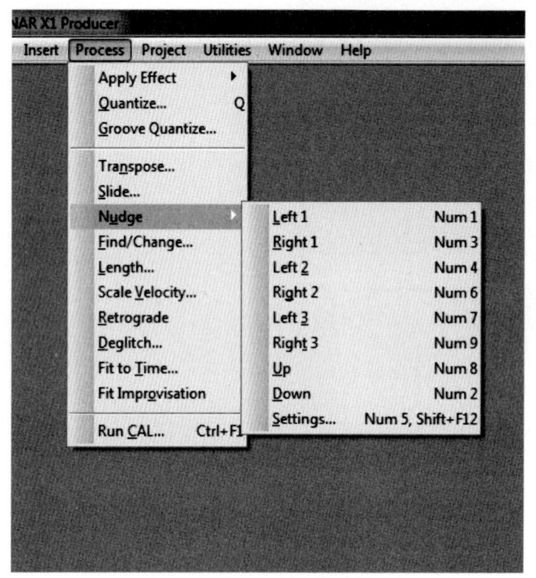

Apply Effect 메뉴

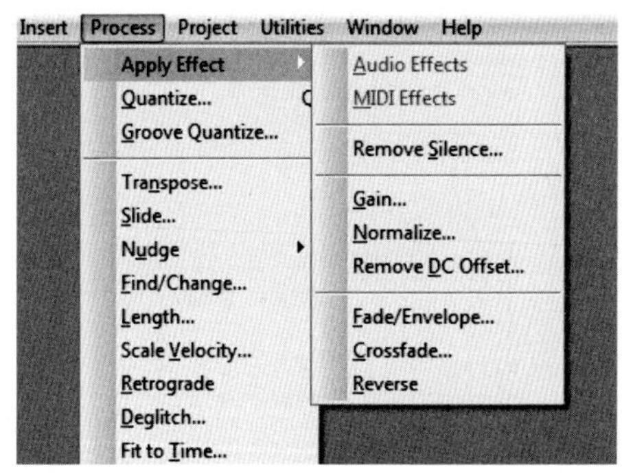

Process → Apply Effect 메뉴는 모두 9개의 하위 메뉴로 구성되어 있다. 소나의 Effects 메뉴는 보통 덮어씌우는 방식으로 동작하기 때문에 원본 클립이 보존된 상태에서 이펙트가 적용된다. Process 메뉴에서 적용하는 Apply Effect 메뉴는 원본 클립을 아예 이펙트가 적용된 새 클립으로 변경해준다. 이 점이 일반 Effect 메뉴와 Apply Effect 메뉴의 차이점이다.

548

1. Remove Silence 메뉴

이 메뉴는 사용자가 설정한 특정 주파수 영역의 **Digital Noise**를 제거할 때 사용하며 일종의 잡음 제거 기능이다. 잡음을 제거할 오디오 클립을 선택한 상태에서 메뉴를 실행하면 레벨 값을 설정할 수 있는데 설정된 레벨 영역이 묵음으로 처리되어 잡음을 제거하는 효과가 있다.

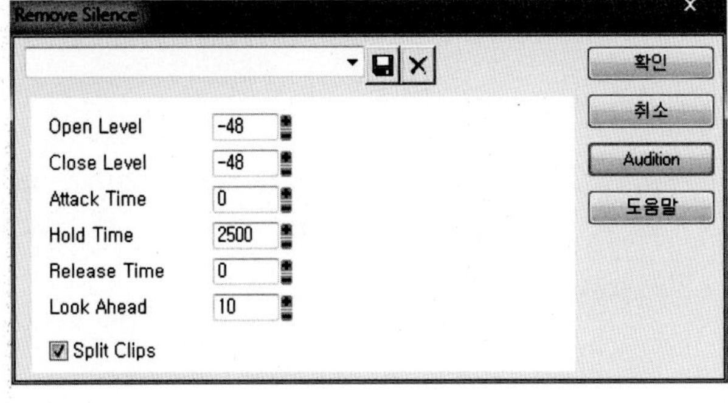

① **Open Level** : 편집 구간의 시작 부분 잡음을 제거할 레벨 값을 설정한다. −48db이라고 입력하면 −48 이하 주파수 영역이 Level 0으로 처리되어 제거된다.

② **Close Level** : 편집 구간의 종료 지점의 잡음을 제거할 레벨 값을 설정한다.

③ **Attack Time** : 잡음 제거가 시작될 부분을 얼마만큼 긴 간격을 줄지 1/1000초(ms) 단위로 설정한다.

④ **Hold Time** : 잡음을 제거할 영역의 최소 시간(ms)을 설정한다. 드럼 연주같이 연주되는 부분과 연주되지 않고 잡음이 있는 부분이 많을 경우 설정한다. 만일 여기서 최소 시간을 설정하면 그 시간 보다 넓은 영역의 잡음이 제거된다.

⑤ **Release Time** : 잡음 제거가 끝날 부분을 얼마만큼 긴 간격을 줄지 1/1000초(ms) 단위로 설정한다. 음이 소거되었다가 급격하게 들리지 않도록 하는 방지장치라고 할 수 있다.

⑥ **Look Ahead** : 묵음으로 처리되는 경계면을 1/1000초(ms) 단위로 부드럽게 설정한다.

⑦ **Split Clips** : 체크하면 노이즈를 제거한 영역을 삭제하고 보여준다. 체크하지 않으면 노이즈를 제거한 영역이 삭제되지 않고 클립 상에서 같이 보여준다.

Remove Silence 메뉴로 오디오 클립에 잡음이 있다고 가정하고 잡음을 제거해 보자.

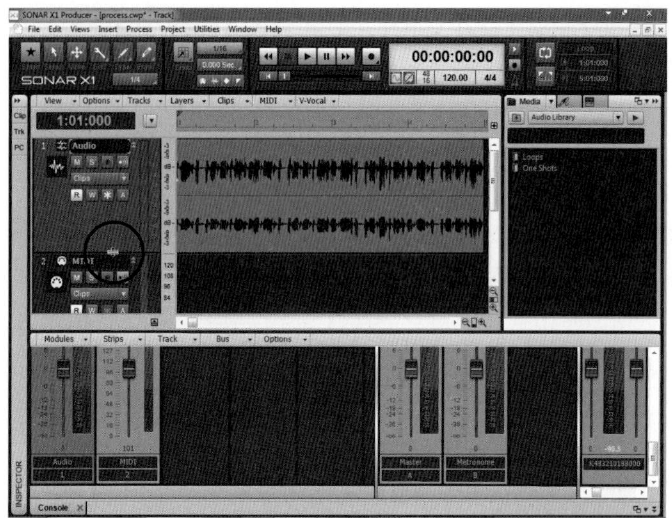

01 샘플 'process.cwp'를 불러온다. 오디오 트랙의 경계면을 아래로 드래그하여 트랙을 확장한다.

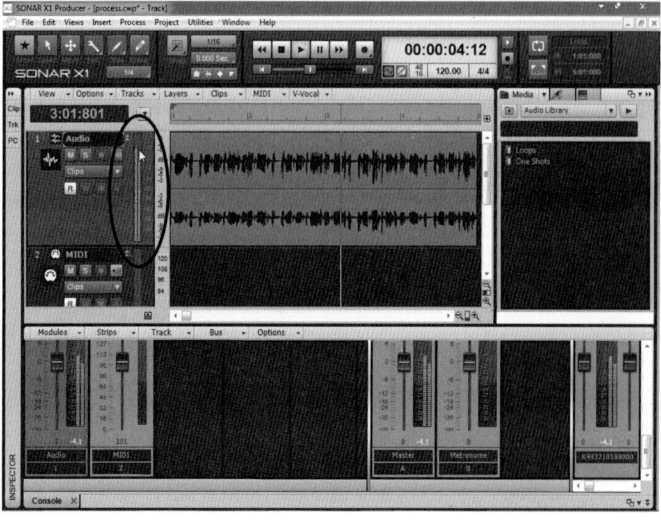

02 Play 버튼을 눌러 오디오 트랙을 연주해 본다. 이때 레벨미터를 확인하면 그래프가 움직이므로 연주 위치의 데시벨(dB) 값을 육안으로 확인할 수 있다.

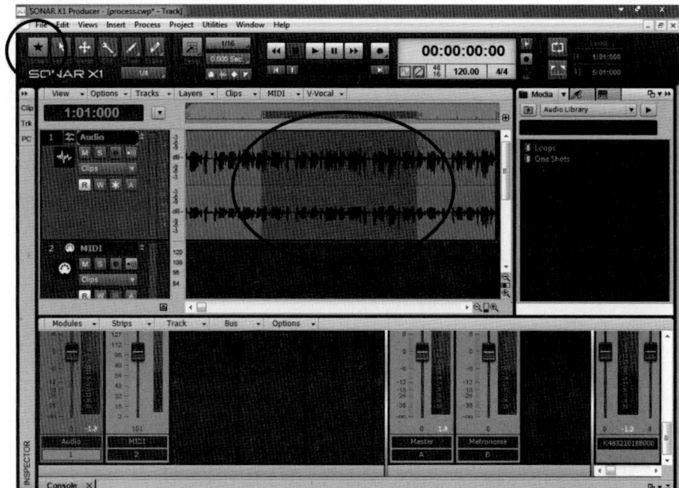

03 스마트 툴로 오디오 파형에서 작업을 적용할 부분을 블록으로 선택한다.

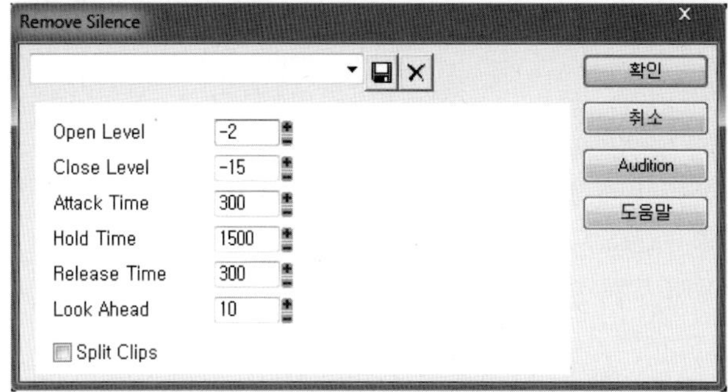

04 Process → Apply Effect → Remove Silence 메뉴를 실행한다.
옆과 같이 설정하고 적용하는데 이때 Split Clips 옵션의 체크 표시를 꺼준다.

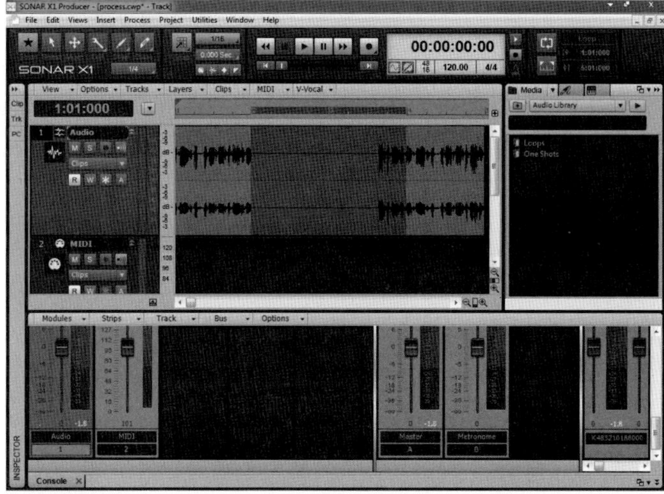

05 오디오 파형을 보면 데시벨 0으로 변한 부분이 '-' 자로 변한 것을 확인할 수 있다.
Play 버튼을 눌러 재생하면 그 부분은 소리가 아예 없으므로 들리지 않게 된다.

Tip 잡음 제거는 매우 민감하게 조절해야 하지만 여기서는 이 기능이 어떻게 동작하는지 확인하기 위해 Level 값을 강하게 설정하였다.

2. Audio Effects 메뉴 / MIDI Effects 메뉴

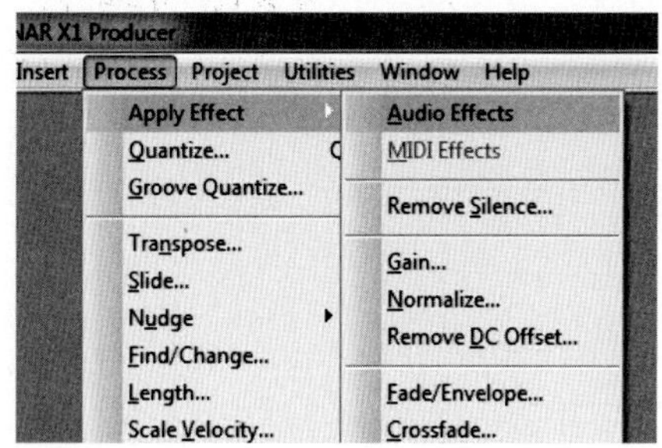

인스펙터의 FX 모듈에서 적용한 리얼타임 FX 이펙트를 해당 트랙의 클립에 실제 적용할 때 사용한다.

이렇게 하면 해당 클립은 리얼타임 FX 이펙트가 오디오 클립에 완전히 적용되고 자동 바운스되어 갱신된다. 또한 FX 모듈에 적용한 리얼타임 FX 이펙트 항목이 사라진다.

리얼타임 FX 이펙트를 실제 클립에 적용하여 메모리 낭비를 막을 수 있는 효과가 있다.

Audio Effects 메뉴는 오디오 트랙에 적용된 리얼타임 FX 이펙트를 해당 오디오 클립에 완전히 적용할 때 사용하고, MIDI Effects 메뉴는 미디 트랙에 적용된 리얼타임 FX 이펙트를 해당 미디 클립에 완전히 적용할 때 사용한다.

대화상자가 나타나면 다음과 같이 3가지 옵션에 체크할 수 있다.

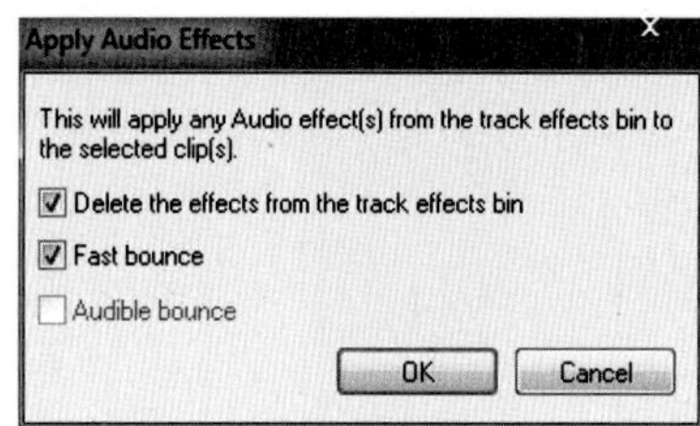

① **Delete the effects from the track effects bin** : 바운스할 때 트랙 뷰에 적용한 FX 이펙트를 삭제한다. 삭제하지 않으면 해당 FX 이펙트가 적용된 클립에 트랙 뷰에서 적용한 FX 이펙트가 이중으로 적용되는 현상이 발생한다.

② **Fast Bounce** : 클립을 갱신할 때 빠른 속도로 진행한다.

③ **Audible Bounce** : 클립을 바운스할 때 음질의 품질 위주로 바운스한다.

3. Gain 메뉴

Gain 메뉴는 오디오 클립의 볼륨을 데시벨 방식으로 조절할 때 사용한다.

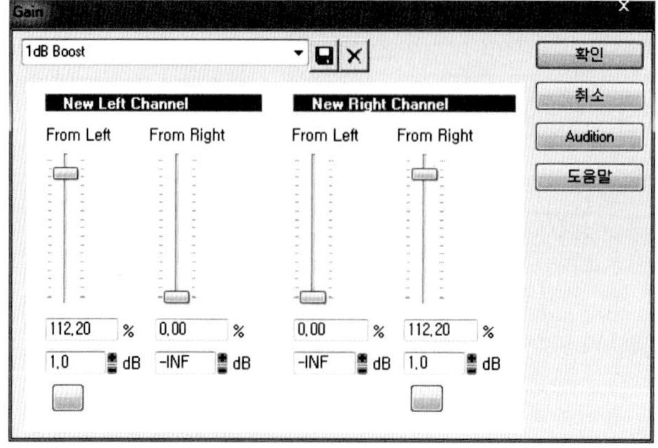

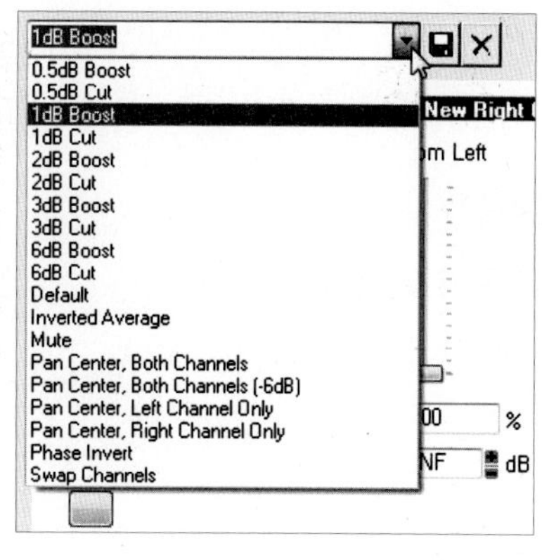

① **Preset 롤아웃 버튼 :** 프리셋 롤아웃 버튼은 볼륨을 일괄 조절할 수 있도록 다양한 프리셋을 제공한다. 원하는 프리셋을 선택하면 해당 설정값으로 볼륨이 조절된다.

② **New Left Channel :** From Left 슬라이더로 Left Channel의 볼륨을 조절하고, From Right 슬라이더는 다른 쪽 채널과 믹스할 때 사용한다.

③ **New Right Channel :** From Right 슬라이더로 Right Channel의 볼륨을 조절하고, From Left 슬라이더는 다른 쪽 채널과 믹스할 때 사용한다.

④ **Audition 버튼 :** 설정한 볼륨을 미리 청음할 때 사용한다.

⑤ **Phase 버튼 :** 각각의 슬라이더 하단에 있는 원 버튼은 위상각 버튼이라 말하며, 오디오 파형의 위상을 반전할 때 사용한다. 위상을 반전시키면 오디오 파형도 위, 아래로 반전된다.

4. Normalize 메뉴

앞 페이지에서 배운 Gain 메뉴와 비슷한 기능이지만 1개의 슬라이더로 오디오 클립의 볼륨을 조절할 수 있다. 복수의 오디오 클립을 최종적으로 최적의 볼륨값에 도달할 수 있도록 조절할 수 있는 것이 장점이다. 최대한 0에 가깝게 조절하는 것이 좋지만 그만큼 잡음도 커진다는 단점이 있다.

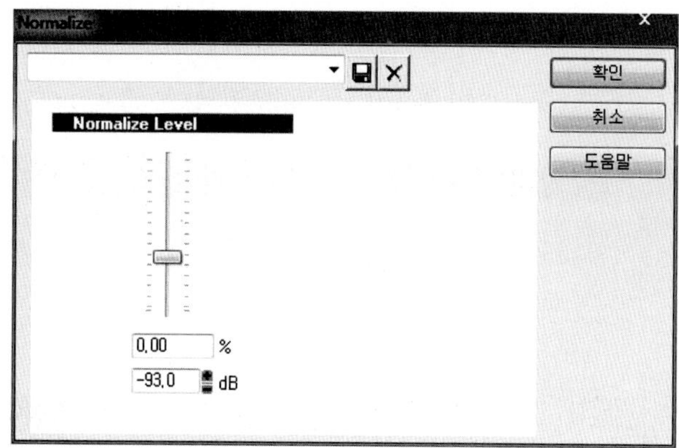

5. Remove DC Offset 메뉴

녹음장치나 Input 디바이스의 전기적인 오류로 인해 녹음된 잡파(Artifact)를 제거할 때 사용한다. 보통 녹음장치 외 다른 설비를 동시에 가동하거나, 온도 따위가 틀리고, 전압이 불안전하면 웅~ 하는 듯한 전기적인 잡음이 녹음되기도 하는데 이를 후보정할 때 사용한다.

먼저 Compute DC offset from first 5 seconds only에 체크한 뒤 Audition 버튼을 클릭해 분석값을 산출한다.

분석값이 **Analyze** 항목에 나타나면 **DC Offset Threshold** 항목에 비슷한 값을 입력하고 확인 버튼을 누른다. 이렇게 하면 전기적인 잡음이 제거된다.

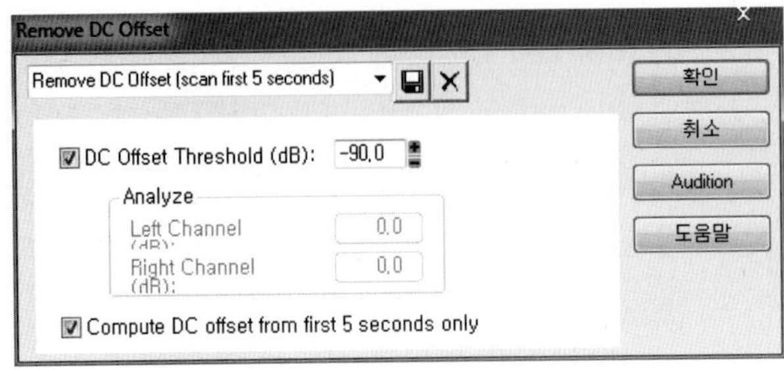

① **DC Offset Threshold** : 보정값을 입력하는 난으로 Analyze에서 분석된 값과 비슷한 값을 입력한다.

② **Analyze** : 분석된 값이 이곳에 나타난다.

③ **Compute DC offset from first 5 seconds only** : 오디오 클립의 최초 5초를 분석한다.

④ **Audition 버튼** : 이 버튼을 클릭하면 분석값이 Analyze 항목에 나타난다.

6. Fade/Envelope 메뉴

오디오 클립의 볼륨을 엔벨로프를 이용해 페이드인하거나 페이드아웃 할 수 있다. 볼륨의 페이드인과 페이드아웃은 클립의 상단 좌우 모서리의 삼각형을 드래그하여 제작할 수 있도 있다.

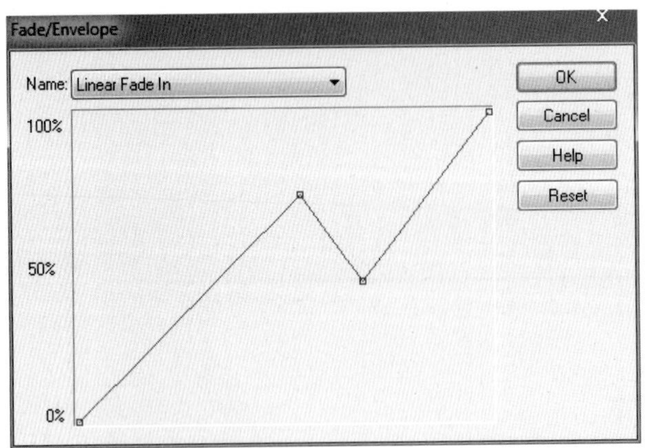

Name 항목에서 다음과 같이 6가지의 엔벨로프를 선택할 수 있다. 엔벨로프의 모양은 마우스로 조절할 수 있다.

① **Exponential Fade In** : 완만하게 볼륨이 커진다.

② **Exponential Fade Out** : 완만하게 볼륨이 줄어든다.

③ **Inverse Exponential Fade In** : 급격하게 볼륨이 커진다.

④ **Inverse Exponential Fade Out** : 급격하게 볼륨이 줄어든다.

⑤ **Linear Fade In** : 일정한 간격으로 점차 볼륨이 커진다.

⑥ **Linear Fade Out** : 일정한 간격으로 점차 볼륨이 줄어든다.

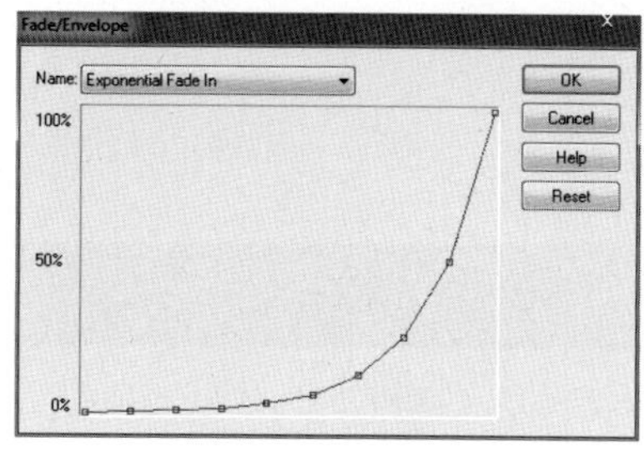

Exponential Fade In

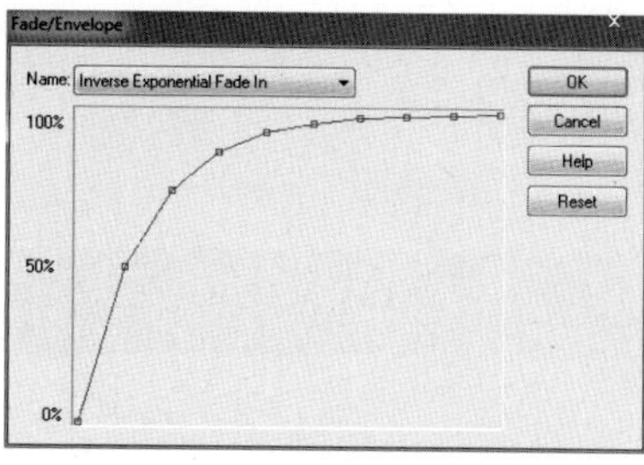

Inverse Exponential Fade In

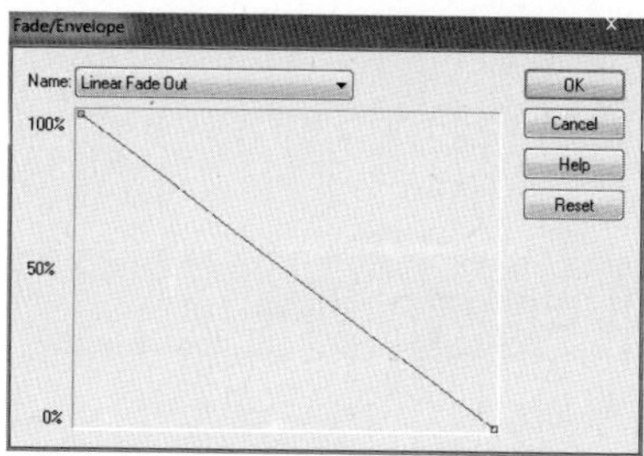

Linear Fade Out

7. Crossfade 메뉴

오디오 클립이 겹칠 때 크로스페이드를 만들 수 있다. 이 기능은 3부, 트랙 뷰 메뉴의 Options → Crossfade Type 메뉴를 참조한다.

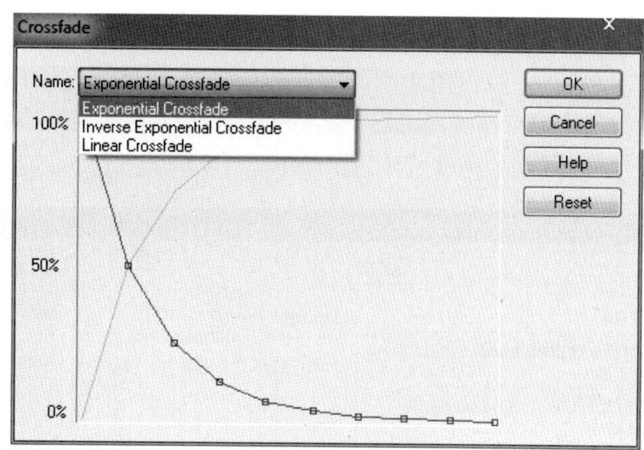

크로스페이드 대화상자

8. Reverse 메뉴

오디오 클립의 연주 방향을 뒤집는다. 오디오 파형이 좌, 우로 반전되기 때문에 연주하면 소리가 거꾸로 들리게 된다.

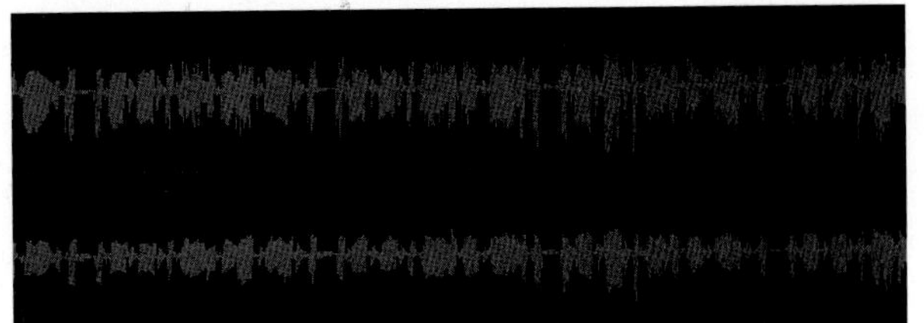
원래의 연주 방향

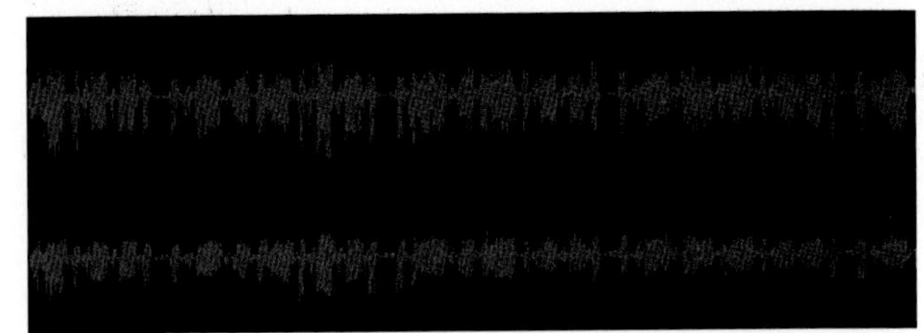
Reverse 메뉴를 적용한 모습

Quantize 메뉴

마스터 건반 등으로 입력한 미디 데이터는 박자가 조금씩 어긋나게 입력되는 경우도 있다. 조금 길게 입력된 노트와 박자에서 어긋난 노트를 일일이 정렬하려면 어려울 것이다.

퀀타이즈 메뉴는 사용자가 설정한 일정한 박자에 맞추도록 미디 노트를 재정렬할 때 사용한다. 이 기능은 리얼 입력한 미디 클립의 노트들을 정렬하기 위해 미디 클립을 선택한 상태에서 실행한다. 퀀타이즈 대화상자의 사용법은 3부, AudioSnap 팔레트와 AudioSnap 팔레트의 Timing(타이밍) 섹션을 참고한다.

Groove Quantize 메뉴

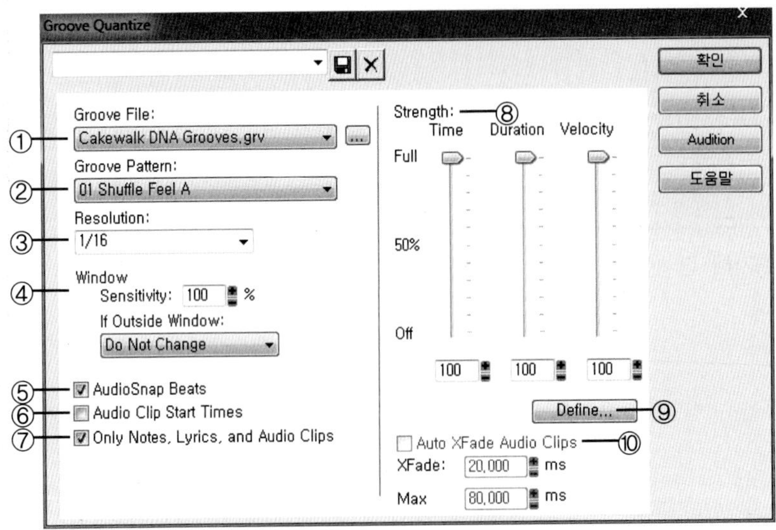

그루브 퀀타이즈는 사용자가 제공한 특정 곡에 맞게 다른 미디 클립을 퀀타이즈 할 때 사용한다. 보통 사용자가 제공하는 그루브 풍에 맞게 미디 클립을 퀀타이즈할 때 유용하다.

먼저 퀀타이즈할 미디 클립을 선택한 뒤 이 메뉴를 실행한다. 대화상자의 **Groove File** 옵션을 클릭해 퀀타이즈할 때 사용할 그루브 폼을 선택한다. 그런 뒤 확인 버튼을 클릭하면 선택한 미디 클립이 지정한 그루브 폼에 맞게 퀀타이즈된다.

① **Groove File :** 퀀타이즈할 때 사용할 그루브 폼을 선택한다. 특정 클립을 Copy 메뉴로 복사한 경우, Clipboard를 선택하면 복사한 곡이 퀀타이즈할 때의 그루브 폼으로 사용된다.

② **Groove Pattern :** 퀀타이즈할 때 사용할 그루브 패턴을 선택한다.

③ **Resolution :** 퀀타이즈 해상도를 선택한다.

④ **Window :** 일정 간격에서 멀리 떨어져 있는 노트(음표)는 퀀타이즈되지 않기도 하는데 여기서 % 비율을 입력해 멀리 떨어져 있는 노트까지 퀀타이즈할 수 있다.

⑤ **AudioSnap Beats :** AudioSnap 비트를 퀀타이즈한다.

⑥ **Audio Clip Start Times :** 오디오 클립 시작 위치를 퀀타이즈한다.

⑦ **Only Notes, Lyrics, and Audio Clips :** 체크하면 노트, 가사, 오디오 클립만 퀀타이즈한다. 컨트롤러 정보, 애프터터치 정보, xRPN 데이터는 퀀타이즈되지 않는다.

⑧ **Strength :** 퀀타이즈 강약을 3개의 슬라이더로 조절한다.

 - **Time 슬라이더 :** 그루브 폼의 스타트 타임에 얼마만큼 맞추면서 퀀타이즈할지 지정한다.
 - **Duration 슬라이더 :** 그루브 폼의 노트 길이에 얼마만큼 맞추면서 퀀타이즈할지 지정한다.
 - **Velocity 슬라이더 :** 그루브 폼의 벨로서티에 얼마만큼 맞추면서 퀀타이즈할지 지정한다.

⑨ **Define 버튼 :** 현재 사용한 그루브 폼을 다시 사용할 수 있도록 *.grv 폼으로 저장한다. 복사한 그루브 폼을 재사용하기 위해 저장할 때 유용하다.

⑩ **Auto XFade Audio Clips :** Audio Clip Start Times에 체크한 경우 사용할 수 있으며 오디오 클립이 겹쳐 있을 경우 크로스페이스를 추가해 겹쳐 있는 부분을 조절할 수 있다.

다른 미디 클립을 사용해 작업 중인 곡의 템포를 조절해 본다.

01 샘플 'groove.cwp'를 불러온 뒤 Spacebar를 눌러 연주해 본다. 빠른 템포의 곡임을 알 수 있다.

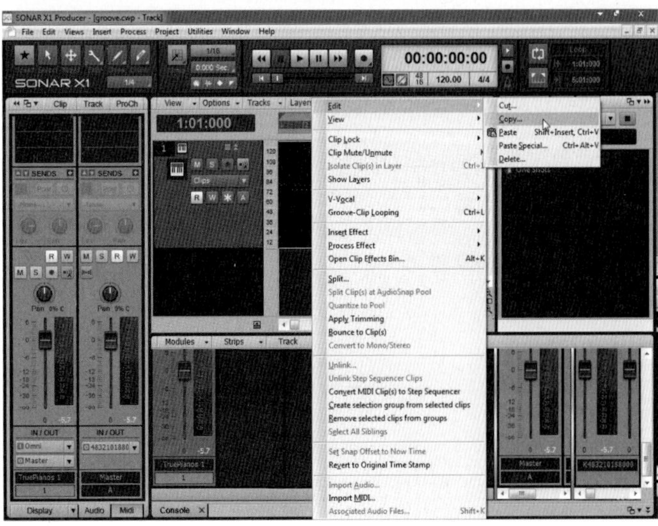

02 해당 클립을 마우스 오른쪽 버튼으로 클릭한 뒤 Edit → Copy 메뉴로 복사한다.

복사한 미디 클립을 그루브 폼으로 사용해 다른 미디 클립을 퀀타이즈할 예정이다.

03 File → Open 메뉴로 샘플 'groove two.cwp'를 불러온다. 이 곡을 작업 중인 곡이라고 가정해보겠다.

곡을 연주해보면 느린 템포의 곡이라는 것을 알 수 있다.

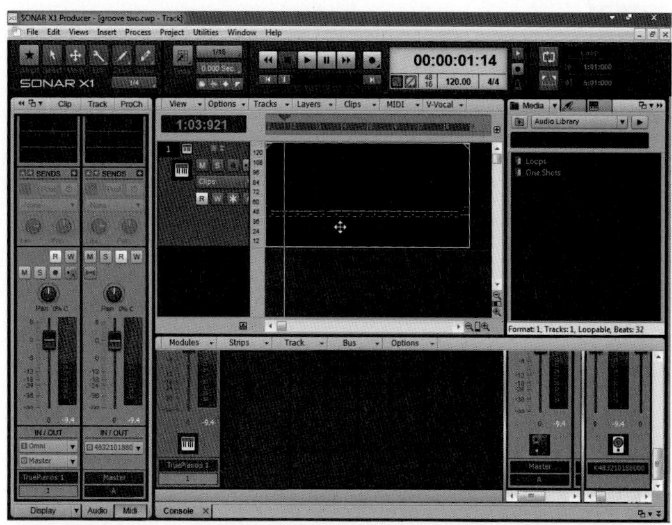

04 해당 클립을 선택한 상태에서 Process → Groove Quantize 메뉴를 실행한다.

05 대화상자에서 Clipboard를 선택하면 앞에서 복사했던 미디 클립이 그루브 폼으로 사용된다. 퀀타이즈 해상도 옵션을 클릭해 16분 음표를 선택한다.

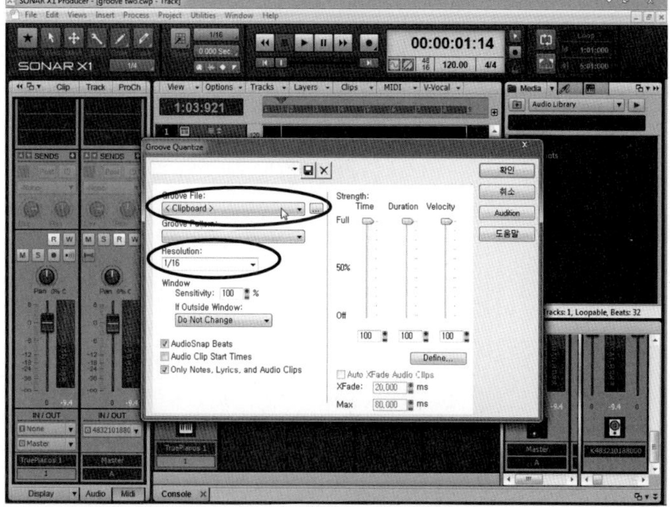

559

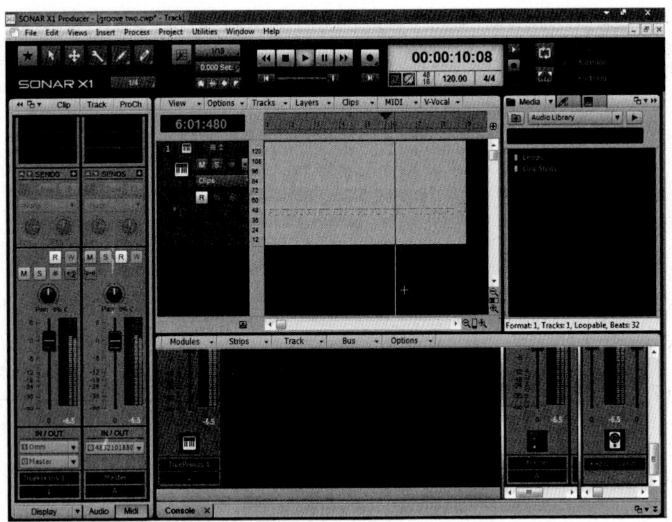

06 확인 버튼을 클릭해 대화상자를 닫는다. 곡을 연주하면 템포가 변경된 것을 알 수 있다.

Transpose 메뉴 – 조 옮김 기능

오디오 클립 또는 미디 클립의 키를 변경할 때 사용한다. 일종의 조를 바꾸는 기능이다. 일단 조를 바꾸면 선택한 클립 전체의 음정이 조절된다.

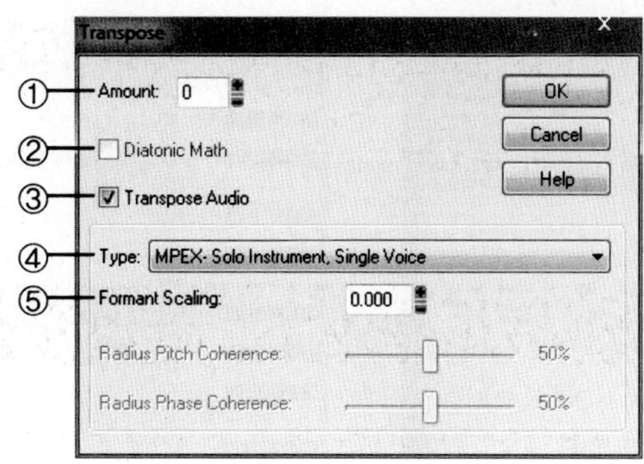

① **Amount** : 반음 단계로 음정을 조절할 수 있다. 곡을 작곡한 뒤 남자 혹은 여자 키에 맞게 키를 조절할 목적으로 사용한다.

② **Diatonic Math** : 체크하면 다이아토닉 스케일로 음정을 변경할 수 있다. 미디 클립에서만 이 기능이 활성화된다.

③ **Transpose Audio** : 체크하면 오디오 클립의 음정을 변경할 수 있다. 오디오 클립의 키는 다이아토닉 스케일로 변경되지 않는다.

④ **Type** : 오디오 클립의 키를 변경할 때 활성화되며 적당한 것을 선택한다.

⑤ **Formant Scaling** : 오디오 클립의 키를 변경할 때 활성화되며 –2.000~2.000 사이에서 포먼트(Formant) 옥타브를 변경한다. 키를 낮출 경우 일반적으로 포먼트 옥타브를 높여준다.

Slide 메뉴 – 이동 기능

클립이나 노트를 일정 간격으로 이동시킬 때 사용한다. 마디/박자/초/프레임 단위로 이동시킬 수 있다.

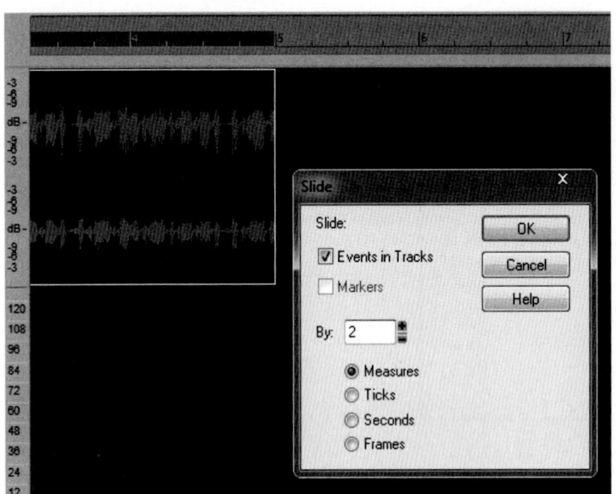

오디오 클립을 이동시키는 모습

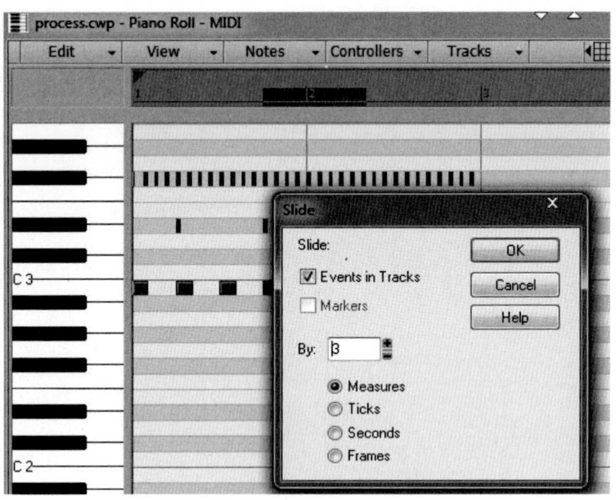

노트를 이동시키는 모습

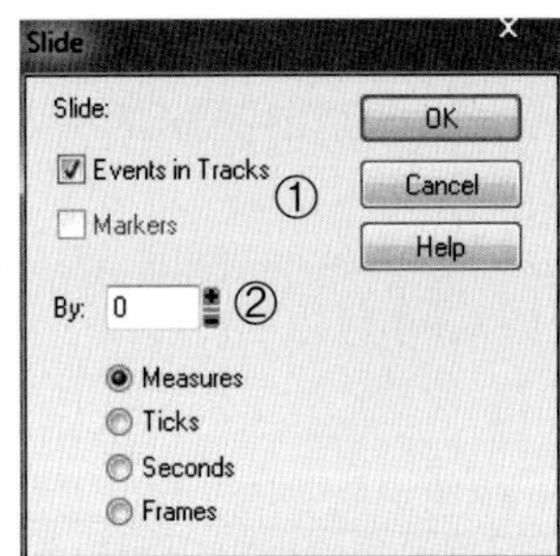

① **Slide** : 이동시킬 요소를 선택한다.

 – Events in Tracks : 노트를 포함한 컨트롤러 정보 등의 이벤트를 이동시킬 수 있다.

 – 마커는 이동시킬 수 없다.

 – Markers : 잠근 마커도 이동시킬 수 있다.

② **By** : 이동시킬 간격을 수치로 입력한다. 이동시킬 방법은 아래에서 선택한다.

 – Measures : 마디 단위로 이동시킬 수 있다.

 – Ticks : 틱 단위로 이동시킬 수 있다.

 – Seconds : 초 단위로 이동시킬 수 있다.

 – Frames : SMPTE 타임의 프레임 단위로 이동시킬 수 있다.

Nudge 메뉴 – 노트 이동 기능

앞의 메뉴와 같은 이동 기능이지만 미리 설정된 간격만큼만 이동시킬 수 있다. **Nudge** 메뉴의 단축키는 키보드의 숫자 패드에 할당되어 있으므로, 키보드의 숫자 패드를 이용해 이동시킬 수도 있다. 보통 피아노 롤 뷰에서 노트를 이동시킬 때 사용한다.

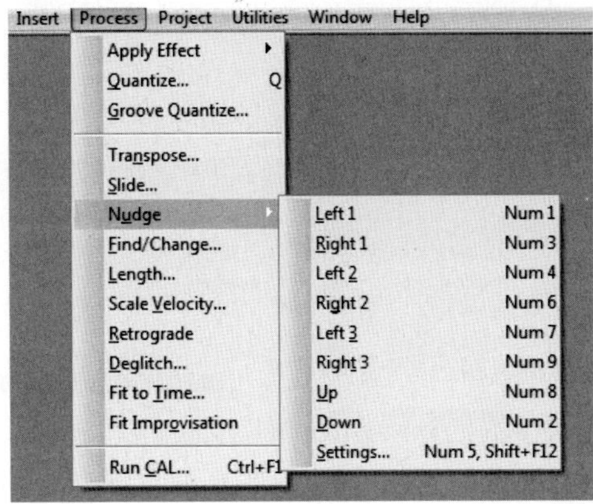

하위 메뉴 중 **Settings** 메뉴를 실행하면 이동 간격을 재설정할 수 있는 세팅 대화상자가 실행된다.

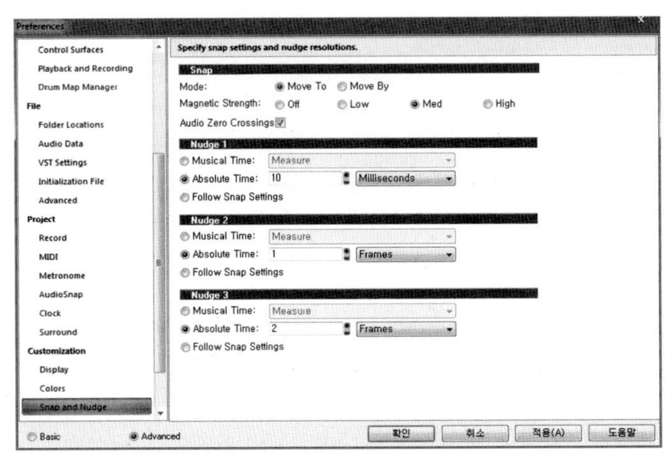

① **Snap** : 클립이나 미디 이벤트를 이동시킬 때 스냅 방식을 설정한다.

- **Mode** : Move To 옵션은 그리드에 데이터를 스냅시킨다. Move By 옵션은 이동 작업 시 그리드 해상도에 스냅시킨다.
- **Magnetic Strength** : 스냅 기능의 강약을 선택한다.
- **Audio Zero Crossings** : 결함을 최소화하기 위해 Zero Crossings(볼륨이 없는 지점)에 스냅한다.

② **Nudge 1** : Nudge 메뉴의 Left 1, Right 1에 해당하는 이동 간격을 설정할 수 있다.

- **Musical Time** : 마디/음표 단위로 이동 간격을 설정할 수 있다.
- **Absolute Time** : 1/1000초, 틱, 초 단위로 이동 간격을 설정할 수 있다.
- **Follw Snap Settings** : 스냅 세팅 값을 이동 간격으로 설정할 수 있다.

③ **Nudge 2** : Nudge 메뉴의 Left 2, Right 2에 해당하는 이동 간격을 설정할 수 있다.

④ **Nudge 3** : Nudge 메뉴의 Left 3, Right 3에 해당하는 이동 간격을 설정할 수 있다.

Find/Change 메뉴 – 검색 및 교체

미디 클립에 삽입된 노트, 음 길이, 벨로서티, 이벤트 등의 각종 데이터를 워드프로세서의 '찾기' 및 '교체하기' 기능처럼 검색한 뒤 일괄 교체할 때 사용한다. 메뉴를 실행하면 첫 번째 대화상자는 검색용으로 사용한다.

예를 들어 E2 옥타브를 모두 검색한 뒤 Eb2 옥타브로 변경해 반주 분위기를 바꾸거나 0~127 벨로서티를 검색해 127~0으로 교체해 음정 강약을 반대로 변경할 수도 있다.

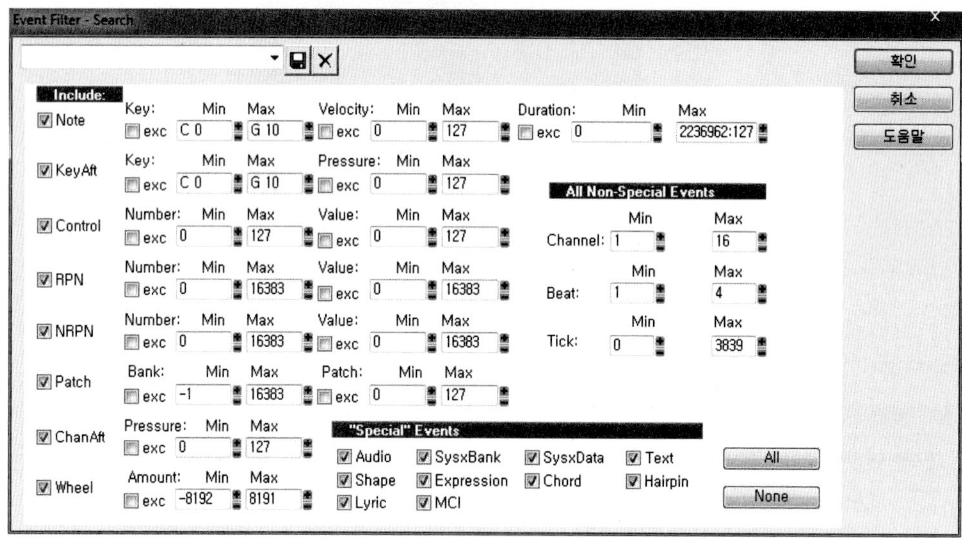

1. 검색하기

Key 항목의 Min 항목에 C6, Max 항목에 C6을 입력하고 확인 버튼을 클릭하면 다시 동일한 대화상자가 실행된다.

2. 교체하기

교체할 내용으로 Key 항목의 Min 항목에 C7, Max 항목에 C7을 입력하고 확인 버튼을 클릭하면 대화상자가 사라진다. 곡을 연주하면 C6 음정이 C7 음정으로 모두 교체된 것을 알 수 있다.

검색 및 교체 예제는 다음 페이지의 참고 박스를 참고한다.

검색 및 교체 기능 예제

검색 및 교체 기능의 사용법은 아래와 같다.

1. 음정 변경하기

Pitch　　　　　　Min C2 / Max C4 → Min C4 / Max C6

C2, C3, C4를 검색한 뒤 C4, C5, C6으로 변경한다.

2. 올음표로 음정 변경하기

Pitch　　　　　　Min E? / Max E? → Min Eb? / Max Eb?

모든 E? 옥타브를 Eb? 옥타브로 변경한다.

3. 음정 반전하기

Pitch　　　　　　Min C1 / Max C8　→ Min C8 / Max C1

C1~C8 음정을 반전하여 C8~C1로 변경한다.

4. 벨로서티 축소하기

Velocity　　Min 0 / Max 127 → Min 80 / Max 127

벨로서티를 0~127에서 80~127로 변경한다.

5. 벨로서티 반전하기

Velocity　　Min 0 / Max 127 → Max 127 / Min 0

벨로서티를 반전한다.

6. 음 길이 변경하기

Duration　　Min 0:01:00 / Max 0:02:000 → Min 0:01:000 / Max 0:01:000

모든 4분 음표와 2분 음표를 4분 음표로 교체한다.

7. 채널 변경하기 1

Channel　　Min 1 / Max 1 → Min 2 / Max 2

모든 1번 채널을 2번 채널로 변경한다.

8. 채널 변경하기 2

Channel　　Min 1 / Max 16 → Min 4 / Max 4

모든 채널을 4번 채널로 변경한다.

Length 메뉴 – 길이 조절

노트 길이 또는 오디오 길이를 조절하거나 이동시킬 수 있다. % 비율로 길이와 이동 거리를 조절한다.

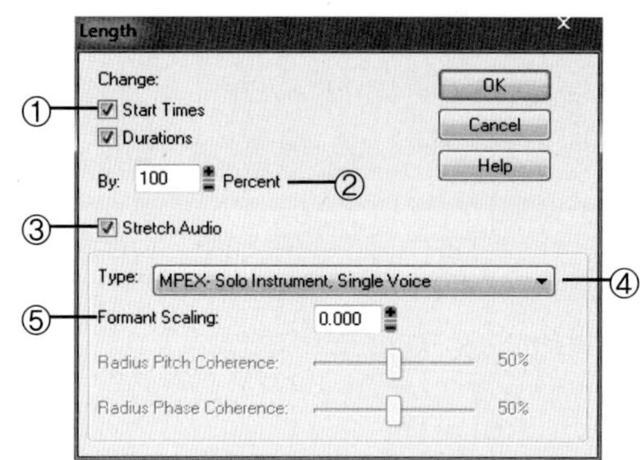

① **Change** : 스타트 위치를 조절할 것인지 길이를 조절할 것인지 선택한다.

 – **Start Times** : 선택한 노트의 맨 앞에 있는 노트를 기준으로 그 외 노트들의 스타트 위치를 조절할 수 있다.

 – **Durations** : 선택한 노트의 음 길이를 조절한다.

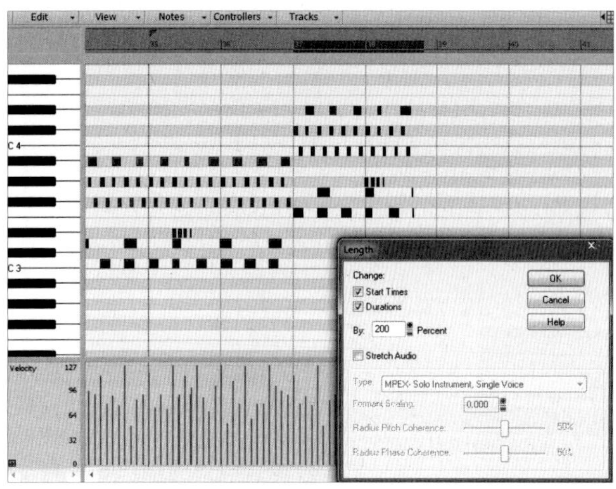

길이를 조절할 노트를 선택한 모습

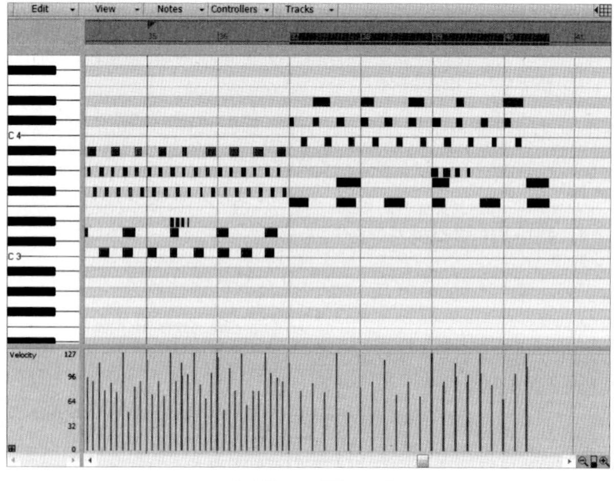

길이를 조절한 모습

② **By** : %를 입력해 길이, 스타트 타임을 이동시킨다.

③ **Stretch Audio**

 – 오디오 클립을 대상으로 길이, 스타트 타임을 조절할 경우 선택한다.

 – Type (disabled unless Stretch Audio is checked)

④ **Type** : 오디오 클립에서 작업할 경우 활성화되며 적당한 것을 선택한다.

⑤ **Formant Scaling** : 오디오 클립에서 작업할 경우 활성화되며 ②000~2.000 사이에서 포먼트(Formant)를 변경한다.

Scale Velocity 메뉴 – 벨로서티 조절

노트의 벨로서티 높이를 조절한다. 1개의 노트를 대상으로 작업하기 보다는 여러 개의 노트를 선택한 상태에서 적용하는 것이 좋다.

예를 들어 10개의 노트를 선택한 뒤 Begin 항목에 10, End 항목에 100이라고 입력하면 첫 번째 노트의 벨로서티는 10, 마지막 노트의 벨로서티는 100으로 설정되고 중간에 있는 노트들은 자동으로 20, 30, 40... 등의 벨로서티를 가지게 된다. 이렇게 하면 점점 소리가 강해지는 크레센도 효과를 만들 수 있다.

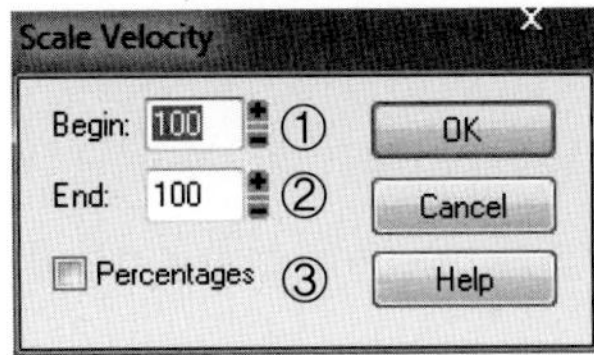

① **Begin** : 맨 처음 노트의 벨로서티 크기를 설정한다.

② **End** : 맨 마지막 노트의 벨로서티의 크기를 설정한다.

② **Percentage** : % 비율로 벨로서티를 조절한다.

Retrograde 메뉴 – 노트 거꾸로 정렬하기

선택한 노트들을 거꾸로 정렬한다.

선택한 노트의 모습

반대로 뒤집은 모습

Deglitch 메뉴 – 조건을 입력해 노트 삭제하기

여러 개의 노트를 선택한 상태에서 실행하는 기능이다. 특정 조건을 입력해 불필요하거나 실수로 입력한 노트를 삭제할 때 사용한다. 마스터 건반으로 입력한 뒤 불필요한 노트가 발생할 경우 특정 조건을 지정해 삭제할 수 있다. 미디 기타로 입력을 하다 보면 전문가라 해도 잘못 입력하는 경우가 많은데, 이런 경우 조건을 입력해 잘못 입력된 음정을 일괄 삭제할 수 있다.

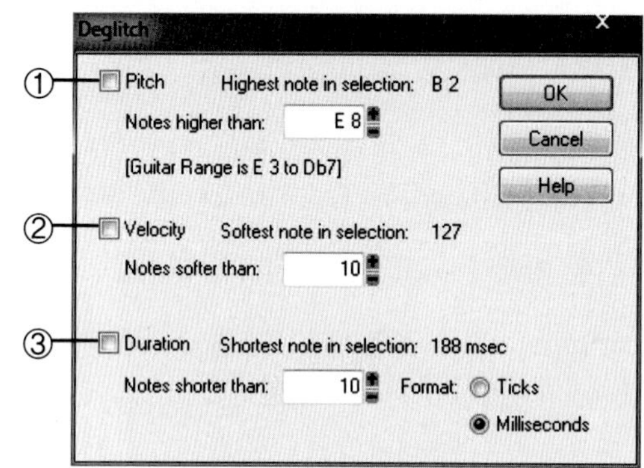

① **Pitch** : 지정한 음보다 높은 음은 모두 삭제한다.

② **Velocity** : 지정한 벨로서티보다 낮은 벨로서티는 모두 삭제한다.

③ **Duration** : 지정한 음 길이보다 짧은 음은 모두 삭제한다.

  – **Ticks** : 음 길이 단위로 틱 단위를 사용한다.

  – **Milliseconds** : 음 길이 단위로 1/1000초 단위를 사용한다.

Fit to Time 메뉴 – 연주 시간 조절하기

곡의 전체 연주 시간을 조절한다. 곡 전체를 선택한 경우 곡 전체의 연주 시간을, 트랙을 선택한 경우 해당 트랙의 연주 시간을, 일부 노트를 선택한 경우 해당 노트의 연주 시간을 사용자가 원하는 시간으로 조절할 수 있다. 뮤직 비디오나 다른 오디오 클립의 재생 시간과 작업 중인 프로젝트의 연주 길이가 맞지 않을 때 인위적으로 맞출 수 있다.

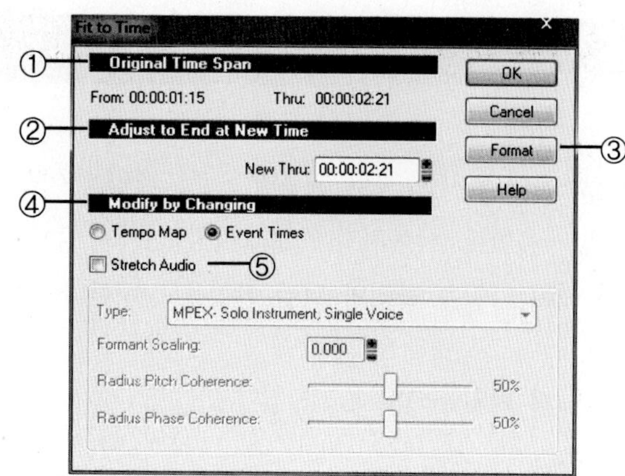

① **Original Time Span** : 원본의 연주 시간이 표시된다.

② **Adjust to End at New Time** : 수정할 연주 시간을 입력한다.

③ **Format** : 표시 단위를 마디:박자:틱(MBT) 또는 시간:분:초:프레임(SMPTE) 시간으로 변경할 수 있다.

④ **Modify by Changing** : 변경 방식을 '템포 방식'으로 할지 '이벤트 타임' 방식으로 할지 선택한다. 템포 방식은 곡의 템포를 조절하는 방식이며 노트 길이는 원본대로 살아있게 된다. 이벤트 타임 방식은 이벤트의 시작, 엔드 타임을 조절하는 방식이며 템포는 원본대로 살아있게 된다.

⑤ **Stretch Audio** : 오디오 클립을 대상으로 연주 시간을 조절할 때 선택한다.

Fit Improvisation 메뉴

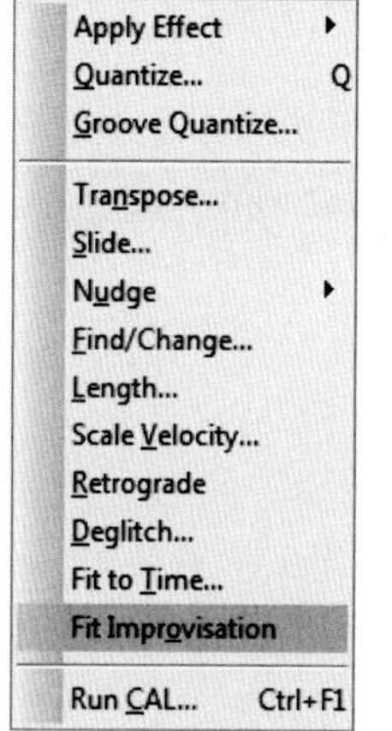

리얼타임으로 입력을 하다 보면 템포나 박자가 여러분이 원하는 대로 입력되지 않은 경우가 있다. 이런 경우 여러분이 원하는 템포나 박자에 맞게 수정하는 작업이 필요한데, 소나는 이를 위해 퀀타이즈 기능과 Fit Improvisation 기능을 제공한다.

퀀타이즈 기능이 노트의 길이를 조절하는 방식으로 템포를 조절한다면, Fit Improvisation 기능은 메트로놈을 사용하지 않고 리얼 타임으로 입력한 미디 데이터의 템포를 마디 단위로 정렬하는 방식이다.

Fit to Improvisation 기능은 보통 박자를 맞출 오디오 클립을 불러온 상태에서, 사용자가 원하는 템포로 미디를 작성한 뒤, 오디오 클립을 선택한 뒤 적용하는데, 이렇게 하면 미디 클립의 템포가 조절된다.

Run Cal 메뉴

Cal이란 Cakewalk Application Language의 약자로 소나 고유의 프로그래밍 언어를 말한다. 보통 사용자가 소나에서 사용하는 특수한 명령어를 제작할 때 사용한다. 사용자가 프로그래밍 언어에 능숙한 경우에는 직접 편집 명령을 제작할 수 있지만 대개는 미리 제작된 *.cal 파일을 불러와 편집 작업을 진행한다.

메뉴를 실행하면 소나에서 제공하는 *.cal 파일을 불러올 수 있다.

소나에서 제공하는 *.cal 파일

1. major_chord.cal 파일

장3화음을 만들어주는 명령어가 프로그래밍되어 있다. 따라서 특정 노트를 선택한 상태에서 **Run Cal** 메뉴를 실행한 뒤 대화상자에서 'major_chord.cal' 파일을 선택하면 선택한 노트 위에 2개의 새로운 노트가 추가되어 장3화음 코드가 자동으로 만들어진다.

2. Scale Velocity.cal 파일

선택한 노트의 벨로서티를 변경할 수 있는 명령어가 프로그래밍되어 있으므로 **Run Cal** 메뉴로 불러오면 벨로서티를 조절할 수 있다.

소나를 설치하면 약 40여 개의 *.cal 파일이 함께 설치되므로 각각 용도에 맞게 사용할 수 있다. 전문가들이 제작한 *.cal 파일은 인터넷의 미디 사이트를 통해 구할 수도 있다.

05 Project 메뉴 – 프로젝트 메뉴

전체 프로젝트에 대한 여러 가지 메뉴를 제공한다. 프로젝트 인포 메뉴, 오디오 파일 메뉴, 미터, 템포, 마디, 마커 메뉴를 사용할 수 있다.

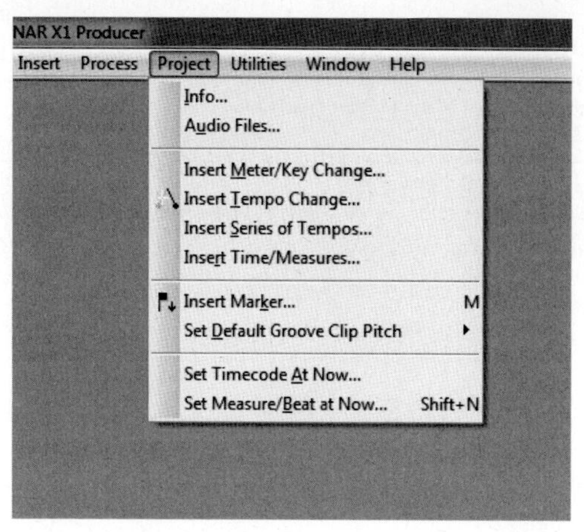

Info 메뉴

작업중인 프로젝트에 대한 각종 정보를 입력한다. 악보 출력 시 곡 제목이 이곳 **Title**에서 설정한 이름으로 출력된다. **File Stats** 버튼을 클릭하면 곡에 대한 각종 통계 정보를 볼 수 있다. **File Stats** 정보에 대해서는 이 책의 **Staff View**의 '악보 인쇄편'을 참고한다.

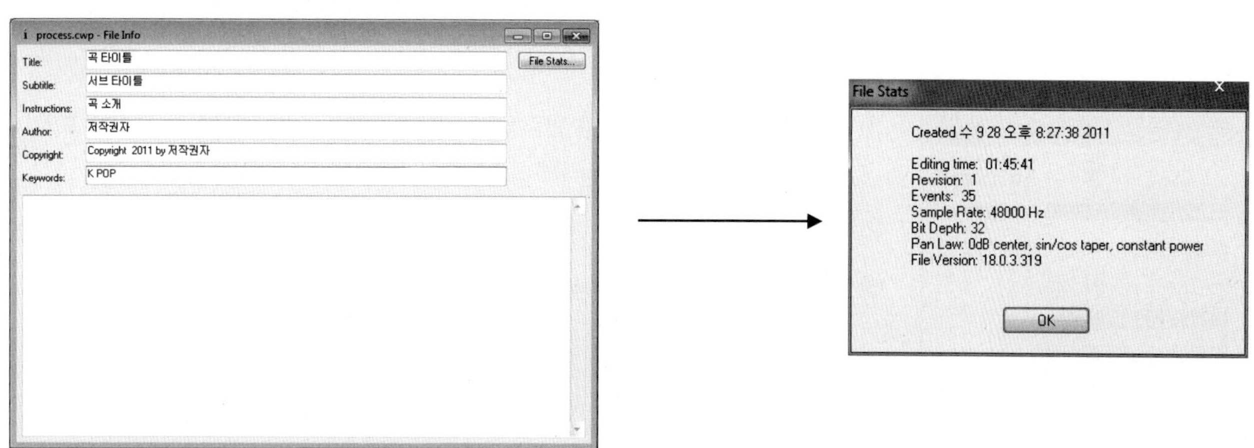

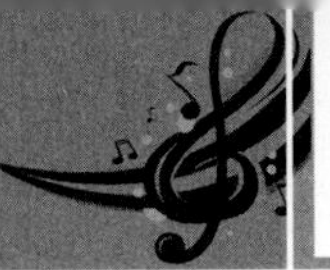

Project Audio Files 메뉴

프로젝트가 저장된 폴더 위치와 오디오/비디오 파일이 저장된 폴더 위치 등을 알 수 있다. Global Audio Folder는 Edit → Preferences 메뉴의 File → Folder Locations 탭에서 설정한다.

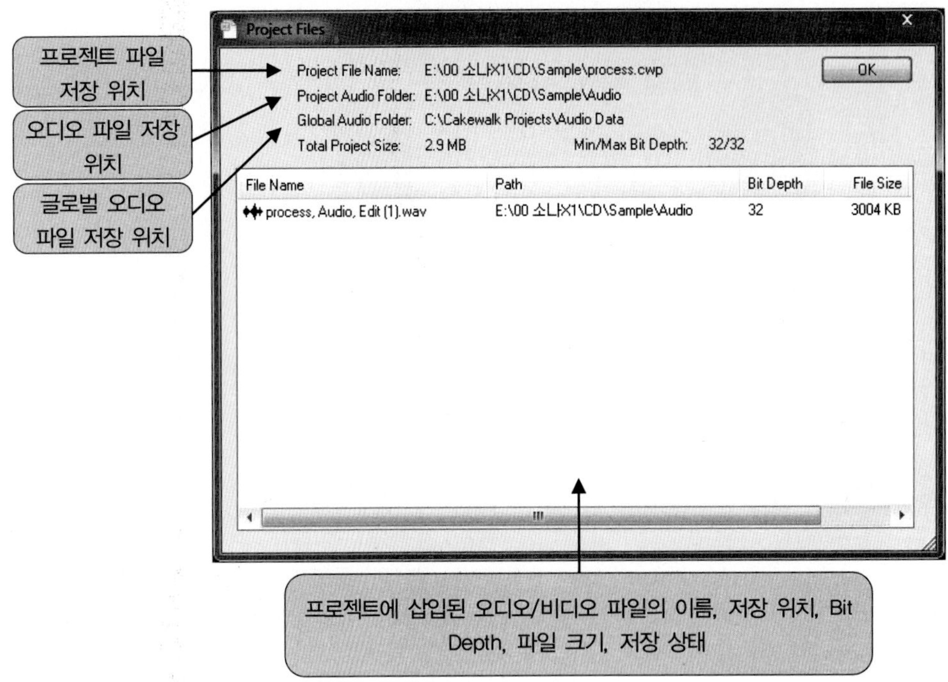

Insert Meter/Key Change 메뉴 – 박자, 조 삽입 메뉴

송 포지션 포인터가 있는 위치에서 박자/조를 변경할 수 있다.

① **At Measure :** 박자나 조가 변경될 마디를 선택한다. 기본적으로 송 포지션 포인 터에 있는 마디 번호가 표시된다.

② **Meter :** 박자를 변경한다. 해당 마디부터 변경된 박자가 적용된다.

③ **Key Signature :** 키 즉 조표를 변경한다. 해당 마디부터 변경된 조표가 적용된다.

Insert Tempo Change 메뉴 - 템포 삽입 메뉴

송 포지션 포인터가 있는 위치의 템포를 변경할 수 있다.

① **Tempo 입력 창 :** 새로 삽입할 템포를 입력한다. 송 포지션 포인터가 있는 위치에 새 템포가 삽입된다.

② **Click here to tap tempo 버튼 :** 무작위로 설정된 새 템포를 Tempo 입력 창에 자동으로 입력한다.

③ **Change the Most Recent Tempo 옵션 :** 가장 최근 템포를 자동으로 적용한다.

④ **Insert a New Tempo :** 현재 송 포지션 포인터 위치부터 새 템포가 적용된다.

⑤ **Starting at Time :** 사용자가 지정한 마디/박자에 설정한 템포를 삽입한다.

Insert Series of Tempos 메뉴

Insert Tempo Change 메뉴가 송 포지션 포인터가 있는 부분의 템포만 변경할 수 있다면, Insert Series of Tempos 메뉴는 선택한 범위의 템포를 순차적으로 빠르게 하거나 느리게 할 때 때 사용한다.

'피아노 롤 뷰'나 '스태프 뷰'에서 원하는 범위를 설정한 뒤 이 메뉴를 실행하고 시작 부분의 템포와 끝 부분의 템포를 설정하면 된다.

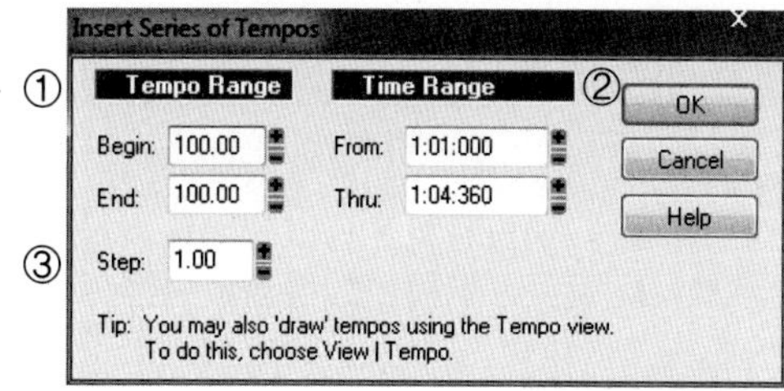

① **Tempo Range :** 변경할 템포를 설정한다. Begin 항목에서 시작 지점의 템포, End 항목에서 종료 지점의 템포를 설정한다.

② **Time Range :** 템포가 변경될 범위를 설정한다. 선택 툴로 편집 영역을 선택한 경우 선택된 범위가 자동으로 이곳에 설정된다.

③ **Step :** 템포가 변화될 때 어떤 간격으로 변화될지 설정한다.

다음은 템포를 변경할 범위를 선택한 뒤 Insert Series of Tempos 메뉴로 템포를 변경하는 모습이다. Begin 300, End 50이라고 입력한 경우, 해당 범위의 템포는 300에서 50으로 점점 빨라진다.

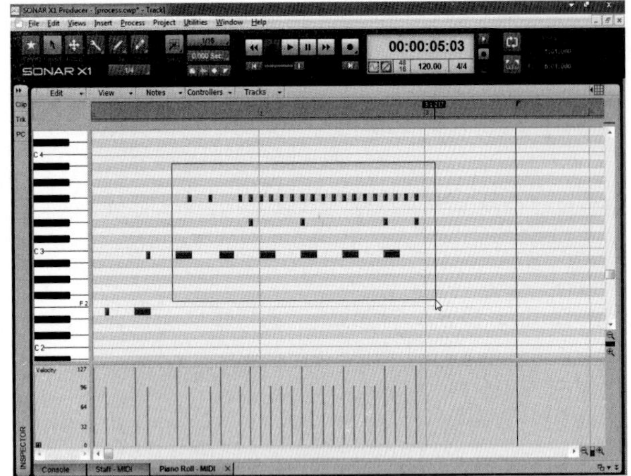

템포를 변경할 범위를 선택하는 모습

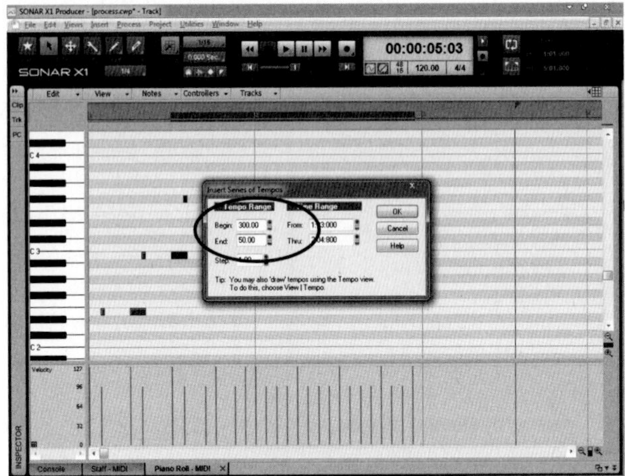

Series of Tempos 메뉴 적용 모습

Insert Time/Measures 메뉴 (마디 추가하기)

곡의 원하는 위치에 시간이나 마디를 삽입한다. 원하는 위치로 송 포지션 포인터를 이동시킨 뒤 이 메뉴를 실행하면 된다. 예를 들어 1초라고 설정하면 해당 부분에 1초의 시간이 삽입되고, 2마디라고 설정하면 해당 위치에 비어 있는 2마디가 삽입된다.

삽입할 마디 개수 지정

세 번째 마디로 타임라인 커서 이동

2마디가 삽입된 모습

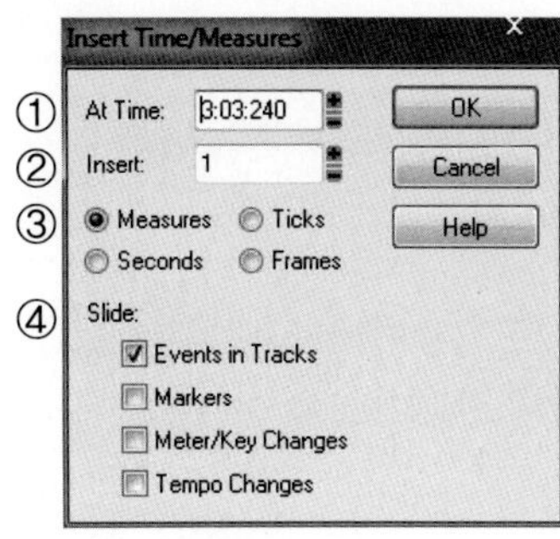

① **At Time** : 마디 또는 시간이 삽입될 위치를 지정한다.

② **Insert** : 마디를 삽입할 경우 삽입될 마디 개수를 지정한다. 시간을 삽입할 경우 몇 초, 몇 틱을 삽입할지 지정할 수 있다.

③ **Measures/Seconds/Ticks/Frames** : 삽입할 요소를 선택한다. Measures를 선택 하면 마디가 삽입되고, Seconds/Ticks/Frames를 선택하면 초/틱/프레임 등의 시간 이 삽입된다.

④ **Slide** : 마디나 시간이 삽입될 때 삽입 위치에서 옆으로 밀려날 요소를 지정한다. 기본적으로 Events in Tracks(미 디 이벤트), Markers(마커), Meter/Key Changes, Tempo Changes가 모두 삽입된 간격만큼 밀려나도록 하는 것이 좋다.

Insert Marker 메뉴 (마커 삽입하기)

사용자가 원하는 위치에 마커를 삽입한다. 마커를 삽입할 때 마커 이름을 지정할 수 있다. 원하는 위치로 타임 라인 커서를 이동시킨 뒤 이 메뉴를 실행하면 된다.

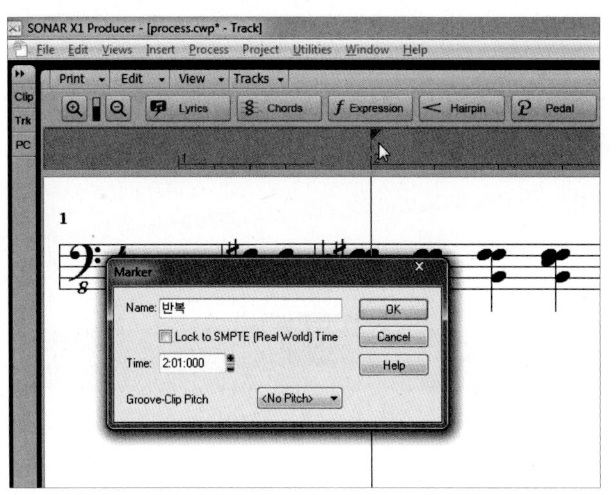

타임라인 커서를 이동시킨 뒤 마커 메뉴 실행

마커가 삽입된 모습

Tip 삽입된 마커는 마우스로 드래그하여 이동시킬 수 있고, 마우스 오른쪽 버튼을 클릭해 수정할 수 있다. 마커를 삭제하려 면 Views → Markers 메뉴에서 마이너스(−) 버튼을 클릭해 삭제한다.

① **Name :** 마커 이름을 지정한다.

② **Lock to SMPTE time :** 곡을 뮤직 비디오와 합칠 경우 영상물 시간 코드인 SMPTE 타임코드를 사용하는 것이 좋은데, 이때 체크한다.

③ **Time :** 마커가 삽입될 위치를 지정한다.

④ **Groove Clip Pitch :** 마커 위치에서 Pitch가 변경되고 이를 알려주고 싶은 경우, 여기서 원하는 Pitch를 선택한다. 삽입된 마커에 Pitch가 함께 표시된다.

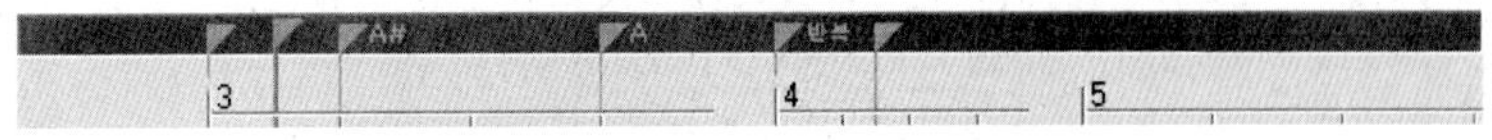

마커와 Pitch를 함께 표시한 모습

Set Default Groove Clip Pitch 메뉴

그루브 클립 음정의 기본 음정을 설정한다. 기본값은 C이다.

Set Timecode At Now 메뉴

송 포지션 포인터가 있는 위치에 새로운 시간/분/초를 부여한다. 새로운 시간을 부여하면 기존의 시간 표시는 무시되고 새로 설정한 시간으로 표시된다. 보통 작업 중인 곡을 뮤직비디오와 합칠 경우, 뮤직비디오의 특정 시간대에 곡을 삽입할 목적으로 사용한다.

Set Measure/Bit At Now 메뉴

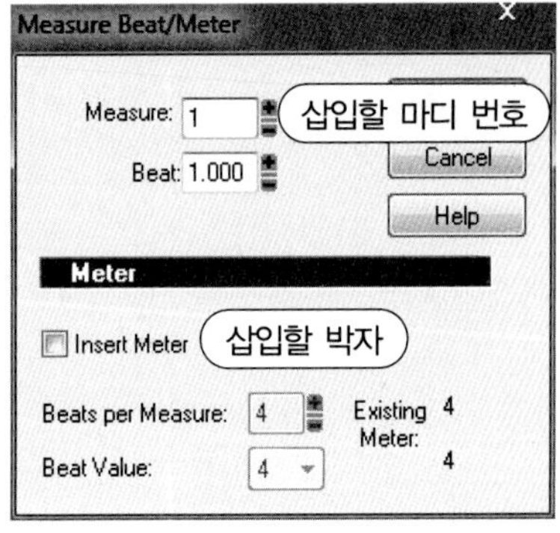

송 포지션 포인터가 있는 위치에 새로운 마디/박자를 부여한다. 새로운 마디/박자를 부여하면 기존의 마디/박자 표시가 무시된다. 보통 작업중인 곡을 다른 곡과 맞추거나, 뮤직비디오에 합칠 목적으로 사용한다.

06 Utility 메뉴 - 유틸리티 메뉴

Utility 메뉴는 음악 작업과 관련 없이 소나 파일 관리에 사용하는 보조 프로그램으로 구성되어 있다. 중요 기능으로는 가상 악기 폴더를 추가하는 Cakewalk Plug-in Manager 메뉴가 있다.

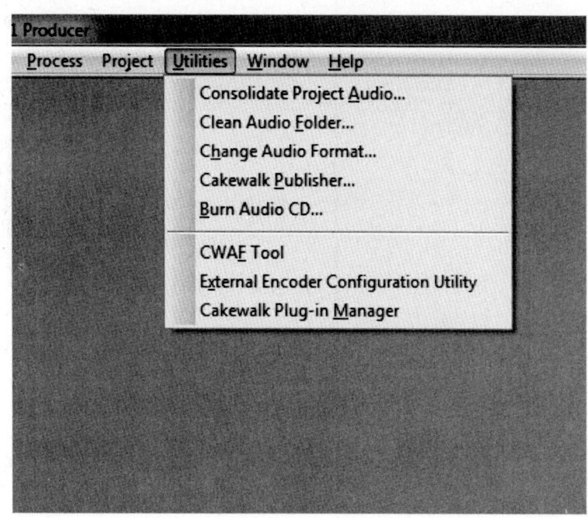

Consolidate Project Audio 메뉴

작업 프로젝트에서 사용하는 오디오 클립을 강제로 백업하는 기능이다. 해당 프로젝트가 저장된 폴더의 하위 폴더인 Audio Backup 폴더에다 해당 프로젝트에서 사용하는 모든 오디오 클립을 강제 백업할 목적으로 사용한다.

대화상자의 모습

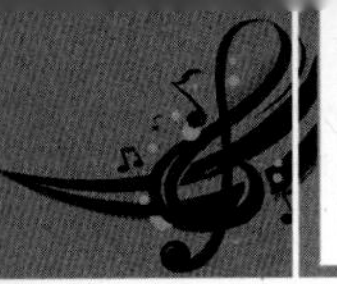

Clean Audio Folder 메뉴

프로젝트에서 작업하다 보면 오디오 클립이 자동 백업되거나 강제 백업된다. 프로젝트의 수가 많을수록 알게 모르게 백업되는 오디오 클립이 많아지는데 이때 이 메뉴를 사용해 불필요한 오디오 클립을 찾아내 삭제할 수 있다.

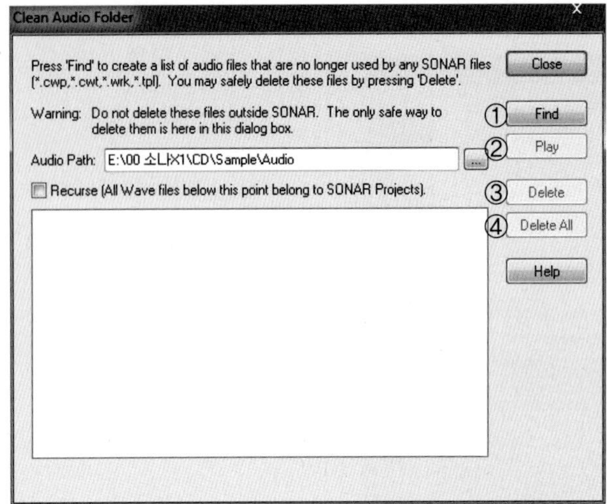

① **Find :** 소나 프로젝트에서 사용하지 않는 오디오 파일을 검색한다.

② **Play :** 검색한 파일을 삭제하기 전 미리 들을 수 있다.

③ **Delete :** 검색된 오디오 파일 중 선택한 파일을 삭제한다.

④ **Delete All :** 검색된 오디오 파일을 전부 삭제한다.

Change Audio Format 메뉴

작업 프로젝트에 삽입된 모든 오디오 클립의 Bit를 다른 Bit로 변경할 때 사용한다. 보통 용량을 줄일 목적으로 Bit를 낮춘다.

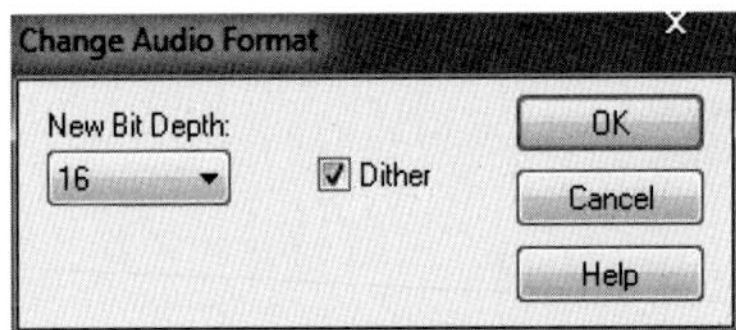

Cakewalk Publisher 메뉴 (웹에 MP3 파일 올리기)

소나에서 제작한 MP3 파일을 인터넷 홈페이지 계정에 올릴 때 사용한다. 인터넷에 올리기 전 MP3 파일은 자동으로 플래시 포맷(*.swf)으로 전환되며 플래시 플러그인이 설치된 사용자들이 감상할 수 있다. 인터넷에 자신의 홈페이지 계정이 있는 경우에만 사용할 수 있고 블로그 등에는 올릴 수 없다.

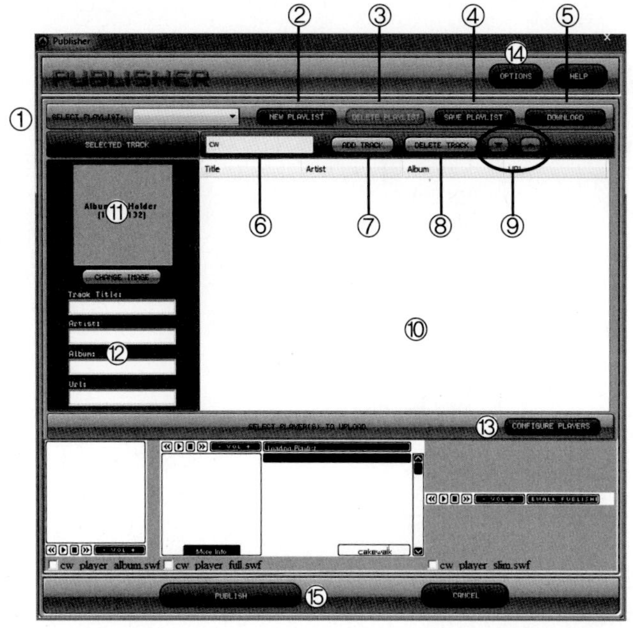

① **Select Playlist** : 플레이 리스트 목록에서 원하는 목록을 선택한다.

② **New Playlist** : 새 플레이 리스트를 만든다.

③ **Delete Playlist** : 선택한 플레이 리스트를 삭제한다.

④ **Save Playlist** : 작업 중인 플레이 리스트를 플레이 리스트 목록에 저장한다.

⑤ **Download** : 사용자가 관리하는 웹이나 FTP 서버에서 플레이 리스트를 다운로드한다.

⑥ **Name** : 플레이 리스트 이름을 설정한다.

⑦ **Add Track** : 현재의 플레이 리스트 트랙에 MP3 음악을 추가한다.

⑧ **Delete Track** : 선택한 MP3 음악을 트랙에서 삭제한다.

⑨ **Move Up / Down 버튼** : 트랙 목록에서 상하로 이동한다.

⑩ **목록 창** : 플레이 리스트에 삽입된 트랙 목록이 표시된다.

⑪ **Change Image 버튼** : 작업 중인 플레이 리스트의 그림을 변경한다.

⑫ **Track Title/Artist/Album/URL** : 곡명, 음악가, 앨범명, URL 등을 입력한다.

⑬ **Configuer Players** : Shockwave Players의 옵션을 설정한다.

⑭ **Options** : 호스트 서버 옵션을 설정한다. 홈페이지 주소, 계정 ID, 비밀번호 등을 설정할 수 있다.

⑮ **Publish** : 웹에 업로드한다. Publish 대화상자에서 타겟 주소를 입력하고 업로드할 플레이 리스트 등을 지정한다.

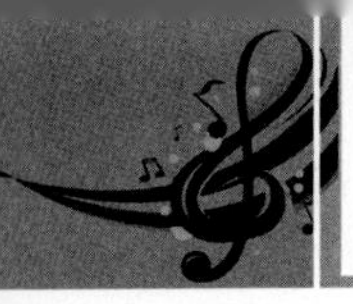

Burn Audio CD 메뉴 – Audio CD 굽기

이 메뉴는 오디오 CD를 제작할 때 사용한다. CD에 수록할 수 있는 오디오 클립은 반드시 스테레오의 Wav 파일이어야 하며, Wav 파일은 반드시 Sample rate 44,100Hz, Bit depth는 16비트일 경우에만 오디오 CD에 수록할 수 있다. 이 메뉴는 소나에서 실행하지 않고 시작 버튼을 누른 뒤 소나 폴더의 Burn Audio CD 메뉴에서 단독 실행할 수도 있다. 참고로 전문 Burn 프로그램이 많기 때문에 이 기능을 사용하는 경우는 거의 없다.

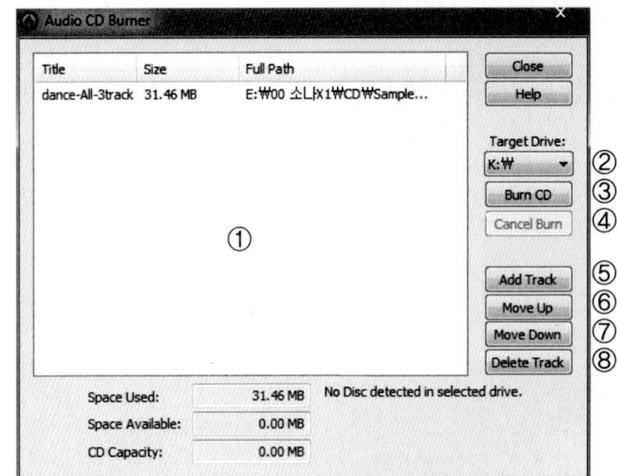

① **Track List** : 오디오 CD로 구을 Wav 파일이 목록으로 나타난다.

② **Target Drive** : 공CD가 삽입된 CD/DVD롬 드라이브를 선택한다.

③ **Burn CD** : 오디오 CD로 굽는 작업을 시작한다. 오디오 CD가 구워지면 자동으로 CD/DVD 드라이브가 열린다.

④ **Cancel Burn** : 굽는 작업을 취소한다.

⑤ **Add Track** : Wav 파일을 트랙 목록 창에 추가한다.

⑥ **Move Up** : 트랙 목록 창에서 위쪽 목록으로 이동한다.

⑦ **Move Down 버튼** : 트랙 목록 창에서 아래 목록으로 이동한다.

⑧ **Delete Track** : 선택한 트랙을 삭제한다.

CWAF Tool 메뉴

케이크워크 전용 파일인 WRK, CWP, TPL, CWT 파일을 검색하고 관리한다. 말 그대로 여러 폴더에 분산된 케이크워크 파일을 찾아내 작업한 프로젝트와의 연결유무를 확인하고 다른 폴더로 이동시키는 작업 등의 관리 목적으로 사용한다. 대화상자는 2단계로 나타난다.

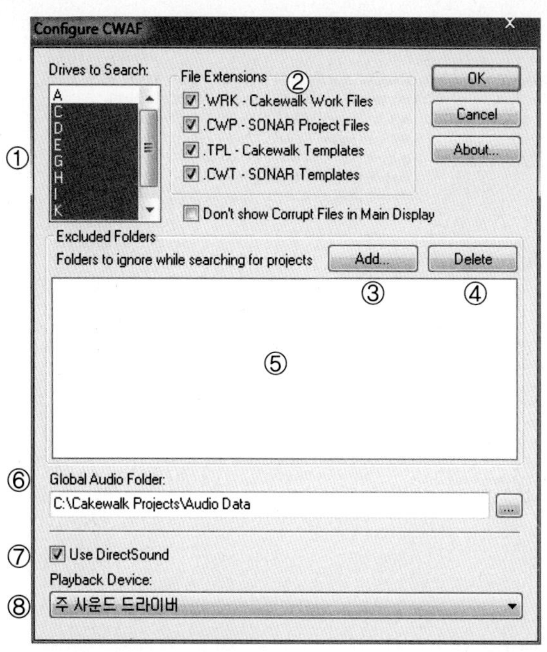

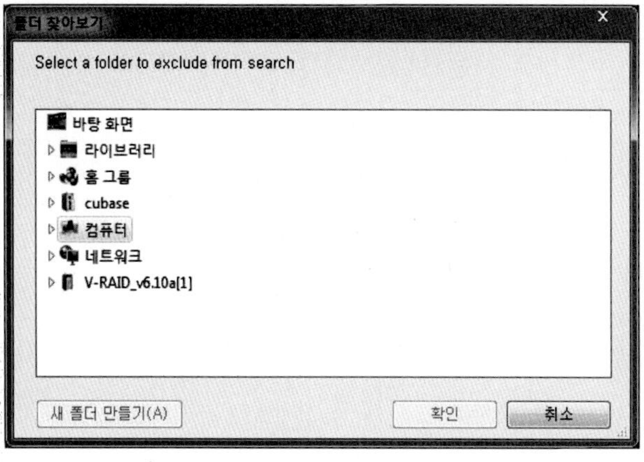

① **Drives to Search** : 검색할 드라이브를 지정한다.

② **File Extensions** : 검색할 케이크워크 파일 포맷을 지정한다.

③ **Add** : 특정 폴더를 검색에서 제외할 경우 해당 폴더를 지정한다.

④ **Delete** : 검색 제외 폴더를 목록 창에서 제거한다.

⑤ **목록 창** : 검색 제외 폴더가 목록으로 표시된다.

⑥ **Global Audio Folders** : 검색할 글로벌 오디오 폴더를 지정한다. 다른 위치를 지정하려면 오른쪽의 버튼을 클릭해 원하는 폴더를 지정한다.

⑦ **Use DirectSound** : 오디션 플레이할 때 사용할 드라이버 타입을 선택한다.

⑧ **Playback Device** : 플레이에 사용할 오디오 장치를 선택한다.

검색할 드라이브나 폴더를 지정한 뒤 OK 버튼을 클릭하면 두 번째 대화상자가 실행된다. Find 버튼을 클릭하면 검색 작업이 시작된다.

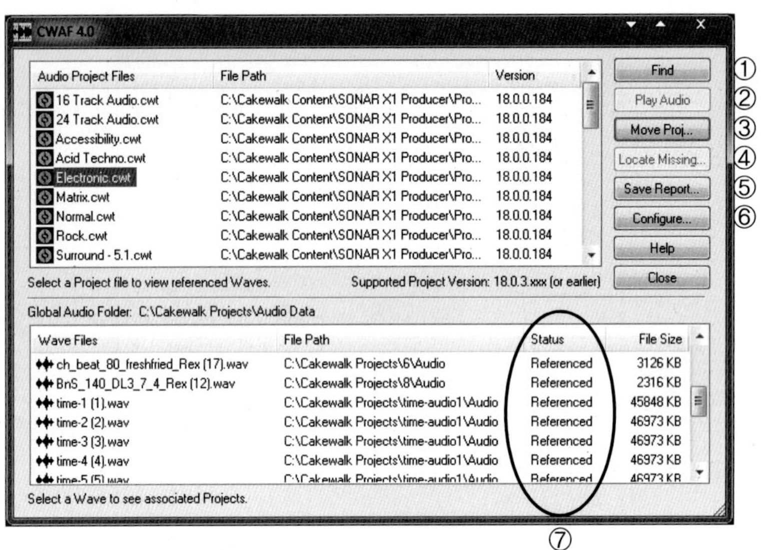

① **Find** : 검색 작업을 시작한다.
② **Play Audio** : 선택한 오디오 파일을 연주한다. 연주 중에는 Stop Audio로 버튼 이름이 변경된다.

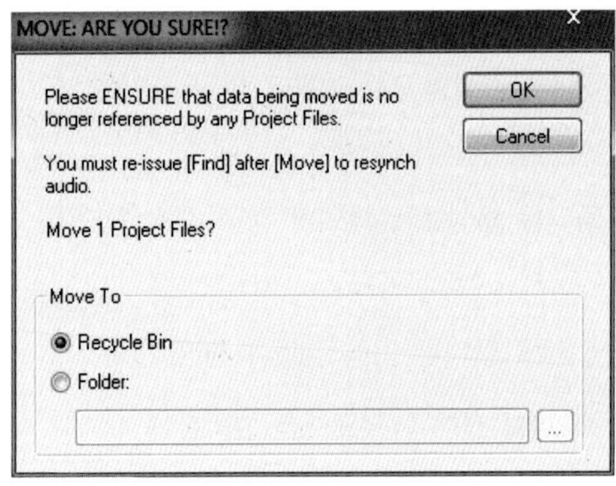

③ **Move** : 선택한 프로젝트나 오디오 파일을 삭제하거나, 다른 폴더로 이동시킨다.
　- **Recycle Bin** : 휴지통 버튼으로 이동시켜 삭제한다.
　- **Folder** : 사용자가 지정한 폴더로 이동시킨다.
④ **Locate Missing** : 프로젝트에서 실종된 파일을 검색한다.
⑤ **Save Report** : 검색된 내용을 Txt 파일로 저장한다.
⑥ **Configure** : 다시 검색 옵션을 설정할 수 있도록 첫 번째 대화상자를 재실행한다.
⑦ **Status** : 검색한 파일에 대한 정보가 표시된다.
　- **Referenced** : 정상적인 파일을 의미한다.
　- **Orphan** : 케이크워크 프로젝트와 연결되지 않은 파일을 의미한다.
　- **Missing** : 케이크워크 프로젝트에서 실종된 파일을 의미한다.

Cakewalk Ext Encoder Config/External Encoder Configuration

소나에서 제작한 미디/오디오를 다양한 오디오 포맷으로 반출할 때 사용하는 확장 메뉴이다. 소나를 풀 옵션으로 설치한 경우 Wav, Wma, MP3, Fla, Aif, Au, SD2 등의 포맷으로 반출하는 기능이 File → Export → Audio 메뉴에서 제공되지만 그 외 다른 포맷으로 오디오를 반출할 경우 이 확장 메뉴를 사용한다.

Cakewalk Plug-in Manager 메뉴 (가상 악기 인식하기)

최근 출시되는 가상 악기는 실제 음을 사용하기 때문에 용량이 몇 십 기가바이트를 넘을 정도로 큰 용량이 많은 경우가 많다. 따라서 수십 종의 가상 악기를 설치하다보면 총용량이 몇 백 기가바이트를 넘는 경우도 많으므로 가상 악기는 여러 대의 하드디스크에 가상 악기를 분산 설치하는 것이 좋다. 이런 경우 각각의 폴더를 가상 악기 폴더로 인식시켜야 소나에서 사용할 수 있다.

Cakewalk Plug-in Manager 메뉴는 사용자가 추가한 가상 악기나 각종 이펙터를 소나에서 사용할 수 있도록 VST Plug-ins 폴더를 인식시키거나 가상 악기 폴더를 관리할 때 사용한다. 먼저 사용하고 싶은 가상 악기를 여러분이 원하는 폴더에 설치한 뒤 Plug-in Manager 메뉴를 실행하고 Options 버튼을 클릭해 VST 폴더를 새로 추가한다. 그런 뒤 Scan VST Plug-ins 버튼을 클릭하면 소나의 [Insert] - [Soft Synths] 메뉴에 설치한 가상 악기가 인식된다.

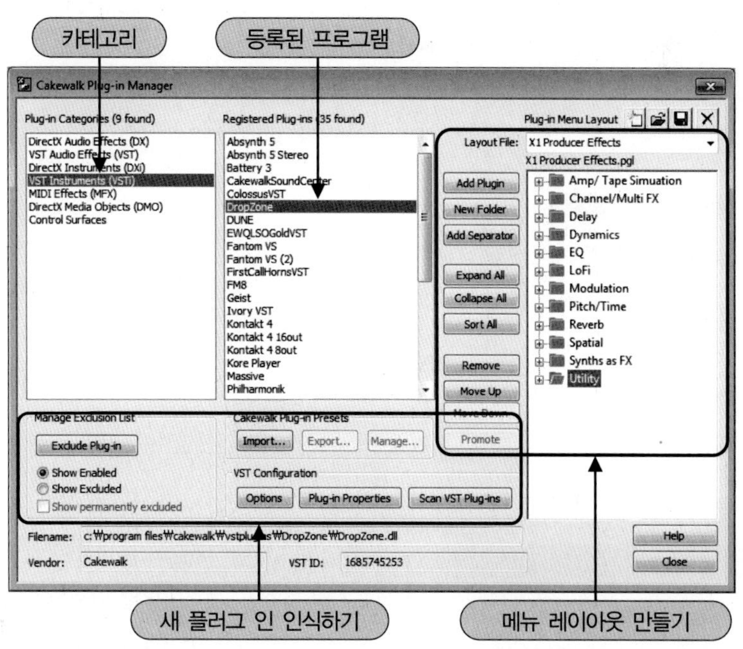

1. 새 플러그 인(가상 악기) 인식하기

대화상자의 하단 옵션은 새 가상 악기 폴더를 추가하거나, 가상 악기의 사용 여부를 결정할 때 사용한다.

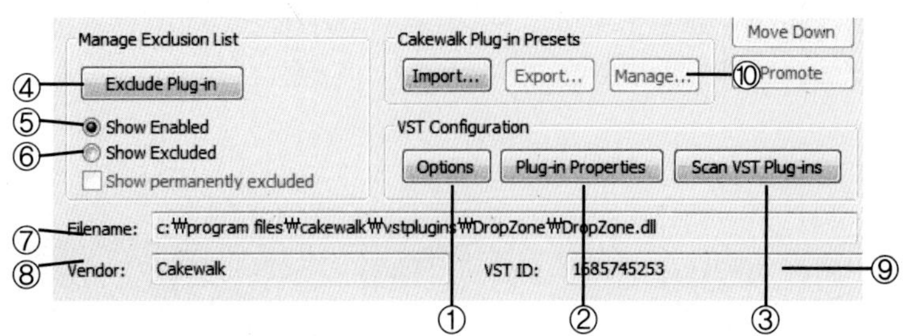

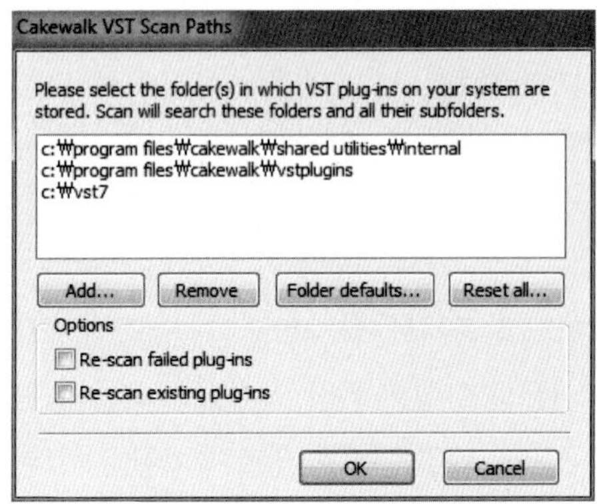

① **Options** : 새로 설치한 가상 악기가 있는 폴더를 추가할 수 있다. 소나는 기본적으로 VST 폴더에 가상 악기를 설치하며 다른 폴더에 가상 악기를 설치할 경우 이곳에서 해당 폴더를 추가해야 한다. 소나를 실행할 때 여기서 지정한 폴더를 모두 검색하여 [Insert] − [Soft Synths] 메뉴에서 가상 악기를 사용할 수 있도록 해준다.

- Add : 가상 악기 폴더를 새로 추가한다.
- Remove : 목록 창에 등록한 가상 악기 폴더를 삭제한다. 나중에 가상 악기 스캔에서 제외된다.
- Folder Defaults : 가상 악기 폴더 옵션을 설정한다.
- Reset All : 가상 악기 폴더 옵션을 기본값으로 리셋한다.
- Re-scan Failed plug-ins : 가상 악기 검색이 실패한 플러그인 폴더를 다시 스캔한다.
- Re-scan Existing plug-ins : 기존 가상 악기 폴더를 다시 스캔한다.

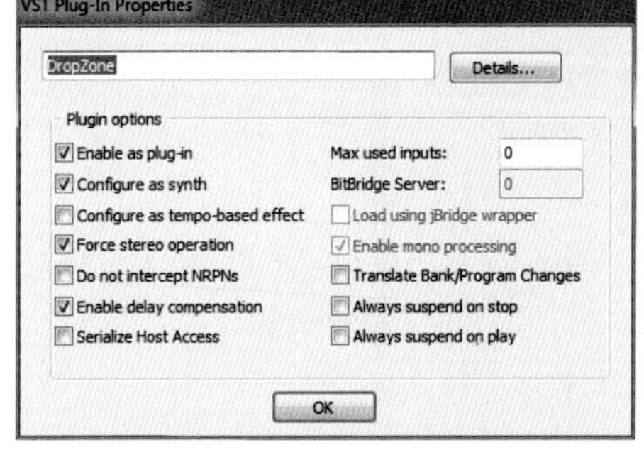

② **Plug-ins Properties** : 가상 악기가 열리는 방식에 대한 옵션을 설정한다.

③ **Scan VST Plug-ins** : 앞에서 가상 악기 폴더를 추가한 뒤에는 이 버튼을 클릭해 스캔 작업을 해야 한다. 스캔된 가상 악기는 소나의 Insert → Soft Synths 메뉴에 나타난다.

④ **Exclude/Enable Plug-ins** : Exclude Plug-ins 버튼은 선택한 가상 악기를 사용하지 않도록 하고, Enable Plug-ins 버튼은 선택한 가상 악기를 다시 사용하도록 해준다.

⑤ **Show Enable** : 목록 창에서 현재 사용하는 가상 악기와 이펙트를 표시해준다.

⑥ **Show Excluded** : 목록 창에서 사용하지 않는 가상 악기와 이펙트를 표시해준다.

⑦ **Filename** : 가상 악기의 파일명이 표시된다.

⑧ **Verdor** : 가상 악기 제작업체가 표시된다.

⑨ **ID** : 가상 악기 ID가 표시된다.

⑩ **Import/Export/Manage** : 가상 악기의 프리셋 파일을 불러오거나(Import), 반출하고(Export), 관리(Manage)할 수 있다.

2. 사용자 메뉴 레이아웃 만들기

가상 악기 또는 이펙트를 사용자 메뉴로 제작할 수 있다. 자주 사용하는 가상 악기나 이펙트를 사용자 메뉴로 제작하면 나중에 브라우저 창에서 해당 메뉴를 사용할 수 있다.

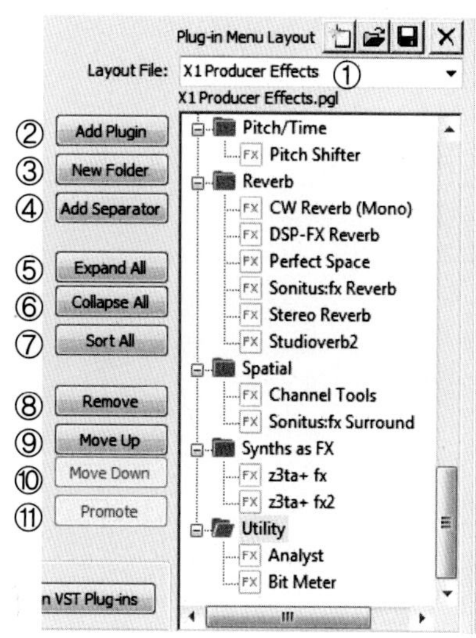

① **Name** : 사용자 메뉴의 이름을 설정한다.

② **Add Plugin** : 선택한 가상 악기를 사용자 메뉴에 추가한다.

③ **New Folder** : 사용자 메뉴에 폴더를 추가한다. 가상 악기를 드래그하여 폴더 안에 넣을 수 있다.

④ **Add Separator** : 메뉴 이름과 이름 사이에 경계선을 추가한다.

⑤ **Expand All** : 메뉴를 확장한다.

⑥ **Collapse All** : 메뉴를 축소한다.

⑦ **Sort All** : 가상 악기 이름을 정렬한다.

⑧ **Remove** : 추가한 가상 악기를 제거한다.

⑨ **Move Up** : 선택한 가상 악기를 목록 창에서 위로 이동시킨다.

⑩ **Move Down** : 선택한 가상 악기를 목록 창에서 아래로 이동시킨다.

⑪ **Promote** : 하위 폴더에 있는 가상 악기를 상위 폴더로 이동시킨다.

소나 X1 단축키

<table>
<tr><td colspan="2">〈 많이 사용하는 단축키 〉</td></tr>
<tr><td>트랙 뷰</td><td>ALT+1</td></tr>
<tr><td>툴 바</td><td>C</td></tr>
<tr><td>미니 툴 바</td><td>T</td></tr>
<tr><td>인스펙터</td><td>I</td></tr>
<tr><td>브라우저 창(Browser)</td><td>B</td></tr>
<tr><td>Expand/collapse MultiDock</td><td>D</td></tr>
<tr><td>Maximize/restore MultiDock</td><td>SHIFT+D</td></tr>
<tr><td>AudioSnap Palette</td><td>A</td></tr>
<tr><td>Zoom in horizontally</td><td>CTRL+RIGHT ARROW</td></tr>
<tr><td>Zoom out horizontally</td><td>CTRL+LEFT ARROW</td></tr>
<tr><td>Center view on Now time</td><td>N</td></tr>
<tr><td>X-Ray 화면 모드 on/off</td><td>SHIFT+X</td></tr>
<tr><td>X-Ray all effect/synth</td><td>CTRL+SHIFT+X</td></tr>
<tr><td>Preferences</td><td>P</td></tr>
<tr><td>Cut</td><td>CTRL+X</td></tr>
<tr><td>Copy</td><td>CTRL+C</td></tr>
<tr><td>Paste</td><td>CTRL+V</td></tr>
<tr><td>Paste Special</td><td>CTRL+ALT+V</td></tr>
</table>

<table>
<tr><td colspan="2">도구 선택 단축키</td></tr>
<tr><td>스마트 툴</td><td>F5</td></tr>
<tr><td>선택 툴</td><td>F6</td></tr>
<tr><td>이동 툴</td><td>F7</td></tr>
<tr><td>확대 툴</td><td>Z</td></tr>
<tr><td>스크럽 툴(클립 미리 듣기)</td><td>J</td></tr>
<tr><td>온 음표 선택하기</td><td>CTRL+SHIFT+1</td></tr>
<tr><td>1/2분 음표 선택하기</td><td>CTRL+SHIFT+2</td></tr>
<tr><td>1/4분 음표 선택하기</td><td>CTRL+SHIFT+4</td></tr>
<tr><td>1/8분 음표 선택하기</td><td>CTRL+SHIFT+8</td></tr>
<tr><td>1/16분 음표 선택하기</td><td>CTRL+SHIFT+6</td></tr>
<tr><td>1/32분 음표 선택하기</td><td>CTRL+SHIFT+3</td></tr>
<tr><td>편집 툴(Trim/Timing/Split)</td><td>F8</td></tr>
<tr><td>연필 툴(Freehand/Line...)</td><td>F9</td></tr>
<tr><td>지우개 툴(Erase/Mute)</td><td>F10</td></tr>
<tr><td>Snap to Grid on/off</td><td>F12</td></tr>
<tr><td>Split(송 포지션 포인터를 기준)</td><td>S</td></tr>
</table>

<table>
<tr><td colspan="2">연주/이동 단축키</td></tr>
<tr><td>녹음(Record)</td><td>R</td></tr>
<tr><td>스텝 녹음(Step Record)</td><td>SHIFT+R</td></tr>
<tr><td>곡의 시작으로(RTZ)</td><td>W</td></tr>
<tr><td>곡의 끝으로</td><td>CTRL+End</td></tr>
<tr><td>플레이/스톱</td><td>SPACEBAR</td></tr>
<tr><td>Stop with Now marker</td><td>CTRL+SPACEBAR</td></tr>
<tr><td>Audition selection</td><td>SHIFT+SPACEBAR</td></tr>
<tr><td>Go to time</td><td>G</td></tr>
<tr><td>Go to selection start</td><td>SHIFT+G</td></tr>
<tr><td>Go to next marker</td><td>CTRL+SHIFT+P DOWN</td></tr>
<tr><td>Go to previous marker</td><td>CTRL+SHIFT+P UP</td></tr>
<tr><td>Record metronome</td><td>F3 (On/Off)</td></tr>
<tr><td>Playback metronome</td><td>CTRL+F3 (On/Off)</td></tr>
<tr><td>Metronome settings</td><td>SHIFT+F3</td></tr>
<tr><td>Loop</td><td>L (On/Off)</td></tr>
<tr><td>선택한 트랙 녹음 준비(Arm)</td><td>ALT+R (토글)</td></tr>
<tr><td>모든 트랙 녹음 준비(Arm)</td><td>CTRL+R (토글)</td></tr>
<tr><td>뮤트 클립(Mute clip)</td><td>K</td></tr>
</table>

<table>
<tr><td colspan="2">작업 창 보기 단축키</td></tr>
<tr><td>툴 바(Control Bar)</td><td>C</td></tr>
<tr><td>인스펙터(Inspector)</td><td>I</td></tr>
<tr><td>브라우저 창(Browser)</td><td>B</td></tr>
<tr><td>트랙 뷰(Track view)</td><td>ALT+1</td></tr>
<tr><td>콘솔 뷰(Console view)</td><td>ALT+2</td></tr>
<tr><td>피아노 롤 뷰</td><td>ALT+3</td></tr>
<tr><td>스텝 시퀀서</td><td>ALT+4</td></tr>
<tr><td>매트릭스 뷰</td><td>ALT+5</td></tr>
<tr><td>악보 창(스태프 뷰)</td><td>ALT+6</td></tr>
<tr><td>루프 컨스트럭션 뷰</td><td>ALT+7</td></tr>
<tr><td>이벤트 리스트 뷰</td><td>ALT+8</td></tr>
<tr><td>가사 창(Lyrics view)</td><td>ALT+SHIFT+1</td></tr>
<tr><td>비디오 창(Video view)</td><td>ALT+SHIFT+2</td></tr>
<tr><td>마커 창(Markers view)</td><td>ALT+SHIFT+4</td></tr>
<tr><td>템포 창(Tempo view)</td><td>ALT+SHIFT+5</td></tr>
<tr><td>박자/키(Meter/Key)</td><td>ALT+SHIFT+6</td></tr>
<tr><td>내비게이터 뷰</td><td>ALT+SHIFT+8</td></tr>
<tr><td>서라운드 패널</td><td>ALT+SHIFT+9</td></tr>
</table>

메뉴 단축키

File > New	CTRL+N
File > Open	CTRL+O
File > Save	CTRL+S
File > Print	CTRL+P
Edit > Undo	CTRL+Z
Edit > Redo	CTRL+SHIFT+Z
Edit > Select > All	CTRL+A
Edit > Select > None	CTRL+SHIFT+A
Project > Insert Marker	M
View Undo (zoom)	ALT+Z
View Redo (zoom)	ALT+SHIFT

복사 편집 단축키

오리기(Cut)	CTRL+X
복사(Copy)	CTRL+C
붙이기(Paste)	CTRL+V
붙이기(Paste Special)	CTRL+ALT+V

작업화면 교체(Screenset) 단축키

Screenset 1	1
Screenset 2	2
Screenset 3	3
Screenset 4	4
Screenset 5	5
Screenset 6	6
Screenset 7	7
Screenset 8	8
Screenset 9	9
Screenset 10	0

퀀타이즈 단축키

퀀타이즈 대화상자 열기	Q
Input Quantize settings	SHIFT+Q
Input Quantize on/off	CTRL+Q

트랙 단축키

Insert new track	INSERT

(오디오 트랙이 선택된 상태에서는 오디오 트랙을, 미디 트랙이
선택된 상태에서는 미디 트랙을 새로 삽입한다.)

Zoom in horizontally	CTRL+RIGHT ARROW
Zoom out horizontally	CTRL+LEFT ARROW
Zoom all tracks in vertically	CTRL+DOWN ARROW
Zoom all tracks out vertically	CTRL+UP ARROW

마커 단축키

Insert marker	M
Next marker	CTRL+SHIFT+P DOWN
Previous marker	CTRL+SHIFT+PAGE UP
Open Markers view	ALT+SHIFT+4

찾아보기

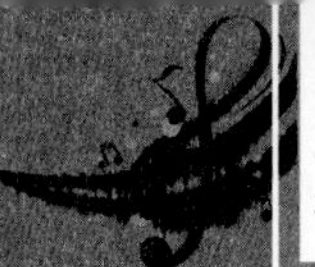